KB173609

혼자서 따라하기 쉬운 모든 업무 **1**

한권으로

끝장내자

경리회계

인사노무

경영지원

실무설명서

손원준 지음

가장 신속하고 정확하게
여러분의 업무 고민을 쉽게 해결해 주는

내 손 안의
업무 백과사전!

이지경리
(www.ezkyungli.com)
3개월
무료이용권
[3만원 상당]
증정

K.G.B
지식만들기

이론과 실무가 만나 새로운 지식을 창조하는 곳

책을 내면서

올해도 변함없이 법은 또 바뀌었다.

법이 바뀌면 실무처리 방법도 자연스럽게 바뀌고 새로운 제도를 익혀야 하는 실무자들은 또 한 번 인내의 시간이 다가올 것이다.

물론 노력하지 않는 자는 문제가 생기지 않으면 몇 년 전 지식으로 오늘도 당당히 회사에 출근할 것이다.

그러나 이 책을 보는 우리는 절대 이런 용감한 행동을 하면 안 되겠다. 나의 지식이 어느 날 찬란히 빛날 것이라는 믿음으로 열심히 지식을 쌓아 두어야겠다.

이 책은 총 11장으로 구성을 했으며, 회계에서부터 세금까지 그뿐만 아니라 인사노무와 4대 보험까지 이 책 한 권으로 모든 업무를 끝장낸다는 생각으로 구성을 해보았다.

제1장 스타트업 업무체계를 잡아라!

본인도 초보인데 처음 생긴 회사에 들어가 체계가 없어서 힘들다는 이야기를 너무 많이 듣는다. 그냥 간략히 초보 수준에서 지식을 쌓을 동안 문제없이 넘어갈 수 있도록 업무를 주제별로 모아두었다.

제2장 머리에 쏙쏙 들어오는 회계

필요 없는 회계는 싹 뺐다. 그냥 실무를 할 때 사용하는 회계만 있다. 가장 쉽게 가장 필요한 내용만을 담으려고 한 장이다. 회계가 바로 서야 나머지도 바로 선다.

제3장 경리 장부 작성법

경리 장부하면 대단한 것 같지만 결국은 필요한 서식 만들고 이를 작성해 관리하는 업무이다. 특별한 형식과 법적 규정이 없으므로 실무자의 편의에 따라 만들어 사용하면 된다. 가장 일반적으로 많이 쓰는 서식만을 설명하고 있으므로 필요에 따라 실무자가 편하게 만들어 사용하면 된다.

제4장 회계결산과 재무제표 작성

이번 장에서는 회계장부를 마무리해 결산하는 방법과 재무제표 작성까지의 과정을 설명해주는 장이다. 회계결산이 끝나면 이를 기초로 세금납부를 위한 세무조정의 단계로 넘어가므로 세무조정의 기초가 되는 결산데이터는 그만큼 중요하다 하겠다.

제5장 세무조사에도 문제없는 증빙 관리

세무조사는 결국 세법에서 비용인정 안 되는 것을 회사가 마음대로 넣어서 세금을 탈세하면 받는 것이다. 몰라서 비용 넣고 알면서도 설마 걸리겠어! 라는 생각에 막 넣었다가 나중에 뒤통수 맞는 절차이다. 이제 알고 증빙 관리를 철저히 해서 세무조사의 위험으로부터 회사를 지키는 지혜가 필요하다.

제6장 급여세금과 원천징수

직원이 들어오거나 알바를 쓰면 매달 신경을 써야 하는 원천징수, 갑자기 상여금을 지급해야 하는 변수가 생기면 헷갈리기 시작하지만 이제 걱정 안 해도 된다. 모든 근로 형태에 따라 또는 지급 형태에 따라 인건비에 대한 세금을 설명해주고 있는 이번 장이 있기 때문이다.

제7장 하루에 끝내는 부가가치세

누구나 가장 만만하게 홈택스를 활용해 신고할 수 있는 세금 부가가치세 그런데 부가가치세는 어찌 보면 사업자에게는 가장 중요한 세금이고 신경 쓰이는 세금이다. 왜냐하면 세금의 가장 기초자료가 부가가치세에서 생성되기 때문이다. 따라서 부가가치세를 잘 관리하는 사업자가 가장 성공적인 절세를 하는 것일 수 있다.

제8장 개인사업자 세금과 프리랜서 세금

자영업자의 1년 치 수확물이다. 얼마나 영업을 잘했는지 돈은 얼마나 벌었는지 번 돈에 대해서 내는 세금이 종합소득세이다. 결국 증빙 관리의 결과물이기도 하다. 이번 장에서는 이같이 중요한 종합소득세에 대해서 가르쳐주는 장이다.

제9장 법인세와 손쉬운 경비처리

자영업자의 소득에 대한 세금이 종합소득세라면 법인은 법인세를 내야 한다. 따라서 법인세도 증빙을 얼마나 잘 챙겨, 비용을 얼마나 인정받느냐에 따라 세금이 결정된다고 봐도 과언이 아니다.

이번 장에서는 법인의 경비처리와 한도 계산을 통해 절세의 길을 찾아보는 장이다.

제10장 입사에서 퇴사까지 인사노무

최근 노무의 중요성은 엄청나게 커졌다. 업무를 할 때 근로자가 가장 민감한 급여계산의 기초정보를 제공해 주고, 노사 간 발생할 수 있는 분쟁에 대비하는 방법을 가르쳐주기 때문이다. 이에 이번 장에서는 업무를 함에 있어 꼭 필요한 노무 정보를 더욱 쉽게 설명해주는 장이다.

제11장 입사에서 퇴사까지 4대 보험

업무를 하면서도 맞게 했나 항상 헷갈리는 4대 보험 그래서 할 때마다 짜증 나고, 세무 대리인은 더욱 짜증이 날 것이다. 내 분야도 내일도 아닌데 기장업체는 매일 물어 본다. 몰라서 짜증 나고 귀찮아서 짜증 나는 4대 보험에 대해 설명하는 장이다.

본서는 상담을 받고 답변을 해주면서 가장 많은 질문을 받고, 가장 실무자가 어려워하면서, 가장 많이 틀리는 부분에 대해 법적 근거와 예규, 국세청 상담내용을 참고해 구성해 보았다.

누구에게는 쉬울 수도 있고 또 다른 누구에게는 어려울 수 있는 내용이지만 본서의 내용은 지금 현장에서도 계속해서 발생하는 실무내용이다.

본서가 환경이 다른 모든 회사의 실무자에게 매뉴얼이 되지는 못한다. 그러나 최대한 많은 회사에서 발생하는 사례를 최대한 많이 넣으려고 노력했다.

실무자들의 재산은 실무경험이다. 실무경험은 다른 말로 많은 사례를 접해봤다는 이야기다. 그냥 습관적으로 아니면 관행적으로 했던 업무를 본서를 통해 다시 한번 확인하고 그 근거를 찾아가는 기나긴 여정이 되기를 바란다.

그 후 시간이 흐르면 회계, 세무, 노무, 4대 보험이라는 업무가 본인도 모르게 본인의 옆에 같이할 것이라 믿어 의심치 않는다.

전산회계 자격증이랑 실무하고 달라요. 수많은 실무자가 하는 이야기지만 다른 게 아니고 체계가 없고 숲을 볼 줄 모르기 때문에 다르게 보이는 것이다.

오늘도 새로운 용기를 내 한발 나갈 수 있게 응원해준 나의 사랑하는 아내와 예영, 예서에게 고마운 마음을 전하며 긴 머리말을 끝내려고 한다.

손원준 올림

책의 순서

제1장 스타트업 업무체계를 잡아라! • 65

제2장 **머리에 쏙쏙 들어오는 회계 • 127**

CONTENTS

제3장 | **경리 장부 작성법 • 195**

회계결산과 재무제표 작성 • 227

CONTENTS

제5장　세무조사에도 문제없는 증빙관리 • 261

제6장   급여세금과 원천징수 • 325

CONTENTS

CONTENTS

제7장 하루에 끝내는 부가가치세 • 439

CONTENTS

제8장　**개인사업자 세금과 프리랜서 세금 • 523**

제9장 법인세와 손쉬운 경비처리 • 591

CONTENTS

제10장 **입사에서 퇴사까지 인사노무 ● 707**

제11장 입사에서 퇴사까지 4대 보험 • 833

창업/주제별 FAQ

회계/장부 FAQ

증빙관리 FAQ

급여/원천징수 FAQ

부가가치세 FAQ

종합소득세 FAQ

법인세 FAQ

인사노무 FAQ

4대보험 FAQ

연간 세무 업무일정표

해당일이 공휴일이면 다음날까지가 기한이다(2025년 기준).

구 분	주요 일정
1월의 주요업무 일정	▶ 10일까지 해야 하는 업무 ● 전년도 12월분 법인세 · 소득세 · 지방소득세(특별징수) 신고 · 납부 ● 4대 보험료 고지분 납부 ● 전년도 12월분 주민세 종업원분 신고 및 납부 ● 전년도 12월 거래분 전자세금계산서 발급기한(전송은 25일까지) ▶ 15일까지 해야 하는 업무 ● 고용 · 산재보험 근로 내용 확인 신고 ▶ 25일까지 해야 하는 업무 ● 전년도 제2기 부가가치세 확정신고 및 납부 ● 전년도 12월분 개별소비세(교육세) 신고 및 납부(과세유흥장소) ● 주세(교육세) 신고 및 납부 ▶ 31일까지 해야 하는 업무 ● 전년도 12월분 개별소비세(교육세) 신고 및 납부(유류 등) ● 전년도 12월분 교통 · 에너지 · 환경세(교육세 · 자동차세) 신고 　및 납부 ● 법인세 중간예납 분납(중소기업) ● 종합소득세 중간예납 분납

구 분	주요 일정
1월의 주요업무 일정	● 당해 연도 등록면허세 면허 분 납부 ● 7월~12월 근로소득 간이지급명세서 제출 ● 일용근로자 지급명세서 및 사업소득, 인적용역 기타소득 간이지급 　명세서 제출
2월의 주요업무 일정	▶ 10일까지 해야 하는 업무 ● 면세사업자 수입금액신고 및 사업장 현황 신고 ● 1월 원천징수 분 법인세 · 소득세 · 지방소득세(특별징수) 신고 · 납부 ● 4대 보험료 고지분 납부 ● 1월분 주민세 종업원분 신고 및 납부 ● 1월 거래분 전자 세금계산서 발급기한 ▶ 15일까지 해야 하는 업무 ● 고용 · 산재보험 근로 내용 확인 신고 ▶ 25일까지 해야 하는 업무 ● 1월분 개별소비세(교육세) 신고 및 납부(과세유흥장소) ▶ 28일까지 해야 하는 업무 ● 전년도 귀속 연말정산 마감 ● 전년도 귀속분 지급명세서 제출(원천징수 대상 사업소득, 근로소 　득, 퇴직소득, 봉사료 제외) ● 1월분 개별소비세(교육세) 신고 및 납부(유류 등) ● 1월분 교통 · 에너지 · 환경세(교육세 · 자동차세) 신고 및 납부 ● 하반기 증권거래세 신고 및 납부(7월~12월) ● 일용근로자 지급명세서 및 사업소득, 인적용역 기타소득 간이지급 　명세서 제출
	▶ 10일까지 해야 하는 업무 ● 2월 원천징수분 법인세 · 소득세 · 지방소득세(특별징수) 신고 · 납부 ● 4대 보험료 고지분 납부 ● 전년도 귀속분 지급명세서 제출(원천징수 대상 사업소득, 근로소 　득, 퇴직소득, 봉사료)

구 분	주요 일정
3월의 주요업무 일정	◉ 2월분 주민세 종업원분 신고 및 납부 ◉ 2월 거래분 전자 세금계산서 발급기한 ▶ 15일까지 해야 하는 업무 ◉ 고용·산재보험 근로 내용 확인 신고 ▶ 25일까지 해야 하는 업무 ◉ 2월분 개별소비세(교육세) 신고 및 납부(과세유흥장소) ▶ 31일까지 해야 하는 업무 ◉ 12월 말 결산법인 법인세 신고 및 납부 ◉ 2월분 개별소비세(교육세) 신고 및 납부(유류 등) ◉ 2월분 교통·에너지·환경세(교육세·자동차세) 신고 및 납부 ◉ 일용근로자 지급명세서 및 사업소득, 인적용역 기타소득 간이지급 　명세서 제출
4월의 주요업무 일정	▶ 10일까지 해야 하는 업무 ◉ 3월 원천징수 분 법인세·소득세·지방소득세(특별징수) 신고·납부 ◉ 4대 보험료 고지분 납부 ◉ 3월분 주민세 종업원분 신고 및 납부 ◉ 3월 거래분 전자 세금계산서 발급기한 ▶ 15일까지 해야 하는 업무 ◉ 고용·산재보험 근로 내용 확인 신고 ▶ 25일까지 해야 하는 업무 ◉ 부가가치세 예정신고 및 납부 ➔ 법인, 개인사업자는 고지분 납부. 단, 개인사업자 중에서도 환급대 　상자, 실적저조 사업자는 예정신고 가능 ◉ 3월분 개별소비세(교육세) 신고 및 납부(과세유흥장소) ◉ 1분기 개별소비세(교육세) 신고 및 납부(유류, 담배 및 과세유흥장 　소 분 제외) ▶ 30일까지 해야 하는 업무 ◉ 12월말 결산법인 공인법인의 결산서류 등 공시

구 분	주요 일정
4월의 주요업무 일정	● 12월말 결산법인 법인세 신고분 지방소득세 신고 및 납부 ● 3월분 개별소비세(교육세) 신고 및 납부(유류 등) ● 3월분 교통 · 에너지 · 환경세(교육세 · 자동차세) 신고 및 납부 ● 일용근로자 지급명세서 및 사업소득, 인적용역 기타소득 간이지급 　명세서 제출
5월의 주요업무 일정	▶ 10일까지 해야 하는 업무 ● 4월 원천징수분 법인세 · 소득세 · 지방소득세(특별징수) 신고 · 납부 ● 4대 보험료 고지분 납부 ● 4월분 주민세 종업원분 신고 및 납부 ● 4월 거래분 전자 세금계산서 발급기한 ▶ 15일까지 해야 하는 업무 ● 고용 · 산재보험 근로 내용 확인 신고 ▶ 25일까지 해야 하는 업무 ● 4월분 개별소비세(교육세) 신고 및 납부(과세유흥장소) ▶ 31일까지 해야 하는 업무 ● 종합소득세 확정신고 및 납부 ● 소득 분 지방소득세 신고 및 납부 ● 4월분 개별소비세(교육세) 신고 및 납부(유류 등) ● 4월분 교통 · 에너지 · 환경세(교육세 · 자동차세) 신고 및 납부 ● 사업용 계좌 변경 · 추가 신고기한(성실신고확인서 제출사업자 제외) ● 일용근로자 지급명세서 및 사업소득, 인적용역 기타소득 간이지급 　명세서 제출
6월의 주요업무 일정	▶ 10일까지 해야 하는 업무 ● 5월 원천징수분 법인세 · 소득세 · 지방소득세(특별징수) 신고 · 납부 ● 4대 보험료 고지분 납부 ● 5월분 주민세 종업원분 신고 및 납부 ● 5월 거래분 전자 세금계산서 발급기한 ● 하반기 부가가치세 주사업장 총괄납부 신청 및 포기 신고, 사업자 　단위 과세사업자 등록(과세기간 개시 20일 전까지)

구 분	주요 일정
6월의 주요업무 일정	▶ 15일까지 해야 하는 업무 ● 고용 · 산재보험 근로 내용 확인 신고 ▶ 25일까지 해야 하는 업무 ● 5월분 개별소비세(교육세) 신고 및 납부(과세유흥장소) ▶ 30일까지 해야 하는 업무 ● 5월분 개별소비세(교육세) 신고 및 납부(유류 등) ● 5월분 교통 · 에너지 · 환경세(교육세 · 자동차세) 신고 및 납부 ● 소규모사업자 하반기 원천세 반기납부 승인신청기한 ● 사업용 계좌 신고 및 사업용 계좌 변경 · 추가 신고기한(성실신고 사업자), 해외금융계좌 신고기한 ● 성실신고 개인사업자 종합소득세 확정신고 및 납부, 소득 분 지방소득세 신고 및 납부 ● 일용근로자 지급명세서 및 사업소득, 인적용역 기타소득 간이지급 명세서 제출
7월의 주요업무 일정	▶ 10일까지 해야 하는 업무 ● 6월 원천징수분 법인세 · 소득세 · 지방소득세(특별징수) 신고 · 납부 ● 4대 보험료 고지분 납부 ● 6월분 주민세 종업원분 신고 및 납부 ● 6월 거래분 전자 세금계산서 발급기한 ● 반기별 납부(상반기 소규모사업자) ▶ 15일까지 해야 하는 업무 ● 고용 · 산재보험 근로 내용 확인 신고 ▶ 25일까지 해야 하는 업무 ● 제1기 부가가치세 확정신고 및 납부 ● 2분기 개별소비세(교육세) 신고 및 납부(유류, 담배 및 과세유흥장소 분 제외) ● 6월분 개별소비세(교육세) 신고 및 납부(과세유흥장소) ▶ 31일까지 해야 하는 업무 ● 6월분 개별소비세(교육세) 신고 및 납부(유류 등)

구 분	주요 일정
7월의 주요업무 일정	● 6월분 교통 · 에너지 · 환경세(교육세 · 자동차세) 신고 및 납부 ● 일용근로자 지급명세서 및 사업소득, 인적용역 기타소득 간이지급 명세서 제출 ● 1월~6월 근로소득 간이지급명세서 제출
8월의 주요업무 일정	▶ 10일까지 해야 하는 업무 ● 7월 원천징수분 법인세 · 소득세 · 지방소득세(특별징수) 신고 · 납부 ● 4대 보험료 고지분 납부 ● 7월분 주민세 종업원분 신고 및 납부 ● 7월 거래분 전자 세금계산서 발급기한 ▶ 15일까지 해야 하는 업무 ● 고용 · 산재보험 근로 내용 확인 신고 ▶ 25일까지 해야 하는 업무 ● 7월분 개별소비세(교육세) 신고 및 납부(과세유흥장소) ▶ 31일까지 해야 하는 업무 ● 7월분 개별소비세(교육세) 신고 및 납부(유류 등) ● 7월분 교통 · 에너지 · 환경세(교육세 · 자동차세) 신고 및 납부 ● 주민세 사업소분 및 개인분 신고 및 납부 ● 상반기 증권거래세 신고 및 납부(1월~6월) ● 12월 말 결산법인 법인세 중간예납 ● 일용근로자 지급명세서 및 사업소득, 인적용역 기타소득 간이지급 명세서 제출
9월의 주요업무 일정	▶ 10일까지 해야 하는 업무 ● 8월 원천징수분 법인세 · 소득세 · 지방소득세(특별징수) 신고 · 납부 ● 4대 보험료 고지분 납부 ● 8월분 주민세 종업원분 신고 및 납부 ● 8월 거래분 전자세금계산서 발급기한 ▶ 15일까지 해야 하는 업무 ● 고용 · 산재보험 근로 내용 확인 신고 ▶ 25일까지 해야 하는 업무

구 분	주요 일정
9월의 주요업무 일정	◉ 8월분 개별소비세(교육세) 신고 및 납부(과세유흥장소) ▶ 30일까지 해야 하는 업무 ◉ 8월분 개별소비세(교육세) 신고 및 납부(유류 등) ◉ 8월분 교통 · 에너지 · 환경세(교육세 · 자동차세) 신고 및 납부 ◉ 일용근로자 지급명세서 및 사업소득, 인적용역 기타소득 간이지급 명세서 제출
10월의 주요업무 일정	▶ 10일까지 해야 하는 업무 ◉ 9월 원천징수분 법인세 · 소득세 · 지방소득세(특별징수) 신고 · 납부 ◉ 4대 보험료 고지분 납부 ◉ 9월분 주민세 종업원분 신고 및 납부 ◉ 9월 거래분 전자 세금계산서 발급기한 ▶ 15일까지 해야 하는 업무 ◉ 고용 · 산재보험 근로 내용 확인 신고 ▶ 25일까지 해야 하는 업무 ◉ 부가가치세 예정신고 및 납부 → 법인, 개인사업자는 고지분 납부. 단, 개인사업자 중에서도 환급대상자, 실적저조 사업자는 예정신고 가능 ◉ 3분기 개별소비세(교육세) 신고 및 납부(유류, 담배 및 과세유흥장소 분 제외) ◉ 9월분 개별소비세(교육세) 신고 및 납부(과세유흥장소) ▶ 31일까지 해야 하는 업무 ◉ 9월분 개별소비세(교육세) 신고 및 납부(유류 등) ◉ 9월분 교통 · 에너지 · 환경세(교육세 · 자동차세) 신고 및 납부 ◉ 일용근로자 지급명세서 및 사업소득, 인적용역 기타소득 간이지급 명세서 제출
	▶ 10일끼지 헤야 히는 업무 ◉ 10월 원천징수분 법인세 · 소득세 · 지방소득세(특별징수) 신고 · 납부 ◉ 4대 보험료 고지분 납부

구 분	주요 일정
11월의 주요업무 일정	● 10월분 주민세 종업원분 신고 및 납부 ● 10월 거래분 전자 세금계산서 발급기한 ▶ 15일까지 해야 하는 업무 ● 고용·산재보험 근로 내용 확인 신고 ▶ 25일까지 해야 하는 업무 ● 10월분 개별소비세(교육세) 신고 및 납부(과세유흥장소) ▶ 30일까지 해야 하는 업무 ● 10월분 개별소비세(교육세) 신고 및 납부(유류 등) ● 10월분 교통·에너지·환경세(교육세·자동차세) 신고 및 납부 ● 종합소득세 중간예납 세액 납부 및 중간예납 추계액 신고기한 ● 일용근로자 지급명세서 및 사업소득, 인적용역 기타소득 간이지급 명세서 제출
12월의 주요업무 일정	▶ 10일까지 해야 하는 업무 ● 11월 원천징수분 법인세·소득세·지방소득세(특별징수) 신고·납부 ● 4대 보험료 고지분 납부 ● 11월분 주민세 종업원분 신고 및 납부 ● 11월 거래분 전자 세금계산서 발급기한 ● 상반기 부가가치세 주사업장 총괄납부 신청 및 포기 신고, 사업자 단위 과세사업자 등록(과세기간 개시 20일 전까지) ▶ 15일까지 해야 하는 업무 ● 고용·산재보험 근로 내용 확인 신고 ▶ 25일까지 해야 하는 업무 ● 11월분 개별소비세(교육세) 신고 및 납부(과세유흥장소) ▶ 30일까지 해야 하는 업무 ● 11월분 개별소비세(교육세) 신고 및 납부(유류 등) ● 11월분 교통·에너지·환경세(교육세·자동차세) 신고 및 납부 ● 소규모사업자 원천세 반기별 납부 승인신청(상시 고용인원 20인 이하) ● 일용근로자 지급명세서 및 사업소득, 인적용역 기타소득 간이지급 명세서 제출

연간 4대 보험 업무일정표

구 분	국민	건강	고용	산재
1월	• 고지서 납부(전월 분을 당월 10일까지 납부) • 당해 연도 보험료율 변경 여부 확인			
2월	• 보험료율 등의 변경 반영 고지서 납부(전월 분을 당월 10일까지 납부) ➡ 법령의 개정으로 건강보험료율 등이 변경되어 1월 귀속분부터 적용되는 경우가 많음 • 보수총액 신고 안내(공단에서)			
3월	고지분 납부(전월 분을 당월 10일까지 납부)			
	정산제도 없음	• 정산 : 보수총액신고(사용자)(3월 10일까지) 및 기준보수월액 확정(폐지)	• 정산 : 보수총액신고(사용자)(3월 15일까지) 및 월평균 보수 확정 • 근로자가 없어도, 이미 퇴사(퇴직정산한 자는 제외)했어도, 전년도 보수와 같아도 신고 • 보험료 등 경감 특례 신청 • 올해 개산보험료 납부, 진년도 확정보험료(정산) ➡ 건설(31일)	

구 분	국민	건강	고용	산재
4월	고지분 납부	• 전년도 연말정산 및 당해 연도 신규보험료 고지(추징 또는 환급) • 보험료징수(당월 급여에 정산금액 반영) • 요청직원이 있을 시 보험료징수 연말정산 분할납부 신청	• 보험료징수 • 전년도 연말정산 및 당해 연도 신규보험료 고지(공단)	
5월	고지분 납부(전월 분을 당월 10일까지 납부)			
	소득총액신고 : 개인사업자 및 소득자료 없는 근로소득자	–		
6월	고지분 납부(전월 분을 당월 10일까지 납부)			
	기준소득월액 결정통지(공단)	–		
7월	• 당해 연도 신규보험료 고지(공단) • 보험료징수(당월 급여 반영)	고지분 납부(전월 분을 당월 10일까지 납부)		
8월	고지분 납부(국민연금의 경우 7월 귀속분부터 새로운 기준소득월액을 기준으로 하여 고지) ➡ 변경된 국민연금 보수월액 적용 기간(7월~다음 해 6월)			
9월	고지분 납부(전월 분을 당월 10일까지 납부)			
10월	고지분 납부(전월 분을 당월 10일까지 납부)			
	• 소득 적정 신고 여부 확인(공단) • 국민연금 납입 내역서 수령/배포	–		
11월~ 12월	고지분 납부(전월 분을 당월 10일까지 납부)			

구 분	국민	건강	고용	산재
수시 업무	• 입·퇴사자 자격취득 및 상실신고 • 납부예외신청 (휴직자 발생시) • 납부예외해지 신청(휴직자 복귀 시)	• 입·퇴사자 자격취 득 및 상실신고 • 퇴사자 정산 • 납부유예신청 (휴직자 발생 시) • 납부유예해지신청 (휴직자 복귀 시) • 피부양자 상실·취 득 신고 • 보수총액(월) 변경 신고	• 입·퇴사자 자격취득 및 상실신고 • 퇴사자 정산 • 휴직자신고 • 이직확인서 작성 • 보수총액(월) 변경 신고	• 입·퇴사자 자격 취득 및 상실신 고 • 산재발생 시 신고(1월 이내) • 산재요양/요양급 여 신청서 작성 협조 • 보수총액(월) 변 경 신고

① 1월

전월분(전년 12월 귀속분)을 당월 10일까지 공단이 고지하면 회사
(사용자)는 이를 검토한 후 납부한다.

② 2월

1월 귀속분 보험료가 고지되면 납부하되, 법령의 개정으로 1월 귀속
분부터 보험료율 등의 변경사항이 반영되어 고지되는 경우가 있으므
로 이를 검토한 후 납부한다.

③ 3월

2월 귀속분 보험료가 고지되면 납부한다.

건강보험에 대해서는 3월 10일(폐지)까지 고용·산재보험에 대해서는
3월 15일까지 전년도보수총액에 대한 신고를 수행해야 한다. 국민연
금은 공단이 근로소득 지급명세서와 대조하여 소득 적정 신고 여부
를 검토하므로 회사(사용자)는 별도의 신고가 필요 없다.

④ 4월

3월 귀속분 보험료가 고지되면 납부한다.

⑤ 5월

4월 귀속분 보험료가 고지되면 납부한다.

다만, 이때 건강보험료(노인장기요양보험료 포함)와 고용·산재보험료의 경우 전년도 납부분에 대한 연말정산 차액(추징 또는 환급)분이 함께 고지되면 확인한 후 납부한다. 국민연금은 별도의 정산이 없다. 또한, 국민연금을 제외한 건강보험료(노인장기요양보험료 포함)와 고용·산재보험료의 경우는 4월 귀속분부터는 전년도 보수를 기준으로 하여 새롭게 산정된 보수월액에 따라 고지된다.

⑥ 6월

5월 귀속분 보험료가 고지되면 납부한다. 국민연금의 경우 7월 귀속분부터 적용하기 위해 전년도 소득을 기준으로 산정한 기준소득월액을 공단이 산정하게 된다.

⑦ 7월

6월 귀속분 보험료가 고지되면 납부한다.

⑧ 8월

7월 귀속분 보험료가 고지되면 납부한다. 국민연금의 경우 7월 귀속분부터 전년도 소득을 기준으로 산정한 기준소득월액을 기준으로 보험료를 고지한다.

⑨ 9월~12월

8월 귀속분부터 11월 귀속분까지 귀속 월의 다음 달 10일까지 고지되면 납부한다.

1 국민연금

구 분	내 용
적용기간	매년 7월부터 다음 연도 6월까지
정산여부	전년도 보수 기준으로 산정·부과하나 정산 불필요
소득총액신고	국민연금공단에 매년 5월 31일 제출. 단, 국세청에 근로소득 지급명세서를 제출한 경우 생략 가능

주 소득총액신고

전년도 12월 1일 이전에 입사한 근로자 및 사용자로서, 국세청에 근로소득 지급명세서 미제출자 및 개인사업장 사용자 등은 소득총액신고를 해야 한다. 매년 5월 중 공단에서 발송하는 소득액 신고서에 가입자별 전년도의 소득총액 및 근무기간을 기재하여 5월 31일까지 공단에 제출해야 한다. 기준소득월액은 당해 연도 7월부터 다음 연도 6월까지 1년간 적용된다.

2 건강보험

구 분	내 용
적용기간	매년 4월부터 다음 연도 3월까지
정산여부	당해 연도에 지급한 총보수를 기준으로 다시 정산하여 추가징수 또는 환급
보수총액신고	건강보험공단에 매년 3월 10일 제출(폐지)

주 보수총액신고(폐지, 간이지급명세서 제출로 대체)

사업장에서 매년 3월 10일까지 국세청에 신고한 근로소득을 기준으로 공단에 보수총액통보서를 제출하고, 공단은 이를 근거로 3월에 정산한다.

공단은 정산내역서를 사업장에 통보하여 신고가 잘못된 경우 이의 및 변경신청을 받은 후, 매년 4월분 보험료 고지 시 전년도에 대한 보험료 정산분을 반영한다.

3 고용보험

구 분	내 용
적용기간	매년 4월부터 다음 연도 3월까지
정산여부	• 전년도 보수 기준으로 부과하고 고지된 금액을 납부하므로, 정산 필요(공단 ↔ 회사) • 실제 지급액을 기준으로 보험료를 차감하므로 정산불필요(회사 ↔ 직원)
보수총액신고	근로복지공단에 매년 3월 15일 제출(근로자 수가 10인 미만만 서면 신고 가능)

☎ 보수총액 신고

전년도 근로자에게 지급한 보수총액 등을 기재한 「보수총액신고서」를 매년 3월 15일 까지 공단에 제출해야 한다. 전년도 말일 현재 근로자 수가 10인 미만 사업주의 경우 문서에 의한 신고가 가능하나 근로자 10인 이상 사업주의 경우 반드시 정보통신망에 의해 신고한다.

구분	국민	건강	고용	산재
입사	피보험자 취득신고 및 근로자고용 신고 ➔ 입사 월의 다음 달 15일까지(단, 건강보험은 입사일로부터 14일 이내)			
퇴사	피보험자격 상실 신고 및 근로자고용종료 신고 ➔ 퇴사 월의 다음 달 15일까지(단, 건강보험은 퇴사일로부터 14일 이내)			
연말정산	해당 없음	직장가입자 보수총액 신고 ➔ 매년 다음 연도 3월 10일까지(폐지)	고용 · 산재 보수총액 신고 ➔ 매년 다음 연도 3월 15일까지	

구분	국민	건강	고용	산재
수정신고	–	직장가입자 보험료 정산내역 착오자 변경 신청서 ➡ 착오내역을 변경신청 하고자 하는 때	고용·산재 보수총액수정신고서 ➡ 공단의 조사계획 통지 전까지	
근로자의 성명 또는 주민번호 등이 변경 된 경우	사업장가입자 내용 변경신고 ➡ 발생 월의 다음 달 15일까지	직장가입자 내역 변경 신고 ➡ 발생일로부터 14일 이내	피보험자 내역변경신고	근로자 정보변경신고
			➡ 변동일로부터 14일 이내	
	(통합서식임)			
보수월액 변경(임금 변동)	–	직장가입자 보수월액 변경신청서 ➡ 해당 사유가 발생하는 때	월평균 보수변경신고서 ➡ 해당 사유가 발생하는 때	
외국인 근로자	사회보장협정에 의한 국민연금 가입면제 신청 ➡ 해당 사유가 발생하는 때	재외국민 및 외국인 근로자 건강보험 가입 제외신청서 ➡ 해당 사유가 발생하는 때	외국인 고용보험 가입(탈퇴)신청서 해당 사유가 발생하는 때	–
일용 근로자	–	–	근로내용확인신고 ➡ 사유 발생 일의 다음 달 15일까지	
해외 파견자	사회보장협정에 의한 국민연금 가입증명 발급신청서, 연금보험료 납부예외(재개)신고서 ➡ 해당 사유가 발생하는 때	직장가입자 근무내역 변동신고서 ➡ 해당 사유가 발생하는 때	–	

구분	국민	건강	고용	산재
휴직자	연금보험료 납부예외 신청납부재개신고서 ➔ 발생 월의 다음 달 15일까지	직장가입자 근무내역변경신고서, 휴직자 등 직장가입자 보험료 납입고지 유예신청서 ➔ 발생일로부터 14일 이내	근로자 휴직 등 신고 ➔ 사유발생일로부터 14일 이내	
전출자	사업장가입자 자격상실신고 ➔ 다음 달 15일까지	직장가입자 자격상실신고, 직장가입자(근무처·근무내역) 변동신고서 ➔ 발생일로부터 14일 이내	고용보험 피보험자 전근 신고 및 산재보험 근로자 전보신고 ➔ 사유발생일로부터 14일 이내	

제1장

스타트업
업무체계를 잡아라!

주제별로 가장 궁금해하면서도 모르는 내용을
정리해 놓았습니다.

1. 실무자가 스타트업 회사에 처음 들어가 업무
체계를 잡는데, 어려움을 느끼는 것 같아 업무를
처음 할 때 필요한 내용을 담았습니다.

2. 입사와 퇴사 시 체계적인 업무처리를 점검해
볼 수 있는 자료가 없어 실무자들이 많이 어려워
하는 것 같아서 이를 모아봤습니다.

3. 법인등기 등 기타 업무 지식을 전달합니다.

스타트업(창업회사) 소규모 회사 경리업무 체계를 잡아라!

경리실무자는 스타트업 회사나 창업한 회사 또는 사장 1인인 틀이 없는 회사를 가는 경우 체계가 없어 체계를 잡는데 많은 시간과 노력이 투자되게 된다. 이에 간략히 이 정도만 해두면 큰 문제 없이 시작할 수 있는 업무처리 내용을 살펴보고자 한다.

1 증빙자료 챙기기

하루 동안 거래가 진행될 때마다 경리는 영수증과 거래명세표, 입금 기록 등 모든 증빙자료를 모아야 한다.

기왕이면 그날의 증빙자료는 모두 한곳에 모아 두고 저녁에 한꺼번에 정리하는 게 편리하다. 보관철이 많아지면 오히려 관리도 소홀해지고 정리하기도 복잡해진다. 이렇게 모아 둔 증빙자료는 장부 작성의 기초가 된다.

구분	참고
세금 아무것도 모르면 증빙부터 챙겨라	264페이지

2 회계 및 장부 관리

🍷 일일 잔액(시재) 맞추기

경리업무에서 큰 비중을 차지하는 일은 아무래도 '잔액 맞추기'다. 단순해 보이지만 회사 전반적인 재무 현황을 파악하기 위한 가장 기본적인 단계다.

회계 장부상 잔액이 실제 현금 잔액과 일치하는지 그 외 통장, 카드 등 장부들도 실제 잔액과 일치하는지 확인하는 일이다.

하지만 복잡한 현금 흐름 때문에 잔액이 딱 맞아떨어지지 않는 경우가 흔한데, 약간 부족하거나 남거나 둘 중 하나다.

그래서 장부 정리를 잘해야 한다. 잔액을 맞출 뿐 아니라 회계 흐름 파악, 세금 신고까지 장부를 기반으로 하기 때문이다.

구분	참고
회계상 현금시재가 마이너스(-)가 난다는 것은 몇 가지 요인이 있다.	199페이지

일일시재표

년 월 일

일자	수입	지출			비고
		품목	수량	금액	

🐦 장부 체계 갖추기

회계는 장부를 복식부기에 의해 기장을 하므로 대다수 회사는 전표를 발행한다.

그리고 전표 발행을 위해서는 계정과목을 알아야 한다. 따라서 회사는 우선 전표와 각종 장부의 체계를 잡아야 한다. 즉, 회사에서 사용할 장부의 체계를 정해야 나머지 업무가 편리해진다.

회계프로그램이 있는 회사는 이미 전표 등 회계장부의 체계를 갖추고 있으므로 프로그램에서 제공하지 않지만, 회사에서 필요한 서식을 만들어야 한다.

그리고 실무자는 전표를 발행하기 위해서 우선 계정과목을 알고 있어야 하며, 각종 전표의 발행 방법을 숙지해야 한다. 물론 회사 프로그램을 구입한 후 본인이 처음 사용하는 경우는 본인의 실정에 맞게 프로그램을 설정하면 되지만 전 근무자가 이미 사용 중인 프로그램의 경우는 전 근로자의 업무처리 방법을 숙지해 일관성 있게 사용하는 것이 좋다. 이 경우 문제는 전 담당자가 틀리게 입력해 둔 경우 수정을 하는 번거로움이 발생한다.

구분	참고
모든 회사에서 공통으로 누구나 많이 사용하는 장부	200페이지

3 재무 현황 파악

증빙자료를 챙기고 장부를 작성하는 가장 큰 이유는 결국 돈 흐름을 정확히 파악하기 위함이다. 장부를 바탕으로 경리는 재무 현황 파악을 하고 앞으로의 재무 계획과 함께 절세전략을 세워야 한다. 거시적으로 재무 상황을 볼 줄 아는 경리의 안목이 필요한 대목이다.

그러나 중소기업의 경우 1인 경리를 보는 경우가 많으며, 매일 입출금 내역을 파악하고 정리하는 것이 힘들고 불가능한 것이 현실이다. 특히, 매일 회사의 재무 상황을 보고해달라는 상사를 만나면 장부 정리하기도 버거운데 어떻게 해야 할지 거의 미쳐버리는 사태가 발생한다. 하지만, 최소한 현금의 입출금 내역은 관리하고 이를 통해 이익이나 손실 여부를 판단해 두는 것이 가장 기본적인 일이다.

일일 보고서(경리일보)

부 서 명 :
작 성 자 :
일   자 : 20 년 월 일

1. 매출 및 매입 내역

1-1. 매출 사항

구분	거 래 처	품명	적 요	매출내역		
				공급가액	부가세	합 계
매출						
합계						

1-2. 매입 사항

구분	거 래 처	품명	적 요	매입내역		
				공급가액	부가세	합 계
매입						
합계						

2. 매출 및 매입 상세 내역

2-1. 매출

구분	금액	특이사항	비고
총 매출			
카드			
현금			
외상			
사입			
기타			

2-2. 매입

구분	금액	특이사항	비고
총매출			
카드			
현금			
외상			
사입			
기타			

3. 일일자금내역

3-1. 금융기관별 입출금 현황

금융기관명	전일잔고	입금	출금	잔고	비고
합계					

3-2. 금융기관별 입출금 내역

(금융기관명 :   )

구 분	입금		출금	
	내 역	금 액	내 역	금 액
합계				

4. 자금 입출금 예상액

4-1. 입금 예상

월/일	거래처	금액	비고
합계			

4-2. 지출 예상

월/일	거래처	금액	비고
합계			

5. 외상매출 및 어음관리

5-1. 받을 금액

월/일	거래처	외상	어음내역 (어음 종류 및 만기일)	금액
합계				

5-2. 지급금액

월/일	거래처	외상	어음내역 (어음 종류 및 만기일)	금액
합계				

6. 경리일보 총괄표(합계 집계)

매출	매입	일수익 (매출 – 매입)	입금	출금	잔액	외상매출금 (미수금)	외상매입금 (미지급금)

7. 특이 보고사항 서술

구분	참고
중소기업의 현금관리	219페이지

4 세금 신고(세무 일정표)

마지막으로 경리는 세금 신고날짜를 체크해 신고날짜에 정확히 신고 해야 한다. 중요한 요소는 절세액인데, 그동안 얼마나 꼼꼼하게 증 빙자료를 챙기고 장부 정리를 했는지에 따라 절세액에 차이가 난다. 또 세무 기한 내에 신고하여 가산세를 물지 않도록 하는 것도 절세 전략이다.

구분	참고
부가가치세(법인 및 개인)	440페이지
급여 및 퇴직금 관련 세금(법인 및 개인)	326페이지
종합소득세(개인사업자)	524페이지
법인세(법인사업자)	592페이지
인직용역에 내한 원천싱수(법인 및 개인)	398페이지
4대 보험의 취득 · 상실 · 변경 신고(법인 및 개인)	818페이지

5 세금 신고 해결 3종 세트

(전자)세금계산서를 발행하고 사업용 계좌와 사업용 신용카드를 활용하자

1인 회사 또는 영세한 회사의 경우 프로그램을 사용하지 않는 회사가 많다. 이 경우 (전자)세금계산서를 발행하고 사업용 계좌와 사업용 신용카드를 활용하는 경우 복식장부는 안 되지만 세금 부분에서는 자체 기장하는 효과를 낼 수 있다.

여기에 세무 기장을 맡기는 경우 복식 장부까지 완벽하게 된다.

창업단계에서 자금 사정상 기장 대행을 맡기지 못하거나 경리직원을 쓰지 못하는 경우 (전자)세금계산서를 발행하고 사업용 계좌와 신용카드만 활용해도 시간을 절약하면서 상당수의 세금 업무도 해결할 수 있다.

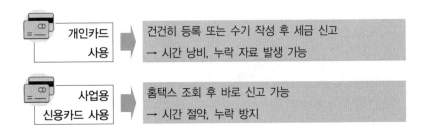

참고로 사업용 계좌는 사업장별로 신고해야 하므로 혹시 하나의 계좌를 2개 이상의 사업장에서 사용하고 있다면 같은 계좌를 사업장별로 각각 신고해야 한다.

한 단계 더 나가 이왕 사업용 계좌를 개설한다면 2개의 통장을 만들어 1개의 통장은 수입 전용 통장, 1개는 지출 전용 통장으로 사용하는 것도 1인 기업이나 소규모 회사에서는 업무 효율을 높이는 방법이다. 또한 기장 대행을 맡길 때도 통장 사본을 세무대리인에게 제출하는데, 이 경우 세무대리인이 파악하기도 쉬워 기장을 누락하는 사태도 줄일 수 있다.

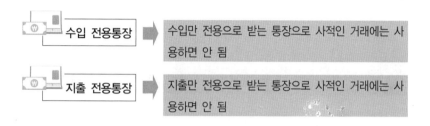

기장의뢰 시 준비해야 할 제출서류

(자동 조회가 안 돼 추가로 항상 관리해야 할 서류)

1 세무기장 대행 서비스 이용시 필요한 서류

세무 기장업무를 진행하기 위해서는 먼저 수임 회사에 대한 기초정보 등록이 필요하다. 이를 위해 고객사에서는 세무신고를 위해 아래 자료를 전달해 주어야 한다.

❶ (공통사항) 사업자등록증과 대표자의 신분증, 사업장 임대차계약서

❷ (법인의 경우) 법인등기부등본, 주주명부, 법인정관, 법인통장, 법인차량 등록증

❸ 홈택스 가입시 생성한 회사 계정의 아이디와 비밀번호

세무 기장 및 기장료의 납부, 4대 보험 신고 대행 업무 등을 위해서는 아래의 동의서 등이 필요한데, 먼저 세무대리인이 위 전달받은 정보를 토대로 서류를 작성하여 보내준다.

❶ 세무 대리계약서, CMS 자동이체 동의서,

❷ 건강보험 EDI 업무 대행 위임장, 고용보험 사무 대행 위탁서

2 국체청 홈택스 수임 동의

홈택스 수임동의란 세무대리인이 수임 회사의 세무신고를 진행할 수 있도록 관련 정보제공을 동의하는 절차이다. 수임 회사로부터 전달받은 서류를 확인 후 세무대리인이 먼저 홈택스 수임동의 요청을 하며, 수임회사는 이를 확인 후 수락해주면 된다.

❶ 세무대리·납세관리 〉 나의 세무대리 관리
❷ 나의 세무대리 수임동의를 클릭
❸ 세무대리인 상호와 사업자번호를 확인한 후 동의 버튼을 클릭

3 부가가치세 신고자료 제출

구 분	내 용
수기 세금계산서/계산서	• 홈택스를 통해 전자로 발급되지 않고, 수기로 작성하거나 프린트하여 발행되는 세금계산서 • 전자(세금)계산서는 일괄 수집한다.
국외 매출 내역	수출, 어플리케이션 매출, 광고 매출 등의 국외에서 발생된 매출내역을 신고한다(페이팔, 이베이, 아마존, 구글, 애플 등 해외쇼핑몰 매출 내역). • 선적을 통한 물품 수출 : 수출신고필증 • 어플리케이션 매출 : 구글, 애플 앱스토어 정산서 : 구글 애플 앱스토어 매출 조회 • 광고 매출 등 기타 인보이스 발행을 통한 서비스 매출 : 외환매입증명서(부가가치세 신고용) : 입금된 은행 창구에서 발급받을 수 있다.

구 분	내 용
오픈마켓/쇼셜커머스 매출내역	오픈마켓 및 소셜커머스(쿠팡, 인터파크, 지마켓, 옥션, 티몬, 위메프, 11번가, 네이버 스토어팜, 카카오 등)를 통해 발생하는 매출내역이다. : 각 오픈마켓, 소셜커머스 홈페이지 내 판매자 관리페이지에서 조회할 수 있다.
현금매출 내역	세금계산서, 계산서, 현금영수증을 발급하지 않고 법인계좌(개인사업자의 경우 사업용 계좌)로 입금되는 현금매출내역을 현금매출이 입금되는 계좌의 금융기관 홈페이지에서 해당 부가가치세 기간의 거래내역을 조회 후 다운로드한 엑셀 파일에서 현금매출 입금 분만 정리한다.
카드 매출 승인내역	나이스페이, 이니시스, 카카오페이, 유플러스, 다날, 네이버페이 등 결제대행사, PG사, 벤사 등에서 제공하는 매출내역으로 온·오프라인 카드, 가상계좌 결제 등이 이에 해당한다. : 각 결제대행사의 홈페이지에서 직접 조회 또는 결제대행사의 고객센터 유선 상담을 통한 자료 수취가 가능하다.
개인신용카드 사용분	• 사업 관련 비용을 임직원의 개인카드로 대금을 지급한 경우 매입세액공제가 가능하다. • 매출처의 사업자번호가 반드시 기재되어 있어야 부가가치세 공제가 가능하다. (Excel 파일 다운로드 시 카드사 사이트상에서 사업자번호가 기재되지 않은 파일만 다운로드 가능하다면, 해당 카드사에 직접 요청할 수 있다.)
사업용 신용카드 사용분	개인사업자의 사업용 카드란 업무용으로 사용한 대표자 본인 명의의 카드를 말하며, 개인사업자만 해당한다.
기타 매출 승인내역	• 결제 대행 : 배달의민족, 요기요 등 • 배달 대행 결제 내역

구 분	내 용
홈택스 미등록 카드내역	(개인사업자 대상) 사업용으로 사용한 카드에 대해 카드사에 세금 신고용으로 자료 조회 후 전달
사업자등록 전 매입세액	신설법인의 경우, 법인설립 전 사용한 비용에 대해 적격증빙을 구비한 경우 매입세액공제가 가능하다. 개인의 경우 주민등록번호로 발급받는다.

4 종합소득세 신고자료 제출

구 분	내 용
사업자등록증, 주민등록등본	기장대행시 제출한 경우 제외. 인적공제를 등록하려는 경우 부양가족 확인 가능한 주민등록등본 또는 가족관계 확인서
월별 신용카드사용 명세서, 지출증빙용 현금영수증	매월 카드사에서 발송하는 신용카드 사용대금 명세서와 지출증빙용 현금영수증 수취분. 단, 부가가치세 신고 시 제출한 자료에 대해서는 별도 제출 불필요
각종 간이영수증	식대, 운반비, 문구류, 배송료, 주차비, 통행료 등 건별 3만원 이하 간이영수증
각종 공과금	(사업과 관련된) 수도세, 전기세, 가스비, 통신비 등
경조사 증빙	청첩장, 부고장, 문자 내역, 통장이체 내역 등 경조사 증빙 서류
기부금 영수증	기부금 공제 대상 단체에서 발급받은 영수증
지자체(지방세)	자동차세, 사업자 등록면허세 등 지방세 영수증
정부자금 지원기관	고용장려금, 시설보조금, 창업지원금, 연구지원금 등 지원금 내역

구 분	내 용
노란우산공제, 연금저축	홈택스에서 조회가 가능한 경우 제출 불필요
재고가 있는 업종의 경우	재고자산별 연말 재고 잔액
대출금 내역서 및 잔액확인서	사업과 관련된 대출금이 있는 경우 관련 확인서
통장 사본	대출이나 금융기관 등 대외기관에 재무제표를 제출할 필요가 있는 경우에 한함

5 법인세 신고자료 제출

법인세 신고 대행을 의뢰하는 경우 다음의 서류를 제출해야 한다.
무실적 법인도 반드시 신고는 해야 한다는 점을 잊어서는 안 된다.

구 분	내 용
기본서류	법인등기부 등본, 주주명부, 사업자등록증 사본, 정관, 사업장 임대차계약서
금융기관 요청 서류	• 법인계좌 내역(인터넷 뱅킹에서 다운받은 엑셀 양식) 또는 인터넷 뱅킹 간편조회 서비스 가입 후 ID / PW 제출 금융기관에서 제공하는 간편조회(빠른 조회, 스피드 조회) 서비스에 가입하고 그 정보를 주면 세무대리인이 자동으로 조회해서 신고할 수 있다. • 대출 잔액증명원 • 대출이자 납입증명서 • 예금 이자소득 원천징수영수증(이자를 지급받을 때 금융기관으로부터 원천징수 된 내역)

구 분	내 용
	• 어음내역 : 받을어음장, 지급어음장, 어음 입금내역, 할인 내역
	• 보험계약서(증권) : 법인차량 보험, 사업장 화재보험, 직원 상해보험, 퇴직연금
	• 리스 상환스케줄표
기타 서류	• 정부지원금 / 보조금 내역 : 고용장려금, 시설보조금, 창업지원금 등
	• 수입신고필증 / 수입 물류비용 명세서 관련 서류
	• 벤처인증 / 연구인력전담부서 관련 서류
	• 주주변동 내역(당사에서 주식양도 신고를 대행한 경우 제출할 필요 없음)
	• 기타 각종 증빙 영수증 : 간이영수증, 주차증, 고속도로 통행료 영수증, 청첩장, 지출결의서, 직원명의 카드 영수증
참고 서류	• 재고 현황(12월 말 기준)
	• 거래처별 미수, 미지급 내역(12월 말 기준)
	• 고정자산 변동 내역 : 기계, 건물, 비품 등
	• 유형자산명세서(건물, 차량)(신고 대행만 하는 경우)
	• 부가가치세 신고서류(신고 대행만 하는 경우)
	• 전년도 법인 세무조정계산서(신고 대행만 하는 경우)

6 추가 제출서류

🔦 부동산임대업 소득이 있는 경우 추가 준비서류

❶ 건물 취득(분양) 계약서, 건축물 관리대장, 도지등기부 등본(기제출자는 제외)

❷ 재산세, 환경개선부담금, 간이과세자의 경우 부가가치세 납부영수증

❸ 은행 대출이 있는 경우 이자 내역서와 대출금 내역

❹ 건물 보수나 수리를 한 경우 관련 증빙

❺ 건축물을 리모델링 하거나 증축한 경우 관련 증빙

❻ 화재보험료 등 내역서

❼ 부동산 임대차계약서

❽ 건물 관리인 또는 청소용역이 있는 경우 지급내역

❾ 공인중개사 사무실 수수료 영수증

❿ 부가가치세 신고를 해당 사무실에서 진행하지 않은 경우 부가가치세 신고서 사본

⓫ 주택임대업의 경우 렌트홈 임대사업자등록증(임대사업 등록을 한 경우에 한함)

⓬ (면세) 사업장현황신고서와 그 부속서류

🌿 성실신고 사업자 추가 준비서류

❶ 외상매출금, 받을어음, 외상매입금, 미지급금 내역서

❷ 사업용 계좌 통장(입·출금 내역을 엑셀로 제출)

❸ 의료비, 교육비 납입명세서

입사자가 발생할 때 업무처리

1 입사자 업무개요

구 분	내 용
근로계약 서와 구비서류	• 이력서 : 직원의 경력과 근무상태를 파악하고 업무 분담에 활용 • 근로계약서 : 근로조건과 급여를 명시 • 서약서 : 회사의 취업규칙과 규정을 준수할 것을 서약한다. • 보안서약서 : 회사의 모든 정보나 문서와 기타 회사의 기밀을 보완하며 유지에 대한 각서이다. • 주민등록등본 또는 초본 : 4대 보험 가입 및 본인 확인에 사용 • 최종학력 증명서 : 입사자의 최종학력을 확인한다. • 성적증명서 : 최종 성적을 확인한다. • 자격증 사본 : 보유한 자격증을 파악하고 업무 분담에 참고 • 경력증명서(해당자) : 이전 경력을 확인하고 업무 분담에 활용 • 원천징수영수증 (경력자) : 4대 보험 및 급여 계산에 필요 • 통장사본 : 급여 이체에 사용 • 여권사진 : 신분 증명 및 직원명부 등에 사용 • 채용신체검사서 또는 건강진단서 : 특정 분야에서 요구될 수 있다 • 인사기록카드 : 직원의 근무 시 상벌이나 진급 사항을 기록 부존하는 것이다. • 주민등록등본 : 직원의 세제 혜택과 가족 사항을 파악한다.

구 분	내 용
	• 신원보증서 : 기업이 손해를 입을 경우 그 손해를 배상하겠다는 약정을 담은 문서 • 병역 확인 : 주민등록초본 및 병무청 확인
급여명세서 작성/근로소득세 신고	• 급여 관리 대장 작성(출근 카드 / 업무일지) • 개인별 급여명세서 • 인센티브 지불 내역(인사고과 내용) • 원천세 신고분 체크 • 매월 근로소득세 신고 및 (간이)지급명세서 제출
4대 보험 취득 신	• 건강보험 : 취득, 상실, 업무 사항 확인 • 국민연금 : 취득, 상실, 업무 사항 확인 • 고용보험 : 취득, 상실, 개산 · 확정신고, 납부 사항 체크 • 산재보험 : 개산 · 확정신고, 납부 사항 체크 • 일용근로자 근로내용확인신고

 입사 지원서류는 다시 돌려줘야 한다.

상시 30인 이상 사업장에 적용되는 '채용 절차의 공정화에 관한 법률'에 따르면, 채용 여부가 확정된 이후 입사지원자(채용이 확정된 자는 제외)가 본인이 제출한 서류의 반환을 요구할 경우는 14일 이내에 채용서류에 기재된 주소지로 반환해주어야 한다. 이때 채용서류의 반환에 드는 비용은 원칙적으로 구인자(회사)가 부담한다.

채용서류 반환을 처리하는 절차는

1. 채용서류 반환청구서(채용절차법 시행령 별지 제3호)를 홈페이지, 전자우편 또는 팩스 등으로 구인자에게 제출하고,

2. 구인자는 반환을 요청하는 자가 본인임을 확인한 후

3. 14일 이내에 채용서류에 기재된 주소지로 반환해야 한다. 다만, 구직자가 요청하는 경우 당사자 간 합의하는 별도의 방법으로 처리할 수 있다.

인사담당자가 해당 단계에서 유의해야 할 사항은, 구직자의 반환 청구에 대비하여 "채용 여부 확정 통보일로부터 14일 이내"에는 채용서류를 보관해야 하고, 반환 청구 기간이 지난 후에는 개인정보보호법에 따라 채용서류를 파기해야 한다.

참고로, 채용절차법은 상시근로자 30인 이상인 사업 또는 사업장에 적용되는 법률이므로, 30인 미만 사업장에서는 상기 내용 준수가 법적 의무는 아니다.

2 월중 입사자 및 퇴사자의 급여 일할계산

월중 입사 및 퇴사자의 급여 일할계산

일반적으로 별도의 정함이 없는 경우 월 중도 입·퇴사자의 임금 일할계산은 재직일 수를 해당 월의 총일수로 나누어 여기에 월급여액을 곱하여 일할 지급하게 된다. 즉, 월급제 근로자가 월의 도중에 퇴사(입사)를 할 경우 임금 계산 방법에 대해 법령상 특별한 규정이 없으므로 일할계산하는 것이 일반적이다.

월급제 근로자는 당해 월의 대소(28~31일)나 월의 소정근로일수 및 유급휴일 수와 관계없이 매월 고정적인 임금을 지급받는 근로자이므로 퇴사 전(입사 후) 소정근로시간을 정상적으로 근로한 경우는 월급을 해당 월의 역일 수로 나누어 계산하는 것이 일반적이다.

일할계산액 = 월급 ÷ 역일 수 × 근무일 수(해당 월에 따라 28~31일)

소정근로시간 외에 이루어진 근로(시간외근로)에 대해서는 별도로 임금을 산정하여 지급해야 한다.

예를 들어 A 근로자의 근무기간 : 11월 1일~11월 16일, 월급 : 210
만 원

210만 원 ÷ 30일 × 16일 = 1,120,000원(11월의 역일 수가 30일이
므로 30일로 나누어 산정)

위 방식 외에도 다음과 같이 계산할 수 있다.
아래 방법은 최저임금법을 위반하지 않으면서 월중 입사(퇴사)자의
급여를 계산할 수 있는 최고의 방법이다.

> 일할계산액 = 월급액 ÷ 209시간 × [근무일 수(근무기간의 월~금요일 일수 + 일요
> 일 일수) × 8시간]

예를 들어 A 근로자의 근무기간 : 11월 1일~11월 16일, 월급 : 210
만 원에 근무하며, 평일(월~금)이 11일, 일요일이 3일인 경우
210만 원 ÷ 209시간 × [14일(11일 + 3일) × 8시간]= 1,125,358원
이 된다.

일할계산 급여가 최저시급에 미달하는 경우

그러나 A 근로자의 근무기간 : 11월 1일~11월 2일, 월급 : 210만
원의 경우 일할계산을 하면 210만 원 ÷ 30일 × 2일 = 140,000원
이 된다.
이는 2025년 최저시급 10,030원 × 2일(16시간) = 160,480원에 미
달하게 되어 최저임금 문제가 발생한다.

해당 사례처럼 2일에 대해 비례하여 산정한 임금액이 최저임금액에 미달하는바 앞서 설명한 월 급여액을 월 소정근로시간 209로 나눈 1시간의 통상시급을 구해 여기에 2일분 16시간의 근로시간을 곱하는 방식을 사용하면 최저임금법 위반 문제는 발생하지 않는다. 즉, 210만 원 ÷ 209시간 × 16시간 = 160,765원이 계산되어 최저임금법 위반이 아니다. 참고로 최저임금은 세전 임금을 기준으로 한다.

3 4대 보험

💡 급여에서 공제하는 4대 보험

국민연금과 건강보험은 1일을 기준으로 4대 보험료가 부과된다. 따라서 2~31일 사이 입사할 경우 취득일은 동일하게 입사일이지만 보험료는 다음 달(다음 달 1일이 기준이므로)부터 부과된다.

구 분	처리내용
입사일이 해당 월 1일일 경우	해당 월 4대 보험료 모두 부과. 국민연금과 건강보험, 고용보험은 1일 기준으로 1일 현재 취득상태면 부과된다.
입사일이 해당 월 1일이 아닐 경우(2일~31일 사이 입사)	• 국민연금과 건강보험, 고용보험 : 1일을 기준으로 4대 보험료가 부과되므로 2~31일 사이 입사할 때는 보험료는 다음 달부터 부과된다. 단, 국민연금은 입사일 납부를 희망하는 경우 납부가 가능하다.

단, 입사일 당일에 4대 보험 취득 신고가 완료되는 경우는 거의 없으므로(신고접수 후 처리까지 통상 3~7일 정도 소요), 입사일이 1일이더라도 신고 완료일에 따라 해당 월

에 보험료가 부과되지 않고, 다음 달에 합산되어 부과될 수도 있다. 즉 15일 현재 취득 신고가 완료되어 있으면 고지되고 아니면 다음 달에 2달 치가 고지된다.

📋 사업개시일 전에 입사한 근로자의 4대 보험 취득

사업자등록증의 개시일보다 직원을 먼저 채용해서 운영하는 경우 건강보험은 사업자등록 증 상의 개시일보다 직원의 실제 근로 시작일이 빨라, 소급하여 적용 신고를 하고자 할 경우 객관적인 자료(사업자등록증, 근로소득 원천징수 신고서 등)를 추가로 제출하여 공단 에서 확인할 수 있어야 한다. 또한 소급하려는 날짜가 1개월 이내일 경우에 한하여 근로계 약서 및 임금대장 등을 제출하면 가능하다.

단, 국민연금, 고용ㆍ산재보험의 업무처리는 각 기관의 지사로 문의해 본다.

🦔 보수월액신고

사업장에 입사한 근로자의 보수월액은 아래 기준에 따라 사용자가 근로자에게 지급하기로 약정하였던 금액으로, 입사 당시 지급이 예측 가능한 모든 근로소득을 포함해야 한다.

구분	포함해야 하는 소득	포함하지 않는 소득
판단 기준	입사 당시 근로계약서, 보수 규정 등에서 지급하기로 확정된 모든 과세소득	소득세법상 비과세소득, 입사 당시 지급 여부 및 지급금액이 확정되지 않은 소득
급여 항목	기본급, 직책수당, 직급보조비, 정기(명절)상여금, 기본성과급, 휴가비, 교통비, 고정 시간외근무 수당, 복지연금, 기타 각종 수당	비과세소득(월 20만 원 이하 식사대), 출산(전액), 6세 이하 보육수당(월 20 만 원 이내 등), 실적에 따라 지급 여 부 및 지급금액이 결정되는 실적급

보수월액 산정 방법 : 입사 시점에 따른 근로자 간 신고 보수월액 차이 등이 발생하지 않도록 입사 당시 약정된 급여항목에 대한 1년 급여총액 − 비과세소득에 대하여 1달로 환산하여 결정한다.

소득월액 = (입사 당시 지급이 약정된 각 급여총액 − 비과세소득) ÷ 12

수습사원의 보수월액신고

수습기간의 급여는 단순노무직을 제외하면 최저임금의 90% 이상을 지급하면 큰 문제는 없다. 따라서 회사에서는 정직원 급여의 일정 퍼센트를 지급할 수가 있는데, 이때 4대 보험 신고와 관련해 당황하는 경우가 종종 있다.

최초 입사 시에는 사업장에서 신고한 소득으로 기준소득월액이 결정된다.

이때 신고하는 방법은 다음의 2가지 방법 중 선택할 수 있다.

1. 수습급여로 신고한 후 정규직으로 전환될 경우 고용 · 산재보험 포털이나, 건강보험 EDI 에서 보수변경 신고를 하는 방법

2. 사업장에서는 근로계약 시 각종 수당(시간외수당 포함), 휴가비, 연간상여금 등을 포함 (비과세소득 제외)하여 지급하기로 한 모든 소득을 고려한 월평균 급여를 신고

예) 수습기간 포함 근로 개시일로부터 1년간 지급하기로 정한 보수총액 ÷ 12개월

단, 1년 미만의 경우 해당 근무기간의 보수총액 및 기간

건강보험, 고용 · 산재의 경우 당해연도 보수가 확정된 시점에서 다시 산정한 보험료와 기 납부한 월별보험료의 차이를 조정하여 보험료를 추가징수 또는 환급하는 정산 절차를 진 행한다. 따라서, 1년간 납부하는 총금액은 결국 어떠한 경우에든 동일하게 된다.

한편, 국민연금의 경우 연말정산 절차는 없으며, 다음연도 6월에 국세청 연말정산 총급여를 기준으로 기준보수월액을 재산정하여 다음연도 7월부터 그 다음연도 6월까지 동일 기준보수월액으로 석용한다.

하지만 국민연금은 더 납부하면 더 받고, 덜 납부하면 덜 받는 구조로 결국 본인이 부담한 금액을 기준으로 하므로 급여와 꼭 일치하지 않아도 큰 실익은 없다고 보면 된다.

퇴사자가 발생할 때 업무처리

1 퇴사자 업무개요

구 분	내 용
사직서 수령	사직서(퇴직원)를 제출받는다.
4대 보험 상실신고	건강보험, 국민연금, 고용보험 등 4대 보험 상실 신고를 한다.
	❶ 건강보험(퇴직정산)
	• 건강보험증의 사용은 퇴직일까지만 가능(건강보험카드 즉시 반납)
	• 건강보험료는 퇴직일이 속하는 달까지 납부
	❷ 고용보험
	• 실업급여 대상은 비자발적 퇴직의 경우(정년, 계약만료, 권고사직)가 해당함
	• 실업급여에 해당할 경우 "사실확인증명서"를 자세히 기재하고 해당 팀장에게 결재
	❸ 국민연금
	• 국민연금 보험료는 퇴사일이 속하는 달까지 연금보험료를 납부

구 분	내 용
각종 융자금 정리	사우회 융자금, 근로복지기금 융자금, 전세금, 주택자금 등을 정리하고, 미상환 금액이 있는 경우 퇴직금에서 공제한다.
퇴직금 및 급여 정리	퇴직금 및 최종 월 급여를 퇴직일로부터 14일 이내에 본인 급여계좌로 입금해준다. ❶ 중도 퇴사자 연말정산 1월 1일부터 12월 31일까지의 퇴사자에 대해서는 연말정산을 한 후 추가납부액은 추가로 징수하고 환급액은 환급해준 후 퇴사 처리를 한다. 간혹 12월 31일자 퇴직자도 연말정산을 해야 하는지 물어보는 경우가 있으나 12월 31일 현재 근무하는 직장에서 연말정산 후 퇴사 처리를 해야 한다. 또한 연말정산 결과 환급액에 대해서 환급을 안 해주고 퇴사 처리하는 경우 체불임금으로 처리된다. ❷ 퇴직금 지급 1년 이상 근속한 근로자나 1년 미만이라도 취업규칙 등에 지급하게 되어있는 경우 퇴직금을 계산해 14일 이내에 퇴직금을 지급해야 한다. ❸ 연차수당과 주휴수당 지급 연차수당과 주휴수당을 정산해서 지급해야 한다. 나중에 미지급으로 인해 업무처리를 복잡하게 만들면 안 된다.
출입카드 반납	퇴직 전까지 출입카드 반납
원천징수영수증 등 발급	다음 근무지에 제출할 원천징수영수증 등을 발급해준다.
각종 증명서 발급	퇴직 후 경력증명서 및 퇴직증명서 발급

12월 31일 퇴사할 때 연차수당과 연말정산

■ 연차수당 문제

1. 월 단위 연차

월 단위 연차휴가에 대해서도 1달 + 1일, 2달 + 1일, 3달 + 1일... 근무 시 1일씩 총 11일이 발생하며, 퇴사 시 미사용분에 대해서는 연차수당을 지급해야 한다.

2. 연 단위 연차

퇴직함과 동시에 연차휴가가 발생하는 경우 남은 연차에 대해 연차수당을 지급해야 한다.
• 1월 1일 입사자 다음 연도 1월 1일 마지막 근무일 : 연차수당 지급 대상
• 1월 1일 입사자 12월 31일이 마지막 근무일 : 연차수당 미지급 대상
12월 31일이 마지막 근무일의 경우 1일 차이로 연 단위 연차가 발생하지 않는다. 따라서 이 같은 불상사가 발생하지 않기 위해서는 입사일과 같은 날이 퇴사 시 마지막 근무일이 되어야 한다는 점을 기억해 두어야 한다(366일이 되어야 연차휴가가 발생).

■ 퇴직금(퇴직연금) 문제

• 1월 1일 입사자 12월 31일 퇴직 : 퇴직금 지급
• 1월 2일 입사자 12월 31일 퇴직 : 퇴직금 지급의무 발생하지 않음
12월 31일이 마지막 근무일인 경우 퇴직일은 다음연도 1월 1일이므로 회사에서 별도의 배려나 규정상에 규정이 있지 않은 경우 1일 차이로 퇴직금이 발생하지 않는다.
이 같은 불상사가 발생하지 않기 위해서는 입사일을 반드시 1월 1일로 하는 지혜가 필요하다.

■ 연말정산 문제

일단 결론적으로 말하자면, 회사를 중도에 퇴사할 경우 다니던 회사에서는 중도퇴사자 연말정산은 가능하지만 정확한 연말정산은 불가능하다. 즉 연말정산 소득공제 관련 자료를 다 제출하지 않아 정확한 정산은 어려우며, 임시 정산을 받고 퇴사하는 것이다.

그럼 이렇게 12월 31일자에 퇴사하면 연말정산을 어디서 받아야 할지가 문제가 된다. 결론은 안타깝게도 기존에 다니던 회사나 다음 해에 이직을 한 회사가 있더라도 두 회사 모두에서 연말정산을 받지 못한다.

이런 경우 다음 해 5월에 직접 국세청 홈택스 사이트에서 연말정산을 해야 못 받은 공제를 받을 수 있다.

기존 다니던 회사는 12월 31일자로 퇴사자 처리하며, 중도퇴사자 연말정산(임시정산) 후 근로소득원천징수영수증을 발급하면 그 책임이 끝난다.

간혹 귀속일과 지급일을 다르게 신고하는 회사라면 12월 귀속분 급여를 1월에 지급하게 되고, 이 경우는 2월 10일까지 원천세 신고를 하므로 연말정산 서류를 2월 10일까지 다 챙겨서 제출하면 제대로 된 연말정산을 받을 수 있으니, 그때는 별도로 5월에 확정신고를 하지 않아도 된다.

하지만 대부분 회사에서는 중도 퇴사자에 대해 제대로 된 연말정산 서류를 받아서 반영하기 힘들다는 이유로 연말정산을 꺼리므로, 번거롭더라도 연말정산 대상자는 반드시 연말정산 서류를 챙겨서 홈택스에서 공제 혜택을 받기를 바란다.

그럼 12월 31일 중도 퇴사자 연말정산만 받고 5월에 종합소득세 신고를 안 한 경우 어떻게 되느냐, 실제로 환급이 발생하는 경우는 환급을 못 받고 나중에 경정청구 등을 통해 환급받아야 한다. 반면, 실제로 납부세액이 발생하는데, 신고를 누락한 경우 가산세가 발생한다.

① 연도 중 퇴사하고 다른 회사로 이직을 한 경우(일반적인 경우)

이 경우는 기존에 다니던 회사의 급여와 이직한 회사의 급여를 합산하여 이직한 회사에서 최종적으로 연말정산을 받게 된다.

기존 다니던 회사의 급여는 근로소득원천징수영수증으로 확인이 가능하며, 이직한 회사에 이 영수증을 제출하면 된다.

② 연도 중 퇴사하고 다른 회사로 이직을 하지 않은 경우(12월 31일 퇴사자 포함)

이 경우는 어느 회사에서도 연말정산을 받을 수 없으며, 다음 연도 5월 종합소득세 기간에 스스로 징산해야 한다.

이 또한 다니던 회사에서 근로소득 원천징수영수증을 수령하여 신고하거나, 홈택스에서 조회하여 신고할 수 있다.

2 사직의 효력과 사직서 보류의 효력

합의에 의한 근로계약의 해약

합의에 의한 근로계약의 해약이란 근로자 본인의 요구에 대해서 회사가 승낙함으로써 근로계약을 종료시키는 것은 쌍방의 합의에 의해서 종료된다는 점에서 해고 및 사직과 구별된다.

사직서의 제출

사직이란 임의퇴직을 의미한다. 이는 근로자 일방의 의사표시로 근로계약을 종료시키는 것으로, 사직에 관해서는 관계 법령이 없으므로 특별한 사정이 없으면 근로계약을 종료시키는 취지의 해약고지로 볼 수 있다.

사직서는 회사와의 근로계약 관계를 해지하는 의사표시를 담고 있는 것이므로, 당사자 사이의 근로계약 관계는 회사가 사직서를 수락하는 합의 해지 또는 의원면직이 성립하게 되는 것이다.

퇴직 의사는 근로자가 구두 또는 서면으로 제약 없이 행할 수 있다. 다만, 퇴직이 성립되었다는 것을 입증하기 위해서 서면으로 제출하는 것이 필요하다.

사직서의 효력

민법 제660조에 의거 근로자는 해약의 자유를 보장받게 된다. 이때 근로계약 기간의 정함이 없는 경우에는 근로자가 자유로이 근로계약을 해지할 수 있으나, 그 해지의 효력은 원칙적으로 근로자가 정하는 것은 아니다. 즉, 근로자가 제출한 사직서에 기재된 일자가 퇴사일이 되는 것이 아니다.

일반적으로는 근로자가 정한 퇴사일로 결재하는 것이 대부분이지만, 중요업무 진행 등을 위해서 결재를 하지 않고 보류할 수도 있다.

회사가 사직을 보류하는 경우, 사직의 효력은 근로자의 사직의사를 통보받은 날부터 1개월이 지나거나 당기 후 1임금 지급기를 지나게 되면 효력이 발생하게 된다. 이와 같은 이유에서 사직을 1개월 이전에 통보하는 것으로 정하는 경우가 많다. 이는 법률적으로 상호 간에 위반되는 사실이 없으며, 이 기간동안 중요한 업무를 해결하거나 인원을 충원하여 업무 공백으로 인한 회사손실을 막을 수 있기 때문이다(참고 : 1개월 이전에 사직 의사를 알아야 급여담당자가 퇴직금품 청산을 준비하기에 수월하다.).

만일 퇴사일 이후 발생하는 임금이 없는 경우에 건강보험 퇴직정산 및 징수해야 할 세액이 발생한다면 근로자에게 직접 받아 내야 하는 절차가 생길 수 있으므로 유의해야 한다.

간단하게 정리하자면, 사직서를 제출한다고 해서 그 사직서에 기재된 일자가 반드시 사직일이 되는 것은 아니며, 사직서의 효력은 제출 후 1개월이 된다.

🕯️ 사직에 따른 업무

❶ 사직서 결재
❷ 근로자 사직 후 사직(퇴직) 일로부터 14일 이내 4대 보험 상실 신고

❸ 건강보험 퇴직정산 : 건강보험 퇴직정산 금액 확인(환급 또는 징수분 발생) 후 급여 반영

이때 징수분이 발생하고, 퇴사일 이후 지급해야 하는 급여가 없다면 퇴직금에서 징수한다.

❹ 연차수당 등 각종 수당 정산

❺ 퇴직금 지급 및 퇴직소득세 납부

1년 미만 근로자의 경우 퇴직금(퇴직연금)이 발생하지 않으므로 퇴직 전 지급되는 급여에서 퇴직에 따라 징수해야 하는 예상 금액을 예수한다.

❻ 근로소득 연말정산

❼ 사원증 반납 및 각종 행정업무

며칠을 근무해도 급여를 줘야 하나?

직원이 출근한 후 2일 근무 후 3일째부터 안 나오는 경우 이미 제공한 2일간의 근로에 대해서는 급여를 지급해야 한다.

그런데 여기서 유의할 점은 근로계약서를 작성했어야 한다는 점이다. 직원이 며칠만 나오다 안 나오는 것은 회사에 불만이 있을 확률이 높다는 것이고, 근로계약서를 작성하지 않았다면 근로계약서를 작성하지 않은 것이 근로기준법 위반에 해당하는바, 조속히 급여를 지급하는 것이 좋다.

사업주에게 2일간의 급여에 대해 시급히 금융기관의 개인 계좌로 입금하지 않는 경우 관할 고용노동지청에 근로계약서 서면교부 의무위반 및 휴게시간 미 부여, 임금체불 등으로 진정을 제기할 수 있기 때문이다.

급여 계산은 2일간 식사 시간을 제외하고 하루 8시간 근로 제공을 하였다면 2일간 총 16시간에 대해 시급액을 급여로 지급한다. 월급으로 급여를 받기로 했다면 월급여액을 209시간으로 나눈 시급액을 기준으로 16시간을 곱하여 지급하면 된다.

예를 들어 급여 209만 원의 경우 209만 원 ÷ 209시간 × 16시간 = 16만 원에 공제할 근로소득세와 4대 보험이 있다면 이를 공제한 후 지급하면 된다.

혹시 5인 이상 사업장으로 1일 8시간을 초과하는 연장근로에 대한 가산수당이 있는 경우 이도 계산해 지급해야 한다.

2일 정도 근무 시 근로소득세는 없을 것으로 보이며, 건강보험, 국민연금은 당월 취득 당월 퇴사로 미가입 대상이고 고용보험은 16만 원에 대해 0.9%를 공제하면 될 것으로 판단된다.

3 퇴사자의 연차휴가(연차수당)

회사의 규정은 근로기준법과 비교해, 회사 규정과 근로기준법 중 근로자에게 유리한 규정이 우선 적용된다.

연차휴가 규정과 관련해서는 입사일 기준이 근로기준법상 규정이고, 회계연도 기준이 회사의 규정이 된다.

퇴사 시점에 계산한 연차휴가 일수가 입사일 기준이 회계연도 기준보다 많은 경우

예를 들어 퇴사 시점에 입사일 기준으로 연차휴가를 계산하니 46개인데, 회계연도 기준으로는 40개인 경우 근로기준법과 회사 규정 중 근로자에게 유리한 규정이 적용되므로 입사일 기준인 46개가 해당 근로자의 근속기간 동안 발생한 총 휴가 일수이다.

이 중 40개를 사용한 경우 다른 조건을 다 무시한다면 46개 - 40개 = 6개의 연차휴가가 남게 되고, 이에 대해 1일분의 통상임금(퇴사일이 속하는 달의 통상임금)을 곱해 연차수당을 지급해야 한다.

퇴사 시점에 계산한 연차휴가 일수가 회계연도 기준이 입사일 기준보다 많은 경우

예를 들어 퇴사 시점에 입사일 기준으로 연차휴가를 계산하니 40개인데, 회계연도 기준으로는 46개인 경우 근로기준법과 회사 규정 중 근로자에게 유리한 규정이 적용되므로 회계연도 기준인 46개가 해당 근로자의 근속기간 동안 발생한 총휴가일 수이다.

참고로 법 기준이 입사일 기준이라고 해서 법 기준인 입사일 기준인 40개에 맞추어 회계연도 기준 연차 6개를 차감하거나 6개분의 통상임금을 급여에서 차감하면 안 된다.

연차유급휴가를 회계연도 기준에서 개별근로자의 입사일 기준으로 하거나 퇴사 시점에 입사일 기준으로 재산정하도록 취업규칙을 변경하는 것은 회계연도 중에 입사한 일부 근로자에게는 연차유급휴가 일수가 줄어들게 되는 결과를 가져오므로 취업규칙의 변경 시 불이익 변경 절차를 거쳐야 한다. 즉 사업장 편의상 회계연도를 기준으로 연차휴가를 부여하는 과정에서 퇴사 시점에서 사용자는 의무적으로 입사일 기준 연차휴가일 수와 비교하여 입사일 기준이 근로자에게 유리한 경우 입사일 기준으로 재산정 후 차일을 보장해야 하지만, 입사일 기준으로 산정 시보다 회계연도 기준이 유리한 경우 이를 공제할 수는 없다. 그렇게 하기 위해서는 취업규칙 불이익 변경 절차로 근로기준법 제 94조에 따라 근로자 과반 이상의 동의를 얻어야 한다(임금근로 시간정책팀-489, 2008.02.28.).

위 기준에 따라 퇴사시 입사일 기준과 회계연도 기준을 계산해 입사일 기준이 유리한 경우에는 입사일 기준의 연차를, 회계연도 기준이 유리한 경우에는 회계연도 기준연차를 적용한다. 결과적으로 회계연

도 기준이 입사일 기준보다 적으면 입사일 기준을 적용하고, 회계연도 기준이 더 많으면 이를 입사일 기준에 맞추어 차감하지 않고 회계연도 기준이 적용되는 것이다.

따라서 퇴사 시점에 입사일 기준으로 10일, 회계연도 기준으로 14일의 미사용 연차가 남은 경우 14일에 대해서 연차수당을 지급해야 한다.

4 월중 퇴사자의 급여 일할계산과 주휴수당

월중 퇴사자의 급여 일할계산은 앞서 설명한 입사자 발생 시 업무처리를 참고하면 되며, 주휴수당은 뒤에 설명하는 내용을 참고하기를 바란다.

5 퇴직자 발생 시 4대 보험 퇴직정산

퇴사자가 발생하면 14일 이내에 퇴직 신고와 퇴직정산금을 지급해야 한다. 참고로 4대 보험상의 퇴직 일자는 마지막 근무일 다음 날을 말한다(2월 말일까지 근무 시 퇴직일은 3월 1일 : 빨간 날, 토요일, 일요일 상관없이 다음날임).

🔖 국민연금 퇴직자 정산

근로자 퇴직 시 퇴직일이 속하는 달의 다음 달 15일까지 자격상실 신고를 해야 한다.

그러나 건강보험과 같이 신고를 하므로 그때까지 미루지는 않는다.

국민연금의 경우 퇴직정산 제도가 없으므로 퇴사할 때 보험료 정산을 하지 않아도 되며, 연말정산도 안 한다. 즉 부과된 금액을 내기만 하면 정산이 끝난다. 국민연금과 건강보험의 부과기준일은 최종근무일 매월 1일 기준이다. 만약에 퇴사일(퇴사일은 최종근무일의 다음 날을 의미함)이 1일이면 그달은 보험료를 부과하지 않아도 된다.

그러나 마지막 최종근무일이 1일(퇴사일은 2일)인 경우 퇴사 월의 국민연금을 공제해야 한다.

예를 들어 퇴사일이 4월 1일일 경우 최종근무일이 3월 31일이기 때문에 4월 국민연금을 내지 않지만, 퇴사일이 4월 2일일 경우 최종근무일이 4월 1일이기 때문에 4월 국민연금을 내야 한다.

구 분	보험료 부과
퇴사일(최종근무일의 다음 날)이 1일	그달은 보험료를 부과하지 않는다.
최종근무일 2일~말일	한 달 치 보험료를 부과한다.

[사례]

1. 퇴사일 6월 1일

최종근무일이 5월 31일 이기 때문에 보험료가 부과되지 않는다.

2. 퇴사일 6월 2일

최종근무일이 6월 1일(1일 기준)이기 때문에 한 달 치 보험료가 부과되므로 퇴사자 급여에서 공제한다.

🐜 건강보험 퇴직자 정산

근로자 퇴직 시 퇴직일로부터 14일 이내에 자격상실 신고를 해야 한다.

건강보험은 퇴직정산 제도가 있으므로 퇴사할 때, 신고된 것보다 소득이 높거나 적으면 연말정산을 해서 추가납부를 하거나, 환급을 받아야 한다. 만약 퇴사일이 1일이면 그달은 보험료를 부과하지 않지만 퇴직정산으로 인한 정산제도로 환급이나 환수가 이루어지게 된다. 반면, 최종근무일이 매월 2일~말일인 달은 그달 치 보험료를 합산해서 퇴직정산을 한다.

예를 들어보면, 만약 퇴사일이 6월 1일이라면 국민연금과 똑같이 보험료는 부과되지 않는다. 그러나 국민연금과는 달리 신고금액보다 많거나 적게 벌어가는 경우 퇴직 정산으로 인한 환급이나 환수가 발생할 수 있다. 퇴사일이 6월 2일일 경우 한 달 치 보험료가 부과되며, 마찬가지로 신고금액보다 많거나 적게 벌어가는 경우 퇴직정산으로 인한 환급이나 환수가 발생할 수 있다(퇴사 달 보험료 부과 + 퇴직정산금 합산 정산신고).

그러나 퇴사일 하루 차이로 보험료를 냈다고 억울해할 필요는 없다. 퇴사한 달은 보험 가입이 됐기 때문에 퇴사 후 피부양자로 등재가 되면 상관없지만 등재하지 못하면 지역가입자로 돌아가며, 퇴사한 달에 보험이 가입되어 있으면, 그달은 직장가입자로 유지되므로 지역가입자로서 보험료를 납부할 필요가 없다.

건강보험의 연말정산은 본인이 계산하지 않더라도 건강보험 EDI를 통해 신고하면 몇 시간, 길게는 하루가 지나면 정산금을 확인할 수 있다. 또한, 공단에 전화하면 퇴직정산을 해주니 참고하기를 바란다.

이렇게 건강보험 정산이 발생하는 이유는 건강보험은 과세급여를 신고하고 그 신고된 급여에 대해서 보험료를 부과하는데 연봉 인상, 상여금, 수습기간, 입사일 일할계산 등의 이유로 기준이 되는 과세급여가 다를 수 있기 때문이다.

구 분	보험료 부과
퇴사일(최종근무일의 다음 날)이 1일	보험료 부과가 안 됨. 신고금액보다 많거나 적게 벌어 갈 경우 퇴직정산으로 인한 환급이나 환수 발생
최종근무일 2일~말일	한 달분 보험료 부과가 됨. 신고금액보다 많거나 적게 벌어 갈 경우 퇴직정산으로 인한 환급이나 환수 발생(퇴사하는 달 한 달 치 보험료 + 정산보험료 부과)

🎤 고용보험 퇴직자 정산

부과고지 사업장에서 2020년 1월 16일 이후 고용관계가 종료된 상용근로자(상실일은 2020년 1월 17일 이후인 상용근로자)는 퇴직 정산을 하도록 하고 있다.

고용보험 피보험 자격상실 신고서 및 산재보험 근로자 고용종료 신고서에 근로자의 상실일, 상실 사유 및 지급한 보수총액을 작성하여 근로복지공단으로 신고한 후 고용·산재보험 토탈 서비스 http://total.kcomwel.or.kr에서 정산보험료를 확인할 수 있다.

퇴직한 근로자가 보험료 퇴직 정산 대상일 경우 "자격상실신고서"에 기재한 "해당연도 보수총액"으로 보험료를 정산하므로 "해당연도 보수총액"을 반드시 신고해야 한다.

🍸 당월 입사 당월 퇴사자의 4대 보험

구 분	급여 공제
국민연금	당월 입사 당월 퇴사 시 부과되지 않으므로 공제 불필요. 단, 1일 입사자는 납부
건강보험	당월 입사 당월 퇴사 시 부과되지 않으므로 공제 불필요. 단, 1일 입사자는 납부
고용보험	부과 공제 필요(급여 − 비과세) × 0.9%

📋Tip 당월 입사 당월 퇴사 할 때는 국민연금과 건강보험은 부과하지 않고, 고용보험과 산재보험만 부과한다. 단 초일입사자는 국민연금, 건강보험 모두 당월 입사 당월 퇴사인 경우라도 부과된다.

📋Tip 국민연금은 초일 입사자가 아니더라도 본인이 희망하는 경우 입사 월부터 적용이 가능하다(취득월 납부 희망 제도). 단, 같은 달 타 사업장에서 상실 신고를 한 경우 타 사업장에서 이미 납부하고 왔으므로 취득 월 납부가 안 된다(이중 납부가 되므로).

공제되지 않는다고 해서 처음부터 취득 신고를 안 해도 된다는 뜻은 아니다. 그러니 연금, 건강, 고용, 산재를 모두 취득 신고해야 한다. 다만, 공제액 계산할 때 고용보험료만 계산하면 된다(1일 입사자는 고용, 건강, 국민 모두 공제).

구분	입사	퇴사
4월 1일 입사일 4월 중 퇴사일	4월분 국민연금, 건강보험, 고용보험, 산재보험 모두 납부 당월 입사 당월 퇴사지만 1일 기준에 따라 모두 납부	
4월 2일 입사일 4월 중 퇴사일	당월 입사 당월 퇴사 고용보험, 산재보험만 납부 국민연금, 건강보험 미납부	
4월 1일 입사일 5월 1일 퇴사일 (마지막 근무일 의 다음 날)	4월분 국민연금, 건강보험, 고용보험, 산재보험 모두 납부(당월입사 당월 퇴사지만 1일 기준 적용) 5월의 경우 퇴사일이 5월 1일인 경우 마지막 근무일이 4월 30일이므로 당월 입사 당월 퇴사에 해당한다.	
4월 1일 입사일 5월 2일 퇴사일 (마지막 근무일 5월 1일)	4월분 국민연금, 건강보험, 고용보험, 산재보험 모두 납부(1일 기준 적용)	5월분 국민연금, 건강보험, 고용보험, 산재보험 모두 납부(1일 기준 적용) 5월의 경우 퇴사일이 5월 2일일 경우 마지막 근무일이 5월 1일이므로 1일 기준에 따라 5월분도 납부한다.
4월 2일 입사일 5월 2일 퇴사일 (마지막 근무일 5월 1일)	당월 입사 당월 퇴사 국민연금, 건강보험 미납부, 고용보험 다음 달 납부	5월분 국민연금, 건강보험, 고용보험, 산재보험 모두 납부(1일 기준 적용) 5월의 경우 퇴사일이 5월 2일인 경우 마지막 근무일이 5월 1일이므로 1일 기준에 따라 5월분도 납부한다.

6 이직확인서 제출과 실업급여

퇴사자가 이직확인서 제출을 요구하는 경우 이직확인서를 고용노동부 고용센터에 제출한다.

참고로 실업급여의 요건인 180일은 유급휴일 수를 말한다. 따라서 무급휴일이 있는 경우에는 180일에 포함되지 않는다.

월급제, 일급제 여부와 관계없이 1주간의 소정근로일이 5일인지 6일인지가 중요하다. 주휴일(일요일)은 법률상 유급휴일이므로 따질 필요는 없으며, 6일 근무(월~토)사업장이라면 1주 소정근로일이 6일이므로 1일의 유급주휴일을 합산하면 1주 7일 전부를 유급 일로 인정받는다.

다만, 5일 근무(월~금) 사업장이라면 토요일을 회사에서 유급휴무일로 정하고 있는지 무급휴무일로 정하고 있는지에 따라 다르다. 만약 유급휴무일로 정하고 있다면 1주 5일 근로일(유급) + 유급휴무일 1일(토요일) + 유급휴일 1일(일요일) = 7일 전부를 유급 일로 인정받으므로 180일 요건에 부합된다.

그러나 토요일을 무급휴무일로 정하고 있다면 1주간의 유급 일은 1주 5일 근로일(유급) + 유급휴일 1일(일요일)) = 6일만 인정받으므로 180일 요건에 해당하지 않을 수 있다.

따라서 근로계약서, 회사의 사규에서 구체적으로 토요일의 성격에 대해 어떻게 정하고 있는지 확인해 보기를 바란다. 아니면 공단에 문의를 해봐도 된다.

참고로 대다수 회사는 토요일을 무급휴무일로 정하고 있다.

구 분	180일에 포함 여부
토요일 근무사업장(유급)	포함
주5일 근무사업장	토요일 유급 휴무일의 경우 포함
토요일 무급휴무일인 경우	불포함

토요일이 유급휴일의 경우 일주일 7일이 모두 180일에 포함되지만, 토요일 무급휴일이어서 180일에 불포함되는 경우 일주일에 6일만 180일에 포함된다. 따라서 6개월을 개근해도 180일 요건을 충족하지 못할 가능성이 있다. 30일인 달에 토요일이 평균 4번 낀 경우 26일 × 6개월 = 156일로 180일이 안 된다. 이 경우 종전회사의 기간도 포함할 수 있으므로 종전회사에 이직확인서 제출을 요청한다.

이직일, 퇴사일, 자격상실일의 관계

이직일	퇴사일(퇴직일)	자격상실일
피보험자와 사업주 간의 고용관계가 사실상 종료한 날 근로 제공 마지막 날 ① 사업주가 사직서를 수리한 날 ② 계약기간 만료일에 해당하는 날 ③ 정년으로 정해진 날 ④ 사업주가 해고한 날	근로제공 마지막 날의 다음 날	이직일의 다음 날

이직일, 퇴사일, 자격상실일의 관계

이직일 + 1일 = 퇴사일, 퇴직일, 자격상실일

2025년 7월 31일까지 근무했을 경우 이직일, 퇴사일, 자격상실일

① 이직일 : 2025년 7월 31일

② 퇴사일 : 2025년 8월 1일

③ 자격상실일 : 2025년 8월 1일

7 중도퇴사자의 급여 연말정산

구분	참고
중도퇴사자 연말정산	391페이지

8 퇴직금(퇴직연금) 지급과 퇴직소득세

구분	참고
퇴직금 지급	421페이지
퇴직소득세	429페이지

9 경력증명서 발급

🖈 발급 의무

사업주는 퇴직한 직원이 경력증명서 발급을 요청하면, 사업장에서 근무한 직원에 대해서는 퇴직 후 3년간은 발급해주어야 하는 의무가 있다.

근로자는 근로계약의 형식과 관계없이 발급을 요청할 수 있기에 정규직, 계약직 등과 무관하게 발급해주어야 한다.

근로계약의 형식에 상관없이 발급을 요청할 수 있다.

직접 발급

의무기간(3년)이 지나 회사가 거부하거나, 자료가 없어 발급할 수 없는 경우, 인터넷으로 직접 발급도 가능하다.

국민연금공단(http://www.nps.or.kr)에서 개인 공인인증서로 국민연금 가입 증명서를 발급해 경력증명서를 대체할 수 있다.

작성 방법

발급날짜와 회사대표자 성함, 도장을 반드시 날인 해야 한다.

경력증명서에는 근로자가 요구한 사항만을 적시하여야 하기에 추가 내용 기재를 요구한다면 포함하여 작성해 주면 된다.

경력증명서

성 명	○ ○ ○		생년월일	0000년 00월 00일
주 소	(직접 작성)			
회 사 명			소 속	(직접 작성)
직 책	(선택) 팀원, 팀장, 부서장 기타 - 직접입력		담당업무	(직접 작성)
재직기간	0000.00.00.(입사일) ~ 0000.00.00.(퇴사일) 00년 00월 근무			
용 도	확인용			

상기 사항은 사실과 다름없음을 증명함

0000년 00월 00일 (출력 날짜)

회사명 :

주 소 :

대표이사 :   (인)

주중 입사 주중 퇴사 시 주휴수당

1 입사주에 주휴수당을 지급하지 않는 경우

입사한 주에 주휴수당을 지급하지 않는 경우는 퇴사 시 주휴수당에 대해 정산해야 한다.

주중 입사를 한 경우 그 주의 주휴일에는 주휴수당을 지급하지 않아도 법 위반에 해당하지 않으나, 퇴사 시 입사일 기준으로 정산하여 7일에 1일의 유급휴일을 부여하지 않았다면 추가로 주휴수당을 지급해야 한다(고용노동부 해석).

 실무상 처리 방법

구 분	실무자 처리 상황	올바른 업무처리
시급제의 경우	주중 입사 시 주휴수당을 지급하시 않고, 수중 퇴사 시에도 주휴수당을 지급하지 않는 경우이다.	주중에 입사했다면 그날을 기준으로 1주일을 계산해서 7일 이상이면 입사 주의 주휴수당을 지급

구 분	실무자 처리 상황	올바른 업무처리
월급제의 경우	입사 주 주휴수당을 급여에서 차감하고, 주중 퇴사 시에도 퇴사 주의 월급에서 주휴수당을 차감하는 경우이다.	하거나 입사 주의 월급에서 차감하면 안 된다 (화~월). 즉 마지막 주 부분만 제외하고 주휴수당을 지급해야 한다. 예를 들어 화요일 입사자의 경우 퇴사주에 월요일까지 근무하게 되면 1일분의 주휴수당이 발생한다. 그런데 입사 주 및 퇴사주에 주휴수당을 차감하거나 주지 않았다면 이 중 1일은 주휴수당을 지급해야 한다는 것이다.

주중 입사나 퇴사 시 실무자의 대다수는 입사 주와 퇴사 주의 주휴수당을 주지 않거나 차감하게 되므로 퇴사 시 정산을 안 하면 1일분의 주휴수당을 지급하지 않게 되고 이는 임금체불 문제가 발생할 수 있다.

퇴직 시 주휴수당 정산

올바른 업무처리는 입사주에 주휴수당을 지급하지 않는 경우는 퇴사 시 주휴수당에 대해 정산을 해야 한다. 즉, 주중에 입사한 경우 그 주의 주휴일에는 주휴수당을 지급하지 않아도 법 위반에 해당하지 않으나, 퇴사 시 입사일 기준으로 정산하여 7일에 1일의 유급휴일을 부여하지 않았다면 추가로 주휴수당을 지급해야 한다.

결과적으로 이 경우는 퇴사 시 주휴수당을 정산해 미지급 주휴수당이나 차감한 주휴수당에 대해 추가지급이 이루어져야 한다.

주휴수당은 1주의 소정근로일을 개근한 근로자가 지급 대상이 된다.

주 5일(월~금) 사업장에서 특별한 규정이 없다면 일요일을 주휴일로 볼 수 있으며, 수요일 입사한 1주를 개근한 것이 아니므로 일요일에 대해 주휴수당을 지급하지 않아도 무방하다.

다만, 해당 근로자가 퇴직하는 주의 화요일까지 근로하게 되면

1주의 소정근로일을 개근한 것이 되므로 추가로 주휴수당 1일분을 지급해야 한다.

(입사하는 주와 퇴사하는 주의 근무일을 합산하여 5일이 되고 개근하였다면 1일의 주휴수당 지급)

수요일 입사자가 월요일까지 개근하고 퇴사하는 경우는 주휴수당 지급 안 함(입사 및 퇴사 시 주휴수당 월급에서 차감)

수요일 입사자가 화요일까지 개근하고 퇴사하는 경우는 주휴수당 1일분 지급해야 함(입사 및 퇴사 중 한 번만 월급에서 차감)

수요일 입사자가 금요일까지 개근하고 퇴사하는 경우는 주휴수당 1일분 지급해야 함(입사 및 퇴사 중 한 번만 월급에서 차감)

2 입사주에 주휴수당을 지급하는 경우

입사한 주에 주휴수당을 지급하는 것은 시급제의 경우 별도로 주휴수당을 계산해서 지급해야 하고, 월급제의 경우 책정된 급여에서 입사 주의 주휴수당을 차감하면 안 된다는 것이다.

예를 들어 목요일 입사자가 수요일까지 개근하고 퇴사하는 경우, 입사 첫 주인 일요일에 주휴수당을 지급했다면, 퇴사 주 일요일의 주휴수당은 미지급하면 된다.

구 분	업무처리	퇴직정산
시급제의 경우	입사 주 일요일에 주휴수당을 지급한다.	입사 중에 주휴수당에 대해 이미 계산해 지급했으므로 퇴사한 주에 월~금까지 근무 후 퇴사 주 일요일에 대한 주휴수당을 별도로 지급하지 않는다.
월급제의 경우	입사 주 주휴수당을 급여에서 차감하지 않는다.	

소규모 회사의 경우 월~금까지 근무 후 퇴사 시 주휴수당을 정산하지도 않고 무조건 퇴사 주의 주휴수당을 지급하지 않는 실무자가 많으므로 이 경우 주휴수당의 미지급 문제가 발생할 수 있다. 따라서 개인적으로는 입사한 주에 주휴수당을 지급하는 경우를 권한다. 그러면 퇴사 시 정산을 안 해도 되므로 문제 발생을 사전에 막을 수 있지 않을까 생각한다. 물론 연속해서 근무일 기준 5일 미만 근로한 경우는 어차피 주휴수당이 발생하지 않으므로 입사한 주에 주휴수당을 지급하지 않아도 된다(예 : 수요일 입사 월요일 퇴사).

[고용노동부 질의회신]

사업장의 취업규칙 등에서 특정일을 주휴일로 지정한 경우는 주의 도중에 입사한 근로자가 입사 후 소정근로일을 개근하였다면 입사 후 처음 도래하는 주휴일을 유급으로 부여하는 것이 바람직할 것이나

근로계약이 성립되지 않아 1주간(7일)을 채우지 못하였으므로 이를 무급으로 부여하더라도 법 위반이라고 할 수는 없습니다.

다만, 입사일을 기준으로 1주일에 평균 1회 이상의 주휴일을 부여하지 않았다면 이를 정산하여 추가로 유급휴일을 부여하여야 할 것입니다.

한편, 주중인 화요일부터 근로를 제공한 경우 근로계약, 취업규칙 등에서 일정한 날을 주휴일로 특정하지 않았다면 근로 제공일로부터 연속한 7일의 기간 중에 1일을 주휴일로 부여하여야 한다는 것이 우리부 행정해석입니다(근로기준과-918, 2010.4.30.). : 1주 개근 시에는 1일의 유급주휴일(주휴수당)을 부여해야 한다.

또한, 병가 등의 사유로 무급휴가를 사용 후 주의 도중에 복귀한 경우에도 위와 동일하게 적용하면 될 것으로 사료됩니다.

퇴사 시 입사일 기준으로 정산하여 7일에 1일의 유급휴일을 부여하지 않았다면 추가로 주휴수당을 지급해야 한다.

예를 들어 11월 5일(목) 입사 후 11월 12일(목) 퇴사 시 입사한 주에 개근이 아니고 퇴사한 주에 개근이 아니라고 주휴수당이 없는 것이 아니라 총 8일 ÷ 7 = 1일의 주휴수당을 지급해야 한다는 것이 고용노동부의 해석이다.

물론 해당 기간 동안 개근을 했다는 전제가 있어야 한다.

주휴수당은 주5일 근무 기준 월~금 총 근무시간/5일 = 시간을 지급하면 된다.

예를 들어 주 40시간은 40시간/5일 = 8시간

5일간 총 근무시간이 20시간인 경우는 20시간/5 = 4시간

5일간 총 근무시간이 16.5시간인 경우는 16.5시간/5 = 3.3시간

5일간 월수금 각 8시간씩 총 근무시간이 24시간인 경우는 24시간/5 = 4.8시간

법인등기가 필요한 경우

구 분	내 용
본점 이전 (관내 · 관외)	법인이 주소를 옮기는 경우 반드시 변경된 주소를 법인 등기부등본과 사업자등록증 등에 반영해야 한다.
임원변경	임원의 취임, 퇴임 등의 사유로 임원이 변경되면 변경된 때로부터 2주 이내에 등기해야 한다. 취임등기는 새로이 임원을 선임하는 경우, 퇴임등기는 임원의 임기 만료 · 사임 · 사망 · 파산 등 이유로 임원이 퇴임할 경우 신청한다. 또한 상법상 이사의 임기는 3년을 초과할 수 없으므로 최소 3년에 한 번씩은 등기가 필요한지 체크해야 한다. 임기 만료로 인한 임원변경등기는 회사를 운영하면서 가장 빈번하게 발생하는 법인등기 사안이다.
임원중임	이사나 감사가 임기 만료 후 연임하는 경우(임원의 중임)에도 등기해야 한다. 중임등기는 퇴임등기 후 취임등기와 달리 퇴임일과 취임일에 시간적 간격이 없어 단독으로 신청한다. 단, 임원 중임등기는 임기 만료 후 2주가 지날 경우 신청할 수 없다. 이 경우 퇴임 후 취임등기를 해야 한다.

구 분	내 용
대표이사 주소변경	대표이사는 전입신고 후 2주 내로 변경등기신청을 해야 한다. 대표이사의 주소변경 사실은 대표이사 본인이 알려주지 않는다면 쉽게 알 수 없고, 당사자들이 등기 의무가 있다는 사실도 모르는 경우가 많아 주의가 필요하다.
상호/목적/공고방법 변경	상호 · 목적 · 공고 방법을 변경하거나 목적 · 공고 방법을 추가할 경우 2주 이내에 등기해야 한다.
지점설치, 이전, 폐지	회사의 지점을 설치하는 경우 본점 소재지에서 2주 이내에 그 지점소재지와 설치 일자를 등기하고, 지점소재지에서는 3주 이내에 등기해야 한다. 지점을 이전하거나 폐지하는 때도 등기해야 한다. 다만, 신청자 편의를 위하여 본점 소재지 관할 법원 등기소에서 본점과 지점 등기를 일괄 신청할 수 있다.
자본금 변경	신주발행은 크게 유상증자와 무상증자, 가수금 증자로 나눌 수 있다. 납입기일 다음날로부터 2주 이내에 신주발행으로 인한 변경등기를 신청해야 한다.
1주의 금액 변경	1주의 금액(액면가)은 정관과 법인등기부 등본에 기재하므로 변동 사항이 있는 때는 정관을 먼저 수정하고 법인등기를 해야 한다.
발행할 예정 주식 수 변경	발행할 예정주식수를 초과하여 주식발행을 하려고 한다면, 발행할 예정주식수 변경등기를 주식발행등기와 동시에 진행하면 된다.
주식양도 제한	정관에서 주식양도 제한 규정을 신설한다면 반드시 등기도 신청해야 한다.
주식매수선택권의 신설, 변경	
전환사채 신설, 변경	정관에 그러한 규정이 없다면 변경 후 등기를 신청해야 한다.

구 분	내 용
우선주, 상환 전환우선주 등 의 신설, 변경	
법인 해산 · 청산 등기	해산 · 청산 등기란 회사의 법인격을 소멸하고, 잔여재산을 분배 하는 절차를 의미한다. 만약 잔여재산 분배가 필요하지 않다면, 해산 간주 방법으로 법 인을 정리할 수 있다. 해산 · 청산 절차는 해산등기 및 청산인 선 임등기, 청산 종결등기까지 신청해야 모든 절차가 마무리된다. 해산 · 청산 절차를 진행하면서 별도로 총 2회의 신문공고를 해 야 한다.
회사 계속등기	회사가 5년간 어떠한 등기도 하지 않을 경우 자동으로 해산 간 주 상태가 된다. 이 경우 법인인감증명서를 발급받을 수 없고, 영업을 계속할 수 없다. 해산 간주 된 회사로 다시 영업하려면 회사계속등기 및 신규 임원 취임등기를 동시에 진행해야 한다.

법인인감과 사용인감

인감 제도는 개인 또는 법인이 관공서에 인감을 신고하고 추후 인감을 사용할 때 관공서에서 발급한 증명서를 첨부하여 개인 또는 법인의 인감임을 증명하는 제도이다. 1명당 1개의 인감을 신고할 수 있다.

계약서를 작성할 때는 계약의 당사자가 계약 내용에 합의했음을 표시하기 위해 각 계약당사자의 명의로 서명을 하거나 도장을 날인한다.

그런데 제3자가 임의로 계약서를 작성하고 서명 또는 도장 날인(인영)을 위조하여 첨부해도 계약서의 효력이 발생할 수 있다. 특히 도장은 분실·도난의 위험성이 있고 위조 가능성도 커, 이러한 범죄 행위를 통해 계약 명의자의 권익이 심각하게 침해될 우려가 있다.

따라서 인감 제도에 따라 등록한 도장을 계약서 등에 날인할 때는 관공서에서 발급한 인감증명서를 첨부하여 위조한 인영이 아님을 증명하고, 본인임을 확인하는 것이다.

1 법인인감

법인인감이란 법인의 인감으로서 등기소에 신고한 도장을 말한다.

법인인감은 법인 1개만 신고할 수 있다. 대표이사가 1명일 경우 1개만 신고할 수 있지만, 공동 대표이사나 각자 대표이사로 대표이사가 2명 이상일 경우 대표이사의 수만큼 법인인감을 신고할 수 있다.

법인인감은 법인 설립등기 신청 시 법인인감신고서를 같이 작성하여 등기소에 제출한다. 서면으로 설립등기 신청할 때는 서면으로, 인터넷으로 설립할 때는 인터넷으로 인감신고서를 제출할 수 있다.

상호변경 등기를 한 경우에도 변경한 상호에 맞추어 법인인감을 변경한 후 신고해야 한다.

대표이사를 변경하면서 법인인감을 같이 변경할 필요가 있을 때는 인감변경신고를 해야 한다. 이전 법인인감을 그대로 사용하더라도 대표이사 변경등기 시 기존 인감을 사용한다는 내용을 신고해야 한다.

기타 법인인감을 변경해야 할 필요가 있다면 변경 후 반드시 법인인감신고를 해주어야 한다.

법인인감증명서는 법인인감 등록이 완료된 후 등기국 또는 구청 내에 있는 무인 발급기를 이용하거나 등기소 창구에서 발급받을 수 있다.

2 사용인감

사용인감이란 법인에서 사용하는 인감 중 등기소에 인감신고가 되어 있지 않은 도장을 말한다. 사용인감은 여러 개를 둘 수 있으며, 분실 시 회사 차원에서 다시 제작하면 된다. 실무상 '보통 도장' 또는 '막도장'으로 부른다.

사용인감계

법 인 인 감	사 용 인 감

　위의 사용인감을 귀사와 　○○○○ 계약에 사용하고자 사용인감계를 제출합니다.

년　　월　　일

상　　호 ： (주)
대 표 자 ：
주　　소 ：

사업자등록번호 ：

　　　　주식회사 ○○○○ 대표이사 귀하

법인인감은 회사당 1개만 신고할 수 있고 분실 시 재발급 절차가 번거로워 통상 대표이사 등 주요 실무진이 보관한다.

그러나 법인을 운영하면서 법인의 도장을 찍어야 할 일은 무수히 많다. 회사의 규모가 커질수록 은행거래나 사소한 거래까지 임원이 하나의 법인인감으로 모두 날인하는 것은 현실적으로 불가능하다. 따라서 대부분 회사는 용도별로 사용도장을 두고 있다.

사용인감을 사용할 경우 우선 서류를 제출하는 상대방에게 법인인감 대신 사용인감을 날인 한다는 점을 알린다. 사용인감을 날인한 서류에는 사용인감계와 법인인감증명서, 법인등기부 등본을 첨부한다. 이러한 절차를 거치면 사용인감 날인도 법인인감을 날인한 것과 법적으로 동일한 효력이 있다.

3 법인인감·사용인감의 용도

사용인감은 어디까지나 법인 운영의 편리를 위해 둔 것이므로 법인인감과 효력이 같다. 따라서 법적으로 법인인감의 용도와 사용인감의 용도가 나누어져 있는 것은 아니다.

실무상으로 법인의 중요한 계약이나 금액이 큰 부동산매매 등은 법인인감을, 직원에게 위임해도 되는 작은 계약이나 회사 입출금 통장, 약속어음 등은 사용인감을 날인하고 있다.

법인인감을 사용하는 경우	사용인감을 사용하는 경우
❶ 금융거래 관련 신청 서류	❶ 대내외 발송 공문서
❷ 중요한 계약서류	❷ 주요 관공서

법인인감을 사용하는 경우	사용인감을 사용하는 경우
가. 회사 재산과 관련된 중요한 계약서류(매매, 담보 설정, 저당권설정 등) 나. 타사(타인) 연대보증의 입보 계약 다. 영업의 양수도 계약 라. 기타 이에 준하는 중요 계약 ❸ 특별히 법인의 인감증명을 요구하는 서류 가. 주주총회의사록, 이사회의사록 날인 나. 법인인감증명 서류 발급 다. 법인인감 날인이 필요한 주요 계약서 또는 서류의 날인 라. 사용인감계 발급	❸ 일반 상거래 및 계약서류 가. 제품 및 상품의 매매계약 나. 비품 및 자재 등의 구입 계약 다. 일반적인 용역계약 라. 기타 이에 준하는 계약 ❹ 기타 사용부서 책임자가 필요하다고 인정한 행위 등

사업자등록증의 종류와 세법상 사업자 구분

부가가치세와 관련해서는 과세사업자(일반과세자와 간이과세자)와 면세사업자로 구분이 된다.

📋Tip 영세율은 일반과세자에 포함이 되는데, 단지 세율이 0%를 적용받는 것뿐이다.

📋Tip 과세사업자는 부가가치세를 내는 물품이나 서비스를 주로 파는 사업자를 말하고, 면세사업자는 부가가치세가 붙지 않는 물품이나 서비스를 주로 파는 사업자를 말한다. 과세사업자는 과세물품을 면세사업자는 면세 물품을 무조건 팔아야 하는 것은 아니다. 사업자에 따라 과세인 세금계산서와 면세인 계산서가 구분되는 것은 아니며, 물품에 따라 구분된다.

그리고 법인세 및 종합소득세와 관련해서는 법인과 개인사업자로 구분이 된다.

사업자등록증은 부가가치세를 기준으로 발급이 되는데, 부가가치세를 내야 하는 사업자를 과세사업자라고 하고, 부가가치세의 납부를 면제해주는 사업자를 면세사업자라고 한다.

과세사업자는 다시 그 규모에 따라 간이과세자와 일반과세자로 나누고, 세율에 따라 영세율, 간이과세자, 일반과세자로 구분이 된다.

법인은 부가가치세법상 무조건 일반과세자이고 소득에 대해서는 법인세를 납부하며, 개인사업자는 부가가치세법상 간이과세자, 일반과세자 모두가 가능하고 소득에 대해서는 종합소득세를 낸다.

따라서 사업자등록증은 간이과세자, 일반과세자, 면세사업자 3종류로 구분이 되어 발급된다.

그런데 여기서 꼭 기억해야 할 것은 사업자등록증 상에 일반과세자라고 무조건 부가가치세를 내야하고, 면세사업자라고 내지 않아도 되는 것이 아니라는 것이다.

사업자등록증 신청 시점에 주로 판매하는 것이 과세가 되는 물품이고, 면세되는 물품이라는 것이지 절대적은 아니다.

예를 들어 슈퍼를 운영하는 경우 일반과세자라는 이유로 과자와 채소 모두 과세되는 것이 아니라 채소(부가가치세법상 채소는 면세 물품으로 규정하고 있음)는 면세이다. 즉 과세냐 면세냐의 판단은 사업자등록증이 아닌 물품에 따라 판단한다는 것이다.

참고로 과세 사업자는 면세되는 물품을 팔 수 있지만, 면세사업자등록증 소지자는 과세되는 물품을 판매할 수 없으므로, 과세되는 물품을 팔기 위해서는 반드시 과세 사업자로 사업자등록증을 변경해야 한다.

Tip 비영리법인은 고유 등록번호만 가지고 있다. 따라서 고유목적사업을 제외한 부동산 임대사업 등 수익사업을 하는 경우는 사업자등록을 한 후 세금계산서를 발행해야 한다.

회사에서 내야 하는 세금부터 파악하라

물건이나 서비스를 제공할 때는 부가가치세가 붙는다.

물론 특수한 경우 부가가치세를 면제하거나, 0%의 세율을 적용하는 경우도 있다. 물론 일반적으로는 10%의 세율을 적용받는다.

예를 들어 상품을 100만 원에 팔면 10%인 10만 원의 부가가치세를 사는 사람에게 받아서 보관했다가 납부한다.

반면 상품을 만들기 위해 재료를 70만 원에 산다면 여기에 10%인 7만 원을 상대방에게 추가로 주고 구입한다.

그리고 부가가치세는 판매할 때 받은 10만 원과 구입할 때 준 7만 원의 차액인 3만 원을 납부하게 된다.

그리고 판매금액인 100만 원은 법인세(종합소득세) 신고 시에는 익금(총수입금액)으로 소득을 구성하고, 70만 원은 손금(필요경비)을 구성해 100만 원 – 70만 원 = 30만 원에 세율을 곱한 금액이 법인세 또는 종합소득세가 된다.

물론 세금은 이렇게 단순하게 구성이 되지는 않지만, 초보분들에게 사업에 따른 세금 구성을 간단히 보여주기 위해 가장 간략한 방법으로 설명한 것이다.

위에서 본 바와 같이 판매 즉 매출이 일어나면 판매금액은 법인세 또는 종합소득세를 납부하는 소득이 되고, 판매금액에 붙는 10%는 부가가치세가 된다. 따라서 부가가치세를 흔히 소비세라고도 한다.

사업과 관련된 가장 큰 세금은 이같이 부가가치세와 소득세(법인세, 종합소득세)로 구성이 된다.

구 분	법인 세금	개인회사 세금
매출액 100만 원(소득)	법인세	종합소득세
부가가치세 10만 원	부가가치세	부가가치세
+		
임직원 세금	원천징수	원천징수

위의 표에서 보는 바와 같이 회사는 사업과 관련해서 내야 하는 세금 외에 직원을 채용해 일을 시키는 경우 지급하는 급여에서 일정 금액을 공제해 세금을 대신 납부하게 되는데, 이를 원천징수라고 한다.

그리고 임직원의 급여를 세법에서는 소득세의 한 종류인 근로소득세라고 부른다.

회사에 꼭 신경 써야 할 세금은 법인세(종합소득세) + 부가가치세 + 원천징수가 3대 세금이라고 보면 된다.

따라서 초보자는 우선 부가가치세를 공부하고, 원천세, 법인세 순으로 공부해주기를 바란다.

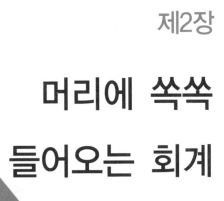

제2장

머리에 쏙쏙
들어오는 회계

처음 회계를 접하는 직장인이나 어! 회계가 무엇인지를 단시간 내에 파악하는데 필요한 지식을 전해주는 장이다.

요 정도만 알면 평상시 직장에서 그럭저럭 급한 발등의 불을 끄고 업무를 할 수 있을 정도의 지식만을 제공하고 있다.

특히 계정과목의 암기와 전표발행 방법을 안다면 평소에 업무를 90% 이상은 해결할 수 있을 것이다.

회계의 1년간 순환과정

회계는 회계연도 동안 거래의 발생에서부터 재무제표의 작성까지 매회계기간 반복하게 되는데, 이를 회계의 순환과정이라고 한다. 이것은 일정기간동안 기업의 재무상태를 파악하고 경영성과를 측정하여 기업의 내·외부 이해관계자에게 보고해야 하기 때문이다.

회사의 기말 현재의 자산과 1년간의 영업성적은 재무상태표와 손익계산서에 나타난다. 즉 회사의 1년간 영업 결과는 재무제표에 표시된다.

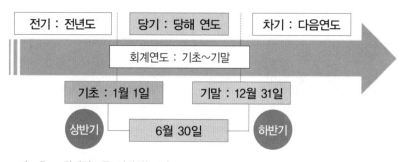

- 기 초 : 회계연도를 시작하는 날
- 기 말 : 회계연도가 끝나는 날

- 전 기 : 직전 회계연도, 당기의 전 회계연도
- 당 기 : 현재 회계연도
- 차 기 : 다음 회계연도, 당기의 다음 회계연도
- 기 중 : 당기 회계연도의 기간 중
- 상반기 : 1월 1일 ~ 6월 30일(반기 재무제표의 기간)
- 하반기 : 6월 30일 ~ 12월 31일(반기 재무제표의 기간)

위와 같이 회계는 거래가 발생하면 전표 발행을 시작으로 재무제표 작성을 통해 마무리되는데, 이 같은 1년의 회계 흐름을 회계의 순환 과정이라고 한다.

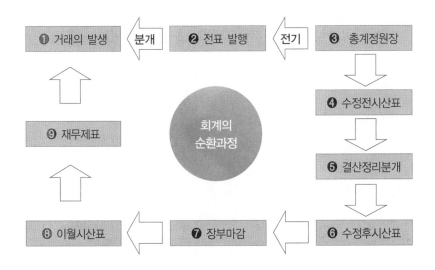

생활 속의 거래와 회계상 거래

장부를 적으라는데 그냥 가계부처럼 적기만 하면 되는 걸까?

회사에서 장부를 적는 것은 회계와 관련이 있으며, 회계기준에 따라 장부를 적어야 한다.

회계는 장부를 적는 담당자나 장부를 보고 투자하려는 투자자, 그리고 경영실적을 분석하려는 사장님, 세금을 부과하는 국세청 등이 서로 알아볼 수 있도록 기록하는 하나의 약속이라고 보면 된다.

경영자

올해 경영성과는 좋은가?

배당은 얼마나 받을 수 있나?

투자자   **채권자**

종업원

대출금은 회수할 수 있나?

월급을 잘 받을 수 있을까?

회계라는 것은 회사의 거래내역을 숫자로 적는 것에서부터 출발한다. 따라서 숫자로 적을 거래내역이 어떤 것인지를 아는 것이 중요한데, 거래는 시장에서 물건을 사고팔거나 예쁜 옷을 사주는 것과 같이 일상적으로 돈이 오가는 것과 같다고 보면 된다.

그럼 우리가 생활하면서 생기는 모든 일을 거래라고 생각하고 회사 장부에 적으면 되는 걸까?

틀린 건 아닌데 대다수는 일치하지만, 생활 속의 거래와 회계에서 말하는 거래에는 약간의 차이가 나는 부분이 있다.

그것만 알아두면 생활 속에서 회계상의 거래를 판단하기가 한결 쉬워진다.

예를 들어 이사 간다고 여기저기 집을 알아보다가 마음에 드는 집이 있어 집주인과 내일 계약을 하기로 하고 집에 온 경우 우리는 흔히 매매거래가 성사되었다고 한다.

이같이 구두계약도 우리는 일상에서 거래라는 표현을 쓰기도 하는데 회계에서는 이를 거래라고 하지 않는다. 반면 집에서 쓰던 가전제품이 망가져서 동사무소에서 딱지를 구입해서 가전제품에 붙여 버리는 경우 일상에서는 거래라고 하지 않지만, 회계에서는 거래라고 한다.

일상에서의 거래와 회계에서의 거래 차이를 간단히 정리해 살펴보면 다음과 같다.

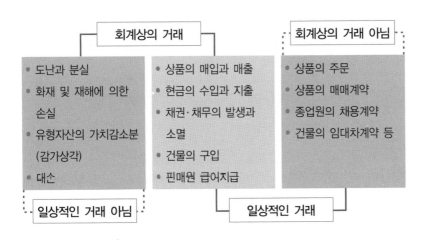

거래는 기업의 영업활동에 의해 자산, 부채, 자본의 증감을 일으키는 경제적 사건을 말한다. 여기서 경제적 사건이란 물건을 사고파는 행위나 서비스를 사고파는 행위를 말한다.

구 분	내 용
교환거래	거래의 내용이 자산, 부채, 자본의 증감 변화를 가져오지만, 수익 또는 비용이 발생하지 않는 거래를 말한다. [예시] 외상으로 제품을 구입하다.

자산의 증가	부채의 증가
제품	외상매입금

구 분	내 용
손익거래	거래의 총액이 차변과 대변 중 어느 한쪽이 모두 수익 또는 비용이 발생하는 거래를 말한다. [예시] 종업원 급여를 현금으로 지급하다.

비용의 발생	자산의 감소
급여	현금

구 분	내 용
혼합거래	하나의 거래에서 교환거래와 손익거래가 같이 발생하는 거래를 말한다. [예시] 빌려준 돈의 원금과 이자를 받다.

자산의 증가	자산의 감소, 수익의 발생
현금	단기대여금
	이자수익

복식부기의 시작 차변과 대변
거래의 붙여진 이름 계정과목

회계에서는 거래가 발생하면 이를 장부에 기록해야 하는 곳이 필요한 데 그 장소가 장부이다.

그리고 장부를 적을 때는 항상 차변과 대변으로 나누어 적게 된다.

차변은 왼쪽 대변은 오른쪽을 말하며, 차변금액과 대변금액의 합은 항상 일치해야 한다. 따라서 차변과 대변으로 구분해서 거래를 장부에 기록하기 위해서는 장부의 차변요소와 대변요소를 구분해서 기입할 계정

분개를 하는 순서

❶ 회계상 거래여부 판단

❷ 계정과목 선정

❸ 차변과 대변의 결정

❹ 금액의 결정

과목과 금액을 결정해야 하는데, 이를 분개라고 한다. 여기서 계정과목이란 장부를 적을 때 거래 내역을 길게 풀어서 쓸 수 없으므로 거래의 성격을 간단·명료하게 처리할 수 있도록 사전에 정해놓은 거래 내역에 대한 용어라고 보면 된다. 즉, 사람에게 붙여진 명칭이 이름인 것과 같이 가 거래 성격에 따라 붙여진 거래 내역 명칭이 계정과목이다. 따라서 계정과목만 보면 회계를 하는 사람들끼리는 대충 무엇을 뜻하는지 알 수 있다.

예를 들어 상품을 200만 원의 현금을 주고 구입했다고 가정하면 상품이라는 자산 200만 원이 들어온 대신 200만 원이라는 현금이 나가게 되는데, 이때 차변에는 상품 그리고 대변에는 현금이라는 계정과목과 금액이 확정되었으므로, 차변과 대변으로 나누어 다음과 같이 기록을 한다.

- 원인 – 상품을 구입 : 차변에 기록
- 결과 – 상품 판매대금을 현금으로 지급함 : 대변(상대 계정)에 기록

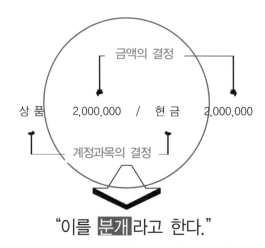

"이를 분개라고 한다."

차변 : 회사의 거래내역을 장부에 기입할 때 왼쪽을 말하며, 차변에는 자산의 증가와 부채의 감소, 자본의 감소, 비용의 발생내역이 기록된다.

대변 : 회사의 거래내역을 장부에 기입할 때 오른쪽을 말하며, 대변에는 부채의 증가 및 자본의 증가와 자산의 감소, 수익의 발생내역이 기록된다.

분개 : 회사의 거래내역을 계정과목을 정해서 차변과 대변으로 나누어 적는 것을 말한다.

회사의 재산은 얼마인가?

(자산 · 부채 · 자본)

내가 가지고 있는 재산목록을 보면 5년 전 대출 2억 끼고 산 아파트 1채랑 뭐 예금 약간, 10년 전 결혼 때 산 가전제품 그리고 겨우 굴러다니는 차 한 대 정도...

이와 같은 개인재산목록을 회사에서는 자산이라고 보면 된다.

그리고 아파트 담보대출금 2억 원을 회사에서는 부채라고 부른다. 즉 내가 현재 가지고 있는 우리 집의 총재산을 회사에서는 자산이라고 부르고, 이중 다른 사람에게 빌린 것이라 언젠가는 갚거나 줘야 하는 것을 부채라고 한다.

자본은 자산에서 부채를 뺀 순수 회삿돈을 말한다. 예를 들어 아파트와 각종 예금 그리고 각종 물품을 팔았을 때 받을 수 있는 총재산(자산)에서 갚아야 하는 대출금(부채)을 차감한 금액이 순수재산인 자본이라고 보면 된다.

따라서 100만 원을 가지고 회사를 처음 시작할 때 100만 원이 모두 내 돈이라면 내 총재산 100만 원(자산) = 순수재산 100만 원(자본)이 되는 것이다. 반면 100만 원 중 20만 원은 친구에게 빌리고 80

만 원만 본인 돈의 경우 자산은 100만 원이 되고 부채는 20만원, 자본은 80만 원이 되어 100만 원(자산) = 남에게 빌린 돈 20만 원 (부채) + 순수재산 80만 원(자본)이 되는 것이다.

그리고 총재산은 다음과 같이 일치한다.

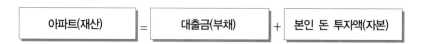

재산 = 자산

빌린 돈 = 부채

본인 돈 = 자본

결국 회사는 아래와 같이 구성되는 것이다.

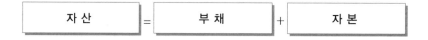

참고로 왼쪽을 회계에서는 차변, 오른쪽을 대변이라고 한다. 자산, 부채, 자본은 시간이 흐르면 계속 그 가치가 변동하기 때문에 몇 년 몇월 며칠 기준으로 얼마라는 기준시점을 정해서 이해관계자에게 회사의 가치를 알려주려고 작성하는 재무제표가 재무상태표다.

그래서 재무상태표는 기준시점을 알려주기 위해 ○기 ○년 ○월 ○일이라고 표기를 한다.

회사의 총 재산목록을 회사에서는 자산이라고 보면 된다.

그리고 은행이나 타인 또는 다른 회사에서 빌렸거나 앞으로 갚아야 할 것은 부채라고 부른다. 자본은 자산에서 부채를 뺀 순수 회삿돈을 말한다.

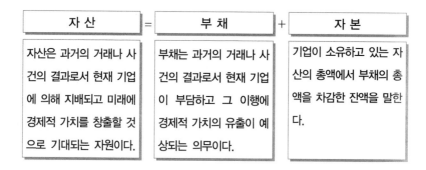

자 산	=	부 채	+	자 본
자산은 과거의 거래나 사건의 결과로서 현재 기업에 의해 지배되고 미래에 경제적 가치를 창출할 것으로 기대되는 자원이다.		부채는 과거의 거래나 사건의 결과로서 현재 기업이 부담하고 그 이행에 경제적 가치의 유출이 예상되는 의무이다.		기업이 소유하고 있는 자산의 총액에서 부채의 총액을 차감한 잔액을 말한다.

말이 참 어려워요! 이것을 앞의 예로 풀어서 말해볼게요.

자산 : 과거에 아파트를 취득(과거 사건의 결과)함으로써 현재 그 아파트의 명의가 회사로 되어있고(현재 기업에 의해 지배), 이 아파트의 시세가 10억에서 11억(경제적 가치 창출 즉 돈이 늘었다)으로 오를 것이라고 기대되는 그 무엇인가가 자산이라는 의미이다.

부채 : 과거에 회사가 아파트를 사기 위해서(과거 사건의 결과) 현재 1억 원의 대출금을 가지고 있어(현재 기업의 부담) 이를 언젠가는 갚아야 하는 의무(경제적 가치의 유출 즉 돈이 나간다)가 부채라는 의미이다.

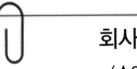

회사는 얼마를 버나?

(수익 · 비용 · 이익 · 손실)

야! 여기 손님 진짜 많다. 여기 매상은 하루 얼마나 될까?

그래도 이 많은 종업원 인건비 빼고 재룟값 빼고 하면 얼마 남겠어?

여기서 매상을 회계에서는 수익이라고 부른다. 예를 들어 음식점으로 따지면 매상, 가정으로 따지면 남편의 봉급처럼 음식점 또는 가정에 들어오는 수입 즉 돈을 회사에서는 수익이라고 부른다.

그리고 월급(수입)을 받기 위해서는 매일매일 출근해야 하고 출근하면서 교통비나 주유비 등 돈이 나가게(지출) 되는데, 회사에서도 수익을 얻기 위해 원재료를 사거나 급여, 임차료 등 각종 비용을 지출하게 되는 데 이를 회사에서는 비용이라고 한다.

결론적으로 회사에서 물건을 팔거나 용역을 팔아서 상대방으로부터 받는 대가를 수익이라고 하고, 수익을 얻기 위해 또 다른 상대방에게 주는 대가를 비용이라고 한다.

그럼 이익과 손실은 뭘까?

팔아서 남으면 이익이고, 손해 보면 그게 손실이다.

그리고 이에 대한 정보를 나타내는 것이 손익계산서이다.

회사에서 물건을 팔거나 용역을 팔아서 상대방으로부터 받는 대가를 수익이라고 하고, 수익을 얻기 위해 또 다른 상대방에게 주는 대가를 비용이라고 한다.

예를 들어 제품을 100만 원에 파는 경우 100만 원은 수익이 되고, 이 제품을 만들거나 팔기 위해 90만 원이 지출한 경우 90만 원이 비용이 되는 것이다.

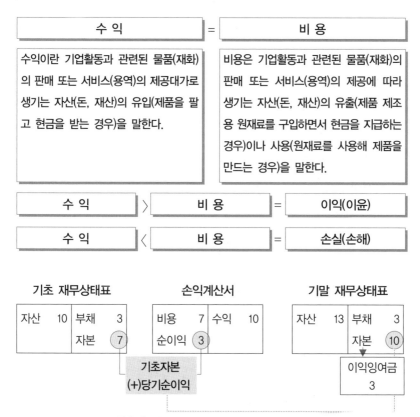

[주] 내 돈인 자본이 연초에 7원 있었는데, 연중에 열심히 돈을 벌어 수익 10원에서 비용 7원을 뺀 당기의 이익이 3원이라면, 연말의 내 돈은 연초 7원에 당기에 영업해서 번 돈 3원을 합산한 10원이 된다.

차변 · 대변 계정과목의 구분
(복식부기에 의한 장부 기록 방법)

회계에서 거래가 발생하면 계정과목을 결정하고, 해당 계정과목이 차변에 갈지 대변에 갈지 그 귀속을 정해야 하는데, 차변과 대변은 아무나 자기 편으로 받아들이는 것이 아니라 자기 나름대로 원칙에 따라 받아들이게 된다. 그 원칙이 거래의 8요소이다. 즉, 분개 시에는 거래의 8요소에 따라 차변과 대변을 결정하고 금액을 결정한다.

거래의 8요소란

❶ 자산의 증가   ❷ 자산의 감소

❸ 부채의 증가   ❹ 부채의 감소

❺ 자본의 증가   ❻ 자본의 감소

❼ 비용의 발생   ❽ 수익의 발생

모두 8가지를 말한다.

회계에서의 모든 거래는 반드시 원인과 결과에 따라 차변요소와 대변요소가 서로 결합하여 하나의 거래를 차변과 대변으로 나누어 계정과목은 달라도 같은 금액을 적게 된다. 이를 거래의 이중성이라고 하며, 복식부기는 이러한 거래의 이중성의 원리에 따라 장부에 기입하는 방법을 말한다. 따라서 회계에서 발생하는 어떠한 거래도 같은 차변 요소끼리 또는 같은 대변 요소끼리는 절대로 결합할 수 없다.

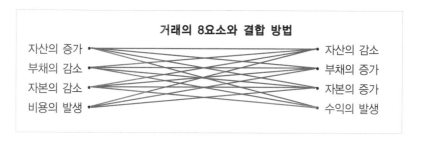

차변에 와야 하는 거래	대변에 와야 하는 거래
❶ 자산이 증가하는 거래	❶ 자산이 감소하는 거래
❷ 부채가 감소하는 거래	❷ 부채가 증가하는 거래
❸ 자본이 감소하는 거래	❸ 자본이 증가하는 거래
❹ 비용이 발생하는 거래	❹ 수익이 발생하는 거래

거래의 이중성과 대차평균의 원리

회계에서 모든 거래는 차변과 대변으로 나누어 적게 되며 실무자의 판단에 따라 계정과목은 다르게 적어도 금액은 반드시 일치하게 되는데, 이를 대차평균의 원리라고 한다. 즉, 회계에서 거래가 발생하면 거래의 이중성에 따라 어떤 계정의 차변과 다른 계정의 대변에 같은 금액으로 기재된다.

그러므로 아무리 많은 거래가 기재되더라도 계정 전체를 통해서 본다면 차변금액의 합계와 대변금액의 합계는 반드시 일치하게 되는

데, 이를 대차평균의 원리(모든 거래의 차변금액 합계와 대변금액 합계가 항상 일치하도록 기록함)라고 하는 것이다.

🕯️ 계정과 계정과목

회계에서 거래가 발생하면 자산, 부채, 자본, 수익, 비용의 증감 변

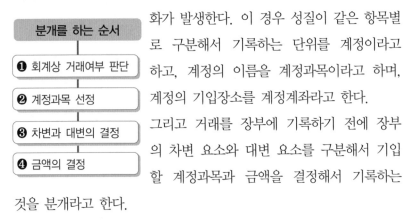

화가 발생한다. 이 경우 성질이 같은 항목별로 구분해서 기록하는 단위를 계정이라고 하고, 계정의 이름을 계정과목이라고 하며, 계정의 기입장소를 계정계좌라고 한다.

그리고 거래를 장부에 기록하기 전에 장부의 차변 요소와 대변 요소를 구분해서 기입할 계정과목과 금액을 결정해서 기록하는 것을 분개라고 한다.

🕯️ 계정과목의 기재 방법

우선 회계에서 거래가
발생하면
❶ 계정과목을 결정하
고
❷ 해당 계정과목이 차
변에 갈지 대변에 갈지
를 결정한다.
차변으로 가는 것은
❶ 자산의 증가
❷ 부채의 감소
❸ 자본의 감소
❹ 비용의 발생이고
대변으로 가는 것은
❶ 자산의 감소
❷ 부채의 증가
❸ 자본의 증가
❹ 수익의 발생이다.

즉, 분개 시에는 자산,
부채, 자본, 수익, 비용 5개의 계정이 증가, 감소, 발생, 소멸에 따
라 거래의 8요소를 구성해 상호 짝을 이루며, 차변과 대변을 구성하
세 된다.
따라서 실무자는

❶ 해당 계정과목이 자산, 부채, 자본, 수익, 비용 중 어디에 속하는지를 우선 알아야 하고,

❷ 거래가 발생하면 계정과목을 결정한 후

❸ 증가, 감소, 발생, 소멸에 따라 차변과 대변으로 보내면 각 거래가 장부에 기록하면, 아래와 같이 집계되어 차·대변이 자동으로 맞추어지게 복식부기는 되어 있다. 즉, 자동으로 맞춰져야 하는데, 안 맞으면 장부기장을 잘못한 것이니 오류를 찾아 수정해야 한다.

계 정		계정과목
재무상태표 계정	자산계정	현금, 외상매출금, 단기대여금, 미수금, 상품, 제품 등
	부채계정	외상매입금, 단기차입금, 미지급금, 사채 등
	자본계정	자본금, 자본잉여금, 이익잉여금 등
손익계산서 계정	수익계정	매출, 임대료, 이자수익 등
	비용계정	매입, 임차료, 이자비용 등

3 분개할 때 적용받는 회계기준

회계기준	적용대상 기업	근거법령
한국채택국제회계기준	주권상장법인 및 금융회사	주식회사의 외부감사에 관한 법률
일반기업회계기준	주권상장법인 외의 외부감사대상 주식회사	
중소기업회계기준	외부감사를 받지 않는 주식회사	상법

Tip 지배회사의 연결재무제표 작성을 위해 종속회사가 비외감 또는 비상장이더라도 K-GAAP 또는 K-IFRS를 적용이 가능하도록 허용

중소기업회계기준의 주요 내용

구 분	주요 특징
적용 대상 및 시기	비외감 중소기업
재무제표 작성방식 완화	• 전기와 비교식이 아닌 당기만 작성하는 것을 허용 • 현금흐름표 작성 의무 없음
회계처리 방식을 단순화	유형자산 감가상각 방법을 정액법, 정률법, 생산량 비례법 중 회사가 선택할 수 있도록 단순하게 규정
법인세법 규정도 일부 허용	유·무형자산 내용연수 및 잔존가치 법인세법 준용 가능
회계기준 분량을 최소화	중소기업에 흔히 발생하는 거래유형 중심으로 분량 최소화

계정과목 외우기 귀찮으면 회계하지 마라

어렵다. 귀찮다. 다음에 외우지 거래 발생할 때마다 보고하면 안 되나? 프로그램에 자동 분개가 있는데 갖은 핑계 대면서 계정과목을 안 외울 거면 일찌감치 경리업무 안 하는 것이 좋다. 왜냐하면, 경리업무에 있어서 계정과목이 그만큼 중요하기 때문이다.

계정과목은 기본으로 외워야 하며, 이를 암기하지 않으면 다음으로 넘어가면 안 된다.

반드시 암기한 후 원리를 비교해 보면서 분개 연습을 해보아야 한다. 명심해야 한다. 계정과목을 머리에 다 넣지 않았다면 앞으로 나가면 안 된다.

다음에 설명할 계정과목은 최대로 요약해서 설명해 놓은 것으로 더 깊이 계정과목을 알고 싶으면 회계원리 계정과목 전표분개 경리장부 결산재무제표 실무설명서를 구입해서 보면 각각의 계정과목별로 정의와 함께 사례까지 자세히 나와 있다.

1 재무상태표 계정과목 해설

🐦 자산

계정과목		해설
당좌자산	현금	통화, 자기앞수표, 타인 발행 당좌수표, 가계수표
	당좌예금	당좌거래와 관련한 예금
	보통예금	보통예금 입·출금
	기타제예금	기타 달리 분류되지 않는 예금
	정기예금	각종 정기예금 입·출금
	정기적금	각종 정기적금 입·출금
	단기매매증권	국채, 공채, 지방채 등의 매입 및 처분(1년 이내 유가증권)
	외상매출금	상품 또는 제품을 매출하고 대금을 외상으로 한 경우
	받을어음	받을어음 입·출금
	공사미수금	건설업의 공사 관련 미수금
	단기대여금	타인에게 대여한 대여금(대여 기간 1년 이내)
	미수금	유형자산을 매각하고 대금을 외상으로 한 경우
	선급금	물품을 인도받기 전 대금을 미리 지급한 경우
	선급비용	각종 비용을 미리 지급한 것(미경과 비용)
	가지급금	대표이사에게 일시적으로 돈을 빌려준 것
	부가세대급금	물품 등의 구입 시에 부담한 부가가치세
	선납세금	예금이자에 대한 이자소득세 등
	종업원대여금	업무와 관련 없이 종업원에게 대여하여 준 것
	전도금	회사의 업무와 관련하여 경비 확정 전 일시 지급한 금액

계정과목		해설
재고자산	상품	상품(도·소매업)이 판매를 위해 보관하는 재고자산
	제품	제조업의 완성제품
	완성건물	건설업의 완성건물
	원재료	제조업의 원재료
	건설용지	건설업의 건설 용지
	가설재	가설재(건설업)
	재공품	일정 시점에 생산과정에 있는 미완성된 제품의 평가액
투자자산	장기성예금	예금 중 예치 기간이 1년을 초과하는 장기성 예금
	특정예금	사용이 제한되어 있는 예금
	만기보유증권	만기까지 보유할 적극적인 의도와 능력이 있는 1년 초과 주식 등
	매도가능증권	투자를 목적으로 취득한 단기매매증권, 만기보유증권을 제외한 1년 초과 주식 등
	장기대여금	대여기간이 1년을 초과해서 기업의 자금을 대여한 것
	보증금	사무실, 공장 등의 임차보증금
	전세권	전세권
	기타보증금	영업보증금, 수입보증금 등
	부도어음	받을어음이 부도난 때에는 최종 처리 시까지 부도어음으로 관리
	전화가입권	전화 가입 시 낸 보증금 등
유형자산	토지	토지
	건물	사무실, 공장, 창고 등 회사소유 건물
	구축물	용수 설비, 폐수 처리장치 등

	계정과목	해설
유형자산	기계장치	각종 기계장치
	차량운반구	화물자동차, 승용자동차, 지게차, 중기 등
	공구와기구	공구, 기구로서 100만 원을 초과하는 것(이하 : 소모품)
	비품	책상, 의자, 에어컨, 캐비닛, 컴퓨터, 팩시밀리, 복사기 등
	건설중인자산	건설 중인 자산의 가액
무형자산	영업권	영업상의 권리
	특허권	특허와 관련한 권리를 금전적 가치로 계상한 것
	상표권	특정 상호가 상표법에 따라서 등록된 경우 그 가치
	실용신안권	제품 등을 현재 상태보다 사용하기 편하게 만든 것
	의장권	의장과 관련한 권리
	면허권	면허권 취득과 관련한 비용(건설업 면허 등)
	개발비	개발과 관련하여 지출한 고액 비용
	소프트웨어	고가의 소프트웨어 구입비, 개발비

🔖 부채

	계정과목	해설
유동부채	외상매입금	물품 등을 구입하고 그 대금을 나중에 지급하기로 한 것
	지급어음	대금결제를 어음을 발행하여 지급한 것
	미지급금	유형자산 등을 구입하고 그 대금을 나중에 지급하기로 한 것
	예수금	근로소득세, 국민연금, 건강보험, 고용보험, 부가가치세 등 타인으로부터 미리 받아둔 것

계정과목		해설
유동부채	부가세예수금	매출 시 매입자로부터 받아 둔 부가가치세
	당좌차월	당좌예금 잔액을 초과하여 발행한 수표 금액(사전약정 체결)
	가수금	대표이사로부터 일시 차입한 돈
	예수보증금	임대보증금
	선수금	제품을 인도하기 전 그 대금을 미리 받은 것
	단기차입금	1년 이내에 상환해야 하는 차입금
	미지급세금	법인세 등의 미지급액
	미지급비용	비용과 관련하여 그 대금을 나중에 지급하기로 한 것
	선수수익	수입금 중에서 당기의 것이 아니고 차기 이후의 것
비유동부채	사채	1년 이후에 상환 예정인 회사채(개인 사채가 아님)
	장기차입금	상환기간이 1년을 초과하는 차입금
	외화장기차입금	외화로 빌린 차입금

자본

계정과목		해설
자본	자본금	법인의 경우 납입자본금
자본잉여금	자본잉여금	주식발행초과금, 감자차익
이익잉여금	이익준비금	이익잉여금의 처분으로 사내에 유보된 금액
	기업합리화적립금	기업합리화적립금
	제준비금	세법상 각종 준비금 등

계정과목		해설
이익잉여금	임의적립금	이익잉여금의 처분으로 임의로 사내에 유보한 금액
	차기이월이익잉여금	다음 사업연도로 이월하는 이익잉여금

2 손익계산서 계정과목 해설

🎍 매출과 매출원가

계정과목		해설
매출액	상품매출	도·소매업 매출
	제품매출	제조업 매출
	공사수입금	건설업 매출
	매출	기타매출
매출원가	상품매출원가	기초상품 + 당기 상품매입액 − 기말상품 재고액
	제품매출원가	기초제품 + 당기 제품매입액 − 기말제품 재고액
	매입	매입 즉시 매출원가로 처리하는 경우

🎍 판매비와 관리비

계정과목	해설
임원급여	임원 등의 급여(소기업은 구분할 필요 없이 급료에 포함)
급료	사무실 직원 급료
상여금	사무실 직원 상여금

계정과목	해설
제수당	기본급 외 제 수당(소기업은 구분할 필요 없이 급료에 포함)
잡금	임시직원 및 일용직 근로자 급료 및 임금
복리후생비	식대, 차대, 4대 보험 중 회사 부담금, 직원 경조사비, 회식비, 생수 대금, 야유회 경비, 피복비, 구내식당 운영비 등
여비교통비	직무와 관련한 각종 출장비 및 여비
기업업무추진비(= 접대비)	거래처 접대비, 거래처 선물대, 거래처 경조사비 등
통신비	전화요금, 휴대폰 요금, 정보통신 요금, 각종 우편요금 등
수도광열비	수도 요금, 가스요금, 난방비용 등
전력비	사무실 전기요금
세금과공과금	재산세, 인지대, 등록면허세, 지방소득세, 환경개선부담금, 수입증지 등
감가상각비	유형자산(건물, 비품, 차량유지비 등)의 감가상각비
지급임차료	사무실 임차료
수선비	사무실 수리비, 비품 수리비 등
보험료	건물화재보험료, 승용자동차 보험료 등
차량유지비	유류대, 주차요금, 통행료, 자동차 수리비, 검사비 등
연구개발비	신기술의 개발 및 도입과 관련하여 지출하는 경상적인 비용
운반비	택배 요금, 퀵서비스 요금 등
교육훈련비	직원교육 및 업무훈련과 관련하여 지급한 금액
도서인쇄비	신문대, 도서구입비, 서식 인쇄비, 복사요금, 사신 현상비 능 명함, 고무인 제작비, 명판대
회의비	업무상 회의와 관련하여 지출하는 각종 비용

계정과목	해설
포장비	상품 등의 포장과 관련한 지출 비용
사무용품비	문구류 구입 대금, 서식 구입비 등
소모품비	각종 위생용 소모품, 철물 및 전기용품, 기타 소모품
지급수수료	기장 수수료, 송금, 각종 증명발급, 추심, 신용보증, 보증보험 수수료, 홈페이지 유지비, 전기·가스 점검 및 환경측정 수수료, 신용조회 수수료
보관료	물품 등의 보관과 관련하여 지출하는 비용
광고선전비	TV, 신문, 잡지광고비, 홈페이지제작비, 등록비 등 광고비용
판매촉진비	판매촉진과 관련하여 지출하는 비용
대손상각비	외상매출금, 미수금 등의 회수불능 대금
건물관리비	자가 소유 건물의 관리비용
수출제비용	수출과 관련한 제비용
판매수수료	판매와 관련하여 지급한 수수료
무형자산상각비	무형자산상각비
견본비	견본 물품 등의 구입과 관련한 비용
잡비	오폐수처리비, 세탁비, 소액 교통사고 배상금, 방화관리비, 청소용역비 등 기타 달리 분류되지 않는 각종 비용

🕯️ 기타수익과 금융수익

계정과목	해설
이자수익	예금 및 적금이자, 대여금 이자수입 등

계정과목	해설
유가증권이자	국채, 지방채, 공채, 사채(社債) 등의 이자
배당금수익	주식투자와 관련하여 소유주식 회사로부터 지급받는 배당금
임대료	부동산임대 수입
단기매매증권 처분이익	단기매매증권 처분 시 발생하는 이익
외환차익	외화자산, 부채의 회수 및 상환 시 환율 변동으로 발생하는 이익
관세환급금	원재료 수입 시 납부한 관세를 수출할 때 환급받는 금액 (매출원가 차감)
판매장려금	매입처로부터 받는 판매장려금
유형자산처분이익	유형자산 처분 시 발생하는 이익
투자자산처분이익	투자자산처분 시 발생하는 이익
국고보조금	정부출연금, 정부 보조금, 고용보험 관련 보조금 등
잡이익	기타 달리 분류되지 않는 이익

🔖 기타비용과 금융비용

계정과목	해설
이자비용	지급이자, 어음할인료 등
외환차손	환율 변동으로 인하여 발생하는 손실 금액
기부금	교회 및 사찰헌금, 학교 기부금, 불우이웃돕기 성금 등
단기매매증권 처분손실	단기매매증권의 처분 시 발생하는 손실

계정과목	해설
재고자산감모손실	재고자산의 손상 및 분실금액
재고자산평가손실	재고자산의 평가 결과 발생한 손실 금액
유형자산처분손실	유형자산(기계장치, 차량 운반구 등)의 처분 시 발생하는 손실
투자자산처분손실	투자자산의 처분 시 발생하는 손실
잡손실	분실금, 기타 달리 분류되지 않는 영업외비용

법인세비용, 소득세 비용

⊚ 법인세비용 : 법인세, 법인세 지방소득세, 법인세 중간예납세액

⊚ 소득세비용 : 종합소득세, 종합소득세 지방소득세

3 원가 항목 계정과목 해설

계정과목		해설
재료비	원재료비	제조 및 공사 현장에 투입된 재료비
	부재료비	부재료비
노무비	급여	급여
	임금	생산 현장 또는 공사 현장 인건비
	상여금	설날, 추석, 휴가, 연말 상여금 등
	제수당	제 수당(소기업의 경우 임금에 포함)
	잡금	일용노무자 및 임시 직원의 임금
	퇴직급여	퇴직금

계정과목		해설
노무비	복리후생비	직원 식대, 차대, 4대 보험 회사 부담금, 경조사비, 회식비, 피복비 등
	여비교통비	생산 현장 직원의 출장비
	기업업무추진비	생산과 관련한 접대비
경비	통신비	현장 전화비, 팩스 요금 등
	가스수도료	생산 현장의 수도 요금, 난방비 등
	전력비	전기요금
	세금과공과금	공장건물의 재산세, 토지 세금 등
	감가상각비	기계장치, 공장건물 등의 감가상각비
	지급임차료	공장 임차료, 기계장치 리스료 등
	수선비	기계장치 수선, 공장수선경비
	보험료	화물자동차의 자동차 보험료, 공장의 화재보험료 등
	차량유지비	화물차의 유류대, 수리비, 통행료, 계량비, 주차요금
	연구개발비	신기술 및 신제품개발을 위하여 투입하는 비용
	운반비	제품의 운반과 관련한 운임
	교육훈련비	생산직 근로자의 교육훈련을 위하여 지출하는 비용
	도서인쇄비	생산 현장의 신문 대금, 도서 구입비, 복사비 등
	회의비	생산 현장 회의와 관련하여 지출하는 비용
	포장비	제품포장비용
	사무용품비	생산 현장의 사무용품비
	소모품비	생산 현장의 각종 소모품비
	지급수수료	생산 현장의 측정 수수료 등

계정과목	해설
보관료	제품 등의 보관과 관련하여 지출하는 비용
외주가공비	하청과 관련한 임가공료
시험비	시험비
기밀비	생산 현장 판공비 등
잡비	기타 달리 분류되지 않는 비용
하자보수비	하자보수와 관련하여 지출하는 비용
장비임차료	중기 등의 임차와 관련하여 지출하는 비용
유류대	유류대

두 개의 계정과목 중 아무거나 하나를 사용해도 되는 경우가 있다.

거래가 발생해서 전표를 발행하다 보면 간혹 두 종류의 계정과목에 모두 해당하는 경우가 발생한다.

이 경우 실무자는 이것을 써야 할지 저것을 써야 할지 고민이 되기 마련이다.

그러나 이와 같은 문제에 대해서 고민하면서 시간을 낭비할 필요는 없다. 왜냐하면 계정과목은 수학공식과 같이 항상 일정한 공식에 의해서 정해지는 것이 아니라 약간의 에누리가 있다. 즉 특정 거래에 대해서 계속적 · 반복적으로 특정 계정과목을 사용해 왔다면 회계기준에서도 이를 인정해주고 있다.

그렇다고 실무자 임의로 아무 계정과목이나 사용하라는 것은 아니며, 정해진 기준 범위 내에서 약간의 실무자의 재량을 인정해주겠다는 것이다.

참고로 많은 질문이 들어오는 것을 살펴보면 국민연금 회사부담분의 경우 세금과공과, 복리후생비 중 하나를 사용하면 되며, 출장용 차량 유류비나 세차비, 고속도로통행료 등의 경우 차량유지비나 여비교통비로 처리를 하면 된다. 또한 회의 시간의 다과비의 경우 복리후생비나 회의비 중 하나를 사용하면 된다.

사무용품비와 소모품비의 차이

사무용품비와 소모품비의 차이는 없다.

일반적으로 실무에서는 문구 등 소모성 경비에 대하여 사무용품비로 처리를 하는가 하면 소모품비로 처리를 하기도 한다. 즉 소모성 물품에 대해서는 업종에 구분 없이 둘 중 하나의 계정과목을 선택하여 계속해서 사용하면 된다.

예를 들어 문방구에서 장부와 볼펜 등을 20,000원에 샀다면 어떤 회사(갑)의 실무자는 사무용품비 20,000 / 현금 20,000으로 분개를 하고 또 다른 회사(을)의 실무자는 소모품비 20,000 / 현금 20,000으로 분개를 한다. 그러나 동 구입에 대하여 갑사의 분개와 을사의 분개는 모두 맞다.

솔직히 소모성 물품을 구입하고 그것을 소모품비 처리할 지 사무용품비로 처리할 지는 구분 자체가 어려울 뿐만 아니라 구분의 의미가 없다.

그러나 굳이 둘의 의미를 비교한다면 회사의 소모성 물품은 크게 문구 등 사무용 소모품과 기타 소모품으로 구분해 볼 수 있는데 대다수의 소모성 물품은 문구 등 사무용품에 속하게 된다. 따라서 소모성 물품에 대하여는 그냥 사무용품비라는 계정과목을 사용하는 것이다. 반면, 소모품비는 사무용 소모품 + 기타 소모성 물품을 포함하는 개념으로서 소모성 물품의 범위를 사무용품비보다 넓게 보는 개념이다.

비품과 소모품비 처리, 자산처리와 수선비처리

비품을 사서 감가상각을 통해 비용 처리하느냐 소모품비로 일시에 비용 처리하느냐의 차이는 외감대상이 아닌 경우 실무적 처리는 세법의 규정을 따르는 경우가 많다. 즉 건당 취득가액 100만 원을 기준으로 100만 원 이하의 지출에 대해서는 소모품비로 당기 비용 처리할 수 있다(취득단계).

그리고 자신의 수선과 관련해서 발생하는 수선비도 세법상 자본적 지출로 자산 가액에 가산해 감가상각할지, 아니면 일시에 수선비로 당기비용 처리할 수 있는 기준금액을 정하고 있는데, 동 금액은 600만 원 미만이다. 즉 600만 원 미만의 수선비에 대해서는 자산처리하지 않고 당기비용으로 처리할 수 있다(보유단계).

 선급금과 선급비용의 차이

선급금이란 일반적으로 자산에 대한 선급액으로 매입처에 대하여 상품 · 원재료의 매입을 위하여 또는 제품의 외주가공을 위하여 선급한 금액을 말한다. 즉, 상품이나 재고자산의 구입시 납품에 앞서 대금의 일부 또는 전부를 지급하는 금액을 말하며, 일반적으로 계약금 이라고 표현하기도 한다.

반면 선급비용은 비용에 대한 선급액으로 아직 제공되지 않은 용역에 대하여 지급된 대가로서 일정한 기간동안 특정 서비스를 받을 수 있는 권리 또는 그 청구권을 말한다. 선급비용은 지급이자의 선급액, 보험료 선급액, 임차료 선급액 등이 있다.

예를 들어 건물을 신축하면서 계약금으로 대금을 미리 지급하는 경우 선급금으로 처리한 후 건물의 완성 시점에 동 선급금을 감소시키며, 동 비용을 건물 계정에 계상하면 되며, 건물을 빌려 쓰며, 3달치 임차료를 미리 지급한 경우 동 비용은 선급비용으로서 이는 한 달이 지나 실제로 임차료의 지급 시점에 임차료와 서로 상계처리하면 된다.

본 예에서 보는 바와 같이 선급금은 자산 항목에 대한 선급액을 선급비용은 비용 항목에 대한 선급액을 처리하는 계정으로 사용이 된다.

 결산 회계의 대상 계정과목

회계를 기간적 단계를 기준으로 구분하면 일반회계와 결산 회계로 구분하는 예가 있다. 일반회계가 회계기간 중의 일상적 회계 사건을 분개 처리하는 것을 의미한다면 결산 회계는 회계연도의 경영성과와 재무상태 및 잉여금의 처분내용을 측정하기 위하여 일반회계를 마감하는 절차를 의미하는 것으로 볼 수 있다.

결산 회계에서 처리해야 할 사항은 아래와 같이 예시할 수 있다.

구 분	계정과목
자산 관련 결산 회계 사항	미수수익, 선급비용, 대손충당금의 설정 및 대손상각, 재고자산평가, 유가증권 및 투자자산의 평가, 유·무형자산의 감가상각, 이연법인차의 계산, 건설중인자산의 대체, 외화의 환산
부채·자본 관련 결산 회계 사항	미지급비용, 선수수익, 미지급배당금, 퇴직급여충당부채의 설정, 이연법인세대의 계산, 해외사업 환산차대, 미교부자기주식, 미지급법인세, 외화의 환산, 법인세법상의 각종 준비금
잉여금처리 사항	조세특례제한법상의 각종 준비금, 이익준비금, 재무구조개선적립금, 배당·상여 등의 처분, 적립금 등의 이입액, 주식할인발행차금의 상각, 회계변경의 누적효과, 전기오류수정이익, 조세특례제한법상 준비금

자산 구분에 대한 이해

1. 유동과 비유동의 구분

유동과 비유동은 1년 기준을 따른다. 즉, 재무상태일로부터 1년 안에 현금화가 가능한 경우 유동으로, 불가능한 경우 비유동으로 구분한다.

2. 유동자산 중 당좌자산과 재고자산

당좌자산은 현금 또는 현금과 같이 즉시 사용가능한 자산을, 재고자산은 팔아서 현금으로 사용가능한 자산을 말한다.

3. 비유동자산 중 투자자산, 유형자산, 무형자산

투자자산은 남에게 투자한 자산을, 유형자산은 건물과 같이 눈에 보이는 자산, 무형자산은 특허권과 같이 눈에 보이지 않는 자산을 말한다.

4. 유동부채와 비유동부채

유동부채는 1년 안에 갚아야 하는 부채를, 비유동부채는 1년 안에 갚지 않아도 되는 부채를 말한다.

🔍 가지급금의 회계와 세무 상식

현금의 지출이 있었으나 그 소속 계정 등이 확정되지 않은 경우 확정될 때까지 일시적으로 처리하기 위해서 설정한 가 계정을 뜻하며, 통상적으로 대표이사가 회사로부터 빌려 간 경우 기중에 가지급금이라는 가계정을 설정한다.

발생원인

❶ 대표이사 개인용도 사용/차입
❷ 증빙불비 경비를 비용 처리하지 못한 경우 등

회계처리

❶ 발생시 (차변) 가지급금   ××× / (대변) 현금 ×××
❷ 결산시 (차변) 단기대여금 ××× / (대변) 가지급금 ×××

세무상 불이익 → 법인세 증가

❶ 인정이자 익금산입 → 가중평균차입이자율 또는 당좌대출이자율
❷ 지급이자 손금불산입 → 지급이자 × (가지급금/차입금)

정리방안

❶ 급여 인상 ❷ 배당금 수령 ❸ 개인 지분 유상증자 ❹ 개인소유 특허권을 회사에 매각
위의 방법을 결국 돈을 만들어 갚는 것이다.

가지급금/가수금

대표이사 개인용도 사용	자산 가지급금	부채 가수금	회사자금 부족
인정이자 계산		자본	법인에 별도 이자 지급 불필요

실무에서 분개는 전표에 한다.

이론상 분개는 실무상 전표에서 이루어진다. 전표는 복식부기를 실현하기 위해 고안해낸 서식으로, 현금의 입출금은 입금전표와 출금전표를 사용하고 현금의 입출금이 없는 거래는 대체전표를 사용한다.

1 프로그램을 활용한 전표 발행

그러나 현재는 프로그램의 발달과 현금의 사용이 적어 입금전표와 출금전표는 거의 사용하지 않고, 프로그램상의 일반전표와 매입매출전표를 많이 사용한다.

차이점은 간단히 설명하면, 세금계산서, 카드전표, 현금영수증 등 부가가치세 신고에 반영하냐, 안 하냐의 차이이다. 즉, 부가가치세 신고서에 반영해야 하는 거래내역은 매입매출전표를 작성하고, 반영하지 않아도 되는 경우는 일반전표를 발행한다.

예를 들어 상품의 매출, 매입을 입력할 때는 매입매출전표에 입력하면 되고, 외상대금의 결제, 회사자금을 출금하고 입금하는 것처럼 부가가치세에 영향을 주지 않는 금전적인 거래만 이루어졌을 때는 일반전표에 입력한다.

경비지출이라도 (사무용품, 식비 등) 부가가치세 자료집계를 원하는
경우 매입매출전표에 기록한 후 증빙처리 하고, 그렇지 않다면 일반
전표에 입력한다.

결론은 프로그램은 매입 매출에 대해서 세금을 내는 부가가치세와
연결해서 운영되고 있으며, 매입매출전표에 입력하면 부가가치세 신
고서에 반영되고. 일반전표에 입력하면 장부에만 반영되고 부가가치
세 신고서에는 반영되지 않는다.

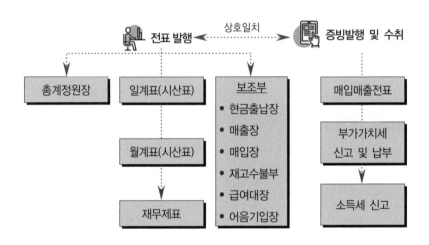

🎙️ 매입매출전표

세금계산서/계산서 발행 혹은 카드 전표(부가가치세 공제 가능한 전
표), 현금영수증(부가가치세 공제 가능한 전표) 등 부가가치세 신고
에 영향을 미치는 증빙자료를 입력할 경우, 부가가치세 자료로 집계
를 원하는 경우, 매입매출전표에 기록한 후 증빙처리를 해주고, 그
렇지 않다면 일반전표에 입력하면 된다.

유 형		내 용
매출	**과세**	일반 매출 세금계산서 입력 시 선택한다. **[반영]** • 매출 세금계산서합계표 • 부가가치세 신고서 1번 세금계산서 발급분
	영세	매출 세금계산서로 영세율 분(LOCAL : 간접수출) 입력 시 선택한다. 특히, 직접 수출되어 세금계산서가 발행되지 않는 경우는 [수출] 코드로 입력하므로 구분에 유의한다. **[반영]** • 매출세금계산서합계표 • 내국신용장, 구매확인서 전자 발급 영세율매출명세서 • 부가가치세 신고서 5번 영세 세금계산서발급분
	면세	부가가치세 면세사업자가 발행하는 매출계산서 입력 시 선택한다. **[반영]** • 매출계산서합계표 • 부가가치세 신고서 84번 계산서발급금액
	건별	세금계산서가 발행되지 않은 과세 매출 입력 시 선택한다. (예 : 음식점의 소액 현금매출, 소매 매출로 영수증 또는 금전등록기 영수증 발행 시.) 공급가액란에 부가가치세가 포함된 공급대가를 입력한 후 Enter키를 치면 공급가액과 부가가치세가 자동 계산되어 입력된다. 환경설정에 따라 입력된 공급가액의 절사 방법(절사, 올림, 반올림)을 선택할 수 있다. **[반영]** • 부가가치세 신고서 4번 기타
	종합	세금계산서가 발행되지 않은 과세 매출 입력 시 선택한다. [건별]과의 차이는 공급가액란에 입력된 공급대가를 그대로 반영, 공

유 형		내 용
매 출		급가액과 세액이 구분계산 되지 않는다(부가가치세액이 자동계산되지 않음). 따라서 월말 또는 분기 말에 해당 기간의 공급대가를 합계, 공급가액과 부가가치세를 계산한 후 수동으로 수정하여 주어야 한다. **[반영]** • 간이과세자 부가가치세 신고서(1~4번 업종별)
	수출	외국에 직접 수출하는 경우 선택한다. Local 수출로서 영세율 세금계산서가 발행되는 [영세]와는 구분된다. **[반영]** • 수출실적명세서, 영세율 첨부서류 제출명세서 • 영세율매출명세서 • 부가가치세 신고서 6번 영세율 기타
	카과	신용카드에 의한 과세매출 입력 시 선택한다. [카과]로 입력된 자료는 "신용카드매출발행집계표" "과세분"에 자동 반영된다. **[반영]** • 신용카드매출전표발행집계표(과세 매출) • 부가가치세 신고서 3번 신용카드 발행분 • 경감공제액 – 신용카드매출전표등발행공제계 19번
	카면	신용카드에 의한 면세매출 입력시 선택한다. [카면]로 입력된 자료는 "신용카드매출발행집계표" "면세분"에 자동 반영된다. **[반영]** • 신용카드매출전표발행집계표(면세매출) • 부가가치세 신고서 80번 면세수입금액
	카영	영세율 적용 대상의 신용카드 매출 → 신용카드발행집계표 과세분에 반영된다.

유 형		내 용
매 출		**[반영]** • 신용카드매출전표발행집계표(과세 매출) • 영세율매출명세서 • 부가가치세 신고서 6번 영세율 기타 • 경감공제액 – 신용카드매출전표등발행공제계 19번
	면건	계산서가 발행되지 않은 면세 적용분 입력시 선택한다. **[반영]** • 부가가치세 신고서 80번 면세수입금액
	전자	전자적 결제 수단으로의 매출(전자화폐 관련 매출) → 전자화폐결제 명세서에 가맹점별로 집계된다. (거래처등록 시 반드시 가맹점 코드 입력이 선행되어야 한다) **[반영]** • 전자화폐결제명세서
	현과	현금영수증에 의한 과세매출 입력 시 선택한다. [현과]로 입력된 자료는 "신용카드매출발행집계표" "과세분"에 자 동 반영된다. **[반영]** • 신용카드매출전표발행집계표(과세 매출) • 부가가치세 신고서 3번 현금영수증 발행분 • 경감공제액 – 신용카드매출전표등발행공제계 19번
	현면	현금영수증에 의한 면세매출 입력 시 선택한다. [현면]로 입력된 자료는 "신용카드매출발행집계표", "면세분"에 자 동 반영된다. **[반영]** • 신용카드매출전표발행집계표(면세매출) • 부가가치세 신고서 80번 면세수입금액

유형		내용
매입	현영	영세율 적용 대상의 현금영수증 매출 → 신용카드발행집계표 과세분에 반영된다. **[반영]** • 신용카드매출전표발행집계표(과세 매출) • 영세율매출명세서 • 부가가치세 신고서 6번 영세율 기타 • 경감공제액 – 신용카드매출전표등발행공제계 19번
	과세	발급받은 매입세금계산서 입력 시 선택한다. **[반영]** • 매입세금계산서합계표 • 부가가치세 신고서 10번 일반매입 • 고정자산의 경우 11번
	영세	발급받은 영세율 매입세금계산서 입력 시 선택한다. **[반영]** • 매입세금계산서합계표 • 부가가치세 신고서 10번 일반매입
	면세	부가가치세 면세사업자가 발행한 계산서 입력 시 선택한다. (세관장이 발급한 수입 계산서도 여기에 해당한다.) **[반영]** • 매입계산서합계표 • 부가가치세 신고서 85번 계산서수취금액 • 의제매입의 경우 14 그 밖의 공제매입세액공제(43 의제매입세액)
	불공	해당 불공제 내역은 부가가치세 신고서의 매입세액공제에 반영된 세액을 차감하는 매입세액불공제란에 기입 된다. 1. 필요적 기재 사항 누락 2. 사업과 관련 없는 지출

유 형		내 용
매 입	불공	3. 비영업용 소형승용차 구입 및 유지 4. 면세사업과 관련된 분 5. 공통매입세액 안분계산서 분 6. 등록전 매입세액 7. 대손 처분받은 세액 8. 납부(환급)세액 재계산분 **[반영]** • 매입세액불공제 내역 • 부가가치세 신고서 16번 공제받지 못할 매입세액
	수입	재화의 수입 시 세관장이 발행한 수입세금계산서 입력 시 선택한다. 수입세금계산서 상의 공급가액은 단지 부가가치세 징수를 위한 과세표준일 뿐으로 회계처리 대상은 아니다. 따라서 프로그램에서는 수입세금계산서의 경우 하단 부분 개시, 부가가치세만 표시되도록 하였다. **[반영]** • 매입세금계산서합계표 • 부가가치세 신고서 10번 일반매입 • 고정자산의 경우 11번
	금전	현재는 해당 사항 없음
	카과	신용카드에 의한 과세 매입 입력 시 선택한다. **[반영]** • 신용카드 수령금액 합계표 • 부가가치세 신고서 14번 그 밖의 공제매입세액 (41. 신용카드매출전표 수취/일반, 42. 신용카드매출전표 수취/고정)
	카면	신용카드에 의한 면세 매입 입력시 선택한다. **[반영]** • 신용카드 수령금액 합계표(면세)

유 형		내 용
매입		• 의제매입의 경우 14 그 밖의 공제매입세액공제(43 의제매입세액)
	카영	신용카드에 의한 영세 매입 입력 시 선택한다. **[반영]** • 신용카드 수령금액 합계표(영세) • 부가가치세 신고서 14번 그 밖의 공제매입세액 (41. 신용카드매출전표 수취/일반, 42. 신용카드매출전표 수취/고정)
	면건	계산서가 교부되지 않은 면세적용 매입 입력 시 선택한다.
	현과	현금영수증에 의한 과세 매입 입력 시 선택한다. **[반영]** • 신용카드 수령금액 합계표(과세) • 부가가치세 신고서 14번 그 밖의 공제매입세액 (41. 신용카드매출전표 수취/일반, 42. 신용카드매출전표 수취/고정)
	현면	현금영수증에 의한 면세 매입 입력 시 선택한다. **[반영]** • 신용카드 수령금액 합계표(면세) • 의제매입의 경우 14, 그 밖의 공제매입세액공제(43 의제매입세액)

🎤 일반전표

세금계산서나 계산서를 발행하지 않고 카드 전표, 현금영수증 등 부가가치세 신고에 영향을 미치는 증빙자료를 입력하지 않은(매입매출전표 입력사항을 제외한 거래) 경우 또는 간이영수증 수취(부가가치세 신고 시 영향이 없는 증빙) 시 발행한다.

일반전표의 유형을 입력하는 방법을 잠깐 살펴보면 다음과 같다.

유 형		내 용
현금 전표	출금전표	현금이 나갈 때 발행하는 전표로 분개 시 대변에는 무조건 현금 계정과목이 온다. 따라서 차변 계정과목만 입력한다.
	입금전표	현금이 들어올 때 발행하는 전표로 분개 시 차변에는 무조건 현금 계정과목이 온다. 따라서 대변 계정과목만 입력한다.
대체전표		차변과 대변에 현금계정이 나타나지 않는 경우 발행하는 전표로 전부 현금이 없는 전부 대체거래와 일부 현금이 있는 일부 대체거래로 구분해볼 수 있다. 현금이 포함된 대체전표의 경우 하나의 전표로 입력이 가능하며, 따라서 현금거래와 대체거래를 굳이 구분, 입력할 필요가 없다. 차) 받을어음 5,000,000 　　현금　　　 700,000 대) 외상매출금 5,700,000
결산전표		결산과 관련된 거래를 입력할 때 발행하는 전표이다.

🐾 매입매출전표와 일반전표의 비교

프로그램상 일반전표와 매입매출전표의 차이점을 살펴보면 프로그램에 직접 일반전표와 매입매출전표에 똑같은 내용을 한번 입력해보면 쉽게 알 수 있다. 예를 들어 세금계산서를 받고

자산의 증가		부채의 증가	
상품	××× /	외상매입급	×××
부가가치세대급금	×××		

을 똑같이 입력 후 세금계산서 합계표를 띄워보면 일반전표에 입력

한 내용은 세금계산서합계표에 뜨지 않고, 매입매출전표에 입력한 사항은 뜰 것이다.

결과적으로 매입매출전표에 입력한 사항만 부가가치세 신고서에 반영이 된다.

그럼 나중에 부가가치세 신고를 할 때 세금계산서합계표에 뜨지 않는 것은 부가가치세 신고서에도 반영되지 않는다. 따라서 부가가치세 신고와 관련된 세금계산서, 계산서, 부가가치세 매입세액공제를 받을 수 있는 신용카드매출전표, 현금영수증 등은 무조건 매입매출전표에 입력해야 한다. 다만, 매입매출전표도 일반전표도 모두 회계장부에는 반영된다.

편리하게 부가가치세 신고 관련된 것을 구분하고자 매입매출전표 메뉴가 있는 것이다.

2 수작업에 의한 전표발행

🍸 대체(분개)전표의 작성법

흔히 기업에서 입금전표, 출금전표, 대체전표의 3종류를 사용하는데 전표를 3종류로 구분해서 사용하지 않고 모든 것을 하나의 전표에 발행하는 것을 분개전표라고 한다. 따라서 거래가 발생하면 어떤 전표를 발행해야 하나 고민할 필요가 없고 작성 방법에 대해서 고민할 필요가 없으므로 초보자가 작성하기에 좋다는 장점이 있다.

전표를 보면 과목 또는 계정과목란이 있는데, 거래에 따른 계정과목을 실무 담당자가 선별해서 기입하는 것으로 전표 작성에 있어서 가장 중요한 것은 계정과목의 선별이다.

초보 실무자들은 때때로 회계프로그램을 구입하여 전표를 발행하면 계정과목도 자동으로 선별해주는지 착각하는 사람들이 많은데 이는 아무리 프로그램이라도 해주지 못하는 일이며, 사람 즉 실무자가 직접 선별해야 한다.

따라서 전표 작성에 있어서 계정과목의 숙지가 가장 중요한 작성 방법이 될 수 있다.

예를 들어 삼보에 외상매입금 800만 원을 계좌이체 한 경우 다음과 같이 분개전표를 발행한다.

외상매입금	8,000,000	/ 현금	8,001,000
지급수수료	1,000		

분 개 전 표					담당	이사	사장
작성일자	2000년 00월 00일	**작성자** 홍길동	주식회사 갑				
차 변			대 변				
계정과목	적 요	금 액	계정과목	적 요	금 액		
외상매입금	삼보 외상매입금	8,000,000	현 금		8,001,000		
지급수수료	이체수수료	1,000					
합 계		8,001,000	합 계		8,001,000		

작성방법

① 차변의 계정과목과 금액란에는 거래를 분개한 내용 중 차변 계정

과목과 금액을 기입한다.

② 대변의 계정과목과 금액란에는 거래를 분개한 내용 중 대변 계정 과목과 금액을 기입한다.

③ 적요란에는 거래내용을 간단하게 기입한다.

④ 일자란에는 거래 발생 날짜를 기입한다.

⑤ 합계란에는 차변과 대변의 합계를 표시하여 빈칸이 있을 경우는 차후의 분식을 방지하기 위하여 사선을 긋는다.

🖋 입금전표의 작성법

입금전표는 현금이 들어오는 거래를 기입하는 전표이다.

입금전표의 차변은 항상 현금이므로 입금전표 상의 계정과목에는 대변계정만 적는다.

예를 들어 책상을 제조해서 판매하는 (주)갑은 (주)을에게 책상을 부가가치세 포함 11만 원을 현금으로 판매했다.

현금	110,000 / 상품	100,000
	부가가치세예수금	10,000

입 금 전 표			담당	이사	사장
작성일자	2000년 00월 00일	작성자	홍길동	주식회사 갑			
계정과목	적 요		금 액		
상품	사무용 책상 판매		100,000		
부가가치세예수금	사무용 책상 판매 부가가치세		10,000		
합 계			110,000		

🔔 위의 입금전표는 종류를 쉽게 구별할 수 있도록 붉은색으로 인쇄되어 있다.

① 일자란 : 판매한 연월일을 기입한다.

② 계정과목란 : 상대 계정과목을 기입한다.

③ 적요란 : 정확하게 알 수 있도록 상세한 거래의 내용을 기입한다.

④ 금액란 : 공급가액과 부가가치세를 기입한다.

⑤ 합계란 : 상기한 금액의 합계액을 기입한다.

🔧 출금전표의 작성법

출금전표는 현금이 지급되는 거래를 기입하는 전표이다.

출금전표의 대변은 항상 현금이므로 출금전표 상의 계정과목에는 차변계정만 적는다.

예를 들어 책상 제작 원재료를 구입하면서 부가가치세 포함 11만 원을 현금 지급했다.

원재료	100,000	/ 현금	110,000
부가가치세대급금	10,000		

출 금 전 표			담당	이사	사장
작성일자 2000년 00월 00일	**작성자** 홍길동	주식회사 갑			

계정과목	적 요	금 액
원재료	사무용 책상 판매 제작 원재료 구입	100,000
부가가치세대급금	원재료 구입 부가가치세	10,000
합 계		110,000

🔹 위의 출금전표는 종류를 쉽게 구별할 수 있도록 청색으로 인쇄되어 있다.

① 일자란 : 매입한 연월일을 기입한다.

② 계정과목란 : 상대 계정과목을 기입한다.

③ 적요란 : 정확하게 알 수 있도록 상세한 거래의 내용을 기입한다.

④ 금액란 : 매입가액과 부가가치세를 기입한다.

⑤ 합계란 : 상기한 금액의 합계액을 기입한다.

🍸 대체전표의 작성법

대체전표는 현금의 수입과 지출 등의 변동이 없는 거래(대체거래)를 기입하는 전표이다. 대체거래는 전부 대체거래(= 전부 비현금거래)와 일부 대체거래(= 일부 현금거래)로 분류된다.

그리고 상품을 판매하고 일부는 현금으로 받고 일부는 외상으로 하는 등의 거래(일부 현금거래)를 기록하기도 한다.

예를 들어 강사를 초빙해서 2시간 강의료 40만 원 중 사업소득으로 13,200원을 원천징수 한 후 통장으로 송금해 주었다.

교육훈련비	400,000	/	보통예금	386,800
			예수금	13,200

대 체 전 표					담당	이사	사장
작성일자	2000년 00월 00일	작성자	홍길동	주식회사 갑			
차 변				대 변			
계정과목	적 요		금 액	계정과목	적 요		금 액
교육훈련비	외부강사료 지급		400,000	보통예금			386,800
				예수금			13,200
합 계			400,000	합 계			400,000

① 차변의 금액과 계정과목 란에는 거래를 분개한 내용 중 차변계정
과목과 금액을 기입한다.

② 대변의 금액과 계정과목 란에는 거래를 분개한 내용 중 대변계정
과목과 금액을 기입한다.

③ 적요란에는 거래내용을 간단하게 적는다.

④ 일자란에는 거래 발생 날짜를 적는다.

⑤ 합계란에는 차변과 대변의 합계를 표시하며, 빈칸이 있을 경우는
차후의 분식을 방지하기 위하여 사선을 긋는다.

매입매출전표의 작성법

1월 1일 ㈜지식에 제품 20,000,000원(부가가치세 별도)을 공급하고,
전자세금계산서를 발급하였다. 대금은 ㈜지식이 발행한 당좌수표를
수령하였다.

과세유형	공급가액	세액	거래처	전자여부	분개
11 과세	20,000,000	2,000,000	㈜지식	1.여	1.현금
〈차〉 현금 22,000,000			〈대〉 제품매출　　20,000,000 부가세예수금　2,000,000		

거래 내역을 한눈에 보고 싶다

거래가 발생해서 계정과목을 결정한 후 전표를 발행했다.

그러면 매일매일 건건이 발행되는 전표를 모아서 볼 수 없을까?

그래서 만들어진 것이 총계정원장이다. 즉 계정과목별 거래 집계표가 총계정원장이라고 보면 된다.

원장은 자산·부채·자본 및 수익·비용에 속하는 계정과목별로 집계되며, 기업의 재무상태와 경영성과를 파악하기 위한 재무상태표와 손익계산서 및 기타 재무제표를 작성하는 기초자료가 되기 때문에 전표(분개장)와 함께 주요부에 속한다.

 전표(분개장)와 총계정원장을 합쳐서 주요부라 부르기도 한다.

거래발행 분개 후 총계정원장에 전기			
거래	5월 30일 외상매출금 100만 원이 입금되었다.		
분개	(차변) 보통예금 1,000,000		(대변) 외상매출금 1,000,000
총계정원장에 전기	보통예금		외상매출금
	5/30 외상매출금 1,000,000		5/30 보통예금 1,000,000

그러면 매일매일 건건이 발행되는 전표를 하루 단위 월 단위 연 단위 등으로 일정 단위로 모아서 볼 수 없을까?

그래서 만들어진 것이 시산표이다. 즉 일정기간의 거래내역을 집계해 놓은 것이 시산표라고 보면 된다. 그리고 일계표, 월계표도 시산표와 같은 기능을 한다.

합계잔액시산표

(주)한국   20××년 ××월 ××일   단위 : 원

차 변		계정과목	대 변	
잔 액	합 계		합 계	잔 액
1,000,000	1,000,000	보통예금		
		외상매출금	1,000,000	1,000,000

그러면 매일매일 건건이 발행되는 전표내역을 보다 자세히 기록하고 볼 수는 없을까?

그래서 만들어진 것이 현금출납장, 어음기입장, 매입매출장과 같은 우리가 흔히 말하는 보조장부로 경리 서식이다.

보조기입장의 종류

현금출납장, 당좌예금출납장, 매입장, 매출장, 받을어음기입장, 지급어음기입장은 특정 거래의 내용을 발생순서대로 자세하게 기록하기 위한 장부로 전표의 기능을 보조한다고 해서 보조기입장이라 부르기도 한다.

상품재고장, 매입처원장, 매출처원장은 특정 계정의 내용을 상품 종류별, 거래처별로 자세하게 기록하기 위한 장부로 총계정원장을 보조한다고 해서 보조원장이라고 부른다.

주요부	
전 표 분개장	전표 : 거래를 분개하여 기장하기 위해서 분개장 대신 일정한 크기와 형식을 갖춘 용지 분개장 : 모든 거래를 발생 순서대로 분개하여 기입하는 장부
총계정 원 장	전표발행 한 것을 전기할 수 있도록 자산, 부채, 자본, 비용, 수익에 속하는 모든 계정이 설정된 장부로, 재무제표 작성의 기초가 된다.

보조부	
보 조 기입장	특정 거래의 내용을 발생 순서대로 자세하게 기록하기 위한 장부로 전표의 기능을 보조한다(현금출납장, 당좌예금출납장, 매입장, 매출장, 받을어음기입장, 지급어음기입장).
보 조 원 장	특정 계정의 내용을 상품 종류별, 거래처별로 자세하게 기록하기 위한 장부로 총계정원장을 보조한다(상품재고장, 매입처원장, 매출처원장).

이같이 모은 자료를 바탕으로 최종 재무제표가 작성된다고 생각하면 된다.

1 전표가 계정과목별로 모이는 곳 총계정원장

분개를 계정과목별로 집계하기 위해서 설정된 장부를 총계정원장 또는 원장이라 한다. 따라서 원장은 자산·부채·자본 및 수익·비용에 속하는 계정과목별로 집계되며, 기업의 재무상태와 경영성과를 파악

하기 위한 재무상태표와 손익계산서 및 기타 재무제표를 작성하는
기초자료가 되기 때문에 전표(분개장)와 함께 주요부에 속한다.

예를 들어 다음과 같이 부가가치세가 없는 거래는 일반전표를 부가
가치세가 있는 거래는 매입매출전표를 발행한 경우 다음과 같이 계
정과목별로 총계정원장에 집계한 후 시산표, 재무제표가 작성된다.

월일	적 요	원면	차 변	대 변
10/1	(현금)		50,000,000	
	(자본금)			50,000,000
	5천만원을 출자해 영업을 시작했다.			
10/15	(원재료)		10,000,000	
	(부가가치세대급금)		1,000,000	
	(받을어음)			3,000,000
	(외상매입금)			8,000,000
	(주)베네치아로부터 원재료매입 후 300만원은 거래처 (주)로마로부터 받은 약속어음으로 지급 나머지 외상			
10/26	(차량유지비)		300,000	
	(부가가치세대급금)		30,000	
	(현금)			330,000
	승용차 수리비용 지급			
11/7	(외상매출금)		6,600,000	
	(제품매출)			6,000,000
	(부가가치세예수금)			600,000
	제품을 판매하고, 신용카드 결제			

월일	적 요	원면	차 변	대 변
11/22	(선수금)		30,000,000	
	(외상매출금)		58,000,000	
	(제품매출)			80,000,000
	(부가가치세예수금)			8,000,000
	제품판매 후 계약금을 차감한 잔액 외상			
11/24	(비품)		3,000,000	
	(부가가치세대급금)		300,000	
	(미지급금)			3,300,000
	법인카드로 본사 사무실에서 사용할 온풍기를 구입			
11/25	(원재료)		6,300,000	
	(부가치치세대급금)		630,000	
	(현금)			1,930,000
	(선급금)			5,000,000
	원재료매입 후 선지급된 금액 차감 후 지급			
11/30	(가지급금)		770,000	
	(현금)			770,000
	대표이사 자택 사용용 에어컨 구입			
12/6	선급금		5,000,000	
	받을어음		28,000,000	
	(제품매출)			30,000,000
	(부가가치세예수금)			3,000,000
	제품판매 후 계약금을 제외한 금액을 받다.			

월일	적요	원면	차변	대변
12/12	(비품)		5,000,000	
	(부가가치세대급금)		500,000	
	(미지급금)			5,500,000
	노트북PC 10대를 외상으로 구입했다.			
합계			205,430,000	205,430,000

총계정원장

현 금				외상매출금			
10/1	50,000,000	10/26	330,000	11/7	6,600,000		
		11/25	1,930,000	11/22	58,000,000		
		11/30	770,000				

받을어음				선급금			
12/6	28,000,000	10/15	3,000,000	12/6	5,000,000	11/25	5,000,000

비품				외상매입금			
11/24	3,000,000					10/15	8,000,000
12/12	5,000,000						

부가가치세대급금				원재료			
10/15	1,000,000			10/15	10,000,000		
10/26	30,000			11/25	6,300,000		
11/24	300,000						
11/25	630,000						
12/12	500,000						

선수금				미지급금			
11/22	30,000,000					11/24	3,300,000
						12/12	5,500,000

부가가치세예수금				자본금		
	11/7	600,000			10/1	50,000,000
	11/22	8,000,000				
	12/6	3,000,000				

제품매출			차량유지비		
	11/7	6,000,000	10/26	300,000	
	11/22	80,000,000			
	12/6	30,000,000			

가지급금			
11/30	770,000		

2 거래내역을 집계한 시산표

총계정원장이 계정과목별로 거래내역을 집계해 놓은 장부라면 시산표는 일일 또는 주, 월 등 일정기간의 거래내역을 모아서 볼 수 있는 일종의 집계표라고 보면 된다. 시산표와 같은 기능을 하는 장부는 일계표와 월계표 등이 있다.

시산표는 복식부기에서 대차평균의 원리에 의해서 원장 전기의 맞고 틀림을 검증해서 재무제표 작성의 준비 자료로 활용하고, 또한 일정기간의 재무변동상태를 나타내기 위해서 작성하는 일람표를 말한다. 시산표의 종류에는 계정과목별 잔액만 나타나는 잔액시산표, 합계만 나타나는 합계시산표, 합계잔액 모두 나타나는 합계잔액시산표로 분류한다.

구 분	내 용
잔액시산표	원장 각 계정의 잔액만을 모아 놓은 시산표
합계시산표	원장 각 계정의 차변 합계와 대변 합계만을 모아 놓은 시산표
합계잔액시산표	잔액시산표 + 합계시산표

합계잔액시산표

(주)한국　　　　　　　20××년 ××월 ××일　　　　　단위 : 원

차 변		계정과목	대 변	
잔 액	합 계		합 계	잔 액
46,970,000	50,000,000	현　　　　　금	3,030,000	
64,600,000	64,600,000	외 상 매 출 금		
25,000,000	28,000,000	받 을 어 음	3,000,000	
	5,000,000	선　　　급　　　금	5,000,000	
2,460,000	2,460,000	부 가 세 대 급 금		
770,000	770,000	가 지 급 금		
16,300,000	16,300,000	원　　　재　　　료		
8,000,000	8,000,000	비　　　　　품		
		외 상 매 입 금	8,000,000	
30,000,000	30,000,000	선　　　수　　　금		
		미 지 급 금	8,800,000	8,800,000
		부 가 세 예 수 금	11,600,000	11,600,000
		자　　　본　　　금	50,000,000	50,000,000

차 변		계정과목	대 변	
잔 액	합 계		합 계	잔 액
		제 품 매 출	116,000,000	116,000,000
300,000	300,000	차 량 유 지 비		
	205,430,000	합 계	205,430,000	

경리의 하루 업무 마감법

다음은 관리체계가 시스템화되지 않은 중소기업에서 경리업무에서 하루의 일과를 마감할 때 지켜야 할 내용을 정리한 것으로, 회사들의 업종이나 관행에 따라서 다를 수 있다.

1 잔액을 맞춘다.

경리의 핵심은 '잔액 맞추기'라도 과언이 아니다. 현금출납부 상의 잔액이 실제 현금 잔액과 일치해야 하는 것은 말할 것도 없고, 통장, 카드, 어음장 등 모든 입출금 장부의 잔액은 실제 시제와 완전히 일치해야 한다.

가끔 현금이 약간 부족하거나 남을 경우가 있다. 아무리 생각하고 뒤져봐도 이유를 찾을 수 없을 때는 '잡이익' 또는 '잡손실' 등의 계정으로 입출금으로 추가하여 잔액은 반드시 맞추어야 한다.

서래처원상에서의 기록 역시 거래입력의 핵심은 '잔액 맞추기'이다. 거래처원장에서의 최종 잔액은 해당 거래처에서 받거나 주어야 할 외상 미수, 미지급 잔액을 뜻한다.

2 기록의 핵심은 [적요]

장부 정리를 하면서 계정을 선택하는 데는 신경을 쓰지만 '적요'는 대충 쓰는 사람들이 의외로 많다. 물론 계정도 중요하지만, 회계에 익숙하지 않은 작은 회사나 경리직원이라면 [적요]를 더욱 중요하게 생각해야 한다.

'적요'를 자신이 아닌 다른 사람이 보아도 어떤 거래였는지 충분히 이해할 수 있도록 자세하게 기록하는 습관이야말로 경리의 세계에서 가장 중요한 기장 요령이다.

적요만 자세하게 적으면 비록 자신이 선택한 계정이 틀렸다고 해도, 기장대행을 해주는 세무사 사무실에서 검토하면서 맞는 계정으로 바꾸어 줄 수도 있다. 반대로 '적요'를 소홀히 적으면 세무회계 사무실에서도 그 상세한 내용을 알 수 없으므로 대충 선택해 버릴 수도 있을 것이다.

계정과목이 의심될 때는 적요를 더욱 상세하게 적고 적요 맨 뒤에 특별한 표시(예: ** 또는 ??)를 해두고 세무사 사무실에 자료를 넘겨줄 때 적요 뒤에 ** 표시가 있는 자료는 계정을 정확하게 모르는 것이니 눈여겨봐달라고 부탁하면 될 것이다.

3 증빙자료는 철저히

원칙적으로 장부에 기록한 모든 거래에는 '증빙자료'가 있어야 한다. 현금을 지불했을 때는 영수증이, 상품이 오갈 때는 거래명세표나 세금계산서가, 외상대금을 받았을 때는 입금표 또는 통장에 입금기록이 남아 있어야 한다. 증빙자료를 정리하는 것은 회사마다 관습이나 업무 스타일에 따라 다르겠지만 증빙관리를 소홀히 하면 안 된다.

4 하루의 증빙자료는 한곳에

회사에 경리업무만을 전담하고 있는 직원이 있다면 거래가 일어날 때마다 즉시 기록을 하고 영수증을 정리할 수 있으므로 아무런 문제도 없을 것이다.

그러나 작은 기업일수록 경리업무를 맡은 직원은 경리업무뿐만 아니라 여러 가지 업무를 함께하는 것이 일반적이다.

이렇게 경리가 다른 일까지 함께 겸하고 있을 때는 입출금 거래 때마다 프로그램을 실행하고 기록을 하는 것이 귀찮은 일이기도 하고, 또 "나중에 입력해야지…"하면서 잊어버리는 일도 자주 발생한다. 이러한 경우는 일과시간에는 거래에서 발생한 증빙자료만 잘 모아두었다가 저녁에 한꺼번에 입력하고 정리하는 것이 더 편리하고 능률적일 수 있다.

누구나 알고 있는 일이지만 다시 정리하자면…

① 증빙자료는 한곳에 영수증철 따로, 입금표 따로, 세금계산서 따로, 거래명세표 따로 보관하지 말고 한곳에 모아서 보관한다. 보관철이 많을수록 오히려 소홀해지기 쉽다. 저녁에 어차피 장부에 적으면서 정리를 할 것이므로 시작부터 복잡하게 만들지 말자.

작은 종이상자 같은 것을 하나 정해서 거래가 발생한 순서대로 무조건 모아 둔다.

② 빈 영수증인 채 두지 말자. 식사 후 금액이 없는 빈 영수증만 받아 오는 경우는 본인이 금액을 꼭 적어서 모아 둔다. 적은 금액일수록 빨리 잊는다.

③ 증빙이 없는 입출금은 메모지에 영수증 없이 지급한 돈이나 임시 가지급 같은 금액이 움직일 때는 작은 메모지나 포스트잇 같은 곳에라도 사유와 금액을 적어서 다른 증빙과 함께 보관해 둔다. 저녁 마감 때 잔액이 틀리는 이유 대부분은 바로 이런 금액들이다.

④ 통장의 기록은 자세하게...

통장은 입출금에 대한 가장 공신력 있는 증빙자료 중 하나이지만 [적요]가 부실하다는 허점이 있다. 또 작은 기업은 같은 통장으로 회삿돈과 사장님 개인 돈이 함께 움직이는 경우가 많으므로 이것을 잘 구분할 수 있도록 항상 연필이나 볼펜으로 적요를 추가해 적어두는 것을 생활화한다.

특히 세무사 사무실에서 기장을 대신할 때 통장의 입금을 무조건 매출 대금이 들어온 것으로 생각할 수도 있으니 적요가 불분명한 입출금의 적요에는 꼭 주석을 달아 두도록 한다.

입금내역과 지출내역을 헷갈리지 않기 위해서 수입통장과 지출통장을 각각 만들어 전용으로 이용하는 것도 관리에 도움이 된다.

5 증빙자료가 없는 거래는 어떻게?

영수증이 없는 거래는 어떻게 할까요?

원칙적으로 국세청에서는 영수증이 없는 기록은 거래로 인정하지 않는다.

그러나 이러한 일들은 엄연히 일어나고 있는 현실이므로 보통 개인적으로 사용한 빈 영수증에 해당 금액을 적어 정리하는 것이 일반적이다.

증빙자료가 없는 경우 최소한 지출 사실을 소명할 수 있는 지출결의서라도 반드시 작성해두어야 한다.

가장 좋은 것은 이러한 경비들이 발생하지 않도록 회삿돈을 사용할 때는 항상 영수증을 요구하거나, 신용카드로 결제하는 습관을 지니는 것이 중요하다. 왜 돈을 잘 버던 커다란 기업일수록 항상 증빙자료들 처리에 까다로운지 오히려 배우는 것이 어떨까?

6 일일거래 내역서 보관

하루의 거래가 끝나면 모아 두었던 영수증과 거래명세표, 세금계산서 등 각종 증빙자료를 가지고 수작업의 경우 전표 작성을 회계프로그램의 경우 거래입력을 한다. 입력은 거래가 발생한 순서대로 입력하는 것이 가장 좋겠지만, 그렇지 않으면 현금의 입금 거래를 먼저 입력하고 출금 거래를 나중에 입력한다(출금 거래를 먼저 입력하면 현금출납부에 잔액이 마이너스로 나타날 수 있다.).

하루의 모든 거래에 대한 입력이 끝나면 일단 현금 잔액, 예금 잔액 등을 실 잔액과 비교해 본 뒤, 시제를 맞추어둔다.

7 일 마감 때 해야 할 것들

이전에 수기로 장부를 작성할 때는 문방구에서 판매하는 전표 용지에 한 건의 거래내역을 쓰고 뒷면에 영수증이나 증빙자료를 부쳐두는 방법을 많이 사용했다. 하지만 점차 프로그램을 사용하는 회사가 많으므로 증빙철을 따로 만들어 날짜별로 관리하도록 한다.

8 월 마감 때 해야 할 것들

월 마감이라고 하루의 일 마감과 특별히 다른 이유는 없지만, 월 집계 장부나 현금 및 통장잔액표, 재고조사표, 합계잔액시산표 등은 반드시 작성 후 맞춰둬야 한다.

그밖에 회사에서 필요한 보고서라면 꼭 종이로 출력해 보관하거나 데이터를 백업받아 두도록 한다.

이렇게 월 단위로 각종 보고서를 종이로 출력해 두는 가장 큰 이유는 '바이러스' 때문이다. 인터넷이 일상화되면서 컴퓨터를 사용하여 작업을 하는 모든 일과는 언제 갑자기 모두 날아가 버릴지 모르는 가장 큰 적이 되었다.

프로그램 데이터 백업을 수시로 받아두는 것이 필수이다.

구 분	업무내용
인사/급여에 관한 사항	사장 등 임원의 업무 스타일과 개인적으로 알고 있는 임직원에 대한 신상에 관한 사항 및 인사관리 규정 등 사규를 숙지한다. 임원상여금 지급 규정이나 퇴직금 규정, 호봉표 등을 숙지하고 있어야 추후 급여계산이나 퇴직금 계산을 정확히 할 수 있을 것이다.
조직체계와 업무 흐름에 관한 사항	현업부서(영업부서, 구매부서, 공사현장부서 등)와 회계 부서와의 업무 흐름이 어떠한 서류와 결재 체계를 통해 이루어지는지 파악한다. 이것이 파악되는 순간 회사가 한눈에 들어올 것이다. 특히, 결재 체계를 잘 파악해두면 회사 내에서 누가 '실세'인지 등 조직 내 역학 구도를 알 수 있어 '사랑받고 기쁨 주는' 경리직원이 될 수 있을 것이다. 하지만 너무 지나치면 왕따 당하니 조심하라
자금지출에 관한 사항	① 은행 계좌별 자동이체 명세서 작성 : 통장 잔액 부족으로 자동이체가 안 되어 가산세 등을 무는 일이 없도록 한다. ② 매월 계속 반복적으로 지출되는 비용 파악 : 급여내역(특히 대표이사의 급여 부문은 특별히 신경 써야 할 것임), 임차료,

구 분	업무내용
	전기요금, 통신요금, 신문구독료 등 ③ 구매부서 등 거액의 지출이 수반되는 분야와 관련해서 자금의 최종 집행이 어떻게 이루어지는지 파악한다.
경영 자문 관리에 관한 사항	변호사(회사의 각종 법률 자문), 공인회계사(세무 및 회계에 관한 경영 자문), 변리사 (특허 등 자문) 등의 경영자문을 받는 경우, 변호사와 변리사는 총무팀에서 접촉하고, 공인회계사는 경리팀에서 접촉하게 되므로, 경리팀 직원은 회계사무실과 긴밀한 관계를 유지해야 할 것이다. 특히, 회계사무실에 기장 대행을 맡기고 있는 회사인 경우는 회계사무실의 담당 직원과 식사라도 같이 하며, 앞으로의 업무 진행 방향에 대해서 서로 이해를 구하여 협조하도록 하면 좋은 결과를 맺을 수 있을 것이다.
회계장부 및 내부파일(엑셀 등) 등의 인수인계	① 주요 매입처와 매출처의 현황과 특성 파악 ② 부가가치세 신고서 철과 근로소득세 신고서 철 ③ 세금계산서 철 ④ 전표철 등 각종 회계 관련 서류 ⑤ 내부적으로 사용하고 있는 엑셀 파일 목록과 사용 용도 파악 ⑥ 수금 장부 등 ⑦ 업무인수인계확인서 작성

제3장

경리 장부 작성법

경리업무를 하면서 사용하는 장부는 흔히 서식이라는 표현을 사용한다.

이 같은 서식은 세무서식과 같이 법에서 정해둔 것도 있지만 평상시 업무를 하면서 사용하는 서식은 법으로 그 형식이 정해지지 않은 것이 대다수이므로 회사 실정에 맞게 실무자 편의에 따라 만들어 사용한다. 따라서 그 작성법과 관리법을 가장 잘 아는 사람은 그 장부 체계를 만든 당사자이며, 인터넷상에서 작성 방법을 물어봐도 명확한 답변이 안 될 가능성이 크다.

경리장부의 흐름

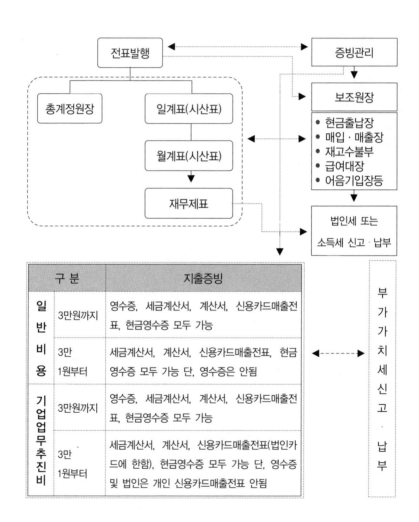

구분		지출증빙
일반비용	3만원까지	영수증, 세금계산서, 계산서, 신용카드매출전표, 현금영수증 모두 가능
	3만 1원부터	세금계산서, 계산서, 신용카드매출전표, 현금영수증 모두 가능 단, 영수증은 안됨
기업업무추진비	3만원까지	영수증, 세금계산서, 계산서, 신용카드매출전표, 현금영수증 모두 가능
	3만 1원부터	세금계산서, 계산서, 신용카드매출전표(법인카드에 한함), 현금영수증 모두 가능 단, 영수증 및 법인은 개인 신용카드매출전표 안됨

📋 Tip 증빙은 별도의 증빙철을 만들어 날짜별로 순서대로 철하여 이를 주 단위 또는 월 단위로 별도로 보관하고, 별도의 전산 데이터를 관리하거나 해당 증빙의 뒷면에 증빙을 붙여서 기간별로 보관한다.

📋 Tip 위 표의 기준금액은 3만 원

📋 Tip 접대비는 기업업무추진비로 2024년부터 명칭 변경

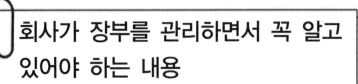

회사가 장부를 관리하면서 꼭 알고 있어야 하는 내용

✓ 현금의 입·출금 내용을 반드시 매일매일 작성하여 시재 잔액을 맞춰야 한다. 이를 위해서는 반드시 현금출납부를 작성해야 한다.

✓ 매입·매출장을 작성해야 한다.

만일 매입·매출장을 별도로 작성하지 않는 경우 최소한 매출 세금계산서와 매입 세금계산서를 분류해서 철해 놓아야 한다. 즉, 이러한 것들은 세무 대리인이 부가가치세를 신고할 때나 외상대금이나 미지급금을 지급할 때 기초자료가 되므로 이에 대한 구분을 명확히 해야 한다는 것이다.

✓ 하루 중 비용을 지출했거나 거래대금을 수금한 내용, 즉 현재 회사에서 보유하고 있는 자금 현황을 한눈에 알 수 있는 자료를 준비해야 한다. 이를 위해서는 일일자금시재표, 자금일보를 작성한다.

✓ 매달 고정적으로 지출되는 급여, 각종 공과금 등 '월별 고정비 내역서'를 작성해서 자금계획을 세워야 한다.

✓ 건강보험, 국민연금, 고용보험, 산재보험 취득·상실 신고 등의 업무를 파악해야 한다.

✓ 법인의 경우 자본금 증자, 이사·감사 변경, 본점 주소변경 등 법인등기부 등본 변경등기 업무, 즉 기본적인 주식회사 관련 업무를 파악해야 한다. 이와 관련하여 자본금, 주주명부, 이사·감사 현황 등을 기본적으로 숙지하고 있어야 한다.

✓ 법인의 경우 모든 자금이동이 법인 명의의 보통예금 통장에서 이루어져야 한다. 즉, 법인의 경우 주식회사이므로 모든 자금이동에 근거가 있어야 한다는 것이다.

✓ 급여대장을 해당 회사 실정에 맞게 작성해야 한다. 또한, 지급된 급여에 대해서는 급여 지급이 속한 달의 다음 달 10일까지 원천세 신고를 해야 하며, 분기별로 매입·매출에 대한 부가가치세 신고를 해야 한다.

✓ 올바른 재무제표가 나오기 위해서는 전표 작성을 정확하게 해야 한다. 특히 매입매출전표 작성을 잘해야 하며, 전표 작성이 어려우면 증빙 관리라도 철저히 해야 한다.

회계상 현금시재가 마이너스(-)가 난다는 것은 몇 가지 요인이 있다.

1. 매출(입금)의 과소계상

2. 매입(출금)지출의 과대계상

즉, 돈은 회사로 입금회수가 되었는데 누락이 있는 경우나 실지론 경비지출이 이루어지지 않았는데, 사용한 영수증처럼 경비지출 처리된 경우이다.

물론 현금시재가 맞지 않는 여러 가지 요인들이 있겠지만 단순 기장(현금출납)에 있어서는 위의 두 가지 요인으로 생각하는 것이 가장 쉬운 경우이다.

복식부기에 있어 실지로 현금 유입·지출은 없는데, 손익귀속주의에 따라 경비로 현금 지출한 것으로 기재 오류가 이루어지는 경우들이 있다. 시재가 틀린다면 입금 과소, 경비 과대계상에 한번 초점을 맞추어 정리해 보는 것이 바람직하다.

모든 회사에서 공통으로 누구나 많이 사용하는 장부

구 분	주요장부	기장내용
각종 전표	일반전표(입금, 출금, 대체), 분개장, 매입매출전표	각종 거래내용을 분개할 때 사용 한다.
거래내역의 집계	총계정원장	거래내용을 계정과목별로 집계해 둔 장부이다.
현금의 입출금기장	현금출납장, 금전출납부	현금(또는 보통예금 포함)의 입출금 및 그에 따라 변화하는 시재액을 기장한다.
판매, 구입액의 기장	매출장	매출총내역을 기장하는 장부이다. 날짜별로 매출의 내용과 금액 등을 상세히 기록한다. 거래처별 매출액은 매출처원장에 기록한다.
	매입장	매입총내역을 기장하는 장부이다. 날짜별로 매입의 내용과 금액 등을 상세히 기록한다. 거래처별 매입액은 매입처원장에 기록한다.
거래처 채권 · 채무의 기장	매출처원장	매출을 기장하는 거래처별 장부이다. 매출의 내용과 금액 및 입금액 잔액 등을 상세히 기록한다.

구 분	주요장부	기장내용
거래처 채권 · 채무 의 기장	매입처원장(원재료 매입처원장, 상품 매입처원장)	매입을 기장하는 거래처별 장부이다. 매입의 내용과 금액 및 입금액 잔액 등을 상세히 기록한다.
어음의 기장	받을어음기입장	받을어음의 내용과 금액 및 만기일 등을 상세히 기록한다.
	지급어음기입장	지급어음의 내용과 금액 및 만기일 등을 상세히 기록한다.
재고현황의 기장	재고수불부(원재료 수불부, 상품수불부, 제품수불부)	원재료, 제품, 상품의 변화를 기록하는 품목별 장부로서 입고, 출고, 재고 수량을 기록한다.
각종 보고를 위한 장부	일계표	하루의 모든 거래내용을 자산, 부채, 자본, 수익, 비용 항목으로 구분해서 계정과목별로 집계해서 기록한다.
	월계표	한 달의 모든 거래내용을 자산, 부채, 자본, 수익, 비용 항목으로 구분해서 계정과목별로 집계해서 기록한다.
	재무상태변동표	일정 시점의 자산, 부채, 자본 항목을 계정과목별로 집계한다.
	손익계산서	일정 기간의 수익과 비용 발생 상황을 계정과목별로 집계한다.

1 현금거래 : 현금출납장

현금거래와 관련해서 많이 작성하는 장부는 현금출납장, 금전출납장, 소액현금출납장 등 보조장부이다.

그러나 현금출납장, 금전출납장, 소액현금출납장은 명칭상에 약간의 차이가 있을 뿐 실질적인 사용 및 사용 방법은 같다고 보면 된다.

현금출납장은 현금의 입·출금 내역을 기재하는 장부이므로 반드시 현금으로 입·출금된 내용(금고 속의 있는 돈이 나간 경우에만)만을 기재한다. 즉, 통장을 통한 현금인출이나 입금이 아닌 계좌이체 등 통장 자체를 통한 거래는 현금출납장에 기록하지 않는다.

또한 현금출납장은 현금의 입·출금 내역을 기록하는 것뿐만 아니라 현금잔고에 대한 내부통제 목적이 있으므로 항상 잔액을 유지해야 한다.

그러므로 보유 중인 현금을 보통예금 통장에 입금 시에는 현금이 출금(나간)된 것이므로 출금전표를 발행해서 현금출납장에 기재해야 하며, 반대로 보통예금 통장에서 예금의 인출 시에는 현금이 입금(들어온)된 것이므로 이 경우도 입금전표를 발행해서 현금출납장에 기재해야 한다.

그리고 기업의 매입·매출과 관련된 거금의 입·출금 내역은 별도의 매출장이나 매입장 등을 작성하는 것도 좋은 방법이 될 수 있다.

2 금융거래 : 예금기입장

기업과 관련해서 외상 대금의 결제, 신용카드 대금 결제, 계좌이체 등 여러 가지 은행과 관련된 거래내역이 나타나게 된다.

그리고 현재는 모든 거래가 대다수 금융기관을 이용해서 이루어지므로 그 내역을 파악하는 것은 그만큼 중요한 업무 중의 하나이다.

따라서 관리를 위해서는 예금기입장이나 별도의 은행별 예금기입장 등을 만들어 그 내역을 명확히 해두는 것도 하나의 방법이 될 수 있으며, 동 장부를 비치하는 경우는 매일매일 일일 결산 시 이를 체크해서 기록해두는 것이 좋다.

그리고 다른 거래처에 송금하는 경우 송금명세서는 반드시 챙겨두어야 한다.

3 어음거래 : 어음기입장

어음거래를 주로 하는 업종의 경우에는 어음기입장이 필수적이다. 어음이 있는 경우에는 동 기입장을 통하여 돌아오는 어음과 결제할 어음을 한눈에 파악함으로써 그날의 결제 여부와 자금계획에 있어서 중요한 하나의 항목이 될 수 있기 때문이다.

4 판매상품의 수입내역 : 매출장

상점이나 음식점, 서비스업 등 현금 매상이 중심이 되는 업종의 경우에는 매출전표(또는 매출장)를 사용해서 매상에 대한 기록을 명확하게 남길 필요가 있다.

매일 매출의 합계를 '판매(매출)'란에 기입하고 외상거래는 따로 구분하여 기록해두는데, 특히 외상거래에 대한 대금 회수는 '외상' 란을 별도로 만들어 기입한다.

그리고 상대방에게 발행해 준 법정지출증빙이 있을 경우는 이를 기간별로 별도로 챙겨두는 것도 관리의 한 방법이다.

5 구매상품의 지출내역 : 매입장

판매와 대응되는 구매에 대한 지출기록은 현금출납장 중 현금지출
란에 기입하며, 그 내역은 매입장 등을 별도로 작성해서 보관하는
것도 좋은 방법이 될 수 있다.

그리고 만일 현금으로 매입을 하였다면 매입장의 매입지출 내역과
현금출납장의 현금지출 내역은 반드시 일치해야 한다.

6 재고관리 : 재고수불부

재고수불부는 재고의 입·출고 현황을 파악하고 현재 재고상황을 파
악함으로써 제조 시점과 재주문 시점을 효율적으로 관리할 수 있다.
따라서 재고수불부 작성 시는 처음 입고수량과 판매수량, 반품수량
등 수량의 파악과 평가방법이 가장 중요한 사항이다.

7 경리일보와 일계표 등

경리일보와 일계표 등은 현재 회사의 자금상황과 일일결산을 위해
작성하는 장부로 하루의 경리일과를 집계해 경영성과 및 자금사정을
한눈에 볼 수 있다는 데 그 의미가 있다.

재무 담당자가 꼭 알아야 할 장부관리

1 경리관리

🎙️ 전표 관리

전표는 회사의 경리에서 가장 기본적인 작업이 되며, 이를 통해서 장부 등 여러 가지 회계자료가 발생한다.

전표 관리는 회계의 가장 기초 단계에 있다고 보면 된다.

구 분	사용시기
일반전표	부가가치세 신고와 관련 없는 모든 상거래에 대해서 발행 매입세액불공제 분은 일반전표 발행
❶ 입금전표	현금의 입금 시 작성(통장에서 시재 인출 시)
❷ 출금전표	현금 출금 지출시 작성
❸ 대체전표	일부 현금 입금이나 시출시 또는 전부 비현금 거래 시 작성

구 분	사용시기
매입매출전표	매입매출거래 중 부가가치세 신고와 관련된 거래(세금계산서, 계산서, 수입세금계산서, 신용카드매출전표, 현금영수증, 현금매출 등)에 대해서 발행. 따라서 부가가치세 신고 관련 거래를 일반전표발행 시 신고누락이 발생한다.

🔧 통장관리

개인사업자는 통장에 대한 경리가 보통 들어가지 않는 것이나, 법인 사업자의 경우에는 법인통장에 기재된 것을 경리로 옮기는 작업이 상당한 부분 주의를 필요로 한다. 왜냐하면, 대부분의 거래가 법인 통장을 통해서 이루어지기 때문이다.

● 입출금 통장에서 현금을 인출할 경우 : 입금전표에 기재하는 것이 보통

● 인출한 현금으로 지출할 경우 : 출금전표에 기재하는 것이 보통

● 통장에 대한 전표 발행 시에는 거래처 코드를 걸어주어서 외상대 정산시 누락되는 항목이 없도록 한다.

🔧 세금계산서 관리

세금계산서 발행 시 및 금액 정산 시에 각각의 전표를 발행한다. 아래에서 세금계산서의 관리요령을 자세히 설명하기로 한다.

가공세금계산서 및 위장 세금계산서가 발행되지 않도록 철저한 관리를 필요로 한다. 가공 또는 위장거래의 징후나 실제 거래가 있을 경우는 반드시 후속 조치를 취할 수 있도록 해야 한다.

거래는 4장의 증빙이 한 묶음이 되게 한다.

❶ 거래명세표(사업자등록증 사본)

❷ 계약서 및 견적서

❸ 입금표 및 계좌이체 확인서 등

❹ 세금계산서 발행

모든 거래에 대해서는 4장의 증빙이 한 묶음이 되는 것이 원칙이다. 거래의 입증을 위해서는 반드시 있어야 하므로 철저하게 준비한다.

1. 매출 세금계산서 관리

아래와 같은 보조원장을 가지고 있으면 부가가치세 신고 시에 아주 유용하게 사용할 수 있다. 다만, 표준서식은 아니므로 참고만 한다.

[매출총괄표]

매출날짜	매출처 상 호	사업자 등록번호	공급가액	부 가 치가세	합계	입금시기	입금종류 (계정과목)

[주] 입금 종류는 현금, 어음, 보통예금을 적는다.
[주] 입금시기는 자금이 들어오는 시기를 알 수 있어서 자금계획을 세우는데, 도움이 된다.

2. 매입 세금계산서 관리

[매입총괄표]

매입 날짜	매입처 상호	사업자 등록번호	공급 가액	부가치 가세	합계	출금시기	출금종류 (계정과목)

계정과목은 매입처별로 다음과 같이 세분화해서 적는다.

- 원재료 : 제품이나 상품을 만들 때 원료로 들어가는 것을 이렇게 분류한다.
- 소모품비 : 제품을 만들 때 1회로 쓰이는 소모품은 이렇게 분류한다.
- 지급수수료 : 수수료 성격이 있는 것은 이렇게 분류한다(예 : 세무사 사무실 기장료).
- 통신비 : 전화요금 등은 이렇게 분류한다.
- 지급임차료 : 사무실 임차료를 지급할 때 이렇게 분류한다.
- 기타

출금 시기는 자금이 빠져나가는 시기를 예측할 수 있어서 자금의 지출 규모를 알 수 있다. 물론 자금이 실제로 지출되는 것을 기재할 수도 있다.

🪶 법인카드 관리 및 개인카드 관리

법인의 경우에는 기업업무추진비의 지출은 반드시 법인카드로 이루어져야 손비로 인정받을 수 있으므로 카드 관리가 중요하다.

또한, 법인카드의 통제가 잘 이루어지지 않으면 불필요한 사적비용이 회사 밖으로 유출되는 경우가 발생하므로 카드 관리를 명확히 통제해야 한다.

🪶 주식 관리

법인에 있어서 주식의 변동에는 양도, 증여, 증자, 감자 등 여러 가지 형태가 있다. 이 중에서 각 변동사항에 따라서 세금이 발생할 수 있으므로 주의가 필요하다.

- 양도 – 양도소득세, 증권거래세
- 증여 – 증여세
- 증자 – 불균등 증자 시 증여세
- 감자 – 불균등 감자 시 증여세

2 주요 보조원장과 계정과목별 장부관리

🔧 외상매출금 관리 대장

거래처별로 외상매출액을 관리하며, 회수 수단을 적어 놓아 수단별 계정별 원장과 대조할 수 있도록 작성해 놓는다.

🔧 외상매입금 관리 대장

거래처별로 외상매입액을 관리하며, 지급수단을 적어 놓아 수단별 계정별 원장과 대조할 수 있도록 작성해 놓는다.

🔧 미지급금 관리 대장

기계장치 및 건물 등 고정자산 내역별로 적어서 관리한다.

🔧 일반영수증 관리

계정과목	설명	증빙관리
급료 및 임금	임직원의 급료, 잡급	급여명세표, 원천징수영수증 등 잡급 대장
상여금	매달, 명절, 연말 등 보너스 지급금	상여금 지급표
복리 후생비	직원을 위한 식대, 약품대, 차대, 간식, 유니폼대, 부식대	식사 시 간이영수증 또는 신용카드매출전표, 부식대 영수증, 유니폼비 영수증
여비 교통비	출장업무 자동차 교통비, 출장시 식대, 출장시 사용된 기타 경비 등	유류비 영수증, 출장 시 간이영수증, 기차표 및 버스 승차권
통신비	전화요금, 우표대금, 송금수수료, 등기료 및 소포 우송비	통신비영수증, 송금수수료영수증, 등기우편영수증
수도 광열비	전기요금, 상하수도료, 난로에 사용되는 석유 및 경유, 가스렌지에 사용되는 가스대	전기·상하수도영수증, 난로용 석유와 가스대, 건물관리비 영수증
세금과 공과	자동차세, 적십자회비, 면허세, 주민세, 도로 하천 수거 사용료	각각의 세금 고지서
지급 임차료	건물 및 기타 부동산을 임대 사용 시 지급하는 비용	건물임대차계약서, 세금계산서 등
수선비	동산 및 기타 부동산을 수선 복구 시 사용되는 비용	수선비영수증
보험료	차량 보험료, 책임보험료, 화재보험료, 산재보험료	보험료 영수증
기업업무추진비(=접대비)	거래처 손님을 위한 화분이나 축의금, 식대, 주대, 차대, 손님에게 제공하는 비용	간이영수증, 신용카드 매출전표

계정과목	설명	증빙관리
광고선전비	간판, 광고용 수건이나 달력 신문이나 전화번호부의 광고료	간이영수증 및 세금계산서
차량유지비	차량에 사용되는 유류대, 수리 부품, 기금 분담금, 검사수수료, 통행료, 주차료, 세차, 타이어 교환 등에 사용되는 비용	유류대 영수증, 신용카드 매출전표, 기타 차량에 대한 영수증
운반비	모든 동산 등의 운반 시 사용되는 운임	물건 운반 시 운반운임 영수증
지급수수료	기장수수료, 조정수수료, 대행수수료 등	세금계산서, 기타 수수료영수증
도서인쇄비	복사대, 도장 고무인대, 서식 인쇄비, 도서구입비, 신문구독료, 서식 구입비	간이영수증, 구독료 등 영수증
소모품비	청소용품, 화장지, 의자 및 기타 소모품	간이영수증, 금전등록기 영수증
사무용품비	사무용 연필, 볼펜, 계산기, 풀, 고무판, 장부, 전표, 스테이 풀러, 수정액 등	간이영수증, 금전등록기 영수증
협회비	세금과공과에 해당하지 않는 협회 등의 회비	협회비 영수증
잡비	오물수거비, 범칙금, 유선 방송비, 방범비, 쓰레기 봉투비	간이영수증
감가상각비	부동산 및 동산 상각비	감가상각명세서
등록면허세 취득세	건물 또는 비품, 차량운반구, 시설장치, 기계장치 등의 등록면허세, 취득세	세금 납부 고지서

경조사비는 20만 원까지, 경조사비를 제외한 기업업무추진비와 일반비용은 3만 원까지 간이영수증으로 증빙이 되나, 이를 넘는 금액은 세금계산서, 계산서, 신용카드매출전표, 현금영수증(지출증빙용) 중 하나는 증빙으로 받아야만 증빙으로 인정된다.

🎣 재고관리

재고관리는 각 방법에 따라서 수불부를 작성하고 월말 남은 재고와 장부상 재고를 파악해서 그 차이를 분석하면서 연말결산 시에는 재고의 잔고가 얼마나 남아 있는지 정확히 파악해서 장부에 반영해 두어야 한다.

🎣 원가관리

각종 원가분석 방식을 통해서 제품의 원가를 파악하고, 손익분기점 분석을 통해서 손익분기점을 파악해야 하며, 원가동인 별로 그 테이블을 만들어 과도하게 지출되는 부분을 개선해 나가는 관리를 해야 한다.

🎣 인사관리

- 급여대장
- 4대 보험 관리대장(국민연금, 건강보험, 고용보험, 산재보험)
- 각종 규정의 구비

급여 부분은 연봉제를 하는 경우가 대부분이므로 퇴직금에 대한 문제가 발생할 수 있다. 따라서 반드시 퇴직금 규정을 고려해야 한다.

한편, 연차유급휴가가 발생해 1년간 유급휴가를 주어야 하므로 이에 대한 급여를 고려해야 한다.

● 일용직 급여대장 및 지급명세서

일용직에 대한 지급명세서를 매달 신고해야 하므로 지출내역을 작성해 두어야 한다.

3 법인이 갖추고 있어야 할 사규나 사칙 등

인사 분야

구 분	사규나 규칙
취업규칙 및 급여지급 규칙	법인의 근로자(임원)에 대한 취업규칙 및 급여지급 규칙 등을 이사회나 주주총회에 회의에 의해서 정해놓는다.
상여금 지급 규칙	상여금에 대한 기준임금의 개념과 지급 시기 등을 정해놓는다.
퇴직금 지급 규칙	퇴직금 지급에 관한 규칙을 정해놓는다.
연봉제 운영 규칙	연봉제를 실시할 경우는 그 규칙을 정해놓는다.
교육훈련비 규칙	직원이나 임원에 대한 교육비 지출에 대한 규칙을 정해놓는다.
야간근무 규칙	야간근무에 대한 규칙을 정해놓는다.
각종 수당 규칙	각종 수당에 대한 상세한 내용을 기재한다.
연차유급휴가 관리 규칙	

📍 회계 분야

복리후생비, (해외)여비교통비, 출장비 등에 대한 규칙을 정해놓는다.

📍 기타 분야

● 안전 수칙 및 기타 특수한 사업의 경우에 필요한 여러 가지 규칙을 항상 비치해 놓고, 업무 매뉴얼화 하는 것이 중요하다.
● 발주 부분, 구매부분, 생산부분, 판매부분, 자금부분, 품질부분에 대해서 각각의 규칙을 정해놓고 이를 준수하도록 해야 한다.

📍 주요 관리철

경영 일반관리	재무관리 및 회계관리	인사관리
● 정관 ● 사업자등록증 사본 ● 법인등기부등본 ● 법인인감증명서 ● 이사회회의록 등 ● 주주명부 및 변동 　내역서 ● 일반 회사 조직도 ● 조직 내 비상 연락도 ● 주요 거래처 내용	● 모든 계약서 정본 및 　사본 ● 매출세금계산서 철 ● 매입세금계산서 철 ● 급여대장 철 ● 4대 보험관리철 ● 외상매출금 관리대장 ● 외상매입금 관리대장 ● 미지급금 관리대장 ● 법인카드 관리대장 ● 법인통장 철 ● 일일자금일보	● 근로계약서 ● 상여금 지급규정 ● 퇴직금 지급규정 ● 휴가 및 상벌 규정 ● 여비교통비 지급규정 ● 기타 필요한 규정 등

경영 일반관리	재무관리 및 회계관리	인사관리
	• 전표철	
	• 재고 관리대장	
	• 여비교통비 복명서	
	• 일용직 급여대장	

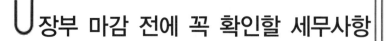

장부 마감 전에 꼭 확인할 세무사항

1 매출과 관련하여 검토해야 할 부분

✓ 세금계산서 미교부·미제출분 검토 : 세금계산서를 발급하지 않았거나 이미 발급한 세금계산서 중 부가가치세 신고 시 합계표 누락분이 있는지 확인

✓ 부가가치세 매출신고분 중 다른 사람의 수입금액인 주선 수입 등 수입금액 제외금액 포함 여부 검토

✓ 부가가치세 수정신고 분이 장부에 반영되어 있는지 검토

✓ 예금통장 검토

• 예입된 금액의 수입금액 신고 및 수입이자 계상 여부 확인

• 예금통장 누락분(당해 연도 중 신규 개설 후 말소된 것 포함) 확인

✓ 수입 시기가 결산일 이전인지 검토

할부판매, 예약매출, 장기 도급 계약이 있는 경우 기말까지의 수입 계상 분 적정 여부 확인

✓ 거래처로부터 받은 판매장려금, 매입할인(외상대금 선결제 할인)이 있는지 검토

✓ 외화거래의 원화 환산가액(선적일 기준) 검토

2 매출원가와 관련하여 검토해야 할 부분

✓ 발급받은 매입분 세금계산서합계표 미제출분, 매입에누리 및 반품 거래의 적정 처리 여부 검토

✓ 기말재고 평가 및 매출원가 적정 계상 여부 검토

3 비용과 관련하여 검토해야 할 부분

✓ 경비 영수증 미처리 여부 검토

✓ 급여비용 계상액과 원천징수이행상황신고서 상 급여금액과 일치 검토

✓ 퇴직급여충당금 및 퇴직보험(퇴직연금) 관련 계정 회계처리 검토

✓ 주주·임원 등에게 지급한 상여금, 퇴직금이 있는 경우 지급 규정 및 적정성 검토(중간정산분 포함)

✓ 차입금 변동 및 그에 따른 지급이자 적정 처리 여부 검토

✓ 고정자산처분이 있는지? 여부 검토(특히, 승용차 매각에 따른 세금계산서 교부)

✓ 당해 연도 확정되는 대손금 유무 확인 검토

• 법률적으로 청구권이 소멸하여 회수할 수 없는 채권

- 거래처 부도로 당해 연도 6월 30일 이전에 금융기관의 부도 확인을 받은 어음 또는 수표
- 사망·실종자에 대한 채권 등이 있는지? 여부 확인
✓ 유형자산 감가상각비 검토

4 기타 검토해야 할 부분

✓ 당해 연도 중 자본금 증감에 따른 주식변동사항 검토
→ 증자 및 감자, 주식의 양도·양수(주식 등 변동상황명세서 작성)
✓ 조세특례제한법에 따라 세액감면 분 관리 검토
→ 고정자산 취득 분 임대 또는 매각 여부 확인
✓ 사업소득, 기타소득, 이자소득 지급분에 대한 원천징수 검토
✓ 기타 신규 발생 보증금 장부계상 여부 검토
✓ 보험 회사로부터 보험금 수령 여부 검토
✓ 단기매매증권 및 매도가능증권의 분류 적정성 및 평가차손익 적정 계상 여부 검토
✓ 외화자산 및 부채의 평가 및 평가손익 적정 계상 여부 검토(1월 1일 이후 사업연도 개시 분부터 모든 법인이 외화자산·부채 평가 해당)
✓ 국고보조금 등이 있는지? 여부와 그에 대한 세무, 회계처리 검토

중소기업의 현금관리

1 수입, 지출 관리의 당사자

재무제표는 세금 계산의 기준이 되고 세무서에 제출되어야 하는 서식으로 세무대리인이 작성하고 관리하게 된다.

재무제표는 그 목적상 전체적인 회사의 재무적인 의사결정 상황이나 경영의 성과를 파악하는 데는 유용하지만 작성기간이 길고(1년), 관련 법규 및 규정에 따라서 작성하다 보니 그 초점이 수입, 지출보다는 수익, 비용에 맞추어져 있으므로 재무관리에 직접적인 사항인 수입, 지출을 관리하는 용도로는 문제가 있게 된다.

이러한 이유로 회사의 내부관리 목적으로 여러 가지 방법이 있겠지만 중소기업 입장에서 관리가 가능한 수준에서 가장 중점적으로 고려해야 할 사항은 수입, 지출 관리이며, 이 부분은 세무대리인이 직접 관리하기가 현실적으로 불가능한 부분이 많으므로 처음엔 귀찮고 어렵더라도 효율적인 회사관리를 위하여 반드시 직접 작성해야 할 내용이다.

2 수입·지출 관리의 유용성

🎙️ 수입의 관리

1. 입금통장관리

소규모 회사의 수입은 매출과 거의 일치하게 되므로 회사의 수입이 들어오는 계좌를 일정하게 유지하고 이 계좌에는 회사의 수입 이외에 다른 금액(가사용 예금이나 출금)이 유입되지 않게 해놓는 것이 좋다. 그래야만 현금의 유출입 발생 시 현금의 수입 및 지출 내역을 쉽게 확인할 수 있게 된다.

2. 수입내역서 관리

수입 중 당일 은행 입금이 안 되거나, 수취 후 즉시 지출되는 등, 입금통장을 경유하지 않고 지출되는 경우가 있고, 거래처로부터 받는 외상 대금의 입금은 실제 거래일과 전표 또는 증빙 등의 작성 수취일과 차이가 있으므로 정확한 수입관리를 위해서는 수입 내역서를 따로 작성해서 관리하는 것이 좋다.

은행에 예입된 부분이든 현금으로 받아서 별도로 보관하는 부분이든 매일 매일의 수입 내역은 그 내역서를 만들어 관리하게 되는데, 이 때는 수입내역서의 관리상 기술적인 면이 요구된다.

🎙️ 지출의 관리

① 우선 지출 전용 통장을 만들어야 한다.

지출 전용 통장이란 것은 매일매일 일어나는 소액의 경비들을 지출하기 위한 통장으로 정기적으로 입금통장에서 일정 금액을 이체받아서 사용해야 한다.

② 지출통장으로는 수입 통장에서의 이체 이외에 되도록 가사용 자금이나 기타예금의 입금을 삼간다.

③ 소액의 경상적 지출이라면 영수증을 보관하고 일정금액 이상의 지출이라면 당연히 일자와 금액을 기록해놓아야 한다.

④ 가능하면 당일 들어온 현금은 바로 지출하지 말고 입금해야 하며, 지출은 지출통장을 이용하는 것이 좋다.

현금이 통장을 거치지 않고 바로 지출되어 나가는 시스템이 되어버리면 나중에 현금의 관리 감독이 어려워지고 부정 발생의 원인이 될 수도 있다.

⑤ 3만 원 초과 지출의 경우 반드시 세금계산서를, 동 금액 이하도 법정지출증빙을 첨부해 지출을 기록한다.

[지출내역서]

	일 자	항 목	금 액	증빙종류	비 고
지출내역					

🪰 관리의 유용성

이렇게 수입과 지출을 관리해 놓으면 회사의 간단한 현금의 흐름을 알 수 있고 현금의 수입처와 지출처의 확실한 관리가 되며, 차후의 대규모 현금지출 시에 과연 회사가 벌어들인 수입 산액으로 감당할 수 있는지? 여부와 앞으로 계획된 현금의 지출이 회사 운영에 미치는 영향을 예측해 볼 수도 있다.

🍴 담당자의 업무 수준을 정한다.

경리보조업무를 주로 하면서 출금 통장 관리 정도의 업무를 담당하는 정도에서 각종 전표의 작성, 개략적인 보고 문안 작성이 가능한 수준, 더 나아가서는 내부관리의 대행이 가능한 수준까지 다양한 업무의 범위 중 어느 정도의 관리능력을 가진 직원을 선발할 것인가에 대해 먼저 결정해야 한다.

🍴 업무 수준에 맞는 직원 관리, 감독 방법의 설계

1. 출금통장의 관리 정도가 가능한 직원

이 경우라면 출금 통장의 출금내역과 잔액에 대한 감독 정도만 하면 된다. 감독 방법으로는 현금 잔액 명세서를 정기적으로 작성하게 하여 통장의 잔액과 대조해 보면 된다.
그리고 지출영수증의 수집과 간단한 내역을 기록하게 한다.

[현금 잔액 명세서]

	날 짜	금 액	비 고
전일시재			
출 금			
시재합계			
지출내역			
잔 액			

▷ 시재 : 회사에 지출용으로 보관하고 있는 현금

▷ 전일시재 : 지난번 현금잔액명세서를 작성한 날(전일의 의미)의 잔액

▷ 출금 : 출금 통장에서 출금되어 인출한 금액

▷ 시재합계 : 전일 시재와 출금액의 합 즉, 지출이 없었다면 현금으로 있어야 하는 금액

▷ 지출내역 : 전일 이후에 현금으로 지출한 금액

▷ 잔액 : 시재 합계에서 지출된 금액을 차감한 현재 시재

2. 어느 정도 경리 능력을 가진 직원(전표작성 및 재무제표의 판독이 가능한 직원)

출금 사항 중에 영수증 없이 지출되는 금액에 대한 지출결의서 작성과 각종 서식의 매뉴얼화와 문서의 위치 등을 지정해 두고 수시로 점검하면 된다.

3. 내부관리를 일임하는 경우

위의 관리과정과 더불어 정기적인 감사업무가 필요하다.

감사를 시행하는 경우는 정기적, 상례적으로 하고 이러한 방침을 사전에 직원들에게 주지시켜 직원들의 감정상의 문제를 일으키지 않도록 해야 한다.

어느 상황이든 입금통장의 관리는 직접 하는 것이 좋으며, 2인 이상의 경리 업무자를 둘 경우는 각자의 업무를 확실히 구분하여 부정의 소지를 없애는 것이 좋다.

효율적인 자금관리의 비결

효율적인 자금관리를 위해서는 먼저 다음과 같은 일이 발생하지 않도록 해야 한다.

📑 **판매의 부진으로 재고가 누적되는 경우이다.**

이는 자금회전을 둔화시켜 전반적인 자금압박의 요인이 된다.

📑 **매출액은 증가하나 대금의 회수가 부진한 경우이다.**

일반적으로 매출액이 증가할 경우 기업의 회계상 수익이 증가하는 것은 사실이나, 대금의 회수가 지연되는 경우 오히려 커다란 자금압박의 요인이 된다.

📑 **매출채권의 회수 주기보다 매입채권의 지급주기가 빠른 경우이다.**

이러한 경우는 시간의 경과에 따라 점진적으로 자금압박을 받게 된다.

📑 **확고한 자금의 조달 없이 무리한 연구개발비의 지출이나 설비투자를 감행하는 경우이다.**

연구개발비의 지출이나 설비투자에 대한 효과는 상당한 기간의 경과로 나타난다. 따라서 이러한 지출은 자기자본이나 장기차입금 등의 조달을 통해서 지출하는 것이 필요하다.

🔖 **단기자금의 차입으로 인해서 원리금의 상환압력을 받는 경우이다.**

단기자금은 장기 자금과 비교해서 대부분 고리의 이자를 지급해야 하는 경우가 많으며, 상환압력에 대한 부담이 크게 된다.

🔖 **차입금의 과다 및 높은 이자를 부담해야 하는 차입금의 비중이 높은 경우이다.**

차입하는 경우라도 차입금의 활용을 통한 사업의 결과가 목표이익을 실현할 만큼 금리가 매우 낮고, 부채에 대한 이자를 충분히 감당할 수 있는 경우라면 자기자본으로 사업을 하는 것보다 차입을 통해서 사업의 규모를 키워서 하는 것이 훨씬 많은 수익을 낼 수 있다.

그러나 그러한 보장이 없이 반복되는 차입 활동은 결국 기업 도산에 이르는 지름길이 된다.

또한 사업계획의 수행을 위한 자금의 조달을 위해서는 먼저 영업활동을 통한 자금의 조달금액을 산정하고 자기자본을 통한 자금조달과 외부의 자금조달이 필요한 금액을 산정한 다음 자금조달의 방법을 결정해야 한다.

외부자금을 조달할 경우는 정부의 정책자금과 일반 금융기관의 차입, 보증기관의 신용보증 및 기술 보증을 통한 차입, 회사채의 발행 등에 대한 사항을 검토해야 하며 그에 상당한 준비를 하는 것이 필요하다.

정책자금은 출연이나 저금리, 무담보 대출 가능, 제품이나 기업의 이미지 제고 등의 장점이 있으나 무려 150여 가지 이상의 많은 종류가 있고 자금지원기관도 중소기업진흥공단, 신용보증기금, 기술보증기금, 각 지역의 중소기업지원기관 등으로 분산되어 있으며 지원 시기도 각각 달라서 기업에 맞는 적당한 정책자금을 고르는 일이 쉽지 않다. 따라서 기업의 실정에 맞는 자금조달 방안을 마련하고 해당 자금의 심사기준이나 제외기준, 경험 측면에서의 방향 등을 고려해서 준비하고 현장평가를 위한 실태조사에도 대비하는 것이 필요하다.

끝으로 자금계획의 수립 시 조달금액은 필요자금의 1.5배 정도의 조달방안을 마련해서 환경변화에 따른 대비를 하는 것이 필요하다.

회계와 자금의 분리

분야	업무	빈도
회계	• 회계정책 및 경비처리기준 수립	상시
	• 분개 및 전표 작성, 회계장부 기록/유지	일
	• 거래처별 채권 · 채무잔액 관리	월
	• 결산재무제표 작성 및 보고	연
세무	• 소득세 원천징수	월
	• 부가가치세 신고/납부	분기
	• 법인세(종합소득세) 신고/납부	반기/연
자금	• 자금 집행 및 계좌관리 : 급여지급 등	수시
	• 자금 수지 및 관리 : 입출금 계획 및 실적분석	월/분기
	• 자금조달 : 차입, 신용등급관리, 담보 및 보증 등	필요시
	• 자금 운용 : 예 · 적금 및 기타 금융상품 투자 검토	수시
	• 법인인감 및 법인카드 관리	수시

제4장

회계결산과
재무제표 작성

결산은 회계업무의 마지막이다.

그러나 가장 어려운 부분이기도 하다.

특히 처음 회계하는 사람은 결산을 어떤 순서에

따라 어떤 방법으로 어떤 내용을 결산해야 하는

지 궁금해한다.

따라서 이번 장에서는 결산하는 순서와 결산 방

법에 관해 설명해줌으로써 회계에 대한 이해를

한층 높여줄 것이다.

회계 1년 마무리 결산

1 계정과목 결산정리

| 결산기준일(12월 결산일) 현재 실무처리와 회계기준과의 차이발생 | ➡ | 결산조정 | ➡ | 회계기준에 맞는 결산보고서 작성 (재무제표 작성) |

| 결산 예비절차 | ➡ | 결산 본절차 | ➡ | 보고서 작성 |

| • 시산표 작성
• 결산 정리사항 수정 및 재고조사표 작성
• 정산표 작성 | • 전표 마감
• 총계정원장 마감
• 보조부 마감 | • 재무상태표
• 손익계산서
• 현금흐름표
• 자본변동표 및 주석 |

🎙 미수수익 결산 정리

수익이 발생하였으나 결산 시점일 현재까지 수입이 이루어지지 않은 경우이다.

따라서 손익계산서 대변에 해당 수익을 기록하고, 재무상태표에는 미수수익이라는 자산을 기록한다(결산 시점에 아직 받지 않은 이자, 임대료 등).

미수수익   XXX   /   이자수익   XXX

예를 들어 1월 1일 3개월분 임대료 3만 원을 받은 경우

1월	2월	3월	4월	5월	6월	7월	8월	9월	10월	11월	12월
당기수입 3만원			당기 미수취분 9만원								

시기	거래내용	차변		대변	
당기중	1월 1일 3개분 임대료 3만 원을 받은 경우	현금	30,000	임대료	30,000
당기말	9개월분 임대료 미수취	미수수익	90,000	임대료	90,000
차기초	재수정(재대체)분개	임대료	90,000	미수수익	90,000

🪶 미지급비용 결산 정리

비용이 발생하였으나 결산 시점일 현재까지 지급이 이루어지지 않은 경우이다. 따라서 손익계산서 차변에 해당 비용을 기록하고, 재무상태표에는 미지급비용이라는 부채를 기록한다.
(결산 시점에 아직 지급하지 않은 이자)

이자비용   XXX   /   미지급비용   XXX

예를 들어 1월 1일 3개월분 이자 3만 원을 지급한 경우

1월	2월	3월	4월	5월	6월	7월	8월	9월	10월	11월	12월
당기지출 3만원			당기 미지급분 9만원								

시기	거래내용	차변		대변	
당기중	1월 1일 3개분 이자 3만 원을 지급한 경우	이자비용	30,000	현금	30,000
당기말	9개월분 이자비용 미지급	이자비용	90,000	미지급비용	90,000
차기초	재수정(재대체)분개	미지급비용	90,000	이자비용	90,000

🪔 선수수익 결산 정리

이미 받은 수익 중에서 차기 이후에 해당하는 수익분까지 수입이 먼저 이루어진 경우이다. 따라서 손익계산서에는 해당 수익을 줄여주고, 재무상태표에는 이 금액만큼 선수수익이라는 부채를 기록한다. (결산 시점에 미리 받은 이자)

이자수익   XXX   /   선수수익   XXX

예를 들어 10월 1일 1년분 이자 12만 원을 받은 경우

10월	11월	12월	1월	2월	3월	4월	5월	6월	7월	8월	9월
당기분(3만 원)			차기(다음 연도) 분 (9만 원)								
12만 원 × 3/12			12만 원 × 9/12								

시기	거래내용	차변		대변	
당기중	10월 1일 1년분 이자 12만 원 수취	현금	120,000	이자수익	120,000
당기말	9개월분 이자 선수취	이자수익	90,000	선수수익	90,000
차기초	재수정(재대체)분개	선수수익	90,000	이자수익	90,000

🎋 선급비용 결산 정리

이미 지급한 비용 중에서 차기 이후에 해당하는 비용 분까지 지급이 먼저 이루어진 경우이다. 따라서 손익계산서에는 해당 비용을 줄여주고, 재무상태표에는 이 금액만큼 선급비용이라는 자산을 기록한다 (결산 시점에 미리 지급한 이자).

선급비용	XXX	/	이자비용	XXX

예를 들어 10월 1일 1년분 임차료 12만원을 지급한 경우

10월	11월	12월	1월	2월	3월	4월	5월	6월	7월	8월	9월
당기분(3만 원)			차기(다음 연도)분 (9만 원)								
12만 원 × 3/12			12만 원 × 9/12								

시기	거래내용	차변		대변	
당기중	10월 1일 1년분 임차료 12만 원 지급	임차료	120,000	현금	120,000
당기말	9개월분 임차료 선지급	선급비용	90,000	임차료	90,000
차기초	재수정(재대체)분개	임차료	90,000	선급비용	90,000

🎋 미사용 소모품의 결산 정리

소모품 구입 시 자산으로 처리한 경우와 비용으로 처리한 경우 둘 다 미사용 소모품에 대한 정리 분개를 해야 한다.

❶ 소모품 구입 시 자산으로 처리한 경우의 분개

(구입 시)

소모품	XXX	/	현금	XXX

(결산수정분개)

| 소모품비 | XXX | / | 소모품(사용액) | XXX |

❷ 소모품 구입 시 비용으로 처리한 경우의 분개

(구입 시)

| 소모품비 | XXX | / | 현금 | XXX |

(수정분개)

| 소모품(미사용액) | XXX | / | 소모품비 | XXX |

결산항목	정리자료	차변	대변
상품재고액 수정	기초 상품재고액 100원	매 입 100	이 월 상 품 100
	기말 상품재고액 200원	이 월 상 품 200	매 입 200
단기매매 증권평가	기말 장부가액 150원	단기매매증권 50 평가손실	단기매매증권 50
	기말 결산일 현재 100원		
	기말 장부가액 150원	단기매매증권 30	단기매매증권 30 평가이익
	기말 결산일 현재 180원		
매출채권 대손추산	기말 매출채권 잔액 700원	대손상각비 20	대손충당금 20
	전기 대손충당금 잔액 50원		
	대손추산율 10%		
가지급금과 가수금의 정리	가지급금 잔액 180원	여비교통비 180	가지급금 180
	여비교통비 지급 누락		
	가수금잔액 130원	가수금 130	외상매출금 130
	외상매출금 회수 누락		

결산항목	정리자료	차변		대변	
현금과부족 정리	현금과부족 차변 잔액 80원 원인불명	잡손실	80	현금과부족	80
	현금과부족 대변 잔액 50원 원인불명	현금과부족	50	잡이익	50
인출금 정리	인출금 500원 자본금에 대체	인출금	500	자본금	500
유형자산 감가상각	정액법 : 취득가액 1,000원	감가상각비	100	감가상각 누계액	100
	내용연수 10년				
	정률법 : 취득가액 1,000원	감가상각비	50	감가상각 누계액	50
	상각율(감가율) 5%				
무형자산 감가상각	특허권 500원 5년간 상각	무형자산 상각비	100	특허권	100

2 결산하는 순서

- 현금을 제일 나중에 맞춘다. 그 외엔 상관이 없다. 합계시산표를 확인한다.
- 1년 동안 경비 사항(전표 입력)
- 재고자산 증가·감소 확인 ➡ 재고자산감모손실(원가성이 있으면 매출원가에 포함)
- 외상 채권·채무 확인 ➡ 외상매출금, 외상매입금 회수·지급
- 어음 회수·지급 확인(받을어음·지급어음)

어음할인, 배서양도 대손금 확인(부도, 파산 등 대손상각비)

- 차입금(차입금 내역 확인) ➡ 이자비용 확인, 부채증명서와 일치
- 법인통장(보통예금·당좌예금 확인) ➡ 예치금명세서와 일치
- 유형자산(취득 감가상각 처분 등) ➡ 고정자산대장과 일치
- 예수금 : 급여(급여대장) ➡ 4대 보험과 일치
: 부가세예수금, 부가세대급금 ➡ 부가가치세 신고한 것과 일치
- 매출확인(부가가치세 신고서)
- 채무면제이익, 자산수증이익, 보험차익 확인
- 이자수익(선납세금) 확인
- 매출원가(제조원가) 확인 ➡ 원재료 확인
- 세금과공과 확인 ➡ 제세공과금
- 영수증, 세금계산서, 계산서, 카드, 현금영수증 ➡ 경비 확인
- 증여·출자금은 거의 변동 사항 없다.

3 법인세 세무조정

기업이 일반적으로 공정·타당하다고 인정되는 기업회계기준에 의하여 작성한 재무제표상의 <u>당기순손익을 기초로 하여</u> 세법의 규정에 따라 익금과 손금을 조정함으로써 정확한 과세소득을 계산하기 위한 일련의 절차를 말한다. 즉, 회사 재무제표의 당기순손익을 기초자료로 해서 회계장부를 세금을 부과하기 위한 기준으로 변경하는 작업을 세무조정이라고 한다. 세무조정에는 결산조정과 신고조정이 있다.

구 분	내 용
결산조정	사업연도 말의 결산을 통하여 장부에 반영해야 만 법인세 계산에 영향을 미치는 항목으로 반영하고 안 하고는 회사가 결정할 사항이다.
신고조정	결산서 상 당기순손익의 기초가 되는 회사 장부에 계상함이 없이 법인세 과세표준 및 세액신고서에만 계상해도 되는 사항으로 회사의 장부에 기록하지 않아도 법인세 신고 시 반영하면 법인세 계산에 영향을 미치는 사항이다.

🍮 결산조정 사항과 신고조정 사항의 차이점

결산 조정사항은 외부와의 거래관계가 없는 비용 또는 현금지출이 수반되지 않는 비용이라는 특징을 갖고 있다.

우선, 감가상각비와 자산의 평가차손처럼 법인의 선택 또는 판단에 따라 인위적으로 비용으로 계상되는 사항은 법인이 비용으로 계상한 때에만 손금으로 인정한다.

또한, 충당금이나 준비금처럼 권리의무확정주의 원칙상 아직 확정되지 않은 의무에 대해 특별히 손금으로 인정하고 있는 사항들에 대해서는 법인의 내부의사결정에 의해 회계처리를 하였을 때 한하여 당해 사업연도의 손금으로 산입할 수 있도록 하고 있다.

대손금도 법적으로 청구권이 소멸되지는 않았지만, 채무자의 자산상황·지급 능력 등에 비추어 회수불능이라는 내부적 의사 결정에 의해 회계처리를 한때만 손금으로 인정하고 있다.

이와 같은 사항들에 비해 이자나 인건비의 시급, 채권의 소멸 등과 같이 순자산의 감소가 외부와의 거래에 따라서 그 내용이 객관적으로 확인되는 사항들에 대해서는 법인이 회계처리를 하건 안 하건 손금으로 인정되어야 하므로, 결산에 반영하지 않았다 하더라도 신고 조정에 의해 손금에 산입할 수 있다.

세법상 익금항목은 모두 신고조정사항이다. 즉, 세법상 익금으로 보는 항목의 경우에는 회계상 수익으로 계상하지 않았다면 반드시 법인세 신고할 때 세무조정을 해서라도 각 사업연도 소득금액에 가산해야 한다. 또한, 결산 조정항목으로 열거된 손금 항목을 제외한 세무상 손금 항목은 신고조정사항이다.

🔬 결산 조정사항

❶ 감가상각비(즉시 상각액 포함)

❷ 고유목적사업준비금

외부감사를 받는 비영리법인의 경우 신고조정 가능

❸ 퇴직급여충당금

❹ 대손충당금

❺ 구상채권상각충당금

한국채택국제회계기준을 적용하는 법인에 한해 이익처분에 의한 신고조정 가능

❻ 다음의 대손금

가. 채무자의 파산, 강제집행, 형의집행, 사업의 폐지, 사망, 실종 또는 행방불명으로 회수할 수 없는 채권

나. 부도 발생일로부터 6개월 이상 지난 수표 또는 어음상의 채권 및 외상매출금

다. 회수기일이 6개월 이상 지난 30만 원 이하 소액채권

❼ 파손·부패 등의 사유로 인하여 정상가격으로 판매할 수 없는 재고자산의 평가차손

❽ 천재지변·화재 등에 의한 유형자산 평가차손

❾ 다음 주식으로서 발행 법인이 부도가 발생한 경우, 회생 계획인가의 결정을 받은 경우, 부실 징후기업이 된 경우 해당 주식의 평가차손

가. 창업자·신기술사업자가 발행한 주식 등으로서 중소기업창업투자회사·신기술사업금융업자가 각각 보유하는 주식

나. 주권상장법인이 발행한 주식

다. 특수관계 없는 비상장 법인이 발행한 주식(2008년 2월 22일 이후 평가분)

❿ 주식 등 발행 법인이 파산한 때 해당 주식의 평가차손

⓫ 생산설비의 폐기손

🕊️ 신고조정 사항

❶ 무상으로 받은 자산의 가액과 채무의 면제 또는 소멸로 인한 부채의 감소액 중 이월결손금 보전에 충당하여 익금에 산입하지 아니한 금액

❷ 퇴직보험료·퇴직연금 부담금 등

❸ 국고보조금·공사부담금·보험차익으로 취득한 유형·무형자산 가액의 손금산입

❹ 사산의 평가손실 손금불산입

❺ 제 충당금·준비금 등 한도 초과액의 손금불산입

❻ 감가상각비의 손금불산입, 법인세비용의 손금불산입, 기업업무추진비 한도 초과액, 기부금 한도 초과액, 비지정기부금 손금불산입

❼ 건설자금이자의 손금불산입(과다하게 장부 계상한 경우의 손금산입)

❽ 손익의 귀속 사업연도의 차이로 발생하는 익금산입·손금불산입과 손금산입·익금불산입

❾ 조세특례제한법에 의한 준비금

(당해 사업연도의 이익처분 시 당해 준비금을 적립한 경우에 한함)

4 프로그램으로 결산하는 절차

더존 프로그램의 결산은 크게 두 개의 단계를 거쳐서 이루어진다.

결산자료의 입력 ➜ 재무제표의 마감

결산자료의 입력은 자동결산과 수동결산 두 가지로 나뉜다. 즉 프로그램상에 금액만 입력하면 자동으로 결산분개를 해주는 자동결산 항목과 프로그램 사용자가 직접 결산분개를 하고 입력을 해야 하는 수동결산 항목이 있다. 자동결산 항목과 수동결산 항목은 각각 다음과 같다. 순서는 수동결산 후 자동결산을 한다.

🌡 수동결산 항목

결산 정리사항에 대한 결산 대체분개 전표를 작성, 일반전표 입력메뉴에서 입력하여 결산하는 방법이다.

수동결산 항목은 사용자가 관련된 결산분개를 수동으로 일반전표상

에 직접 입력해야 한다.

❶ 선급비용의 계산

❷ 선수수익의 계상

❸ 미지급비용의 계상

❹ 미수수익의 계상

❺ 소모품 미사용액의 정리

❻ 외화자산부채의 환산

❼ 유가증권 및 투자유가증권의 평가

❽ 가지급금, 가수금의 정리

❾ 부가가치세 예수금과 부가가치세 대급금의 정리

🧪 자동결산 항목

프로그램에서 결산 흐름에 맞추어 화면에 표시되는 결산정리 항목에 해당 금액만 입력하면 자동으로 분개 되어 결산이 완료되는 방법으로, 결산자료입력 메뉴에서 작업한다.

자동결산 항목은 '결산/재무제표'에서 "결산자료입력" 화면을 열어서 각 해당하는 금액을 입력하신 후 "F7" key 또는 "추가"의 툴바를 클릭하시면 '일반전표에 결산분개를 추가할까요?' 하는 메시지가 나올 때 "Y(Yes)"를 클릭하면 자동으로 일반전표에 결산 관련 분개를 추가하게 된다.

❶ 재고자산의 기말재고액

❷ 유형자산의 감가상각비

❸ 퇴직급여충당금 전입액과 단체급여충당금 전입액

❹ 매출(수취)채권에 대한 대손상각

❺ 무형자산의 감가상각액

❻ 준비금 환입액 및 전입액

❼ 법인세(소득세) 등

위의 순서에 따라 결산자료의 입력이 완료되면 다음은 각 재무제표를 마감하게 되는데, 여기에서 마감이란 곧 각 재무제표를 조회하여 열어보고(확인) 닫아주는 것이다. 즉 사용자가 재무제표를 열어서 확인하는 순간 프로그램상에서 계산하여 처리하게 되는 것이다. 재무제표는 반드시 다음의 순서에 따라 확인해야 제대로 반영이 된다.

제조원가명세서 ➡ 손익계산서 ➡ 이익잉여금처분계산서 ➡ 재무상태표

위의 순서대로 각 재무제표를 열어서 확인하면 결산에 대한 모든 관계가 종료된다. 다만, 1년에 대한 결산이 아니고 6월까지의 결산의 경우 6월의 일반전표에 결산자료를 입력하고 각 재무제표도 6월 말로 열어서 확인해야 한다. 그리고 모든 것을 7월로 이월해야 계속되는 거래에 문제가 없다.

🐾 법인세 결산 조정순서

준비물 – 작년 법인세 신고서 철(대부분 변동이 없으므로 이것을 참고해서 신고를 하면 된다.)

실 재고액과 외상매출금 및 외상매입금 잔액, 대출금 납부내역, 상환내역, 주식변동사항, 임차보증금 변동사항 등은 챙겨야 한다.

1. 전년도 원가율(전년도 매출원가 ÷ 매출액)을 올해 매출액에 곱하여 매출원가를 구해본다(예, 원가율이 95% 면 매출액 × 95% = 매출원가).

매출원가 − 기초상품재고액 − 당기상품매입액 = 기말상품재고액이 기말상품 재고액과 매출원가를 토대로 실제 이익을 구해본다.

2. 전년도 기말상품재고액이 1억이면 그 정도로 비슷하게 남겨서 매출원가를 구하여 실제 이익을 구해본다.

당기순이익 = 매출액 + 영업외수익 − 판매비와관리비 − 매출원가 − 영업외비용 + 세금과 공과 중 벌금 등

위 두 가지 방법으로 계산해보고 전년도 이익률을 비교해서 적절하게 이익률과 기말재고액을 결정하면 된다.

📂 첫 번째, 선급비용 명세서 작성

보험료 선급금 분개(차변 (−)보험료/ 대변 선급비용)

📂 두 번째, 현금 및 예금 잔액 검토

📂 세 번째, 가지급금 인정이자 조정(갑, 을)

❶ 가지급금, 가수금 적수 계산에서 직책과 성명 입력 후 계정별 원장 데이터를 불러온다. 마지막 적수 합계가 장부와 일치하는지 확인한다.

❷ 차입금이 있는 경우 이자율별 차입금 잔액 계산에서 차입금을 입력해준다.

❸ 인정이자 계산에서 적용이자율 체크하고 인정이자가 발생했으면 그 금액을 이자수익에 입력해줘야 한다(미수수익/이자수익).

가지급금 발생 시 가지급금 인정이자 회사 계상액을 이자수익으로

기입한다(차변 미수수익 / 대변 이자수익).

📁 네 번째, 결산자료입력

기말재고액, 각 고정자산의 감가상각비, 대손상각, 퇴직급여/퇴직급여충당부채 등

📁 다섯 번째, 재무제표 확정

제조원가명세서 〉 손익계산서 〉 이익잉여금 처분계산서 〉 합계잔액시산표, 재무상태표

이 순서 무시하면 재무상태표와 이익잉여금 간의 차액이 발생하니 주의해야 한다.

❶ 제조원가명세서를 조회 후 당기 제조원가의 금액을 확인한다. 원가가 제조원가뿐이 아니고 도급/분양 등이 있으면 각각 조회해준다.

❷ 손익계산서를 조회한 후 "제조원가명세서"에서 확인한 당기 제조원가와 "손익계산서"의 당기 제조원가의 금액이 일치하는지 확인 후 당기순손익의 금액을 확인한다.

❸ 이익잉여금처분계산서를 조회한 후 "손익계산서"의 당기순손익의 금액과 "이익잉여금처분계산서"의 금액이 맞는지 확인 후 우측 상단의 전표 추가 버튼을 클릭해준다. 손익대체 분개가 일반전표의 12월 31일자로 생성된다.

❹ 재무상태표를 조회한다. 차액 뜨는 게 없는지까지 확인하면 결산을 순서대로 잘 진행한 것이다.

만약 차액이 발생한다면 여러 가지 방법으로 확인을 해야 한다.

📁 여섯 번째, 결산 부속명세서 작성

전년도 법인세 신고서 철을 참고하여 작성하면 편하다. 보통, 재무

상태표상의 계정과목 부속명세서를 작성한다.

▨ 일곱 번째, 수입금액 조정명세서, 임대보증금 등의 간주익금조정명세서를 작성한다.

▨ 여덟 번째, 조정후수입금액명세서를 작성한다.

▨ 아홉 번째, 과목별 세무조정

❶ 기업업무추진비조정명세서 - 새로 불러오기 - 저장

❷ 재고자산조정명세서 - 작성 - 저장

❸ 세금과공과금명세서 - 계정별 원장 불러오기 - 작성(벌금 등은 해당 없으므로) - 저장

❹ 감가상각비조정

가. 미상각분 감가상각비 조정명세 - 유형고정자산(정률법) - 불러오기(전체)

나. 감가상각비조정명세서합계표 - 불러오기 - 저장

❺ 소득금액 및 과표계산

소득금액조정합계표, 명세서 - 작성, 저장

▨ 열 번째, 신고 부속/기타서식 작성

❶ 전산조직 운용명세서 -저장

❷ 조정반 지정신청서 - 저장

❸ 주요계정명세서(갑, 을) - 새로 불러오기-저장

❹ 주식등변동상황명세서 - 작성 - 저장

변동이 있는 경우 갑지, 을지 둘 다 인쇄

❺ 중소기업기준검토표 - 새로 불러오기 - 작성 - 저장

▨ 열한 번째, 세액계산 신고/감면

❶ 법인세 과세표준 및 세액조정계산서 - 새로 불러오기 - 저장

❷ 공제감면추납세액

가. 공제감면세액계산서(2) - 작성 - 저장

나. 공제감면세액합계표(갑, 을)

❸ 세액감면신청서 - 새로 불러오기 - 저장

❹ 법인세 과세표준 및 세액조정계산서-새로 불러오기-작성-저장

📂 열두 번째, 자본금과 적립금 조정명세서(갑, 을) 작성

신고서상의 법인세 / 지방소득세 - 손익계산서상의 법인세와 지방소득세(I/S) = 미계상 법인세와 지방소득세가 나오는데, 이 금액을 갑지의 당기 중 증감의 증가에 기입하고 기초에는 전기분 증가액을 적어준다.

📂 열세 번째, 법인세 과세표준 및 세액신고서 새로 불러오기 - 작성 - 저장 - 마감

📂 열네 번째, 전자신고 및 출력

현금주의와 발생주의의 차이점

현금주의와 발생주의는 다음과 같은 차이점을 보인다.

- 현금주의는 현금수불의 측면에서 거래를 해석 및 분류하는 반면 발생주의는 차변과 대변 쌍방 흐름 측면에서 거래를 해석 및 분류한다.
- 현금주의는 현금의 수취와 지출을 통해 수익과 비용을 인식하는 반면 발생주의는 수익의 획득과 비용의 발생을 통해 수익과 비용을 인식한다.
- 현금주의에서는 선급비용과 선수수익이 수익과 비용으로 인식되지만, 발생주의에서는 자산과 부채로 인식된다.
- 현금주의에서는 미지급비용과 미수수익이 비용과 수익으로 인식되지 않지만, 발생주의에서는 부채와 자산으로 인식된다.

- 감가상각, 대손상각, 제품보증비, 퇴직급여충당부채는 현금주의에서는 인식되지 않는 반면, 발생주의에서는 비용으로 인식된다.
- 상환이자 지급액은 현금주의에서는 지급시기에 비용으로 인식되지만, 발생주의에서는 기간별로 인식한다.
- 현금주의에서는 무상거래가 인식되지 않지만, 발생주의에서는 이중거래로 인식된다.

현금주의와 발생주의의 이러한 특징 차이에 의해 현금주의는 보통 가계부나 비영리 공공부문에서 사용되는 반면, 발생주의는 기업이나 일부 비영리 부문에서 사용된다는 차이점이 있다.

이러한 차이들로 인해 현금주의는 현금수지와 같이 단일 항목의 증감을 중심으로 기록하는 방식으로 거래의 영향을 단 한 가지 측면에서 수입과 지출로만 파악해서 기록하는 단식부기에서 채택되며, 발생주의는 경제의 일반 현상인 거래의 이중성을 회계처리에 반영해 기록하는 방법으로 자산, 부채, 자본을 인식해 거래의 이중성에 따라 차변과 대변을 계상하고 그 결과 차변의 합계와 대변의 합계가 반드시 일치하는 대차평균의원리를 통해 자기검증기능을 갖는 복식부기에서 채택된다.

재무제표의 작성과 활용

재무제표란 '기업 경영활동의 결과인 재무상태, 경영성과 및 현금흐름을 파악하기 위해 회계원칙에 따라 작성한 재무보고서'이며, 주요 재무제표인 재무상태표와 손익계산서에 대한 기본적인 이해가 필요하다.

재무제표에는 회사의 경영활동(영업, 재무, 투자)이 반영되어 있어서, 금융기관, 투자자, 국세청 등이 회사를 정량적으로 분석하는 자료로 활용하고 있다.

재무제표가 사실상 확정되는 날은 정기주주총회 제출용 재무제표가 이사회에서 승인된 날을 말한다. 단, 주주총회에서 수정 승인된 경우는 주주 총회일을 말한다.

1 규정이나 법에 따라 다른 재무제표의 종류

구 분	종 류
중소기업회계기준	대차대조표, 손익계산서, 자본변동표 또는 이익잉여금 처분 계산서(또는 결손금 처리 계산서)
일반기업회계기준	재무상태표, 손익계산서, 현금흐름표, 자본변동표, 주석

구 분	종 류
한국채택 국제회계기준	재무상태표, (포괄)손익계산서, 자본변동표, 현금흐름표, 주석, 그 밖의 보고서와 설명 자료 ※ 외감법도 이와 같음
상 법	대차대조표, 손익계산서, 자본변동표 또는 이익잉여금처분계산서(또는 결손금처리계산서)
법인세법	재무상태표, (포괄)손익계산서, 이익잉여금처분계산서(또는 결손금처리 계산서), 현금흐름표, 세무조정계산서

2 재무제표의 상호관계와 재무제표 이용자

[영업활동]
구매. 생산. 판매

[재무활동]
부채 및 자기자본조달

[투자활동]
생산설비 투자 등

[재무제표]
① 재무상태표
② 손익계산서
③ 이익잉여금처분계산서
④ 현금흐름표 등

경영자

올해 경영성과는 좋은가?

배당은 얼마나 받을
수 있나?

투자자   채권자

종업원

대출금은 회수할 수
있나?

월급을 잘 받을 수 있을까?

[재무제표의 상호관계]

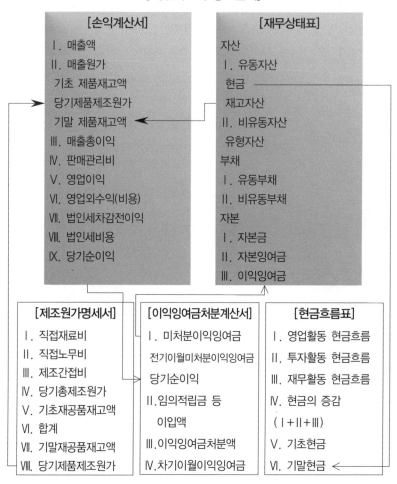

[손익계산서]
- Ⅰ. 매출액
- Ⅱ. 매출원가
- 기초 제품재고액
- 당기제품제조원가
- 기말 제품재고액
- Ⅲ. 매출총이익
- Ⅳ. 판매관리비
- Ⅴ. 영업이익
- Ⅵ. 영업외수익(비용)
- Ⅶ. 법인세차감전이익
- Ⅷ. 법인세비용
- Ⅸ. 당기순이익

[재무상태표]
- 자산
- Ⅰ. 유동자산
- 현금
- 재고자산
- Ⅱ. 비유동자산
- 유형자산
- 부채
- Ⅰ. 유동부채
- Ⅱ. 비유동부채
- 자본
- Ⅰ. 자본금
- Ⅱ. 자본잉여금
- Ⅲ. 이익잉여금

[제조원가명세서]
- Ⅰ. 직접재료비
- Ⅱ. 직접노무비
- Ⅲ. 제조간접비
- Ⅳ. 당기총제조원가
- Ⅴ. 기초재공품재고액
- Ⅵ. 합계
- Ⅶ. 기말재공품재고액
- Ⅷ. 당기제품제조원가

[이익잉여금처분계산서]
- Ⅰ. 미처분이익잉여금
- 전기이월미처분이익잉여금
- 당기순이익
- Ⅱ. 임의적립금 등
- 이입액
- Ⅲ. 이익잉여금처분액
- Ⅳ. 차기이월이익잉여금

[현금흐름표]
- Ⅰ. 영업활동 현금흐름
- Ⅱ. 투자활동 현금흐름
- Ⅲ. 재무활동 현금흐름
- Ⅳ. 현금의 증감
- (Ⅰ+Ⅱ+Ⅲ)
- Ⅴ. 기초현금
- Ⅵ. 기말현금

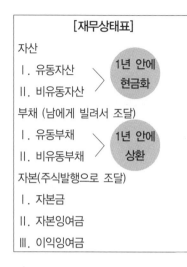

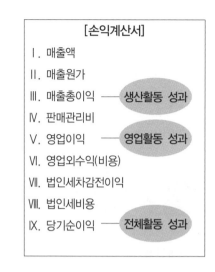

재무상태표

재무상태표는 일정 시점(결산일)의 재무상태를 나타낸다.

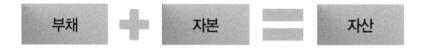

부채 또는 자본으로 조달된 자금이 어떤 형태로 운용되는지 자산으로 표시된다.

[주요 계정과목 의미]

- 유동자산 : 당좌자산(현금, 매출채권), 재고자산 등
- 비유동자산 : 경영활동을 위하여 투자한 자산

(토지, 건물 등)과 장기금융상품 등

- 유동부채 : 매입채무, 미지급금, 단기차입금 등
- 비유동부채 : 결산일로부터 만기가 1년 이후 도래하는 장기차입금
- 자본 : 주주가 납입한 투자금(자본금)과 경영활동의 결과로 축적된 이익잉여금 등으로 구성됨

4 손익계산서

손익계산서는 일정기간(회계기간) 동안의 경영성과를 나타낸다.

수익 ▬ 비용 ═ 이익(손실)

[주요 계정과목 의미]

- 매출액 : 주된 영업활동(제품, 용역 등)으로 번 수익
- 매출원가 : 매출액에 대응되는 비용(제조원가 등)
- 판매관리비 : 영업활동과 기업의 관리 및 유지 활동에서 발생한 비용(급여, 임차료 등)
- 영업외수익(비용) : 주된 영업활동 외 부수적으로 발생한 이자수익(비용) 등

일반적으로 기업의 흑자, 적자 여부는 당기순이익 발생 여부로 판단하나, 계속기업으로서의 수익력 판단은 영업활동으로부터 발생한 영업이익이 중요한 지표이다.

5 이익잉여금처분계산서(혹은 결손금처리계산서)

🦜 이익잉여금처분계산서

국제회계기준에는 이익잉여금처분계산서(혹은 결손금처리계산서)가 존재하지 않지만 우리나라는 상법에서 이익잉여금처분계산서를 주된 재무제표의 하나로 규정하고 있고 정기총회에서 그에 대한 승인을 받아야 하는 점을 고려해서 K- IFRS에서는 재무상태표 이익잉여금(또는 결손금)에 대한 보충 정보로서 이익잉여금

[이익잉여금처분계산서]

I. 미처분 이익 잉여금
1. 전기 이월 미처분 이익 잉여금
2. 당기순이익

II. 이익잉여금 처분액
1. 이익준비금
2. 사업확장적립금
3. 배당금
가. 현금배당

III. 차기 이월 미처분 이익 잉여금

처분계산서를 주석으로 공시하도록 요구하고 있다.

그러나 이익잉여금처분계산서의 주석공시만을 언급하고 있을 뿐 이익잉여금처분계산서의 작성 방법 등에 대해서는 K –IFRS 제1001호에서 별다른 규정을 두고 있지 않다.

이익잉여금처분계산서의 작성 절차는 전기 이월 미처분 이익 잉여금에 임의적립금 등의 이입액을 가산하여 처분할 이익잉여금을 계산한다. 잉여금처분 시 미처분 이익 잉여금에서 잉여금처분 내역을 차감하고 남은 잔액은 차기로 이월한다.

🦜 결손금처리계산서

결손금처리계산서는 미처리결손금의 처리내용을 표시하는 재무제표

다. 결손금처리계산서는 처리 확정일에 전기 이월 미처리결손금(전기 이월 미처분 이익잉여금)에 당기 순손실을 가산(차감)하여 당기 말 미처리결손금을 처리한다. 미처리결손금에서 결손금 처리액을 차감하고 남은 잔액은 차기로 이월한다.

[결손금처리계산서]

I. 미처리결손금

1. 전기이월미처리결손금

2. 당기순손실

II. 결손금처리액

1. 배당평균적립금 이입액

2. 사업확장적립금 이입액

3. 이익준비금 이입액

4. 자본잉여금 이입액

III. 차기이월미처리결손금

결손금의 보전은 ① 미처분 이익 잉여금, ② 임의적립금 이입액, ③ 기타 법정 적립금 이입액, ④ 이익준비금 이입액, ⑤ 자본잉여금 이입액의 순으로 한다.

6 현금흐름표

현금흐름표는 기업의 현금유출 및 현금유입 내역에 대한 정보를 제공하는 재무제표이다.

현금흐름의 변동을 현금주의에 따라 보고하는 명세서이다.

❶ 손익계산서상의 이익과 현금흐름표상의 현금흐름 정보를 동시에 이용하면 기업의 미래 현금흐름 창출 능력을 예측하고 평가하는데, 유용하다.

❷ 기업이 일상적인 영업활동과 관련해 현금지출을 하고도 채무변제를 할 수 있는 능력, 주주에게 적정한 배당을 할 수 있는 배당지급 능력, 외부자금의 조달 필요성을 평가하는데 필요한 정보 등을 제공한다.

❸ 당기순이익과 현금유입 및 유출 간에 차이가 나는 원인에 대한 정보를 제공해 주므로 순이익의 질을 평가하는 데 유용하다.

🔖 현금흐름표 작성의 원칙

1. 현금흐름표상 현금의 범위

현금흐름표상 현금은 재무상태표상의 현금 및 현금성 자산이다.

2. 현금흐름을 3가지 활동으로 구분

영업활동, 투자활동, 재무활동으로 구분해서 표시한다.

3. 영업활동 현금흐름

기업의 경영에 필요한 현금을 외부로부터 조달하지 않고 매출 등 기업의 자체적인 영업활동으로부터 얼마나 창출했는지에 대한 정보를 제공한다. 영업활동 현금흐름은 크게 현금유입과 현금유출로 구분된다.

> **[현금흐름표]**
> Ⅰ. 영업활동으로 인한 현금 흐름
> Ⅱ. 투자활동으로 인한 현금 흐름
> 투자활동 현금 유입액
> 투자활동 현금 유출액
> Ⅲ. 재무활동으로 인한 현금 흐름
> 재무 활동 현금 유입액
> 재무 활동 현금 유출액
> Ⅳ. 현금의 증가(Ⅰ + Ⅱ + Ⅲ)
> Ⅴ. 기초의 현금
> Ⅵ. 기말의 현금(Ⅳ + Ⅴ)

4. 투자활동 현금흐름

미래 영업현금흐름을 창출할 자원(유·무형자산)의 확보와 처분에 관련된 현금흐름에 대한 정보를 제공한다.

5. 재무활동 현금흐름

회사의 주주, 채권자 등이 회사의 미래 현금흐름을 예측하는 데 유용한 정보로서, 영업활동 및 투자활동의 결과 창출된 잉여 현금흐름이 재무활동에 어떻게 배분되었는지를 나타내준다.

6. 현금흐름의 변동내역 총액 표시

현금흐름 변동은 총액으로 표시하는 것을 원칙으로 하며, 기초의 현금에 3가지 활동별 순현금흐름을 가산해서 기말의 현금을 산출하는 형식으로 나타낸다.

🕯 직접법과 간접법의 차이

우리나라 기업의 대부분이 직접법에 의한 현금흐름표를 공시할 경우 간접법까지도 공시해야 하는 부담으로 인해 간접법으로만 공시한다. 3가지 활동 중 영업활동 현금흐름에서만 직접법과 간접법의 차이가 있다.

영업활동 현금흐름 변동내역에 대해서 간접법은 당기순이익 정보에서 조정만 할 뿐 그 원천을 알 수 없다.

직접법에서는 그것이 매출과 관련된 것인지 매입과 관련된 것인지 등 현금유출입의 원천을 알 수 있다. 즉, 영업활동 현금흐름에 대한 정보를 직접법이 간접법보다 더욱 유용한 정보를 제공한다.

7 자본변동표

자본변동표는 일정 시점 현재 일정기간동안의 자본의 변동상태를 상세히 제공하는 재무보고서이다. 즉, 자본변동표에는 자본금, 자본잉여금, 이익잉여금, 자본조정 및 기타포괄손익누계액의 기초잔액, 변동사항, 기말잔액이 일목요연하게 나타나 있다.

자본변동표

회사명 제3기 20×2년 1월 1일부터 20×2년 12월 31일까지 (단위 : 원)

구분	자본금	자 본 잉여금	자 본 조 정	기타포괄손 익누계액	이 익 잉여금	합계
전기(보고금액)	×××	×××	×××	×××	×××	×××
회계정책변경누적효과					(×××)	(×××)
전기오류수정					(×××)	(×××)
수정 후 이익잉여금					×××	×××
연차수당					(×××)	(×××)
기타이익잉여금처분액				×××	(×××)	(×××)
처분전이익잉여금					×××	×××
중간배당					(×××)	(×××)
유상증자(감자)	×××	×××				×××
당기순이익(손실)					×××	×××
자기주식 취득			(×××)			(×××)
매도가능증권평가이익				(×××)		(×××)
20××.××.××	×××	×××	×××	×××	×××	×××

❶ 자본에 대한 포괄적인 정보

자본의 변동내용에 대한 포괄적인 정보를 일목요연하게 파악할 수 있다.

❷ 재무제표 간 연계성 강화

재무제표 간 연계성이 강화되어 재무제표의 이해가능성이 높아진다. 즉, 재무상태표상 자본의 기초잔액과 기말잔액이 자본변동표의 기초 및 기말잔액과 연결되고, 자본의 변동내용은 포괄손익계산서, 현금 흐름표와도 연결되므로 정보이용자들이 더욱 명확하게 재무제표 간 의 관계를 파악할 수 있게 된다.

❸ 미실현 손익 변동내용까지 파악 가능

매도가능증권평가손익이나 해외사업환산손익 등과 같은 미실현손익 은 손익계산서에는 표시되지 않지만, 자본변동표에서는 이러한 미실 현 손익의 변동내용을 나타냄으로써 손익계산서보다 더 포괄적인 경 영성과에 대한 정보를 직접 또는 간접적으로 제공한다.

8 주석과 부속명세서

주석은 재무제표이면서 다른 재무제표에 부속되어 표시되는 조금 특 이한 성격을 가진다. 재무상태표 등 일반적 재무제표는 모두 숫자로 구성되어 있어서 숫자가 의미하는 상세내용을 알 수 없다. 그래서 주석에 중요한 회계정책이나 재무제표를 이해하는 데 필요한 정보를 기술하도록 하고 있으며, 이런 경향은 국제회계기준(IFRS)을 도입하 면서 더 강화되어 재무제표 본문은 간략해지는 반면 이를 보충 설명 하는 주석의 양은 많이 늘어났다. 회사의 상세한 재무정보를 알기 위해서는 반드시 주석을 꼼꼼히 살펴보는 것이 필요하다.

연결재무제표, 별도재무제표, 개별재무제표

과거 기업회계기준에서는 연결 대상이 있는 종속회사를 보유한 기업들은 두 가지 종류의 재무제표를 공시해야 했다. 연결재무제표와 개별재무제표이다. 연결재무제표는 종속회사의 영업까지 포함해서 작성하는 재무제표이고, 개별재무제표는 종속회사의 영업을 배제하고 작성하는 재무제표이다. 물론 종속회사가 없는 기업들은 연결재무제표를 작성할 수 없으니 개별재무제표 하나만 작성해서 공시하면 된다.

K-IFRS에서는 연결회사의 유무 여부에 따라 작성해야 하는 재무제표는 달라진 것이 없다. 종속회사가 없는 기업들은 여전히 개별재무제표만을 작성하면 되고, 종속회사가 있는 기업들은 연결재무제표와 개별재무제표 두 가지 종류의 재무제표를 작성하면 된다.

연결재무제표를 작성하는 기업이 함께 작성해야 하는 개별재무제표는 종전의 기업회계기준에서와는 다른 방식으로 작성해야 한다. 즉, 연결재무제표를 작성함으로써 종속회사 또는 관계회사와 관련된 이익의 영향까지 알 수 있으니, 종속회사 또는 관계회사로 인한 이익은 전부 배제하고 모회사만의 실적을 나타내는 재무제표가 필요하다는 것이 K-IFRS의 기본입장이다. 이것이 k-IFRS에서의 개별재무제표인데 일반적으로 이러한 재무제표를 별도 재무제표라고 부른다.

구 분	해 설
연결재무제표	지배회사와 종속회사를 하나의 회사로 간주해서 작성한 재무제표를 말한다. 즉 종속회사를 지배회사의 하나의 사업부 또는 지점으로 보고 이들 둘 이상의 회사의 재무제표를 합산해서 한 회사의 재무제표로 작성한 것이다. 종속회사가 있는 지배회사의 경우 연결재무제표와 지배회사 자체의 개별재무제표도 작성해야 한다.
별도재무제표	지배회사가 종속회사나 관계회사가 벌어들인 이익(지분법 이익)을 반영하지 않은 방식을 말한다. 지배회사가 작성하는 개별재무제표로써 지배회사가 종속회사나 관계회사의 지분을 표시할 때 지분법이 아닌 원가법이나 공정가치로 평가하는 방법을 의미한다.
개별재무제표	지배회사가 종속회사나 관계회사가 벌어들인 이익을 반영한 재무제표를 말한다. 애초에 종속회사가 없는 등의 사유로 연결재무제표를 작성하지 않는 개별회사가 작성한다.

K-IFRS 재무제표를 볼 때 유의할 사항

K-IFRS에 따른 재무상태표와 (포괄)손익계산서는 일단 그 형식이 매우 단순하기 때문에 재무제표 본문만 의존하기보다는 주석공시 내용을 반드시 이용할 필요가 있다.

기업들이 주석으로 공시하는 내용을 얼마나 상세하게 제시하는지가 관건이지만, K-IFRS를 적용한 기업들은 대체로 충실하게 주석 사항을 공시하였다. 따라서 회계정보 이용자의 유용성은 과거보다 제한되지는 않을 전망이다.

(포괄)손익계산서는 당기순손익 이외에 기타포괄손익의 당기 변동액이 포함되며, 기타포괄손익의 잔액은 재무상태표의 자본에 표시된다. 이렇게 작성하는 (포괄)손익계산서의 형식이 처음에는 생소할 수 있으나, 논리적으로 볼 때 타당하다고 판단된다. 왜냐하면 통상적인 수익과 비용이 당기순손익으로 집계되는데, 당기순손익의 누적 잔액은 재무상태표의 이익잉여금으로 표시된다. 마찬가지로 기업의 순자산에 변동(단, 자본거래로 인한 변동은 제외)을 가져왔지만, 당기순손익을 구성하지 못하는 금액도 그 잔액만 재무상태표에 표시할 것이 아니라 당기 변동액을 (포괄)손익계산서를 통해서 제공해 주는 것이 바람직할 것이다. 또한 차제에 기업의 성과를 당기순손익이 아니라 총 포괄손익까지 확대하는 것으로 그 개념을 전환하는 것도 고려해볼 만하다.

K-IFRS에서는 (포괄)손익계산서의 영업손익 구분표시가 의무사항은 아니지만, K-IFRS의 적용 기업들은 영업손익을 구분표시하고 있다.

그러나 영업손익을 구성하는 항목들은 기업마다 상이할 수 있다. 종전 기업회계기준에 따라 손익계산서를 작성할 때 영업외수익·비용으로 구분되던 항목 중 일부가 K-IFRS를 적용할 경우 기업의 재량에 따라 영업손익에 포함될 수 있으며, K-IFRS 적용 기업의 영업손익도 그 구성내용이 기업마다 다소 상이함을 알 수 있다. 따라서 회계정보이용자는 기업들이 영업손익을 단순 비교하기보다는 영업손익을 구성하는 개별 항목에 대해서도 주의 깊게 살펴볼 필요가 있다.

(포괄)손익계산서를 보면 알 수 있는 것

기업이 흑자인가 적자인가를 따질 때는 이익 중에서 일반적으로 당기순이익을 보게 된다. 그러나 당기순이익에는 정상적인 영업활동과 관계없이 유형자산을 팔아 생긴 영업외이익이 포함되어 있으므로 영업이익을 눈여겨보는 게 좋다. 또한 매출액이 늘어나며, 영업이익뿐만 아니라 당기순이익까지의 모든 이익이 흑자인지를 보고 기업이 정상적으로 경영활동을 해나가는지를 평가해야 한다.

이때 이익의 추이를 보는 것도 중요하다. 이익이 발생하더라도 흑자 규모가 줄어들고 있다면 어딘가에 문제가 있기 때문이다.

❶ 매출총이익 = 매출액 − 매출원가로 계산되고, 매출원가는 기초재고 + 당기매입 − 기말재고로 계산되어 진다.

따라서 기말재고가 많을수록 매출원가는 증가하게 되고 그 결과 매출총이익 즉 이익이 많아지게 된다. 결과적으로 기말재고의 조절로 이익의 조작도 가능하다는 이야기가 된다. 그러므로 재무제표를 볼 때 재고자산이 전기에 비해 증가했는지 감소했는지 주의해서 살펴봐야 한다.

재고자산이 전기에 비해 대폭 증가했다면 뭔가 이상이 있다는 점에 유의해야 한다. 재고자산을 부풀리면 그만큼 이익이 늘어나므로 분식의 수단으로 사용할 수 있기 때문이다.

❷ 손익계산서에 기재된 영업과 영업외의 구분은 기업고유의 사업과 관련된 손익은 영업손익으로, 관련이 없는 사업과 관련된 손익은 영업외손익으로 처리한다.

따라서 영업손실이 발생할 경우는 기업 고유의 영업에 문제가 있는 것으로 도산의 위험이 있으므로 이에 주의해야 한다.

❸ 당기순이익 항목만 보고, 이익이 발생하였다고 해서 경영능력이 우수하다고 판단하는 오류를 범할 수 있다는 점에 유의해야 한다.

❹ 2 기간의 손익계산서를 비교해 전기보다 매출액 증가액, 매출원가, 판매비와관리비 증감액 등을 분석·검토해 봄으로써 그 원인을 찾아 적절히 대응해야 한다.

❺ 손익계산서에 기재된 모든 사항은 실제 현금의 입·출금에 따라 기재되어 있는 것은 아니며, 발생한 거래 중 이번 회계연도에 기업이 손익으로 기재해야 할 사항만을 기재하고 있다. 즉, 발생주의에 따라 손익계산서가 작성되는 것이다.

따라서 손익계산서를 볼 때는 손익이 반드시 현금에 따른 손익이 아니라는 점에 유의해야 한다.

❻ 당기순이익을 그 기업의 발행 보통주식 수로 나누어 계산한 "주당순이익(EPS)"은 투자를 결정할 때 많이 사용되는 지표가 된다.

예를 들어 흑자를 내는 기업의 발행 보통주식 수가 상대적으로 많다면 실제 주주에게 돌아가는 이익은 적기 때문이다.

재무제표의 상호관계

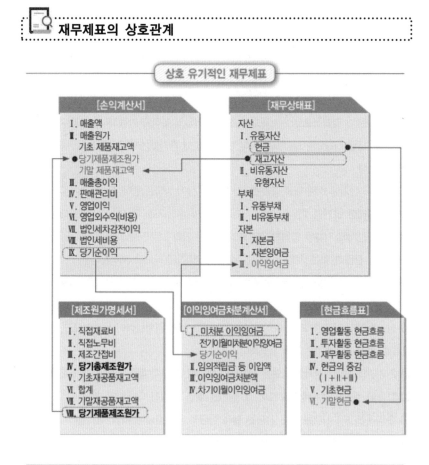

상호 유기적인 재무제표

제5장

세무조사에도 문제없는 증빙관리

증빙은 모든 장부기장의 기본이고 세금관리의 기본이다. 하지만 이를 무시하고 업무처리를 하는 관리자들이 많다.

그리고 증빙관리는 전문적인 지식을 많이 가지고 있지 않은 초보자도 누구나 마음만 먹으면 쉽게 접근할 수 있다.

따라서 경리라는 일을 처음 접하는 왕초보 경리실무자는 증빙 관리만 잘해도 상당수의 세금을 절세할 수 있다.

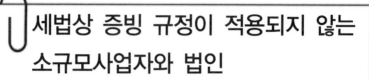

세법상 증빙 규정이 적용되지 않는 소규모사업자와 법인

1 소규모 개인사업자

증빙관리가 필요한 사업자는 법인과 연간 소득금액 4,800만 원 이상인 개인사업자이다. 따라서 다음의 소규모사업자는 증빙관리에 신경 쓰지 않아도 되며, 금액과 관계없이 간이영수증을 첨부해도 비용이 인정된다.

① 당해 연도에 신규로 사업을 개시한 사업자

② 직전 과세기간의 부동산임대소득 및 사업소득의 수입금액의 합계액이 4,800만 원에 미달하는 사업자

③ 연말정산 대상 사업소득이 있는 보험모집인, 방문판매업자

2 법정지출증빙 규정이 적용되지 않는 법인

세법상 법정지출증빙 규정이 적용되는 법인의 범위에 내국법인 및

외국 법인의 구분이 없다. 다만, 다음에 해당하는 법인은 제외된다. 즉, 다음에 해당하는 법인과의 거래에 있어서는 법정지출증빙을 수취하지 않아도 비용으로 인정이 되며, 증빙불비가산세도 부담하지 않는다.

① 비영리법인(수익사업과 관련된 부분은 증빙을 발행)에게 지급하는 협회비, 기부금 등의 비용

② 국가 및 지방자치단체에 납부하는 세금 및 공과금, 벌금, 과태료 등

③ 금융보험업을 영위하는 법인(금융·보험용역을 제공하는 경우에 한함)의 수수료, 보험료 등

④ 국내사업장이 없는 외국 법인에게 지급하는 사용료 등

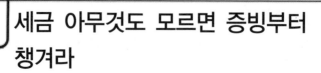

세금 아무것도 모르면 증빙부터 챙겨라

세금의 세자, 회계의 회자도 모르는 진짜 초보라면 어디를 가든 당장 업무를 해야 하는데, 이 경우 돈이 나가면 증빙부터 챙기는 습관을 들여야 한다.

처음 입사해 사장님이든 영업사원이든 경비를 가져가면 반드시 증빙을 챙겨오도록 교육하고 증빙을 챙겨오지 않으면 비용 집행을 하지 않는 기업문화를 만들어야 한다.

그만큼 증빙은 중요하므로 처음 경리업무를 하는데 잘할 수 있을까요?

계정과목도 모르고 분개 어떻게 해야 하지요?

경리업무를 하는데 회사에 필요한 서류가 무엇이 있나요?

걱정할 시간에 우선 증빙부터 확실히 챙겨야 한다.

회사의 사업자등록증을 봐서 우리 회사가

❶ 부가가치세법상 어디에 속하는지를 우선 알고,

❷ 세법상 인정받을 수 있는 증빙의 종류를 파악해두어야 한다.

특히 기업업무추진비 관리는 중요하므로 신경을 써 관리한다.

[지출증빙을 발행할 경우]

증빙 \ 발행자	법인 개인 일반과세자	개인 간이과세자 (4,800~1억 400만원)	면세사업자
세금계산서	가능(과세대상 거래에 한해)	가능(과세대상 거래에 한해)	불가능(겸업 과세사업자로 전환)
계산서	가능(면세대상 거래에 한해)	가능(면세대상 거래에 한해)	가능(면세대상 거래에 한해)
신용카드매출전 표(법인카드)	가능	가능	가능
신용카드매출전 표(개인카드)	가능	가능	가능
현금영수증 (지출증빙용)	가능	가능	가능
현금영수증 (소득공제용)	가능	가능	가능
간이영수증	가능	가능	가능

[지출증빙을 발급받을 수 있는 경우]

수취증빙 \ 상대방	법인 개인 일반과세자	개인 간이과세자 (4,800~1억 400만원)	면세사업자
세금계산서	가능(과세대상 거래에 한해)	가능(과세대상 거래에 한해)	가능(과세대상 거래에 한해)
계산서	가능(면세대상 거래에 한해)	가능	가능(면세대상 거래에 한해)
신용카드매출 전표(법인카드)	가능	가능	가능

상대방 수취증빙	법인 개인 일반과세자	개인 간이과세자 (4,800~1억 400만원)	면세사업자
신용카드매출 전표(개인카드)	가능(법인 : 기업업 무추진비는 불가능)	가능	가능
현금영수증 (지출증빙용)	가능	가능	가능
현금영수증 (소득공제용)	가능(지출증빙용으 로 전환)	가능(지출증빙용으로 전환)	가능(지출증빙용으 로 전환)
간이영수증	가능 (금액 제한이 있다)	가능 (금액 제한이 있다)	가능 (금액 제한이 있다)

위의 표에서 보면 우리 회사가 발행 가능한 증빙과 반드시 수취해야
할 증빙을 구분할 수 있을 것이다.

그런데 세법상 증빙으로 인정하는 위의 증빙은 금액에 따라 법정지
출증빙이 되기도 하고, 안 되기도 한다.

법정지출증빙이 되기 위한 비용지출 기준금액은 다음과 같으니 초보
자는 꼭 암기하고 있어야 한다.

지출 내용		금액 기준	법정지출증빙
기 업 업 무 추 진 비	경조사비	한 차례 20만 원 초과(20만 1원부터)	세금계산서, 계산서, 신용카드매출전표, 지출증빙용 현금영수증. 청첩장은 증빙이 되지 않음(축의금 + 화환 금액)
		한 차례 20만 원까 지(20만 원까지)	청첩장, 초대장 등 경조사를 증명할 수 있는 서류(축의금 + 화환 금액)

지출 내용		금액 기준	법정지출증빙
기업업무추진비	경조사비를 제외한 기업업무추진비	한 차례 3만원 초과(3만 1원부터)	세금계산서, 계산서, 신용카드매출전표, 지출증빙용 현금영수증, 필요적 기재사항이 기록되어 있는 지로영수증(영수증은 안 됨)
		한 차례 3만원까지(3만원까지)	세금계산서, 계산서, 신용카드매출전표, 지출증빙용 현금영수증, 필요적 기재사항이 기록되어 있는 지로 영수증(영수증은 안 됨) 외 간이영수증도 가능
기업업무추진비를 제외한 일반비용		한 차례 3만원 초과(3만 1원부터)	세금계산서, 계산서, (법인)신용카드매출전표, 지출증빙용 현금영수증, 필요적 기재사항이 기록되어 있는 지로 영수증(영수증은 안 됨)
		한 차례 3만원까지(3만원까지)	세금계산서, 계산서, 신용카드매출전표, 지출증빙용 현금영수증, 필요적 기재사항이 기록되어 있는 지로 영수증(영수증은 안 됨) 외 간이영수증도 가능
원천징수 하는 세금(인건비)		금액 기준 없음	원천징수영수증

 일반과세물품 ⇒ 세금계산서, 신용카드매출전표, 지출증빙용 현금영수증, 지로영수증, 원천징수영수증, 간이영수증은 기업업무추진비 및 일반비용 모두 3만원 까지만 법정지출증빙

 면세물품 ⇒ 계산서, 신용카드매출전표, 지출증빙용 현금영수증, 지로영수증, 원천징수영수증, 간이영수증은 기업업무추진비 및 일반비용 모두 3만원 까지만 법정지출증빙

 간이과세자 ⇒ 신용카드매출전표, 지출증빙용 현금영수증, 지로영수증, 원천징수영수증, 간이영수증은 기업업무추진비 및 일반비용 모두 3만원 까지만 법정지출증빙. 세금계산서 발행(1,800~1억 400만원 간이과세지)

 일반개인 ⇒ 개인 주택임대업자에게 임대용역을 공급받는 경우는 은행에서 송금하고 송금영수증을 보관하면 되나, 상가를 임대하는 경우는 세금계산서 등 법정지출증빙을 받아야 함

법정지출증빙을 챙기지 않아도 되는 거래가 있다

1 사업자가 아닌 자와의 거래

세법에서 말하는 사업자란 사업목적이 영리이든 비영리이든 관계없이 사업상 독립적으로 재화 또는 용역을 공급하는 자를 말하는 것으로, 사업자에는 사업자등록을 하지 아니한 자(미등록사업자)를 포함한다. 다만, 사업상 독립적으로 재화·용역을 공급하는 것으로 보지 않는 경우는 사업자(별도 사업을 영위하지 않는 아파트 관리사무소 등)에 해당하지 않는다.

사업자가 아닌 자와의 거래는 거래상대방이 세금계산서 또는 신용카드 매출전표를 발행할 수 없으므로 법정지출증빙을 받지 않아도 된다.

● 폐업한 사업자로부터 폐업 시 잔존재화를 공급받는 경우

● 법인이 종업원 개인소유 차량을 취득하는 경우

● 별도 사업을 영위하지 않는 아파트 관리사무소 등에 전기·수도 요금 및 관리비를 납부하는 경우 등

위에서 말한 사업자의 범위를 살펴보면 다음과 같다.

❶ 법인

영리 내국법인(금융·보험용역을 제공하는 경우 제외), 비영리법인(수익사업 부분에 한함), 국내사업장이 있는 외국법인

❷ 부가가치세법상 규정에 의한 사업자

사업목적이 영리이든 비영리이든 관계없이 사업상 독립적으로 재화 또는 용역을 공급하는 자 다만, 읍·면 지역에 소재하는 연 매출 4,800만 원 미만 간이과세자로서 신용카드가맹점 또는 현금영수증 가맹점이 아닌 사업자는 제외. 따라서 읍·면 지역에 소재하는 신용카드가맹점이 아닌 4,800만 원 미만 간이과세자에게는 법정지출증빙을 받지 않아도 된다.

❸ 사업소득이 있는 사업자 및 국내 원천 부동산소득 및 사업소득에 따른 소득이 있는 비거주자

❹ 국내사업장이 있는 비거주자

2 재화 또는 용역의 공급으로 보지 않는 거래

다음에 예시하는 거래는 재화 또는 용역의 공급대가로 보지 않으므로 법정지출증빙을 받지 않아도 된다.

● 조합 또는 협회에 지출하는 경상회비(법인 46012-956, 2000.4.17.)
  재화·용역을 공급받은 대가를 회비 등의 명목으로 지급하는 경우는 법정지출증빙을 받아야 한다.
● 판매장려금(법인 46012-3975, 1999.11.13.)

- 회보발간 및 행사지원비(법인 46012-1338, 2000.6.9.)
- 상품권(법인 46012-2071, 2000.10.9.)
- 지체상금(법인 46012-2008, 2000.9.29.)
- 종업원에게 지급하는 경조사비 등(법인 46012-296, 1999.1.23.)

3 대금 지급 방법과 관계없이 법정지출증빙 수취를 면제하는 거래

법정지출증빙을 안 받아도 되는 거래

- 공급받은 재화 또는 용역의 건당 거래금액(부가가치세 포함)이 3만 원 이하인 경우
- 농·어민(한국표준산업분류에 의한 농업 중 작물생산업·축산업·복합 농업, 임업 또는 어업에 종사하는 자를 말하며, 법인을 제외함)으로부터 재화 또는 용역을 직접 공급받는 경우
- 원천징수 대상 사업소득자로부터 용역을 공급받은 경우(원천징수한 것에 한함)
- 항만공사법에 의한 항만 공사가 공급하는 화물료 징수용역을 공급받는 경우
- 재화의 공급으로 보지 아니하는 사업의 양도에 의하여 재화를 공급받은 경우
- 방송용역을 제공받은 경우
- 전기통신사업법에 따른 전기통신사업자로부터 전기통신 용역을 공급받은 경우(통신판매업자가 부가통신사업자로부터 부가통신역무를 제공받는 경우를 제외함)

- 국외에서 재화 또는 용역을 공급받은 경우(세관장이 세금계산서 또는 계산서를 발급한 경우를 제외함)
- 공매·경매 또는 수용에 의하여 재화를 공급받은 경우
- 토지 또는 주택을 구입하거나 주택의 임대업을 영위하는 자(법인은 제외함)로부터 주택임대용역을 공급받은 경우
- 택시운송용역을 제공받은 경우
- 건물(토지를 함께 공급받은 경우는 당해 토지를 포함하며, 주택을 제외함)을 구입하는 경우로서 거래내용이 확인되는 매매계약서 사본을 법인세 과세표준신고서에 첨부하여 납세지 관할 세무서장에게 제출하는 경우
- 금융·보험용역을 제공받은 경우
- 국세청장이 정하여 고시한 전산발매통합관리시스템에 가입한 사업자로부터 입장권·승차권·승선권 등을 구입하여 용역을 제공받은 경우
- 항공기의 항행용역을 제공받은 경우
- 부동산 임대용역을 제공받은 경우로서 전세금 또는 임차보증금에 대한 부가가치세액을 임차인이 부담하는 경우
- 재화 공급계약·용역제공계약 등에 의하여 확정된 대가의 지급 지연으로 인하여 연체이자를 지급하는 경우
- 한국철도공사로부터 철도의 여객 운송용역을 공급받는 경우
- 유료도로를 이용하고 통행료를 지급하는 경우

경비 등의 송금명세서를 제출하면 되는 거래

재화 또는 용역의 거래금액을 금융실명거래 및 비밀보장에관한법률

에 의한 금융기관을 통하여 지급한 경우로서 법인세 과세표준 신고서에 송금 사실을 기재한 「경비 등의 송금명세서」를 첨부하여 납세지 관할 세무서장에게 제출하는 다음의 거래

- 연 매출 4,800만 원 미만 간이과세자로부터 부동산 임대용역을 제공받은 경우
- 임가공용역을 제공받은 경우(법인과의 거래를 제외함)
- 운수업을 영위하는 자(연 매출 4,800만 원 미만 납부면제자에 한함)가 제공하는 택시운송용역 외의 운송용역을 제공받은 경우
- 연 매출 4,800만 원 미만 간이과세를 적용받는 사업자로부터 재활용 폐자원을 공급받은 경우
- 항공법에 의한 상업서류송달용역을 제공받는 경우
- 공인중개사의 업무 및 부동산 거래신고에 관한 법률에 따른 중개업자에게 수수료를 지급하는 경우
- 복권 및 복권기금법에 의한 복권사업자가 복권을 판매하는 자에게 수수료를 지급하는 경우
- 전자상거래 등에서의 소비자보호에 관한 법률 제2조 제2호 본문에 따른 통신판매에 따라 재화 또는 용역을 공급받은 경우
- 그 밖에 국세청장이 정하여 고시하는 경우

경비지출 사례별로
반드시 챙겨야 할 법정지출증빙

1 각종 인건비의 법정지출증빙

임직원의 급여, 퇴직금 등은 법정지출증빙의 수취대상이 아니다. 즉, 상대방으로부터 용역을 제공받고 지급하는 인건비의 경우 상대방이 사업자가 아닌 경우에는 세금계산서 등 법정지출증빙을 수취하지 않아도 되나 반드시 원천징수 후 원천징수영수증을 보관해야 비용으로 인정받을 수 있다. 즉, 인적용역에 대한 법정지출증빙은 원천징수영수증이다.

그리고 급여 등에 대한 내부증빙으로는 급여대장, 급여영수증, 무통장입금증, 계좌이체 확인서, 세무서에 제출한 원천징수이행상황신고서, 원천징수영수증(지급명세서), 연말정산 서류 등을 갖추어 놓으면 된다. 여기에는 급여 및 제 수당, 상여금 등과 식대 보조금, 자가운전보조금, 학비보조금, 경조사비 지원금 등의 복리후생비로서 근로소득의 범위에 속하는 항목들과 퇴직금 원천징수 대상 소득 등 모든 인건비를 포함한다.

구분	증빙서류		
급여, 퇴직금 등 인적용역 제공에 대한 대가	**구분**		**증빙서류**
	법정지출증빙		원천징수영수증(지급명세서)
	내부관리증빙		무통장입금증, 급여대장 등
일용근로자에 대한 급여	**구분**		**증빙서류**
	법정지출증빙		원천징수영수증(지급명세서), 원천징수이행상황신고서
	내부관리증빙		일용근로자 임금대장, 급여영수증, 무통장입금증
복리후생비	**구분**		**증빙서류**
	법정지출증빙		내부 임직원과 관계되어 원천징수하는 경우는 원천징수영수증(지급명세서), 원천징수이행상황신고서를 보관하면 되나 외부와 거래를 통한 복리후생비는 세금계산서, 계산서, 신용카드매출전표, 현금영수증 중 하나를 증빙으로 받아야 한다.
	내부관리증빙		급여대장, 영수증, 무통장입금증, 계좌이체 확인서
비상금 임원 및 사외이사의 이사회 참석 등 거마비	**구분**		**증빙서류**
	급여나 퇴직금		원천징수영수증(지급명세서), 원천징수이행상황신고서
	거마비		매 건당 10~15만 원 내의 금액은 지출결의서 등으로 충분하며, 초과액에 대해서는 근로소득세 처리 후 원천징수영수증 보관

구분	증빙서류
외주용역비	대부분의 외주 용역비는 법정지출증빙의 수취대상이다. 그러나 개인사업자로부터 부가가치세가 면제되는 인적용역을 제공받고 지급액의 3.3%(사업소득세 3%, 지방소득세 0.3%)를 원천징수한 경우는 법정지출증빙을 수취하지 않고 원천징수영수증을 증빙으로 처리하면 된다. 부가가치세가 면제되는 인적용역에 해당하는 거래로는 소득세법상 사업소득에 속하는 방문판매원의 판매수당, 전문 외부강사 초빙료 등이 있다.

구분	증빙서류
법정지출증빙	면세 대상의 경우 원천징수영수증(지급명세서), 원천징수이행상황신고서를, 외부업체와의 거래 때는 세금계산서, 계산서, 신용카드매출전표, 현금영수증 중 하나를 증빙으로 받아야 한다.
내부관리증빙	무통장입금증, 계좌이체확인서

구분	증빙서류
가정주부 및 청소대행 아줌마 용역	가정주부 등으로부터 가내 부업적인 용역을 제공받는 경우 일용근로자에 해당하므로 대가를 지급하는 경우는 법정지출증빙의 수취대상이 아니다.

구분	증빙서류
법정지출증빙	원천징수영수증(지급명세서), 원천징수이행상황신고서
내부관리증빙	무통장입금증, 계좌이체영수증, 일용직 임금대장

2　임직원에게 지급하는 출장비 법정지출증빙

출장비도 3만 원 초과 지출에 대해서는 법정지출증빙을 받아야 하는 것이 원칙이다. 하지만 지출증빙이 없더라도 사내출장비 규정 범위 내의 실비의 교통비는 회사 비용으로 비용처리 할 수 있다.

그러나 법정지출증빙 없이 규정상 범위 액을 초과하거나 업무 관련 없이 평상시에 지급하는 교통비라면 해당 직원의 급여로 처리해야 한다. 따라서 가급적 출장비 정산을 하고 관련 증빙을 수취하는 것이 좋으며, 업무 관련 입증이 안 되거나 출장비의 금액이 너무 큰 경우 등은 해당 직원의 근로소득으로 처리하는 것이 좋다.

결과적으로 업무와 관련된 출장 등에 드는 기차 요금이나 항공요금, 택시비 등 교통비와 숙박비는 법정지출증빙을 받는 것이 업무상 편리하다.

지방 출장, 해외 출장의 경우에 위로금을 지급하거나 친족 등을 동반하는 때에 그 동반자의 여비를 법인이 부담하는 경우는 동 부담금액은 그 임원 또는 사용인에 대한 급여로 처리한다.

구분	증빙서류
시내교통비	임직원의 시내 및 당일 출장에 따른 인근 지역의 교통비로서 택시요금, 버스요금 또는 일시 주차료는 지출결의서 등으로 충분하며 법정지출증빙은 필요 없다. 그러나 더욱 확실히 증빙 처리를 하기 위해서는 될 수 있는 한 지출영수증을 첨부하는 것이 좋으며, 회사 자체적으로 교통카드를 구입해 출장 시 동 교통카드를 사용하는 것도 하나의 방법이다.

구분	증빙서류
국내출장비	국내 출장비는 통상 숙박비, 교통비, 식대, 잡비 등으로 구성된다. 이는 일반적으로 회사의 출장비 지급규정에 따라 정액으로 지급되며, 지출결의서 등에 출장비 수령인만 받아두는 것이 실무적으로 많다. 법인이 업무와 관련하여 출장하는 사용인에게 지급한 교통비, 숙박비, 식대 등이 당해 법인의 여비지급규정 및 객관적인 법정지출증빙에 의하여 법인에게 귀속시키는 것이 정당함이 입증된 경우는 소득금액계산상 비용으로 인정하는 것이나, 이 경우 당해 사용인이 지출한 경비 중 사업자로부터 거래건 당 3만원 초과의 재화 또는 용역을 공급받고 그 대가를 지급한 금액에 대해서 법정지출증빙을 수취하지 않은 경우는 증빙불비가산세가 적용된다.
해외출장비	1. 지출증빙 해외출장비도 항공요금을 제외하고는 회사의 출장비 지급 규정에 따라 정액으로 지급되는 것이 실무적인 관행이다. 항공요금은 법정지출증빙의 수취대상이 아니며, 사용인이 업무와 관련한 해외 출장 시 국외에서 재화 또는 용역을 공급받는 경우는 세금계산서 등 법정지출증빙 수취대상에서 제외된다. 따라서 해외출장비는 법정지출증빙의 수취대상이 아니라 회사의 관리목적이라면 다음의 증빙을 수취하면 될 것이다.

구분	증빙서류
항공요금	영수증
현지 숙박비	현지 호텔의 영수증(형식에는 제한 없을 것임)
현지 음식비	현지 음식점의 영수증
어헹사의 대행수수료	세금계산서 등 법정지출증빙수취

구분	증빙서류	
해외출장비	**구분**	**증빙서류**
		여행사가 비자 발급 대행 수수료를 공과금 등과 구분하지 않고 영수하는 때에는 전체 금액에 대해서 세금계산서를 발행해야 하는 것이나, 비자 발급 시 지급하는 공과금 등과 비자 발급 대행 수수료를 별도로 구분 징수해서 납입을 대행하는 경우는 당해 공과금 등은 법정지출증빙 수취대상에 해당하지 아니하나 발급 대행 수수료는 법정지출증빙을 수취해야 한다.
	2. 여행용역과 세금계산서 여행사에 여행경비 지급시 여행 알선용역의 대가로 여행사에게 직접 지급하는 수수료는 세금계산서를 받아야 하며, 수수료 외에 교통비, 숙박비, 입장료 등 여행경비를 함께 지급한 후 동 여행경비를 여행사에게 대신 지급하도록 한 경우 그 위탁 지급한 경비에 대해서는 실제 용역을 제공한 자로부터 법정지출증빙을 수취해야 한다. 종종 용역을 여행사에 일임하고 여행사에서 수수료에 대한 세금계산서만 발행해주는데, 기타 비용에 대하여 영수증으로 처리 가능한지 물어보는 경우가 있다. 이 경우 앞서 설명한 바와 같이 여행사는 본사에 귀속되는 용역 수입에 대한 세금계산서 발행 의무만 있으므로 기타 비용에 대해서는 본사가 알아서 교통비, 숙박비, 입장료에 대한 증빙을 수취해야 할 것이다.	
부임여비 등	다음에 열거된 것은 법정지출증빙의 수취대상이 아니다. 따라서 급여의 제수당으로 하여 원천징수 시 비과세 근로소득으로 세무처리 하면 될 것이다. 1. 부임 수당 종업원에게 지급하는 부임수당 중 이사에 드는 비용 상당액은 여비	

구분	증빙서류
	교통비로 보며, 이를 초과하는 부분은 급여로 본다.
	2. 해외 근무에 대한 귀국 휴가 여비
	국외에 근무하는 내국인 근로자 또는 국내에 근무하는 외국인 근로자의 본국 휴가에 따른 여비는 다음의 조건과 범위 내에서 실비변상적 급여로 본다.
	① 조건
	가. 회사의 사규 또는 고용계약서 등에 본국 이외의 지역에서 1년 이상(1년 이상 근무하기로 규정된 경우를 포함한다) 근무한 근로자에게 귀국 여비를 회사가 부담하게 되어 있을 것
	나. 해외 근무라고 하는 근무환경의 특수성에 따라 직무수행상 필수적이라고 인정되는 휴가일 것
	② 실비변상적 급여로 보는 범위
	왕복교통비(항공기의 운항 관계상 부득이한 사정으로 경유지에서 숙박한 경우 그 숙박비를 포함한다)로서 가장 합리적 또는 경제적이라고 인정되는 범위 내의 금액에 한하며, 관광여행이라고 인정되는 부분의 금액은 제외된다.
렌터카 비용	렌터카를 이용하는 경우는 세금계산서나 신용카드매출전표 등 법정지출증빙을 받아야 한다.
거래처 직원을 동반하고 업무상 출장시(고용관계 없는 자에게 교통비 지급 시)	회사 업무상 거래처를 동반하고 가는 경우 항공권 등 모든 증빙을 당사 명의로 수취를 하고 여행사에 의뢰하는 경우 수수료 등 세금계산서 수취분을 당사의 명의로 수취해야 한다. 또한, 사례금 조로 거래처 직원에게 일정액을 지급하는 경우 기타소득으로 원천징수 후 원천징수영수증을 증빙으로 보관해야 한다.
유료주차장 이용시	유료주차장 이용 대가를 지급하는 경우 건당 3만 원을 초과하는 금액에 대해서는 세금계산서를 받아야 하나, 국가 및 지자체가 직접 운영하는 주차장의 경우 법정지출증빙을 수취하지

구분	증빙서류
	않아도 증빙불비가산세를 부담하지 않는다. 또한, 간이과세자와의 거래 시에는 영수증의 수취도 가능하나 건당 3만 원 이하로 지출해야 한다.
고속도로 통행료	고속도로 통행료도 일반비용으로 2007년까지는 5만원 초과 지출시 세금계산서 등 법정지출증빙을 받아야 했다. 그러나 2008년 1월 1일부터 법 개정으로 통행요금(통행카드충전 포함)이 3만 원을 초과하는 경우라도 세금계산서, 계산서, 신용카드매출전표나 현금영수증 등의 법정지출증빙이 아닌 일반 간이영수증을 수취해도 법적으로 인정을 해준다.
계열사 직원의 출장비	업무 관련 계열사 직원의 실비정산 출장비는 법정지출증빙 수취 시 회사 비용으로 처리한다. 업무를 위해 타사(계열사) 직원의 출장비를 실비로 정산해 지급하는 경우 타사로부터 용역을 제공받은 것으로 보아 타사(계열사)의 세금계산서를 수취하고 회사로 지급해야 한다. 그러나 타사업무와 상관없이 타사직원이 개인적으로 본사 업무 관련 용역제공 시 직원 개인의 기타소득으로 보아 원천징수 후 차액을 본인에게 지급하면 되며, 용역의 대가없이 순수 실비정산 지급한 경우에는 지출 비용을 직접 지불하고 법정지출증빙도 직접 받아서 회사 비용으로 처리한다.

3 기업업무추진비 지출액의 법정지출증빙

1회 지출한 기업업무추진비가 3만 원 초과인 경우는 신용카드(직불카드)를 사용해서 지출하거나, 세금계산서 또는 계산서, 현금영수증을 발행받고 지출해야 한다. 1회 지출한 기업업무추진비가 3만 원

(경조사비는 20만 원) 초과의 경우 영수증을 발행받고 지출하면 그 기업업무추진비는 전액 비용으로 인정받을 수 없다.

그러나 1회 지출한 기업업무추진비가 3만 원 이하의 경우는 영수증을 받아도 한도 내에서 비용으로 인정된다.

구분	증빙서류
3만원 이하(~30,000) (경조사비는 20만 원)	신용카드, 직불카드, 세금계산서, 계산서, 기명식 선불카드, 현금영수증, 간이영수증 등 증빙 보관
3만원 초과(30,001~) (경조사비는 20만 원)	신용카드, 직불카드, 세금계산서, 계산서, 기명식 선불카드, 현금영수증 등 수취 보관

그리고 위의 기준에 따라 법정지출증빙을 수취·보관하지 않은 경우 다음과 같이 세무상 처리를 한다.

구분			처리방법
증빙이 없는 기업업무추진비 등			손금불산입(비용불인정)
건당 3만원 초과 기업업무추진비로서 법정증빙을 수취하지 않은 경우			손금불산입(비용불인정) : 불분명금액은 대표자 상여나 배당, 기타사외유출 등으로 처리
일반 기업업무 추진비 한도 계산	한도 초과액		손금불산입(비용불인정)
	한도 내 금액	법정증빙 미수취액	손금불산입(비용불인정)
		법정증빙 수취액	손금인정(비용인정), 한도액 계산
비 고			그리고 기업업무추진비로 인정을 받기 위한 비용지출은 다음의 세 가지로 볼 수 있다.

구분	처리방법
	① 법정지출증빙을 사용한 기업업무추진비(세금계산서, 계산서, 신용카드 매출전표, 현금영수증)
	② 건당 3만 원 이하의 기업업무추진비로서 영수증(간이계산서) 등을 수취한 금액
	③ 현물기업업무추진비(자사 제품을 거래처에 증정하는 경우 등)

4 제세공과금과 통신관련 비용 법정지출증빙

구분	증빙서류
지방자치단체에 납부하는 수도요금, 정부 또는 지방자치단체에 납부하는 제세금과 공과 각종 수수료 및 부담금, 시설이용료 등의 공과금	사실관계를 입증할 수 있는 청구서, 고지서, 납부서, 영수증
전화요금, 전용선 사용료, 인터넷 사용료 인터넷 등을 통한 정보이용료, 전기요금, 가스요금	세금계산서 등 법정지출증빙을 받아야 한다. 단, 공급자와 공급받는 자의 상호(성명), 사업자등록번호, 공급가액과 부가가치세액이 구분 기재된 요금청구서는 세금계산서와 같으므로 부가가치세 신고할 때 매입세액공제가 가능하다.

5 상품권을 구입하는 경우 법정지출증빙

사업자가 상품권 발행회사(또는 유통회사) 등으로부터 상품권을 구매하는 경우 상품권의 구입 시점에는 세금계산서 등 법정지출증빙을 받지 않아도 되나 해당 상품권을 가지고 물품을 살 때는 법정지출증빙을 받아야 한다.

회사에서 상품권 구매의 주요 목적은 상대방에게 선물로 주기 위한 경우가 많은데 상품권을 주면서 상대방에게 증빙을 발행해 달라고 하기가 곤란한 경우가 많다. 따라서 상품권 구매 시에는 신용카드로 구매를 하고 동 매출전표를 증빙으로 보관하는 것이 가장 좋은 방법이다.

6 기타 사례별 법정지출증빙

구분	증빙서류
각종 입장권	택시요금과 항공기 요금 및 국세청장이 고시한 전산 발매 통합시스템에 가입한 사업자로부터 용역을 제공받거나 입장권 등을 구입하는 경우에는 법정지출증빙을 받지 않아도 된다. 따라서 이 경우에는 당해 영수증, 티켓 등을 받아서 보관하면 된다.
인터넷, TV홈쇼핑, 우편판매 등으로 물품을 구입하는 경우	인터넷 쇼핑몰이나 TV홈쇼핑을 통해서 물품을 사거나 서비스를 제공받는 경우에는 세금계산서나 계산서를 교부받거나 신용카드로 대금을 결제하는 경우는 신용카드매출전표를 받으면 된다. 그리고 계좌이체를 이용하는 경우는 증빙 특례규정이 적용되므로 별도의 법정지출증빙을 받지 않고 경비 등의 송금명세서를 관할 세무서장에게 제출하면 된다. 참고로 어차피 물품에 부가가치세가 포함되었으면 사업자등록 내역을 입력하고 세금계산서를 발급받는 것이 매입세액공제를 받을 수 있으므로 좋다.

구분	증빙서류
신용카드 가맹점수수료, 리스료, 할인료, 이자비용, 보험료	금융기관으로부터 금융보험용역을 제공받고 그 대가로 할인료, 보험료, 신용카드 가맹점수수료, 리스료 등을 지급하는 경우는 대금 지급 방법에 불과하고 법정지출증빙을 받지 않아도 된다. 따라서 이 경우에는 당해 금융기관에서 발행하는 영수증 또는 계좌이체 확인서, 지급통장 사본 등 지급 사실을 확인할 수 있는 증빙서류를 받아서 보관하면 된다. 그러나 금융보험업자와의 거래라도 금융보험용역 외의 금융보험업자로부터 중고자동차를 구입하거나, 부동산을 취득하는 경우 또는 부동산 임차료나 주차료 등을 지급하는 경우는 법정지출증빙을 받아야 한다.
위약금, 손해배상금, 판매장려금 기부금, 협회비	기부금, 협회비, 위약금, 손해배상금, 판매장려금 등은 그 지급 사유가 물품 또는 용역의 공급대가가 아니므로 법정지출증빙을 받지 않아도 된다. 따라서 지급 사실을 입증할 수 있는 영수증 등을 받아서 보관하면 된다. 그러나 실무상 위약금이나 손해배상금 등을 지급할 때 세금계산서를 별도로 받는 경우가 많으며, 이 경우 부가가치세 매입세액공제는 가능하리라 본다. 또한, 비영리법인이 수익사업과 관련해 물품 및 서비스를 제공받는 경우에는 세금계산서 등 법정지출증빙을 받아야 한다(미수취시 증빙불비가산세 2% 부담).
보증금 및 예치금	계약보증금, 이행보증금, 하자보증금, 예치금 등의 지급은 물품 또는 용역의 공급대가가 아니므로 법정지출증빙을 받지 않아도 된다. 따라서 지급 사실을 입증할 수 있는 영수증을 받아서 보관하면 된다.
전파사용료의 증빙	전파사용료도 일종의 공과금이므로 지로영수증만 첨부하면 된다.

구분	증빙서류
동문회 회보, 행사지 등	사업자가 아닌 동문회, 학교 동창회 등이 발간하는 회보 또는 행사지 등에 광고를 게재하는 대가로 회보 발간비, 행사비 등을 지원하는 경우는 법정지출증빙의 수취대상이 아니다. 따라서 영수증을 받아서 보관하면 된다.
미등록사업자와(개인) 거래 시 증빙	실질적으로 사업자등록이 되어 있지 않은 개인과의 거래 시에는 금융기관을 통해 송금하고 해당 송금명세서를 증빙으로 보관하면 된다. 다만, 해당 개인이 실질적으로 미등록사업자 여부를 잘 확인해야 한다.
광고 모델료	소속사와 계약을 체결하고 모델료를 소속사에 지급하는 경우 세금계산서 등 법정지출증빙을 받아야 한다. 물론 스튜디오 임차에 따른 비용도 세금계산서 등 법정지출증빙을 받아야 한다. 연예인 모델 비용은 무형자산(초상권) 계상 가능하며, 계약 기간 동안 감가상각한다. 지급액에 대해서 세금계산서 등을 발행하지 않는 경우 사업소득으로 원천징수 해서 원천징수영수증을 증빙으로 보관해도 된다. 참고로 회사의 광고를 위해 전문모델과 중간에이전시 없이 직접 계약하고 모델료를 직접 지급하는 경우는 모델 개인(미등록 개인사업자)에게 지급하는 인적 용역비로 사업소득에 해당하여 3.3%(지방소득세 포함) 원천징수 하면 된다. 이때 필요한 서류는 모델의 주민등록등본 또는 주민등록증 사본 등이면 가능하며 회사의 법정지출증빙은 따로 필요 없다. 모델의 주민등록번호와 주소 등이 기재된 사업소득 원천징수영수증과 해당 모델료 입금증 등이면 법정지출증빙으로 충분하다.
중고차량을 매입하는 경우 증빙	차량을 중고로 매입하는 경우는 판매자가 일반과세자의 경우 부가가치세를 부담하고 선액에 대해 세금계산서를 받아야 한다. 그리고 매달 나가는 캐피탈 비용은 금융기관을 통한 거래이므로 별도의 증빙을 받지 않고 지출영수증만 받으면 된다.

구분	증빙서류
공동사용 사무실 비용, 전기료, 수도료의 증빙	부담분에 대해서 각각 세금계산서를 받아야 한다. 예를 들어 사무실을 갑과 을이 사용하면서 갑이 임대주와 임대차계약을 하고 총 3백만 원 중 150만 원을 각각 갑과 을이 부담하는 경우 갑은 임대주로부터 3백만 원에 대한 세금계산서를 발급받을 것이므로, 갑은 을에게 을이 부담하는 150만 원 분에 대한 세금계산서의 발행 의무가 있다.
	을이 세금계산서를 발급받지 못하는 경우 부가가치세 부담도 안 해도 되며, 송금 후 송금영수증을 증빙으로 보관하고 증빙불비가산세 2%를 법인세 또는 소득세 납부시 납부한다. 물론 수도료나 전기료 등 관련 비용에 대해서도 공동 부담의 경우 갑이 을에게 세금계산서(전기료 등) 또는 계산서(수도료 등)를 발행해주어야 한다.
정화조 청소비용	해당 업체가 비영리 사업체로 등록되어 있고 수익사업이 아닌 비수익 사업 즉 고유사업에 해당하는 경우는 증빙수취특례규정에 의해 영수증이나 송금명세서 등 지출 사실을 증명할 수 있는 서류로 충분하다. 다만 해당 업체가 실질적으로 비영리사업자로 되어 있으며, 비수익사업에 해당하는지는 사실판단할 사항이며, 오수 · 분뇨 및 축산폐수의 처리에 관한 법률 제35조의 규정에 따라서 분뇨 등 관련 영업허가를 받은 사업자가 공급하는 분뇨 등의 수집 · 운반 · 처리 및 정화조 청소용역을 공급하는 때에는 부가가치세를 면제하는 것(면세사업자)으로 면세를 단지 비영리라는 표현을 빌려 표현한 것이라면 증빙 특례규정이 적용되지 않으므로 계산서 등 법정지출증빙을 받아야 한다.
개인으로 부터 차량구입 시	개인으로부터 차량 구입에 대한 증빙은 계약서와 대금 지급에 대한 증빙(무통장입금증이나 영수증)과 자동차등록증을 법인 명의로 명의변경하면 된다. 개인은 사업자가 아니므로 세금계산서를 발행할 수 없다. 또한, 증빙불비가산세도 부담하지 않는다.
	무상으로 법인 명의로 변경하는 경우 대금 지급에 따른 증빙을 받을 수 없으므로 대금 지급 사실에 대한 증빙은 필요가 없으며, 계약서상으로 무상 양수도 내용이 기재되어 있으면 된다.

구분	증빙서류
연 매출 4,800만원 미만 납부면제 간이과세자와 거래시 증빙	법인의 업무와 관련해서 3만 원 초과 지출 시 법인의 업무에 사용된 것이 객관적인 서류에 의해 확인되는 경우 비용으로 인정하되, 법정지출증빙(신용카드매출전표, 현금영수증)을 미수취한 경우 증빙불비가산세는 적용되는 것이다. 다만, 읍면 지역에 소재한 현금영수증 및 신용카드 미가맹점인 간이과세자로부터 물품이나 서비스를 제공받는 경우는 비용인정 되고, 증빙불비가산세는 적용되지 않는다. 또한, 운수업을 영위하는 간이과세자, 부동산임대용역, 중개수수료 등을 간이과세자에게 지급하는 경우 법인세 과세표준신고서에 송금 사실을 기재한 경비 등의 송금명세서를 첨부해 납세지 관할 세무서장에게 제출하는 경우는 지출증빙서류 수취특례가 적용되므로 가산세 부담은 없다.
여행사와의 거래시 증빙	여행사와 거래 시 알선 수수료 부분은 세금계산서를 받아야 하며, 기타경비는 여행사에서 증빙을 발행해주지 않으므로 직접 법정지출증빙을 받아야 한다. 따라서 해외에서도 신용카드를 사용하는 것이 더욱 확실히 증빙을 챙기는 방법이다.
지적측량비	지적측량 비용은 부가가치세법상 면세사업이 아니므로 세금계산서를 받아야 한다.
대리운전비용의 증빙	거래처 접대 후 대리운전 비용을 부담하는 경우 3만 원 초과 지출 시 세금계산서 등 법정지출증빙을 수취해야 한다.
노점상, 행상, 무인판매기, 시내버스	법정지출증빙을 받을 필요는 없으며, 지출 사실을 입증할 수 있는 영수증이면 된다(계산서, 영수증 작성 교부 면제).
소매 음식점, 숙박, 이미용, 여객운송 등	영수증, 금전등록기 계산서, 신용카드매출전표(부가가치세 구분기록 확인 시 매입세액공제를 받을 수 있다.)

구분	증빙서류
물품구입 + 퀵서비스 비용 통합 결제 시 증빙	일반적으로 물품을 구입하는 경우 자체적인 운송 수단을 이용해서 운송해주는 경우 판매회사와 운송회사가 하나의 회사이므로 구입금액 + 운송비용을 합해서 발행해주는 데 문제가 없다. 그러나 판매회사와 운송회사가 각각의 회사일 때는 판매회사는 판매만 하고 퀵서비스 회사에 운송을 대행하는 형태인 경우는 원칙적으로 판매회사는 판매 물품에 대한 세금계산서만 발행하면 되며, 운송비용 부분은 퀵서비스 회사에서 발행받으면 된다. 따라서 합쳐서 발행해주지 않는 경우 해당 물품의 구입 회사에 문의를 해서 퀵서비스 비용에 대한 증빙 발행 부분을 문의한 후 처리하거나 퀵서비스 배달 직원에게 퀵서비스 비용에 대한 영수증 발행을 요청해야 한다. 다만, 판매회사의 퀵서비스 이용이 반복적·계속적으로 이루어지는 경우 양사의 계약에 의해 통합 결제를 하는 경우 판매회사가 구입금액 + 운송비용을 합해서 세금계산서를 판매회사가 발행해주고 판매회사는 퀵서비스 회사에서 운송비용에 대한 세금계산서를 받을 수 있다. 이 경우 통합해서 발급받을 수도 있으니 구입회사에 문의를 한 후 처리한다. 참고로 통합 결제 시 신용카드 결제의 경우 통합처리 되는 경우가 대다수이므로 이 경우에는 해당 신용카드매출전표를 증빙으로 보관하면 업무처리에 편리하다.
전자세금계산서에 인감 날인이 없는 경우	전자세금계산서(계산서)를 발행하는 사업자가 전자서명법에 의한 공인 인증기관의 인증 또는 이에 준하는 암호화 및 전자서명 기술을 사용한 인증시스템을 통해서 전송한 전자세금계산서는 적법한 세금계산서로 인정되기 때문에 인감도장이 없어도 문제가 되지 않는다.
상업서류송달(DHL, UPS)	항공법에 따른 상업서류송달용역(DHL, UPS 등)은 대금을 금융기관을 통해 송금하고 송금 사실을 기재한 경비 등의 송금명세서를 첨부하면 법정지출증빙으로 인정된다.

구분	증빙서류
대여금, 차입금, 융자금 등(이자소득)	일반 원천징수영수증, 지급명세서 3장(이자소득이라 표시) 혹은 거래통장에 1년 이자, 세금 합계를 기록해줌
자본금 출자금 지분금(배당소득)	일반 원천징수영수증, 지급명세서 3장(배당소득이라 표시)
외국인에 대한 제반 소득 지급	일반 원천징수영수증, 지급명세서 3장(소득 종류 표시)
농어민으로부터 직접 물품을 구입하거나 서비스를 제공받는 경우	농어민으로부터 직접 물품을 구입하거나 서비스를 제공받는 경우에는 지출증빙특례가 적용되므로 세금계산서, 계산서 등이 아닌 송금영수증만 있으면 증빙으로 인정받을 수 있다.
행사 스폰서 명목 지출 비용	지역축제 등에 협찬금을 지급 시 홍보나 광고(책자·방송·카탈로그 등)의 대응 목적으로 지급하는 경우는 용역의 공급에 대한 대가로 보아 부가가치세가 과세 된다. 따라서 세금계산서를 수취해야 광고선전비로 비용인정이 가능하다. 또한, 원칙적으로 비영리법인 (단체)라도 수익사업과 관련되어 지속해서 재화·용역을 공급하는 때에는 세금계산서를 발행해야 하는바, 세금계산서를 받지 않고 송금영수증, 입금표만 받는 경우 지출증빙가산세가 적용될 수도 있다. 하지만 영리사업이 아닌 비영리단체의 고유목적사업과 관련된 일회적 용역공급에 대한 대가라면 송금영수증, 입금표로도 문제가 없다.
해외 박람회 참관 비용	해외 박람회 참관을 위해 국내협회에 박람회 참관비(참관비, 항공권, 식대, 숙박비 등)를 지급하는 경우 협회에서 일종의 수익사업으로 패키지 상품으로 제공한다면 용역의 대가로 세금계산서를 수수해야 하나, 업계협회로 수수료

구분	증빙서류
	없이 업무 대행만 하는 경우 공문 및 입금증이면 증빙이 된다. 다만, 실제 지급되는 항공료, 숙박비, 참관비 등의 지출영수증은 직접 받아서 구비 해야 한다.
재고자산 등 폐기시 증빙	실무상 재고자산을 폐기처분을 하고자 하는 경우 그 폐기 사실이 객관적으로 입증될 수 있는 증거(소각 시 이를 입증하는 소각 품목, 소각 수량, 소각 사진, 폐기처분 의뢰 시 이를 입증할 수 있는 증빙서류 등)를 갖추면 될 것으로 판단하나 국세청에서는 그 기준을 더 엄격히 적용하고 있다.
	단순히 폐기처분 사진이나 내부품의서 등은 객관적인 자료로 인정하지 않는바
	1. 폐기물관리법상 사업장 폐기물 수집 · 운반업자에 의한 폐기물처리 확인서
	2. 특수관계없는 재활용업자와의 재활용 물품 거래내역서 등 거래증빙
	3. 상품교환에 따른 반품 대장 작성
	4. 보험처리 내역서 등을 갖추는 것이 좋다.
	결과적으로 회사 자체적으로 만들 수 있는 증빙서류만으로는 인정을 못 받고, 제3자와 거래를 통해 상호검증이 가능한 경우에만 확실히 인정받을 수 있다는 점이다.
	국세청의 처리는 세법이 추구해온 증빙의 상호검증기능에 충실한 업무 처리이다. 즉, 모든 증빙의 대원칙은 회사의 임의적인 처리가 아닌 서로 모르는 관계인 제 3자와의 상호검증을 통해서만 인정을 해주겠다는 것이다(세금계산서와 같이).
유형자산 등 폐기시 증빙	폐기물처리업자 등을 통해서 일정한 절차에 따라서 처리해야 하므로 폐기목록, 폐기자산의 사진, 폐기자산 품의서, 감가상각대장 사본(취득원가, 충당금을 확인할 수 있는 자료) 등 그 사실을 객관적으로 증명할 수 있는 서류를 갖추어야 추후 해당 처리에 대한 문제가 발생하지 않는다. 물론 해당 유형자산을 폐기물업자에게 판매 시에는 해당 영수증을 증빙으로 첨부하는 것이 더욱 좋다.

경조사비의 비용처리와 증빙관리
(청첩장은 1장에 20만원)

경조사비는 크게 회사 임직원에 대한 경조사비와 거래처에 대한 경조사비로 구분된다. 이 중 임직원에 대한 경조사비는 회사의 지급규정에 따라 너무 과도한 금액이 아닌 이상 비용으로 인정이 되나 거래처에 대한 경조사비는 기업업무추진비로 보아 그 금액을 20만원으로 한정해 두고 있으므로 적절한 경조사비 지출이 필요하다.

1 임직원에 대한 경조사비는 회사 규정에 따라 지급하라

실무상 회사에서의 경조사비 지급은 경조사비 지급 규정 등 사규상으로 해당 임직원의 경력, 직급, 회사에 대한 공헌도, 경사(慶事)와 조사 또는 애사에 따라 지급할 수 있는 금액을 달리 정하고 있으며, 이에 따라 경조사비를 지급하고 있다.

그리고 세무상으로는 경조사비 지급 규정, 경조사 내용, 법인의 지급능력, 종업원의 직위, 연봉 등을 종합적으로 고려해서 지급한 금액이 사회적으로 타당한 금액이면 복리후생비로써 전액을 비용으로 인정해주겠다는 것이다.

따라서 회사는 각 임직원에 대해 타당한 지급 규정을 만들어 두는 것이 절세의 시작이다.

구 분	세무 처리
일반직원	지급 규정에 따라 경조사비가 사회 통념상 타당한 금액이면 비용으로 인정이 되고, 초과하는 경우 해당 직원의 급여에 포함해 근로소득세를 신고·납부 해야 비용으로 인정받는다.
임 원	임원상여금 지급 규정에 해당하면 비용처리가 되고, 규정에 없는 경우라면 비용으로 인정을 받지 못하며, 상여 처분 후 근로소득세를 신고·납부 해야 한다.

2 거래처에 대한 경조사비는 반드시 증빙을 첨부하라

거래처에 대한 경조사비도 원칙적으로는 기업업무추진비에 포함된다. 따라서 경조사비를 지출하는 경우 원칙은 기업업무추진비와 같게 3만 1원부터는 법정지출증빙을 받아야 한다. 다만, 경조사비에 대해서는 같은 기업업무추진비라도 예외적으로 20만 원까지는 법정지출증빙을 받지 않고 지출해도 비용으로 인정해주고 있다. 그러나 청첩장·부고장 등 객관적인 증빙을 갖추어야 한다. 즉, 축의금·부의금을 지급한 사람이나 받는 상대방, 장소, 일시, 지급을 확인한 내역이 있는 확인증과 함께 지출결의를 하고 지출하는 경우는 20만 원까지 비용으로 인정받을 수 있다. 따라서 20만 1원부터의 경조사비는 청첩장은 안 되고, 세금계산서 등 법정지출증빙을 받아야 비용으로 인정받을 수 있다.

법정지출증빙을 받지 못한 20만 원 초과 경조사비는 20만 원까지만 비용으로 인정받고 나머지 금액을 인정받지 못하는 것이 아니라, 전체금액이 비용으로 인정되지 않는다. 즉, 20만 1원부터는 우리 사회의 관례를 벗어난 것으로 보아 법정지출증빙을 받지 않으면 20만 1원 전체 금액을 아예 비용으로 인정받지 못한다.

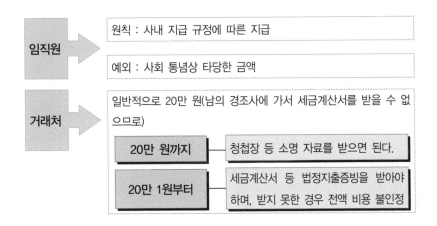

원칙 : 사내 지급 규정에 따른 지급

예외 : 사회 통념상 타당한 금액

일반적으로 20만 원(남의 경조사에 가서 세금계산서를 받을 수 없으므로)

| 20만 원까지 | 청첩장 등 소명 자료를 받으면 된다. |
| 20만 1원부터 | 세금계산서 등 법정지출증빙을 받아야 하며, 받지 못한 경우 전액 비용 불인정 |

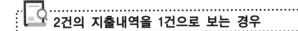

2건의 지출내역을 1건으로 보는 경우

2건 이상의 지출내역이 다음에 해당하는 경우는 이를 1건으로 보아 기업업무추진비 규정을 적용한다.

• 동일한 날짜에 동일한 장소에서 동일한 거래처에 대하여 지출된 것으로서 거래의 실질로 보아 하나의 지출행위로 인정되는 경우

• 동일한 장소에서 동일한 거래처에 대하여 날짜를 달리하여 지출한 것으로서 1건의 거래 금액을 소액으로 나누어 결제한 것으로 인정되는 경우

• 기타 거래 실질상 1건의 거래임에도 지출 증빙 기록 · 보관 대상에서 제외되기 위하여 소액으로 나누어 결제한 것으로 인정되는 경우

예를 들어 책임자 명의로 20만 원, 담당 영업사원 명의로 10만 원을 결혼축의금으로 사용하는 경우는 결혼식 자체를 1회로 보아 1회의 접대에 30만 원을 지출한 것으로 볼 가능성이 크다. 또한, 이 경우 주의할 점은 손금부인 시 20만 원을 초과하는 금액, 즉 10만 원이 손금부인 되는 것이 아니라, 1회의 접대에 지출한 30만 원 전액이 손금부인 되는 것이다 (서이 46012-1116, 2003. 6. 10.).

3 청첩장의 기업업무추진비 비용처리

🎈 결혼식 축의금의 경우

친구나 선후배, 친인척의 경조사비의 경우 청첩장을 모아두어도 사실상 업무와 무관한 개인적 경조사비여서 훗날 세무조사를 받을 때 경비 처리한 내용이 인정되지 않을 확률이 높다.

기업업무추진비란 회사 업무와 관련해서 업무상 지출되어야 한다. 예를 들면 제조업의 경우 원재료를 구입하는 거래처나 제품을 파는 거래처의 경조사비는 인정되나, 친구의 딸 결혼식, 친인척 결혼식 청첩장은 엄밀히 말하면 기업업무추진비가 아닌 개인적 지출이다. 이 경우는 원칙적으로 기업업무추진비가 아니다.

업무와 관련한 결혼식 참석 시 청첩장(모바일 청첩장 포함) 1장은 최고 20만 원까지 비용인정 된다.

예를 들어 거래처 결혼식에 참석해 30만 원을 부조하였으면 20만 원까지만 비용인정 되므로, 20만 원은 기업업무추진비, 10만 원은 해당 임직원의 급여 처리로 비용인정을 받는 것이 좋다. 만약 30만 원 전체를 기업업무추진비로 처리하는 경우 세금계산서 등 법정지출 증빙을 받지 않은 경우 30만 원 전액을 비용 인정받지 못하게 된다. 따라서 현명하게 20만 원, 10만 원으로 나누어 처리하라는 것이다.

축의금과 화환을 동시에 한 경우

[질문]

거래처 경조사에 축의금 20만 원, 화환 20만 원을 결혼식 청첩장과 화환 구입 계산서를 첨부하여 지급한 경우 기업업무추진비 손금부인 대상 거래와 거래금액이 궁금합니다.

[답변]

한 차례의 접대에 지출한 기업업무추진비가 40만 원으로서 20만 원을 초과하였으므로 계산서를 수취한 금액을 제외한 경조금 20만 원은 손금불산입 대상에 해당하는 것으로 사료됩니다(국세청 질의 답변 내용 : 2018-04-30).

참고로 경조사 증빙으로는 청첩장, 부고장, 돌잔치 초대장 또는 경조사 장소, 일시 등의 구체적인 내용이 기재된 서류 사본 등도 가능하며, 모바일 청첩장의 경우 캡처를 해서 사본으로 보관해 두면 인정된다.

구 분	세무 처리
20만원 이하 금액 (축의금 + 화환 금액)	청첩장, 부고장, 돌잔치 초대장 등 경조사를 증명할 수 있는 서류(소명용 증빙)
20만원 초과 금액 (축의금 + 화환 금액)	세금계산서, 계산서, 신용카드매출전표 등 법정지출증빙 청첩장, 부고장(소명용 증빙) 등의 금액은 비용인정을 안 해줌. 즉, 청첩장, 부고장 등의 금액은 원칙적으로 법정지출증빙이 아니므로 전액 비용 불인정한다. 세금계산서, 계산서, 신용카드매출전표 등 법정지출증빙이 있는 경우 법정지출증빙 금액만 비용인정 해준다.

기업업무추진비의 경우 일반기업업무추진비는 3만 원 초과. 단, 경조사비는 20만 원 초과 지출시 법정지출증빙을 받아야 인정해준다. 즉, 20만 원 초과 지출 시에는 반드시 법정지출증빙을 받아야 한다. 그런데 청첩장, 부고장을 법정지출증빙으로 착각하는 경향이 있다. 이는 경조사라는 특성을 고려한 소명용 증빙이지 법정지출증빙이 아니다. 예를 들어 경조사비 30만 원을 지출한 경우 20만 원 초과로 세금계산서 능 법성승빙을 받은 경우 기업업무추진비로 인정가능하나, 청첩장, 부고장 등은 법정지출증빙이 아니므로 20만원 초과 금액에 대해서는 전액 기업업무추진비 인정을 받을 수 없다(전액 손금불산입 이유).

1. 업무관련 지출이어야 하고, 남에게 청첩장은 사지 말자.

업무와 관련해 특정인에게 지출하는 비용이어야 한다. 따라서 개인적 축의금을 기업업무추진비 처리 시 나중에 세무조사 과정에 발각되면 손해를 볼 수 있다.

인터넷상에서 청첩장을 파는 사람도 있는데, 이를 구입하는 경우 어차피 업무 관련성이 없는 것이므로 손금불산입 되어 손해 보고, 구입비용도 손해를 보므로 사지 말자. 이는 자료상에게 세금계산서를 사는 것과 같다.

2. 청첩장은 법정지출증빙이 아니고, 20만 원까지만 인정된다.

한 거래처당 원칙적으로 20만 원까지는 세금계산서 등의 법정증빙 또는 청첩장으로 비용 인정된다. 청첩장은 법정지출증빙이 아니므로 20만 원 초과 금액에 대해서는 증빙으로 인정받지 못한다는 것을 명심해야 한다.

20만 원을 초과하는 경우 청첩장, 부고장 등만 있는 경우 전액 손금불산입하는 것이 원칙이지만, 세금계산서 등 법정지출증빙이 있으면 법정지출증빙 수취액만큼은 비용으로 인정해준다.

🐦 조의금의 경우

결혼의 경우 청첩장이 증빙으로 될 수 있지만, 조의금은 증빙을 갖추기가 어렵다. 그러므로 조의금은 증빙자료 수취가 현실적으로 곤란한 점을 고려해 건당 20만 원 이하로 지출된 조의금은 증빙이 없어도 필요경비에 포함하고 있다. 단, 지급일, 지급처, 지급금액에 대한 기록(지출결의서)이나 문자는 남겨둬야 한다.

직원 카드 사용액도 매입세액공제가 가능하다.

1 영수증의 필수 기재 사항 확인

직원 개인 명의 카드 사용내역은 회사가 수집하는 것이 불가능하므로 직원으로부터 꼭 사용 영수증을 받아야 한다.

그리고 받은 영수증의 세무 처리를 위해 판매처의 사업자등록번호와 영수 일시, 영수금액 정보가 기재되어 있는지 꼭 확인해야 하고, 관리 방법에 따라 카드 번호 정보도 필요할 수 있으므로 영수증 상에 해당 정보가 정확히 기록되어 있는지 확인하는 업무가 필요하다.

혹시라도 직원으로부터 전달받은 영수증에 필수 정보들이 불분명하게 기록되어 있다면 영수증을 재요청하여 다시 받아야 한다.

2 개인카드 대금은 통장으로 입금시킨다.

회사를 위해 지출한 개인카드 결제금액은 회사통장에서 직원 개인 통장으로 환급해준다.

환급 방법은 발생할 때마다 입금하거나, 일정기간을 정해서 합산해서 입금하거나 혹은 급여에 포함해서 입금하는 등 여러 방법 중 한 방법을 정해서 하면 된다.

그리고 필요하다면 직원 개인카드 사용내역을 엑셀 등으로 정리해 두는 것도 좋다.

3 전표입력 시 유의한다.

법인사업자가 법인 명의로 발급받은 카드, 개인사업자가 사장님 명의로 발급받고 홈택스에 등록한 카드의 사용내역은 홈택스에서 제공하는 시기에 맞춰 사용내역을 전산으로 조회할 수 있고, 그 기능을 활용하여 전표입력도 편리하게 할 수 있다.

하지만 직원 개인카드 사용내역은 그 내역 하나하나를 수기로 전표 처리해야 하므로 상대적으로 더 수고로운 작업이 될 수 있다. 또한, 수기로 전표를 입력한다면 회계처리가 누락될 가능성이 크므로 주의해야 한다.

4 개인신용카드 지출은 연말정산 시 제외한다.

사업을 위해 부득이하게 지출한 직원 개인명의 카드사용 내역은 그 직원의 연말정산에도 영향을 미친다.

연말정산 시 카드 사용금액도 공제하게 되는데, 직원이 본인 개인 명의 카드로 회사 비용을 지출한 내역은 직원 본인의 소비로 볼 수 없으므로 연말정산에서 제외되어야 한다.

따라서 회사에 국세청 간소화 자료를 제출할 때 신용카드 등 사용내역에서 회사 비용 목적으로 지출한 내역은 제외하고 제출해야 한다.

5 직원 이름의 법인카드(사업자 카드)를 사용한다.

법인카드(사업자 카드)만으로 비용 집행이 어려운 사업주는 직원별로 직원 이름의 법인카드(사업자 카드)를 발급해서 회사 비용지출 시 그 카드를 사용하도록 하는 방법도 고려해본다. 이 카드는 직원 이름의 카드일지라도 사업자 명의의 카드이므로 회사계좌에서 비용이 지출된다. 이와 관련해서 혹시 직원이 카드를 남용하지 않을까 우려되는 경우는 카드별 한도를 조정하는 등의 대책을 세우는 것도 좋은 방법이다.

법인카드의 종류

법카는 말 그대로 법인사업자를 상대로 발급되는 카드를 의미한다.

종류는 크게 법인 공용카드와 법인 개별카드 2가지로 구분할 수 있다.

법인 공용카드는 사용하는 직원의 이름이 새겨지지 않고 모두가 공용으로 사용하는 카드로 법인계좌에서만 사용금액이 출금된다. 반면, 법인 개별카드는 법인명과 함께 직원 개인의 이름이 새겨져 있다. 개인에게 개별 지급되어 본인만 사용할 수 있으며, 법인이나 개인계좌로 사용금을 출금할 수 있다.

개인명의 법인카드의 경우 두 가지이다.

주체는 회사인 것과 주체가 개인인 것

주체가 회사인 것은 법인카드지만 개인 이름이 새겨져 있는 것이고 회사 경비지출 시에만 사용해야 하며 출금 계좌는 회사이다.

주체가 개인인 것은 개인 경비와 회사경비를 혼용해서 사용하며, 회사경비의 경우 회사에 청구해서 개인 계좌로 입금받으며, 결재 계좌는 개인이다.

만약 주체가 회사이면 문제는 없으나 주체가 개인인 것은 신용도 문제로 카드발급이 거부 될 수 있다.

경비지출 시 법인카드를 사용해야 하는 이유

사업을 하다 보면 부득이하게 임직원 개인 명의의 카드를 사용하게 되는 경우가 발생한다. 다행히도 사업을 위한 지출이었음을 증명할 수만 있다면 개인카드로 지출한 내역도 매입세액공제를 받을 수 있는데, 그런데도 개인카드가 아닌 법인카드(개인사업자일 경우 사업자 카드)를 사용해야 한다. 그 이유는 다음과 같다.

1 직원 개인카드를 사용했을 때 수반되는 업무

🐾 개인카드 영수증 수취 및 필수 기재 사항 확인 업무

직원 개인 명의 카드 사용내역은 회사가 수집하는 것이 불가능하므로 직원으로부터 꼭 영수증을 받아야 한다.

그리고 수취한 영수증의 세무 처리를 위해 판매처의 사업자등록번호와 영수 일시, 영수금액 성보가 꼭 확인되어야 하고, 관리 방법에 따라 카드 번호 정보도 필요할 수 있으므로 영수증 상에 해당 정보가 정확히 기재되어 있는지 확인하는 업무가 필요하다. 혹시라도 직원으로부터 전달받은 영수증에 필수 정보들이 불분명하게 기재되어 있다면 영수증을 재요청하여 다시 받아야 한다.

🎤 비용 정산

회사를 위해 지출한 개인카드 결제금액은 회사통장에서 직원 개인 통장으로 환급 해줘야 한다. 환급해야 할 금액이 발생할 때마다 입금하거나, 일정 기간을 정해서 그 기간 사용한 금액을 합산해서 입금하거나 혹은 급여에 포함해서 입금하는 등 여러 방법 중 하나의 방법을 정해서 꼭 직원에게 그 금액을 돌려주어야 한다. 이 과정에서 관리 목적상 직원 개인카드 사용 내역을 엑셀 등으로 정리하는 작업 등이 필요할 수 있다. 따라서 업무가 늘어나게 된다.

🎤 수기 전표 입력

법인사업자가 법인 명의로 발급받은 카드, 개인사업자가 사업자 명의로 발급받고 홈택스에 등록한 카드의 사용내역은 홈택스에서 제공하는 시기에 맞춰 사용내역을 전산으로 조회할 수 있고, 그 기능을 활용하여 전표 입력도 더욱더 편하게 진행할 수 있지만, 직원 개인카드 사용 내역은 그 내역 하나하나를 수기로 전표 처리를 해야 하므로 상대적으로 더 많은 작업이 필요하다. 또한, 수기로 전표를 입력한다면 오류가 발생할 수 있다.

🎙️ 기장료가 올라갈 수 있다.

세무대행 서비스의 요금이 인상 가능성이다. 법인카드나 사업용 카드 사용내역만 존재하는 사업장보다 직원 개인카드 사용내역이 많은 사업장의 업무량을 비교했을 때, 세무대리인은 개인카드 사용내역이 많은 사업장에 상대적으로 더 비싼 서비스 요금을 요구할 수도 있다. 한정된 시간을 두고 고객사별로 소요되는 업무량이 달라지기 때문이다. 물론 이 점은 자체 기장을 하는 회사는 고려 대상이 아니지만, 경리직원의 일이 많아진다.

2 직원 개인카드 사용 시, 연말정산에서 유의할 점

사업을 위해 부득이하게 지출한 직원 개인 명의 카드 사용내역은 그 직원의 연말정산에도 영향을 미친다.

연말정산 시 직원은 카드 사용금액도 공제받게 되는데, 직원이 본인 개인 명의 카드로 회사 비용을 지출한 내역은 직원 본인의 소비로 볼 수 없으므로 연말정산에서 제외 되어야 한다.

따라서 회사에 국세청 간소화 자료를 제출할 때 신용카드 등 사용내역에서 회사 비용 목적으로 지출한 내역은 제외하고 제출해야 한다. 직원 입장에서 그 내역을 하나하나 살펴서 전달하는 것도 번거로운 업무겠지만, 연말정산 작업을 실제로 진행하는 사람으로서도 전달받은 내용을 유의하여 신고를 진행해야 하는 수고로움이 발생한다.

3 법인카드(사업자 카드) 사용을 권장하는 이유

🦗 개인카드 사용 관리업무에 투입되는 비용 감소

위에서 살펴본 바와 같이 직원이 회사를 위해 개인카드를 사용하는 경우 여러 가지 업무가 파생된다. 법인카드(사업자 카드)로 비용을 지출한다면 그 파생 업무들을 진행하지 않아도 된다는 장점이 있다.

🦗 사업 지출 내역 파악 용이

법인카드(사업자 카드)로 비용을 지출한다면 한눈에 회사의 모든 지출 내역을 파악할 수 있으므로 보다 편리한 비용 관리가 가능하다.

위와 같은 이유로 법인카드(사업자 카드)의 사용이 권장되는 것인데, 직원이 많은 경우 하나의 카드로 모든 지출을 진행하는 것이 불가능하므로 부득이하게 직원의 개인카드를 사용해야 하는 상황이 계속 발생할 수 있다. 법인카드(사업자 카드)만으로 비용 집행이 어려운 사업주는 직원별로 직원 이름의 법인카드(사업자 카드)를 발급해서 회사 비용지출 시 그 카드를 사용하도록 하는 방법도 고려해봐야 한다.

이 카드는 직원 이름의 카드일지라도 사업자 명의의 카드이기 때문에 회사계좌에서 비용이 지출된다. 이와 관련해서 혹시 직원이 카드를 남용하지 않을까 우려되는 경우는 카드별 한도를 조정하는 등의 대책을 세우는 것도 좋은 방법이 될 수 있다.

법인카드 사용할 때 주의할 점
(법인카드 사용 규정에 꼭 반영하라)

 1 **법인카드는 사용 규정을 만들어 사용하라**

법인카드 사용 규정은 법인카드를 사용하는 이에게 중요한 부분이기 때문에 법인카드 사용 규정에 대해 정확히 숙지하고 있는 것이 중요하다. 법인카드 사용 규정에 법인카드로 지출이 가능한 것은 사내 소모품, 사무기기, 각종 비품 등 구매대금, 광고비, 기업업무추진비, 회의비, 차량 및 보험 관련 비용, 복리후생비, 직무교육비 등 특정 비용으로 제한해야 한다.

법인카드 사용을 제한해야 하는 업종 예시

1. 일반유흥주점 : 접객 요원을 두고 술을 판매하는 유흥주점(룸싸롱, 단란주점, 가라오케, 가요주점, 요정, 비어홀, 맥주 홀, 카페, 바, 스넥칵테일 등)
2. 무도유흥주점 : 무도시설을 갖추고 술을 판매하는 유흥주점(클럽, 극장식 주점, 나이트클럽, 카페, 스텐드바, 유흥주점 등)

---

3. 위생업종 : 아·미용실, 피부미용실, 사우나, 안마시술소, 발 마사지, 네일아트 등 대인 서비스

4. 레저업종 : 실내·외 골프장, 노래방, 노래연습장, 사교춤교습소, 전화방, 비디오방, 골프연습장, 헬스클럽, PC방

5. 사행업종 : 카지노, 복권방, 오락실

6. 기타업종 : 성인용품점, 총포류 판매

7. 기타주점 : 대포집, 선술집, 와인바, 포장마차, 간이주점, 맥주전문점, 생맥주집

위 내용은 직원 복리후생비 처리상의 법인카드 사용 제한 업종이고, 기업업무추진비 지출 시에는 예외일 수 있다.

법인카드 사용을 제한해야 하는 구매 물품 예시

1. 금, 은, 보석 등 귀금속류

2. 양주 등 고가의 주류

3. 골프채, 골프가방, 골프화, 골프공 등 골프용품

4. 영양제, 비타민제 등 건강보조식품

5. 향수, 선글라스 등 고급 화장품이나 액세서리류

법인카드는 공식행사 등 특별한 경우를 제외하고는 주류 구매에 사용을 제한해야 한다.

2 법인카드라고 무조건 인정해주지 않는다.

경비의 투명성을 높이기 위해 지급되는 카드인 만큼 법인카드 사용 규정은 엄격해야 한다.

법인카드 사용 시 업무와 직접적인 관련이 없는 경우에는 업무와 관련이 있음을 증명해야 하는 자료가 필요하다.

법인카드 사용 관련 입증자료가 필요한 경우

① 근무일이 아닌 공휴일 또는 주말 사용 시

② 평소 업무장소에서 멀리 벗어난 곳이거나 업무장소 외에서 사용 시

③ 정상적인 업무시간 외, 심야 혹은 새벽에 사용 시

④ 본인이 아닌 친인척이 사용하거나 친인척을 동반한 출장, 기타 장소에서 사용한 경우

⑤ 특정 장소에서 여러 차례 걸쳐서 집중적으로 사용된 경우

⑥ 현금화하기 쉬운 품목 또는 사치성 물품 구입 시(상품권, 금, 골프용품, 고가의 주류 등)

⑦ 병원, 미용실 등 업무와 관련성이 없어 보이는 곳에서 사용한 경우

⑧ 한 거래처에서 같은 날 여러 번 분할 해서 사용한 경우

법인카드는 반드시 지출 내역이 업무와 관련이 있음을 입증할 수 있어야 한다. 업무와 무관하다고 판단되는 항목의 경우 법인세법상 비용으로 인정이 안 된다.

비용으로 인정되지 않는 경우 부가가치세 신고 시 매입세액공제가 되지 않아 사용한 금액에 따라 당연히 부가가치세가 증가하는 것은 물론 입증자료가 없어 경비가 인정되지 않으므로 납부해야 하는 법인세가 늘어나거나 가산세가 발생하게 된다.

부당한 신고에 대해서는 약 20~40%까지의 가산세가 발생할 수 있으니 꼭 주의하길 바란다.

법인카드 사용 내역은 세무조사 시 주의 깊게 살펴보는 항목 중 하나이다.

법인카드를 업무 목적으로 사용하지 않고 사적인 용도로 사용하면 회사와 사용자 모두에게 세금 부담이 증가함을 잊지 말아야 한다.

특히 회사대표는 이점을 잊지 말고 사적 사용에 관한 규정을 완비하고 지출내역을 꼭 검증하는 시스템을 마련해야 한다.

법인카드 사용 후 경비인정을 못 받는다면	
법 인	개 인
● 부가가치세 신고 시 공제되지 않기 때문에 사용금액의 10%만큼 부가세가 증가한다. ● 법인세법상 경비인정도 부인되어 납부할 법인세 증가, 가산세가 발생한다. ● 법인세의 부당 신고에 대해서는 20%~40%까지의 가산세를 부담할 수도 있다.	● 업무상 사용을 인정받지 못한 금액은 법인카드 사용자의 소득(급여, 상여 등)으로 보기 때문에 소득세가 부과된다. ● 소득 증가에 따른 4대 보험도 증가한다.

3 법인카드 사적 지출액은 비용처리 하면 안 된다.

법인카드를 사적으로 사용한 경우는 개인 통장에서 법인통장으로 사적 사용액을 입금해주어야 한다. 또한, 사적인 사용액에 대해서는 법인의 경비로 처리하면 안 된다.

❶ 법인사업자의 대표이사나 등기이사의 경우 법인카드를 굳이 사용하지 않아도 업무와 관련된 것에 한해서 본인의 개인카드를 사용한 후 회사경비로 증빙 처리할 수 있다.

❷ 개인카드 사용 시 개인 종합소득세 공제보다, 사업자 부가가치세 그리고 법인세 공제로 활용하는 것이 더 많은 세금 공제 혜택을 받을 수 있다.

❸ 회사 지출로 비용처리 한 사용내역의 경우 개인 세금에 포함되지 않기 때문에 연말정산 시 공제자료로 제출하면 안 된다.

4 법인카드 부정 사용에 주의하라

법인카드의 부정 사용유형으로 인한 해고

영업활동비, 기업업무추진비, 선물비 등에 대한 법인카드 부정 사용 가장 흔한 법인카드 부정 사용유형인데, 노동위원회 등에서는 법률적 판단 시 대략 아래와 같은 사항들을 쟁점으로 본다.

- 회사의 지침이나 규정에 제시된 방법대로 사용했는지
- 정해진 금액, 용도로 사용했는지
- 활동비 지출에 대해 주기적으로 결재나 승인을 받았는지
- 부정청탁법 위반 여지는 없는지
- 사적 사용으로 의심되는 사정들이 얼마나 있는지(휴일·휴가 시 사용, 자택 인근에서 사용 등)
- 상대 고객 등에 대한 사용 소명 정도
- 위반 금액이나 횟수, 기간 등

식대, 교통비, 주유비 등에 대한 법인카드 부정 사용

- 회사의 지침이나 규정에 제시된 방법대로 사용했는지

- 정해진 금액, 용도로 사용했는지
- 식대 한도나 용도를 넘어서 사용했는지(회의비, 회식비 등)
- 교통비나 주유비의 경우, 용도나 범위를 넘어서 사용했는지
(실제 업무와 직결되지 않는 사용, 사적·공적 사용 범위가 혼재된
사용 등)
- 주기적 승인이나 결재 여부
- 위반 금액이나 횟수, 기간 등

유흥업소 등 제한 업소에 대한 법인카드 부정 사용

- 클린카드 등 규정이나 지침에 설정된 제한 여부
- 제한 업소 해당 여부나 확인 가능성
- 사용의 불가피성
- 위반 금액, 횟수 및 기간 등

법인카드 상품권 부정 구매 및 카드깡 의심 등 부정 사용

- 규정, 지침상 상기 제한 설정 여부
- 부정 구매의 구체적 경위나 불가피성 정도
- 카드깡 또는 현금화 의심 사정의 정도
- 위반 금액, 횟수 및 기간 등

법인 개별카드 부정 사용

- 개별법인카드 사용 관련 규정이나 지침 및 사용 관행 세부적

내용에 대한 부합 여부
- 상기 규정, 지침 위반에 대한 구체적 경위나 불가피성
- 위반 금액 반환, 정산 요구에 대한 근로자 측의 구체적 반응

5 홈택스에서 신용카드 매출전표 관리

홈택스에 저장된 신용카드 사용액에 대해서는 해당 지출이 매입세액 공제가 가능한 항목인지, 안되는 항목인지 스스로 판단해 분리해야 한다.

그리고 말일자 신용카드 사용액은 국세청 전산망에 늦게 올라올 수 있으므로, 반드시 신용카드 매출전표를 발급받아 관리해야 부가가치세 신고 때 불편함이 없다.

홈택스에 저장된 증빙에 대해서는, 별도로 종이 법정지출증빙을 보관하지 않아도 되나, 관리목적상 보관 여부는 회사 자체적으로 결정할 사항이다.

(공동)관리비의 법정지출증빙

전기요금에 대한 세금계산서는 공동청구, 납부의 경우 전력공급회사로부터 세금계산서를 발행한 날짜와 동일한 날짜에 임차인 실제 사용한 금액별로 각각 나누어 임대임이 세금계산서를 발행해주어야 한다.

이렇게 발행하는 세금계산서 상 금액은 임대인의 소득세 계산시 수입금액에서 제외되며, 임차인은 부가가치세 신고 시 매입세액공제를 받을 수 있다.

반면, 임대주와 임차인별로 각각 단독으로 고지가 되는 경우는 동 고지서가 세금계산서 기능을 하므로, 임대인에게 별도로 요청할 필요는 없다.

 임대인(건물주)이 일반과세자인 경우

사업자가 부가가치세 과세 되는 부동산임대료와 당해 부동산을 관리해주는 대가로 받은 관리비 등을 구분하지 않고 영수하는 때에는 전체금액에 대해서 과세하는 것이므로 해당 금액에 대해서 세금계산서를 발행해야 한다.

그러나 임차인이 부담해야 할 보험료, 수도료, 공공요금 등을 별도로 구분 징수하여 납부를 대행하는 경우 당해 금액은 부동산 임대관리에 따른 대가에 포함하지 않는 것이다. 이 경우 임차인이 부담해야 할 전기료, 가스료 등 부가가치세가 과세 되는 재화의 공급에 대해서 임대인 명의로 세금계산서를 발급받는 경우(건물 전체에 대해서 임대인 명의로 통합고지)는 임대인은 발급받은 세금계산서에 기재된 공급가액의 범위 내에서 임차인 부분만큼 세금계산서를 발행해야 한다.

결론적으로 임대료와 관리비를 구분 징수하는 경우는 임차인은 임대료와 관리비 중 부가세 과세대상인 전기요금이나 가스료 부담분에 대해서 세금계산서를 법정지출증빙으로 받고, 부가가치세 면세 대상인 수도 요금은 계산서나 영수증을 법정지출증빙으로 받으면 된다.

구분	증빙서류
임차료	세금계산서 등 수취
전기료/가스료/주차료 등	임차인 부담분에 대해서 세금계산서 등 수취
수도료	계산서 또는 영수증 수취

전기료/가스료/주차료/수도료 등을 구분 징수하지 않는 경우 전체금액에 대해서 세금계산서를 받는다.

2 임대인(건물주)이 간이과세자(면세사업자)인 경우

임대인이 연 매출 4,800만 원 미만의 간이과세자인 경우 매월 임대인 통장으로 입금한 내역만 있으면 증빙처리가 가능하다.

꼭, 계약서에 있는 임대인과 동일인의 통장으로 넣어야 한다.

세금계산서를 발급받지 않아도 되는 거래

세금계산서의 발행이 면제된다는 것은 아래의 거래에 대해서는 지출이 발생해도 부가가치세 신고할 때 매입세액공제를 받지 못하는 거래라고 생각하면 된다.

1 세금계산서 발행이 면제되는 경우

① 택시운송사업자, 노점 또는 행상을 하는 사람

② 무인자동판매기를 이용하여 재화 또는 용역을 공급하는 자

③ 전력이나 도시가스를 실지로 소비하는 자(사업자가 아닌 자에 한함)를 위하여 전기사업자 또는 도시가스 사업자로부터 전력 또는 도시가스를 공급받는 명의자

④ 도로 및 관련 시설 운용용역을 공급하는 자(공급받는 자로부터 세금계산서의 발급을 요구받는 경우를 제외)

⑤ 소매업 또는 미용, 욕탕 및 유사 서비스업을 경영하는 자가 공급하는 재화 또는 용역(소매업의 경우에는 공급받는 자가 세금계산서의 발급을 요구하지 않는 경우에 한함)

⑥ 자가공급(판매 목적 타 사업장 반출 제외)·개인적 공급·사업상 증여·폐업 시 잔존재화로서 공급의제 되는 재화

⑦ 영세율 적용 대상이 되는 일정한 재화·용역

⑧ 기타 국내사업장이 없는 비거주자 또는 외국법인에게 공급하는 재화 또는 용역(당해 비거주자 또는 외국법인이 당해 외국의 개인사업자 또는 법인사업자임을 증명하는 서류를 제시하고 세금계산서의 발급을 요구하는 경우 제외)

⑨ 부동산임대용역 중 간주임대료에 해당하는 부분

⑩ 공인인증기관이 공인인증서를 발급하는 용역(다만, 공급받는 자가 사업자로서 세금계산서의 발급을 요구하는 경우는 제외)

2 세금계산서 발급이 금지되는 경우

① 목욕·이발·미용업자의 본래 사업 관련 용역

② 여객운송업(국내외 출장 등을 위해 사용한 비행기, 고속버스, 고속철도, 택시) 단, 전세버스운송사업 제외. 호텔 등 숙박의 경우는 업무관련의 경우 매입세액공제에 해당한다.

③ 입장권을 발행하여 영위하는 자가 공급하는 재화 또는 용역

④ 사업자가 신용카드매출전표 등을 발급한 경우

⑤ 의사가 제공하는 미용 목적의 성형수술 등 과세되는 의료용역을 공급하는 사업

⑥ 수의사가 제공하는 과세되는 동물의 진료용역

⑦ 무도학원, 자동차운전학원의 용역을 공급하는 사업

⑧ 국외사용액(출장 여비교통비 중)

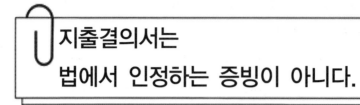

지출결의서는 법에서 인정하는 증빙이 아니다.

인터넷 검색사이트에 찾아보면 지출결의서에 대해 다음과 같이 나와 있다.

1. 지출결의서란 소규모 기업이 업무 간소화를 위해 전표를 발행하지 않고 지출에 관한 내용 및 증빙서류만을 보관하기 위해 작성하는 것이다.

2. 매출대금 회수 및 금액이 큰 중요 지출에 대해선 사장 또는 업무 총괄자가 집행 및 관리를 하고, 사무실의 일반경비 지출에 대해서는 경리담당자가 관리자의 결재를 얻기 위해 지출결의서를 사용한다.

3. 지출에 대한 내부통제 용도로 사용하기도 한다.

4. 지출결의서는 기업경영에 있어 발생하는 수익과 지출을 관리하고 투명한 자금의 집행을 위해 작성된다.

5. 지출이 발생하는 경우는 사전에 회사의 승인을 받아서 회계업무를 처리하는데, 기초자료로 활용할 수 있다.

위의 내용을 종합해보면 지출결의서는 전표를 대신해 지출내역을 기록하거나 아랫사람이 윗사람에게 경비지출을 허락받기 위한 결제용서류로써 내부통제용으로 사용되는 것이다.

여기에는 법에서 작성을 강제한다거나 법에서 인정한다는 말은 없으며, 내부 통제용이라는 것이다. 즉 공적 서류가 아니라 사적 서류인 것이다. 또한, 마지막에 지출결의서 뒷면에 영수증을 첨부해서 보관한다. 라고 되어 있다. 이는 지출결의서를 작성해도 법적인 소명자료인 법정지출증빙을 꼭 첨부해야 한다는 의미이다.

증빙이 없으면 지출결의서가 증빙이 되지! 라는 막연한 생각을 하는 실무자가 생각보다 많다.

그러나 이건 나의 생각일 뿐이다. 그리고 나의 기준이다. 진짜 객관적인 기준에 맞지 않으면 지출 사실을 인정받기 힘들다는 점이다.

예를 들어 종전에는 여비교통비의 경우 증빙을 첨부하지 못하면 지출결의서로 인정을 해줬다. 다만, 이건 신용카드 단말기가 거의 도시에만 있고 시골에는 없던 시절, 택시나 버스에 카드 결제가 없던 시절의 이야기다.

요즘은 어디든 마음만 먹으면 증빙을 받기가 편하고 장사를 위해 소비자를 상대하는 대다수는 카드단말기를 가지고 있다. 또한, 숙박시설도 온라인 결제가 가능한 시절이다.

이같이 내가 받기 싫거나 귀찮거나 일부러 안 받지 않으면 받을 수밖에 없는 게 증빙이다.

그런데 객관적으로 증빙을 못 받아서 지출결의서로 증빙을 대신한다는 것은 말이 안 된다. 물론 진짜 증빙이 없는 경우는 지출결의서 등으로 소명되면 2%의 가산세를 물고 경비를 인정받으면 된다. 안 받는 것보다는 나으니까 하지만 지출결의서는 최후의 수단이라는 점을 항상 잊어서는 안 된다.

증빙 없으면 지출결의서 쓸까요? 하는 것은 이제는 먹히지 않는 시절이 왔다.

만일 이게 먹힌다면 세금 덜 내기 위해 나도 몇십 장 몇백 장의 지출결의서를 쓰겠다.

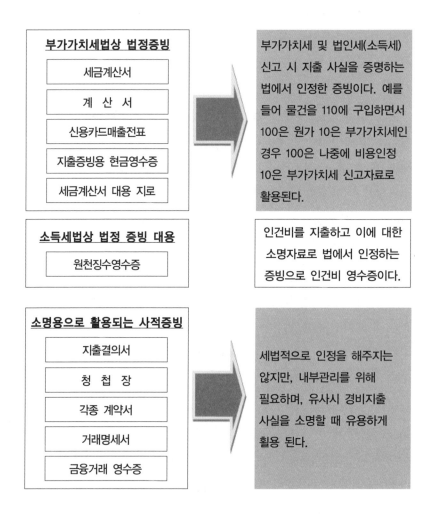

부가가치세법상 법정증빙	부가가치세 및 법인세(소득세) 신고 시 지출 사실을 증명하는 법에서 인정한 증빙이다. 예를 들어 물건을 110에 구입하면서 100은 원가 10은 부가가치세인 경우 100은 나중에 비용인정 10은 부가가치세 신고자료로 활용된다.
세금계산서	
계 산 서	
신용카드매출전표	
지출증빙용 현금영수증	
세금계산서 대용 지로	
소득세법상 법정 증빙 대용	인건비를 지출하고 이에 대한 소명자료로 법에서 인정하는 증빙으로 인건비 영수증이다.
원천징수영수증	
소명용으로 활용되는 사적증빙	세법적으로 인정을 해주지는 않지만, 내부관리를 위해 필요하며, 유사시 경비지출 사실을 소명할 때 유용하게 활용 된다.
지출결의서	
청 첩 장	
각종 계약서	
거래명세서	
금융거래 영수증	

번거로운 증빙
스캔해서 보관해도 되나?

지급 결제문서를 전산조직을 이용하여 작성한 경우 그 자체가 원본이므로 국세기본법 시행령 제65조의7에서 정하는 기준에 적합하도록 정보 보존장치에 보존하거나 회사의 업무상 비용을 법인카드로 지출하고 신용카드사로부터 신용카드 거래정보를 전송받아 동 거래정보를 국세기본법 시행령 제65조의7에서 정하는 기준에 적합하도록 정보 보존장치에 보존하는 경우 장부 등의 비치 및 보존의무를 이행하는 것이 되나, 문서로 받은 증빙서류(신용카드매출전표, 매입세금계산서 등)를 스캐너나 키보드를 통하여 전산입력하여 정보 보존장치에 보존하는 경우 원본 증빙서류를 반드시 같이 보존하여야 장부 등의 비치 및 보존의무를 이행한 것이 된다.

위 내용은 이렇게 이해하면 된다. 요새는 전산화가 되어 있으므로 규모가 있는 기업의 경우 ERP를 구축하는 경우가 있다.

ERP를 구축한다면 전자결제가 이루어지기 때문에 전자결제 후 신용카드사로부터 신용카드 거래정보를 전송받아 동 거래정보를 국세기본법시행령 제65조의7에서 정하는 기준에 적합하도록 정보 보존 장치에 보존하는 경우는 별도로 해당 증빙을 종이 원본으로 보존할 필요가 없다(국세청 홈택스로 전송된 증빙 포함).

그러나 전산화 여부와 관련 없이 종이(세금)계산서나 개인명의 신용카드매출 전표 등은 별도로 보관해야 한다.

1 (세금)계산서

세금계산서는 과세사업자가 재화나 용역을 공급하고 부가가치세를 포함해서 거래하였다는 것을 확인하려고 발급하는 증빙이다.

(전자)세금계산서는 발행 내역이 국세청에 전송되므로 따로 보관 의무가 없다.

(전자)계산서도 세금계산서와 같이 발행 내역이 국세청에 전송되므로 따로 보관할 의무가 없고, 종이(세금)계산서는 5년간 보관 의무가 있다.

2 신용카드(체크카드, 직불카드) 매출전표

법인카드는 따로 등록할 필요가 없지만, 개인사업자의 사업용 카드는 꼭 홈택스에 등록해 놓아야 부가가치세 신고 시 매입세액공제와 소득세 신고 시 경비처리가 원활하다.

직원 카드로 사용하고 사업체의 비용으로 처리하는 금액은 직원의 연말정산 시 신용카드 공제를 받으면 안 되며, 해당 매출전표는 원본을 보관해야 한다.

국세청에 전송된 신용카드매출전표는 따로 보관 의무가 없고, 회사 비용 처리한 개인명의 신용카드매출전표 등은 별도로 보관해야 한다.

3 현금영수증

사업자번호나 휴대폰 번호로 발급받으면 되지만, 현금영수증 카드를 발급받아 다니면서 현금과 같이 내는 습관을 들여서 적은 금액도 꼭 현금영수증을 발급받는 것이 좋다.

현금영수증을 받을 때 사업자 지출증빙용으로 받아야 부가가치세 매입세액공제를 원활하게 받을 수 있다.

소득공제용으로 발급받은 경우 지출증빙용으로 전환해야 한다.

[제 목]

증빙 문서 등을 정보 보존장치에 보관하는 경우 원시 장부 및 증빙서류의 보존 여부

[요 지]

전산으로 작성하여 정보 보존장치에 보존하는 경우 장부 등의 비치 및 보존 의무를 이행하는 것이 되는 것이나, 문서로 받은 증빙서류를 스캐너 등을 이용하여 전산 입력하여 보존하는 경우 원본 증빙서류를 같이 보존해야 하는 것임(국기, 서삼 46019-11582, 2003.10.09.).

위 예규는 종전 것으로 증빙서류를 스캐너 등을 이용하여 전산 입력하여 보존하는 경우 원본 증빙서류를 같이 보존하도록 하고 있다. 그러나 최근에는 적격증빙이 홈택스로 전송되므로 전송된 증빙에 대해서는 별도로 보존하지 않아도 되나, 법인이 비용처리하는 개인 신용카드매출전표나 종이 세금계산서 등 그 내역이 해당 법인으로 자동 분류되지 않는 경우나 전송되지 않는 증빙은 원본을 보존해야 한다.

[제 목]

현금영수증의 내역서 보관이 적법 증빙 보관 해당 여부

[요 지]

현금영수증의 월별이용대금명세서를 보관하고 있는 경우 현금영수증을 수취하여 보관하고 있는 것으로 보는 것임(소득, 서면 인터넷 방문상담 1팀-29, 2006.01.11.)

지출증빙보관(국세청 답변)

답변일 2014-07-02

국세기본법 제85조의3 제4항은 「전자문서 및 전자거래 기본법」 제5조 제2항에 따른 전자화문서로 변환하여 같은 법 제31조의2에 따른 공인 전자문서센터에 보관한 경우는 장부 및 증거서류를 갖춘 것으로 본다고 규정하고 있습니다. 다만, 계약서 등 위조·변조하기 쉬운 장부 및 증거서류로서 다음에서 정하는 것은 공인 전자문서센터에서 보관하더라도 실물을 별도로 보관하여야 합니다.

다 음

1. 「상법 시행령」 등 다른 법령에 따라 원본을 보존하여야 하는 문서

2. 등기·등록 또는 명의개서가 필요한 자산의 취득 및 양도와 관련하여 기명날인 또는 서명한 계약서

3. 소송과 관련하여 제출·접수한 서류 및 판결문 사본. 다만, 재발급이 가능한 서류는 제외한다.

4. 인가·허가와 관련하여 제출·접수한 서류 및 인·허가증. 다만, 재발급이 가능한 서류는 제외한다.

따라서, 거래명세서 등의 스캔된 이미지를 공인 전자문서센터에서 보관할 경우만 그 보관의 효력이 인정되는 것이고, 회사 내에서 보관하는 것은 효력이 인정되지 않으므로, 실물 증빙을 별도로 5년간 보관해야 하는 것입니다.

컴퓨터의 급속한 발전으로 위조, 변조가 가능하므로 신뢰성을 인정받을 수 있는 공인 전자문서센터에 보관한 경우에만 법에 의한 보관으로 본다는 의미로 판단됩니다.

세금 신고 시 증빙은 다 제출하는 것이 아니다.

사업을 처음 시작하는 경우나 초보들이 가장 헷갈리는 것 중의 하나가 증빙을 제출해야 하냐 내가 의무적으로 소명해야 하이냐이다.

이것을 전문용어로 입증책임의 문제라고 한다.

결론은 증빙은 일일이 한 장 한 장 제출하는 것이 아니고 그 내역을 일일이 작성해서 제출하는 것이 아니라 모든 내역을 신고서에 집계해서 작성 후 제출하는 개념이라고 보면 된다. 즉, 한 장 한 장 제출하는 것도 그것을 입증하기 위해 신고서에 일일이 거래내역을 기록하는 것도 아니라고 보면 된다.

그런데 왜 증빙 등이 필요하냐 하면 입증책임 때문이다. 예를 들어 세무조사 시 국세청에서 우리가 국세청 자료를 분석한 결과 당신은 이 항목에 대해서 세금계산서 등 증빙도 없는데 매입세액공제도 받고 비용처리해서 종합소득세(법인세)도 적게 냈는데 입증(소명)을 하라고 하면 소명자료가 필요하게 된다.

그럴 때 증빙이 필요한 것이다.

그리고 법인은 법인카드를 사용하고 개인은 사업용 카드를 사용하라고 하는 이유는 각 지출내역이 국세청에 자동으로 기록되어 기본적으로 경비로 인정받기 쉽고, 나중에 소명의 번거로움이 줄어들기 때문이다.

그렇다고 무조건 인정을 해주는 것은 아니다. 예를 들어 사업용 카드를 사용해 마트에서 세제를 사고 두부 콩나물을 산다면 이건 누가 봐도 가정용 지출이므로 이런 것은 인정을 안 해준다. 다만, 컴퓨터 책상 등은 가정용으로 사용하는 예도 있지만 반대로 사무용으로도 사용하는 경우가 있으므로 사업자가 가정용이 아니라 사업용이라고 주장하면 세무서는 그게 아니라 가정용이라고 판단된다고 다툼이 발생하면 그 입증을 납세자에게 지우지 못하고 세무서가 해야 하며 세무서도 그 입증이 쉽지 않아 비용으로 인정해 줄 가능성이 크다는 것이지 100% 그렇게 한다는 것은 아니다.

이처럼 개인사업자가 처리할 수 있는 것은 누가 봐도 가정용 지출이 아니라 가정용과 사업용으로 같이 사용 가능한 품목이다.

그렇다고 이게 100% 가능한 것은 아니며, 세무서는 열받으면 입증을 위해 현장 방문도 하니 결국 사업자의 양심의 문제이다.

제6장

급여 세금과 원천징수

상용근로자, 일용근로자, 외국인 근로자에 대한
급여의 원천징수 방법과 세금 신고 시 작성해야
하는 원천징수이행상황신고서 등 각종 서식의
작성 방법에 관해 설명하는 장이다.
또한 기타소득과 사업소득의 원천징수 방법에
대해서도 실무적 적용 방법을 서술함으로써
원천징수 전반의 실무적 처리 방법을 알려주고
있다.

경리실무자가 관리해야 할 급여업무

구분	업무처리
급여자료 접수 및 정리	• 매연도 보수표 접수 및 전산 입력 • 기본 공제자료 정리 • 인사명령서 정리 : 신규임용, 승진, 승급, 퇴직, 휴직, 병가, 연구 등의 인사명령서 발령일, 직책 변경 확인 및 계산 • 부양가족수당, 학비보조수당 신청서 등 공제자료 접수 및 정리 • 국민연금, 건강보험, 고용보험부담금 확인 • 친목 단체 회원의 신규가입자, 탈퇴자 확인 • 주차료, 개인 전화, 모사 전송료 등 전산 입력 : 급여 변동자료정리 • 급여통장계좌 정리 : 급여 변동자료 입력, 수정, 확인 • 개인 변동자료, 공제 내역 자료 등의 급여 변동자료를 확인한다.
급여대장 수정, 확인	• 급여대장을 출력하여 급여대장의 개인별 내역 인사명령 및 공제자료, 변동자료 등과 대조·확인하고 과목별 합계액 계산 • 개인별 지급액, 근로소득세, 지방소득세의 이상 유무 확인 : 급여대장 및 급여명세서 출력 • 급여대장이 급여기초자료와 대조·확인하여 이상이 없으면 급여대장을 출력, 급여 지급 관련 문서와 함께 결재한다.

구분	업무처리
	• 개인별 급여명세서를 프로그램에 조회 및 출력할 수 있도록 한다.
근로소득세 원천징수	• 기본공제 대상자인 본인, 배우자, 부양가족 수를 확인·정리한다. • 비과세소득을 제외한 모든 급여 과세소득이 합산되어 과세될 수 있도록 급여자료 정리 • 매월 급여 지급 시에 징수할 근로소득세를 공제한다. • 급여지급액 외에 지출 중 퇴직금, 외래 강사의 기타소득, 일용근로자의 노임지급액과 과세소득 자료를 발췌한다. • 중도 퇴직자의 근로소득공제신고서 및 각종 소득공제자료를 취합·정리한다. • 과세자료가 정리되면 개인별 급여 과세소득과 복리후생비로 처리했지만, 근로소득으로 과세해야 하는 소득을 합산한다. • 연말정산 자료를 받아서 연말정산 준비를 한다.
4대 보험 공제	• 급여에서 4대 보험료를 공제한다. • 근로내용확인신고서 제출 • 4대 보험 취득·상실·변동 내역을 신고 및 관리한다. • 중도퇴사자에 대한 퇴직정산을 한다. • 고용보험 및 건강보험 등 연말정산을 한다.
세무 자료 작성	• 원천징수이행상황신고서 작성 • 지방소득세 특별징수계산서 작성 • 소득자별 근로소득원천징수부 작성 • 원천징수영수증(지급명세서) 작성 • 간이지급명세서 작성 • 지급명세서 작성 매월 근로소득, 기타소득, 퇴직소득 별로 세액을 계산, 원천징수의무자가 이를 징수하여 익월 10일까지 금융기관에 납부한다.
급여 은행 입금	• 급여를 이체한다(반드시 본인 명의 계좌로 입금한다.).

급여 세금의 계산과 업무 흐름

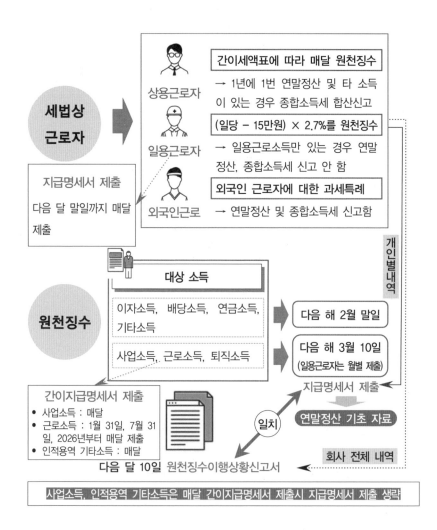

세법상 근로자

상용근로자
간이세액표에 따라 매달 원천징수
→ 1년에 1번 연말정산 및 타 소득이 있는 경우 종합소득세 합산신고

일용근로자
(일당 - 15만원) × 2.7%를 원천징수
→ 일용근로소득만 있는 경우 연말정산, 종합소득세 신고 안 함

외국인근로
외국인 근로자에 대한 과세특례
→ 연말정산 및 종합소득세 신고함

지급명세서 제출
다음 달 말일까지 매달 제출

원천징수

대상 소득

이자소득, 배당소득, 연금소득, 기타소득 ▶ 다음 해 2월 말일

사업소득, 근로소득, 퇴직소득 ▶ 다음 해 3월 10일 (일용근로자는 월별 제출)

개인별 내역

지급명세서 제출

연말정산 기초 자료

회사 전체 내역

간이지급명세서 제출
- 사업소득 : 매달
- 근로소득 : 1월 31일, 7월 31일, 2026년부터 매달 제출
- 인적용역 기타소득 : 매달

일치

다음 달 10일 원천징수이행상황신고서

사업소득, 인적용역 기타소득은 매달 간이지급명세서 제출시 지급명세서 제출 생략

- 매달 10일 : 원천세 신고 및 납부 ▶ 원천징수이행상황신고서 제출
- 매달 말일 : 사업소득, 일용근로자, 인적용역 기타소득 간이지급명세서 제출
  근로내용확인신고서를 근로복지공단에 제출할 때, 사업자등록번호와 국세청 일용소득신고에 체크, 내용을 기재해 제출하면 일용근로자 지급명세서는 국세청에 별도로 제출하지 않아도 된다.
- 3월 10일 : 근로소득세 연말정산, 사업소득, 퇴직소득의 지급명세서 제출.
- 5월 31일 : 연말정산 중 공제받지 못한 금액이 있는 근로소득자, 근로소득 이외 사업소득, 부동산임대소득, 연금소득 등 종합과세합산 대상 소득이 있는 경우 신고 및 납부
- 간이지급명세서 제출 : 3월 10일 지급명세서 제출분과 별도.
  사업소득, 인적용역 기타소득 : 매달 제출 단 사업소득, 인적용역 기타소득은 매달 간이지급명세서 제출 시 지급명세서 제출 생략
- ※ 간이지급명세서 제출 대상 기타소득은 강연료, 전문 직종 용역 등 고용 관계없이 일시적으로 인적용역을 제공하고 받는 대가임. 상금·부상, 자산 등의 양도·대여·사용의 대가 등 다른 기타소득은 현행과 같이 연 1회 지급명세서 제출
  근로소득 : 1월 31일, 7월 31 일, 2026년부터 매달 제출
- ※ 근로소득은 매달 일정액을 공제한 후 연말정산을 통해 1년간의 총급여 세금을 정산하는 구조로 1년간 납부해야 하는 총 세금은 정해져 있다.
- ※ 일용근로자는 연말정산 없이 매달 내는 세금으로 근로소득에 대한 납세의무가 끝나며, 일용근로소득만 있는 경우 종합소득세 신고 및 납부를 안 해도 된다.
- ※ 실질적 근로자이지만 회사에서 프리랜서로 신고하는 경우 매달 근로소득세 납부 및 연말정산은 안 하나, 종합소득세 신고 및 납부는 해야 한다. 프리랜서의 경우 필요경비가 거의 없어 대다수 경비율에 의해 종합소득세를 신고 및 납부하게 되는데, 원천징수 시 경비율 선택을 잘해두어야 나중에 종합소득세 신고 시 절세할 수 있다.
- ※ 고용보험, 산업재해보험은 일용직 근로자를 고용할 때마다 자격취득 및 상실 신고를 하기 어렵다. 그래서 고용보험법에서 한 달에 한 번 근로복지공단에 근로내용확인신고를 하면 고용, 산재보험의 취득 및 상실, 이직 신고까지 모두 한 것으로 본다.

근로소득의 과세 및 비과세 판단

근로소득과 관련해서 초보자가 알아야 할 사항은 2가지 정도로 생각하면 된다.

첫째, 근로소득이 과세냐, 비과세냐

둘째, 간이세액표의 적용 방법이다.

1 근로소득이 과세냐, 비과세냐 판단기준

급여 즉, 근로소득은 원칙적으로 무조건 과세 된다고 생각하면 된다. 다만, 소득세법에서는 비과세소득에 대해 실비변상적 급여 및 복리후생적 급여라고 해서 일부에 대해서만 열거 즉 나열해두고 있다.

따라서 이 항목에 속하지 않는 경우는 원칙적으로 세금을 내야 한다고 생각하면 된다.

그런데 세금을 내기 싫은 사람의 마음은 다 똑같아서 과세 되는 급여인데, 비과세로 처리하고 싶어 하는 분들이 많다. 그건 내 마음대로 되는 일이 아니다.

그리고 회계처리 때 복리후생비라서 세금 안 내도 되겠지 생각하는 경우가 많은데, 계정과목 상 복리후생비라도 그 금액이 특정 개인의 주머니에 들어가는 경우는 무조건 급여로 보아 근로소득세를 내야 한다.

❓ 사례 1

예를 들어 홍길동의 생일선물을 회사에서 준 경우를 생각해보자

1. 계정과목은 복리후생비이다.

2. 그런데 동 선물은 홍길동이라는 특정 개인의 주머니로 쏙 들어가므로 이는 세금을 내야 하는 급여가 되는 것이다.

3. 반면 생일선물이 아닌 생일 케이크를 구입해서 직원들끼리 나누어 먹은 경우, 비록 생일은 홍길동이지만 케이크는 홍길동 개인이 아닌 만인의 케이크가 되었으므로, 이는 세금을 안 내도 되는 복리후생비이다.

❓ 사례 2

예를 들어 회사에서 점심 식사를 제공하는 경우를 생각해보자. 직접 식당에서 점심을 사주는 때도 있고, 식권을 제공하는 때도 있다.

음식을 제공(회사 식당, 외부식당)하는 경우는 무조건 비과세이니 논외로 하고, 식권을 제공하는 경우를 보면

1. 계정과목은 복리후생비이다.

2. 식권은 식사에만 사용할 수 있고 환불이 안되는 경우와 현금으로 환불 가능한 경우를 생각해 볼 수 있다.

3. 현금으로 환불이 안되는 식권은 무조건 비과세, 문제는 현금으로 환불이 가능한 식권이다.

현금으로 환불이 가능한 식권을 현금으로 환불해 해당 직원의 주머니로 들어가면 이는 원칙적으로 해당 직원의 급여로 본다.

2 과세되는 급여의 특징

결론적으로 과세 되는 급여는 1:1로 지급되는 현금이나 물품이라는 특징을 가지고 있다.

- 각 개인에게 지급하는 현금은 과세되는 급여이다(급여, 포상금, 업무와 관련 없는 학비 보조금, 생일선물 상품권 등. 단 경조사비는 예외).
- 특정 개인에게만 주는 것은 과세되는 급여이다(생일선물).
- 현금으로 바꿀 수 있는 물품은 과세되는 급여이다(화폐대용증권, 식권).

[용어해설]

📋✓ 실비변상적 급여

근로소득자가 업무수행을 위하여 실제로 소요되는 경비 상당액을 보존하기 위해 받는 급여로 차량유지비를 생각하면 된다.

📋✓ 복리후생적 급여

근로자의 복지향상 및 생산 의욕 고취 등을 목적으로 지급하는 급여로 식대 보조금이 대표적이다.

법으로 정해진 근로소득 비과세 급여

급여에는 포함되나 세금을 내지 않아도 되는 비과세 급여의 종류는 다음과 같다. 비과세소득은 4대 보험 계산을 할 때도 차감된다.

❶ 식사·기타 음식물을 받지 아니하는 근로자가 받는 월 20만 원 이하 식대

❷ 일직료·숙직료 또는 여비로서 실비변상 정도의 금액

❸ 자가운전보조금액 중 월 20만 원 이내의 금액

❹ 연구원 등이 받는 연구보조비 또는 연구활동비 중 월 20만 원 이내의 금액

❺ 생산직에 종사하는 직전 연도 수입금액이 3,000만 원 이하이면서 월정액급여 210만 원 이하인 근로자가 연장시간 근로·야간근로 또는 휴일근로로 인하여 받는 급여(연 240만 원 한도, 일용근로자 전액)

❻ 선원이 받는 월 20만 원 이내의 승선 수당과 광산근로자가 받는 입갱 수당 또는 발파수당

❼ 북한지역에서 근로를 제공하고 받은 급여 중 월 100만 원(원양어업 선박 또는 국외 등을 항행하는 선박이나 항공기, 국외 건설 현장(감리업무 포함)에서 근로를 제공하고 받는 보수는 월 500만 원) 이내의 금액

❽ 근로자 또는 배우자의 출산(전액), 6세 이하 자녀의 보육 관련하여 사용자로부터 받는 월 20만 원 이내 금액

❾ 벽지에 근무함으로써 받는 월 20만 원 이내의 벽지 수당

❿ 국민건강보험법 등에 따라 국가·지방자치단체 또는 사용자가 부담하는 부담금

각종 급여의 비과세 요건을 살펴보면 다음과 같다.

1 자가운전보조금(차량유지비)의 비과세

세무조사 시 자가운전보조금은 중점적으로 보는 항목이다. 자가운전보조금은 여비교통비, 차량유지비 계정과 많이 비교하니 철저한 관리와 주의가 필요한 계정이다.

자가운전보조금이 비과세되기 위해서는 다음의 조건을 모두 충족해야 한다.

▶ 근로소득자만 비과세된다.

▶ 종업원(법인 대표이사, 출자 임원, 비출자 임원, 직원 포함)의 자기 소유 차량(자기 명의의 임차 포함)이어야 한다. 또한, 부부 공동명의인 경우에도 인정된다. : 차량 등록증을 제출받아 확인

▶ 종업원이 직접 운전해야 한다.

▶ 자가운전보조금을 받는 종업원이 시내 출장비 등을 실비로 별도로 받으면 안 된다.

▶ 회사의 업무수행에 이용하는 것이어야 한다.

▶ 당해 사업체가 미리 정한 지급 규정(사규) 등에 의해 지급하는 것이어야 한다.

▶ 월 20만 원까지만 비과세 처리한다.

시외출장비의 경우 20만 원과 별도로 증빙을 첨부하면 추가로 비용인정이 된다.

위의 요건을 충족한 자가운전보조금은 월 20만 원까지 비과세 처리되고, 증빙으로는 원천징수영수증으로 충분하다. 반면, 비과세 요건을 충족하지 못한 경우 해당 직원의 급여로 처리 후 원천징수영수증을 증빙으로 첨부하거나 지출 건별도 법정지출증빙을 받아서 첨부해야 한다.

자가운전보조금의 비과세처리를 위한 각종 사례

- 비과세 대상 자가운전보조금을 지급받고 있는 종업원이 본인이 소유하고 있는 차량을 이용해서 시외출장에 사용하거나 시외출장에 대중교통을 이용하고 동 출장에 실제 소요된 유류비, 통행료 등과 교통비를 사용주로부터 지급받는 금액 중 실비변상적인 정도의 금액은 비과세되는 것임(서면 1팀-1016, 2005.8.29)
- 단지 직원의 출·퇴근 편의를 위해서 지급하는 교통보조금은 자가운전보조금이 아님. 즉, 근로소득으로 과세대상 임(서면 1팀-293, 2008.3.6.).
- 타인(배우자 등) 명의로 등록된 차량에 대해서는 자가운전보조금 비과세 규정을 적용할 수 없는 것임(서일 46011-10263, 2003.3.6)
- 본인과 배우자 공동명의로 등록된 차량에 대해서는 자가운전보조금 규정을 적용할 수 있으나(재소득-591, 2006.9.20), 부모, 자녀 등 배우자 외의 자와 공동명의인 차량에 대해서는 동 규정을 적용할 수 없음(서면 1팀-372, 2008.3.20., 서면 1팀-327, 2008.3.13)
- 자가운전보조금 비과세 규정을 적용함에 있어 종업원의 범위에는 법인세법시행령 제43조의 규정에 해당하는 임원도 포함하는 것임(법인 46013-1123, 1996.4.12)
- 차량을 소유하고 있지 않은 종업원에게 지급하는 자가운전보조금은 과세대상임(소득 46011-392, 1999.11.25)
- 근로자가 2 이상의 회사에 근무하면서 각각 지급받은 자가운전보조금은 지급하는 회사를 기준으로 월 20만원 이내의 금액을 비과세하는 것임(서면 1팀-1272, 2006.9.14)
- 비과세 되는 자가운전보조금은 차량운행에 따른 소요경비의 증빙서류 비치 여부와 관계없이 사규에 의해서 실제로 지급받는 월 20만 원 이내의 금액임(법인 46013- 2726, 1996.9.25)

세무서 조사관들이 가끔 세무조사 시 식비를 확인하기도 한다. 12시를 전후로 복리후생비 계정에서 회사 근처 식당에 식비를 지급했는지 또는 카드 결제가 있는지 만약 있다면 이중경비공제라고 해서 비용으로 인정해주지 않는다.

식대가 비과세되기 위해서는 다음의 조건을 모두 충족해야 한다.

❯ 식대가 연봉계약서 등에 포함되어 있고,

❯ 회사의 사규 등에 식대에 대한 지급기준이 정해져 있는 경우로서

❯ 현물 식사(사내 급식 또는 이와 유사한 방법으로 식사 또는 기타 음식물)를 받지 않아야 하며,

❯ 월 20만 원까지 비과세 처리한다.

 식대 비과세와 관련해서 주의할 점과 부가가치세 매입세액공제

1. 식대 비과세와 관련해서 주의할 점

식대는 세법상 월 20만 원 비과세 처리된다. 그래서 중소기업 실무자들은 모든 직원에 대해 식대 20만 원을 무조건 비과세 처리한다.

그러나 여기서 주의해야 할 점이 있다. 현물 식사를 제공하는 경우 20만 원은 과세로 바뀐다. 구내식당이 없는 기업에서 직원에게 제공하는 식비는 월 20만 원은 비과세 되지만, 구내식당이 있음에도 불구하고 직원들 식대 20만 원을 비과세 처리하면 나중에 추징된다.

2. 부가가치세 매입세액공제

직원들 식사를 외부식당에서 현물 제공하는 경우나 구내식당에서 원재료를 구입해서 제공

하고 일정액을 보조해주는 경우 동 지출 비용을 복리후생비로 회사 경비처리가 가능하고 부가가치세 신고 시 매입세액공제도 받을 수 있다.

예를 들어 외부식당과 계약에 의해 직원 식대를 한 달에 150만 원(부가가치세 별도)을 지출한 경우 150만 원은 복리후생비로 법인세나 소득세 신고 시 경비로 인정받을 수 있고, 15만 원의 부가가치세는 부가가치세 신고 시 매입세액공제가 가능하다.

 식대 비과세와 별도로 추가로 비과세되는 식대

✔ 야근 등 시간 외 근무 때 실비에 해당하는 식사나 식대는 비과세

✔ 식권을 받는 경우 현금으로 환금할 수 없는 경우에는 20만 원을 초과해도 비과세하나, 현금화가 가능한 경우 20만 원까지만 비과세한다.

✔ 근로자가 2 이상의 회사에 근무하면서 식대를 매월 각 회사로부터 중복해서 지급받는 경우에는 각 회사의 식대 합계금액 중 월 20만 원 이내의 금액만 비과세(두 회사에서 합쳐 40만 원을 받아도 20만 원만 비과세)한다.

✔ 건설공사 현장에서 제공되는 숙식비는 일용근로자의 일 급여에 포함되나 현물로 제공되는 식사는 비과세한다.

구 분		세무 처리
식사 또는 식대 중 한 가지만 제공	식사(현물, 구내식당 등)	비과세
	식대(현금)	월 20만 원까지만 비과세하고, 20만 원 초과 금액은 근로소득에 포함해서 원천징수를 한다.
식사와 식대를 모두 제공		식사는 비과세하나 식대는 금액과 관계없이 전액 근로소득에 포함해서 원천징수를 한다.

구내식당을 이용하는 경우 식대 비과세

1. 구내식당 위탁계약에 의해 식사를 제공하는 경우

사업자가 직원 복리후생을 위해 구내식당을 운영하기로 한 후, 외부 급식업체와 구내식당 위탁운영계약을 체결하고 직원에게 식사를 제공하고 있으며, 구내식당에서 제공되는 식사 중 일부는 직원의 개인 부담으로 일정 금액을 급여에서 공제하고 있는바, 직원의 비용으로 처리하여 대금 공제하는 식대에 대하여 매출세금계산서를 발급해야 하는지, 이 경우 외부 급식업체로부터 발급받는 세금계산서에 대한 매입세액은 공제받을 수 있는지 알아보면 다음과 같다.

외부 급식업체와 구내식당 위탁운영 계약을 체결하고 직원에게 식사를 제공함에 있어 그 일부를 직원이 부담하는 경우는 자기의 직원에게 음식 용역을 공급한 것으로 볼 수 없다. 종업원 식대의 일부는 회사가 부담하고 일부는 종업원이 부담하는 경우 세금계산서 교부 방법에 대한 국세청 예규는 다음과 같다.

제조업자가 자기의 종업원에게 식권을 교부하고 동 식권에 의하여 음식점에서 식사하도록 함에 있어 식권 금액의 절반은 제조업자가 부담하고 나머지 절반은 종업원이 부담하기로 한 경우 제조업자가 음식접업자에게 대금 지급을 위하여 종업원으로부터 음식요금을 받는 경우에도 제조업자가 자기의 종업원에게 음식용역을 공급한 것으로 볼 수 없는 것임(부가 22601-1743, 1985.09.07.).

결론은, 회사가 부담하지 않고 직원의 개인 부담으로 하여 일정 금액을 급여공제하고 있는 식대의 경우는 매출로 인식하여 세금계산서를 발급할 대상이 아닌바, 외부 급식업체로부터 회사가 부담하는 식대와 직원이 부담하는 식대를 합계하여 한 장의 세금계산서로 발급받은 경우 직원이 부담하는 식대 부분에 대한 매입세액은 매출세액에서 공제받을 수 없는 것이다.

2. 종업원단체가 운영하는 구내식당 유지관리비용의 회사보조금

법인이 그 사용인을 위하여 지출한 복리후생비는 손금으로 인정된다. 따라서 종업원단체가 운영하는 구내식당에 종업원 복리후생을 목적으로 지출하는 유지관리비 및 식·재료비는 법인의 손금에 해당한다.

금융업을 영위하는 법인의 사원들로 구성된 구내식당 운영회가 구내식당을 운영하면서 사원들에게 음식 용역을 공급하고 받는 대가에 대하여는 부가가치세가 과세되는 것임(부가 46015-704, 1998.04.11.).

법인의 종업원단체가 종업원이 이용하는 구내식당 등을 운영하는 경우 실질적인 종업원의 복리후생을 증진할 목적으로 법인이 동 식당시설에 대한 유지관리비 및 식 재료비의 일부를 부담하는 것은 법인의 손금에 해당하는 것이며, 식당시설의 무상 대여는 법인세법 제20조에서 규정한 "조세의 부담을 부당히 감소시킨 것으로 인정되는 경우"에 해당하지 아니하는 것임(국세청 답변일 2015-03-17).

3. 식비를 일부는 직원이 내고 일부는 회사가 부담하는 경우

직원들에게 일정액의 식비에 대해서 조, 중, 석식을 급여에서 차감하고 있다.
그러나 직원들이 납부하는 식사비는 식당 운영에 크게 못 미쳐서 회사에서 식당 운영비(식자재 구입 등)에 대해서 추가로 부담하는 실정이다.
이와 관련하여 당사 본사의 구내식당에 대해서 매입세액공제가 가능한 것인지?

부가가치세가 과세되는 구내식당 매출과 관련한 매입세액은 공제가 가능할 것으로 사료된다. 초과하여 지출하는 식당 운영비의 의미를 알기 어려우나, 부가가치세 매입세액공제는 부가가치세가 과세 되는 매출에 대응하는 매입세액에 대하여 세금계산서 등을 수취하는 경우 가능한 것이다(식당 운영이므로 식자재의 계산서 수취 시 의제매입세액공제는 가능함)(국세청 답변일 2015-03-31).

3 출산·보육(가족수당)수당의 비과세

6세 이하 여부 판단 시기는 과세기간 개시일 기준으로 판단한다.
2026년 연말정산(2025년 귀속)의 경우 2025년 1월 1일 기준 2019년 1월 1일 이후 보육자가 적용 대상이다.
만으로 계산하는 경우 만 6세 1개월인 경우에는 6세를 초과한 것으로 본다. 과세기간 개시일을 기준으로 72개월이 초과하지 않은 자녀는 6세를 초과하지 않는 것으로 판단해 비과세한다.

2019년 출생한 자녀는 2025년에 7살에 해당하므로 보육수당 비과세 요건에 해당하지 않아야 하는 것이나, 72개월을 채우지 못한 상태에서 7세가 된 자녀의 보육수당까지는 최대한 혜택을 주기 위하여 위와 같이 적용하는 것이며, 2019년에 출생한 자녀는 2025년 12월까지 지급하는 보육수당에 대하여 월 20만 원 이내의 금액을 비과세 적용하는 것이다. 반면 출산수당은 전액 비과세한다.

> ❱ 회사 내부규정에 따라 육아 보조비 지원 규정이 있어야 하고,
> ❱ 월 20만 원까지 비과세 처리한다.

4 연구보조비 및 연구활동비의 비과세

다음 중 어느 하나에 해당하는 자가 받는 연구보조비 및 연구활동비 중 월 20만 원 이내의 금액은 비과세한다.

> ❱ 유아교육 기관, 초·중등 및 고등교육기관의 교원이 받는 연구보조비나 연구활동비 : 교원에 한한다.
> ❱ 정부·지자체 출연연구기관 연구원과 직접 연구 활동을 지원하는 자(단, 건물의 유지·보수와 음식 제공이나 차량의 운전에 종사하는 자는 제외) : 대학교원에 준하는 자격을 가진 자에 한한다.
> ❱ 중소기업·벤처기업 부설 연구소 연구원이 받는 연구비 : 연구원에 한한다.
> ❱ 월 20만 원까지 비과세 처리한다.

5 일직료·숙직료의 비과세

다음의 두 가지 요건을 만족하는 일직료·숙직료는 비과세한다.

> ❯ 회사의 사규 등에 의해서 지급기준이 정해져 있고,
> ❯ 사회 통념상 타당하다고 인정되는 범위 내의 금액

표에서 사회 통념상 타당한 금액이란 일반적으로 생각해서 과도한 금액이 아닌 적절한 금액으로 누가 봐도 객관적인 금액이라고 생각되는 금액을 말한다.

6 육아휴직급여의 비과세

장해급여·유족급여·실업급여·육아휴직급여 등은 비과세한다.

❶ 고용보험법」에 따라 받는 육아휴직급여

❷ 공무원 또는 사립학교교직원 연금법, 별정우체국법을 적용받는 사람이 관련 법령에 따라 받는 육아휴직수당

❸ 사립학교 직원이 사립학교 정관 등에 의해 받는 육아휴직수당

노사 간 단체협약으로 업무 외의 원인으로 인한 부상·질병 등으로 휴직한 자가 받는 급여 및 업무상 부상 등으로 요양하고 있는 자가 산업재해보상보험법에 의한 휴업급여 등과는 별도로 매월 받는 생계보조금(위자료의 성질이 있는 급여 제외)은 과세대상 근로소득에 해당한다.

7 학자금의 비과세

근로자(임원 포함)의 초·중등교육법 및 고등교육법에 따른 학교(외국에 있는 이와 유사한 교육기관을 포함함)와 근로자직업능력개발법에 의한 직업능력개발훈련시설의 입학금·수업료·수강료 기타 공납금 중 아래의 3가지 요건을 모두 충족해야 비과세된다(해당 연도에 납입할 금액을 한도로 함).

> ❯ 근로자가 종사하는 사업체의 업무와 관련 있는 교육훈련을 위해 받는 학자금으로
> ❯ 당해 업체의 규칙 등에 정해진 지급 규정에 따라 지급되고,
> ❯ 교육훈련 기간이 6월 이상이면 교육훈련 후 교육 기간을 초과해서 근무하지 않는 경우 반환하는 조건일 것

❶ 종업원이 사설어학원 수강료를 지원받은 금액은 비과세소득으로 보는 학자금에 해당하지 않는다.

❷ 자치회비 및 교재비도 비과세소득으로 보는 학자금에 해당하지 않는다.

❸ 종업원이 사내근로복지기금법의 규정에 따라 받는 자녀학자금은 과세대상 근로소득에 해당하지 않는다.

❹ 학자금이 비과세되는 근로자에는 출자 임원도 포함한다.

❺ 연말정산 교육비 공제 시 비과세 학자금, 장학금은 차감한 금액만 공제한다.

예를 들어 사내근로복지기금법에 따른 사내근로복지기금으로부터 받는 장학금이나 재학 중인 학교로부터 받는 장학금 등이 이에 해당한다.

구 분		세무 처리
근로자본인	초·중등교육법 및 고등교육법에 따른 학교(외국에 있는 이와 유사한 교육기관 포함)의 입학금·수업료·수강료와 근로자직업능력개발법에 의한 직업능력개발훈련시설의 입학금·수업료·수강료	❶ 회사의 업무와 관련 있는 교육훈련 ❷ 회사의 규칙 등에 의해 정해진 지급기준에 따라 지원 ❸ 교육훈련 기간이 6월 이상 교육·훈련 후 해당 교육 기간을 초과해서 근무하지 않을 때는 받은 금액을 반납하는 조건 위의 세 가지 요건을 모두 만족하는 경우 당해 학자금은 비과세 학자금에 해당하며, 비과세되는 해당 학자금에 대해서는 교육비공제를 받을 수 없다.
	대학원 자치회비 및 교재비	대학원 자치회비 및 교재비 지원금은 근로소득 과세 대상 소득이며, 자치회비 및 교재비는 교육비공제 대상에도 해당하지 않는다.
자녀		회사로부터 지원받은 자녀에 대한 학자금은 과세대상 근로소득이며, 과세대상인 해당 학자금에 대해서는 교육비공제가 가능하다.

📑🔍 학원 수강료, 도서구입비 보조금액의 세무처리

교육훈련비에는 교육장 임차료, 사내·외 강사료, 연수비, 교육용 책 구입비, 세미나 참가비, 학원 수강료 등이 포함된다.

구 분		세무 처리
개인이 학원에 다니는 경우	업무 관련이 있는 학원비로써 내부규정에 의한 지급	○ 회사 : 계산서나 신용카드매출전표, 현금영수증 중 하나를 법정지출증빙으로 받아서 비용처리 ○ 개인 : 근로소득세 부담이 없음
	업무와 관련이 없는 학원비	○ 회사 : 계산서나 신용카드매출전표, 현금영수증 중 하나를 법정지출증빙으로 받지 않아도 됨(근로소득세 원천징수 후 복리후생비 또는 교육훈련비가 아닌 해당 직원 급여로써 비용처리 : 원천징수영수증) ○ 개인 : 해당 직원이 근로소득세를 부담해야 한다.
회사가 업무와 관련해 강사 등을 초빙하거나 외부 학원을 이용해서 직접 대가를 지급하는 경우		○ 회사 : 계산서나 신용카드매출전표, 현금영수증 중 하나를 법정지출증빙으로 받아서 비용처리 ○ 개인 : 근로소득세 부담이 없음

8 생산직 근로자 시간외근무수당의 비과세

아래의 3가지 요건을 모두 충족해야 비과세 된다.

> ❯ 생산직, 공장, 광산근로자, 어선원, 운전원 및 관련 종사자 중 직전연도 총급여가 3,000만 원 이하로써 월정액급여가 210만 원 이하인 근로자의
> ❯ 연장근로급여, 야간근로급여 및 휴일근로급여 등 통상급여에 더해서 받는 급여로서
> ❯ 추가되는 금액 중 연 240만 원(광산근로자와 일용근로자의 경우 : 전액)까지의 금액은 전액 비과세한다.

> 결국, 대상은 직전 과세기간 총급여액 3,000만 원 이하 + 월정액급여 210만 원
> 이하(한도 240만 원)

월정액급여란 매월 받는 봉급이나 급료 등 급여총액에서 상여 등 부정기적인 급여와 실비변상적 급여 및 복리후생적인 급여, 연장시간 근무, 야간근무, 휴일근무로 통상임금에 가산한 금액을 제외한 급여를 말한다.

월정액급여에 포함되는 급여	월정액급여에 포함되지 않은 급여
❶ 매월 정기적으로 받는 식대 ❷ 연간상여금 지급총액을 급여지급 시에 매월 분할 해서 받는 경우 근로자가 연장시간근로, 야간근로, 휴일근로 등으로 인하여 지급받는 특근수당, 잔업수당 등은 급여의 크기가 매월 변동되더라도 매월 계산되는 급여항목인 경우는 월정액급여에 포함된다.	❶ 부정기적으로 지급받는 상여((명절, 연말 상여금 등), 연차수당. 다만, 통상적으로 매월 지급되는 급여에 해당하는 때에는 월정액급여의 범위에 포함 ❷ 매월 업무성과를 평가하고 실적 우수자를 선정해서 성과급상여금 지급약정에 따라 지급하는 상여금 ❸ 국민연금법에 따른 사용자 부담금

생산직 근로자의 범위를 살펴보면 다음과 같다.
❶ 소사장제 또는 서비스용역업체에 고용되어 공장에서 근로를 제공하는 자
❷ 어업영위자에게 고용되어 어선에서 근무하는 육체적 노동종사자
❸ 운전원과 관련 종사자 및 우편물 집배원, 수화물 운반원 등 물류 산업 현장 근로자도 포함된다.

다음의 두 가지 요건을 만족하는 경우 비과세한다.

❯ 해외 또는 북한지역에 주재하면서 근로를 제공하고 받는(단, 출장·연수 등을 목적으로 간 것은 국외 근로소득으로 보지 않는다.)

❯ 월 100만 원. 다만, 원양어업 선박, 국외 등을 항행하는 선박, 국외건설현장 등에서 근로를 제공하고 받는 보수의 경우 월 500만 원

① 원양어업·선박 등 국외를 항행하는 선박에서 근로를 제공하는 자

　→ 비과세 한도 최대 월 500만 원 감면

② 국외 등의 건설 현장에서 근로를 제공하는 자(감리업무, 설계업무 수행하는 자 포함) → 비과세 한도 최대 월 500만 원 감면

③ 국외 또는 북한지역에서 근무하는 근로자

　→ 비과세 한도 최대 월 100만 원 감면

🔁 일용근로자도 비과세된다(서면 1팀-1324, 2007.9.27.).

---

❶ 당해 월의 국외 근로소득에는 당해 월에 귀속하는 국외 근로로 인한 상여 등 포함

❷ 국외 근무 기간이 1월 미만이면 1월로 본다.

❸ 국외 근로소득에 대한 비과세를 적용받고 있는 해외 파견근로자가 월 20만 원 이하의 식대를 그 사용자인 내국법인으로부터 받는 경우 당해 식대에 대해서 소득세를 비과세한다.

❹ 국외근로를 제공하고 받는 보수란 해외에 주재(연락사무소 포함)하면서 근로를 제공하고 받는 급여를 말하는 것이므로 해외 수출품

에 대한 현지 설치, 시운전 등을 위하여 해외에 파견된 동안 급여 상당액은 국외 근로소득으로 보지 않는다.

직원에게 지원하는 휴가비의 세무 처리

직원들의 휴가 시 회사에서 여행경비를 지원하는 경우 지원하는 휴가비는 해당 근로자의 근로소득으로 처리해야 하며, 복리후생비에 해당하지 않는다.

따라서 근로소득세 원천징수 후 원천징수 영수증을 증빙으로 보관하면 된다.

명절, 생일, 창립기념일 선물비용의 세무 처리

구 분	세무 처리
근로소득세 과세	자사에서 생산된 제품의 제공 시 수령자에게는 근로소득에 해당한다. 근로소득세를 원천징수 시 근로소득 대상 금액은 원가가 아닌 판매가 즉 시가가 된다.
증빙처리	원칙적으로 근로소득으로 보아 과세를 해야 하므로, 원천징수영수증으로 증빙이 충분하다.
부가가치세 매입세액공제	구입 시 받은 세금계산서는 매입세액공제가 가능하다. 다만, 선물을 상품권이나 농·축·수산물 등으로 지급한 경우에는 부가가치세가 과세 되지 않으므로 매입세액을 공제받을 수 없다.

국외 근로소득 비과세 건강보험 보수월액에 포함

4대 보험에 대한 보수월액신고 시 비과세소득은 차감하고 신고한다. 다만, 건강보험이 경우는 국외 근로소득 비과세소득은 차감하지 않고 신고해야 한다.

• 고용보험, 국민연금 : 국외 근로소득 비과세금액을 차감한 후 보수월액을 신고
• 건강보험 : 국외 근로소득 비과세금액을 포함해서 보수월액을 신고

직원의 업무상 재해 시 부담하는 병원비의 세무 처리

구 분		세무 처리
업무상 직원 본인 병원비		비과세
업무 무관 직원 본인 병원비		근로소득세 신고 · 납부
직원 가족 병원비		근로소득세 신고 · 납부
병원의 임직원 가족 병원비 경감액		근로소득세 신고 · 납부
건강검진비	임직원 차별	임원과 직원과의 차이 금액은 과세 될 수 있다.
	임직원 무차별	비과세
사내복지기금 지원 의료비		비과세

선택적 복리후생제도의 세무 처리

선택적 복리후생제도를 채택한다고 해도 이는 하나의 제도일 뿐 세무상 처리 방법은 동일하다.

관련 유권해석(서면 1팀-516, 2006. 4. 24.)에 따르면, 선택적 복지제도 운영지침에 따라 복리후생제도를 시행함에 있어 각 종업원에게 개인별로 포인트를 부여하여 이를 사용하게 하는 경우, 앞서 설명한 비과세소득 및 근로소득으로 보지 않는 것은 제외하고는 당해 포인트 사용액은 근로소득으로 과세된다. 이에 따라 당해 근로소득에 대한 근로소득세를 원천징수하여 다음 달 10일까지 신고·납부한다. 물론 연 단위로 사용함으로 인해 매월 정산이 어려운 경우에는 연말정산 시 반영해 신고 및 납부를 해도 된다.

선택적 복리후생제도 운영지침에 따른 복지포인트의 경우 지출항목이나 금액이 사회통념에 크게 벗어나 과다하거나 부당하다고 인정되지 않는다면 법인의 손금으로 인정될 것으로 판단된다(법인세법 제19조 제2항 및 제26조).

복지 카드가 임직원 개개인의 신용카드(개인 명의의 신용카드)에 해당하면 연말정산 시 소득공제를 받을 수 있으나(서면 1팀-1114, 2006. 8. 14), 법인 명의의 카드인 경우는 당해 복지 카드 사용액은 종업원의 "신용카드 등 사용금액"에 포함되지 않는다(서면 1팀 -348, 2007. 3. 14.).

🔍 핸드폰 보조금의 비용처리시 체크 사항

업무와 관련 없는 사용료, 핸드폰 사용의 업무 관련성이 적은 사무직 등은 문제가 발생할 수 있다.

종업원의 핸드폰 사용료를 회사가 지급하는 경우는 원칙적으로 근로소득에 해당한다. 다만, 업무 용도로 사용한 부분이 있는 경우에는 회사가 정한 규정에 의해 사회통념상 업무수행에 필요하다고 인정되는 부분은 근로소득으로 과세하지 않는다. 따라서 통신비 보조금은 '통신비 지급 규정'에 의해 지급해야 하며, 통신비 보조금에 대한 해당 직원 핸드폰 납부영수증이나 자동이체 영수증 등을 증빙으로 첨부해 두어야 한다.

그러나 업무와 관련해 발생한 휴대폰비 영수증을 제시하고 지급 받는 대신 전직원에 대해 월정액으로 지급하는 금액인 경우, 개인별 근로소득으로 처분하며, 이때 통신비는 실비변상비적 급여에 해당하지 않으므로 과세소득에 해당한다.

핸드폰 보조금과 관련해 문제가 되는 것은 개인 명의 핸드폰 요금인데, 회사 명의로 되어 있으면, 세무당국이 탈세 수단으로 이용됐다고 판단되지 않으면 크게 문제가 되지 않고 탈세에 이용했다는 소명의 책임도 과세당국에게 있으나, 개인명의 핸드폰 요금 지원은 약간 문제가 있다.

따라서 최선의 방법은 법인 명의로 핸드폰을 구입해서 사용하는 것이고, 개인명의로 핸드폰을 사용하는 경우는 업무용과 개인용도를 구분해서 기재해야 하는데, 이는 현실적으로 불가능하므로 사규 등에 전 직원을 대상으로 수당형식으로 지불하는 것보다는 사규 등에 특정 대상 범위를 정해두고 해당하는 사람에 한해서 지급하는 방법이 차선책이라고 할 수 있다.

출장 일비의 경비처리와
근로소득세 비과세

1 출장일비의 세무처리

근로자가 업무와 관련하여 지급받는 여비로서 회사가 여비지급 규정에 따라 출장목적·출장지·출장 기간에 실제 드는 비용을 고려해서 사회통념상 인정되는 범위 내에서 합리적인 기준에 따라 지급하는 경우 실비변상적인 성질의 급여로 보아 비과세한다.

❶ 여비지급규정에 따른 출장비 지급기준에 따라 지급한다.

❷ 사회통념상 타당한 금액이어야 한다.

출장 내역을 별도로 관리하면서 실지 드는 비용을 충당할 정도의 범위 내로 시내출장 및 시외출장을 구분하여 여비지급규정에 정하여 지급하는 경우 실비변상적 급여로 보아 근로소득 비과세 대상에 해당한다.

일비에 대해 어느 정도가 적당한지는 명확한 금액이 없으므로 사회통념상 타당한 금액의 판단은 주관적인 판단이 될 수밖에 없다. 따라서 가장 좋은 방법은 일비 지출에 대한 증빙을 첨부하는 것을 권하며, 과하다 싶으면 급여 처리하는 것이 깔끔하다.

반면 여비·체재비로써, 당해 회사의 출장비 지급기준에 따라 실지
드는 비용을 정산하여 지급받지 않고 여비출장비 등의 명목으로 일
정 금액을 정기적으로 지급받는 경우에는 과세대상 근로소득에 해당
한다.

구 분	과세방법
여비지급규정에 따른 출장비 지급기준에 따라 지급하는 경우	일비에 대한 법정지출증빙을 첨부하는 경우 해당 근로자의 근로소득으로 보지 않으며, 비용인정이 가능하다. 즉, 사용처별로 거래 증빙과 객관적인 자료에 의하여 지급 사실을 입증하는 경우 손금산입한다(실비변상적인 비용은 여비교통비로 처리하든 비과세급여로 처리하든 세무상 같음). 개인적으로는 일반비용의 법정지출증빙 한도인 3만원 이하의 경우 법정지출증빙 없이 비용처리가 가능할 것으로 판단되나 너무 자주 별도의 영수증 없이 비과세소득으로 처리하면 세무조사 등의 실사를 받을 경우 쟁점이 될 수 있다.
영업일비로 1일 2만 원 등으로 한 달간 정기적으로 지급하는 경우	일비를 지급하면서 법정지출증빙에 의한 실비를 지원하는 경우 해당 일비는 비과세 대상 급여로 보나, 실제 지출 여부와 상관없이 매일 일정액을 지급하는 경우는 과세대상 근로소득으로 본다. 즉, 근로자가 업무수행을 위한 출장으로 인하여 실제들은 비용으로 지급받는 금액은 비과세소득에 해당하나, 실지 소요된 비용과 관계없이 여비 출장비 등의 명목으로 일정

구 분	과세방법
	금액을 정기적으로 지급받는 금액은 근로소득에 해당한다. 따라서 해당 근로자의 급여에 포함해 원천징수를 하지 않을 경우 반드시 법정지출증빙을 첨부해야 한다(소득 46011-3478, 1997.12.30.).
일비를 받으면서 여비교통비에 대해 증빙으로 실비정산도 받는 경우	일비는 원칙적으로 출장 여비를 대신해서 일정액을 주는 것이므로 출장 여비에 대해서 법정지출증빙에 의해 실비정산하고, 출장 여비 실비정산액과 별도로 일비를 주는 경우 해당 일비는 근로소득으로 보아 근로소득세를 신고 · 납부 해야 한다.

물론 사용인에게 지급하는 여비 중 일비 등은 지출증빙서류 수취 대상이 아니라는 국세청 예규는 다음과 같이 있다.

그러나 이 예규는 회사와 임직원 간의 관계에서 지출증빙서류 수취 대상이 아니라는 것이지 회사의 비용처리를 위해서는 증빙이 필요하므로 회삿돈을 사용한 임직원은 타인으로부터 법정지출증빙을 대신 받아서 회사에 제출해야 한다.

> 지출증빙서류 수취에 관한 규정은 사업자로부터 재화 또는 용역을 공급받고 그 대가를 지급하는 경우 적용하는 것으로, 법인이 사업자로부터 재화 또는 용역을 공급받고 그 대가를 지급하는 경우가 아닌 사용인에게 지급하는 경조사비 · 여비 중 일비 · 자가운전보조금 및 일용근로자에 대한 급여, 건물파손보상금 등의 경우에는 지출증빙서류 수취 대상이 아님(법인, 법인 46012-296, 1999.01.23.)

2 출장일비의 노무처리

🐜 일비를 임금으로 본 사례(통상임금 포함)

❶ 소정 근로의 대가로 정기적, 일률적, 고정적으로 지급한 일비는 통상임금에 포함된다.

❷ 통상임금을 다시 산정함에 따라 퇴직금도 추가로 청구하는 것이 신의칙에 위배 된다고 볼 수 없다

❸ 연장근로수당 지급 협약에 따라 이미 발생한 연장근로수당을 포기하는 취지의 노사 합의는 무효이다

> 사건번호 : 대법 2014다 27807, 선고 일자 : 2019-04-23
> 사용자가 근로자들에게 실제로 그 해당 명목으로 사용되는지를 불문하고 근무 일마다 실비변상 명목으로 일정 금액을 지급하는 경우, 위와 같이 지급된 금원을 실비변상에 해당한다는 이유를 들어 임금 또는 통상임금에서 제외할 수는 없다.

다음과 같은 사정들을 종합하여 살펴보면, 이 사건 일비는 소정근로의 대가로 정기적, 일률적, 고정적으로 지급한 것이므로 통상임금에 포함된다고 볼 수 있다.

① 피고 노사는 당일 출근하는 운전직 근로자들에게 담뱃값, 장갑대, 음료수대, 청소비 기타 승무 시 소요되는 경비 명목으로 일비 7,000원을 지급하기로 협의하였다.

② 피고는 위 협의에 따라 실제 경비로 사용되는지를 불문하고 근로

를 제공한 소속 운전직 근로자 모두에게 이 사건 일비를 지급하였다.

그리고 실제 경비로 사용되지 아니하였다는 이유로 피고가 일비를 지급하지 않거나 감액하였다고 볼 만한 아무런 자료도 없다.

이러한 사정에 비추어 보면, 이 사건 일비는 운전직 근로자의 근로 제공과 관련하여 근로의 대상으로 지급된 것으로 봄이 타당하다.

③ 당일 출근하는 운전직 근로자들은 일률적으로 이 사건 일비를 지급받았고, 근무일 수에 따라 지급액이 달라지기는 하지만 근무일에 소정근로를 제공하기만 하면 이 사건 일비를 지급받는 것이 확정되어 있었다.

🕵️ 일비를 임금으로 보지 않은 사례

피고가 영업직 근로자들에게 1일 14,000원의 일비를 지급한 사실은 당사자 사이에 다툼이 없으나, 영업직 직원들이 직무교육이나 출장 등으로 영업활동을 수행하지 아니한 날에는 일비가 지급되지 아니한 사실이 인정된다. 위 인정 사실에 의하면 일비는 영업활동 수행이라는 추가적인 조건이 성취되어야 지급되는 임금으로서 고정성이 없다 (임금에 해당하지 않는다).

영업활동의 유무에도 불구하고 매일 지급하는 일비는 통상임금에 속하나, 영업활동을 수행하지 않은 날에 일비를 지급하지 않는 경우 등 차등이 있는 경우에는 임금에 해당하지 않는다.

상용근로자 월급에서 세금 떼는 법

월급에서 떼는 세금인 근로소득세는 간이세액표를 기준으로 공제한다. 그럼 우리는 정확한 세금 계산을 위해 간이세액표의 적용 방법을 알아야 한다.

네이버에서 간이세액표를 검색해 들어가면 국세청 홈택스 사이트에 다음과 같은 자동계산 화면이 나오고 상단의 다운로드를 누르면 간이세액표 책자를 다운받을 수 있다.

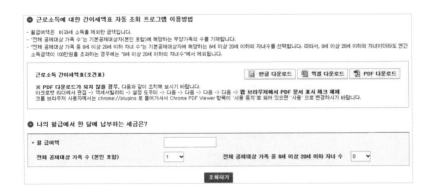

다음과 같이 간이세액표는 월급여액과 공제대상가족의 수에 따라 납부할 근로소득세를 계산해 놓은 속산표이다.

참고로 간이세액표의 세금은 세금 계산의 편의를 위해 만든 것일 뿐 매달 간이세액표에 따라 세금을 납부해도 모든 세금 납부가 끝나는 것이 아니며, 다음 연도 2월 말일까지 개개인의 정확한 세금을 정산해야 하는데, 이것이 연말정산이다. 즉, 근로소득세는 매달 원천징수 납부 후 1년 치를 모아 연말정산이라는 절차를 거쳐 최종 세금이 정산 납부되는 것이다.

월급여액(천원) [비과세 및 학자금 제외]		공제대상가족의 수						
		1	2	3	4	5	6	7
2,750	2,760	63,030	45,530	23,540	18,450	15,070	11,700	8,320
2,760	2,770	63,880	46,380	23,870	18,660	15,290	11,910	8,540
2,770	2,780	64,740	47,240	24,200	18,950	15,500	12,120	8,750

근로소득만 있는 경우	원천징수 및 연말정산으로 납세의무가 끝남	근로소득 + 종합소득 대상 소득	연말정산과 별도로 종합소득세 신고 및 납부 예) 근로소득 + 사업소득

1 월급여액

월급여액은 간이세액표에 나와 있는 것처럼 비과세 및 학자금을 제외한 소득을 말하며, 공제대상가족의 수의 계산은 다음과 같이 한다.

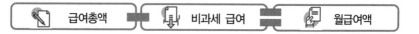

급여총액 ━ 비과세 급여 ═ 월급여액

공제대상가족의 수 = 실제 공제대상가족의 수(❶ + ❷ + ❸)

🍴 실제 공제대상가족의 수 계산

❶ 본인은 무조건 1인. 따라서 공제대상가족의 수가 1인부터 시작하는 것이다.

❷ 기본공제대상 배우자 1명

❸ 기본공제대상 부양가족 대상자

거주자(그 배우자 포함)인 부모(만 60세 이상), 자식(만 8세 이상 20세 이하), 형제자매(만 8세 이상 20세 이하, 만 60세 이상), 생활보호대상자, 위탁아동(만 18세 미만) 중 기본공제 대상자 인원수

🍴 간이세액표 적용 방법

전체 공제대상 가족 수(본인 포함)만으로 공제 인원을 계산해 조견표를 적용한 후 조견표 금액에서 전체 공제대상 가족 중 8세 이상 20세 이하 자녀 수에 따라 아래의 금액을 차감한 후 원천징수한다.

❶ 월급여와 전체 공제대상 가족 수(본인 포함)에 해당하는 조견표상 금액을 구한다.

❷ 전체 공제대상 가족 중 8세 이상 20세 이하 자녀가 있는 경우 인원수에 따라 ❶에서 산정된 금액에서 차감한다. 다만, 공제한 금액이 음수인 경우의 세액은 0원으로 한다.

가. 8세 이상 20세 이하 자녀가 1명인 경우 : 12,500원

나. 8세 이상 20세 이하 자녀가 2명인 경우 : 29,160원

다. 8세 이상 20세 이하 자녀가 3명 이상인 경우 : 29,160원 + 2명 초과 자녀 1명당 25,000원

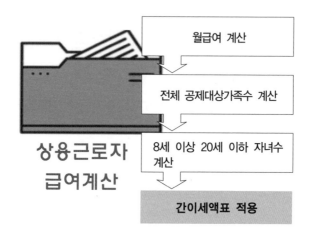

월급여 계산

전체 공제대상가족수 계산

8세 이상 20세 이하 자녀수 계산

상용근로자 급여계산

간이세액표 적용

☑ 월 급여 3,500,000(비과세 및 자녀 학자금 지원금액 제외)원

☑ 부양가족의 수 : 본인 포함 4명(8세 이상 20세 이하 자녀 2명 포함)

1. 공제대상가족의 수 : 4명(49,340원)(8세 이상 20세 이하 자녀 2명 미반영 후 적용)

2. 원천징수 세액 = 49,340원 − 29,160원(8세 이상 20세 이하 자녀 2명) = 20,180원

월급여(천원) [비과세 및 학자금 제외]		공제대상가족의 수					
이상	미만	1	2	3	4	5	6
3,500	3,520	127,220	102,220	62,460	49,340	37,630	32,380

임원의 인건비 처리 시 주의할 사항

임원의 인건비에 대해서는 법인세법에서 규제하고 있는바 잘못 할 경우 부당과소신고가산세의 대상이 될 수 있으므로 조심해야 한다.

1. 급여와 관련해서 주의할 사항

• 비상근임원(사외이사 등)에게 지급 시 과다 지급한 경우 부당행위계산부인 될 소지가 있음 → 반드시 지급 규정을 만들고 그 범위 안에서 지급할 것

- 합명, 합자회사의 노무출자 사원에게 지급하는 보수 : 노무출자사원은 노무 자체가 출자 대상 이므로 향후 결산 마감 이후 이익처분을 통해 출자 대가를 받아야 하는 것임
- 지배주주 및 그와 특수관계 있는 임직원 등에게 정당한 사유 없이 동일 직위의 다른 임직원보다 많이 지급하는 경우 그 금액은 부당행위계산부인 대상

2. 상여금 지급과 관련해서 주의사항

- 임원상여금 중 급여 지급기준 초과 금액은 손금불산입 되므로 반드시 정관, 주총, 이사회 등의 결의에 의해 결정된 지급기준에 의해 지급할 것 ➔ 연초에 주총에서 임원에 대한 급여 상여 등의 총액을 결정해 주총회의록에 남겨놓는 방법이 가장 좋음
- 일반적인 성과급의 경우에는 근로자와 사전 서면 약정이 있고 이에 따라 근로자에게 지급될 시에는 비용으로 인정되나 임원이 아닌 사용인에 한함 ➔ 이 경우 성과급의 손금 산입 시기는 성과급 책정 기준연도이며, 근로소득 수입 시기는 성과급 지급 결의일임 ➔ 결론적으로 이사의 경우 급여 지급기준 상의 상여 외의 일반적인 성과급 지급 대상이 되지 않음

3. 퇴직급여 지급과 관련해서 주의사항

- 정관이나 정관에서 위임된 퇴직급여 지급 규정을 반드시 만들 것!
- 법인세법상 임원 퇴직금은 지급 규정 없는 경우 퇴직 직전 1년간 총급여액의 10%에 근속연수를 곱한 금액 한도 내에서만 손금 인정된다.
  소득세법상 2012.1.1~2019.12.31 기간분에 해당하는 퇴직금에 대하여 별도의 임원 퇴직금 한도(퇴직 전 3년간 총급여의 연평균 환산액의 10% x 2012.1.1. 이후 근무 기간 x 3배)를
  2020.1.1. 이후 기간분에 대해서는 한도(퇴직 전 3년간 총급여의 연평균 환산액의 10% x 2020.1.1. 이후 근무 기간 × 2배)로 각각 구분하여 퇴직금 한도를 산출하여 초과분 은 근로소득으로 과세한다.

4. 기타 주의사항

- 특정 임원을 위한 만기환급금 없는 종신보험을 법인이 가입하고 보험료 부담 또한 하는 경우 ➔ 손금불산입 되고 해당 임원에 대한 상여처분 됨

- 특정 임원에게만 업무성과에 따라 특별상여금 지급 시 ➔ 손금불산입 되고 상여로 봄
- 특정 임원들 골프장 이용료 대납 시 ➔ 손금불산입 되고 상여로 처분됨

📋 자사의 상품을 종업원에게 시가보다 싸게 제공하는 경우

자사가 생산·판매하는 상품을 종업원에게 시중 가격보다 저렴하게 판매하는 경우, 판매가격과 시가와의 차이는 급여로 본다. 다만, 할인금액 중 다음의 금액은 비과세로 본다.

○ 비과세금액 = Max(시가의 20%, 연 240만원)

○ 비과세 대상 요건

❶ 종업원등이 직접 소비목적으로 구매

❷ 일정기간(구체적인 기간은 대통령령으로 위임) 동안 재판매 금지

❸ 공통 지급기준에 따라 할인금액 적용

📋 이중 근로소득의 신고와 이중 근로소득 자료의 처리 방법

1. 이중 근로소득의 신고 · 납부

각각의 회사에서 근로소득세를 신고 · 납부 한다.

근로자가 1년 동안 하나의 회사에서 급여소득만 발생한 경우는 회사에서 하는 연말정산으로 세금에 관한 사항이 끝나는 것이나, 1년 동안 2곳 이상의 회사에서 급여소득이 발생하는 경우는 2곳 이상의 회사에서 발생한 급여소득을 합산하여 주된 근무지 회사에서 연말정산을 해야 한다.

주된 근무지 회사에 합산하여 연말정산을 하지 않은 경우는 소득자가 급여소득이 발생한 연도의 다음연도 5월에 주소지 관할 세무서로 소득세 확정신고 및 납부를 해야 한다.

2. 이중 근로소득 자료의 발생원인

이중 근로소득 자료란 동일한 과세기간에 2 이상의 직장에서 급여를 받고서 주된 근무지에서 연말정산을 합해서 하지 않는 경우 발생하는 자료이다. 주로 1 과세기간 동안에 직장을 옮긴 경우에 자주 발생하는 자료이다. 또한, 파트타임 형식이든지 아니면 주야간으로

동시에 2곳 이상의 직장에서 근무하고 근로소득에 해당하는 급여를 받는 경우 발생한다.

3. 대처방안

(1) 이중 근로로 연말정산을 하지 않은 경우

이중 근로에 해당하여 주된 근무지에서 종전근무지의 근로소득을 합산하여 신고하지 않은 경우는 합산하여 종합소득세 과세표준 확정신고 또는 수정신고를 해야 한다.

(2) 자료의 내용이 오류인 경우

자료의 발생내용이 다음과 같이 오류로 인해 발생하는 경우는 그 사유를 규명해서 소명해야 한다. 이 경우 지급명세서 불분명 가산세가 부과될 가능성이 크다.

① 주민등록번호가 잘못 기재된 경우

② 소득 구분이 잘못된 경우, 예를 들면 사업소득을 근로소득으로 잘못 표시한 경우

특별징수분 지방소득세 환급청구시

첨부 서류는 다음과 같다. 1, 2, 3, 5는 필수 제출서류이다.

1. 원천징수 세액 환급신청서
2. 소득자별 환급신청명세서

(법정 서식 없음 : 지방소득세 특별징수 개인별 납부내역서 참조하거나 회사 급여 프로그램 출력용 제출하셔도 됨) → 개인별 총액

3. 원천징수 이행상황신고서(해당연도 1월분부터 연말정산 분까지)
4. 지방소득세 특별징수 및 조정명세서(지방세법 시행규칙 별지 제42호의2 서식)

→ 특별징수 의무자(회사)가 납부한 월별 특별징수분 지방소득세 납부내역

5. 국세환급금 통지서 또는 국세 환급받은 통장 입금내역 사본
6. 그 밖에 필요한 서류

상기 첨부 서류가 작성되면 관할 구청 세무2과에 전화하여 팩스 번호를 확인하고 팩스 제출하면 됨

일용근로자 세금 떼는 법

근로자는 실무상으로 상용근로자와 일용근로자로 구분해서 업무처리를 한다.

그리고 상용직의 경우 계약직을 제외한 모든 근로자를 말하므로 업무처리 상 큰 문제가 없으나 항상 업무처리에 고민할 수밖에 없게 만드는 것은 일용직이다.

그리고 일용직의 기준은 법률마다 약간의 차이가 있다. 그중 실무상 가장 많이 적용되는 세법과 4대 보험에서도 차이가 있는데, 세법에서는 같은 고용주에게 3월 이상(건설공사 종사자는 1년 이상) 계속해서 고용된 경우 일용근로자로 보지 않는다. 반면, 4대 보험 적용 시에는 일반적으로 1개월간 8일 이상 계속 사용되는 경우는 일용근로자로 보지 않는다. 즉, 4대 보험 적용 시 그 기간이 더 짧다고 보면 된다.

결론적으로 일용근로자라는 용어를 같이 사용한다고 모든 법의 적용 기준이 같은 것은 아니므로, 각 법률에서 규정하는 일용근로자의 범위를 항상 체크 한 후 업무처리를 해야 한다.

세법 적용		건강보험, 국민연금 적용	
일용근로자	상용근로자	일용근로자	상용근로자
3개월 미만(건설공사 종사자는 1년 미만) 계속해서 고용되어있는 경우	3개월 이상(건설공사 종사자는 1년 이상) 계속해서 고용되어있는 경우	1달 동안 8일 또는 1달 동안 60시간 미만 근로를 제공하는 경우	1달 동안 8일 또는 1달 동안 60시간 이상 근로를 제공하는 경우
		1일 8시간 근무를 한다고 가정했을 때 8시간 × 8일 = 64시간으로 60시간 이상이 되므로 일반적으로 8일 이상 근무 시 가입 대상에 해당하는 것이다.	

참고로 많은 실무자가 세법 기준을 모든 경우에 적용해서 일용근로자는 무조건 3개월까지 가능한지 착각하는데, 이는 세법에만 적용되는 규정이지 4대 보험 등 다른 실무에서는 적용되지 않는 규정이다.

즉, 일용근로자는 모든 법에서 공통으로 그 범위를 정하고 있는 것이 아니라 그 기준이 약간씩 다르다.

4대 보험에서는 현실적으로 1월 미만 고용된 경우를 의미하는 것이 아니고, 근로계약 기간이 1일 단위 또는 1월 미만의 경우를 의미한다. 즉, 세법보다 짧다.

❯ 총지급액 = 일용근로소득 − 비과세소득

❯ 근로소득금액 = 총지급액 − 근로소득공제(일 15만원)

❯ 산출세액 = 근로소득금액(과세표준) × 원천징수 세율(6%)

❯ 원천징수 세액 = 산출세액 − 근로소득 세액공제(산출세액의 55%)

🔝 소액부징수 : 원천징수 세액이 1,000원 미만인 경우 소득세를 징수하지 않으며, 지급금액을 기준으로 소액부징수를 판단한다.

일용근로소득의 경우 일 급여액이 187,000원인 경우 원천징수 할 세액이 999원이므로 납부할 세액이 없다. 단, 매일 지급해야 하며, 몰아서 주면 1,000원을 넘으므로 과세된다.

일용근로자의 경우 일당 187,000원 이하를 받는 경우 원천징수하는 금액은 없으며, 지급한 금액만 원천징수이행상황신고서의 일용근로 란에 기입해서 제출하면 된다. 반면, 일당 20만 원을 받는 경우 (20만 원 - 15만 원) × 2.7% = 1,350원을 원천징수 해서 신고 및 납부를 하면 된다. 증빙으로는 원천징수영수증으로 충분하나 일용근로자 임금대장이나 근로계약서 등을 증빙으로 보관해 두면 더욱 좋다.

일용근로자를 고용해서 7일 동안 일급 20만원을 지급하고, 비과세소득이 없는 경우 원천징수 세액을 계산하는 방법은 다음과 같다.

[해설]
I. 총지급액은 1,400,000원(200,000원 × 7일 = 1,400,000원)이다.
II. 소득세(9,450원)는 다음과 같이 산정한다.
(1) 근로소득금액 : 200,000원 - 150,000원 = 50,000원
    일용근로자는 1일 15만 원을 근로소득공제 하며, 다른 공제사항은 없다.
(2) 산출세액 : 50,000원 × 6% = 3,000원(원천징수세율 6%를 적용한다)
(3) 세액공제 : 3,000원 × 55% = 1,650원(산출세액의 55%를 적용한다)
(4) 소득세 : 3,000원 - 1,650원 = 1,350원
주 약식 계산 : (200,000원 - 150,000원) × 2.7% = 1,350원
(5) 원천징수할 소득세는 소득세의 7일 합계액 9,450원(1,350원 × 7일 = 9,450원)이다.
III. 지방소득세는 940원(135원 × 7일)이다(소득세의 10%를 적용한다).

일용근로자 제출서류

- 고용보험 가입 일용근로자 ➡ 근로내용확인신고서 제출
- 고용보험 미가입 일용근로자 ➡ 일용근로자
- 고용보험 이중 취득자 ➡ 지급명세서 제출

1. 일용근로자의 "근로내용확인신고서" 제출

일용직 근로자의 경우에는 고용 및 산재보험 신고 시 근로내용확인신고서를 작성해서 채용일의 다음 달 15일까지 고용노동부에 제출해야 한다. 만약 제출하지 않는 경우 고용노동부로부터 3백만 원 이하의 과태료가 부과될 수 있으니 주의해야 한다.

일용근로내용확인신고서 제출 업무를 위해서는 근로복지공단 서식자료 사이트에서 '일용근로내용확인신고서' 양식을 다운받은 후에 내용을 작성하여 근로복지공단 관할 지사에 FAX 접수하면 된다.

급여대장에 입력된 일용근로자 정보를 보고 각 담당자가 신고를 진행한다(10명 이상인 경우 제외).

일용근로자가 10명 이상인 경우, 전자신고를 하도록 규정되어 있다.

고용/산재보험 토탈서비스 〉 사업장 빠른 서비스 〉 근로내용확인신고 메뉴에서 신고 진행

http://total.kcomwel.or.kr/xecure/xwuni/install.html

2. 일용근로자에 대한 임금 지급과 증빙서류

일용근로자 급여 지급 대장에 급여를 받는 자의 서명 및 날인을 받아두고 일용근로자의 신원을 확인할 수 있는 주민등록등본이나 주민등록증 앞·뒤 사본을 침부해 둬야 하며, 지급 사실을 확인할 수 있는 서류(무통장 입금표 등 금융기관을 통한 지급증빙서류)를 보관한다.

3. 일용근로자 지급명세서 제출

일용근로자는 다음 달 말일까지 일용근로자 지급명세서를 제출해야 한다.

다만, 매달 근로내용확인신고서(위 1)를 제출하는 경우 일용근로자 지급명세서 제출을 하지 않아도 된다.

근로내용확인신고서 제출 시 국세청 제출을 위한 사업자번호를 기재하고, 소득세, 지방소득세 공제 내역을 기재해야만 차후 일용근로자 지급명세서를 제출 안 해도 된다. 국세청 제출을 위한 사업자번호 미기재시 반드시 별도로 일용근로자 지급명세서를 제출해야 하니 주의해야 한다.

주 15시간 미만자 등 고용보험 가입이 안 되는 일용근로자 및 이중 취득으로 고용보험 가입이 안 되는 사업장의 경우 근로내용확인신고서를 제출할 수 없으므로 반드시 일용근로자 지급명세서를 제출해야 한다.

일용근로자 3개월 판단과 일용근로자의 상용근로자 전환

1. 일용근로자의 범위와 요건

소득세법상 일용근로자는 근로제공 일수 또는 시간에 따라 근로대가를 계산하여 지급받는 사람으로 동일한 고용주에게 3월 이상(건설은 1년) 계속해서 고용되어 있지 않은 자를 말한다.

세법상 일용근로자의 조건은 3개월 이상을 요건으로 정하고 있을 뿐 매달 최소 근로일수에 대해서는 정하고 있지 않으므로 매달 며칠을 근무했든 동일 고용주에게 3개월 이상 근로를 제공하는 경우 일용근로자가 아닌 상용근로자로 보는 것이 타당하다.

최초 근로제공일	기산일	만료일(3월이 되는 날)
10월 2일	10월 3일	다음 해 1월 2일
10월 31일	11월 1일	다음 해 1월 31일
11월 1일	11월 2일	다음 해 2월 1일

1-1. 연속해서 3개월 이상 근로를 제공하는 경우

매일 연속해서 3개월을 근무하지 않고 필요에 따라 부정기적으로 시급 또는 일급을 지급하는 계약을 체결하여 근무한 경우에도 중간에 일용관계가 중단되지 않고 계속되어 오고, 최초 근무일을 기준으로 민법상 역에 의하여 계산한 기간이 3개월 이상(3월 이상이 되는 월부터 일반급여자)이라면 상용근로자로 보아야 한다.

예를 들어 8월부터 10월까지 4~5일 연속해서 아르바이트를 한 학생의 경우 일용근로자가 아닌 상용근로자로 보아야 한다.

1-2. 간헐적으로 3개월 이상 근로를 제공하는 경우

일용근로자의 범위 중 동일한 고용주에게 3개월 이상(건설은 1년) 계속해서 고용되어 있지 아니한 자 중 3개월이란 연달아 3개월 이상 근무하는 것을 말하며, 2개월 근로 후 1개월 쉬고 1개월 근로 후 1개월 쉬는 등 연속성이 없는 경우는 총기간이 3개월 이상이라도 일용근로자로 본다.

예를 들어 따라서 8, 9월 아르바이트 후 10월을 쉰 후, 11월에 다시 아르바이트하는 경우 연달아 3개월 이상 고용된 것이 아니므로 일용근로자를 적용받을 수 있다.

2. 일용근로자의 상용근로자 전환

일용근로자에 해당하는 거주자가 3월 이상(건설공사종사자는 1년) 계속하여 동일한 고용주에게 고용되는 경우는 3월 이상이 되는 월부터 상용(일반)근로자로 보아 원천징수하고, 해당연도 1월 1일부터 12월 31일까지 지급받은 급여를 합산하여 연말정산 해야 한다. 따라서, 3월 이상이 되는 월부터 상용근로자로 보아 간이세액표에 의해 원천징수해야 하며, 연말정산 시에는 1월부터 지급받은 일용급여액도 합산하여 연말정산을 해야 한다.

이 경우, 일용근로소득금액을 포함하여 연말정산 후 근로소득지급명세서가 제출되면 일용근로소득지급명세서 기제출된 자료로 인해 소득이 이중으로 잡힘으로 인하여 과세 관청으로부터 소명자료의 제출 및 근로자의 소득증명서류 발급 시 실제보다 과다하게 조회될 수 있는바, 이에 대한 문제를 해소하려면 일용근로소득 원천징수이행상황신고서 수정신고 및 일용근로소득지급명세서 감액 수정신고를 제출하면 될 것이나, 현행 법 규정에서는 수정제출은 의무사항은 아니다.

단, 일용근로자에 해당하는 자가 3월 이상이 되는 월부터 상용근로자로 보아 간이세액표에 의해 원천징수하고, 다음 해 2월 급여 지급 시 연말정산 해야 하는 것이나, 3월 이상이 되는 월부터 상용근로자로 보지 않고 계속 일용근로소득자로 보아 소득세를 원천징수하고 지급명세서를 제출하였다면 원천징수 납부지연 가산세 및 지급명세서 제출불성실가산세 (일용근로소득 지급명세서 과다 제출 분에 대해서)가 적용될 수 있다.

3. 일용근로자의 상용근로자 전환 시 4대 보험 문제

일용근로자가 아닌 상용근로자로 전환하게 되면 소득금액이 종합소득금액으로 잡히기 때문에 건강보험료의 증가나 겸직 의무위반 등 여타 문제들이 발생할 수도 있으므로 근로자나 사업주는 주의해야 한다.

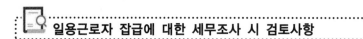

일용근로자 잡급에 대한 세무조사 시 검토사항

1. 일용근로자에게 지출한 잡급을 손금으로 인정받기 위해서는 이에 대한 입증서류를 비

치해 두어야 한다. 즉, 현장별로 노무비 지급 대장에 직책, 성명, 주민등록번호, 출역 사항, 출역일수, 노무비 단가 등을 기록하여 양수인의 도장이나 서명을 받아야 한다. 또한. 신분증 사본을 보관해야 하며, 지급 시에 가급적 일용근로자 본인의 금융계좌에 예치하는 방법을 사용하면 더욱 확실한 입증 방법이다.

2. 가공 인건비 계상 여부

① 현장에 투입된 일용근로자의 주민등록번호를 확인해서 전산 조회한 결과 재산 상황, 연령, 주소지, 사업자 유무, 근로자 유무 등을 파악해서 사실 근무 여부를 파악한다.
② 기상청의 연간 강수량 등을 파악해서 공사 종류별로 공사가 불가능한 시기에 인건비를 계상하였는지? 여부를 검토한다.
③ 공사 종류별로 노무비의 평균지출액을 파악해서 과대계상 여부를 검토한다.
④ 타 공사 현장의 인건비를 계상하였는지? 여부를 파악한다.

3. 일 급여액의 축소 및 분산 여부 확인

일용근로자에 대한 일 급여액의 근로소득공제가 15만 원이므로 이를 회피하기 위해 일 급여를 15만 원으로 과소신고를 하거나 실제 근무하지 않은 가공인물로 나눠 처리하거나 출역일수를 연장해서 분산 처리하는 경우이다. 이 경우 실제 지급된 일 급여액이 확인되면 손금으로 인정을 받을 수 있으나 반면 확인되지 않는 경우 원천징수 세액과 원천징수 납부 지연 가산세가 추징될 수 있다.

4. 가공세금계산서의 수취 여부 확인

일용근로자에 대한 현장 인건비 지출에 대한 관리 소홀로 소요된 경비를 가공세금계산서로 대체하였는지? 여부를 확인하는 것이다. 이 경우 대체한 사실이 확인되면 사실과 다른 세금계산서 수취에 해당하여 매입세액공제 및 가산세를 추징한다. 가공원가로 법인세 추징 및 귀속 불분명 시 대표자 상여 처분을 받게 되어, 법인세 손금불산입 및 상여처분은 면하게 될 것이다.

외국인 근로자 세금 떼는 법

단일세율 정산 방식은 국내 근무 시작 일부터 딱 20년 동안만 적용되며, 비과세소득을 포함한 모든 소득(비과세 급여를 차감하지 않음)에 대해 19% 단일세율로 세금을 정산한다.

기본적으로 외국인 근로자들은 내국인 근로자들과 마찬가지로 세금을 납부하지만, 외국인 근로자가 단일세율을 신청한 경우는 지급받는 근로소득의 19%를 단일세율로 신고하고 이를 종합소득세 계산에서 배제하는 것이다.

외국인 근로자에 대한 과세특례를 적용받으려면 근로를 제공한 날이 속하는 달의 다음 달 10일까지 외국인 단일세율적용신청서를 원천징수의무자를 거쳐 원천징수 관할 세무서장에게 제출해야 한다.

이 경우 소득세법 및 조세특례제한법에 따른 소득세와 관련된 비과세, 공제, 감면 및 세액공제에 관한 규정은 적용하지 않고, 해당 근로소득은 종합소득과세표준에 합산하지 않는다.

> 매월 원천징수할 세액 = 지급액 × 19% 또는 간이세액표에 의해 징수
> ※ 지급액 × 19% 적용 시 비과세 급여 차감하지 않고, 받는 급여총액에 19%

[단일세율 적용시 연말정산]

연 간 소 득 금 액 × 필요경비 19% = 결 정 세 액
(비 과 세 포 함)

결 정 세 액 − 기납부세액(매월 원천징수액) = 납부(환급)할 세액

[외국인 근로자 연말정산 시 소득공제와 세액공제]

구 분		내국인		외국인	
		거주자	비거주자	거주자	비거주자
총급여		국외근로소득 포함	국내 원천소득	국외근로소득 포함	국내 원천소득
근로소득공제		○	○	○	○
인적 공제	기본공제(본인, 배우자, 부양가족)	○	본인만 가능	○	본인만 가능
	추가공제(경로우대, 장애인, 부녀자 등)	○	본인만 가능	○	본인만 가능
연금보험료 공제		○	○	○	○
특별 소득 공제	국민건강·고용보험료	○	X	○	X
	주택자금공제	○	X	X	X
그밖의 소득 공제	연금저축 등 공제	○	X	○	X
	소기업·소상공인 공제부금 공제	○	X	○	X
	주택마련저축공제	○	X	○(2021년 부터)	X
	중소기업창업 투자조합출자공제	○	X	○	X

구 분		내국인		외국인	
		거주자	비거주자	거주자	비거주자
그밖의 소득 공제	신용카드소득공제	○	X	○	X
	고용유지중소기업 근로자 소득공제	○	X	○	X
	장기집합투자증권저축	○	X	○	X
	우리사주조합출연금공제	○	○	○	○
세액 공제 등	근로소득세액공제	○	○	○	○
	자녀세액공제	○	X	○	X
	특별세액공제(보험료·의료비·교육비·기부금)	○	X	○	X
	월세액 세액공제	○	X	X	X
	납세조합세액공제	○	○	○	○
	외국납부세액공제	○	X	○	X
	표준세액공제	○	X	○	X

▷ 외국인 근로자도 연말정산 해야 한다.

외국인(일용근로자 제외)도 국내에서 발생한 근로소득이 있으면, 국적이나 국내 체류 기간과 관계없이 국내 근로자와 동일하게 연말정산을 한다. 일반적인 항목 및 일정은 모두 내국인 근로자와 동일하다.

▷ 외국인 근로자의 과세율과 과세특례

1. 국내에서 최초 근로를 제공한 날부터 20년간 연간 급여(비과세소득 포함)에 19% 단일세율을 선택할 수 있다.

2. 엔지니어링 기술도입계약 또는 외국인 투자기업의 연구원으로 근무하는 자 등 요건을 충족하는 경우, 국내에서 최초로 근로를 제공한 날부터 2년간 발생한 근로소득에 대한 소득세의 50% 감면받는다 (외국인 기술자의 근로소득세 감면신청서).

3. 교사(교수) 면세조항이 있는 국가의 거주자가 국내에 입국하여 일정 기간(대부분 2년) 동안 받는 강의, 연구 관련 소득세가 면제된다.

☞ 외국인 근로자 제출서류
외국인등록증 사본 또는 거소사실증명원을 제출해야 한다.

☞ 국내 비거주자에 해당하는 경우
본인에 대한 기본공제만 가능하며, 특별공제 등은 적용되지 않는다.

☞ 국내 거주 외국인 근로자가 국외에서도 근로소득이 발생한 경우
국내에서 거주하는 외국인 근로자가 외국에서도 근로소득이 발생하면, 연말정산 시 국외 발생 근로소득을 신고해야 한다.

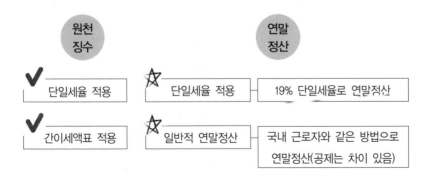

상여금을 지급하는 달에 세금 떼는 법

상여금을 지급하는 경우도 간이세액표에 따라 원천징수를 하게 되는데, 그 적용 방법은 약간의 차이가 있다. 즉, 상여 등이 있는 경우다음 중 어느 하나를 선택해서 원천징수 하는 세액을 계산해서 납부하고, 잉여금처분에 의한 상여 등을 지급하는 때에는 그 상여 등의금액에 기본세율을 적용해서 계산한다.

구 분	계산 방법
방법1	(1) 지급대상기간이 있는 상여 지급 시 원천징수세액 = (❶ × ❷) − ❸ ❶ = [(상여 등의 금액 + 지급대상기간의 상여 등외의 급여의 합계액) ÷ 지급대상기간의 월수]에 대한 간이세액표상의 해당 세액 ❷ = 지급대상기간의 월수 ❸ = 지급대상기간의 상여 등외의 급여에 대해 원천징수하여 납부한 세액 (2) 지급대상기간이 없는 상여 지급 시 원천징수 세액 그 상여 등을 받는 연도의 1월 1일부터 그 상여 등의 지급일이 속하는달까지를 지급대상기간으로 하여 (1)의 방법으로 계산한다. 🈺 그 연도에 2회 이상의 상여 등을 받는 경우 직전에 상여 등을 지급받는 날이 속하는 달의 다음 달부터 그 후에 상여 등을 지급받는 날이속하는 달까지로 한다.

구 분	계산 방법
방법2	상여 등의 금액과 그 지급대상기간이 사전에 정해진 경우에는 매월분의 급여에 상여 등의 금액을 그 지급대상기간으로 나눈 금액을 합한 금액에 대해 간이세액표에 의한 매월분의 세액을 징수한다. **주** 금액과 지급대상기간이 사전에 정해진 상여 등을 지급대상기간의 중간에 지급하는 경우를 포함한다. 지급대상기간이 없는 상여 지급의 경우 방법1의 (2)에 의한 방법으로 원천징수

[지급대상기간의 계산]

9월에 지급대상기간이 없는 상여 및 지급대상기간(7~9월)이 있는 상여를 지급하는 경우 지급대상기간 계산
- 지급대상기간이 없는 상여의 지급대상기간 : 9개월
- 지급대상기간이 있는 상여의 지급대상기간 : 3개월
- 9월 상여 전체의 지급대상기간의 월수 : (9 + 3) ÷ 2 = 6

1. 지급대상기간 선택	
지급대상기간	4개월
2. 지급대상기간의 총급여	
월급여 합계액	20,000,000원
상여금	5,000,000원
3. 기 원천징수 된 세액	
소득세	1,006,410원
지방소득세	100,640원(소득세의 10%)
4. 공제대상 부양가족	
부양가족 수(본인 포함)	1인
근로자 신청률	100%

월급여액(천원)		공제대상가족의 수				
[비과세 및 학자금 제외]		1	2	3	4	5
5,000	5,020	335,470	306,710	237,850	219,100	200,350
5,020	5,040	338,270	309,500	240,430	221,680	202,930
6,240	6,260	560,340	512,840	427,400	408,650	389,900
6,260	6,280	564,870	517,350	430,040	411,290	392,540

1. 월평균 급여액		6,250,000원	2,500만 원 ÷ 4
2. 간이세액표상 원천징수세액	소득세	560,340원	간이세액표
	지방소득세	56,030원	소득세 × 10%
3. 원천징수할 세액	소득세	2,241,360원	560,340원 × 4
	지방소득세	224,130원	소득세 × 10%
4. 기납부한 세액	소득세	1,006,410원	
	지방소득세	100,640원	
5. 차감 원천징수세액	소득세	1,234,950원	2,241,360원 - 1,006,410원
	지방소득세	123,490원	소득세 × 10%

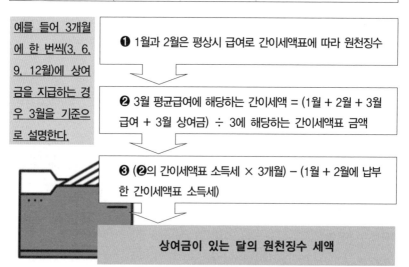

예를 들어 3개월에 한 번씩(3, 6, 9, 12월)에 상여금을 지급하는 경우 3월을 기준으로 설명한다.

❶ 1월과 2월은 평상시 급여로 간이세액표에 따라 원천징수

❷ 3월 평균급여에 해당하는 간이세액 = (1월 + 2월 + 3월 급여 + 3월 상여금) ÷ 3에 해당하는 간이세액표 금액

❸ (❷의 간이세액표 소득세 × 3개월) - (1월 + 2월에 납부한 간이세액표 소득세)

상여금이 있는 달의 원천징수 세액

근로자의 4대 보험, 근로소득세를 대납해 주는 경우(네트 연봉)

1 4대 보험 대납액의 퇴직금 계산 시 평균임금 포함여부

4대 보험료 중 국민연금, 건강보험, 고용보험은 사용자와 근로자가 함께 보험료를 부담해야 한다. 근로자의 보험료 납부는 사용자가 근로자의 임금에서 보험료를 공제하는 방법으로 이루어진다.

그런데 간혹 복지 차원에서 근로자의 임금에서 보험료를 공제하지 않고 회사가 대납하는 때도 있는데, 이 경우 대납보험료를 퇴직금 계산 시 포함되는 임금으로 볼 것인지에 대한 분쟁이 발생할 수 있다. 즉, 대납보험료가 평균임금에 포함되는지? 여부가 문제다.

고용노동부 행정해석은 이와 유사하게 회사의 취업규칙에 근거해 근로자의 건강보험료를 대납해온 사업장에 대해 취업규칙에 의해 법령상 근로자가 부담해야 하는 건강보험료를 회사가 납부하고 그에 해당하는 금액을 계속적·정기적으로 근로사에게 지급해 온 경우라면 이는 근로의 대가로서 임금에 해당한다고 판단한바 있다(근로기준정책과-3623, 2015.08.10.). 결국, 고용부 행정해석에 따른다면 보험료 대납이 근로계약·취업규칙·단체협약 또는 노사 관행에 따라 계속적이고 정기적으로 이루어졌다면 대납된 보험료 역시 평균임금에 해당해 퇴직금 계산 시 반영해야 한다.

즉, 회사는 보험료 대납을 근로계약·취업규칙·단체협약 등에 명시하거나 관행적으로 이뤄져 왔다면 근로자 퇴직 시 예측하지 못한 퇴직금을 지급해야 하는 사태가 발생할 수 있다.

2 "네트 연봉"이란?

"네트 연봉"이란 일명 "급여 보전계약"이라고도 하며, 근로자의 급여를 세후 금액으로 약정하는 것을 말한다. 월 급여를 100만 원으로 약정한 경우 근로자에게 매월 100만 원을 지급하는 것을 말한다. 즉, 월 급여 100만 원에 대한 소득세, 지방소득세, 4대 보험료 근로자 부담분을 회사가 납부하고, 근로자에게는 당초 약정한 급여 100만 원을 지급하는 계약을 말한다. 일반적으로 외국인 임원 등과 같이 대한민국 세법을 알지 못하는 경우나, Pay Doctor(일명 "봉직의")와 같은 특수직종에서 널리 사용되고 있다.

3 네트 연봉계약 시 발생하는 문제

🍸 소득세 및 4대 보험료 근로자 부담분을 회사가 부담한 경우 과세 문제

네트 연봉계약에 따라 소득세, 지방소득세, 4대 보험료 근로자 부담분을 회사가 대신 부담한 경우(대납) 대납은 소득세법상 과세대상 근로소득에 해당하며, 법인세법상 손금으로 인정된다.

대납분과 연말정산

연도 중 소득세 등 대납분은 과세대상 근로소득에 해당하므로 연말정산 시 총급여에 포함하며, 연말정산 결과 환급세액이 발생하면 당해 금액을 근로자에게 지급해야 하고, 추가납부 세액이 발생하면 근로자가 부담해야 하나, 당초 네트 연봉계약에 따라 회사가 부담하고 당해 금액은 과세대상 근로소득에 해당한다.

국민연금, 건강보험, 고용보험 근로자 부담분을 회사가 납부한 경우에도 당해 대납액에 대해 근로소득으로 과세 처리되었으므로 연말정산 시 연금보험료 공제와 보험료공제(건강보험, 고용보험)가 가능하다.

4 네트 연봉계약 시 실무상 업무처리

대납분에 대한 원천징수와 연말정산

소득세 등을 회사가 대납한 경우, 이는 과세대상 근로소득에 해당한다. 따라서 대납액을 총급여에 합산한 후 추가로 소득세를 신고·납부한다. 이를 다시 회사가 대납하게 되면, 소득세와 총급여가 무한대로 반복하여 계산이 순환되게 된다.

국세청 인터넷 답변은 대납액 상당액을 급여에 가산한 후 소득세와 4대 보험료 등을 공제하면 된다고 하지만 이는 가능하지도 않고, 올바르지도 않다고 판단된다.

가능하지 않은 이유는 소득세율은 누진세율이고, 고려해야 할 변수가 소득세뿐만 아니라 지방소득세와 4대 보험료가 추가로 있기 때문이다. 또한 무한 반복으로 인해 대납액을 매월 원천징수에 반영하는 것도 실무상 불가능하다. 따라서 근로소득 등 소득세의 과세단위는 과세연도(매월 1월 1일부터 12월 31일까지)이기 때문에 연말정산 시 대납액을 총급여에 반영하면 된다.

🐜 분개와 세무신고

> 네트 연봉 : 월 100만원
>
> 간이세액표에 따른 소득세 원천징수 세액 3만원(가정)
>
> 국민연금 근로자 부담분 : 월 5만 원(가정)
>
> ※ 지방소득세와 국민연금 외 나머지 사회보험료는 생략

[해설]

① 매월 급여지급 시 원천징수 (일반적인 경우)

(차) 급여 100만원 (대) 보통예금　　　　　92만원

　　　　　　　　　　예수금(소득세)　　　3만원

　　　　　　　　　　예수금(국민연금)　　5만원

② 매월 급여지급 시 원천징수 (네트 연봉의 경우)

(차) 급여 108만원 (대) 보통예금　　　　　100만원

　　　　　　　　　　예수금(소득세)　　　3만원

　　　　　　　　　　예수금(국민연금)　　5만원

☎ 향후 연말정산 시 위 급여 합계액(1,296만 원이라고 가정)은 원천징수영수증(지급명세서) 계 ⑯에 자동으로 반영되고, 예수금은 연말정산 시 소득공제 받으면 됨.

☎ 2024년 귀속 근로소득 연말정산 결과 환급세액이 발생하면 근로자에게 지급하면 되고, 추가납부 세액(10만 원이라고 가정)이 나오면 2025년 3월 급여에 10만 원을 합산하면 된다.

3.3% 프리랜서 계약 근로자의 급여세금 신고

구 분	개인 주민번호로 거래하는 경우
거래방법	사업자등록 하지 않고, 주민등록번호에 의해 개인 실적 금액의 3.3%가 원천징수 됨 상당수의 근로자가 4대 보험 때문에 취하는 형태
부가가치세	3.3% 원천징수(부가가치세 신고 안 함)
기장의무(같음) 및 종합소득세	소득에 대해 종합소득세 신고 · 납부 복식부기 의무자(중 · 대규모 사업자 모두) 간편장부자(농 · 도소매 3억원 이하, 제조, 음식, 숙박 등 1.5억원 이하, 임대, 서비스, 사업지원, 개인서비스업 : 7,500만원)
세금계산방식	총매출 − 총비용 = 과세표준 × 다단계누진세율 − 3% 원천세 공제 비용 관리를 안 해 종합소득세 신고 · 납부시 납부세액이 높을 가능성이 큼
적격증빙 입증	각종 세금계산서 등 법정지출증빙(매출의 10% 부가세가 없으므로, 매입 세금계산서의 10% 세액공제가 적용되지 않음)과 사업매출의 대응 경비로 재무제표 작성(손익계산서 등)

중소기업 취업 청년 소득세 감면

1 적용대상

중소기업기본법 제2조에 따른 중소기업에 해당해야 한다(비영리기업도 가능).

① 근로계약 체결일 현재 만 15세 이상~만 34세 이하인 경우
② 중소기업에 취업하는 60세 이상의 근로자, 장애인, 경력단절 여성
③ 국내에 근무하는 외국인의 경우도 동일하게 적용
④ 단, 군복무 등의 아래 사유에 해당하는 경우 최대 6년까지 그 기간을 제외한 나이로 계산

구분	감면기간	요건
청년	5년	근로계약 체결일 현재 15세~29세 이하인 자(2018년 이후 소득분부터 15세~34세 이하) 군 복무기간(최대 6년)은 나이를 계산할 때 빼고 계산함
고령자	3년	근로계약 체결일 현재 60세 이상인 자

구분	감면기간	요건
장애인	3년	① 「장애인복지법」 의 적용을 받는 장애인 ② 「국가유공자 등 예우 및 지원에 관한 법률」 에 따른 상이자
경력단절 여성	3년	① 해당 중소기업에서 1년 이상 근무하다 ② 결혼 · 임신 · 출산 · 육아 · 자녀교육 · 가족 구성원 돌봄 사유로 해당 기업에서 퇴직하고 ③ 퇴직한 날부터 2년 이상 15년 미만 기간 이내 재취업 ④ 해당 중소기업의 최대 주주(최대출자자, 대표자)나 그와 특수관계인이 아닐 것

2 적용 제외 대상

다음의 자는 적용 대상에서 제외된다.

① 임원, 최대 주주와 그 배우자의 직계존비속과 친족

② 일용근로자

③ 건강보험료(직장가입자) 납부 이력이 없는 자

④ 국가나 지방자치단체, 공공기관, 전문서비스업, 보건업, 기타 개인 서비스업 등의 일부 업종은 적용 불가

구 분	업 종
감면대상	① 농업, 임업 및 어업, 광업 ② 제조업, 전기 · 가스 · 증기 및 수도사업 ③ 하수 · 폐기물처리 · 원료재생 및 환경복원업 ④ 건설업, 도매 및 소매업, 운수업

구 분	업 종
감면대상	⑤ 숙박 및 음식점업(주점 및 비알콜 음료점업제외)
	⑥ 출판·영상·방송통신 및 정보서비스업(비디오물 감상실 운영업 제외)
	⑦ 부동산업 및 임대업
	⑧ 연구개발업, 광고업, 시장조사 및 여론조사업
	⑨ 건축기술·엔지니어링 및 기타 과학기술서비스업
	⑩ 기타 전문·과학 및 기술서비스업
	⑪ 사업시설관리 및 사업지원 서비스업
	⑫ 기술 및 직업훈련 학원, 컴퓨터 학원
	⑬ 사회복지 서비스업, 수리업
	⑭ 창작 및 예술 관련 서비스업, 스포츠 서비스업, 도서관, 사적지 및 유사 여가 관련 서비스업
감면제외 (예시)	① 중소기업기본법에 따른 중소기업에 해당하지 않은 기업
	② 중소기업기본법에 따른 중소기업에 해당하지만 금융 및 보험업, 보건업(병원, 의원 등), 전문서비스업(법무서비스, 변호사업, 변리사업, 법무사업, 회계서비스업 등)
	③ 음식점업 중 주점 및 비알콜음료점업, 비디오물감상실, 기타 개인 서비스업 등을 주된 사업으로 영위하는 기업
	④ 국가, 지방자치단체, 공공기관, 지방공기업
	⑤ 유원지 및 기타 오락 관련 서비스업
	⑥ 교육 서비스업(기술 및 직업훈련 학원 제외)

3 나이 계산에서 기간을 제외하는 병역 사유

① 현역병(상근예비역 및 경비교도, 전투경찰순경, 의무소방원 포함)
② 사회복무요원

③ 현역에 복무하는 장교, 준사관 및 부사관

🔖 병역법 제36조에 따른 전문연구요원, 산업기능요원은 병역을 이행한 자로 보지 않음(제외)

🔖 전문연구요원, 산업기능요원이 감면대상 중소기업체에 취업하고,

🔖 중소기업 취업 감면을 적용받던 청년이 다른 중소기업체로 이직하는 경우는 그 이직 당시의 연령에 관계없이 소득세를 감면받은 최초 취업 일로부터 5년(3년)이 속하는 달까지 발생한 소득에 대하여 감면을 적용받을 수 있다(이직 시 연령요건 불필요).

병역특례 산업기능요원의 중소기업 취업자에 대한 소득세 감면

산업기능요원 역시 조세특례제한법 제30조에 따른 중소기업 취업자에 대한 소득세 감면요건을 모두 충족하는 경우 중소기업 취업 청년 소득세 감면신청이 가능하다. 다만, 방위산업체 근무 등 산업기능요원의 경우에는 병역을 이행한 자로 보지 않아 중소기업 취업자에 대한 소득세 감면 적용 시 연령 계산에서 차감되는 군 복무기간으로 인정되지 않으므로 ⑥ 병역 근무기간, ⑦ 병역 근무기간 차감 후 연령란은 공란으로 남겨둔다.

---

4 감면 기간

소득세 감면 기간은 취업 일로부터 3년간이다(최초 취업일 이후 소득세 감면 혜택을 받지 않은 공백기간도 3년에 포함된다.). 단, 만 34세 이하의 청년만 취업 일로부터 5년간 감면 혜택을 받을 수 있다.

① 취업 일로부터 5년이 되는 날이 속하는 달까지. 단, 병역을 이행한 경우 그 기간은 제외(한도 6년)

② 이직하는 경우 이직하는 회사가 감면요건에 해당하는 중소기업이라면 계속하여 적용 가능

취업 후 이직하는 경우 감면기간은 어떻게 되나요?

(이전 회사에 감면신청을 안 한 경우)

취업 일로부터 3년(청년 5년)이 되는 날이 속하는 달까지 발생한 소득에 대해서 소득세를 감면하되, 감면 기간은 근로자가 다른 중소기업체에 취업하거나 해당 중소기업체에 재취업하는 경우와 관계없이 최초 감면신청 한 회사의 취업 일부터 계산한다. 따라서, 이직 후 재취업한 중소기업에 처음 감면신청서를 제출했다면 재취업한 회사의 취업 일부터 감면기간을 적용을 받게 된다.

5 감면세액

① 소득세 70% 감면, 200만 원 한도. 단, 만 34세 이하 청년의 경우 소득세 90% 감면, 200만 원 한도

② 근로소득 세액공제는 감면 비율만큼 차감하고 적용된다.

6 감면신청 방법과 급여업무 처리

감면 신청은 원천징수의무자인 회사가 관할 세무서에 하는 것이다. 국세청 누리집 홈페이지 (www.nts.go.kr) → 국세정보 → 세무서식 → 검색(중소기업 취업자 소득세 감면신청서)하여 작성 → 취업 일이 속하는 달의 다음 달 말일까지 원천징수의무자인 회사에 제출

☎ 회사에서는 신청서를 받은 다음 달부터 매월 급여지급 시 감면을 적용하여 지급, 다음연도 2월 연말정산 시에 감면을 적용한 근로소득세 정산

☎ 첨부 서류 : 주민등록등본 및 병역복무기간을 증명하는 서류 등

신청기한 이후에 신청하더라도 요건에만 해당한다면 과거 납부했던 세금을 경정청구하여 돌려받을 수 있다.

🕯️ 근로자

중소기업취업자 소득세 감면대상 신청서를 작성하여 각 회사 담당자에게 제출한다.

🕯️ 회사

1. 감면 대상 명세서 제출

감면신청을 받은 날이 속하는 달의 다음 달 10일까지 감면신청을 한 근로자의 명단을 중소기업 취업자 소득세 감면 대상 명세서(조특법 시행규칙 별지 제1호의2 서식)에 기재하여 원천징수 관할 세무서에 제출해야 한다.

☎ 기존에 감면 혜택을 받고 있었다면 따로 신청하지 않아도 된다.

☎ 감면 혜택을 받던 근로자가 이직했을 때, 이직한 곳이 중소기업인 경우 계속해서 혜택을 받을 수 있다. 다만, 이직한 새 사업장에서 다시 신청해야 한다.

☎ 법 개정 전 이미 감면신청을 한 청년도 5년으로 개정(2018년 귀속분 적용)된 감면 대상 기간을 적용받으려면 중소기업 취업자 소득세 감면신청 절차를 새로 이행해야 한다.

2. 매월 원천징수 신고

원천징수의무자는 감면 대상 취업자로부터 감면신청서를 제출받은

달의 다음 달부터 근로소득 간이세액표상 소득세에 감면율 적용하여 징수하고, 원천징수이행상황신고서 상 "인원" 과 "총지급액"에는 감면대상을 포함하여 신고한다.

3. 연말정산

감면 대상 근로자의 경우에 연말정산을 실시할 때 근로소득지급명세서상 감면세액을 반영한다.

[예시]

9월 1일에 취업한 경우

근로자 : 회사 10월 30일까지 감면신청서 제출

회 사 : 관할 세무서 11월 10일까지 세무서에 감면 대상 명세서 제출

---

7 조회 방법

각 직원별 적용 가능 여부는 해당 직원 거주지의 관할 세무서 개인 납세과로 문의하거나 홈택스 개인 공인인증서 로그인을 통하여 확인할 수 있다.

홈택스 〉 조회/발급 〉 기타조회 〉 중소기업 취업자 소득세 감면 명세서 조회

급여를 가족(타인) 명의의 통장으로 이체해도 되나요?

대기업은 그런 경우가 별로 없지만, 중소기업이나 자영업자가 직원(알바생)을 채용하다 보면 급여를 타인명의 통장으로 받고 싶어 하는 경우가 간혹 있다.

사람 구하기 힘든 회사라면 신용불량, 개인회생 등 어떤 이유에서든 본인 명의 통장개설이 어려운 사람을 직원으로 채용할 수밖에 없다.

1 가족(타인명의)의 통장으로 받을 수 있나요?

근로기준법 43조에 의하면 '임금은 통화로 직접 근로자에게 그 전액을 지급하여야 한다.'고 명시하고 있다. 다만 금융기관에 임금 전액을 이체하는 것도 허용되는바, 해당 근로자 명의의 통장에 전액 입금하는 것은 허용되나 타인 명의의 계좌(가족 명의의 통장 포함)에 이체하는 것은 위의 직접불 원칙의 위반이다. 따라서 (원칙적으로) 임금은 가족 명의가 아닌 근로자 본인 명의 입금 계좌로 지급함이 타당하다.

따라서 부득이한 사정으로 계좌이체가 어려운 경우 현금으로 임금을 지급하되 영수했음을 확인할 수 있는 증서를 확보하는 것이 추후 다툼을 방지하는데, 도움이 될 것이다.

2 타인 명의로 송금 때 발생하는 문제점

대다수 회사는 본인 명의 통장에 급여를 지급하는 것을 원칙으로 한다.

나중에 퇴사 후 자신은 급여를 받은 적이 없다고 한다면? 이런 분쟁에 휘말리지 않으려면, 급여명세서나 관련 서류를 작성해서 월급을 줄 때마다 당사자의 서명을 받아둔다든지 하는 것이 좋다.

그러나 이는 직원이 수십 명인 회사는 사실상 불가능하다(이런 회사 월급날 서명받느라 힘들어 죽는 사람도 봤음).

따라서 가장 확실한 본인 명의의 통장으로 지급하면 당사자에게 주었다는 서명 효과가 있는 것이다.

다만, 근로자가 개인 사정이 있어서 제3자의 통장으로 급여를 송금해달라고 요청한 경우, 사용자가 이를 수락하여 타인 명의 통장으로 급여를 지급했다면 근로기준법을 위반했다고 보기는 어려울 것으로 판단된다.

• 분쟁이 걱정된다면, 타인 명의 계좌로 급여를 송금한다는 내용의 문서(동의서)를 작성하고 날인을 받아둔다.

• 급여를 현금으로 지급하고 수령 확인을 받아두는 방법도 생각해 볼 수 있다.

중도퇴사자 연말정산 세금 떼는 법

근로자가 중도에 퇴직하는 경우, 퇴직하는 달의 근로소득을 지급하는 때에 연말정산을 하는데, 이를 중도퇴사자 연말정산이라고 한다. 중도퇴사자는 퇴직 시점에 세금을 정산하여 퇴직할 때 회사에서 환급받거나 납부하게 된다. 다만, 이때는 정산을 위한 자료 제출 없이 근로자의 기본공제와 표준공제만을 반영하여 연말정산을 진행한다. 따라서 공제받지 못한 내역은 나중에 이직한 회사에서 재직자로 연말정산시 반영하거나, 다음 해 5월 종합소득세 신고 시 공제받을 수 있다.

1 재취업 후 중도퇴사 시 연말정산

종전근무지 근로소득원천징수영수증을 추가로 제출받아 현 근무지의 근로소득과 합산한 후 연말정산을 한다.
근로소득자 「소득·세액공제 신고서」를 작성하여 제출해야 하지만 이를 생략하고 파악이 가능한 기본공제, 근로소득세액공제, 표준세액공제만 반영해서 연말정산을 한다. 다만, 파악이 가능한 연금보험료 공제, 특별소득공제(건강보험료, 고용보험료)와 다른 공제금액을 공제해도 문제가 되지는 않는다.

그리고 환급세액이 나오는 경우 14일 이내에 반드시 현 직장에서 환급해주어야 한다. 환급을 안 해주면 임금체불이 될 수 있다.

2 재취업이 아니고 현근무지 밖에 없는 경우

기본공제, 연금보험료 공제, 특별소득공제(건강보험료, 고용보험료)와 표준세액공제만 반영해서 중도 퇴사자 연말정산 후 원천징수영수증을 발급해준다. 물론 아래의 공제항목에 대해 자료가 있으면 반영해서 연말정산을 해주면 재취업을 못 하면 해야 하는 내년 5월 종합소득세 신고 및 납부를 생략할 수 있다. 하지만 대다수 퇴직자가 근로소득자 「소득·세액공제 신고서」와 함께 공제 관련 증명서류를 제출하지 않으므로 근로자 본인에 대한 기본공제와 근로소득세액공제, 표준세액공제만을 적용하여 연말정산 해야 한다.

근무기간에만 공제되는 항목	근무기간과 상관없는 공제되는 항목
보험료, 의료비, 교육비, 주택자금 및 신용카드 사용액 등 공제 가능 항목 이외의 항목에 대해서는 퇴사 후~입사 전 기간은 공제되지 않는다. 즉, 근무기간에 해당하는 비용만 공제되는 것이다.	연금보험료 공제, 개인연금저축공제, 연금저축계좌 세액공제, 투자조합출자등 공제, 소기업/소상공인 공제부금 소득공제, 기부금공제, 월세액공제는 근무기간과 관계없이 총액에 대한 공제가 가능하다.

프로그램이 없어 중도퇴사자 연말정산을 자동으로 계산하기 불편한 경우 홈택스 연말정산 모의 계산을 활용해 계산해보는 것도 하나의 방법이다.

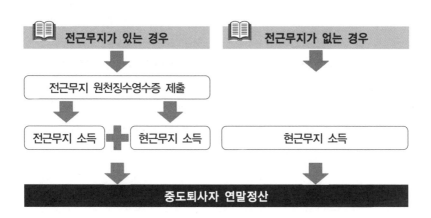

3 전직장의 지급명세서 조회

중도퇴사자의 전연도 지급명세서는 올해 5월이 되어야 조회할 수 있다. 이유는 지급명세서는 원칙적으로 전 연도분을 올해 3월 10일까지 관할 세무서에 제출하기 때문이다.

2025년 5월 이전에는 홈택스에서 2024년 이전연도 지급명세서만 조회할 수 있다. 2024년 즉 연말정산의 대상이 되는 전 연도 지급명세서는 2025년 5월이 되어야 조회할 수 있다.

물론 현재 재직자와 구분해서 퇴사자의 근로소득만 따로 지급명세서를 수시로 제출할 수도 있으나, 그렇게 하는 회사는 거의 없다. 따라서 이직 후 현 직장에서 연말정산을 받기 위해서는 전 직장에서 반드시 원천징수영수증을 받아와야 한다. 즉, 연말정산을 하는 이 순간, 전 직장의 원천징수영수증은 홈택스에 없다.

원천징수영수증은 이듬해 5월부터 조회할 수 있다. 즉, 2024년 귀속 원천징수영수증은 2025년 5월부터 조회 가능하다는 말이다. 다만, 회사가 중도 퇴사자의 지급명세서를 2024년 12월까지 수시 제출한 경우, 2025년 1월부터 조회할 수 있다. 그러나 전 직장에서 굳이 중도 퇴사자의 지급명세서만 따로 분리해서 12월까지 제출하지 않을 가능성이 크다.

그러면 다음의 2가지 방법 중 하나로 처리해야 한다.

1. 연말정산을 끝내려면 전 직장에 전화해서 원천징수영수증을 달라고 한다.
2. 5월에 종합소득세 신고를 한다.

만약, 전 직장 원천징수영수증 없이 현 직장에서의 급여만을 연말정산한 뒤, 5월에 종합소득세를 신고·납부 하지 않을 때는 추가납부세액뿐만 아니라 가산세까지 부담하게 될 수 있다.

중도 퇴사자 중 중도 퇴사자 연말정산 후 다른 직장으로 이직하지 않고 [1] 급여가 작거나 부양가족이 많아서 원천징수된 세금이 없는 경우 또는 이미 퇴사하면서 원천징수 된 세금을 다 돌려받은 경우 [2] 근로소득 외에 다른 종합소득이 없거나 추가로 더 공제받을 사항이 없다면 굳이 5월에 종합소득세 신고를 하지 않아도 된다. 즉, 전 직장에 전화해 원천징수영수증 발행을 요청할 필요가 없다.

---

4 중도퇴사자 원천징수이행상황신고서 작성방법

❶ 간이세액란은 매달 간이세액표에 따라 원천징수한 인원과 총지급액 및 소득세 등을 기재한다.

A01란에는 중도퇴사자 포함. 비과세 제외한 총지급 원천징수 소득세를 기재한다. 즉, A01란에는 중도퇴사자를 포함한 재직자에게 해당 신고기간에 지급한 지급액과 소득세를 기재한다.

❷ 중도퇴사(A02)란은 중도퇴사자가 당해연도 퇴사 시까지 비과세 제외한 총지급액을 기재하고 퇴사자 연말정산 후 원천소득세는 소득세 등란에 기재한다. 즉, A02란에는 연도 중 중도퇴사자 총지급액과 결정세액을 기재(퇴직시 연말정산 결과)한다.

예를 들어 퇴사한 달인 2월분 급여를 2월에 모두 지급하였다면 2025년 2월 귀속, 2025년 2월 지급분 원천징수이행상황신고서의 간이세액란에는 지급액과 간이세액표에 따른 징수세액을 반영하고, 중도퇴사란에는 1월~2월 총지급액과 연말정산한 징수세액을 반영해야 한다. 참고로 1월 또는 2월 퇴사자의 경우 전년도 계속근로자 연말정산과 중도퇴사자 연말정산을 별도로 진행해야 한다. 중도퇴사자 연말정산시 연차수당을 급여에 반영하지 않고 정산해서, 나중에 재정산해야 하는 번거로움이 발생할 수 있으므로 반드시 연차수당을 포함해서 연말정산을 해야 한다.

📋🔍 연도 중간에 퇴직한 근로자가 취업하지 않은 경우

❶ 국세청 홈택스를 통하여 직접 종합소득 과세기간(다음 해 5월)에 신고해야 한다.
❷ 전 근무지의 근로소득 원천징수영수증과 연말정산 간소화 서비스 자료를 토대로 종합소득세 신고를 한다.

📋🔍 프로그램이 없는 경우 중도퇴사자 연말정산 자동계산

전년도 연말정산과 큰 차이가 없으므로 홈택스의 전연도 연말정산 모의계산을 활용해보는 것도 하나의 방법이다.
https://teys.hometax.go.kr/websquare/websquare.wq?w2xPath=/ui/ys/e/h/UTE
YSEHA01.xml

5 중도퇴사자 지급명세서 제출 방법

중도퇴사자의 원천징수영수증 즉 지급명세서는 수시로 제출하는 방법과 내년 3월에 계속 근로자 연말정산 분과 같이 제출하는 방법이 있다. 잊어버릴 것 같으면 수시 제출하고, 한꺼번에 처리하고 싶으면 내년 3월에 계속 근로자 연말정산 분과 같이 제출하면 된다.

6 중도퇴사자 연말정산 수정신고

예를 들어, 작년 2025년 3월 21일에 퇴사한 근로자가 있고 3월 마지막 급여가 3월 25일 지급됐다고 가정하자. 그럼 총급여액 집계를 가장 먼저 해주어야 한다. 1월부터 3월까지의 총급여액이 900만 원이라 하고, 1월부터 3월 마지막 급여에서 매달 정기적으로 10만 원의 근로소득세를 원천징수 했다고 한다면 중도퇴사 시점에 연말정산을 해줘야 한다. 즉, 총급여액 집계를 한 후 결정세액을 산출해주어야 한다. 900만 원이라면 근로자 본인 기본공제 및 표준세액공제 적용만 해도 결정세액은 0원이므로 원천징수한 세액 30만원을 전액 환급해주어야 한다.

그러므로 마지막 급여에 2025년 연말정산 환급이라고 기재해 30만 원 환급액을 포함하여 지급해주고 3월 귀속/3월 지급에 대한 원천세 신고를 하는 때, 즉 4월 10일 원천징수이행상황신고서 작성 시 다른 칸들은 기존대로 쭉 적고 A02 중도퇴사란에는 인원 1, 총지급액 9,000,000원, 소득세 등 (-)300,000원이라고 신고를 해줘야 한다. 이렇게 신고됨으로 그달 납부해야 할 정기분 원천세에서 중도퇴사자에게 환급한 30만 원은 차감되고 나머지만 납부하면 되는 것이다.

그리고 2026년 계속 근로자의 근로소득지급명세서를 작성해 제출할 때는 계속 근로자뿐만 아니라 작년 한 해 근로소득이 지급된 자 모두의 지급명세서를 작성해 제출해줘야 한다.

중도퇴사자도 마찬가지다.

이때 위 예로든 퇴사자의 지급명세서 제출 시 땐 총급여액 900만원, 기납세액 0원, 차감징수세액 0원, 결정세액은 자동으로 계산되는 것이나 분명 0원이 나올 것이기에 결정세액도 0원 이렇게 작성해 제출해주면 된다.

즉, 요약해 보면 수정신고는 퇴사 시점 원천세 신고분을 수정해야 하고, 현재 홈택스에서 정기 수정신고를 클릭해 작년 신고분 불러와 수정가능하다. 수정하기 전에 작년 신고분을 살펴본 후 중도퇴사자 발생 시 원천징수이행상황신고서에 중도퇴사란에 반영해 신고하지 않았는지 그 체크부터 먼저 한 뒤 안 했으면 위와 같이 수정해 주면 된다. 중도퇴사자들의 정확한 결정세액과 기납세액을 꼭 확인한 후 그 차액을 중도퇴사 칸의 소득세에 입력해주는 것이다.

그리고 수정신고로 인해 발생하는 차감징수세액은 이번 정기분 신고할 때 A90 수정신고 세액에 반영해 정기분 납부액에서 추가로 더 납부를 하든 아니면 정기분 납부액에서 차감해 덜 내든 하면 된다.

외부용역대가 세금계산서 사업소득 아니면 기타소득

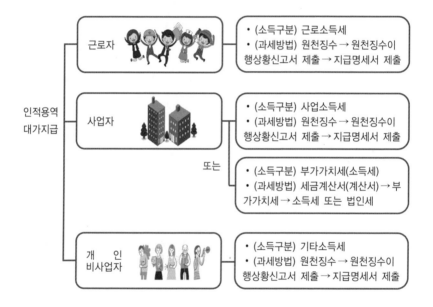

외부 사람을 인적용역으로 사용하는 경우 회계사, 세무사, 노무사 등 사업자등록이 되어 있는 사업자인 경우는 세금계산서(계산서)를 받아서 증빙 처리하는 것이 일반적이다. 반면 상대방이 사업자등록이 되어 있어도 서로 사업자등록증을 왔다 갔다 하기 귀찮거나 별도의 사정상 사업소득으로 원천징수하고 끝내는 경우가 있다.

즉, 상대방이 사업자등록이 되어 있거나 사업성을 가지고 계속적, 반복적으로 용역을 제공받는 경우는 원천징수할 경우 사업소득으로 원천징수를 한다.

그리고 똑같은 인적용역을 제공받아도 사례금과 같이 일시적·비반복적으로 제공받는 경우는 기타소득으로 원천징수한다.

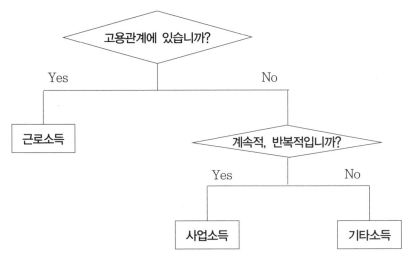

1 사업소득의 원천징수

사업소득은 대가 지급액의 3.3%를 원천징수 후 신고·납부를 하면 된다. 사업자등록이 되어 있지 않은 자로써 계속적, 반복적으로 대가를 지급하는 경우뿐만 아니라, 사업자를 이용하여 세금계산서 발행 대신 원천징수를 원하는 상대방도 3.3%를 원천징수 후 신고·납부를 하면 된다.

> 원천징수할 세액 = 지급액 × 3.3%

반면 사업소득은 종합과세 대상인데, 일반적인 사업 외에 부동산임대업도 사업소득에 해당하므로, 모두 종합소득에 포함된다. 즉, 개인사업자가 5월에 하는 종합소득세 신고가 일반적으로 사업소득 신고를 말한다고 보면 된다.

사업소득 금액은 총수입금액에서 필요경비를 차감하여 계산한다. 여기서 필요경비는 직원 인건비(본인 불포함), 사업을 하면서 들어간 감가상각비, 대손상각비, 기업업무추진비와 복리후생비 등이 있다.

보통 사업소득과 필요경비는 개인적으로 계산하기에는 매우 복잡하고 어려우므로, 담당 세무사를 통해 계산하는 것이 좋다.

2 기타소득의 원천징수

기타소득은 사업소득과 달리 일시적·비반복적인 대가를 지급할 때 원천징수 후 지급액의 8.8%를 원천징수 해서 신고·납부 하면 된다.

❯ 일시적 인적용역(강연료, 방송 해설료, 심사료 등)
❯ 다수가 순위 경쟁하는 대회에서 입상자가 받는 상금·부상
❯ 창작품에 대한 원작자로서 받은 원고료, 인세 등
❯ 상표권, 영업권, 산업상 비밀 등의 자산이나 권리의 대여금액
❯ 백화점 등의 경품 당첨 소득
❯ 사례금

> 원천징수 할 세액 = (지급액 – 필요경비(지급액의 60%)) × 20%

구 분	항 목
80% 필요경비 인정	• 공익법인의 설립·운영에 관한 법률의 적용을 받는 공익법인이 주 무관청의 승인을 받아 시상하는 상금 및 부상과 다수가 순위 경쟁 하는 대회에서 입상자가 받는 상금 및 부상 • 계약의 위약 또는 해약으로 인하여 받는 위약금과 배상금 중 주택 입주 지체상금
60% 필요경비 인정	• 광업권·어업권·산업재산권·산업정보, 산업상 비밀, 상표권·영업 권(점포임차권 포함), 이와 유사한 자산이나 권리를 양도하거나 대 여하고 그 대가로 받는 금품 • 통신판매중개업자를 통해 물품 또는 장소를 대여하고 연간 수입금 액 500만원 이하의 사용료로 받는 금품 • 공익사업과 관련된 지역권·지상권(지하 또는 공중에 설정된 권리 포함)을 설정하거나 대여하고 받는 금품 • 문예·학술·미술·음악 또는 사진에 속하는 창작품 등에 대한 원 작자로서 받는 원고료, 인세 등의 소득 • 인적용역을 일시적으로 제공하고 지급받는 대가
필요경비 없음	사례금, 경품은 지급하는 자가 지급금액의 22%(지방소득세 포함)의 세율로 기타소득세 및 지방소득세를 원천징수한다.

그런데 기타소득과 관련해서 세금계산 시 유의할 사항은 과세최저한
이라고 해서 기타소득금액(지급액 - 필요경비)이 건당 5만 원 이하
인 경우는 세금납부를 면제해주고 있다는 점이다. 그 금액은 대가로
건당 125,000원 이하를 지급하는 경우가 해당한다. 과세최저한의
경우 기타소득 원천징수 의무는 없는 것이나, 원천징수이행상황신고
서에 지급 인원과 지급금액은 기재해야 하며, 기타소득 지급에 대한
지급명세서 제출의무는 면제된다.

구 분	계산방법	과세최저한
기타소득 지급액	1,000,000	기타소득 지급총액이
필요경비율	60%	125,000원 이하는
필요경비	600,000	원천징수 세액이 0원
기타소득금액	400,000	
기타소득세율	22%	
원천징수 세액	88,000	
기타소득세 간편 계산	8.8%	

반면, 기타소득은 소득금액이 연 300만 원 미만이라면 본인 의사에 따라 종합과세나 분리과세(원천징수) 중 유리한 것을 선택하도록 하고 있다. 즉, 연 300만 원 이상이면 무조건 종합과세를 해야 하나 연 300만 원 미만이라면 분리과세(원천징수)로 모든 세금의무를 끝낼 수 있게 해주고 있다. 따라서 세율이 20% 이상을 적용받는 자는 분리과세(원천징수)로 모든 세금의무를 끝내는 것이 유리할 수 있다. 그리고 그 판단 기준금액은 연간 대가로 750만 원 이하이다.

- 종합소득 기본세율 24% 적용부터 : 분리과세가 유리
- 종합소득 기본세율 24% 이하 적용 : 종합과세가 유리

구 분	필 요 경비율	과세최저한 (원천징수 안함)	기 타 소득세	분리과세 한 도
2018년 4월 이전	80%	250,000원	4.4%	1,500만 원
2018년 4월~12월	70%	166,666원	6.6%	1,000만 원
2019년 이후	60%	125,000원	8.8%	750만 원

기타소득의 원천징수와 종합과세

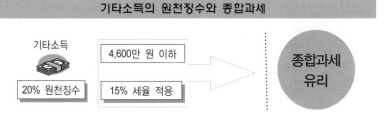

종합과세시 15%의 세율을 적용받으면 원천징수 시 납부한 20%
의 세율보다 유리하므로 차이인 5%의 세금을 환급받을 수 있다.

기타소득은 연간 소득이 300만 원을 초과하지 않는다면 분리과세로
납세의무가 종결되지만, 300만 원을 초과할 경우 종합소득에 포함
된다. 기타소득은 실제 소득의 60%를 필요경비로 인정받을 수 있으
므로 필요경비를 60%를 공제한 후의 소득이 300만 원을 초과했을
경우 종합소득에 포함된다.

예를 들어, 홍길동씨는 강의료로 700만 원을 받았다면, 여기서 필요
경비 60%에 해당하는 420만 원을 공제한 기타소득금액은 280만 원

이므로, 홍길동씨는 종합소득세를 납부할 필요가 없다. 반면 750만 원을 받았다면, 여기서 필요경비 60%에 해당하는 450만 원을 공제한 기타소득금액은 300만 원이다. 따라서 750만 원을 초과하는 경우 홍길동씨는 종합소득에 포함해서 신고 및 납부를 해야 한다.

소기업 · 소상공인 공제 중도해지로 인한 과세

구 분			소득 구분
해지사유	폐업 등의 사유	2015년 12월 31일 이전 가입자	이자소득 = 환급금 – 납부액(소득공제 불문)
		2016년 1월 1일 이후 가입자	퇴직소득 = 환급금 – 소득공제 받지 못한 납부액
	위 외의 사유		기타소득 = 환급금 – 소득공제 받지 못한 납부액

소기업 · 소상공인 공제계약이 해지된 경우는 아래의 폐업 등 정상 수급사유로 수령하는 경우에는 퇴직소득으로 과세한다.
① 소기업 · 소상공인이 폐업(개인사업자의 지위에서 공제에 가입한 자가 법인을 설립하기 위하여 현물출자를 함으로써 폐업한 경우와 개인사업자의 지위에서 공제에 가입한 자가 그 배우자 또는 자녀에게 사업 전부를 양도함으로써 폐업한 경우를 포함함) 또는 해산(법인에 한함) 한때
② 공제 가입자가 사망 한때
③ 법인 대표자의 지위에서 공제에 가입한 자가 그 법인 대표자의 지위를 상실한 때
④ 만 60세 이상으로 공제부금 납입 월수가 120개월 이상인 공제 가입자가 공제금의 지급을 청구 한때

위에서 열거한 정상수급 사유가 있는 때를 제외하고는 다음의 계산식에 따라 계산한 금액을 기타소득으로 보아 소득세(동 계약의 해지로 인하여 소기업·소상공인공제 가입자가 받는 환급금을 한도로 함)를 부과한다.

기타소득 = 해지로 인하여 지급받은 환급금 − 실제 소득공제 받은 금액을 초과하여 불입한 금액의 누계액

이 경우 기타소득에 대해서는 2018년 1월 1일 이후 공제계약이 해지되는 경우부터는 15%, 그 이전은 20%를 적용한다.

이때 실제 소득공제를 받은 금액을 초과하여 불입한 금액의 누계액(해당 공제금 수령자가 제출한 증빙에 따라 확인되는 금액으로 한정함)이 해지로 인하여 지급받은 환급금보다 많은 경우에는 해당 기타소득을 영으로 본다(조특령 § 80의 3 ⑨).

300만 원 이하의 기타소득은 합산/분리 선택 신고가 가능하므로, 소상공인 공제부금 해지소득(기타소득)도 300만 원 초과의 경우 합산하고 300만 원 이하이면 분리과세 선택이 가능하다(국세청 상담사례 2017.05.29. 참고).

🔍 해외취업자에 대한 면접비 지원액은 기타소득 세무 처리

국내 회사가 취업을 위한 면접을 위하여 방문하는 해외 거주자에게 법적 지급의무 없이 지원하는 항공료 등 소요경비 정산 지원금은 아직 채용 전 지급하는 지원금으로서 지급받는 자와 고용관계가 성립되지 아니하므로 사례금으로 보아 원천징수 대상 기타소득으로 판단된다.

사례금에 해당하는 기타소득은 필요경비가 인정되지 않으므로 지급금액이 기타소득금액이 되며, 지급금액 한 건당 과세최저한 5만 원을 초과하는 경우는 원천징수 및 지급명세서를 제출할 의무가 있다.

이에 대한 정확한 유권해석이 없으므로 필요할 경우는 서면질의를 통하여 유권해석을 받기를 바란다.

원천징수이행상황신고와 지급명세서 제출

지출된 인건비에 대해 적법하게 인정받기 위해서는 원천징수 세액 신고를 꼭 해야 한다.

원천징수를 하면 원천징수한 사실에 대해 상대방에게 원천징수영수증을 발행해주어야 한다.

그리고 1달간 원천징수 한 모든 소득을 합쳐 원천징수이행상황신고서라는 세무서식에 집계 작성한 후 제출하면 된다. 이때 발행해준 원천징수영수증은 제출하지 않는다.

원천징수영수증은 다른 말로 지급명세서라고도 부르는데, 이 지급명세서는 그 제출시기가 다음과 같이 나누어져 있다.

원천징수세액이 0원이라도 신고는 꼭 해야 한다.

원천징수는 1인 사업자를 제외하고, 정규직, 일용직, 프리랜서(사업소득자)와 같은 근로자를 고용하는 사업자는 반드시 원천징수 세액을 신고·납부 해야 한다.

원천징수 세액이 크지 않아 납부할 세액이 없는 경우에도 원천세 신고는 해야 인건비를 비용으로 인정받을 수 있다. 즉, 지급액은 있고 원천징수 세액이 없는 경우에도 신고는 해야 나중에 소득세나 법인세 신고 때 비용으로 인정받을 수 있다. 반면 지방세(지방소득세)의 경우 납부할 세금이 없으면 신고를 하지 않아도 된다.

구 분	지급시기	제출기한
사업소득, 인적용역 기타소득	01월~12월	다음 달 말일
근로소득	1월~6월	7월 말일
	7월~12월	다음 연도 1월 말일
지급명세서		
일용근로소득 지급명세서	01월~12월	다음 달 말일
근로 · 퇴직 · 사업 · 종교인소득 · 봉사료	01월~12월	다음 연도 3월 10일
그 밖의 소득(이자 · 배당 · 연금 · 기타)	01월~12월	다음 연도 2월 말일

사업소득, 인적용역 기타소득은 매달 간이지급명세서 제출 시 지급명세서 제출 생략
이미 제출한 지급명세서에 근로소득에 대한 경정청구 · 수정신고 · 인정상여 처분 등에 따라
수정상황이 발생한 경우는 지급명세서를 수정하여 원천징수 관할 세무서에 제출한다.
2025년 12월분 근로소득을 2026년에 1월에 지급한 경우에는 2025년 12월에 지급한 것으
로 보아 작성해야 한다. 예를 들어, 사업자가 근로자에게 2025년 12월분 근로소득 200만원
을 2026년 1월에 지급한 경우, 2025년 하반기 지급분 간이지급명세서(근로소득)의 지급월
12월에 200만원을 기재해 2026년 1월 말일까지 제출하면 된다.

유령직원은 인건비 신고를 하면 걸린다.

비용을 많이 인정받아 세금을 적게 내기 위해서 유령직원 즉, 회사에 근무하지도 않은 가
족이나 아는 사람 하물며, 종전에 근무했던 직원까지 마구잡이로 급여 신고를 하는 경우
세무조사의 대상이 되므로 주의해야 한다. 특히 일용근로자의 경우 이런 경우가 많은데
세무조사 시 필수 점검 사항이며, 대충 보지 않고 상상을 초월한 점검을 하므로 주의해야
한다. 또한, 최근에는 탈세 제보제도가 있어 본인이 근무하지도 않는 회사에서 급여 신고
가 되어있는 경우 탈세 신고를 하는 예도 있으므로 예전 생각해서 마음대로 급여 신고를
했다가는 큰코다친다.

영세사업자는 원천징수 세액의 반기별 납부 활용

1 원천세 반기납부란?

원칙적으로는 매월 납부해야 하는 원천세를 사업장의 신고·납부 편의를 위해 소규모 사업장에 대하여 반기별로 합산하여 6개월에 한 번 원천세를 낼 수 있도록 하는 제도이다.

반기별 신고·납부 제도는 말 그대로 원천세 신고와 납부를 반기별, 즉 6개월마다 하는 것이다.

반기별 납부제도를 신청하지 않고 매월 직원에게 급여를 준다면 원천세 신고도 매월 신고해야 한다.

하지만, 반기별 납부제도를 이용하면 6개월에 한 번씩만 원천세 신고와 납부를 하면 되므로 1년에 2번만 신고를 해주면 된다.

2 반기 납부 대상

직전 연도 사업장 상시 고용인원이 20명 이하인 사업장(국가 및 지방자치단체, 납세조합, 금융보험업 사업자는 제외 대상이다.)

원천징수 의무자	대상자(승인을 얻은 때에 한함)
개인사업자	직전 연도의 상시 고용인원(직전 연도 1월~12월까지 매월 말
법인사업자	일 상시 고용인원의 평균)이 20인 이하인 원천징수의무자

3 반기납부 신청기간

신청기간

서면 신청과 홈택스를 통한 신청 모두 가능하다.

승인신청 기한	승인통지 기한	적용
6월 1일~30일	7월 31일까지	하반기(7월~12월분)부터 적용
12월 1일~31일	1월 31일까지	상반기(1월~ 6월분)부터 적용

반기납부 후 원천세 납부일

승인여부	원천징수일	원천징수세액의 신고 · 납부기한
반기별 납부승인사업자	소득지급일	1월~ 6월분 → 7월 10일까지(연말정산 분포함)
		7월~12월분 → 다음 연도 1월 10일끼지
기타 사업자	소득지급일	징수일이 속하는 달의 다음 달 10일까지

🪺 일반적인 원천징수

❶ 귀속연월일란 : ② 귀속연월란은 반기 개시 월(예 : 상반기는 ××년 1월)을 적는다.

구 분	귀속연월
상반기	××년 1월
하반기	××년 7월

❷ 지급연월란 : ③ 지급연월란은 지급한 월(또는 지급시기 의제 월)로 반기 종료 월(예 : 상반기는 ××년 6월)을 적는다.

구 분	지급연월
상반기	××년 06월
하반기	××년 12월

❸ 제출연월일은 지급연월이 속하는 날의 다음 달 10일을 기재한다. 예를 들어 1월분 급여를 2월에 지급하는 경우

신고 구분	귀속연월	지급연월	제출연월
상반기	1월	6월	7월 10일
하반기	7월	12월	1월 10일

🎙️ 소득처분의 경우

반기별 납부자도 소득처분이 있는 경우 매월 납부자와 동일하게 소득금액 변동통지일, 법인세 과세표준 신고일(수정신고일)의 다음 달 10일까지 원천징수이행상황신고서를 별도로 작성하여 제출하고 추가 납부 (가산세 대상 아님)한다.

5 반기납부 취소신청

반기 납부 진행 중에 취소는 언제든 가능하다.

다만, 월별 납부로 변경한 후에도 실제 증빙자료 발급은 신청일로부터 다음 달 10일 기준으로 가능하다.

예를 들어 2025년 하반기 반기납부를 진행하다가 2025년 9월 20일에 월납으로 변경을 요청하는 경우

7~9월 지급분에 대한 원천세 신고를 진행하고, 납부세액이 있을 경우 2025년 10월 10일까지 납부한다.

원천세 납부 관련 증빙자료(납부내역증명원 등)는 납부 완료 후 발급받을 수 있다.

6 참고사항

투자사 제출, 지원금 수령 등으로 매달 원천세 신고·납부와 관련된 증빙을 제출해야 하는지? 여부를 꼭 확인해야 한다. 반기납부 신청

시 실제 원천세 납부가 6개월에 한 번씩 이루어지기 때문에, 인건비 등의 소득세 이체 내역이 매월 발생하지 않아 입금내역 등의 증빙자료 제출이 어렵다.

반기납부 신청 후에는 원천세 관련하여 발급 가능한 서류는 아래 2가지이다.

❶ 급여대장

❷ 근로자별 근로소득세 원천징수 확인서

7 반기별 납부 시 주의할 점은?

만약 일용직(아르바이트생)을 고용하는 경우 원천세 반기별 신고, 납부승인을 받은 경우라도 지급명세서 신고는 매달 해야 한다. 즉, 원천세 신고와 납부는 6개월마다 하더라도 원천세 신고와는 별개로 매달 일용직 지급명세서 신고를 해주어야 한다.

일용직 노임 신고자료 관리
(일용근로자 최대 근무일 수 초과 안내)

일용근로자에 대한 세무서의 소명자료 요구가 빈번하며, 근로자 본인도 자료를 열람할 수 있어 허위신고 땐 탈세 조사를 받을 수 있다.

근로자는 종합소득세 신고 시 자신의 지급명세서를 열람하다 자신도 모르는 곳에서 자신의 소득이 잡혀있는 것을 발견하고 정정을 요청하는 경우나 실질적으로 자신이 받은 급여보다 과다하게 신고된 자료를 보는 경우가 빈번하다.

최근 세무서들이 건설 일용직근로자 노임지급 건 중 증빙자료를 갖추지 못한 노임에 대해 소명자료를 지속적으로 요구하고 있어 업체의 주의가 필요하다.

관련 업계 등에 따르면 각 세무서에서 용역업체를 통해 일용근로자의 노임을 입금해 소명자료를 갖추지 못한 업체에 대해 지속적으로 소명자료를 요구하고 있다고 밝혔다.

한 전문건설사는 최근 관할 세무서로부터 2024년도 1분기, 2분기에 일용근로자 2명에게 시급한 50만 원, 80만 원의 소명자료를 제출하라는 통보서를 받고 곤욕을 치른 사례도 있다. 해당 노임을 지급한 내역이 필요한데 용역업체를 통해 조달한 일용직 근로자의 노임을 용역업체로 입금해 증빙자료가 될 수 없었기 때문이다.

또 다른 업체는 미장공 한 사람에게 노임을 입금해 확인서(입금자 외 11명)와 인감증명서, 통장 사본, 주민등록증 사본을 받았지만, 나머지 11명에 대한 추가 소명자료를 제출하라고 통보받았다.

	채용	• 내국인 : 주민등록등본이나 주민등록증 앞/뒷면의 사본 • 외국인 : 여권 사본, 외국인등록증 사본 ※ 핸드폰 번호 등 연락처 확보, 일용근로자 임금대장 작성
	관리	• 매달 근로내용확인신고서 제출 • 매달 일용근로소득 지급명세서 제출 : 근로내용확인신고서 제출 시 생략
	일당	• 통장 사본 • 송금확인서, 무통장입금증, 현금수령증

이에 대해 한 세무서는 "가급적 일용직 근로자 개인에게 개인 명의로 된 통장으로 노임을 지급하는 것이 가장 현명하지만, 용역업체로 송금한 경우는 노임명세서, 회사보유 출역 일보, 출역 일보(용역업체 작성분), 무통장입금증(용역업체 입금) 사본, 신분증 사본(개인별 연락처 기재), 노임 수령 위임장(용역업체 대표 서명) 등을 갖춰놔야 한다"고 밝혔다.

특히 "일용직 근로자의 소득세가 발생하지 않는 일급여가 15만 원 미만의 경우 근로일수를 부풀리는 방법으로 신고해서는 안 된다"라고 밝혔다. 근로자 개인의 소득신고 자료가 각 개인에게 통보되거나 근로자 본인이 열람해 국세청에 이의를 제기하고 민원을 넣으면 차후 문제의 소지가 발생할 수 있다는 것이다.

근로소득자를
3.3% 신고할 때 세금 문제

1 3.3% 신고의 의미와 이유

프리랜서는 어디에도 소속되어 있지 않은 사업자등록증이 없는 개인 사업자라고 볼 수 있다.

고용관계가 없고 자기 자신의 판단으로 독자적으로 일을 하는 사람을 칭한다.

실질적으로는 사용자의 지휘·감독을 받는 근로소득자인데, 프리랜서 3.3% 소득신고 하는 회사가 많을 것이다.

간단히 설명하면 4대 보험을 절약하기 위해 회사가 직원으로 처리하지 않았지만, 세금신고 시 비용은 인정받기 위해 근로소득을 신고하는 것과 마찬가지로 매달 원천세 신고를 하게 되는데, 이때 신고하는 금액의 3.3%를 떼고 프리랜서 소득자로 신고하는 경우를 말한다.

예를 들어 근로계약은 정식직원으로 급여 200만 원을 지급하기로 하고, 4대 보험은 미가입하며 매달 10일 세금신고 시에는 3.3%를 뗀 1,934,000원(3%인 60,000원은 사업소득세, 0.3%인 6,000원은 지방소득세)을 프리랜서 사업소득세로 신고하는 것을 말한다.

실질적인 근로소득을 사업소득으로 신고하는 것은 분명히 원칙에 어긋나는 신고 방법이다.

그러나 아직은 국세청도 알면서 큰 문제로 삼고 있지는 않은 것 같다.

연말정산은 흔히 4대 보험 가입이 되어 있는 정직원을 대상으로 매년 2월 연말정산을 하게 된다.

그리고 보험모집인, 방문판매원, 음료품 배달원은 간편장부대상자(연 7,500만 원 미만)이면 2월에 상시근로자와 마찬가지로 연말정산을 회사에서 해주게 된다.

이에 속하지 않는 프리랜서 소득자는 매년 5월 종합소득세 신고를 통하여 연말정산과 비슷하게 진행이 되게 되는데, 결국은 별도로 세금 신고를 해야 하는 번거로움이 따르게 된다.

물론 회사에서는 납부한 세금을 모두 환급받을 수 있다는 말로, 취업이 어려운 직원은 그냥 취업할 수 있다는 기쁨에 계약은 하지만 실질적으로 프리랜서는 개인사업자와 마찬가지이므로 철저히 증빙을 챙기고 기장하지 않으면 오히려 세금폭탄을 맞을 수 있다.

왜냐하면, 프리랜서의 대다수는 기장하지 않고, 종합소득세 신고 시 경비율에 의해 신고하는데, 프리랜서의 경비는 적게 인정을 해주기 때문이다.

그나마 회사에서 원천징수를 할 때 경비율이 높은 코드를 입력해주면 절세에는 조금 도움이 될 것이다.

3.3% 신고할 때 4대 보험
소급추징과 회사와 근로자 불이익

고용노동부 진정으로 인한 근로자 인정

비록 프리랜서로 근무를 했지만, 퇴사 후 고용노동부 진정을 통해 근로기준법상의 근로자로 인정되면, 4대 보험 문제와 별도로 법정근로시간과 연장근로수당의 문제도 발생이 되며, 퇴직금 지급 의무도 발생이 된다.

근로자성의 판단은 근로계약서를 썼느냐, 4대 보험에 가입하였느냐와 같은 형식적인 기준만으로 판단하는 것은 아니다. 가장 중요한 것은 사업주로부터 업무지시를 받아 일하고 있느냐 하는 것이다. 이는 업무내용이 사용자에 의하여 정해지는지, 근로시간과 근무 장소가 사용자로부터 지정되고 구속받는지, 취업규칙이나 인사 규정(특히 징계) 등의 적용을 받는지, 계속 일을 하는지, 다른 사업장에는 근로제공을 할 수 없는 전속성이 있는지, 비품이나 원자재의 소유관계나 비용부담을 사업주가 부담하는지, 보수가 기본급이나 고정급으로 정해져 있는지 등 구체적이고 실질적인 사정을 기준으로 근로자인지를 판단한다. 4대 보험 가입이나 근로소득세 원천징수 여부도 하나의 판단 요소가 된다. 노동청에 진정한다면 노동청이, 소송한다면 법원이 근로자인지를 우선 판단한다.

근로자성이 인정되고 나면, 수당을 청구하기 위해서는 실제 근로시간을 입증할 수 있는 자료가 필요하다. 출·퇴근기록, 업무지시명령서, 교통카드 사용 내역, 근무일지 등이 입증자료로 활용될 수 있다.

결국, 핵심적인 부분은 프리랜서는 독립된 지위에서 용역을 제공하므로 지휘·감독을 받으면 안 된다는 해석의 문제에 부딪힌다.

지휘·감독을 받으면 근로자이고 안 받으면 프리랜서가 된다.

2 근로자로 인정되면 4대 보험 추징

4대 보험을 아끼기 위해 프리랜서로 등록된 직원은 가족의 피부양자로 등록이 되거나 지역가입자로 등록되게 된다.

앞서 설명한 바와 같이 5월에 사업소득 지급처리 된 부분이 종합소득세 신고 문제(생각지도 않은 세금폭탄을 맞는 경우)로 회사 측과 프리랜서 사이에 마찰 가능성이 크고, 4대 보험과 관련해서 피부양자로 등록까지는 4대 보험 부담이 없어 넘어갈 수도 있지만, 5월에 종합소득세 신고를 하게 되면 4대 보험 공단에서는 소득자료를 국세청으로부터 공유받아서 국민연금과 건강보험 지역가입자로 직권 가입 또는 피부양 자격상실 통보를 하게 된다.

종합소득세 신고까지는 이해했던 프리랜서들이 4대 보험 지역 가입 문제로 다시 회사 측과 마찰을 빚을 수 있다는 점 역시 염두에 두어야 한다.

그렇게 되면 근로자는 고용노동부에 진정할 수 있고, 마찰이 생긴다면 근로자성 조사를 통한 부과나 공단에서 직권 부과가 이루어질 수 있다. 이 경우 보험료의 소급 납부 문제가 발생한다.

① 돌연 4대 보험공단에서 직권으로 소급가입을 시키면서

② 직원이 4대 보험공단에 소급가입을 신청함으로써

③ 일용직을 상시로 고용하던 중에 공단에서 직권으로 소급가입을 시키면서

건강보험공단, 국민연금공단 등 4대 보험공단이 3년 치 보험료를 추징하는 경우가 발생할 수 있다.

🌡️ 소급 가입 시점에 직원이 퇴사한 경우

소급해서 가입하게 되거나, 3년 치 보험료를 추징당하는 경우 원칙적으로 회사와 근로자가 각각 회사부담분, 근로자 부담분을 납부해야 하지만, 근로자가 이미 퇴사했다거나 근로자에게 지급 여력이 없는 경우에는

① 회사가 근로자 부담분 + 회사부담분을 공단에 납부한 뒤,

② 회사가 근로자에게 근로자 부담분에 대해 민사소송을 통해 청구해야 한다.

그러나 근로자는 3.3% 신고하는 회사는 인건비 부담으로 인한 소규모사업자가 많으므로 납부 후 민사소송을 통해 해당 근로자에게 받기란 현실적으로 어렵다. 결국, 아끼려던 4대 보험료가 직원부담분까지 대신 부담해야 하는 눈덩이가 되어 돌아오는 결과가 된다.

🐜 소급 가입 시 회사와 근로자의 불이익

구 분	불이익
회 사	① 추징된 4대 보험료의 납부의무자는 회사이다. 공단에서는 지속해서 회사에 납부 독촉을 하게 된다. ② 지연 신고에 대한 과태료가 부과된다. ③ 4대 보험료가 완납되기 전까지 고용노동부 지원금을 지급받을 수 없다.
근로자	근로자 부담분에 대해서는 근로자가 부담하는 것이 원칙이므로 상당한 부담으로 다가온다. 직원의 임금은 법령 및 단체협약에서 정하는 사항(4대 보험료 및 소득세 등)을 제외하고 직원에게 전액 지급되어야 하지만(근로기준법 제43조, 전액불원칙), 노동부 행정해석에 따르면 몇 년 치의 근로자 부담분 보험료를 급여에서 공제하고 지급하는 것은 전액불 원칙에 위반되어 불가능하다는 입장이다(임금정책과—3847, 2004.10.07). 따라서 직원이 회사가 원하는 근로계약을 하고 회사방침에 따른 것이라고 못 주겠다고 하면 민사소송을 통해 해당 금액을 지급받는 방법밖에는 없다.

4대 보험 유관기관과 국세청이 모두 유기적으로 연결되어 정보를 전달하기 때문에 공단에서는 전산시스템을 통해 곧바로 회사에 보험료 추징이 들어오고 상당한 금액을 일시에 납부한 회사가 많다.

따라서 일용직, 아르바이트 근로자라도 요건에 해당하면 4대 보험에 가입시키되, 두루누리 4대 보험 등 4대 보험료를 절감할 방법을 모두 취하고, 부담되는 인건비는 정부지원금(고용장려금, 고용노동부 지원금)을 통해 보전받음으로써 인력을 운용하는 것이 장기적 관점에서 더욱 효율적인 방법이다.

퇴직금과 퇴직연금의 원천징수

사내 퇴직금을 지급하는 경우는 퇴직소득세를 원천징수 후 징수일이 속하는 달의 다음 달 10일까지 신고 및 납부를 해야 한다.

반면, 사외에 적립한 퇴직연금의 경우 일시금으로 수령하는 경우에는 사내 퇴직금과 같이 퇴직소득으로 보아 원천징수 후 징수일이 속하는 달의 다음 달 10일까지 신고 및 납부를 해야 하나, 연금 형태로 받는 경우는 과세를 이연하게 된다.

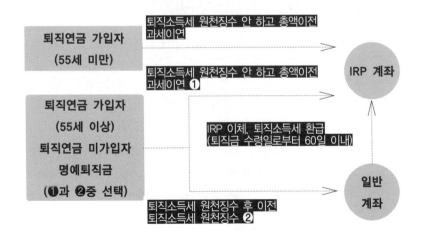

2022년 4월 14일부터는 의무적으로 IRP 계좌에 퇴직금을 이전해야 한다. 다만 퇴직연금 미가입 경우에도 55세 이상에서 퇴직하거나 퇴직금 담보 대출을 상환해야 하거나 퇴직금이 300만 원 이하이면 IRP에 의무적으로 이전할 필요는 없다.

1 퇴직금 지급(사업장→근로자) : 위 표 ❷

구 분	처리 방법
퇴직금 지급과 원천징수영수증 발급	원천징수의무자인 사업장은 근로자에게 세금(퇴직소득세와 지방소득세)을 원천징수 한 후에 잔액을 지급하고 퇴직소득원천징수영수증을 발급한다.
원천세 신고 및 납부	지급일이 속하는 달의 다음 달 10일까지 원천징수이행상황신고서를 세무서에 제출하고, 원천징수 한 세금은 금융기관에 납부한다.
지급명세서 제출	퇴직소득원천징수영수증(지급명세서)은 다음 해 3월 10일까지 세무서에 제출한다.

2 퇴직금 과세이연(사업장→IRP계좌) : 위 표 ❶

구 분	처리 방법
퇴직금 이전과 원천징수영수증 발급	원천징수의무자인 사업장은 IRP 계좌로 퇴직금을 이전하면서 퇴직소득원천징수영수증을 퇴직연금 사업자에게 통보하며, 근로자에게도 퇴직소득원천징수영수증을 발급한다.
원천세 신고 및 납부	지급일이 속하는 달의 다음 달 10일까지 과세이연한 내역을 기재한 원천징수이행상황신고서를 세무서에 제출해야 한다. 원천징수하지 않고 과세이연하였으므로 납부할 세금은 없다.

구 분	처리 방법
지급명세서 제출	퇴직소득원천징수영수증(지급명세서)은 다음 해 3월 10일까지 세무서에 제출해야 한다.

3 확정급여형 퇴직연금제도(DB형)

적립금과 운용수익 귀속자가 사용자(회사)이고 퇴직연금 사업자는 회사를 대신하여 퇴직급여를 지급할 뿐이므로 확정급여형퇴직연금 제도에서 퇴직금을 지급할 경우 회사가 원천징수한다.

구 분	처리 방법
부담금 납입	급여 지급 능력 확보를 위해 최소적립금 이상을 유지하는 부담금을 납입해야 한다.
퇴직연금 이전 및 원천징수영수증 발급	DB 계좌에 있는 적립금을 IRP 계좌로 이전하고 그 금액이 퇴직급여에 부족한 경우 사업장에서 잔액을 IRP 계좌로 이전한다. 원천징수의무자인 사업장은 퇴직소득원천징수영수증을 작성하여 퇴직연금 사업자에게 통보하고, 근로자에게도 원천징수영수증을 발급한다.
원천세 신고 및 납부	회사가 원천징수이행상황신고서 퇴직소득란에 인원과 지급금액, 징수세액을 기재하여 제출한다. 단, 이연퇴직소득이 있는 경우에는 납부할 세금은 없다. 따라서 퇴직소득 지급금액을 기재하고 원천징수 세액은 0으로 기재한다.
지급명세서 제출	퇴직소득원천징수영수증(지급명세서)은 다음 해 3월 10일까지 세무서에 제출해야 한다. 단, 과세이연시 원천징수세액 0으로 하여 지급명세서를 제출한다.

4 확정기여형 퇴직연금제도(DC형)

회사의 퇴직금 적립과 동시에 퇴직금 지급의무가 퇴직연금 사업자에게 위임되고, 퇴직연금사업자는 근로자의 지시에 따라 적립금을 운용하다가 근로자 퇴직 시 퇴직금을 지급하면서 원천징수 한다.

🦅 사업장에서 근로자에게 직접 지급하는 금액이 없는 경우

구 분	처리 방법
사업자 부담금 납입	납입한 부담금은 사업장의 경비로 처리한다(전액 손금산입). 퇴직급여 / 보통예금
퇴직연금 이전 및 원천징수영수증 발급	퇴직연금 사업자가 DC 계좌에서 IRP 계좌로 이전을 하면서 연금계좌 원천징수영수증을, 이전받는 퇴직연금 사업자에게 통보한다. 그리고 연금계좌 원천징수영수증을 근로자에게도 발급한다.
원천세 신고 및 납부	원천징수의무자인 퇴직연금 사업자는 지급일이 속하는 달의 다음 달 10일까지 과세이연한 내역을 기재한 원천징수이행상황신고서를 세무서에 제출해야 한다. 단, 원천징수 하지 않고 과세이연을 한 경우 납부할 세금은 없다.
지급명세서 제출	회사가 지급할 서류 없으며, 퇴직연금사업자가 퇴직소득 지급일이 속하는 과세기간의 다음 연도 3월 10일까지 연금계좌 지급명세서를 관할 세무서에 제출해야 한다.

🐤 사업장에서 근로자에게 직접 지급하는 금액이 있는 경우

구 분	처리 방법
사업자 부담금 납입	납입한 부담금은 사업장의 경비로 처리한다(전액 손금산입).
퇴직연금 이전 및 원천징수영수증 발급	사업장에서 직접 지급하는 퇴직금은 원천징수 한 후에 잔액을 지급하고, 퇴직소득원천징수영수증을 근로자에게 발급한다.
원천세 신고 및 납부	지급일이 속하는 달의 다음 달 10일까지 과세이연한 내역을 기재한 원천징수이행상황신고서를 세무서에 제출해야 한다. 원천징수 하지 않고 과세이연을 하였으므로 납부할 세금은 없다.
지급명세서 제출	연금계좌 원천징수영수증(지급명세서)은 다음 해 3월 10일까지 세무서에 제출해야 한다.

🐤 가입자부담금이 있는 경우

구 분	처리 방법
퇴직연금 이전 및 원천징수영수증 발급	퇴직연금 사업자가 DC 계좌에서 IRP 계좌로 이전을 하면서 연금계좌 원천징수영수증을 이전받는 퇴직연금 사업자에게 통보하고 근로자에게도 발급한다. 가입자부담금이 있으므로 연금계좌 이체명세서와 연금납입확인서도 이관 퇴직연금 사업자에게 통보한다.
원천세 신고 및 납부	지급일이 속하는 달의 다음 달 10일까지 과세이연한 내역을 기재한 원천징수이행상황신고서를 세무서에 제출해야 한다. 원천징수 하지 않고 과세이연을 하였으므로 납부할 세금은 없다.

구 분	처리 방법
지급명세서 제출	연금계좌 원천징수영수증(지급명세서)은 다음 해 3월 10일까지 세무서에 제출해야 한다.

5 과세이연된 퇴직연금의 연금소득 과세

사적연금 중 퇴직연금은 무조건 분리과세로, 종합소득세 과세대상이 아니다. 연금 개시 후 10년 이내 연금에 대해서는 퇴직소득세 상당액의 30%를 감면해 주고, 10년 이후에는 퇴직소득세 상당액의 40%를 감면받을 수 있다. 일시금으로 수령하는 경우 퇴직소득세를 100% 부담할 수 있음을 주의해야 한다.

구 분	과세 방법
무조건 분리과세	이연퇴직소득세를 연금수령하는 연금소득 연금계좌세액공제를 받는 연금계좌 납입액 및 운용수익을 의료목적이나 부득이한 사유로 인출하는 연금소득
선택적 분리과세	무조건 분리과세 연금소득 외의 사적 연금소득의 합계액이 연 1,500만 원 이하인 경우의 연금소득은 분리과세와 종합과세 중 선택 가능 다른 소득이 있는 경우 종합과세보다 분리과세 선택이 유리 다른 소득이 없는 경우 분리과세보다 종합과세 선택이 유리 (연금소득만 있다면 종합과세, 연금외소득이 있는 경우 분리과세)
무조건 종합과세	무조건 분리과세 연금소득 외의 사적 연금소득의 합계액이 연 1,500만 원 초과인 경우의 연금소득

🔍 원천징수영수증은 법정지출증빙을 대체할 수 있다.

비용을 지출할 때 인건비와 인건비가 아닌 지출로 구분해 증빙문제를 생각해보겠다.

인건비와 관련된 지출은 근로자에게 주는 근로소득세, 상대방이 일한 대가로 주는 용역비로 사업소득 또는 기타소득을 구성한다.

근로소득은 계정과목이 급여가 될 수도 있고 복리후생비로 될 수도 있다. 반면 용역비는 일반적으로 지급수수료 또는 외주비로 처리한다.

이중 근로소득세는 지급영수증으로 지급명세서 즉 원천징수영수증을 사용한다. 반면 사업소득은 상대방이 세금계산서를 발행하거나 원천징수를 하는 것 중 선택을 한다.

이처럼 원천징수영수증에 포함되는 지출은 별도로 세금계산서 등 법정 적격증빙을 필요로 하지 않는다. 그 자체가 법정 적격증빙이 된다.

예를 들어 직원에게 체력단련비나 생일선물 등을 지급하는 경우 그 지출액은 근로자의 근로소득이 되고 원천징수 후 세금 신고 및 납부를 하며, 원천징수영수증에 그 내역이 남게 된다. 이 같은 경우는 헬스장에서 받은 신용카드 매출전표나 생일선물 구입시 결제한 신용카드 매출전표는 사실상 필요 없다.

원천징수영수증을 통해 이미 회사의 지출이 공식적으로 소명되었기 때문이다. 다만, 부가가치세 매입세액공제를 받기 위한 증빙일 뿐이다.

결론은 원천징수영수증이 있으면 증빙을 못 받았다고 불안해할 필요는 없다는 것이다.

🔍 인사발령과 관련한 퇴직소득 판단

근로자·종업원의 각 인사 문제와 관련해서 퇴직금 등을 퇴직소득으로 보는 구체적인 상황을 비교해보면 다음과 같다.

구분	퇴직소득이 되는 경우	퇴직소득 아닌 근로소득 또는 가지급금인 경우
관계회사 전출	특수 관계없이 임의적 전출인 경우	그룹 차원의 인사발령으로 통합되는 경우

구분	퇴직소득이 되는 경우	퇴직소득 아닌 근로소득 또는 가지급금인 경우
임원에서 고문으로	사용인은 근로자가 아니므로 퇴직이다.	해당 안 됨
조직변경 · 합병 · 분할	근로자와 회사 간에 모두 임의 합의로 사직 후 재취업하는 경우	모든 권리 · 의무를 포괄승계 · 계속 근무
사용인의 임원승진	• 사용인과 임원 퇴직금 규정이 아주 다른 상황에서 퇴직 정산이 쌍방 간에 이의 없이 완료 • 사용인 기간 · 임원 기간의 퇴직금이 각각 별도 계산되는 경우	• 퇴직급여 규정이 별 차이 없고 사용인이 퇴직 정산에 이의를 제기하는 경우 • 근속기간을 통산해서 임원에서 퇴임 시 합산지급
사업포괄 양수도	가 법인의 사업을 나 법인에 완전 양수도 종료	해당 안 됨

계산 착오로 인해 퇴직금 추가지급 시 퇴직소득세 계산

종업원에게 퇴직금을 지급 후 근무 기간에 대한 퇴직금이 추가 발생하여 퇴직금을 추가로 지급하는 경우 추가 지급하는 퇴직금을 종전 지급한 퇴직금과 합산하여 납부할 소득세액을 재계산해야 할 것이며,

원천징수이행상황신고시 귀속연도는 퇴사한 날이며, 지급연도는 추가 퇴직금을 지급하는 날로 기재하여 제출하면 된다.

기존에 신고한 원천징수이행상황신고서를 수정하여 제출하는 것이 아님에 유의하기를 바라며(수정신고가 아니므로 가산세는 없는 것으로 보임), 원천징수이행상황신고서의 지급금액은 추가 지급하는 퇴직금을 기재하고 원천징수세액란에는 추가로 납부할 소득세액을 기재하면 된다.

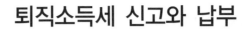

퇴직소득세 신고와 납부

1 퇴직소득세 계산

과세체계	비　고
퇴직급여액 = 퇴직소득금액	비과세 퇴직소득 제외
퇴직소득과세표준 = 퇴직소 득금액 − 퇴직소득공제	(퇴직소득공제) 근속연수별 공제. 기본공제(퇴직소득금액의 40%)는 2016년부터 폐지
퇴직소득 산출세액 ➜ 퇴직소 득 과세표준에 12배수를 하여 원천징수　세율(기본세율)을 적용	연분연승법 적용 [(퇴직소득과세표준 × 1/근속연수 × 12(= 환산급 여)) − 차등공제] × 기본세율 ÷ 12 × 근속연수 (2012.12.31.이전 근속연수분에 대해서는 (퇴직소득 과세표준 × 1/근속연수) × 기본세율 × 근속연수)

🖈 퇴직소득금액

퇴직소득금액은 당해 연도 퇴직소득의 합계액(비과세금액은 제외)으로 한다.

💀 퇴직소득 산출세액

$$\text{(퇴직소득금액 − 근속연수공제)} \times \frac{1}{\text{전체근속연수}} \times 12 = \text{환산급여}$$

$$\text{환산급여} - \text{환산급여공제} = \text{과세표준}$$

$$\text{과세표준} \times \text{기본세율} \times \frac{1}{12} \times \text{근속연수} = \text{산출세액}$$

💀 근속연수공제

근속연수	공제액
5년 이하	100만원 × 근속연수
5년 초과 10년 이하	500만원 + 200만원 × (근속연수 − 5년)
10년 초과 20년 이하	1,500만원 + 250만원 × (근속연수 − 10년)
20년 초과	4,000만원 + 300만원 × (근속연수 − 20년)

🈺 근속연수는 퇴직금 산정기준이 되는 기간을 말하며, 근속연수 계산시 1년 미만은 1년으로 한다. 예를 들어 근속연수가 1년 1개월인 경우 2년으로 한다.

🈺 당해 연도에 2회 이상 퇴직한 경우도 퇴직소득공제는 1회만 적용한다.

💀 환산급여공제

환산급여	공제액
800만 원이하	환산급여 × 100%
800만원 ~ 7,000만원	800만원 + (환산급여 − 800만원)× 60%

환산급여	공제액
7,000만원 ~ 1억 원	4,520만원 + (환산급여 − 7,000만원)× 55%
1억원 ~ 3억 원	6,170만원 + (환산급여 − 1억 원)× 45%
3억원 ~	1억 5,170만원 + (환산급여 − 3억 원)× 35%

🌱 퇴직소득세 계산사례

- 입사일 : 2014년 1월 11일
- 퇴사일 : 2025년 10월 15일
- 퇴직금 : 41,441,080원인 경우

[해설]

$$(41,441,080원 - 20,000,000원) \times \frac{1}{12} \times 12 = 21,441,080원$$

21,441,080원 - 16,064,648원 = 5,376,432원

- 환산급여공제 = 8,000,000원 + (21,441,080원 − 8,000,000원) × 60%

$$5,376,432원 \times 기본세율 \times \frac{1}{12} \times 12 = 322,585원$$

근속연수 계산시 1년 미만은 1년으로 한다.

2 퇴직소득에 대한 원천징수

원천징수의무자가 퇴직소득을 지급할 때 원천징수 히는 소득세는 다음에 따라 계산한다.

구 분	징수세액
퇴직소득을 받는 거주자가 이미 지급받은 퇴직소득이 없는 경우	지급할 퇴직소득 과세표준에 원천징수 세율을 적용해서 계산한 금액
퇴직소득을 받는 거주자가 이미 지급받은 퇴직소득이 있는 경우	이미 지급된 퇴직소득과 자기가 지급할 퇴직소득을 합계한 금액에 대하여 퇴직소득세액을 계산한 후 이미 지급된 퇴직소득에 대한 세액을 뺀 금액

3 원천징수영수증 발급 및 지급명세서 제출

퇴직소득을 지급하는 자는 그 지급일이 속하는 달의 다음 달 말일까지 그 퇴직소득의 금액과 그 밖에 필요한 사항을 적은 퇴직소득 원천징수영수증을 퇴직소득을 지급받는 사람에게 발급해야 하며, 퇴직소득에 대한 소득세를 원천징수 하지 않은 때에는 그 사유를 함께 적어 발급한다.

소득세 납세의무가 있는 개인에게 퇴직소득을 국내에서 지급하는 자는 지급명세서를 그 지급일이 속하는 과세기간의 다음 연도 3월 10일(휴업 또는 폐업한 경우 휴업일 또는 폐업일이 속하는 달의 다음다음 달 말일)까지 원천징수 관할 세무서장, 지방국세청장 또는 국세청장에게 제출해야 한다.

> 원천징수의무자가 12월에 퇴직한 자의 퇴직급여액을 다음 연도 2월 말일까지 지급하지 않는 때에는 2월 말일에 지급한 것으로 보아 앞서 설명한 절차를 진행한다.

4 퇴직소득에 대한 세액정산

퇴직자가 퇴직소득을 지급받을 때 이미 지급받은 다음의 퇴직소득에 대한 원천징수영수증을 원천징수 의무자에게 제출하는 경우 원천징수의무자는 퇴직자에게 이미 지급된 퇴직소득과 자기가 지급할 퇴직소득을 합계한 금액에 대해서 정산한 소득세를 원천징수 해야 한다.

❶ 해당 과세기간에 이미 지급받은 퇴직소득

❷ 근로 제공을 위해서 사용자와 체결하는 계약으로서 사용자가 같은 하나의 계약(퇴직으로 보지 않을 수 있는 경우를 포함)에서 이미 지급받은 퇴직소득

세액 정산은 퇴직자의 선택사항이나, 해당 과세기간에 이미 지급받은 퇴직소득은 반드시 합산해야 한다.

5 퇴직소득 과세표준 확정신고

해당 과세기간의 퇴직소득 금액이 있는 거주자는 그 퇴직소득 과세표준을 그 과세기간의 다음 연도 5월 1일부터 5월 31일까지 납세지 관할 세무서장에게 신고해야 한다(해당 과세기간의 퇴직소득 과세표준이 없을 때도 적용됨). 다만, 퇴직소득에 대한 원천징수를 통해서 소득세를 납부한 자에 대해서는 그 퇴직소득 과세표준을 신고하지 않을 수 있다.

2인 이상으로부터 받는 퇴직소득이 있는 자가 퇴직소득세를 냄으로써 확정신고·납부를 할 세액이 없는 경우가 아니면 반드시 퇴직소득

과세표준 확정신고를 해야 한다. 이때 제출할 서류는 다음과 같다.

❶ 퇴직소득 과세표준 확정신고 및 납부계산서

❷ 퇴직소득 원천징수영수증 또는 퇴직소득 지급명세서

퇴직 판정의 특례

1. 퇴직소득으로 보지 아니할 수 있는 경우

퇴직소득은 거주자, 비거주자 또는 법인의 종업원이 현실적으로 퇴직함으로써 지급받는 일시금으로 다음에 해당하는 사유가 발생하였으나 퇴직급여를 실제로 받지 않은 경우는 퇴직으로 보지 아니할 수 있다.

① 종업원이 임원이 된 경우

② 합병·분할 등 조직변경, 사업양도 또는 직간접으로 출자 관계에 있는 법인으로의 전출이 이루어진 경우

③ 법인의 상근 임원이 비상근임원이 된 경우

2. 퇴직으로 보는 경우

계속근로기간 중에 다음에 해당하는 사유로 퇴직급여를 미리 지급받은 경우(임원인 근로소득자를 포함한다.)에는 그 지급받은 날에 퇴직한 것으로 본다.

① 퇴직금 중간정산 사유에 의해 퇴직금을 중간정산 받은 경우

② 법인의 임원이 향후 퇴직금을 지급받지 않는 조건으로 급여를 연봉제로 전환하는 경우

③ 「근로자퇴직급여 보장법」 제38조에 따라 퇴직연금제도가 폐지되는 경우

내 소득에서 회사는 맘대로
왜! 세금을 떼지?

세금은 소득자(납세의무자)가 내는 것이 일반적이다.

그런데, 원천징수란 원래 세금을 내야 하는 소득자(납세의무자)가 내야 할 세금을 소득을 지급하는 자가 소득자 대신 국가에 납부하도록 한 것이다.

(세금을 내는 것을 세무 용어로 납부라고 하고, 실질적으로 세금을 부담해야 하는 사람이나 회사를 납세의무자라고 함)

예를 들어 회사에서 임직원을 고용해 급여를 지급하는 경우, 임직원은 그 급여에 대해 소득세를 내야 하는 책임이 있으므로 납세의무자가 된다.

그런데 세법에서는 납세의무자인 임직원이 세법에 대한 지식이 부족하므로, 조금이라도 세법에 대해 더 아는 회사가 세법에서 정한 금액만큼 급여에서 세금을 떼어 대신 납부하도록 의무화하고 있다.

이처럼 납세의무자에게 일정 금액을 징수해서 세무서에 대신 납부할 의무를 원천징수 의무라고 하고, 이런 원천징수 의무가 있는 자를 원천징수의무자라고 한다.

결론적으로 세법에서는 실질적으로 세금을 부담해야 하는 사람이나 회사를 납세의무자라고 부르고, 이를 대신 신고·납부 해줄 의무가 있는 자를 원천징수의무자라고 부른다.

원천징수를 해야 하는 소득이 여러 가지가 있긴 하지만, 모든 소득이 원천징수 대상이 되는 것은 아니다. 특히, 법인이 벌어들이는 소득의 경우에는 이자소득과 일부 배당소득에 대해서만 원천징수의무가 있다. 반면, 개인이 벌어들이는 소득인 경우는 다소 여러 가지 소득이 원천징수 대상이 된다.

원천징수 대상이 되는 소득은 납세의무자(소득자)가 법인인지 아니면 개인인지에 따라 다르며 그 내용을 정리하면 다음과 같다.

법인 : 이자소득, 배당소득
개인 : 이자소득, 배당소득, 사업소득, 연금소득, 근로소득, 기타소득, 퇴직소득

위의 세법에서 정한 원천징수 대상 소득에 급여가 속한 근로소득이 포함되므로 원천징수의무자가 급여를 지급할 때 원천징수를 하는 것이다.

그리고 실무에서 자주 발생하는 기타소득과 사업소득도 원천징수하도록 세법에서 정하고 있다. 이같이 세법에서 그 대상을 열거해서 정하고 있고 그에 따라 세금을 낸다고 해서 이를 이론적 용어로 열거주의라고도 부른다. 참고만 하세요.

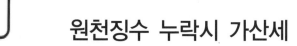

원천징수 누락시 가산세

원천징수의무자가 의무를 성실하게 이행하지 않은 것에 대해 불이익을 받게 된다. 먼저 원천징수 세액을 납부하지 않거나 과소하게 납부한 경우, '원천징수 등 납부지연가산세'를 내야 한다. 소득세와 함께 특별징수해야 할 지방소득세를 납부하지 않은 경우에도 '특별징수납부불성실가산세'를 낸다. 원천징수를 한 경우라고 할지라도 지급명세서를 제출하지 않거나 불성실하게 제출하면 '지급명세서제출불성실가산세'를 내야 한다.

원천징수의무자는 신고, 지급명세서의 제출을 성실하게 하라는 일종의 족쇄이다.

(원천징수 등 납부지연 가산세)

납부기한까지 납부하지 아니하거나 과소납부한 때에는 그 납부하지 아니한 세액 또는 과소납부한 세액에 대해 미납세액 × 3% + 미납세액 × 미납일수 × 0.022%(미납세액의 10% 한도)를 가산세로 납부한다(체납세액 150만원 미만은 가산세 면제)

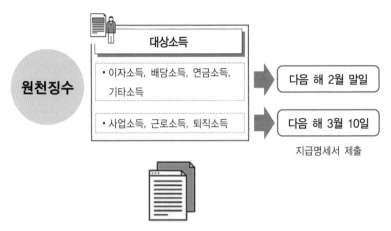

대상소득

• 이자소득, 배당소득, 연금소득, 기타소득 → 다음 해 2월 말일

• 사업소득, 근로소득, 퇴직소득 → 다음 해 3월 10일

지급명세서 제출

원천징수

다음 달 10일 원천징수이행상황신고서 제출

(지급명세서 제출불성실가산세)

지급명세서를 제출기한까지 제출하지 않거나, 제출한 지급명세서 내용(사업자번호, 주민등록번호, 소득 종류, 귀속연도, 지급액 등)이 잘못 작성된 경우 지급금액의 1%(간이지급명세서 0.25%)를 가산세로 부담한다.

인적용역 원천징수 소액부징수

1. 사업소득 : 지급액이 3만 원 이하일 때(원천징수 세금 1,000원 미만일 때)

근로를 제공하고 3만 원 이하 금액을 지급받을 때는 3만 원 전부를 받으면 된다. 혹시나 29,010원을 받았다면 990원 돌려달라고 한다.

2. 기타소득 : 필요경비를 제외한 금액 건별 5만 원 이하일 경우

수입금액이 아니라 소득금액이 5만 원 이하일 때이다. 즉 소득금액은 받는 금액에서 필요경비를 차감한 금액을 말한다.

3. 일용직 급여 : 매일 일당 지급시 일당 187,000원 이하일 경우

원천징수 세액 = (187,000 - 150,000) × 2.7% = 999원

제7장

하루에 끝내는
부가가치세

부가가치세의 기본원리를 이해한 후 다양한 실
무사례를 통해 즉시 실무를 할 수 있는 실력을
배양한다.

또한 신고서 작성 방법을 통해 부가가치세 전체
에 대한 흐름을 파악하고 세무 업무처리 방법을
익힐 수 있는 장이다.

세금에 있어 가장 기본인 부가가치세를 확실히
익혀 절세하는 방법을 익히기를 바란다.

부가가치세를 신고하는 방법

1 부가가치세 계산구조

부가가치세의 계산구조는 아래와 같이 간단하다. 따라서 한번 부가
가치세 신고를 해본 대다수의 사장님은 직접 부가가치세 신고를 하
는 경우도 많다.

판매액×10%		구입액×10%		부가가치세
• 일반과세분		• 매입세액불공제		
→ 세율 10%		→ 매입세액에서		
• 영세율분		차감		
→ 세율 0%		• 공제·감면세액		
• 면세분		→ 추가로 공제		
→ 매출신고만 함				
면세사업자는 2월				
에 사업장현황신고				

세금계산서(계산서 포함), 신용카드매출전표, 현금영수증 등 법정지출증빙은 홈택스를 통해서 조회할 수 있다. 따라서 홈택스에서 조회가 불가능한 자료는 추가로 준비해야 한다.

- 사업자등록증 사본(신고 대행 시)
- 대표자 신분증 사본(신고 대행 시)
- 홈택스 수임 동의 + 홈택스 아이디 및 패스워드(신고대행 시) : 수임 동의 방법 : 홈택스 로그인 〉 세무대리·납세관리 〉 나의 세무대리 관리 〉 나의 세무대리 수임동의
- 매출, 매입 관련 세금계산서(전자세금계산서 포함)
  홈택스 수임 동의가 이루어지면 전자세금계산서 및 전자계산서는 조회할 수 있으므로 따로 준비하지 않아도 된다(신고대행 시).
- 수입세금계산서
- 신용카드매출전표/현금영수증(사업자 지출증빙용) 매출/매입 내역 (전표, 사용내역서). (신용카드 단말기 대리점 문의 또는 국세청 홈택스 조회) : 여신금융협회, 신용카드 매출자료 조회 사이트에 회원가입을 한 경우 아이디 패스워드를 알면, 조회가 가능하다.
- 기타 수수료 매출, 현금매출 등 순수 현금매출 집계내역
  현금영수증을 발행하지 않은 순수 현금매출 집계 내역을 알고 있어야 한다.
- 신용카드·직불카드·체크카드 영수증
- 수출(영세율)이 있다면 관련 증빙서류

항목	증빙서류
직수출	수출신고필증, 소포수령증
대행수출	수출대행계약서 사본과 수출신고필증
중계무역, 위탁판매수출, 외국인도수출	수출계약서 사본 또는 외화입금증명서
내국신용장(구매확인서)에 의한 공급	세금계산서, 내국신용장(구매확인서)
용역의 국외 공급, 기타 외화획득	계약서, 외화입금증명서

- 매출·매입계산서(면세 관련 매출·매입, 전자세금계산서 포함)
- 무역업(수출입업) : 수출실적명세서 및 수출신고필증, 인보이스, 수출·입 계약서, 내국신용장, 소포수령증, 선하증권 등 영세율 관련 붙임 서류와 수입신고필증 등
- 부동산임대업 : 부동산 임대현황 및 임대인 변경 시 임대차계약서 사본
- 전자상거래업 : 쇼핑몰 사이트 매출내역(PG사 매출내역, 오픈마켓 매출내역, 소셜커머스 매출내역)
- 구매대행업 : 구매대행 수수료 산출내역
- 음식점업 : 면세 농·축·임산물 매입계산서

3 인터넷 판매시 부가가치세 신고자료 조회

쇼핑몰에서 기간별로 제공하는 세금 신고용 자료에 따라 신고하면 문제없다.

- 나이스페이 : 정산조회 〉 세금계산서 〉 부가세 참고자료 〉 거래 기간 설정 후 엑셀 다운로드
- 이니시스 : 정산내역 〉 세금계산서 〉 세무신고조회 〉 거래기간 설정 후 엑셀 다운로드
- 카카오페이 : 정산조회 〉 정산보고서 〉 거래일 선택 〉 기간설정 후 조회 〉 엑셀 다운로드
- 유플러스 : 통합정산 내역조회 〉 부가세신고자료 조회 〉 기간선택 매출 조회
- 다날 : 일별/월별 매출 〉 기간 선택 조회 〉 엑셀 다운로드
- 네이버페이 : 정산관리(네이버) 〉 부가세 신고 〉 기간선택 후 조회 〉 엑셀 파일 다운로드
- 배달의 민족 : 배달의 민족 사장님 광 〉 우리 가게 관리 〉 정산·주문 〉 부가세 신고자료(https://bznav.com/kb/revenue, 요기요도 여기서 조회 가능)
- 요기요 : 요기요 사장님 광장 〉 내 업소 관리 〉 부가가치세 신고자료

4 홈택스를 통해 부가가치세 직접 신고하기

부가가치세 신고를 직접 혼자서 하는 경우, 네이버 등 검색 사이트에서 부가가치세 신고 방법을 검색하면 신고 방법을 자세히 가르쳐주고 있으며, 국세청 TV(http://webtv.nts.go.kr)에서도 동영상으로 자세히 설명해주고 있다. 따라서 홈택스 아이디와 비번만 있으면 누구나 손쉽게 신고 및 납부 가능하다.

전자신고 시 입력 서식 선택에는 입력 서식 도움말을 이용하거나 아래의 신고할 때 제출할 서류를 참고하기를 바란다.

홈택스를 통한 부가가치세 신고 방법은 아래의 유튜브 영상을 보면 많은 도움이 되리라 본다.

항목	유튜브 주소
제1편	https://www.youtube.com/watch?v=ikIP3IkSl8Q
제2편	https://www.youtube.com/watch?v=MqriWxz6TDE

 매출이 없다고 부가가치세 신고를 안 하는 경우 불이익

1. 공제받을 수 있는 매입세액 환급 불가

부가가치세 납부세액을 계산할 때 매입세액이 매출세액보다 크면, 그 초과하는 금액을 환급받을 수 있다. 매출이 없다면 매출세액은 0원일 것이고, 그럼 공제 가능한 매입세액은 전액 환급받을 수 있는 것이다. 그런데 부가가치세 신고를 진행하지 않는다면 매입세액을 공제받지 못하니 당연히 환급도 받을 수 없다.

2. 가산세 부과

매입 시 세금계산서를 발급받은 내용이 있다면 부가가치세 신고 시 매입처별 세금계산서합계표를 제출해야 하는데, 기한 내 신고한다면 매입처별 세금계산서합계표를 제출하고 가산세 부담 없이 매입세액을 환급받을 수 있다.

그러나 기한 후 신고를 하여 매입세액을 공제받을 경우 매입처별 세금계산서합계표 미제출가산세를 부담하게 된다. 과거에 제출했어야 하는 서류인데 제출하지 않았으니 이번에 가산세를 부담해야만 공제받을 수 있는 것이다.

부가가치세는 모든 세금의 기초자료다

일반적으로 부가가치세는 (매출액 × 10%) – (매입액 × 10%)을 납부하는 구조다. 엄청 간단하게 세금이 계산된다.

그런데 속을 들여다보면 가장 무서운 세금이다.

결론부터 말하면, 부가가치세 신고자료는 소득세를 납부하는 기초자료가 되고, 4대 보험을 납부하는 자료로 활용되기 때문이다.

즉 부가가치세 신고 시 적어내는 매출액은 소득세 신고 시 매출액(소득)이 되는 것이고, 소득세의 소득이 높으면, 이를 근거로 부과하는 4대 보험료도 올라가는 구조로 되어있다.

따라서 부가가치세 절세 또는 탈세는 세금을 적게 내는 지름길이 된다. 그래서 자료 상이 있고 거래처 상호 간에 자료를 맞추는 일이 성행하는 것이다.

1 빼기가 많아야 부가가치세 적게 낸다.

부가가치세는 (매출액 × 10%) – (매입액 × 10%)의 계산구조에서

(+)면 내야하고, (−)면 환급(돌려받는 것)을 받게 된다. 따라서 대다수 사업자는 매입을 많이 잡으려 할 것이다.

2 거래 때 모든 증빙이 따라다닌다.

사업자는 부가가치세를 적게 내기 위해 수단과 방법을 안 가리고 매출은 적게, 매입을 많이 잡을 것이다.

따라서 자의적인 매출, 매입을 막기 위해 만들어 낸 것이 세금계산서 등 증빙이다.

매출이 안 잡히고 싶은 판매자에게 구입자는 세금계산서를 받아서 신고하면 공제를 해줌으로써 구입자가 판매자에게 필사적으로 세금계산서를 받도록 구조를 만들어 놓은 것이다.

그리고 판매자와 구매자 모두 증빙을 제출하게 해 상호 체크하는 시스템을 만들었다(각 증빙은 한 장 한 장 모두 제출하는 것이 아니라 이를 모아서 신고 서식에 기록하는 것이며, 나중에 세무조사에 대비해 증빙을 5년간 보관하는 것이다. 즉, 소명자료는 모두 일일이 제출하는 것이 아니라 보관하는 것이다.).

3 세금계산서 = 신용카드매출전표 = 지출증빙용 현금영수증

세금계산서, 신용카드매출전표, (지출증빙용)현금영수증은 세금에서는 모두 같은 기능을 한다.

세금계산서는 거래 시 상호 간에 주고받는 가장 기본적인 증빙이고,

신용카드매출전표는 카드 결제 시, 현금영수증은 현금결제 시 주고받는 증빙이다. 결제 수단에 따라 증빙이 다를 뿐이다.

현금거래를 하면 사업자들이 매출 신고를 안 하는 경우가 많은데, 이를 막고자 현금영수증을 의무적으로 발행하도록 하고 이를 받는 사람에게는 개인은 연말정산 시 소득공제, 사업자는 매입세액공제 혜택을 줌으로써 매출 신고 누락을 감시하고, 미발행 신고 시 포상금을 지급한다.

이같이 촘촘한 그물망을 쳐도 세금계산서를 받으려면 부가가치세를 추가로 부담해야 한다는 등 각종 이유를 들어 끝까지 세금계산서 발행을 거부하는 사업자가 많았나 보다. 이에 국세청은 판매자가 발행을 안 해주면 구입자가 발행할 수 있는 매입자발행세금계산서 제도를 만들었으니 이도 참고로 알아두면 좋다.

4 부가가치세 절세방법

- 홈택스에 사업용 신용카드 등록하기
- 비용지출에 대해서는 반드시 전자세금계산서 받기
- 배우자 명의 카드도 사업용으로 썼다면 사업비용으로 인정받을 수 있다.
- 현금영수증은 반드시 지출 증빙용으로 발행받는다.
- 사업용 차량 구매 시 부가세 세액공제가 가능한 차량 구매하기(트럭, 경차 등)
- 의제매입세액공제 등 특혜를 활용하기(간이과세자는 2021년부터 미적용)

서식으로 한눈에 보는 부가가치세

(부가가치세 신고 서식 작성법)

❶ 신 고 내 용				금 액	세율	세 액
구 분						
과세 표준 및 매출 세액	과세	세금계산서 발급분	(1)		10 / 100	
		매입자발행 세금계산서	(2)		10 / 100	
		신용카드·현금영수증 발행분	(3)		10 / 100	
		기타(정규영수증 외 매출분)	(4)		10 / 100	
	영세율	세금계산서 발급분	(5)		0 / 100	
		기타	(6)		0 / 100	
	예정신고누락분		(7)			
	대손세액가감		(8)			
	합계		(9)		㉮	
매입 세액	세금계산서 수 취 분	일반매입	(10)			
		수출기업 수입분 납부유예	(10-1)			
		고정자산 매입	(11)			
	예정신고누락분		(12)			
	매입자 발행 세금계산서		(13)			
	그 밖의 공제매입세액		(14)			
	합계(10)-(10-1)+(11)+(12)+(13)+(14)		(15)			
	공제받지 못할 매입세액		(16)			
	차감계(15)-(16)		(17)		㉯	
납부(환급)세액 (매출세액㉮-매입세액㉯)					㉰	
경감· 공제 세액	그 밖의 경감·공제세액		(18)			
	신용카드매출전표 등 발행공제 등		(19)			
	합계		(20)		㉱	
예정신고 미환급 세액			(21)		㉲	
예정고지세액			(22)		㉳	
사업양수자의 대리납부 기납부세액			(23)		㉴	
매입자 납부특례 기납부세액			(24)		㉵	
신용카드업자의 대리납부 기납부세액			(25)		㉶	
가산세액 계			(26)		㉷	
차감·가감하여 납부할 세액(환급받을 세액)(㉰-㉱-㉲-㉳-㉴-㉵-㉶+㉷)				(27)		
총괄납부사업자가 납부할 세액(환급받을 세액)						

앞 페이지는 부가가치세 신고 서식 중 과세표준(매출세액)과 매입세액을 통한 납부세액 계산 부분만 가져온 것이다.

신고 서식은 해당 세금에 대한 전체적인 내용을 집약해 놓은 것으로 해당 세금을 이해하는데, 도움을 준다. 그러나 요즘은 수기로 세금신고를 하기보다는 홈택스나 더존과 같은 프로그램을 활용해 신고하는 경우가 많아 프로그램이 요구하는 숫자만을 입력한다. 따라서 해당 항목을 충분히 이해하지 않고 기술적인 부분만 익히는 경우가 많다.

부가가치세 신고 서식의 각 항목에 대해 이해하고 매입매출전표를 발행한다면 프로그램상 선택항목이 왜 필요하고 나중에 어디로 연결되는지 이해가 한층 증진되리라고 생각한다.

1 과세표준 및 매출세액

과세

구 분	내 용
세금계산서 발행분	발급한 세금계산서에 의해서 거래처별로 작성한 매출처별세금계산서합계표를 제출한다.
매입자발행 세금계산서	매출자가 세금계산서를 발급하지 않아 관할 세무서장에게 신고해서 승인받은 매입자가 발행한 매입자발행세금계산서의 금액
신용카드, 현금영수증 발행분	세금계산서를 발급하지 않은 매출분 중 신용카드매출전표 · 직불카드 · 기명식선불카드 · 현금영수증 발행분 및 전자화폐수취분에 대한 매출을 말한다.
기타매출	부동산임대사업자의 간주임대료와 세금계산서 및 신용카드 등 이외의 매출분(증빙을 발행하지 않고 판매한 분) 등을 말한다.

🔧 영세율

구 분	내 용
세금계 산서 발급 분	영세율이 적용되는 사업실적 중 세금계산서를 발행한 분을 말한다. 국내 거래에 해당하는 내국신용장 또는 구매확인서로 공급하는 경우와 해외 건설용역을 원도급자로부터 하도급받은 경우
기타	영세율이 적용되는 사업실적 중 세금계산서 발급 의무가 없는 분을 말한다. 직수출, 대행수출, 국외 용역, 중계무역, 위탁가공무역 등

🔧 예정신고누락분

(4쪽 중 제3쪽)

		구 분			금 액	세율	세 액
예정신고 누 락 분 명 세	(7)매출	과세	세 금 계 산 서	(33)		10 / 100	
			기 타	(34)		10 / 100	
		영세율	세 금 계 산 서	(35)		0 / 100	
			기 타	(36)		0 / 100	
		합 계		(37)			
	(12)매입	세 금 계 산 서		(38)			
		그 밖의 공제 매입세액		(39)			
		합 계		(40)			

예정신고 시 누락된 분에 대해서 확정 신고하는 경우 기재하며, 일정액의 가산세가 부과된다.

📋 예정신고 누락분에 대한 가산세

1. 세금계산서 지연발급가산세 부과된다. : 공급가액 × 1%

지연발급 가산세가 적용된다면 매출처별 세금계산서합계표 불성실가산세는 적용되지 않는다.

2. 예정신고분에 대한 과소신고가산세가 부과된다. : 세액 × 10%

3. 납부불성실가산세가 부과된다. : 미납세액 × 0.022% × 경과일수

그리고 상대방은 지연수취한 세금계산서 매입분에 대하여 지연수취가산세가 적용된다. : 공급가액 × 0.5%

🔩 대손세액가감

부가가치세가 과세되는 재화 또는 용역의 공급에 대한 외상매출금 등이 대손 되어 대손세액을 공제받는 사업자가 기재하며, 대손세액을 공제받는 경우는 대손세액을 차감 표시(△)하여 기재하고, 대손금액의 전부 또는 일부를 회수하여 회수금액에 관련된 대손세액을 납부하는 경우에는 당해 납부하는 세액을 기재한다. 확정신고 시에만 대손세액공제 신청이 가능하다.

구 분	공급하는 사업자	공급받는 사업자
대손이 확정된 과세기간	대손세액을 대손확정일이 속하는 과세기간의 매출세액에서 뺄 수 있다.	공급하는 자가 대손세액공제를 받은 경우는 공급받는 자는 그 대손세액을 대손확정일이 속하는 과세기간의 매입세액에서 뺀다.
대손을 변제한 경우	대손세액공제를 받은 후 회수된 대손금에 관련된 대손세액을 회수한 날이 속하는 과세기간의 매출세액에 더한다.	매입세액에서 대손세액을 차감한 후 대손금을 변제한 경우 관련 대손세액을 변제한 날이 속하는 과세기간의 매입세액에 더한다.

1. 대손세액공제 사유

❶ 「상법」에 따른 소멸시효가 완성된 외상매출금 및 미수금

❷ 「어음법」에 따른 소멸시효가 완성된 어음

❸ 「수표법」에 따른 소멸시효가 완성된 수표

❹ 「민법」에 따른 소멸시효가 완성된 대여금 및 선급금

❺ 「채무자 회생 및 파산에 관한 법률」에 따른 회생계획인가의 결정 또는 법원의 면책 결정에 따라 회수불능으로 확정된 채권

❻ 「민사집행법」제102조에 따라 채무자의 재산에 대한 경매가 취소된 압류채권

❼ 물품의 수출 또는 외국에서의 용역제공으로 발생한 채권으로서 무역에 관한 법령에 따라 기획재정부 장관이 정하는 사유에 해당하여 한국무역보험공사로부터 회수불능으로 확인된 채권

❽ 채무자의 파산, 강제집행, 사업의 폐지, 사망, 실종 또는 행방불명으로 회수할 수 없는 채권

❾ 부도 발생일로부터 6개월 이상 지난 수표 또는 어음상의 채권 및 외상매출금(중소기업의 외상매출금으로서 부도 발생일 이전의 것에 한정한다) 다만, 해당 법인이 채무자의 재산에 대하여 저당권을 설정하고 있는 경우는 제외한다.

❿ 회수기일이 6개월 이상 지난 채권 중 채권가액이 30만 원 이하(채무자별 채권 가액의 합계액을 기준으로 한다)인 채권

[주] 대손이 확정되는 시기가 폐업일 이후의 경우 공제 불가

⓫ 중소기업의 외상매출금·미수금으로서 회수기일이 2년 이상 지난 외상매출금·미수금. 다만, 특수관계인과의 거래로 인하여 발생한 외상매출금·미수금은 제외한다.

2. 대손세액의 계산

대손세액 = 대손금액(부가가치세 포함) × 10/110

3. 제출서류

대손세액을 공제받기 위해서는 부가가치세 확정신고서에 대손세액공제신고서와 대손 사실을 증명하는 서류를 첨부해서 관할 세무서장에게 제출해야 한다.

유형별	첨부서류
파산	매출(입)세금계산서, 채권배분계산서
강제집행	매출(입)세금계산서, 채권배분계산서, 배당표
사망 · 실종	매출(입)세금계산서, 법원 판결문, 채권배분계산서
회생계획인가의 결정	매출(입)세금계산서, 법원이 인가한 회생계획인가 결정문 등
부도발생 일로부터 6개월 경과 어음	매출·매입세금계산서, 부도어음
상법 상의 소멸시효	매출(입)세금계산서, 인적사항, 거래품목, 거래금액, 거래대금의 청구내역 등 거래 사실을 확인할 수 있는 서류

🗒️ 대손처리를 위한 조사보고서 활용 방안

법인이 채권담보물에 대해, 법원에 의한 강제집행(경매) 처분 시, 처분배당금이 회사 채권금액에 미치지 못하고, 채무자의 다른 재산이 없어 '회수할 수 없는 채권'으로 확정된 경우, 변제받지 못한 잔여 채권의 금액은 법인의 대손금으로 보아 손금 처리하고 대손세액공제가 가능하다.

회수할 수 없는 채권이란 강제집행을 하더라도 회수할 수가 없는 것이 객관적으로 확정된 채권을 말하므로, 회수할 수 없음을 객관적으로 확정(채무자의 다른 재산이 있는지에 대한 조사보고서 등)되지 않는 이상, 대손 채권으로 볼 수 없다.

법인이 채권을 대손금으로 확정하기 위해서는 객관적인 자료에 의하여 그 채권이 회수 불능임을 입증할 필요가 있으며, 이러한 사례로는 확인서나 증명서를 교부받을 수 없는 사업의 폐지 여부, 무재산자 등에 관한 사항은 아래와 같은 내용을 기재한 채권관리부서(채권 회수 전문기관)의 조사보고서 등을 증빙서류로 인정한다(법인 46012-1341.95.5.16).

따라서 각 기업체 내부적으로 대손 처리하지 못하는 회수불능인 미수채권에 대하여 ○○ 신용정보(주)로부터 조사보고서를 작성 받아 국세청에 증빙자료로 제출할 수 있으며, 이로 인해 대손 요건을 충족하여 대손 처리를 할 수 있다.

[조사보고서 의뢰 시 구비서류]

세금계산서, 거래명세서, 장부, 판결문, 공정증서, 어음, 수표, 계약서 등 원인관계를 입증할 수 있는 서류

사업의 폐지에 의한 대손세액공제(서면 3팀-3224, 2007.11.30)

거래처의 폐업으로 외상매출채권을 회수하지 못한 경우 대손세액공제는 객관적인 서류에 의하여 채권을 회수할 수 없음이 입증되는 경우에 한해서 소멸시효가 완성되지 아니하여도 대손세액공제를 받을 수 있는 것임

강제집행의 경우 대손세액공제(서면3팀-3153, 2007.11.21)

민사집행법에 대한 강제집행에 의한 대손세액공제는 사업자의 모든 재산에 대하여 강제집행이 이루어진 경우는 가능한 것이며, 일부 재산에 대하여 강제집행이 이루어진 경우는 동 규정에 의한 대손세액공제를 받을 수 없는 것임

파산폐지의 결정 대손세액공제 시점

거래처가 파산선고 된 경우 일반적으로 배당이 확정되어 회수할 수 없음이 객관적으로 입증되는 시점을 대손이 확정된 시기로 보는 것이다. 재화 또는 용역을 공급받은 자에 대해 「채무자 회생 및 파산에 관한 법률」에 따른 파산폐지 또는 파산종결 공고일 이전에 파산절차의 진행 과정에서 관계 서류 등에 의해 재화 또는 용역을 공급한 자가 배당받을 금액이 매출채권 금액에 미달하는 사실이 객관적으로 확인되는 경우, 그 미달금액에 대하여는 회수할 수 없는 채권으로 보아 대손세액공제를 할 수 있다. 파산폐지 결정에 따라 당해 채권이 회수할 수 없는 경우라면 파산폐지 결정 공고일을 대손확정 일로 보아야 할 것으로 판단된다. 다만, 대손세액공제의 범위는 사업자가 부가가치세가 과세되는 재화 또

는 용역을 공급한 후 그 공급일부터 10년이 지난 날이 속하는 과세기간에 대한 확정신고 기한까지이므로 참고하기를 바란다.

파산의 경우 대손세액공제 시기(상담3팀-2541, 2007. 9.10)

대손세액공제시 법원이 「채무자 회생 및 파산에 관한 법률」 제317조의 규정에 의하여 파산선고와 동시에 파산폐지를 결정하고 공고하는 경우는 그 공고일이 대손의 확정이 된 날에 해당하는 것임

소멸시효완성 전 대손처리와 대손세액공제

채무자(공급받는 자)의 파산, 강제집행, 형의 집행, 사업의 폐지, 사망, 실종, 행방불명, 부도 등 법인세법에서 규정한 사유로 매출채권이 대손된 경우는 대손 된 날 이후에 장부에 대손금을 계상하고 대손금을 계상한 날이 속하는 과세기간에 대한 확정신고 시 대손세액 공제를 받을 수 있다.

거래처 폐업과 무재산으로 잔존 매출채권을 회수할 수 없음을 객관적인 증빙으로 입증할 수 있다면, 소멸시효완성 전이라도 거래처 폐업일 이후, 장부에 대손금으로 계상하고, 대손금을 계상한 날이 속하는 과세기간에 대한 확정신고 시 대손세액공제를 신청할 수 있다. 대손 되었다는 것(거래처의 무재산 및 폐업으로 매출채권을 회수할 수 없다는 것)을 객관적인 증빙자료로 입증하지 못한다면 소멸시효(3년)가 완성되어야 소멸시효완성일이 속하는 과세기간에 대한 확정신고 시 대손세액공제 신청이 가능하다.

따라서 2025년 6월 무재산으로 대손을 확정하고, 대손금을 계상한 경우 6월이 속하는 확정신고기간의 확정신고시(7월 25일) 대손세액공제를 받는 것이다.

거래처 폐업으로 인한 외상매출금의 대손처리와 임의 포기

1. 폐업으로 인한 외상매출금의 대손처리 요건

- 특수관계자의 매출채권을 포기한 경우 : 부당행위계산의 부인
- 업무 관련 거래처의 매출채권 포기 : 기업업무추진비 처리
- 업무 무관 거래처의 매출채권 포기 : 기부금 처리

법인이 외상매출금 회수를 위하여 내용증명을 발송하였으나, 연락 두절로 아무 연락도 받지 못하고 있던 차에 상대 거래처의 사업자등록번호로 최근 국세청 홈페이지에서 사업자 과세유형·휴폐업 화면을 조회한 결과 폐업 사실을 확인한 경우 대손금의 사유로 인정받을 수 있는 '사업의 폐지'로 보아 대손세액공제를 받을 수 있는지 알아보겠다.

거래처의 폐업으로 인하여 매출채권을 회수할 수 없음을 객관적으로 입증되는 경우는 동 채권의 소멸시효가 완성되지 않아도, 거래처 폐업일 이후 장부에 대손금으로 계상하고, 대손금을 계상한 날이 속하는 과세기간의 확정신고 시 대손세액공제를 받을 수 있다.

즉, 국세청 '사업자 과세유형 휴·폐업' 조회를 통하거나 휴·폐업 사실 증명서에 의하여 채무자의 '사업의 폐지' 여부를 증명할 수 있으나, 거래처가 폐업했다는 사실만으로는 대손세액공제를 받을 수 없는바, 채무자가 아무 재산이 없는 등의 사유로 외상매출금을 회수할 수 없음을 입증할 수 있는 내용증명 발송 서류, 법원의 소송 판결문, 법원의 강제집행 불능 조서, 신용정보회사의 재산 조사서 등 객관적인 증빙서류를 갖추어야 대손세액공제가 가능하다.

사업자가 대손세액공제를 적용 함에 있어 공급받는 자가 사업을 폐지하여 채권을 회수할 수 없음이 객관적으로 입증되는 경우는 소멸시효가 완성되지 아니하여도 그 대손이 확정된 날이 속하는 과세기간의 확정신고 시 대손세액공제를 받을 수 있는 것임 (부가, 서면 인터넷 방문 상담 3팀-3224, 2007.11.30.).

대손금을 적용함에 있어 채무자의 사업 폐지여부는 국세청 홈페이지에서 제공하는 '사업자 과세유형·휴폐업' 조회화면의 내용으로 확인할 수 있는 것이나, 이 경우 채권을 대손금으로 확정하기 위해서는 객관적인 자료에 의하여 그 채권이 회수 불능임을 입증해야 하는 것임(법인, 서이 46012-11705, 2002.09.12.).

---

2. 거래처 외상매출금을 임의 포기한 경우 기업업무추진비 처리

그렇지 않다면 소멸시효 완성일이 속한 과세기간에 대손세액공제를 신청해야 하며, 소멸시효가 완성된 채권이라 할지라도 법인이 채권자로서의 정당한 권리를 행사하였다면 채권 전부 또는 일부를 회수할 수 있었음에도, 정당한 사유 없이 채권 회수를 위한 제반 조치 등 외상매출금을 회수하기 위하여 노력한 객관적인 증빙서류가 없는 경우에는, 기업업무추진비로 간주되어 대손세액공제를 받을 수 없다. 즉 거래처에 대한 채권의 임의 포기액은 기업업무추진비로 본다.

회수 노력 없이 채권 회수를 포기하여 기업업무추진비에 해당하는 경우는 거래실태상 원천적으로 증빙을 구비 할 수 없는 경우 등에 해당하므로, 기업업무추진비로 직접 부인하지 않고 기업업무추진비 한도 계산을 해야 할 것으로 판단된다.

외상매출금을 대손처리시 기업업무추진비로 보는 경우(국세청 답변일 2014-03-24)

법인이 보유하고 있는 채권을 회수하기 위한 노력으로 모든 제반 법적 조치를 취하지 아니하고, 채권자로서 정당한 권리를 행사하지 아니하거나 포기함으로써 회수할 수 없게 된 채권(회수노력 없이 소멸시효 완성된 경우 포함)은 대손금으로 손금산입할 수 없고 기업업무추진비나 기부금에 해당한다.

따라서 대손금으로 손금에 산입하기 위해서는 채권자로서의 정당한 권리를 행사하였음에도 그 채권이 회수불능임을 객관적인 자료에 의하여 입증해야 하는 것이며, 이를 입증하였다면 대손 처리가 가능한 것이다.

회수 노력 없이 채권 회수를 포기하여 기업업무추진비에 해당하는 경우는 거래실태상 원천적으로 증빙을 구비할 수 없는 경우 등에 해당하므로 기업업무추진비 직부인하지 않고 기업업무추진비 한도 계산을 하여야 할 것으로 판단된다.

거래처의 매출채권 임의 포기 등과 같이 기업업무추진비로 보는 항목에 대한 법인세법 제25조 제2항의 손금불산입 규정을 적용 함에 있어 거래실태상 원천적으로 증빙을 구비할 수 없는 경우에는 동조 동항이 적용되지 않는 것임. 즉, 법정지출증빙을 구비하지 않아도 기업업무추진비로 보아 기업업무추진비 한도액을 계산한다.

제25조(기업업무추진비의 손금불산입)

② 내국법인이 한 차례의 접대에 지출한 기업업무추진비 중 내통령령으로 정하는 금액(기업업무추진비 법정지출증빙을 수취해야 하는 금액)을 초과하는 기업업무추진비로서 다음 각호의 어느 하나에 해당하지 아니하는 것은 각 사업연도의 소득금액을

계산할 때 손금에 산입하지 아니한다. 다만, 지출 사실이 객관적으로 명백한 경우로서 다음 각호의 어느 하나에 해당하는 기업업무추진비라는 증거자료를 구비하기 어려운 국외 지역에서의 지출 및 농어민에 대한 지출 등 대통령령으로 정하는 지출은 그러하지 아니하다.

법인이 특수 관계없는 자에게 대여한 대여금을 회수하기 위하여 채무자 및 보증인에 대한 채권자로서의 제반 조치를 했으나, 채무자 등이 무재산 · 사업의 폐지 · 행방불명 등으로 채권을 회수할 수 없음이 객관적으로 입증되는 경우는 당해 채권의 소멸시효가 완성되지 아니한 경우에도 대손금으로 계상하여 손금산입할 수 있는 것이나, 당해 법인의 채권자로서의 정당한 권리를 행사하였다면, 채권의 전부 또는 일부를 회수할 수 있었음에도 불구하고 그 권리를 행사하지 아니하거나 포기함에 따라 회수하지 못한 금액 상당액은 대손금으로 손금산입할 수 없는 것이며, 「법인세법 시행령」 제62조 제1항 제4호의 규정에 의거 대여금의 소멸시효는 「민법」이 적용되는 것임(서면 2팀-581, 2007.04.03.).

법인이 어음법에 의한 소멸시효가 완성되어 회수할 수 없는 어음상의 채권의 금액은 그 소멸시효가 완성된 날이 속하는 사업연도의 손금으로 산입하는 것임. 다만, 법인이 어음상의 채권을 담보하기 위하여 채무자의 재산에 설정한 저당권을 행사하지 않는 것과 같이, 채권의 회수 가능성 등 구체적인 사정을 감안하여 정당한 사유 없이 채권회수를 위한 제반 법적 조치를 취하지 아니함에 따라 채권의 소멸시효가 완성된 경우는 동 채권의 금액은 법인세법 제25조의 규정에 의한 기업업무추진비 또는 법인세법시행령 제35조의 규정에 의한 기부금으로 보는 것임(재법인46012-93, 2003. 05.31.).

2 부가가치세 매입세액

세금계산서 매입세액

발급받은 세금계산서에 의해서 거래처별로 작성한 매입처별세금계산서합계표를 제출해야 한다.

● 일반매입 : 세금계산서에 의해서 작성한 매입처별세금계산서합계표 상의 매입 세금계산서 총합계란의 공급가액 및 세액 중 고정자산 매입분 이외의 일반매입 분을 기재한다(공제받지 못할 매입세액 포함).

● 수출기업 수입분 납부유예 : 재화를 해외로부터 수입하는 경우 관세법에 따라 관세를 세관장에게 신고납부하는 경우 재화의 수입에 대한 부가가치세도 함께 신고하고 납부해야 하는데, 이는 부가가치세 신고 시 매입세액으로 공제받을 수 있지만, 매번 수입 시마다 부가가치세를 납부해야 하는 자금부담이 크기 때문에 이에 수출 중소기업이 재화를 수입시 세관에서는 납부유예가 표시된 세금계산서를 발급하되, 부가가치세는 납부하지 않고, 유예하여 나중에 정산하는 제도이다.

● 고정자산 매입 : 세금계산서에 의해서 작성한 매입처별세금계산서합계표 상의 매입 세금계산서 총합계란의 공급가액 및 세액 중 컴퓨터 등 고정자산 구입 분을 기재한다(공제받지 못할 매입세액 포함).

🏮 예정신고누락분

제2장 예정신고누락분 명세와 연결되어 작성된다.

예정신고를 하면서 누락한 금액을 확정신고 때 신고하는 때 기재하며, 예정신고누락분 명세의 합계란(2장 앞쪽)의 금액과 세액을 기재한다.

1장 앞쪽 예정·신고누락분 명세란에 예정신고 누락분을 합계해서 기재한 경우 2장에 그 예정신고 누락분의 명세를 기재한다.

🐝 매입자발행세금계산서

매입자가 관할 세무서장으로부터 거래 사실확인통지로 발행한 매입자발행세금계산서의 금액과 세액을 기재한다. 즉, 매출자가 세금계산서를 발급하지 않아 관할 세무서장에게 신고한 후 승인받은 매입자발행세금계산서의 금액을 기재한다.

🐝 기타공제매입세액

제2장 기타공제매입세액 명세와 연결되어 작성된다. 발급받은 신용카드매출전표 상의 매입세액, 의제매입세액, 재활용폐자원 등에 대한 매입세액, 재고매입세액 또는 변제대손세액을 공제받는 사업자가 기재한다.

(4쪽 중 제3쪽)

구 분			금 액	세율	세 액
(14) 그밖의 공제 매 입 세 액 명 세	신용카드매출전표등 수령명세서 제출분	일 반 매 입	(41)			
		고정자산매입	(42)			
	의 제 매 입 세 액		(43)		뒤쪽 참조	
	재 활 용 폐 자 원 등 매 입 세 액		(44)		뒤쪽 참조	
	과 세 사 업 전 환 매 입 세 액		(45)			
	재 고 매 입 세 액		(46)			
	변 제 대 손 세 액		(47)			
	외국인 관광객에 대한 환급세액		(48)			
	합 계		(49)			

1. 신용카드매출전표 등 수령명세서 제출 분

사업과 관련한 재화나 용역을 공급받고 발급받은 신용카드매출전표 등 수령명세서를 제출해 매입세액을 공제하는 때 기재한다. 발급받은 신용카드매출전표에 의해 작성한 신용카드매출전표등수령명세서를 작성 제출해야 한다.

2. 의제매입세액공제

면세농산물 등을 원재료로 제조·창출한 재화 또는 용역이 국내에서 과세되어 의제매입세액을 공제받는 사업자가 기재하며, 금액란에는 면세농산물 등의 가액을, 세액란에는 동 금액에 다음의 공제율을 곱한 금액을 기입한다. 단, 한도액의 범위 내에서 기입한다.

구 분	내 용
공제대상 품목	❶ 농·축·수·임산물 ❷ 김치·두부 등 단순 가공식품과 광물인 소금 ❸ 농·축·수·임산물의 1차 가공 과정에서 발생하는 부산물
공제대상 사업자	면세농산물 등을 원재료로 해서 제조·가공해서 판매하는 재화·용역이 부가가치세가 과세되는 경우 모든 업종(면세포기 사업자 포함)
매입가액	의제매입세액 공제대상이 되는 원재료의 매입가액은 운임 등의 부대비용을 제외한 매입원가로 한다. 수입되는 면세농산물 등의 수입가액은 관세의 과세가액으로 한다. (관세는 불포함)
공제시기	구입한 날이 속하는 예정신고 또는 확정신고 기간이다. 사업자가 예정신고 때 공제하지 아니한 의제매입세액은 확정신고시 공제받을 수 있으며, 예정 또는 확정신고 시 공제받지 아니한 경우 경정청구를 할 수 있다.
의제매입액	● 일반적인 경우 의제매입세액 = 면세농산물 등의 매입세액 × 공제율

구 분	내 용
의제매입액	• 과세 · 면세사업 겸업자의 의제매입세액의 안분계산 의제매입세액 = 면세로 구입한 농 · 축 · 수 · 임산물의 매입가격 × 공제율 × 과세 공급가액 ÷ 총공급가액
공제한도	의제매입세액은 다음의 금액을 한도로 공제한다. 한도 = 해당 과세기간에 해당 사업자가 면세농산물 등과 관련해서 공급한 과세표준 × 한도율 × 공제율
관련 서류의 제출	❶ 의제매입세액공제신고서에 다음 서류를 첨부하여 제출 가. 매입처별계산서합계표 나. 신용카드매출전표 등 수령명세서 ❷ 제조업을 영위하는 사업자가 농 · 어민으로부터 면세농산물 등을 직접 공급받는 경우는 『의제매입세액공제신고서』 만 제출한다. 주 제조업을 제외한 사업자는 계산서나 신용카드매출전표 등을 수취한 경우에만 공제할 수 있다.

[의제매입세액 공제율]

	구 분			공제율
❶ 음 식 점	과세유흥장소의 경영자			2/102
	과세유흥장소 외의 음식점을 경영하는 사업자	개인사업자	연 매출 2억 원 이하	9/109
			연 매출 2억 원 초과	8/108
		개인사업자 외의 사업자(법인사업자)		6/106
❷ 제 조 업	개인사업자	과자점업, 도정업, 제분업 및 떡류 제조업 중 떡 방앗간을 경영하자		6/106
		위 외의 제조업 경영자		4/104
	개인사업자 외의 사업자(법인사업자)	중소기업		4/104
		중소기업 외의 사업자		2/102
❸ 위 ❶ · ❷ 외의 사업				2/102

[의제매입세액 공제 한도]

구 분		한도율	
		음식점업	기타업종
❶ 개인사업자	과세표준이 1억 원 이하인 경우	75%	65%
	과세표준이 1억 원~2억 원인 경우	70%	
	과세표준이 2억 원 초과인 경우	60%	55%
❷ 법인사업자		50%	

3. 재활용폐자원 등 매입세액공제

재활용폐자원 등에 대한 매입세액을 공제받는 사업자가 기재하며, 금액란에는 재활용폐자원 등의 취득가액을, 세액란에는 재활용폐자원 및 중고품 매입세액 공제신고서의 공제할 세액을 기재한다.

구 분	내 용
공 제 율	재활용폐자원 및 중고품의 취득가액의 5/105 공제(중고자동차는 10/110)
공제대상 사 업 자	❶ 국가 · 지방자치단체 ❷ 부가가치세 과세사업을 영위하지 않는 자(개인 · 면세사업자 · 비영리단체 등) ❸ 간이과세자
공제방법	매입처별계산서합계표 또는 영수증을 첨부해 재활용폐자원 및 중고품 매입세액 공지신고시를 제출해야 한다.

4. 과세사업전환매입세액

면세사업에 사용하는 감가상각자산을 과세사업에 사용하거나 소비하는 경우 취득 시 불공제한 매입세액을 공제받는 때에 기재한다.

면세사업과 관련한 매입세액으로 공제되지 아니한 재화(감가상각자산)를 과세사업에 사용하는 경우는 일정한 금액을 매입세액으로 공제할 수 있다.

❶ 면세사업용 자산으로 매입세액이 공제되지 아니한 감가상각자산을 과세사업에 사용·소비하거나 과세사업과 면세사업에 공통으로 사용·소비하는 경우

❷ 과세사업 또는 과세사업과 면세사업에 공통으로 사용·소비하는 날이 속하는 과세기간에 대한 확정신고 시 '과세사업전환 감가상각자산신고서'에 의해 사업장 관할 세무서장에게 신고

5. 재고매입세액

제2장 기타공제매입세액 명세의 재고매입세액란은 간이과세자에서 일반과세자로 변경된 사업자가 그 변경되는 날 현재의 재고품 및 감가상각자산에 대해 매입세액을 공제받는 경우 기재한다.

간이과세자가 일반과세자로 변경되는 날 현재의 재고품·상품·제품·재료 및 건설중인자산, 감가상각자산으로 매입 시 세금계산서를 수취한 것 중 매입세액 공제 대상인 것으로, 간이과세자의 확정신고와 함께 일반과세 전환 시의 재고품 및 감가상각자산 신고서에 의해 재고품 등을 신고해서 승인된 경우에 한한다.

6. 변제대손세액

제2장 기타공제매입세액 명세의 변제대상세액란은 공급받은 재화나 용역에 대한 외상매입금, 기타 매입채무가 대손이 확정되어 매입세액을 불공제 받은 후 대손금액의 전부 또는 일부를 변제한 경우 변제한 대손금액에 관련된 대손세액을 기재한다. 변제 사실을 증명하는 서류와 함께 『대손세액공제(변제)신고서』를 작성 제출해야 한다.

(4쪽 중 제3쪽)

(16) 공제받지 못할 매입세액 명세	구　　　분		금　액	세율	세　액
	공제받지 못할 매입세액	(50)			
	공통매입세액 면세사업등분	(51)			
	대 손 처 분 받 은 세 액	(52)			
	합　　　계	(53)			

공제받지 못할 매입세액

발급받은 세금계산서의 매입세액 중 공제받지 못하는 매입세액, 과세사업과 면세사업에 공통으로 사용된 공통매입세액 또는 대손처분받은 세액이 있는 사업자가 기재한다. 공제받지 못할 매입세액 명세서를 제출해야 한다.

❶ 매입처별세금계산서합계표를 미제출·부실 기재한 경우
❷ 세금계산서를 미수취 및 부실 기재한 경우

신고 시 매입처별세금계산서합계표를 미제출한 경우와 제출하였으나 필요적 기재사항 중 전부 또는 일부가 기재되지 않은 때 및 사실과 다르게 기재된 경우는 매입세액을 공제하지 않는다.

그러나 다음의 경우에는 매입세액공제가 가능하다.

㉮ 매입처별세금계산서합계표 또는 신용카드매출전표 등 수령명세서를 수정신고, 경정청구, 기한 후 신고 시 제출하는 경우

㉯ 기재내용이 착오로 잘못 기재된 경우로 세금계산서 등에 의하여 거래사실이 확인되는 경우

㉰ 사업자가 발급받은 세금계산서 또는 신용카드매출전표 등을 경정기관의 확인을 거쳐 정부에 제출하는 경우

㉱ 동일 과세기간에 발급된 공급시기와 발급시기가 다른 세금계산서

㉲ 공급가액이 과대계상 된 경우 실지 거래 해당 분

❸ 사업과 직접 관련이 없는 지출에 대한 매입세액

예를 들어 다음의 경우에는 사업과 관련 없는 지출로 본다.

㉮ 사업자가 그 업무와 관련 없는 자산을 취득·관리함으로써 발생하는 취득비·유지비·수선비와 이와 관련되는 필요경비

㉯ 사업자가 그 사업에 직접 사용하지 않고 타인(종업원을 제외한다)이 주로 사용하는 토지·건물 등의 유지비·수선비·사용료와 이와 관련되는 지출금

㉰ 사업자가 그 업무와 관련 없는 자산을 취득하기 위해서 차입한 금액에 대한 지급이자

㉱ 사업자가 사업과 관련 없이 지출한 기업업무추진비

사업과 관련해서 사용인에게 실비변상적이거나 복리후생적 목적으로 지급되는 물품에 대해서는 물품의 판매로 보지 않으며, 당해 물품의 구입과 관련된 매입세액은 공제된다.

㉲ 직원들의 야유회, 어버이날 위안잔치와 관련된 매입세액

㉳ 사용인에게 무상으로 공급된 작업복, 작업모, 면장갑 등과 관련된 매입세액

❹ 비영업용 소형승용자동차의 구입과 유지에 관한 매입세액

비영업용이란 운수업·자동차 판매(대여)업, 기업부설 연구소에서 시험·연구용으로 수입하는 승용자동차와 같이 승용차가 직접 자기 사업에 사용하는 것을 말하며, 그렇지 않은 것은 비영업용이다.

예컨대, 일반 회사에서 영업사원이 영업목적으로 승용차를 사용한다고 해서 영업용이 되는 것은 아니다.

그리고 승용자동차란 개별소비세법에 의해서 개별소비세가 부과되는 승용자동차를 말한다. 즉, 개별소비세가 과세되는 것이면 매입세액이 불공제되고, 개별소비세가 과세되지 않으면 매입세액이 공제된다.

❺ 기업업무추진비 및 이와 유사한 비용의 지출에 관련된 매입세액

❻ 부가가치세가 면제되는 재화 또는 용역을 공급하는 사업에 관련된 매입세액과 토지 관련 매입세액

❼ 사업자등록을 하기 전의 매입세액(해당 과세기간 종료일로부터 20일 이내에 사업자등록 시 해당 과세기간 분 제외)

🏺 공통매입세액 면세사업분

부가가치세 과세사업과 면세사업에 공통으로 사용하는 공통매입세액 중 면세사업 해당 분으로 안분 계산한 공급가액과 세액을 기재한다. 과세사업과 면세사업을 겸영하는 경우는 면세사업에 관련된 매입세액의 계산은 실지귀속에 따라 하되, 과세사업과 면세사업에 공통으로 사용되어 실지귀속을 구분할 수 없는 공통매입세액은 다음 산식에 의해서 계산한다. 다만, 예정신고를 하는 때에는 예정신고기산에 있어서 총공급가액에 대한 면세공급가액의 비율에 따라서 안분계산하고, 확정신고를 하는 때에 동일한 방법으로 정산한다.

공통매입세액의 안분계산 규정을 적용해야 할 사업자는 다음의 요건을 모두 충족해야 한다(집행기준 40-81-3).

① 과세사업과 면세사업(비과세사업 포함)을 겸영하는 사업자일 것

② 과세사업과 면세사업에 공통으로 사용되거나 사용될 것

③ 실지 귀속이 불분명한 매입세액일 것

④ 불공제대상 매입세액이 아닐 것

$$\text{면세사업에 관련된 매입세액} = \text{공통매입세액} \times \frac{\text{면세공급가액}}{\text{총공급가액}}$$

다음의 경우에는 전액 공제되는 매입세액으로 한다.

❶ 당해 과세기간의 총공급가액 중 면세공급가액이 5% 미만인 경우(공통매입세액이 500만 원 이상의 경우는 안분계산)

❷ 당해 과세기간 중의 공통매입세액이 5만원(공급가액은 50만원) 미만인 경우의 매입세액

❸ 신규로 사업을 개시한 자가 당해 과세기간 중에 공급받은 재화를 당해 과세기간 중에 공급하는 경우

🕯️ 대손세액공제

대손세액을 공제받기 위해서는 부가가치세 확정신고서에 『대손세액공제(변제)신고서』 와 대손 사실을 증명하는 아래 서류를 첨부해서 관할 세무서장에게 제출해야 한다.

유형별	첨부서류
파산	매출(입)세금계산서, 채권배분계산서
강제집행	매출(입)세금계산서, 채권배분계산서, 배당표
사망 · 실종	매출(입)세금계산서, 법원 판결문, 채권배분계산서
회생계획인가의 결정	매출(입)세금계산서, 법원이 인가한 회생계획인가 결정문 등
부도 발생일로부터 6개월 경과 어음	매출·매입세금계산서, 부도어음
상법상의 소멸시효	매출(입)세금계산서, 인적사항, 거래품목, 거래금액, 거래대금의 청구내역 등 거래사실을 확인할 수 있는 서류

3 경감·공제세액

🌂 기타 공제·경감세액

기타공제감면세액란은 전자세금계산서 발급 세액공제, 택시운송사업자 경감세액, 현금영수증 사업자 세액공제의 합계액을 기재한다.

	구 분		금 액	세율	세 액
(18) 그 밖의 경감·공제 세액 명세	전 자 신 고 세 액 공 제	(54)			
	전자세금계산서 발급세액 공제	(55)			
	택 시 운 송 사 업 자 경 감 세 액	(56)			
	대 리 납 부 세 액 공 제	(57)			
	현 금 영 수 증 사 업 자 세 액 공 제	(58)			
	기 타	(59)			
	합 계	(60)			

1. 전자신고 세액공제(2025년부터 부가가치세, 법인세, 종합소득세 폐지)

사업자본인 및 납세관리인이 직접 전자신고 하는 경우 : 1만원

• 확정신고 시에만 공제하며 총괄납부 사업자는 각 사업장별로 공제하나, 사업자 단위 신고·납부자는 본점 또는 주사무소에서만 공제됨

• 간이과세자의 경우 실제 납부할 세액을 한도로 공제(환급 불가)

2. 택시운송사업자 경감세액

구 분	내 용
대상자	여객자동차운수사업법상 일반택시운송사업자 🈺 개인택시 운송 사업은 여객자동차운수사업법(시행령 3조)상 일반 택시운송사업자의 범위에 해당하지 아니하므로 공제대상이 아님
세액공제액	납부세액의 99%. 즉, 부가가치세신고서 상 ㉱란에 기재한 납부세액의 99%에 해당하는 금액을 말한다. 경감세액은 건설교통부 장관이 정하는 바에 따라 운수종사자의 처우개선 및 복지향상에 사용해야 하는 것으로, 이를 위하여 사용했는지? 여부는 사실 판단할 사항이다.

3. 현금영수증 사업자 세액공제

현금영수증 사업자에 대한 부가가치세 공제세액을 기재한다.

🈺 현금영수증 사업자란 현금영수증 발행사업자(가맹점)가 아니라 현금영수증 발급기를 각 업소에 설치해주는 사업자를 말함

· 현금영수증 발급 장치 설치 건수에 의한 공제

· 현금영수증 결제 건수에 의한 공제

🈺 현금영수증이란 현금영수증 발급 장치를 설치한 사업자가 현금거래 시 동 발급 장치에 의해서 구매자의 인적사항을 입력한 후 발급한 영수증을 말한다.

🐦 신용카드매출전표발행세액공제 등

직전연도 매출액 10억 원 이하 개인사업자로서 소매업자, 음식점업자, 숙박업자 등 사업자가 신용카드 및 전자화폐에 의한 매출이 있는 경우에 기재하며, 금액란에는 신용카드매출전표발행금액 등과 전자화폐 수취금액을, 세액란에는 동 금액의 1.3%. 단, 매출 5억원 초과 사업자는 0.65%(2027년 이후 0.5%)에 해당하는 금액(연간 1,000만 원, 2027년 이후 500만원을 한도로 함)을 기재한다. 신용카드 매출전표 발행금액 등 집계표를 작성해서 제출해야 한다.

구분	내 용
공제 대상	❶ 소매업 ❷ 음식점업(다과점업을 포함한다) ❸ 숙박업 ❹ 목욕·이발·미용업 ❺ 여객운송업 ❻ 입장권을 발행해서 영위하는 사업 ❼ 변호사 등의 사업 및 행정사업(사업자에게 공급하는 것을 제외한다) ❽ 주로 사업자가 아닌 소비자에게 재화 또는 용역을 공급하는 사업 ❾ 임시사업장개설사업자가 그 임시사업장에서 사업자가 아닌 소비자에게 재화 또는 용역을 공급하는 경우 ❿ 전기사업법에 의한 전기사업자가 산업용이 아닌 전력을 공급하는 경우 ⓫ 전기통신사업법에 의한 전기통신사업자가 전기통신용역을 제공하는 경우 ⓬ 도시가스사업법에 의한 도시가스사업자가 산업용이 아닌 도시가스를 공급하는 경우 ⓭ 집단에너지사업법에 의한 한국지역난방공사가 산업용이 아닌 열을 공급하는 경우

구 분	내 용
	⑭ 위성멀티미디어 방송사업자가 전기통신사업자의 이용자에게 위성 멀티미디어 방송용역을 제공하는 경우
공제방법	부가가치세 신고 시 『신용카드매출전표 발행금액 등 집계표』를 작성·제출해야 공제받을 수 있다.

📑 신용카드발행세액공제가 왜 0원(신용카드 발행 세액공제 한도)

신용카드매출전표 등 발행세액공제는 납부할 세액을 한도로 공제된다.

공제받는 금액이 해당 금액을 차감하기 전의 납부할 세액을 초과하는 때에는 그 초과하는 금액은 없는 것으로 한다. 즉, 신용카드 발행 세액공제는 납부세액을 한도로 하므로 환급 대상 세액공제가 아니다.

공제받는 금액을 차감하기 전 납부할 세액이란 부가세법, 조특법에 따라 빼거나 더하여 계산한 (무신고, 과소신고, 초과환급신고, 납부불성실, 환급불성실 가산세를 제외) 세액을 공제하거나 가산하여 계산한 세액을 말한다. 계산한 세액이 부의 수인 경우는 "0"으로 본다.

공제받는 금액을 차감하기 전 납부할 세액(공제 한도) = 매출세액 − (매입세액 + 의제매입세액 + 대손세액공제)

4 부가가치세 예정신고 미환급세액

예정신고를 할 때 일반환급 세액이 있는 것으로 신고한 경우 그 환급세액을 기재한다.

수출·시설 투자 등에 의한 조기환급 대상자 외의 일반환급 대상자는 예정신고 시에 환급하지 않으며, 확정신고 시 납부(환급)할 세액에서 공제(가산)한다.

5 부가가치세 예정고지 세액

당해 과세기간 중에 예정고지 된 세액이 있는 경우 그 예정 고지세액을 기재한다.

일반개인사업자(법인 제외, 영세 법인 포함)에 대해서는 각 예정신고 기간마다 직전 과세기간에 대한 납부세액의 2분의 1에 상당하는 금액을 고지 결정하나, 일정한 경우에는 예정신고를 할 수 있다(세금계산서 발행 간이과세자는 7월 25일 예정신고).

예정고지 대상자 및 세액

❶ 개인사업자(영세 법인 포함)로 직전 과세기간 납부세액의 1/2을 고지결정

❷ 납부세액에 가감할 금액

가. 신용카드발행세액공제, 전자신고세액공제(2025년부터 폐지), 전자세금계산서 발급세액 공제, 택시운송사업자 경감세액

나. 경정 또는 재경정한 내용 반영

다. 수정신고·경정청구 등에 의해서 결정된 내용 반영

예정고지 대상자 중 신고 가능한 사업자

❶ 휴업 또는 사업 부진 등으로 인해 각 예정신고기간의 공급가액 또는 납부세액이 직전 과세기간의 공급가액 또는 납부세액의 3분의 1에 미달하는 자

❷ 조기환급을 받고자 하는 자

구 분	내 용
예정신고누락분 확정신고 시 적용되는 가산세	❶ 매출처별세금계산서합계표 지연제출가산세 : 공급가액의 0.3% ❷ 신고불성실가산세 : 납부(초과환급)할 세액의 5% ❸ 납부불성실가산세 : 과소납부(초과환급)세액 × 납부기한(환급 받은 날)의 다음 날부터 자진 납부일까지의 기간 × 0.022%
매출누락분 수정신고 시 적용되는 가산세	❶ 매출처별세금계산서합계표 미제출 가산세 : 공급가액의 0.5% ☛ 법정신고 기한 경과 후 1개월 이내에 신고하는 경우 세금계산 서합계표 불성실가산세 50% 감면됨 ❷ 신고불성실가산세 : 납부(초과환급)할 세액의 10%(기간에 따라 90%(1개월)~10%(2년) 감면) ❸ 납부불성실가산세 : 과소납부(초과환급) 세액 × 납부기한(환 급받은 날)의 다음 날부터 자진 납부일까지의 기간 × 0.022%

🦗 사업자 미등록 가산세

사업개시일로부터 20일(사업자등록 신청일) 이내에 사업자등록을 하지 않거나 타인 명의(배우자 제외)로 허위 등록한 때 기재한다.

미등록가산 세율(공급가액에 적용) : 1%

사업개시일로부터 20일 이내에 사업자등록을 하지 않은 경우 사업 개시일부터 사업 전일까지의 공급가액에 대해서 1%의 가산세를 부과한다. 예를 들어 1월 5일 개업한 자가 1월 27일 등록한 경우 1월 5일~1월 26일까지의 공급가액에 대해서 가산세를 부과한다.

🪶 세금계산서미발급가산세

1. 세금계산서 발급 불성실 가산세 등

구 분	내 용
과세대상	세금계산서의 필요적 기재사항의 전부 또는 일부가 착오 또는 과실로 기재되지 않았거나 사실과 다른 때 및 신용카드매출전표에 의한 매입세액을 경정결정시 제출해야 공제받는 경우
가산세율	공급가액의 1%

2. 세금계산서 미발급 및 위장·가공 발급 가산세

구 분	가산세
공급시기가 속하는 과세기간까지 세금계산서 미발급	공급가액의 2%
세금계산서 등을 허위로 발급하거나 발급받은 경우	공급가액의 3%
타인 명의로 세금계산서 등을 발급하거나 발급받은 경우 공급가액을 과다하게 기재하여 발급하거나 발급받은 경우	공급가액의 2%

🪶 전자세금계산서미전송가산세

● 지연전송(발급일의 다음 날이 지난 후 공급시기가 속하는 과세기간에 대한 확정신고기한까지 전송)한 경우 지연전송한 공급가액 × 0.3%를 가산세로 납부한다.

● 미전송(발급일의 다음 날이 지난 후 공급시기가 속하는 과세기간에 대한 확정신고기한까지 미전송)한 경우 미전송한 공급가액의 0.5%를 가산세로 징수한다.

🎣 세금계산서합계표제출불성실

1. 매출처별세금계산서합계표 불성실 가산세

구 분		내 용
매출처별 세금계산 서합계표 불성실 가산세	과세대상	❶ 매출처별세금계산서합계표를 제출하지 않은 때 ❷ 제출한 매출처별세금계산서합계표의 기재 사항 중 거래처별 등록번호 또는 공급가액의 전부 또는 일부가 기재되지 않았거나 사실과 다르게 기재된 때
	가산세율	공급가액의 0.5% **주** 법정신고기한 도래 분부터 무신고자가 법정신고기한 경과 후 1월 이내에 세금계산서 합계표를 제출하는 경우 가산세 50% 경감
매출처별 세금계산 서합계표 지연제출 가산세	과세대상	❶ 예정신고기간에 대한 매출처별세금계산서합계표를 확정신고 시 제출하는 경우 ❷ 예정신고기간에 대한 매출처별세금계산서합계표를 확정신고 기간 내에 수정신고 하는 경우
	가산세율	공급가액의 0.3%

2. 매입처별세금계산서합계표 불성실 가산세

구 분	내 용
과세대상	❶ 재화 또는 용역의 공급시기 이후에 발급받은 세금계산서로서 당해 공급시기가 속하는 과세기간 내에 발급받은 경우

구 분	내 용
과세대상	❷ 매입처별세금계산서합계표를 제출하지 아니한 경우 또는 제출한 매입처별세금계산서합계표의 기재사항 중 거래처별 등록번호 또는 공급가액의 전부 또는 일부가 기재되지 않거나 사실과 다르게 기재된 경우 매입처별세금계산서합계표를 수정신고 · 경정청구 및 기한 후 신고에 의해서 제출하는 경우 가산세 과세가 안 된다. ❸ 제출한 매입처별세금계산서합계표의 기재사항 중 공급가액을 사실과 다르게 과다하게 기재해서 신고한 때
가산세율	공급가액의 0.5%

🕯️ 신고불성실가산세

신고불성실가산세는 신고하지 않은 세액(미달 신고 한 경우에는 그 미달신고 한 납부세액), 초과해서 신고한 환급세액에 대해서 적용한다.

예정·확정신고를 하지 않거나 신고한 납부세액이 신고해야 할 납부세액에 미달하거나 신고한 환급세액이 신고해야 할 환급세액을 초과하는 때에는 그 신고하지 않은 납부세액(미달하게 신고한 경우는 그 미달한 납부세액) 및 초과해서 신고한 환급세액의 10%를 가산세로 징수한다.

구 분	내 용
과세대상	❶ 무신고가산세 : 법정신고 기한 내 과세표준신고서를 제출하지 않은 경우

구 분	내 용
과세대상	❷ 과소신고가산세 : 법정 신고기한 내 신고한 납부세액이 과소신고 된 경우 ❸ 초과환급신고가산세 : 법정 신고기한 내 신고한 환급세액이 초과 환급신고 된 경우 ❹ 적용 대상 금액 : 매출세액에서 매입세액을 차감한 납부(환급)세액에서 경감 · 공제세액, 예정신고 미환급세액 및 예정신고세액을 차감한 세액
가산세율	❶ 부당 무 · 과소신고 및 초과환급신고 : 부당 무 · 과소납부 및 초과환급신고세액 × 40% ❷ 일반 과소신고 및 초과환급 신고 : 일반 과소 납부 및 초과환급신고세액 × 10% ❸ 일반 무신고 : 납부할 세액 × 20% **주** 법정 신고기한 도래 분부터 무신고자가 법정 신고기한 경과 후 1월 이내에 기한 후 신고를 하는 경우 무신고가산세 경감
부당한 방법으로 신고한 경우	❶ 이중장부의 작성 등 장부의 허위기장 ❷ 허위증빙 또는 허위문서의 작성 ❸ 허위증빙 등의 수취(허위임을 알고 수취한 경우에 한함) ❹ 장부와 기록의 파기 ❺ 재산을 은닉하거나 소득 · 수익 · 행위 · 거래의 조작 또는 은폐 ❻ 기타 국세를 포탈하거나 환급 · 공제받기 위한 사기 그 밖에 부정한 행위를 한 경우

🕯️ 납부불성실가산세

납부불성실가산세는 납부하지 않았거나 미달하게 납부한 세액에 대해서 적용한다.

❶ 무·과소 납부세액 × 납부기한의 다음 날부터 자진납부일 또는 고지 일까지의 기간 × 0.022%

❷ 초과환급세액 × 환급받은 날의 다음 날부터 자진납부일 또는 고지 일까지의 기간 × 0.022%

영세율과세표준신고불성실가산세

영세율이 적용되는 과세표준을 신고하지 않았거나 신고한 과세표준이 신고해야 할 과세표준에 미달하는 때에는 그 신고하지 않은 과세표준(미달하게 신고한 경우는 그 미달한 과세표준)에 0.5%를 가산세로 징수한다.

❶ 영세율이 적용되는 과세표준을 신고하지 않았거나 신고한 과세표준이 신고해야 할 과세표준에 미달하는 때에는 그 신고하지 않은 과세표준(미달하게 신고한 경우는 그 미달한 과세표준)

❷ 영세율 과세표준을 신고하였으나 영세율 첨부서류를 제출하지 않은 경우

신용카드매출전표 등 불성실가산세

사업자가 신용카드매출전표등수령명세서를 예정·확정신고를 할 때에 제출하지 않고, 발급받은 신용카드매출전표 등을 경정 시 경정기관의 확인을 거쳐 해당 경정기관에 제출하여 매입세액을 공급받는 경우 공급가액의 0.5%를 가산세로 징수한다.

현금매출명세서 미제출 가산세

변호사·심판변론인·변리사·법무사·공인회계사·세무사·경영지도사·

기술지도사·감정평가사·손해사정사·관세사·기술사·건축사·도선사·측량사 및 의료업자가 현금매출명세서를 제출해야 할 사업자가 동 명세서를 제출하지 않거나 사실과 다르게 제출한 금액 미제출 및 사실과 다르게 제출한 금액 × 1%를 가산세로 부담한다.

7 국세환급금 계좌신고

"환급받을 세액"이 발생한 사업자가 기재한다.

거래은행란에는 예금계좌가 개설된 은행명, 우체국명 등을 쓰고, 계좌번호란에 예금계좌번호를 쓴다.

❶ 환급금 계좌는 환급금을 송금받을 본인의 예금계좌이므로 반드시 신고인 본인의 예금계좌를 적어야 한다.

❷ 환급세액이 2,000만 원 이상인 경우 별도의 계좌개설(변경)신고서에 예금통장 사본을 첨부해서 신고해야 한다.

8 폐업신고

사업을 폐업하고 확정신고하는 사업자만 기재한다. 동란에 기재해서 신고한 사업자는 별도로 폐업신고서를 제출하지 않아도 된다.

주 사업자등록증, 폐업신고확인서(해당 업종에 한함)를 첨부해 제출과세표준 합계액을 업태, 종목별로 기재하되, 수입금액제외란은 종합소득세 신고 시 총수입금액에서 제외하는 항목을 기재한다.

즉, 부가가치세 신고서 과세표준명세 〉 수입금액제외란에는 부가가치세는 과세되나 소득세 수입금액에서 제외되는 고정자산매각, 직매장반출금액 등을 기재한다. 반면, 법인과 복식부기 의무자의 사업용 차량, 기계장치 등은 기재대상이 아니며, 양도소득세 과세대상인 토지와 건물과 사업용 감가상각자산 중 건물 및 건축물은 포함하여 기재한다. 간편장부대상자는 고정자산 처분손익은 소득금액에 포함시키지 않으므로 수입금액에서 제외해야 한다.

업종에 부동산임대업이 없는데 부동산임대소득 부가가치세 신고는?

사업장의 사업자등록증상 부동산임대업이 업종으로 기재되어 있지 아니해도 실제 법인이 부동산임대업을 영위하고 있다면 부가가치세 신고 시 부동산임대 공급가액 명세서를 작성하여 부가가치세 신고를 이행해야 한다.

부동산임대공급가액 명세서 작성 예외 규정 등은 존재하지 아니하는 것으로, 실제 부동산임대업을 영위하는 사업자가 부가가치세 신고시 부동산임대 공급가액 명세서를 작성하지 아니하여 미제출한 경우 부가가치세법 제60조 제8항에 따른 가산세가 적용된다(국세청 답변내용, 2018-05-24).

이의 법적 근거는 실질과세의 원칙이다. 사업자등록증에 형식상 해당 업종이 없다고 해도 실질에 따라 신고 및 납부를 하면 나중에 세무상 문제가 되지 않는다

특히 부동산임대업을 하면서 사업자등록 정정신고를 안 하고 간주임대료의 계산 없이 사업자등록증상 업종으로 세금계산서를 발행하는 경우 결과적으로 매출누락이 발생하는 경우이므로 나중에 세무상 문제가 발생할 수 있다.

[주의]

해당 소득을 수입금액 제외에 입력 후 신고하면 안 된다. 주업종 코드와 수입금액 제외 코드가 다르면 오류가 발생함으로 인해 수입금액 제외 코드와 주업종 코드를 동일해야 해서 수입금액 제외로 신고하는 경우가 있는데, 원칙적으로 주업종 밑에 임대업 업종코드 따고, 사업자등록 정정신고, 부동산공급가액명세서 작성 제출의 흐름으로 가는 것이 원칙적인 실무처리이다.

흔히 기존 업종 매출에 포함해서 신고하는 경우가 있는데, 나중에 세무조사시 문제가 될 수 있다(5년간 안 걸리고 무사하면 그만이지만).

고정자산매각 수입금액제외 부가가치세 신고서 과표 작성방법

과세사업에 사용하던 고정자산을 매각하는 경우 부가가치세 신고 시 당초 매입세액공제 여부와 관련 없이 부가가치세가 과세 된다.

세금계산서를 발급하고 매출 과세표준 명세에 해당 유형자산이 사용되는 업종의 수입금액에 포함하여 신고해야 한다('수입금액제외' 란에는 기재하는 것이 아니다.).

양도가액을 익금으로 하고 양도 당시의 장부가액을 손금으로 하여 각 사업연도 소득에 반영하면 된다.

예전부터 법인은 모든 자산양도에 대해 수입금액 제외로 처리하지 않았다

결론은 처분하는 자산에 대하여 개인과 법인 모두 수입금액 제외 란에 기재하는 것이 아니라 수입금액에 포함하여 신고해야 한다. 단, 간편장부대상자의 고정자산매각은 수입금액 제외로 신고한다.

10 세무대리인

당해 신고서를 최종 작성한 세무 대리인의 인적사항을 기재하면 되나 사업자가 직접 작성한 신고서는 기재할 필요가 없다.

부가가치세가 면제되는 사업의 수입금액을 업태, 종목별로 구분해서 기재한다.

부가가치세가 과세되지 않은 재화 또는 용역을 공급하고 발급한 계산서의 합계액과 거래상대방으로부터 발급받은 계산서의 합계액을 기재한다.

사업자가 사업과 관련해 부가가치세가 면세되는 계산서를 발급·수취한 경우 계산서에 의해서 거래처별로 작성한 매출처별·매입처별 계산서합계표를 제출해야 한다.

부가가치세는 무실적이라도 무실적으로 신고는 해야 한다.

매출이 없다고 해서 부가가치세를 신고하지 않는다면 다음과 같은 불이익을 받을 수 있다.

1. 공제받을 수 있는 매입세액 환급 불가

부가가치세 납부세액을 계산할 때 매입세액이 매출세액보다 크면, 그 초과하는 금액을 환급받을 수 있다. 매출이 없다면 매출세액은 0원일 것이고, 그럼 공제 가능한 매입세액은 전액 환급받을 수 있는 것이다. 그런데 부가가치세 신고를 하지 않는다면 매입세액을 공제받지 못하니 당연히 환급도 받을 수 없다.

2. 가산세 부과

매입 시 세금계산서를 발급받은 내용이 있다면 부가가치세 신고 시 매입처별 세금계산서 합계표를 제출해야 하는데, 기한 내 신고한다면 매입처별 세금계산서 합계표를 제출하고 가산세 부담 없이 매입세액을 환급받을 수 있다.

그러나 기한 후 신고를 하여 매입세액을 공제받을 경우 '매입처별 세금계산서 합계표 미제출가산세'를 부담하게 된다. 과거에 제출했어야 하는 서류인데 제출하지 않았으니 이번에 가산세를 부담해야만 공제받을 수 있는 것이다.

조기환급의 수정신고 경정청구

조기환급 신고 시에는 조기환급대상 기간의 매출, 매입을 모두 신고해야 하며, 조기환급 신고내용에 누락된 부분은 예정신고 또는 확정신고 시에 신고할 수 있다. 이 경우 신고불성실가산세, 납부불성실가산세는 적용되지 않는다(국세청 답변).

1. 조기환급 신고분에 대한 수정신고나 경정청구 가능 여부

부가가치세 신고에 대한 수정신고나 경정청구는 예정신고 또는 확정신고 분에 대하여 가능한 것으로, 조기환급 신고분에 대하여 매출이나 매입을 누락했다면 이에 대해서는 수정신고나 경정청구가 불가능하다.

따라서 해당 과세기간이 속하는 예정신고나 확정신고를 진행할 때 누락한 부분을 반영하여 신고를 진행해야 한다.

2. 조기환급 신고분에 대하여 매출, 매입 누락시 가산세 적용

조기환급 신고를 하며, 조기환급 과세기간에 대하여 매출이나 매입을 누락했다면, 이후 예정신고나 확정신고 때에 반영하여 신고할 수 있다.

이렇게 예정이나 확정신고 시 반영하여 신고할 경우 매입의 누락분에 대해서는 가산세 등 불이익이 없으며, 매출누락분에 대해서도 합계표불성실가산세나 신고불성실가산세는 적용되지 않는다.

다만, 매출을 누락하게 되면, 환급을 과다하게 받은 것이 되며, 이에 대해서는 환급불성실 가산세가 적용된다.

📋🔍 매입세금계산서 의심 유발(가공 또는 위장) 거래유형 및 대책

부가가치세 신고 시 매출 및 매입세금계산서를 임의로 조절하여 부가가치세를 낮추려는 불법행위에 대한 국세청의 사후관리가 대폭 강화되었다. 특히, 매입 세금계산서가 가공 또는 위장거래로 수수한 것으로 판명될 경우, 매입세액불공제는 물론, 소득세와 연계하여 추징하거나 거액일 때에는 조세범처벌법에 따라 검찰에 고발 조치하는 등 제재 강도가 높아진다.

따라서 매입 세금계산서와 관련해서 선의의 피해를 입을 수 있을 뿐만 아니라 세무당국의 적출에 관한 소명도 해야 하는 등 어려움에 처할 수 있으므로 매입 세금계산서의 내용을 의심받을 수 있는 거래유형과 대책을 알아두는 게 좋다.

1. 사업내용과 다른 상품매입

사업자등록상 내용과 다른 물품의 매입 세금계산서가 있다면 일단 세무당국으로부터 의심받게 된다. 왜냐하면 취급 종목이 늘어날 경우는 부가율[(매출과표−매입과표)/매출과표]이 달라질 뿐만 아니라, 그에 대한 매출 세금계산서가 없을 경우 일부 위장사업을 하는 것으로 간주되기 때문이다. 따라서 과거 신고내용에 나타나 있지 않은 새로운 물품의 매입 세금계산서가 있을 경우, 반드시 사업자등록증에 종목추가를 신청하거나 정확한 매입목적을 설명할 수 있어야 한다.

2. 생산품과 관련이 없는 상품매입

과거의 신고내용에 없는 전혀 다른 품목이나 규격의 물품과 관련된 매입 세금계산서가 있을 경우 즉, 매출 세금계산서는 제대로 발급하였으나 매입 세금계산서를 받지 못해 다른 자료를 매입처리 한 경우 부가가치세액을 일부 낮출 수는 있으나 결국 상품수불부 작성이 어려워져 가공 출고를 해야 하는 사정이 생긴다. 따라서 보다 정확한 상품수불부를 작성해서 재고자산으로 표시하거나 거래상대방에 대한 물품 대금의 지급에 대한 정확한 증빙을 보관하고 있어야 할 것이다. 이러한 경우는 사실을 규명한 후에도 물품 공급자에 대한 추적 조사가 실시된다는 점에도 유의해야 한다.

3. 동종 도·소매업자 간의 거래

동업자 간 재고자산을 조정하기 위한 것으로 빈번하게 사용된다. 도매로 매입한 거래를 소매로 판매하는 방법으로 가공처리 하는데, 국세청은 이를 가공자료로 판정해서 무거운 세금을 부과한다는데 주의해야 한다.

4. 매입 및 매출처가 같은 거래

매입·매출 시기가 거의 같거나 금액이 동일한 경우에는 정상 거래 시에도 의심받게 되니 주의할 필요가 있다.

5. 매입 단가가 높은 매입

매입 단가를 의도적으로 높여 부가율을 낮추려고 할 경우 세무당국으로부터 경정조사를 받게 된다. 높은 매입단가로 구입했을 경우 반드시 원인을 정리해 두어야 불이익을 피할 수 있다.

기장을 맡겨도 별도로 관리해야 할 부가가치세 신고자료

부가가치세 신고에 필요한 세금계산서 등 매출, 매입자료는 국세청 홈택스를 통해 본인이 조회할 수 있다. 다만, 세무 대리를 맡기는 경우는 수임 동의를 해주면 해당 세무 대리인이 조회할 수 있으므로 조회 가능한 자료는 별도로 세무 대리인에게 제출하지 않아도 된다. 그러나 다음의 자료는 별도로 부가가치세 신고 때 신경을 써서 관리 또는 세무 대리인에게 제출한다.

법인사업자	개인사업자
① 카드 매출 승인내역	① 카드 매출 승인내역
② 오픈마켓, 소셜커머스 매출내역	② 오픈마켓, 소셜커머스 매출내역
③ 현금 매출내역	③ 현금 매출내역
④ 국외 매출내역	④ 국외 매출내역
⑤ 수기 세금계산서, 계산서	⑤ 수기 세금계산서, 계산서
⑥ 개인카드 사용분	⑥ 개인카드 사용분
⑦ 법인설립 전 비용 사용분	⑦ 사업용 카드 사용분

카드매출 승인 내역

결제대행사, PG사, VAN사 등에서 제공하는 매출내역으로 온·오프라인 카드, 가상계좌 결제 등이 이에 해당한다.

각 결제대행사의 홈페이지에서 직접 조회 또는 결제대행사의 고객센터 유선 상담을 통한 자료 수취가 가능하다.

카드사 사이트별 부가가치세 조회메뉴 예시

- 나이스페이(클릭) : 정산조회 〉 세금계산서 〉 부가세 참고자료 〉 거래 기간 설정 후 엑셀 다운로드
- 이니시스(클릭) : 정산내역 〉 세금계산서 〉 세무신고 조회 〉 거래 기간 설정 후 엑셀 다운로드
- 카카오페이(클릭) : 정산 〉 부가세 신고자료 〉 거래 월 선택 〉 조회 〉 엑셀 다운로드
- 유플러스(클릭) : 통합정산 내역 조회 〉 부가세 신고자료 조회 〉 기간 선택 매출 조회
- 다날(클릭) : 일별/월별 매출 〉 기간 선택 조회 〉 엑셀 다운로드
- 네이버페이(클릭) : 정산관리(네이버) 〉 부가세 신고 〉 기간 선택 후 조회 〉 엑셀 파일 다운로드

오픈마켓/소셜커머스 매출내역

오픈마켓 및 소셜커머스(쿠팡, 인터파크, 지마켓, 옥션, 네이버 스토어팜, 카카오 등)를 통해 발생하는 매출 내역이다.

오픈마켓, 소셜커머스 홈페이지 내 판매자 관리자페이지에서 조회할 수 있다.

📖 오픈마켓/소셜커머스 사이트별 부가가치세 조회메뉴 예시

- 지마켓, 옥션 (클릭) : 정산관리 〉 세무 관리 〉 부가세 신고 금액내역 〉 거래기간 선택 후 조회 〉 엑셀 다운로드
- 11번가(클릭) : 정산관리 〉 부가세 신고내역 〉 조회기간 설정 후 검색 〉 엑셀 다운로드
- 인터파크(클릭) : 정산관리 〉 매출 신고자료 〉 조회기간 설정 후 조회 〉 월별 매출집계 엑셀 다운로드
- 네이버 스토어팜(클릭) : 정산관리 〉 부가세 신고 〉 기간설정 후 검색 〉 엑셀 다운로드
- 티몬(클릭) : 매출정산관리 〉 월별매출내역 〉 기간설정 후 조회 〉 엑셀 다운로드
- 위메프(클릭) : 정산관리(배송) 〉 매출현황 〉 월별 매출기간 선택 후 검색 〉 엑셀 다운로드
- 쿠팡(클릭) : 정산관리 〉 부가세 신고 내역

※ 결제대행사별 자세한 조회 방법은 해당 사이트로 문의

3 현금 매출내역

세금계산서, 계산서, 현금영수증을 발급하지 않고 법인계좌(개인사업자의 경우 사업용 계좌)로 입금되는 현금매출 내역을 현금매출이 입금되는 계좌의 금융기관 홈페이지에서 해당 부가가치세 기간의 거래내역을 조회 후 다운로드한 엑셀 파일에서 현금매출 입금 분만 정리한다.

4 국외 매출내역

수출, 어플리케이션 매출, 광고 매출 등의 국외에서 발생한 매출내역을 신고한다.

- 선적을 통한 물품 수출 : 수출신고필증
- 어플리케이션 매출 : 구글, 애플 앱스토어 정산서 구글 애플 앱스토어 매출 조회 방법
- 광고 매출 등 기타 인보이스 발행을 통한 서비스매출 : 외환매입증명서(부가세 신고용)

입금된 은행 창구에서 발급할 수 있다.

구글 앱스토어 매출 조회하기

❶ 구글 플레이 로그인 (https://play.google.com/apps/publish)

관리자 아이디로 로그인한다.

❷ 구글 플레이 보고서 확인

[보고서 다운로드] 〉[재무]

❸ 엑셀 파일 다운로드

가. 매출 파일을 다운로드 한다.

하나의 상품에 대하여 3행 (Google fee, Charge, Tax)로 구성되어 있다

① Google fee : 구글이 과금하는 수수료이다(상품 판매금액의 30%).

② Charge : 소비자가 결제한 금액. 개발자가 받게 되는 수익금은 Charge - Google fee이다.

③ Tax : 부가가치세 10%로, Google fee 계산에서 제외되며, 국내 거주 개발자는 부가가치세로 납부해야 한다.

❹ 필수 항목 8가지 선택

아래 내용을 반드시 선택하여 엑셀파일로 다운로드 후 세무대리인이 있는 경우 제출한다.

Transaction Date	Transaction Type	Buyer Country	Buyer Currency
Amount (Buyer Currency)	Currency Conversion Rate	Merchant Currency	Amount (Merchant Currency)

❶ 아이튠즈 로그인(https://itunesconnect.apple.com)

관리자 아이디로 로그인한다.

❷ 지불 및 재무보고서 확인

❸ 엑셀 파일 다운로드

해당 기간을 선택 〉 화폐단위를 '원화'로 변경

5 수기 세금계산서/계산서

홈택스를 통해 전자로 발급되지 않고, 수기로 작성하거나 프린트하여 발행되는 세금계산서

6 개인신용카드 사용분

사업 관련 비용을 임직원의 개인카드로 대금을 지급한 경우 매입세액 공제가 가능하다.

매출처의 사업자번호가 반드시 기재되어 있어야 부가가치세 공제가 가능하다.

(Excel 파일 다운로드 시 카드사 사이트상에서 사업자번호가 기재되지 않은 파일만 다운로드 가능하다면, 해당 카드사에 직접 요청할 수 있다.)

7 사업자등록 전 매입세액

2025년 신설법인의 경우, 법인설립 전 사용한 비용에 대해 적격증빙을 구비한 경우 매입세액공제가 가능하다.
개인의 경우 주민등록번호로 발급받는다.

8 사업용 신용카드 사용분

개인사업자의 사업용 카드란 업무용으로 사용한 대표자 본인 명의의 카드를 말하며, 개인사업자만 해당한다.

세금계산서 받아도 공제가 안 되는 매입세액불공제

세금계산서를 받는다고 모두 매입세액공제를 해주는 것은 아니다. 즉 매출에서 차감하면 안 되는 항목이 있는데 대표적인 부가가치세 불공제 항목은 다음과 같다.

1 매입처별세금계산서합계표를 미제출·부실기재한 경우

2 세금계산서를 미수취 및 부실 기재한 경우

신고 시 매입처별세금계산서합계표를 미제출한 경우와 제출하였으나 필요적 기재 사항 중 전부 또는 일부가 기재되지 아니한 경우 및 사실과 다르게 기재된 경우는 매입세액을 공제하지 않는다.

그러나 다음의 경우에는 매입세액공제가 가능하다.

● 매입처별세금계신시합계표 또는 신용카드매출전표 등 수령명세서를 수정신고, 경정청구, 기한 후 신고 시 제출하는 경우

● 기재 내용이 착오로 잘못 기재된 경우로 세금계산서 등에 의해서

거래 사실이 확인되는 경우
- 사업자가 발급받은 세금계산서 또는 신용카드매출전표 등을 경정 기관의 확인을 거쳐 정부에 제출하는 경우
- 동일 과세기간에 발급된 공급시기와 발급시기가 다른 세금계산서
- 공급가액이 과대계상 된 경우 실지 거래 해당 분

3 사업과 직접 관련이 없는 지출에 대한 매입세액

예를 들어 다음의 경우에는 사업과 관련 없는 지출로 본다.
- 사업자가 그 업무와 관련 없는 자산을 취득·관리함으로써 발생하는 취득비·유지비·수선비와 이와 관련되는 필요경비
- 사업자가 그 사업에 직접 사용하지 아니하고 타인(종업원을 제외한다)이 주로 사용하는 토지·건물 등의 유지비·수선비·사용료와 이와 관련되는 지출금
- 사업자가 그 업무와 관련 없는 자산을 취득하기 위해서 차입한 금액에 대한 지급이자
- 사업자가 사업과 관련 없이 지출한 기업업무추진비
  사업과 관련해서 사용인에게 실비변상적이거나 복리후생적인 목적으로 지급되는 물품에 대해서는 물품의 판매로 보지 않으며 당해 물품의 구입과 관련된 매입세액은 공제된다.
- 직원들의 야유회, 어버이날 위안잔치와 관련된 매입세액
- 사용인에게 무상으로 공급된 작업복, 작업모, 면장갑 등과 관련된 매입세액

비영업용소형승용차는 안 되고, 트럭은 된다.

부가가치세법상 비영업용소형승용차의 구입과 유지 관련 비용은 매입세액공제가 안 된다.

많이들 헷갈리는데, 업무용과 영업용은 엄연히 다르다. 즉, 부가가치세 매입세액공제가 되는 영업용과 흔히 회사업무를 하면서 사용하는 영업용 또는 업무용과는 엄연히 다른 의미로 사용된다.

"회사에서 차량을 운행하면 모두 영업용차량 아닌가요? 따라서 영업용차량이므로 공제받을 수 있는 거 아닌가요?" 라고 물어보는 경우가 있는데, 회사에서 운영하는 차량은 세법상 말하는 영업용이 아닌 업무용이다.

영업용차량이란 운수업(택시, 버스), 자동차판매업, 자동차임대업(리스, 렌트카업), 운전학원업, 경비업법 등 노란색 번호판, 장례식장 및 장의 관련 업종(법인차량과 운구용 승용차)을 영위하는 법인이나 사업자가 자동차를 영업에 직접적으로 이용하는 것을 의미하므로 업무용과는 다르다. 차량으로 노란색 번호판을 달고 있다.

따라서 도소매업, 제조업 등 일반법인이나 개인사업자의 경우 영업용차량에 해당하지 않아 매입세액공제를 받을 수 없다.

그리고 관련 비용도 차와 묶어서 동일한 규정이 적용되는데, 관련 비용은 수리비, 주차비, 주유비, 리스비, 렌트비, 하이패스 단말기 구입비용, 네비게이션, 세차비 등 명칭과 관계없이 일체의 승용차 관련 비용을 포함한다.

해당 업종(운수업(택시, 버스), 자동차판매업, 자동차임대업(리스, 렌트카업), 운전학원업, 출동서비스업 등의 업종), 장례식장 및 장의 관련 업종(법인차량과 운구용 승용차))이 아닌 법인이나 개인사업자의 경우 개별소비세 과세대상 차량의 구입, 유지, 임차에 관한 비용은 매입세액공제를 받지 못한다. 이는 자가 소유, 리스, 렌트 차량 구별 없이 동일하게 적용된다.

제조사	공제 구분
현대자동차	• 공제 : 스타렉스(9인승), 산타모(9인승), 트라제 XG(9인승), 아토스(4인승 경차), 그레이스 미니버스(9, 12인승), 스타렉스 왜건(11, 12인승), 갤로퍼-밴, 그레이스 밴, 스타렉스 밴, 포터 등 • 불공제 : 투싼x(5인승), 싼타페(7인승), 베라크루즈(7인승), 산타모(5, 6, 7인승), 갤로퍼(5, 6인승), 스타렉스(7인승), 테라칸(7인승), 트라제 XG(7인승), 아반떼, 쏘나타(LF, YF, NF, EF), 제네시스, 엑센트, 베르나, 그랜저, 에쿠스, 다이너스티, 투스카니, 벨로스터 등
기아자동차	• 공제 : 레이, 모닝, 비스토, 카니발R(9인승), 카니발R(11인승), 카니발R-리무진(11인승), 프레지오(12, 15인승), 레토나 밴, 모닝 밴, 레이 밴, 스포티지 밴, 카니발 밴, 프레지오 밴, 봉고3 등 • 불공제 : 레토나(5인승), 록스타(5인승), 쏘렌토R(7인승), 카니발(7인승), 스포티지R(5, 7인승), 뉴카렌스(7인승), 카니발R-리무진(7인승), 프라이드, 쏘울, 포르테, 스펙트라, K3, K5, K7, K9, 옵티마, 오피러스 등
쌍용자동차	• 공제 : 뉴 로디우스(9인승), 코란도 투리스모(9인승), 이스타나(11, 12, 14, 15인승), 로디우스(11인승), 코란도 투리스모(11인승), 액티언 스포츠(5인승), 무쏘 밴, 무쏘 스포츠(5인승), 코란도 밴(3인승), 코란도 스포츠(5인승) 등 • 불공제 : 카이런(7인승), 렉스턴(5, 7인승), 무쏘(5, 7인승), 체어맨(5인승), 코란도 패밀리(4, 5, 6인승) 등
르노 삼성	• 불공제 : SM3, SM5, SM7, QM5

제조사	공제 구분
한국GM 자동차	• 공제 : 스파크(5인승 경차), 스파크 밴, 다마스 밴, 마티즈 밴, 라보 (2인승), 마티즈(5인승 경차), 티코(5인승 경차) 등 • 불공제 : 레조(7인승), 젠트라, 크루즈, 말리부, 칼로스, 라세티, 토스카, 베리타스, 알페온, 캡티바, 올란도 등

🕯️ 경유 차는 되고, 휘발유 차는 안 된다?

주유할 때 경유는 공제가 되고, 휘발유는 공제가 안 된다고 생각하는 실무자들이 많다.

그러나 매입세액공제는 주유하는 기름의 종류에 따라 공제 여부가 결정되는 것이 아니라, 법적으로 업종과 차종에 따라 공제 가능 여부가 결정된다. 다만, 주유를 휘발유로 하는 차종의 대다수는 매입세액공제가 안 되는 일반승용차(경차를 제외한 모든 승용차라고 보면 됨)가 많고, 매입세액공제가 되는 차종이 상대적으로 경유를 주유하는 차종(다마스, 트럭, 9인승 승합차 및 운수업 사용 차종)이 많다 보니, 이런 오해를 가질 수 있다.

🕯️ 매입세액공제는 안 되고, 경비처리는 된다.

회사업무를 위하여 사용하였으나 부가가치세 공제 차량에 해당하지 않는다면 매입세액공제는 받지 못하나, 경비로는 처리할 수 있다. 단, 임직원보험 가입과 운행기록부 작성 여부에 따라 비용인정 조건이 달라진다.

① 차량 임직원보험에 가입하지 않은 경우 전액 비용인정을 받지 못한다.

② 차량 임직원보험 가입하고 운행기록부를 작성하지 아니한 경우, 연 1,500만 원 한도로 비용으로 인정된다.

❯ 1,500만 원 이하인 경우는 운행기록을 작성, 비치하지 않아도 업무 사용 비율을 100%로 인정

❯ 운행기록을 작성하지 않으면 연간 1,500만 원까지만 비용으로 인정

③ 차량 임직원보험은 가입하고 운행기록부를 작성한 경우, 차량 업무 사용 비율만큼 비용인정이 된다. 여기서 업무 사용 비율이란 총 주행거리에서 업무용 사용 거리가 차지하는 비율을 의미한다.

🐦 톨게이트비도 공제되고, 안 되는 곳이 있다.

도로공사는 조세특례제한법 시행령에 의하여 정부의 업무를 대행하는 단체로 보아 부가가치세가 면제되므로, 도로공사에 지급하는 통행료에는 부가가치세가 과세되지 않는다. 따라서 매입세액공제가 불가능하다.

그러나 한국도로공사 이외의 민간 사업자가 징수하는 유료도로 통행료의 경우는 부가가치세를 면세한다는 규정이 없으므로, 당연히 과세된다. 따라서 그 이용자가 신용카드매출전표나 세금계산서를 발급받은 경우는 매출세액에서 공제(이 경우 비영업용소형승용자동차의 유지비로서 매입세액을 불공제하는 것은 제외) 할 수 있다.

이때 도로 및 관련 시설운영업은 영수증 발급 대상 사업으로 공급받는 사업자가 사업자등록증을 제시하고 세금계산서의 발급을 요구하지 않는 한 영수증을 발급해야 하므로, 공급받는 사업자가 매입세액공제를 받기 위해서는 사업자등록증을 제시하고 별도로 세금계산서의 발급을 요구해야 한다.

법인카드로 하이패스·하이플러스 카드 충전 후 한국도로공사, 민자고속도로를 사용했을 경우

➡ 한국도로공사 : 부가가치세 면세대상으로 매입세액불공제

➡ 민자고속도로 : 부가가치세 과세 대상으로 영수증을 발급 받은 경우 매입세액공제(비영업용소형승용자동차의 유지비로서 매입세액을 불공제하는 것은 제외)

➡ 한국도로공사와 민자고속도로 동시 사용 : 사용처를 구분해서 민자고속도로 부분만 매입세액공제

5 기업업무추진비 지출에 관련된 매입세액

기업업무추진비 및 이와 유사한 비용인 교재비, 기밀비, 사례금 등 매입세액은 공제받을 수 없다.

그러나 특정인이 아닌 일반 대중을 위한 광고선전비, 종업원을 위한 복리후생비 관련 매입세액은 공제받을 수 있다.

● 골프회원권, 콘도회원권을 취득하고 매입 세금계산서를 발급받은 경우 그 회원권의 사용실태를 고려해서 접대를 위한 경우는 매입세액불공제 하지만, 종사 직원의 복리후생을 위한 것이면 매입세액공제가 가능하다.

● 광고선전 목적으로 자기의 상호, 로고 등이 표시된 간판과 실내장식을 대리점에 제공하고 당해 사업자의 자산으로 계상한 경우는 기업업무추진비가 아니라 광고선전용품이므로 매입세액공제가 가능하다.

6 부가가치세 면세 재화와 토지 관련 매입세액

7 사업자등록을 하기 전의 매입세액

사업자등록(등록신청일(사업자등록신청서 접수일)을 기준으로 한다.)을 하기
전의 매입세액을 공제하지 않는다.

사업자등록번호가 없는 경우 사업자등록신청일이 속하는 과세기간
이내의 매입세액은 사업자등록번호를 대신해 주민등록번호를 기재해
서 세금계산서를 발급받은 경우는 매입세액공제를 받을 수 있다.

등록 전 매입세액은 계약 시점이나 대금지급 시점, 세금계산서 발급
시점이 아니라 부가가치세법상 공급시기를 기준으로 계산해야 한다.

사업자등록증이 있는데, 주민등록번호로 발급받는 경우 매입세액불
공제 된다.

8 기타 매입세액불공제

🍶 자동차의 구입 · 임차 및 유지에 관련된 매입세액

운수업(택시업, 렌트카업)처럼 직접 영업에 사용하는 차량이 아닌
경우, 자동차의 구입 또는 임차하거나 유지(주차비, 유류비 등)에 관
련된 매입세액은 공제되지 않는다.

🍶 업무 관련 항공, 철도 운임 등

국내외 출장 등을 위해 사용한 항공기 운임, 철도 운임, 고속버스,
택시 등의 여객 운임은 불공제항목이다. 단, 호텔 등 숙박의 경우는
업무 관련된 경우 매입세액공제에 해당한다.

🏮 공연 · 놀이동산 입장권, 목욕, 이발, 미용업 이용요금

위 항목의 거래는 매입세액에 포함되지 않는다.

🏮 인건비

인건비는 매입세액에 포함되지 않는다.

🏮 면세사업자로부터 매입한 내역

면세사업자는 부가가치세의 면제 대상이다. 따라서, 위 사업자와의 거래에 대해서는 매입세액공제가 적용되지 않는다.

🏮 국외 사용액

국내의 일반과세 사업자로부터 세금계산서 또는 신용카드매출전표를 수취한 경우 매입세액공제가 가능한 것이므로, 국내 사업자가 아닌 자로부터 재화 등을 공급받는 해외 사용분에 대해서는 매입세액공제가 되지 않는다.

항 목	공제금액	주요 지출항목
복리후생비	공제	실비변상적인 성질의 급여 및 복리후생비와 관련하여 발생한 부가가치세액은 매입세액공제
기업업무추진비	공제	특정인이 아닌 일반 대중을 위한 광고선전비, 종업원을 위한 복리후생비 관련 매입세액은 공제
	불공제	기업업무추진비 및 이와 유사한 비용인 교제비, 기밀비, 사례금 등의 관련 매입세액불공제

항 목	공제금액	주요 지출항목
비영업용 승용차의 취득비용	공제	배기량 1,000CC 이하의 국민차, 배기량 125CC 이하의 이륜자동차, 승합자동차(탑승 인원 9인승 이상), 화물승합차에 해당하는 라보, 다마스 등
	불공제	승용자동차(8인승 이하)로서 개별소비세가 과세 대상인 경우의 자동차
비영업용 승용차의 유지비용	공제	취득비용이 공제되는 자동차의 수선비, 소모품비, 유류비, 주차료. 렌트비용
	불공제	취득비용이 공제되지 않는 자동차의 수선비, 소모품비, 유류비, 주차료. 렌트비용
식비 / 회식비 : 개인사업자	공제	직원의 복리후생 목적의 경우 매입세액공제
	불공제	사업주 대표자 본인의 식대에 대해서는 사업과 무관한 것으로 보아 매입세액불공제
식비 / 회식비 : 법인사업자	공제	직원의 복리후생 목적의 경우 매입세액공제
	불공제	거래처 기업업무추진비 성격 : 매입세액불공제 대표이사의 개인적 식사 : 원칙은 매입세액공제 단, 매입세액불공제 하는 세무대리인도 있음
호텔 등 숙박비	공제	업무와 관련한 출장 중 일반과세 사업자인 숙박업소에서 신용카드 등을 사용한 경우 매입세액공제
통신요금(휴대폰, 전화, 인터넷)	공제	사업과 관련하여 발생한 통신비는 매입세액공제
전기요금, 가스요금, 건물관리비	공제	사업장에서 지출하는 전기요금, 도시가스 요금, 건물관리비는 부가가치세 과세 대상으로, 세금계산서를 발급받으면 부가가치세 매입세액공제

항 목	공제금액	주요 지출항목
수도요금	불공제	수도요금은 면세이기 때문에 매입세액불공제
우편요금	공제	소포우편물을 방문 접수하여 배달하는 용역은 매입세액공제
	불공제	우편 등기는 부가가치세가 면세항목으로 매입세액불공제
콘도회원권 취득	공제	종업원의 복리후생적인 목적으로 취득한 경우
	불공제	사업과 직접 관련 없는 지출에 대한 것, 즉 손님 접대를 위한 콘도미니엄을 매입한 경우
골프회원권 취득	공제	종업원의 복리후생적인 목적으로 취득한 경우
	불공제	해당 회원권을 사용하여 거래처 등에 접대하는 경우
국외 사용액	불공제	국내의 일반과세 사업자로부터 세금계산서 또는 신용카드매출전표를 수취한 경우 매입세액공제가 가능, 해외 사용분은 매입세액불공제
여객운송용역 업종	불공제	항공권 · KTX · 고속버스 · 택시 요금
	공제	전세버스, 항공권 · 기차를 통해 여객이 아닌 화물을 운송하는 경우는 매입세액공제
입장권을 발행하는 업종	불공제	공연 · 놀이동산 · 영화관 등

매입세액공제가 허용되지 않는 경우

세금계산서를 발급할 수 없는 다음의 업종으로부터 당해 업종의 사업과 관련하여 재화 또는 용역을 공급받는 경우

- 목욕·이발·미용업자의 본래 사업 관련 용역
- 여객운송업자의 여객운송용역(전세버스운송사업 제외)
- 입장권을 발행하여 영위하는 사업자의 본래 사업 관련 용역
- 의사가 제공하는 미용 목적의 성형수술 등 과세 되는 의료용역을 공급하는 사업
- 수의사가 제공하는 과세 되는 동물의 진료용역
- 무도학원, 자동차운전학원의 용역을 공급하는 사업

타인 명의 신용카드 사용 시 매입세액공제 여부

법인사업자	개인사업자
● 종업원(대표자와 임원 포함) 명의 : 매입세액공제 됨 ● 그 외의 타인 명의 : 매입세액공제 대상 아님	● 종업원, 가족 명의 : 매입세액공제 됨 ● 그 외의 타인 명의 : 매입세액공제 대상 아님

전자세금계산서의 모든 것

오래 사업을 한 사장님은 세무 대리인에게 기장을 맡겨도 전자세금
계산서 발행 만기일과 세금 신고날짜는 절대 잊어버리지 않는다.

내가 아는 사장님도 아무리 술을 좋아해도 매달 10일이 다가오면 전
자 세금계산서를 모두 발행해두고 술을 드신다.

전자세금계산서는 매달 10일 발행기한을 넘기면 본인 회사는 물론
거래처도 가산세를 물게 되므로 특히 주의해야 한다.

1 꼭 전자세금계산서를 발급해야 하는 사업자

다음에 해당하는 사업자는 종이 세금계산서를 발행하면 안 되고 반
드시 전자세금계산서를 발행해야 하는 사업자이다.

- 법인사업자
- 직전 연도의 사업장별 재화 및 용역의 공급가액의 합계액이 8천만
  원 이상인 개인사업자는 반드시 전자세금계산서를 발행해야 한다.

2 전자세금계산서의 발행기한

다른 사업자에게 재화나 서비스를 공급하게 되면 해당 거래가 발생한 시기에 바로 발급하는 것이 좋다. 하지만 일이 많다 보면 종종 세금계산서 발행을 잊어버리는 경우가 많다.

세금계산서는 해당 거래가 발생한 시기가 속한 달의 익월 10일까지는 반드시 발급해야 한다. 예를 들어 6월에 거래가 발생했다면 7월 10일까지는 세금계산서를 발급해야 한다. 이 기한을 지키지 않을 경우, 해당 거래에 대한 세금계산서의 공급가액에 대해 가산세를 물게 될 수 있다.

공급자에게는 지연발급 및 미발급 가산세가 있으며, 공급받는 자에게는 지연수취 가산세 및 매입세액불공제의 불이익이 있다.

3 전자세금계산서 관련 가산세

공급자가 발행기한을 놓쳤든 상대방이 발급을 요청하지 않아 기한을 넘겼던 이유를 불문하고 공급시기의 다음 달 10일까지 전자세금계산서를 발급하지 않으면 공급자와 공급받는 자 모두 가산세를 부담한다. 따라서 가산세를 회피하기 위해 실무상 쓰는 방법은 다음과 같다.

- 공급자 실수의 경우 종이 세금계산서를 발행해 공급자만 가산세 부담
- 양쪽 모두 실수의 경우 상호합의하에 다음 달로 이월해서 발행

구분	공급시기	발급기한	지연발급가산세	미발급가산세
			지연수취가산세	매입세액불공제
1기	1월	2월 10일	발급시기가 지난 후 공급시기가 속하는 과세기간에 대한 확정신고기한까지 발급	발급시기가 지난 후 공급시기가 속하는 과세기간에 대한 확정신고기한이 지나서 발급한 경우 미발급가산세 납부 확정신고기한이 지나서 발급받은 경우라도 확정신고기한 다음날부터 1년 이내에 과세표준수정신고서와 경정청구서를 세금계산서와 함께 제출하는 경우 매입세액공제 단, 매입처별세금계산서합계표불성실가산세 0.5% 납부
	2월	3월 10일		
	3월	4월 10일		
	4월	5월 10일		
	5월	6월 10일		
	6월	7월 10일		
2기	7월	8월 10일		
	8월	9월 10일		
	9월	10월 10일		
	10월	11월 10일		
	11월	12월 10일		
	12월	1월 10일		

1. 다음 달 10일까지 발급하지 않는 경우
• 공급자 지연발급 가산세 : 공급가액 1% 가산세
• 공급받는자 지연수취 가산세 : 공급받은 가액의 0.5% 가산세

2. 확정신고기한 다음날부터 1년 이내 발급하는 경우
• 공급자 미발급가산세 : 공급가액 2% 가산세
• 공급받는자 매입세액공제 : 공급받은 매입세액공제(매입처별세금계산서합계표불성실가산세 0.5% 납부)

3. 공급자 전자세금계산서 외 종이 세금계산서 발급 : 미발급가산세 1%(공급받는 자는 가산세 없이 매입세액공제)

선수금에 대한 세금계산서 발행시기

세금계산서는 부가가치세법에 따른 재화의 공급시기에 발행하는 것으로서, 일반적인 재화의 공급이라면 재화가 인도되는 때를 공급시기로 한다. 즉, 상품을 상대방에게 인도하는 때가 공급시기이고 이때 세금계산서를 발행한다.

다만, 부가가치세법 규정에 의해서 공급시기가 도래하기 전에 세금계산서를 발급한 때에는 동일한 과세기간에 공급시기가 도래하는 경우 그 발급하는 때가 공급시기가 된다. 즉, 상품을 상대방에게 인도하지 않은 상태에서 대가를 미리 받고 동 대가에 대한 세금계산서를 발행한다면 비록 상품의 인도가 이루어지지 않았어도 세금계산서를 발행한 날을 공급시기로 본다는 것이다. 따라서, 선수금에 대하여 세금계산서를 발급한 경우는 그 발급한 때가 속하는 과세기간의 매출에 대하여 부가가치세를 신고 · 납부한다.

선수금에 대하여 세금계산서를 발급하지 않고 이후 해당 상품의 공급시기(인도시점)에 세금계산서를 발급한 경우는 그 발급한 때가 속하는 과세기간의 매출로 부가가치세를 신고 · 납부한다.

결론은 선수금에 대하여 반드시 세금계산서를 발급해야 하는 사항은 아니며, 선수금 발행시점과 상품의 인도시점 중 세금계산서를 발급한 때가 속하는 과세기간의 매출로 부가가치세를 신고 · 납부하면 된다.

수정 전자세금계산서 착오와 착오 외의 구분

착오로 보는 경우	착오 외로 경우
• 작성연월일 잘못 기재	• 공급자 및 공급받는 자를 당초 다르
• 세금계산서 발급 의무면제 거래에 대해 세금계산서 발급	게 기재한 경우
	• 본점에서 재화를 공급하고 지점 명의
• 과세 · 면세비율 계산 착오로 공급가액이 달리 표기	로 세금계산서를 발급한 경우
	• 과세대상 재화를 공급하고 계산서를
• 당초 착오로 주민등록번호를 기재하여 발급하고 이를 사업자번호로 수정하는 경우	발급한 경우

수정 전자세금계산서 발행방법

세금계산서 또는 전자세금계산서의 기재사항을 착오로 잘못 적거나, 전자세금계산서를 발급한 후 그 기재사항에 관하여 다음의 사유가 발생해 수정해서 발급하는 세금계산서를 수정세금계산서라고 한다.

 변동 사항 발생으로 어쩔 수 없는 수정

1. 작성일자 변동 사항 발생일로 작성(공급시기 변동)
변동 사항 발생일이 속하는 달의 다음 달 10일까지 발급
변동 사항 발생일이 속하는 과세기간의 부가가치세 신고에 반영(수정신고 대상 아님)
2. 변동 사항 발생금액만큼 해당 사유에 맞게 작성

세법에서 규정하고 있는 적법한 사유(아래 사유)로 발행기한 내에 수정세금계산서 **발행** 시 가산세는 부과되지 않는다(납세자의 잘못이 아니라 거래사정상 수정 사유가 발생한 것이므로). 작성일자는 처음 발행일자가 아닌 사유가 발생한 날을 작성일자로 해서 발행한다.

예를 들어 6월 20일 재화를 100만 원에 공급한 후, 7월 5일에 20만 원에 대해서 반품(환입)이 발생한 때 100만 원에 대해서는 6월 20일을 작성일자로 해서 발행하고, 반품된 20만 원에 대해서는 7월 5일을 작성일자로 해서 발행한다.

100만 원은 1기 확정(개인) 때 신고를 하고, 20만 원에 대해서는 2기 예정(법인) 또는 확정(예정) 신고 때 신고한다.

❶ 처음 공급한 재화가 환입된 경우 : 환입된 날을 작성일자로 적고, 비고란에 처음 작성일자를 적은 후 환입된 금액만큼 마이너스(−) 세금계산서 발행

❷ 계약의 해제로 재화 또는 용역이 공급되지 않은 경우 : 계약이 해제된 날을 작성일자로 적고, 비고란에 처음 작성일자를 적은 후 환입된 금액만큼 마이너스(−) 세금계산서 발행

❸ 계약의 해제로 공급가액에 추가 또는 차감되는 금액이 발생한 경우 : 증감사유가 발생한 날을 작성일자로 적고, 비고란에 처음 작성일자를 적은 후 환입된 금액만큼 마이너스(−) 세금계산서 발행

❹ 내국신용장 등이 사후에 발급된 경우

내국신용장이 개설된 때에 그 작성일은 처음 작성일로 적고 비고란에 내국신용장 개설일 등을 적어서 발행한다.

구 분	의 미	작성발급방법			발급기한
		방 법	작성연월	비고란	
새로운 작성일자 생성	공급가액 변동	증감되는 분에 대하여 정(+) 또는 음(−)의 세금계산서 1장 발급	변동사유 발생일	처음 세금계산서 작성일	변동 사유 발생일 다음 달 10일까지 발급

구분	의미		작성발급방법			발급기한
			방법	작성연월	비고	
새로운 작성일자 생성	계약의 해제 (전체 취소)		음(−)의 세금계산서 1장 발급	계약해제일	처음 세금계산서 작성일	계약해제일 다음 달 10일까지 발급
	환입 (부분 취소)		환입 금액분에 대하여 음(−)의 세금계산서 1장 발급	환입된 날	처음 세금계산서 작성일	환입된 날 다음 달 10일까지 발급
당초 작성일자	기재사항 등이 잘못 적힌 경우	착오	당초 발급 건 음(−)의 세금계산서 1장과 정확한 세금계산서 1장 발급	당초 세금계산서 작성일자	–	착오 사실을 인식한 날
		착오외				확정신고 다음 날부터 1년 이내 발급
	세율을 착오로 잘못 작성한 경우					착오 사실을 인식한 날
	착오에 의한 이중 발급		당초 발급 건 음(−)의 세금계산서 1장 발급			착오 사실을 인식한 날
	면세 등 발급대상이 아닌 거래					착오 사실을 인식한 날
	내국신용장 등 사후발급		음(−)의 세금계산서 1장과 영세율 세금계산서 1장 발급		내국신용장 개설일	내국신용장 개설일 다음 달 10일까지 발급 (과세기간 종료 후 25일 이내에 개설된 경우 25일까지 발급)

수정세금계산서 발급 사유 중 필요적 기재사항의 정정. 즉, 필요적 기재사항 등을 착오로 잘못 적었으면 처음 발급한 세금계산서의 내용대로 마이너스(-)로 발급, 올바르게 수정해서 다시 발행한다.

필요적 기재사항의 정정은 착오 정정과 착오 외의 사유 정정으로 나눈다.

1. 작성일자 변동 없음
2. 오류 사항을 수정해서 올바르게 발급
3. 공급받는 자 오류 즉 착오 외의 사유로 인한 수정발급은 해당 과세기간에 대한 확정신고기한 다음날부터 1년 이내에 수정발급하는 것이 좋음

🎤 필요적 기재 사항을 착오로 잘못 적은 경우

필요적 기재사항을 정정해야 하는 경우 우선 당초 세금계산서를 잘못 작성한 것이기 때문에 당초 분을 취소하는 세금계산서 1장, 정정 사항을 반영하여 새롭게 발행하는 세금계산서 1장으로 총 2장을 발행한다.

따라서 작성일자는 당초 일자가 되고, 금액란에는 당초 분 취소 세금계산서에는 당초 금액 전체를 마이너스(-)로 작성하고, 정정 세금계산서에 올바른 금액을 기재한다.

공급받는자를 제외한 '필요적 기재사항'을 잘못 기재하여 수정세금계산서를 발급한 때 자진하여 수정하면 가산세가 부과되지 않는다.

그러나 세무조사, 현지 확인, 과세자료 해명 요구 등에 의해 경정이 있을 것을 미리 알고 수정한 경우는 가산세를 피할 수 없으므로 주의해야 한다.

🏷️ 필요적 기재사항이 착오 외의 사유로 잘못 적힌 경우

수정세금계산서 발급 사유 중 필요적 기재사항의 정정은 사실을 인지한 날 동일 과세기간의 다음 날부터 1년 이내에 언제든지 가능하지만, 착오 외의 사유는 당초 세금계산서의 확정신고 기한의 다음 날부터 1년이 지난 후에는 수정발행 할 수 없다.

착오 외의 사유로 가장 대표적인 경우가 공급받는 자를 전혀 다르게 기재하는 경우이다. 사업자번호가 있음에도 주민등록번호로 발행하는 경우, A 거래처에 발행해야 하는데, B 거래처에 발행하는 경우 등이다. 수정발급 방법은 앞서 설명한 필요적 기재사항을 착오로 잘못 적은 경우와 같다.

❶ 확정신고기한 다음날부터 1년 이내에 수정세금계산서를 발행하는 경우, 공급자와 공급받는 자 모두 세금계산서 관련 가산세를 부담하지 않는다. 이는 납세자의 자발적인 오류 수정을 장려하고, 성실한 납세 의지를 인정하는 세법의 취지를 반영한 것이다.

❷ 확정신고기한 다음날부터 1년이 지난 후 수정을 할 경우는 공급자에게는 미발행가산세를 부과하며, 공급받는 자는 매입세액공제를 받을 수 없다.

🍃 전자세금계산서를 착오로 이중 발급한 경우

처음 발급한 세금계산서의 내용대로 한 장을 마이너스(-)로 발급한다.

🍃 면세 등 발급 대상이 아닌 거래 등에 대하여 발급한 경우

면세는 세금계산서 발급대상이 아니므로 처음 발급한 세금계산서의 내용대로 한 장을 마이너스(-)로 발급한다.

🍃 세율을 잘못 적용하여 발급한 경우

처음 발급한 세금계산서의 내용대로 마이너스(-)로 발급한 후, 정상 세율을 적용해 다시 발행한다.

3 부가가치세 신고

🍃 신고기간 내에 발견 시

부가가치세 신고의 경우 착오 외의 사유로 당초 세금계산서 발행일의 확정 신고기한 다음날부터 1년 이내에 수정 발행(착오 정정은 착오 사실을 인식한 날)하였다면 해당 확정신고에 포함하여 부가가치세를 신고한다.

🍃 신고기간 이후 발견 시

당초 세금계산서를 확정 신고기한 다음날부터 1년 이내에 필요적 기재 사항의 착오외 정정 사유의 수정세금계산서를 발행한 경우(착오 정정은 착오 사실을 인식한 날)는 부가가치세 경정청구, 수정신고를 하여 수정발행 한 세금계산서를 반영해 주어야 한다.

예를 들어 100만 원에 발행해야 할 세금계산서를 1,000만 원으로 발행한 것을 신고기간이 경과 한 후 발견한 경우 부가가치세가 과다하게 신고된 경우이므로 경정청구를 통해 환급받으면 되고, 100만 원에 발행해야 할 세금계산서를 10만 원으로 발행한 경우는 부가가치세 신고시 매출을 과소신고한 것에 해당하므로 수정신고와 함께 가산세를 납부해야 한다.

구 분	사 유	부가가치세 수정신고 대상 여부		
		작성연월	대 상	사 유
당초 작성일자	신고기한 내 수정사유 발생	당초 작성일자	대상 아님	신고기한 내 당초 및 수정세금계산서가 발급된 경우 합산신고
	신고기한 경과 후 수정사유 발생	당초 작성일자	대상	신고기한 경과 후 수정세금계산서 발급한 경우 합산신고 불가로 수정신고 대상임
새로운 작성일자 생성	공급가액 변동	변동 사유 발생일	대상 아님	환입 등 수정 사유가 발생한 시기가 공급시기 이므로 사유 발생한 과세기간에 신고대상임
	계약의 해제	계약해제일		
	환입	환입된 날		

구매확인서 세금계산서 발행

🗒️ 재화나 용역의 공급일에 구매확인서가 발급된 경우

재화나 용역의 공급일에 구매확인서가 발급되었다면 재화나 용역의
공급일에 바로 영세율 세금계산서를 발행하면 된다.

🗒️ 재화나 용역의 공급일이 속한 달의 다음 달 10일 이내에 구매확인서가 발급된 경우

세금계산서를 발급하여 전송하는 기간은 발급일이 속하는 달의 다음
달 10일까지다. 따라서 다음 달 10일 이내에 구매확인서가 발급된
경우라면 재화나 용역의 공급일을 날짜로 영세율 세금계산서를 발급
하고 전송하면 된다.

🗒️ 재화나 용역의 공급시기가 속하는 과세기간 종료 후 25일 이내에 구매확인서가 발급된 경우

구매확인서가 재화나 용역의 공급일에 발급되면 영세율 세금계산서

1장만 발행하면 끝나지만, 실무상 사후발급되는 경우가 많다.

사후발급의 경우 세금계산서를 총 3장 발행해야 한다.

먼저,

① 최초 재화나 용역의 공급 시 공급일을 작성일자로 하여 10% 일반 세금계산서를 발행한 뒤,

② 구매확인서 사후발급일에 발급일자를 최초 재화나 용역의 공급일로 하여 10% (−)세금계산서를 발행하고,

③ 최초 재화나 용역의 공급일을 발급일자로 하여 영세율 세금계산서를 발행해야 한다. 이때, 비고란에 구매확인서 발급일을 기재해야 한다.

즉, 구매확인서 사후 발급의 경우 10% 일반 세금계산서를 발행한 뒤, 구매확인서가 발급되면 최초에 발행한 세금계산서를 취소시키는 10% (−)일반 세금계산서를 발행하면서 영세율 세금계산서를 발행하는 것이다.

구매확인서를 사후 개설한 경우 당해 재화의 공급시기가 속하는 예정신고기간 이내에 개설되었다면 수정세금계산서를 부가가치세 예정신고에 포함하여 신고하고, 확정신고기간 이내에 개설되었다면 확정신고에 포함하여 신고한다.

🏮 공급시기가 속하는 예정 또는 확정신고기간내 개설

위의 사후 발급 절차를 따라 세금계산서를 발급하고 수정신고나 경정청구 없이 부가가치세 예정신고나 확정신고에 포함해 신고하면 된다.

재화의 공급시기	구매확인서 개설일	부가가치세 신고일
2025년 1월 20일	2025년 3월 30일	2025년 4월 25일

예정신고기간 내에 공급하고 확정신고기간 내 개설

위의 사후 발급 절차에 따라 세금계산서를 발급하고 예정신고 분에 대하여 경정청구를 하여 환급받을 수 있다. 또한, 경정청구를 생략하고 확정신고에 포함해 신고할 수도 있다.

재화의 공급시기	구매확인서 개설일	부가가치세 신고일
2025년 3월 10일	2025년 6월 30일	2025년 7월 25일

공급시기가 속하는 예정 또는 확정신고기한 내에 개설

위의 사후발급 절차에 따라 세금계산서를 발급하고 예정신고 분에 대하여 경정청구를 하여 환급을 받을 수 있다. 또한, 경정청구를 생략하고 확정신고에 포함해서 신고를 할 수 있다.

재화의 공급시기	구매확인서 개설일	부가가치세 신고일
2025년 4월 10일	2025년 7월 18일	2025년 7월 25일

📋 구매확인서가 사후발급 되었을 때 수정세금계산서 및 영세율 세금계산서를 발행하지 않은 경우

만약 공급시기가 속하는 달의 다음 달 25일까지 구매확인서가 사후 발급 된 경우는 공급자는 세금계산서와 영세율 세금계산서의 미교부 가산세를 부담하게 되며, 공급받는 자는 당초 공제받은 매입세액을 추징당하면서, 신고불성실가산세, 납부불성실가산세를 부담하게 된다.

하지만 공급시기가 속하는 달의 다음 달 25일 이후에 구매확인서가 사후 발급된 경우는 적법하게 발급된 구매확인서가 아니라 효력이 없으므로 가산세의 문제가 없고, 공급자는 영세율의 적용을 받을 수 없게 된다.

부가가치세 분납, 납부기한 연장과 징수유예

한 번에 많은 부가가치세를 내려면 부담스러울 때가 있다. 하지만 부가가치세는 원칙적으로 부가가치세 분할납부에 관한 규정이 없으므로, 사유 없이 부가가치세 분할납부는 불가능하다.

1 카드를 통한 연장

사유 없이 부가가치세를 나눠서 내기 위해서는 카드로 택스를 통해 신용카드로 나눠서 내면 된다. 대신 카드 수수료가 붙는다.

부가가치세 분할납부가 불가능하다면, 부가가치세 납부기한 등이 연장을 할 수 있다. 하지만 국세청에서 정한 사유가 있어야 하고, 그 사유가 적정해야 한다.

부가가치세 납부기한 등 연장의 경우는 사업자가 신고·납부 해야 하는 세금인 부가가치세, 종합소득세, 법인세, 원천세 등에 대해서 납부기한을 연장하는 것이다.

구 분	의미	해당 세금
납부기한 등의 연장	납부기한을 연장하는 것	자진 신고 · 납부 해야 하는 세금인 부가가치세, 종합소득세, 법인세, 원천세 등
	고지받은 세금 징수를 유예하는 것	부가가치세 예정고지, 종합소득세 및 법인세 중간예납 등

2 부가가치세 납부기한 등의 연장

부가가치세 납부기한 등의 연장을 위해서는 국세청에서 정한 사유에 해당해야 한다.

사유가 적정할 경우 부가가치세 납부기한 등의 연장승인신청서를 제출하여 관할 세무서에 제출한다. 물론 체납된 세금이 없을 때만 가능하며, 부가가치세 납부기한 마지막일 3일 전까지 부가가치세 납부기한 연장신청이 가능하다. 가까운 세무서나 국세청 홈택스에서 할 수 있다.

부가세 납부기한 연장기간은 3개월 이내로 신청해야 승인이 잘난다. 해당 기간동안 납부를 다하지 못할 시에는 관할 세무서장의 권한으로 1개월 단위로 재연장을 해줄 수 있다. 재연장하는 경우에도 기연장기간을 포함하여 최장 9월을 초과하지 않는 범위 내에서 관할 세무서장이 그 범위를 정하여 연장할 수 있다.

국세청에서 정한 부가가치세 납부기한 연장 사유는 다음과 같다.

❶ 납세사가 재난 또는 도난으로 재산에 심한 손실을 입은 경우

❷ 납세자가 영위하는 사업에 현저한 손실이 발생하거나, 부도 또는 도산의 우려가 있는 경우

❸ 납세자 또는 그 동거가족의 질병이나 중상해로 6개월 이상의 치료가 필요하거나 사망하여 상중(喪中)인 경우

❹ 기타의 사유

가. 납세자가 화재, 전화(戰禍), 그 밖의 재해를 입거나 도난을 당한 경우

나. 납세자 또는 그 동거가족이 질병이나 중상해로 6개월 이상의 치료가 필요하거나 사망하여 상중(喪中)인 경우

다. 납세자가 그 사업에서 심각한 손해를 입거나, 그 사업이 중대한 위기에 처한 경우(납부의 경우만 해당한다)

라. 정전, 프로그램의 오류, 그 밖의 부득이한 사유로 한국은행(그 대리점을 포함한다) 및 체신관서의 정보통신망의 정상적인 가동이 불가능한 경우

마. 금융회사 등(한국은행 국고대리점 및 국고수납대리점인 금융회사 등만 해당한다) 또는 체신관서의 휴무, 그 밖의 부득이한 사유로 정상적인 세금납부가 곤란하다고 국세청장이 인정하는 경우

바. 권한 있는 기관에 장부나 서류가 압수 또는 영치된 경우

사. 납세자의 형편, 경제적 사정 등을 고려하여 기한의 연장이 필요하다고 인정되는 경우로서 국세청장이 정하는 기준에 해당하는 경우(납부의 경우만 해당한다.)

아. 「세무사법」 제2조 제3호에 따라 납세자의 장부 작성을 대행하는 세무사(같은 법 제16조의4에 따라 등록한 세무법인을 포함한다) 또는 같은 법 제20조의2에 따른 공인회계사(「공인회계사법」 제24조에 따라 등록한 회계법인을 포함한다)가 화재, 전화, 그 밖의 재해를 입거나 도난을 당한 경우

제8장

개인사업자 세금과
프리랜서 세금

이번 장에서는 개인사업자 즉 자영업자소득에 대한 세금인 종합소득세에 관해서 설명한다. 기장을 통한 신고 및 추계에 의한 종합소득세의 신고 방법에서부터 신고 시 인정받을 수 있는 경비에 대해서 가르쳐 줌으로써 사업주가 좀 더 적은 세금을 낼 수 있도록 안내해 주고자 한다.

개인사업자의 세금 관리

자영업자들이 경리는 어떻게 채용하며 세무 처리는 어떻게 해야 유리한지 궁금해하는 사람들이 많다. 사실 단지 자영업자의 문제가 아니라 일반 중소기업도 사정은 마찬가지다.

경리를 채용하기도 어렵고, 어쩌다 채용해도 마음에 들게 처리하는 경우가 그리 많지 않아서다.

사업하는 사람들이 이구동성으로 하는 말이, 세금 제대로 내면 망한다는 이야기가 있다.

실제로 법으로 강제하는 세금과 공과금을 제대로 내면 남는 게 없다. 그래서 어떻게든 절세방법을 찾으려고 노력한다.

우선, 개인사업자인 자영업자는 반기별(1월과 7월)로 부가세 신고를 해야 한다.

이때 절세를 위해서는 세금계산서, 계산서, 신용카드매출전표, 현금영수증 금액 등을 빠짐없이 신고해야 한다. 이 가운데 하나라도 빠뜨리면 과징금이 2배 이상 나올 수 있다.

자영업자들은 일반적으로 부가가치세는 신경을 쓰면서도 소득세는 신경을 안 쓰는 경향이 있다.

그러나 부가가치세는 일률적으로 매출의 10%만 내면 되지만 소득세는 소득수준에 따라 누진율이 적용되기 때문에 잘못하면 앞에서 남고 뒤에서 밑지는 경우도 생기기 때문에 철저하게 관리해야 한다.

예를 들면 프랜차이즈 가맹점의 경우 단순경비율이 75.6%다. 즉, 24.4%를 소득으로 보는 것이다. 1,000만 원 매출이면 244만 원을 소득으로 보고 세금을 부과하게 되니까 많이 내야 하는 경우가 생긴다. 이를 예방하기 위해서는 3만 원 이하의 일반영수증을 많이 모아두어야 하고, 지출된 금액은 법정지출증빙을 필히 챙겨 두어야만 경비로 인정받을 수 있어서 소득세 혜택을 받을 수 있다.

그래서 기장을 철저하게 해야 한다.

세금 문제가 복잡해서 경리가 필요하긴 한데, 그래도 영세 자영업자들은 직접 처리해야 하는 경우가 많다.

이런 경우는 일정 규모 이하 사업자는 간편장부를 직접 기장하면 소득세 신고 때 유리하다. 세무 관련 소프트웨어들도 업종별로 많다.

홈택스를 적극적으로 활용한다.

세무신고는 국세청 홈페이지(www.hometax.go.kr)에 가입하면 인터넷으로 간편하게 신고할 수 있고, 그래도 어려움이 있다면 세무사 또는 회계사에게 기장을 맡기면 되는데 기장료는 매출액에 따라 다르지만 보통 월 10만 원 정도 한다. 마음 편하게 기장을 맡기는 것도 좋은 방법인데, 이 경우 단지 시험 봐서 합격한 공인회계사보다는 국세청에서 근무했던 세무사가 다소 유리하다. 세금이 과다하게 나올 경우도 공직 경력자는 어렵사리 해결해 준다. 세금이 많이 나오면 고지서 수령일로부터 90일 이내에 불복청구를 하면 되는데 수수료는 통상 환수금액의 30%~40% 수준이다.

참고로 알아두어야 할 사항은 이외에도 많다.
남편이 직장인이면서 투잡으로 자영업을 하는 경우, 사업자등록은 아내 명의로 해야 세금에서 유리하다는 점을 기억해 두면 좋다.
집을 공동명의로 하면 세금 적게 내는 것과 마찬가지인데 이는 부부 별산제를 채택하고 있기 때문이다(소득세는 누진세 체계이므로 소득이 높으면 높은 세율을 적용받아 급속히 세금이 증가할 수 있으므로 소득을 각각 분리해 둠으로써 상대적으로 낮은 세율을 적용받을 수 있기 때문이다.).

그리고 가게를 임차할 때는 사업자등록증과 임대차계약서 원본을 세무서 민원실에 가서 **확정일자를 받아두면 보증금을 떼일 염려가 없다.**
혹시 건물이 경매에 넘어가더라도 상가임대차보호법에 의해 전세금을 우선변제 받을 수 있기 때문이다.

종합과세(종합소득세)와 분리과세(원천징수)

종합소득금액의 계산

소득세의 과세방법은 종합과세와 분리과세, 분류과세로 나누어지는데, 종합과세는 소득을 그 종류와 관계없이 일정한 기간을 단위로 합산해서 과세하는 방법을 말하며, 분리과세는 소득을 기간 별로 합산하지 않고 그 소득이 지급될 때 원천징수 함으로써 과세를 종결하는 것을 말한다. 반면, 분류과세는 소득을 그 종류별로 각각 별도로 과세하는 방식을 말한다. 즉, 종합과세는 흔히 개인사업자가 사업소득을 신고하기나 프리랜서 세금, 연말정산 때 공제를 못받은 경우 신고하는 세금이 대표적이다. 반면 분리과세는 원천징수로 세금의 납부의무가 끝나는 경우를 말한다.

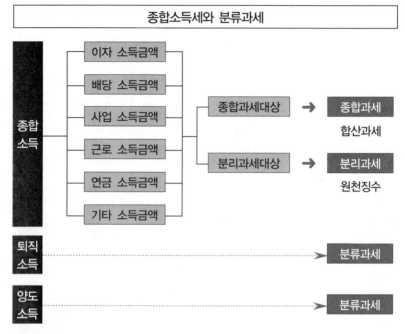

주 이자소득 + 배당소득 = 금융소득

1 종합소득세 신고를 안 해도 되는 경우

아래에 해당하는 거주자는 당해 소득에 대한 과세표준 확정신고를 하지 않을 수 있다.

❶ 근로소득만 있는 자

연말정산 이후 추가로 납부할 세금이 있거나 연말정산을 하면서 공제받지 못한 경우 종합소득세 신고·납부를 해야 한다. 이 경우 추가신고·납부에 대해서는 가산세를 납부하지 않는다. 다만, 종합소득세 신고·납부 기간이 지난 후 수정신고 사항에 대해서는 가산세를 납부해야 한다.

❷ 퇴직소득만 있는 자

❸ 공적연금소득만 있는 자

❹ 연말정산대상 사업소득만 있는 자

직전년도 수입금액이 7,500만 원 미만(간편장부대상자)인 보험모집인, 방문판매원 또는 음료품 배달원으로서, 보험모집, 방문판매 또는 음료 배달을 함으로써 발생하는 사업소득만 있는 자(연말정산에 의해 소득세를 납부한 경우에 한정함)

❺ 근로소득 및 퇴직소득만 있는 자

❻ 퇴직소득 및 연금소득만 있는 자

❼ 퇴직소득 및 연말정산 대상 사업소득만 있는 자

❽ 분리과세 이자소득·분리과세 배당소득·분리과세 연금소득 및 분리과세 기타소득만 있는 자

❾ 위 ❶부터 ❼에 해당하는 자로서 분리과세 이자소득·분리과세 배당소득·분리과세 연금소득 및 분리과세 기타소득이 있는 자

❿ 일용근로자 외의 자로서 2인 이상으로부터 받는 근로소득·연금소득·퇴직소득 또는 연말정산 대상 사업소득만 있는 자는 과세표준 확정신고를 해야 한다. 다만, 연말정산에 의하여 소득세를 납부함으로써 확정신고·납부할 세액이 없는 자는 과세표준 확정신고를 하지 않을 수 있다.

⓫ 외국기관·우리나라에 주둔하는 국제연합군(미군 제외)·국외에 있는 비거주자·외국 법인(국내 지점, 국내영업소 제외)으로부터 받는 근로소득 또는 퇴직소득이 있는 자는 과세표준 확정신고를 해야 한다. 다만, 이 경우에 납세조합이 근로소득 세액의 연말정산 예에

의한 원천징수에 따라 소득세를 납부한 자와 비거주 연예인 등의 용역제공과 관련된 원천징수 절차 특례규정에 따라 소득세를 납부한 자는 확정신고를 하지 않는다.

⑫ 근로소득(일용근로소득을 제외함)·연금소득·퇴직소득 또는 연말정산 대상 사업소득만 있는 자에 대해서 원천징수의무자가 원천징수 및 연말정산을 하지 않은 경우 과세표준 확정신고를 해야 한다.

⑬ 수시부과 후 추가로 발생한 소득이 없을 경우는 과세표준 확정신고를 하지 않는다.

2 종합소득세 과세기간

소득세의 과세기간은 원칙적으로 1월 1일부터 12월 31일까지이다. 다만, 거주자가 사망한 경우는 1월 1일부터 사망한 날까지를 과세기간으로 하며, 거주자가 출국으로 인하여 비거주자가 되는 경우는 1월 1일부터 출국한 날까지를 과세기간으로 한다.

원 칙

- 1월 1일~12월 31일
- 과세기간은 무조건
  1월 1일~12월 31일이며,
  임의로 정할 수 없다.

예 외

- 거주자가 사망한 경우 :
  1월 1일~사망일
- 거주자가 출국해 비거주자가
  되는 경우 : 1월 1일~출국일

3 종합소득세 신고 및 납부

종합소득·퇴직소득 및 양도소득에 대한 소득세는 해당 과세연도 1월 1일~12월 31일까지의 소득을 다음 연도 5월 1일~31일까지 스스로 관할 세무서에 신고 및 납부를 해야 한다. 다만, 성실신고 확인 대상 사업자가 성실신고확인서를 제출하는 경우는 종합소득과세표준 확정신고를 다음 연도 5월 1일부터 6월 30일까지 해야 한다.

4 종합소득세 납세지

구 분	납세지
거주자	주소지를 납세지로 한다. 다만, 주소지가 없는 경우 거소지로 한다.
비거주자	국내사업장 소재지로 한다. 다만, 국내사업장 소재지가 없는 경우 국내원천소득 발생 장소로 한다.
원천징수한 소득세의 납세지	❶ 원천징수 하는 자가 거주자인 경우는 그 거주자가 원천징수 하는 사업장의 소재지로 한다. ❷ 원천징수 하는 자가 법인인 경우는 그 법인의 본점 또는 주사무소의 소재지이다. 원천징수의무자인 법인의 지점·영업소 기타 사업장이 독립채산제에 따라 독자적으로 회계 사무를 처리하는 경우 그 사업장 소재지이다.
납세지 변경	납세지가 변경된 경우 그 변경된 날부터 15일 이내에 변경 후의 납세지 관할 세무서장에게 신고해야 한다. 다만, 무신고 시에도 주소지를 이전하면 자동으로 납세지도 이전된다.

이자소득	배당소득	사업소득	근로소득	연금소득	기타소득
총수입금액	총수입금액	총수입금액	총급여액	총연금액	총수입금액
	+	−	−	−	−
	Gross-Up	필요경비	근로소득공제	연금소득공제	필요경비
이자소득금액	배당소득금액	사업소득금액	근로소득금액	연금소득금액	기타소득금액

종 합 소 득 금 액

− 종 합 소 득 공 제

과 세 표 준

× 기 본 세 율

산 출 세 율

− 세액감면 · 공제

결 정 세 액

+ 가 산 세

총 결 정 세 액

− 기 납 부 세 액

자 진 납 부 세 액

기장을 안 하고 추계에 의해 종합소득세를 신고하는 경우 아래와 같이 종합소득금액을 구하고, 종합소득공제 이후 나머지 계산 흐름은 동일하다.

총 수 입 금 액	−	경비율 제도	=	종 합 소 득 금 액

종합소득세 신고 · 납부 하는 방법

종합소득세는 장부를 기장하여 소득세를 신고·납부 하는 경우와 기장을 하지 않고 추정된 소득 즉, 추계에 의한 신고·납부 하는 경우가 있는데, 이 경우를 나누어 살펴보면 다음과 같다.

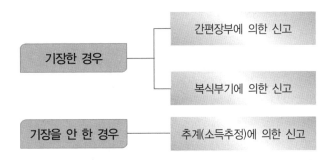

소규모 자영업자의 경우 장부를 적는 것조차 부담일 수 있다. 다만, 문제는 종합소득세 신고 시 원칙적으로 복식부기에 의해 작성한 장부를 근거로 신고 및 납부를 해야 한다는 점이다.

그러나 1인이 하는 소규모 회사의 경우 기장 능력이 없어 장부를 못 적는 것이 현실이다. 따라서 국세청은 일정 규모 이하의 사업자들은 간편장부라는 것을 만들어 기장을 유도하고, 이를 기장한 것으로 인정해주고 있다.

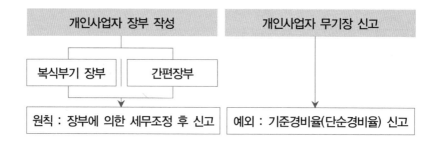

앞서 본 바와 같이 개인사업자는 간편장부와 복식부기에 의한 기장을 모두 장부로 인정해주고 있다. 다만, 규모에 따라 간편장부를 기장해도 장부로 인정을 안 해주는 경우가 있다. 즉, 아래 표에서 복식부기 의무자인데 간편장부를 작성한 경우는 장부를 작성하지 않은 (무기장) 것으로 본다. 반대로 간편장부대상자가 복식부기로 기장한 경우는 장부를 작성한 것으로 본다.

구 분	복식부기 의무자	간편장부 대상자
농업 · 임업 및 어업, 광업, 도매 및 소매업(상품중개업을 제외한다), 부동산매매업, 아래에 해당하지 아니하는 사업	3억원 이상자	3억원 미만자
제조업, 숙박 및 음식점업, 전기 · 가스 · 증기 및 공기조절 공급업, 수도 · 하수 · 폐기물처리 · 원료재생업, 건설업(비주거용 건물 건설업은 제외), 부동산개발 및 공급업(주거용 건물 개발 및 공급업에 한정), 운수업 및 창고업, 정보통신업, 금융 및 보험업, 상품중개업, 욕탕업	1.5억원 이상자	1.5억원 미만자
부동산 임대업, 부동산업(부동산매매업 제외), 전문 · 과학 및 기술 서비스업, 사업시설관리 · 사업지원 및 임대서비스업, 교육 서비스업, 보건업 및 사회복지 서비스업, 예술 · 스포츠 및 여가관련 서비스업, 협회 및 단체, 수리 및 기타 개인 서비스업, 가구내 고용활동	75백만원 이상자	75백만원 미만자

앞 표에서 금액은 직전 연도(올해 5월 신고 시점을 기준으로 전전연도) 수입금액 기준이다

예를 들어 도·소매업을 운영하는 홍길동의 직전 연도 수입금액이 3억 원 이상이라고 하면, 간편장부로 기장한 경우 기장한 것으로 인정해주지 않는다. 반면, 복식부기로 기장을 했다면 기장한 것으로 인정해준다. 즉, 앞서 표상 업종규모에 따라 간편장부를 작성할지, 복식부기로 기장을 할지 결정을 하면 되며, 도저히 장부를 적을 수 없는 경우에는 기준경비율에 의해 종합소득세를 신고 및 납부하면 된다. 무기장에 의한 신고는 수입금액을 추정치로 신고한다고 해서 추계에 의한 신고라고 부른다.

구 분	기준경비율 적용대상자	단순경비율 적용대상자
농업 · 임업 및 어업, 광업, 도매 및 소매업(상품중개업을 제외한다), 부동산매매업, 아래에 해당하지 아니하는 사업	6천만 원 이상자	6천만 원 미만자
제조업, 숙박 및 음식점업, 전기 · 가스 · 증기 및 공기조절 공급업, 수도 · 하수 · 폐기물처리 · 원료재생업, 건설업(비주거용 건물 건설업은 제외), 부동산개발 및 공급업(주거용 건물 개발 및 공급업에 한정), 운수업 및 창고업, 정보통신업, 금융 및 보험업, 상품중개업, 욕탕업	3천 6백만 원 이상자	3천 6백만 원 미만자
부동산임대업, 부동산업(부동산매매업 제외), 전문 · 과학 및 기술서비스업, 사업시설관리 · 사업지원 및 임대서비스업, 교육 서비스업, 보건업 및 사회복지 서비스업, 예술 · 스포츠 및 여가관련 서비스업, 협회 및 단체, 수리 및 기타 개인서비스업, 가구내 고용활동	2천 4백만 원 이상자	2천 4백만 원 미만자

예를 들어 도·소매업을 하는 경우 종합소득세 신고 시 다음의 기준이 적용된다.

구 분		기장 인정 범위
기장에 의한 신고를 하는 경우	직전연도 수입금액이 3억 원 이상	복식부기 장부에 의해 기장
	직전연도 수입금액이 3억 원 미만	간편장부에 의해 기장
무기장 (추계)에 의한 신고를 하는 경우	직전연도 수입금액이 6천만 원 이상자	기준경비율 적용 신고
	직전연도 수입금액이 6천만 원 미만자	단순경비율 적용 신고

추계에 의한 신고의 경우에는 무기장에 해당하므로 추계에 의한 산출세액의 20%를 가산세로 추가로 납부해야 한다.

1 종합소득세 신고안내문

구분	유 형	기장의무	경비율	안내 방식
사업자	(S) 성실신고확인 대상자	간편/복식	단순/기준	모바일
	(A) 외부조정 대상자	복식	기준	모바일
	(B) 자기조정 대상자			
	(C) 복식부기 의무자 (전년도 추계신고)			

구 분	유 형	기장의무	경비율	안내 방식
사업자	(D) 기준경비율 대상자	간편	기준	모바일
	(E) 단순경비율 대상자(모두채움 이외)	간편	기준	모바일
	(F) 모두채움신고서(납부할 세액 > 0)			서면
	(G) 모두채움신고서(납부할 세액 ≤ 0)			서면
	(I) 성실신고 사전 안내 대상자	간편/복식	단순/기준	모바일
	(V) 주택임대소득 분리과세 대상자	간편/복식	단순/기준	서면
종교인 기타 소득	(Q) 모두채움신고서(납부할 세액 > 0)	해당없음	해당없음	서면
	(R) 모두채움신고서(납부할 세액 ≤ 0)			서면
비 사업자	(T) 금융, 연말정산 사업, 근로, 연금, 기타소득			모바일

❯ S, A, B, C 유형 : 일반적으로 복식부기 의무자 유형으로 분류하는데, 비교적 수입 금액이 높은 사업자라고 할 수 있다. 수입과 비용에 대한 장부기장을 하여 종합소득세를 신고해야 하는 유형이다. 대부분 세무 대리인에게 신고 대행을 맡기고 신고하는 사업자라고 보면 된다. 즉, 이 경우 회계 및 세법 지식이 필요하므로 세무 대리인의 도움을 받아 신고하는 게 좋다.

좀 더 세분화하면 S 유형은 성실신고 확인 대상자, A 유형은 복식부기 대상이면서 외부조정대상자, B 유형은 복식부기 대상이면서 자기 조정대상자, B 유형은 복식부기 대상이면서 전년도 추계신고한 사업자를 말한다.

❯ D, E 유형 : 간편장부대상자이면서 기준경비율 적용 대상인 사업자를 말한다. 장부를 작성하여 기장신고 하거나, 기준경비율을 적용한 추계신고를 선택하여 종합소득세를 신고해야 하는 유형이다. 간편장부대상자가 복식부기로 장부를 작성하여 신고하는 경우 기장세액공제를 받을 수 있으므로 세무 대리인의 도움을 받는 것이 유리할 수 있다. 즉, D, E 유형은 세무 지식을 잘 활용할 경우 세금을 상당히 줄일 수 있다. 혼

자 할 수도 있겠지만, 세무 지식이 전혀 없다면 세금을 줄이기 위해 세무사나 회계사에게 맡기는 것을 고려해본다.

반면 프리랜서의 경우 필요경비로 인정받을 수 있는 금액이 적고, 장부를 기장하지 않고 기준경비율에 의해 신고하는 경우가 많은데, 최초 업종 선택이 중요하다. 업종에 따라 기준경비율이 차이가 커 세금도 그만큼 차이가 크기 때문이다.

❯ F, G 유형 : 단순경비율 유형에 해당한다. 비교적 매출이 수입금액이 적어서 납부할 세액이 많지 않은 사업자 유형에 해당한다. F 유형은 납부할 세액이 있는 경우, G 유형은 납부할 세액이 없는 경우로 구분된다. 별다른 세무 지식을 필요로 하지 않으며 세금 또한 비교적 적게 떼 가는 편이므로 스스로 신고할 수도 있다.

❯ I 유형 : 성실신고 사전 안내 대상에 해당한다. 국세청에서는 기존에 소득세 신고가 성실히 이행되지 않았다고 판단되는 사업자에게 "성실하게 신고할 것을 사전에 안내"를 하는데, 바로 I 유형에 해당한다.

❯ 이외에도 주택임대 소득이 있는 V 유형, 2개 이상의 근로소득을 합산해서 신고해야 하거나 2,000만 원을 초과하는 금융소득이 있는 경우에는 T 유형, 종교인 기타소득의 경우 Q 또는 R 유형에 해당한다. 이러한 특수 유형들은 세무대리인의 도움을 받는 것이 좋다.

기장신고는 전문가에게
추계신고는 셀프 신고를
경험해 보는 것도 나쁘진 않다.

종합소득세를 기장에 의해서 신고하는 경우 어느 정도 회계지식과 세무 지식이 있어야 하므로 초보자는 홈택스를 활용해 셀프 신고하는 것이 어려울 수 있다.

그러나 추계로 신고하는 경우는 장부를 통한 조정과정을 거치지 않고 업종별 경비율에 의해 정해진 수입금액을 바탕으로 각종 공제만 적용하면 자동으로 계산해줌으로 셀프 신고를 한번 시도해 보는 것도 나쁘진 않다. 단, 세무 지식이 있고 없고에 따라 납부세액이 차이가 날 수도 있으므로 신중히 생각해보고 결정한다.

---

2 종합소득세 분할납부 방법

종합소득세는 매년 5월에 전년도에 발생한 소득에 대해 종합소득세
를 신고·납부 한다.

종합소득세의 분할납부(분납)

구 분	세무처리	
분납대상	종합소득세 납부세액이 1천만 원 초과 시 분납 신청 가능	
분납 가능 금액	납부세액이 2천만 원 이하일 경우	1천만 원 초과 금액을 분납 신청
	납부세액이 2천만 원 초과일 경우	납부할 세액의 50% 이하의 금액을 분납 신청
분납 기한	법정 신고 · 납부 기한(5월 31일) 경과 후 2개월 이내 분납 가능	

종합소득세의 납부 기한연장

법정 신고·납부 기한인 5월 31일 이내에 종합소득세를 납부할 수 없
을 때는 기한연장승인신청서를 작성하여 관할 세무서에 신청할 수 있
다.

그러면 관할 세무서에서는 해당 신청서의 적정 여부를 검토하여 납
부기한연장 승인 여부를 사업주에게 회신해준다.

신정은 신고기한 3일 전까지 해야 하며, 3일 전까지 신청할 수 없을
경우는 관할 세무서장이 인정하는 경우 신고기한일까지 신청할 수
있으므로 사업주가 직접 관할 세무서에 방문하여 신청할 수 있다.

납부기한 연장승인신청을 하기 위해서는 납부기한 연장승인신청서를
작성해야 한다.

홈택스 로그인 후 국세증명·사업자등록 세금관련 신청/신고 작성 〉
신고분 납부기한 연장신청을 클릭해 작성한 후 업로드하면 관할 세
무서에서 확인 후 각 사업주에게 가/부 여부를 회신해준다.

장부를 적었을 때 종합소득세
(기장에 의한 종합소득세 신고 및 납부)

총 수 입 금 액	−	필 요 경 비	=	소 득 금 액
소 득 금 액	−	소 득 공 제	=	과 세 표 준
과 세 표 준	×	세 율	=	산 출 세 액
산 출 세 액	−	세액공제 및 감면세액	=	결 정 세 액
결 정 세 액	−	기 납 부 세 액	=	납 부 할 세 액

1 총수입금액 산입항목

사업소득의 총수입금액은 당해 연도에 수입하였거나 수입할 금액의 합계액이며, 총수입금액 산입항목은 다음과 같다.

▶ 사업수입금액

▶ 부동산을 임대하고 받은 선세금에 대한 총수입금액은 그 선세금을 계약기간의 월수로 나눈 금액의 각 과세기간의 합계액

$$당해연도\ 수입금액 = 전세금 \times \frac{계약기간의\ 월수}{당해연도\ 임대월수}$$

❯ 매출환입 및 매출에누리는 총수입금액에 산입하지 않고, 거래수량
·거래금액에 따라 상대편에게 지급하는 장려금 기타 이와 유사한 성
질의 금액과 대손금은 총수입금액에서 빼지 않는다.

구 분	세무처리
약국 사업자의 구매카드 결제금액에 대해 지급하는 캐쉬백 또는 마일리지	약국을 경영하는 사업자가 자기 사업과 관련하여 구입한 의약품 구매대금을 구매카드로 결제하고 카드회사로부터 그 결제금액의 일정 비율을 포인트로 지급받아 이를 캐쉬백 또는 마일리지 적립금 등으로 사용하는 경우, 해당 캐쉬백 상당액 등은 해당 사업소득의 총수입금액에 산입한다.
신용카드 단말기 장려금	신용카드가맹점인 음식점을 경영하는 거주자가 용역의 공급에 대한 대가를 신용카드로 받으면서 특정 부가통신사업자(예 : 벤사)의 신용카드 단말기를 이용해주고, 부가통신사업자의 대리점으로부터 받는 장려금은 사업소득의 총수입금액에 산입한다.
장애인고용장려금	개인사업자가 한국장애인고용촉진공단으로부터 지급받는 장애인 고용장려금의 수입 시기는 당해 공단으로부터 그 장려금의 지급통지를 받은 날이 속하는 사업연도에 사업소득의 총수입금액에 산입한다.
고용촉진장려금	거주자가 신규직원을 채용하고 고용노동부 장관으로부터 지원받은 신규고용촉진장려금은 사업소득의 총수입금액에 산입한다.
제조회사로부터 대리점 직원이 받는 판매장려금	대리점과 가전제품 제조사 간에 사전 합의에 따라 제품 모델별 판매실적에 따른 장려금을 대리점 소속 직원에게 직접 상품권으로 지급하는 경우 동 상품권은 대리점의 사업소득금액 계산에 있어 총수입금액에 산입하며, 직원이 받은

구 분	세무처리
	상품권은 근로소득세 원천징수를 한다.
재난지원금, 지자체 재난 기본소득, 긴급생계비 지원사업	해당 소득은 개인에게 지급하는 것으로 사업주와는 관계가 없으며, 근로자는 소득세법상 열거된 소득이 아니므로 소득세가 과세되지 않는다.
	1차 긴급재난지원금의 경우, 생계 안정 지원 목적을 띠는 보조금적 성격상 소득세 과세대상에 해당하지 않는다.
	2·3·4~차 재난지원금으로 소상공인 등에게 지급된 새희망자금·버팀목자금, 특고·프리랜서 등에게 지급된 긴급고용안정지원금 역시 비과세다. 단, 긴급고용안정지원금의 경우 사업주에게 지급된 부분은 인건비 등 경비처리가 가능할 수 있어 수입금액에 포함된다.
휴업이나 휴직수당의 일정액을 지원받는 고용유지지원금과 특수고용직 등 사업자가 받는 고용안정지원금	국가나 지자체로부터 휴업이나 휴직수당의 일정액을 지원받는 고용유지지원금과 특수고용직 등 사업자가 받는 고용안정지원금은 고용 등 사업과 관련해 받은 것이므로 사업소득세(법인세)가 과세 된다.
	그러므로 개인과 법인이 받는 고용안정지원금이나 고용유지지원금은 사업 관련 소득으로 결산과 세무조정 시 영업외수익으로 계상하거나 세무조정 시 개인사업자는 총수입금액에 산입하고, 법인은 익금산입하는 등 과세소득에 전액 포함해야 한다.
	1. 개인사업자 : 사업소득으로 종합소득세 과세
	2. 법인사업자 : 법인소득으로 법인세 과세
	반면 사업자로부터 지원금을 급여로 받는 근로자의 경우도 다른 근로소득과 합하여 과세대상이 된다.
정부보조금 (국고보조금)	세법상 정부보조금은 익금 및 총수입금액산입항목이다. 그러나 자산 관련 보조금을 익금 및 총수입금액산입항목으로 보면 일시에 과세되어 자산 취득자금이 세금으로 유출되어 자산취득에 어려움이 발생할 수 있다. 이에 따라 세법은 자산 관련 보조금에 대해 일시상각충당금(압축기장충당금)으로 과세이연하는 제도를 두고 있다.

부가가치세 감면 특례는 이번 소득세 신고시 수입금액에 포함해야 한다.

◗ 외상매출금 또는 미수금을 약정기일 전에 영수하는 경우 일정액을 할인하는 매출할인 금액은 거래상대방과의 약정에 의한 지급기일(지급기일이 정해져 있지 아니한 경우에는 지급일)이 속하는 연도의 총수입금액에서 차감한다.

◗ 거래상대방으로부터 받는 장려금 기타 이와 유사한 성질의 금액

◗ 관세환급금 등 필요경비로 지출된 세액이 환입되었거나 환입될 경우 그 금액

◗ 사업과 관련하여 무상으로 받은 자산의 가액과 채무의 면제 또는 소멸로 인하여 발생하는 부채의 감소액(이월결손금의 보전에 충당된 금액은 제외)

◗ 사업과 관련하여 당해 사업용 자산의 손실로 인하여 취득하는 보험차익

◗ 거주자가 재고자산을 가사용으로 소비하거나 이를 종업원 또는 타인에게 지급한 때는 이를 소비 또는 지급한 때 가액에 상당하는 금액을 총수입금액에 산입한다.

◗ 확정급여형 퇴직연금제도의 보험차익과 신탁계약의 이익, 분배금

◗ 외화자산·부채의 상환 차익

◗ 기타 사업과 관련된 수입금액으로서 당해 사업자에게 귀속되었거나 귀속될 금액

◗ 복식부기 의무자가 업무용 승용차를 매각하는 경우 그 매각가액을 매각일이 속하는 과세기간의 사업소득 금액을 계산할 때 총수입금액에 산입한다.

❯ 소득세 또는 개인 지방소득세의 환급금

❯ 자산수증이익, 채무면제이익 중 이월결손금 보전에 충당된 금액

여기서 이월결손금은 세무상 결손금으로 발생 연도의 제한이 없다.

❯ 전년도의 소득으로 이미 과세된 소득을 다시 당해연도의 소득에

산입한 금액

❯ 자기가 채굴·포획·양식·수확 또는 채취한 농산물·포획물·축산

물·임산물·수산물·광산물·토사석이나 자기가 생산한 제품을 자기

가 생산하는 다른 제품의 원재료 또는 제조용 연료로 사용한 때는

그 사용된 부분에 상당하는 금액

❯ 건설업자가 자기가 생산한 물품을 자기가 도급받은 건설공사의

자재로 사용한 때는 그 사용된 부분에 상당하는 금액

❯ 전기·가스 및 수도사업자가 자기가 생산한 전력이나 가스 또는

수돗물을 자기가 경영하는 다른 업종의 동력·연료 또는 용수로 사용

할 때는 그 사용한 부분에 상당하는 금액

❯ 개별소비세 및 주세의 납세의무자가 자기의 총수입금액으로서 수

입한 또는 수입할 금액에 따라 납부했거나 납부할 개별소비세 및 주

세(다만, 원재료·연료 기타 물품을 매입·수입 또는 사용함에 따라

부담하는 세액은 제외)

❯ 국세, 지방세 등의 과오납금의 환급금에 대한 이자(환급가산금)

❯ 부가가치세 매출세액

❯ 조세특례제한법에 따라 석유 판매업자가 환급받은 세액

3 필요경비 산입항목

필요경비란 총수입금액을 얻기 위해서 소요된 비용의 합계액을 말한다. 사업소득의 필요경비는 당해 연도의 총수입금액에 대응하는 비용으로서 일반적으로 용인되는 통상적인 것의 합계액으로 계산한다.

❯ 판매한 상품 또는 제품에 대한 원료의 매입가격(매입에누리 및 매입할인금액을 제외한다)과 그 부대비용. 이 경우 사업용 외의 목적으로 매입한 것을 사업용으로 사용한 것에 대하여는 당해 사업자가 당초에 매입한 때 매입가액과 그 부대비용으로 한다.

❯ 판매한 상품 또는 제품의 보관료, 포장비, 운반비, 판매장려금 및 판매수당 등 판매와 관련한 부대비용(판매장려금 및 판매수당의 경우 사전약정 없이 지급하는 경우를 포함)

❯ 부동산의 양도 당시의 장부가액(건물건설업과 부동산개발 및 공급업의 경우만 해당). 이 경우 사업용 외의 목적으로 취득한 부동산을 사업용으로 사용한 것에 대해서는 해당 사업자가 당초에 취득한 때 자산의 취득가액을 그 장부가액으로 한다.

❯ 임업의 경비(종묘 및 비료의 매입비, 식림비, 관리비, 벌채비, 설비비, 개량비, 임목의 매도경비)

❯ 양잠업의 경비(매입비, 사양비, 관리비, 설비비, 개량비, 매도경비)

❯ 가축 및 가금비(종란비, 출산비, 사양비, 설비비, 개량비, 매도경비)

❯ 종업원의 급여

● 사업용 자산에 대한 비용(현상 유지를 위한 수선비, 관리비와 유지비, 임차료, 손해보험료)

● 복식부기 의무자가 업무용 승용차의 매각가액을 총수입금액에 산입한 경우 해당 업무용 승용차의 매각 당시 장부가액(감가상각비 중 업무 사용 금액에 해당하지 않는 금액이 있는 경우에는 장부가액을 계산할 때 그 금액을 차감한 금액)

● 사업과 관련 있는 제세공과금

● 건설근로자 퇴직공제회에 납부한 공제부금과 근로자퇴직급여 보장법에 따라 사용자가 부담하는 부담금

● 사용자 부담 건강보험료, 노인장기요양보험료와 고용보험료

● 직장가입자로서 부담하는 사용자 본인의 건강보험료와 노인장기요양보험료

● 지역가입자로서 부담하는 사용자 본인의 건강보험료와 노인장기요양보험료

● 단체순수보장성보험 및 단체환급부보장성보험의 보험료

● 총수입금액을 얻기 위하여 직접 사용된 부채에 대한 지급이자

● 사업용 고정자산의 감가상각비, 자산의 평가차손

● 대손금

부가가치세 매출세액의 미수금으로서 회수할 수 없는 것 중 부가가치세법 규정에 의한 대손세액공제를 받지 않은 것은 대손금의 범위에 포함된다.

● 거래수량·거래금액에 따라 상대방에게 지급하는 장려금 기타 이와 유사한 성질의 것

● 매입한 상품·제품·부동산 및 산림 중 재해로 인하여 멸실된 것의

원가를 그 재해가 발생한 과세기간의 소득금액을 계산할 때 필요경비에 산입한 경우의 그 원가

❱ 종업원을 위한 직장체육비·직장문화비·가족계획사업지원비·직원회식비 등

❱ 무료진료권에 의하여 행한 무료진료의 가액

❱ 업무와 관련 있는 해외 시찰·훈련비

❱ 근로 청소년을 위한 특별학급 또는 산업체 부설 중·고등학교의 운영비

❱ 영유아보육법에 의하여 설치된 직장어린이집의 운영비

❱ 광물의 탐광을 위한 지질조사·시추 또는 갱도의 굴진을 위하여 지출한 비용과 그 개발비

❱ 광고선전비[특정인에게 기증한 물품(개당 3만원 이하의 물품은 제외)의 경우에는 연 5만원 이내의 금액에 한정]

❱ 영업자가 조직한 단체로서 법인이거나 주무관청에 등록된 조합 또는 협회에 지급하는 회비

❱ 종업원의 사망 이후 유족에게 학자금 등 일시적으로 지급하는 금액으로서 기획재정부령으로 정하는 요건을 충족하는 것(2015년 지출분부터 적용)

❱ 기부금으로 일정 한도 내의 금액

❱ 기업업무추진비로서 일정 한도 내의 금액

❱ 준비금과 충당금, 기타의 필요경비

❱ 잉여식품 활용사업자 또는 잉여 식품 활용사업자가 지정하는 자에게 무상으로 기증하는 경우 그 기증한 잉여식품의 장부가액

4

필요경비불산입 항목

> 소득세와 개인 지방소득세

> 벌금, 과료(통고처분에 의한 벌금 또는 과료상당액 포함)와 과태료

> 국세징수법 기타 조세에 관한 법률에 의한 가산금과 체납처분비

> 조세에 관한 법률에 의한 징수 의무 불이행으로 인하여 납부했거나 납부할 세액(가산세를 포함)

> 가사와 관련하여 지출한 경비

사업용 자산의 합계액이 부채의 합계액에 미달하는 경우 그 미달하는 금액에 상당하는 부채의 지급이자는 가사 관련 경비로 본다.

초과인출금에 대한 지급이자 = 지급이자 × (당해 과세기간 중 초과인출금 적수 ÷ 당해 과세기간 중 차입금의 적수)

초과인출금 = 부채의 합계액 - 사업용 자산의 합계액

가사 관련 비용에 대한 세무회계

1. 가사비용을 회사 비용으로 처리하면 무조건 걸리나?

가사비용을 회사 비용으로 처리하는 것도 요령이 필요할 수 있다.

그러나 이런 요령도 불법이지만 전적으로 규모가 크지 않은 회사에만 예외적으로 허용될 수 있는 부분이라고 생각하면 된다. 즉, 결과적으로는 절세가 아닌 탈세 부분이다. 단, 그 금액이 소액으로 인해 조사인력을 투입해 추징하는 경우 그 실효성이 떨어지므로, 대대적인 단속을 통해 적발하지 않을 뿐이다, 이는 단지 요행을 바라는 행위에 불과하므로 판단은 사장님이 직접 해야 한다.

❶ 도 · 소매, 서비스, 건설, 병원 등 제조와 전혀 관계없는 회사가 마트에서 구입하는 원재

료 영수증은 가사 관련 비용으로 볼 가능성이 크므로 절대 회사 비용으로 처리하면 안 된다. 물론 음식점과 같이 마트에서 원재료를 구입해야 하는 업종은 주말에 구입해도 증빙을 갖추면 문제가 없다.

❷ 반면, 회사나 가정에서 모두 사용하는 컴퓨터, 프린트, 스캐너 등 전자기기와 책상, 의자, 책꽂이, 문구 등 사무용품은 신용카드로 결제 후 회사 비용으로 처리해도 해당 건이 회사 규모에 비해 자주 발생하지 않으면 문제가 되지 않을 수 있다. 물론 걸려도 회사 비품이라고 우길 수 있는 품목이다.

❸ 식대의 경우 평일 점심시간에 발생하는 식비나, 가끔 저녁 시간에 발생하는 식비는 복리후생비 또는 회식비로 문제없이 처리할 수 있다.

그러나 너무 자주 발생한다거나, 근무를 안 하는 토요일 오후 시간대나 일요일 식비 지출액은 가사 관련 비용으로 문제가 발생할 수 있다.

2. 국세청에 가장 많이 적발되는 사례

참고로 국세청에 가장 많이 적발되는 사례를 살펴보면 다음과 같다.

❶ 접대성 경비를 복리후생비 등으로 분산처리

❷ 근로를 제공하지 않은 기업주 가족에게 인건비를 지급하고 비용처리

❸ 신용카드 사적 사용

❹ 재고자산 계상 누락 등을 통해서 원가를 조절하는 경우

❺ 세무조사 후 신고소득률 하락 등

국세청은 기업소득 유출, 수입금액 누락, 소득 조절, 조세 부당감면 등으로 세금을 탈루할 우려가 있는 자영업 법인, 취약·호황 업종의 신고내용을 개별 정밀분석한 자료로 성실신고를 별도 안내한다.

❻ 소비지출 수준을 통해 소득 추정분석

소득신고에 비해 해외여행 등 소비지출이 상대적으로 많은 경우 세무조사 대상이 될 수 있다.

❼ 원가를 과대계상 한 경우

상호 증빙이 없이 세무조사만 안 받으면 걸리지 않을 거라는 생각에 임의적으로 원가를 과대계상 해 세금을 탈루하는 행위는 세무조사를 받을 확률이 높다.

❽ 일요일에 마트를 가서 장을 보고 법인카드로 결제한 경우

구분	개인적 지출비용	매입세액공제
개인사업자	비용불인정(본인 돈을 가져간 것으로 봄)	매입세액불공제
법인	비용불인정 + 상여 또는 배당으로 보아 근로소득세 또는 배당소득세 과세	매입세액불공제

❯ 감가상각비 한도 초과액

❯ 고정자산 등에 대한 평가차손. 다만, 천재·지변, 화재, 법령에 의한 수용 등이나 채굴 불능으로 인한 폐광으로 인해 고정자산이 파손 또는 멸실(당해 고정자산이 그 고유의 목적에 사용할 수 없는 경우 포함)된 경우는 당해 고정자산의 정상가액과 장부가액과의 평가차손은 필요경비에 산입한다.

❯ 반출하였으나 판매하지 않은 제품에 대한 개별소비세 또는 주세의 미납액. 다만, 제품 가액에 그 세액 상당액을 더한 경우는 제외한다.

❯ 부가가치세 매입세액. 다만, 매입세액불공제 되는 다음의 매입세액은 필요경비에 산입한다.

- 부가가치세가 면제되는 사업자가 부담하는 매입세액
- 비영업용소형승용차의 구입과 임차 및 유지에 관한 매입세액(자본적 지출에 해당하는 것을 제외)
- 영수증을 교부받은 거래분에 포함된 매입세액으로서 공제 대상이 아닌 금액
- 기업업무추진비 및 이와 유사한 비용의 지출에 관련된 매입세액
- 부동산임차인이 부담한 전세금 및 임차보증금에 대한 간주임대료의 매입세액

❯ 차입금 중 대통령령이 정하는 건설자금에 충당한 금액의 이자

당해 사업용 고정자산의 매입, 제작, 건설에 소요된 차입금(고정자산의 건설에 들었는지? 여부가 분명하지 않은 차입금 제외)에 대한 지급이자 또는 이와 유사한 성질의 지출금

❯ 채권자가 불분명한 차입금의 이자

❯ 법령에 따라 의무적으로 납부하는 것이 아닌 공과금이나 법령에 따른 의무의 불이행 또는 금지·제한 등의 위반에 대한 제재로서 부과되는 공과금

❯ 업무와 관련 없는 지출

- 업무와 관련 없는 자산을 취득 · 관리함으로써 발생하는 취득비 · 유지비 · 수선비와 이와 관련되는 필요경비
- 사업에 직접 사용하지 않고 타인(종업원을 제외)이 주로 사용하고 있는 토지 · 건물 등의 유지비 · 수선비 · 사용료와 이에 관련되는 지출금
- 사업자가 그 업무와 관련 없는 자산을 취득하기 위하여 차입한 금액에 대한 지급이자와 그 자금의 차입에 관련되는 비용
- 사업자가 사업과 관련 없이 지출한 기업업무추진비
- 사업자가 공여한 형법에 따른 뇌물 또는 국제상거래에 있어서 외국공무원에 대한 뇌물방지법상 뇌물에 해당하는 금전과 금전 외의 자산 및 경제적 이익의 합계액

❯ 선급비용

❯ 업무에 관련하여 고의 또는 중대한 과실로 타인의 권리를 침해함으로써 지급되는 손해배상금(경과실로 인한 손해배상금만 필요경비에 산입)

장부를 안 적었을 때 종합소득세
(추계에 의한 종합소득세 신고 및 납부)

총 수 입 금 액	−	경비율 제도 주)	=	소 득 금 액
소 득 금 액	−	소득공제	=	과 세 표 준
과 세 표 준	×	세 율	=	산 출 세 액
산 출 세 액	−	세액공제 및 감면세액 + 가산세	=	결 정 세 액
결 정 세 액	−	기납부세액	=	납 부 할 세 액

주 타가율은 임대를 해서 운영하는 것을 말하며, 자가율은 본인의 집에서 하는 경우

❶ 수입금액 − 주요경비(매입비용 + 임차료 + 인건비) − 기타경비(수입금액 × 기준경비율(복식부기 의무자는 1/2))

❷ [수입금액 − (수입금액 × 단순경비율)] × 소득상한 배율(2.8 복식부기의무자 3.4)

소득세 과세표준을 계산하기 위해서는 먼저 수입금액에서 필요경비를 차감해서 소득금액을 계산한다.

이때, 장부를 기장하지 않는 사업자는 필요경비를 계산할 수 없으므로 정부에서 정한 경비율에 따라 필요경비를 인정받게 되는데, 이러

한 제도를 경비율 제도라고 한다. 즉, 무기장사업자는 경비율 제도
에 의해 종합소득세를 신고·납부 한다.

경비율 제도는 주요경비는 증빙에 의하여 필요경비를 인정하고, 기
타경비는 경비율에 의해 필요경비를 인정하는 기준경비율과 필요경
비 전부를 경비율에 의해 인정하는 단순경비율로 구분한다.

기준경비율 적용대상자는 단순경비율 적용대상자보다 증빙수취의무
가 한층 강화되어 있고, 주요경비에 대한 증빙 미수취시 세 부담이
급격히 증가한다.

구 분	해 설
기장 사업자	❶ 간편장부대상자가 간편장부 또는 복식장부를 작성해서 신고한 경우 ❷ 복식부기 의무자가 복식부기에 의해 장부를 작성해서 신고한 경우
무기장 사업자	❶ 간편장부나 복식부기에 의한 장부를 작성하지 않고 신고한 경우 ❷ 복식부기 의무자가 간편장부에 의해 신고한 경우

• 장부를 비치·기장하지 않은 사업자의 소득금액은 다음과 같이 계산한다.

1. 기준경비율 적용대상자(①, ②중 적은 금액)

① 소득금액 = 수입금액 − 주요경비 − (수입금액 × 기준경비율*)

＊ 복식부기 의무자는 기준경비율의 $\frac{1}{2}$ 곱하여 계산

② 소득금액 = 수입금액 − (수입금액 × 단순경비율) × 배율

＊ 배율 : 간편장부대상자 2.8배, 복식부기 의무자 3.4배

2. 단순경비율 적용대상자

소득금액 = 수입금액 − (수입금액 × 단순경비율)

[일반율과 자가율]

• 일반율 – 사업장을 임차한 경우(타인 사업장)

• 자가율 – 사업장이 사업자 본인의 소유인 경우(자가 사업장)

국세청 고시에 나오는 기준경비율 및 단순경비율은 일반율 즉, 타가율이다. 자가 사업자는 이 일반율에 일정율을 가감하여 자가율을 계산하게 된다.

기준경비율 또는 단순경비율 적용시 자가 사업자(자가율)에 일정율이 가산된다.

단, 농업·임업 및 어업, 광업, 전기·가스·증기 및 수도사업, 건설업, 도소매업 (522099, 523132, 525200), 운수업, 금융 및 보험업, 부동산업 및 임대업, 전문·과학기술 및 기술서비스업, 인적용역, 가구 내 고용 활동은 가산되지 않는다.

[기본율과 초과율]

인적용역 제공사업자(94****)의 단순경비율 기본율과 초과율 구분

인적용역 제공사업자에 대한 단순경비율은 수입금액이 4천 만 원까지는 기본율을 적용하고 4천 만 원을 초과하는 금액에 대해서는 초과율을 적용한다. 초과율은 고시가 되어 나온다.

* 인적용역 업종, 단순경비율에 한해 초과율이 고시된다. 타업종 및 기준경비율은 해당 없다.

[예제] 학습지방문판매업(940908)의 단순경비율 기본율은 75, 초과율은 65로 고시됨. 연간 수입금액이 45백만원인 학습지방문판매업자의 추계소득금액은?

{40백만원 – (40백만원 × 75%) + 5백만원 – (5백만원 × 65%)} = 11,750,000원

1 기준경비율과 단순경비율 적용대상자 구분 방법

아래의 업종별 기준수입금액 이상자는 기준경비율을 적용해서 소득금액을 계산하고, 기준수입금액 미만자와 당해 연도 신규사업자는 단순경비율을 적용하여 소득금액을 계산한다. 다만, 의사, 변호사

등 전문직 사업자는 신규 여부, 수입금액과 관계없이 기준경비율을 적용하며, 현금영수증 미가맹사업자, 신용카드·현금영수증 상습발급 거부자는 단순경비율 적용이 배제된다.

구 분	기준경비율 적용대상자	단순경비율 적용대상자
농업 · 임업 및 어업, 광업, 도매 및 소매업(상품중개업을 제외한다), 부동산매매업, 아래에 해당하지 아니하는 사업	6천만 원 이상자	6천만 원 미만자
제조업, 숙박 및 음식점업, 전기 · 가스 · 증기 및 공기조절 공급업, 수도 · 하수 · 폐기물처리 · 원료재생업, 건설업(비주거용 건물 건설업은 제외), 부동산개발 및 공급업(주거용 건물 개발 및 공급업에 한정), 운수업 및 창고업, 정보통신업, 금융 및 보험업, 상품중개업, 욕탕업	3천 6백만 원 이상자	3천 6백만 원 미만자
부동산 임대업, 부동산업(부동산매매업 제외), 전문 · 과학 및 기술 서비스업, 사업시설관리 · 사업지원 및 임대서비스업, 교육 서비스업, 보건업 및 사회복지 서비스업, 예술 · 스포츠 및 여가관련 서비스업, 협회 및 단체, 수리 및 기타 개인 서비스업, 가구내 고용활동	2천 4백만 원 이상자	2천 4백만 원 미만자

2 기준경비율에 의한 소득금액 계산 방법

기준경비율 제도는 장부를 기장하지 않는 사업자가 기장한 사업자의 경우와 같이 증빙서류에 의해 확인되는 주요경비와 총수입금액에 기준경비율을 곱한 기타 경비를 합한 금액을 총수입금액에서 차감하는 방식으로 소득금액을 계산하는 제도이다.

수입금액
- 주요경비(매입비용 + 임차료 + 인건비)
- 기타경비(수입금액 × 기준경비율(복식부기 의무자는 1/2))
= 소득금액

기준경비율 적용대상자는 주요경비(매입비용, 인건비, 임차료를 말함)는 계산서, 세금계산서, 신용카드매출전표, 현금영수증 등 증빙서류를 받아야만 경비로 인정되고, 기타경비는 수입금액에 기준경비율을 곱한 금액을 비용으로 인정받게 된다.

따라서 주요경비에 대한 증빙서류를 수취하지 못한 경우 기준경비율에 의한 기타경비만을 필요경비로 인정받게 되어 세 부담이 급격히 증가될 수 있다.

이와 같은 문제를 완화하기 위해 기준경비율에 의한 소득금액이 단순경비율에 의한 소득금액에 소득상한배율을 곱한 금액보다 클 경우 단순경비율에 의한 소득금액으로 신고할 수 있도록 하고 있다.

소득금액 ❶과 ❷중 적은 금액으로 신고 가능
❶ 기준경비율에 의한 소득금액 = 수입금액 − 주요경비(매입비용 + 임차료 + 인건비) − 기타경비(수입금액 × 기준경비율(복식부기 의무자는 1/2))
❷ 단순경비율에 의한 소득금액 = [수입금액 × 단순경비율] × 소득상한 배율 (2.8배 복식부기 의무자 3.4배)

사례

제조업(단일 업종)을 경영하는 사업자로 2023년도 수입금액이 4억 원, 2024년

수입금액이 1억 2천만 원일 때 추계소득금액은? (장애인이 아닌 임차사업장으로서 기준경비율 : 20%, 단순경비율 : 75%, 배율 3.4배)

○ 주요경비 합계액은 6천 8백만 원이며, 증명서류를 보관하고 있고 기초재고 및 기말재고가 없다.

○ 주요경비 내용 : 매입비용(4천 1백만원), 임차료(1천 2백만 원), 인건비(1천 5백만 원)

해설

2025년 5월, 2024년 귀속 종합소득세 신고기준 직전 연도(2023년도) 수입금액이 제조업으로서 4억 원이므로 복식부기 의무자이며, 복식부기 의무자가 추계신고 시 기타경비에 대하여 기준경비율의 1/2을 적용하며, 배율은 3.4배를 적용한다.

○ **추계소득금액 (①, ② 중 적은 금액) : 4천만 원**

① 120,000,000원 − 68,000,000원 − (120,000,000원 × 20% × 1/2) = 4천만 원

② [120,000,000원 − (120,000,000원 × 75%)} × 3.4 = 1억 2백만 원

🔧 주요경비의 범위

구 분	주요 경비
매입 비용	상품·제품·재료·소모품·전기료 등의 매입비용과 외주가공비 및 운송업의 운반비를 말한다. ❶ 음식대금, 보험료, 수리비 등 용역(서비스)을 제공받고 지출한 금액은 매입비용에서 제외되어 주요경비에 포함되지 않으나, ❷ 운송업 및 운수관련 서비스업을 영위하는 사업자가 타인의 운송수단을 이용하고 그 대가로 지출한 금액은 매입비용에 포함한다.
임차료	사업에 직접 사용하는 건축물, 기계장치 등 사업용 고정자산의 임차료를 말한다.
인건비	종업원의 급여·임금 및 일용근로자의 임금과 실지 지급한 퇴직금을 말한다.

👤 기준경비율 신고자의 증빙서류 수취·보관

주요경비에 대한 증빙서류가 없으면 비용으로 인정되지 않고, 기준
경비율에 의한 기타경비만 필요경비로 인정되므로 그만큼 소득금액
이 커지고 소득세 부담도 늘어나게 된다.

매입비용과 임차료는 세금계산서, 계산서, 신용카드매출전표, 현금
영수증 등 법정지출증빙을 수취해야 하며, 간이세금계산서나 일반영
수증을 수취한 금액은 「주요경비지출명세서」를 제출해야 한다.

농어민과 직접 거래 및 거래 1건당 3만 원 이하의 거래 등은 「주요
경비지출명세서」 작성을 면제하므로 영수증만 수취·보관하면 된다.

인건비는 원천징수영수증·지급명세서를 세무서에 제출하거나 지급
관련 증빙서류를 비치·보관해야 한다.

구 분	주요 증빙
매입비용 및 임차료	세금계산서, 계산서, 신용카드매출전표, 현금영수증 등 적격증빙서류를 받아야 하며, 적격증빙서류가 아닌 영수증 등을 받은 경우는 「주요경비 지출명세서」를 제출해야 한다.
인건비	원천징수영수증이나 지급명세서 또는 지급 관련 증명서류를 갖추어 두고 보관해야 한다.

3 단순경비율에 의한 소득금액 계산방법

단순경비율 적용대상자는 당해 연도 귀속 종합소득세를 장부에 의해
계산한 소득금액으로 신고하지 않는 사업자로서, 직전년도 수입금액

이 앞서 설명한 기준경비율 적용 대상 수입금액에 미달하는 사업자와 당해 연도 신규사업자를 말한다.

단순경비율 적용대상자는 장부나 증빙서류에 의하지 않고, 수입금액에 단순경비율을 곱한 금액을 필요경비로 인정받게 된다.

소득금액 = 수입금액 − (수입금액 × 단순경비율)

---

4 추계신고자 무기장 가산세 납부

복식부기 의무자가 장부를 비치·기장하지 않고(간편장부에 의한 신고 포함) 기준경비율에 의해 추계신고를 하게 되면, 소득세법에 의해 신고를 하지 않은 것으로 보아 무기장 가산세와 무신고가산세 중 큰 금액이 적용된다. 무신고가산세는 가산세 대상 금액(산출세액 − 무신고 또는 과소신고 소득금액에 대한 원천징수 세액)의 20%의 금액과 수입금액의 7/10,000중 큰 금액이 부과된다.

소규모사업자(직전년도 수입금액이 4,800만 원 미만자)를 제외한 간편장부대상자가 기준경비율 및 단순경비율에 의해 추계신고하면 산출세액의 20%의 금액을 무기장 가산세로 부과한다. 또한, 외부조정계산서 첨부 대상자가 자기조정 계산서만 첨부하여 신고하게 되면, 소득세법에 의한 적법한 신고로 보지 않기 때문에 무신고가산세가 산출세액의 20%, 수입금액의 7/10,000중 큰 금액이 가산된다.

참고로 근로소득과 사업소득이 있는 자가 종합소득세를 추계로 신고하는 경우는 사업소득 금액만 가지고 무기장 가산세를 계산한다.

구 분	무기장 가산세
간편장부 대 상 자	간편장부대상자가 단순경비율 또는 기준경비율로 추계신고할 수 있으 나 무기장가산세 20%가 적용되며, 장부를 작성하지 않았기 때문에 적 자(결손)가 발생한 경우 그 사실을 인정받을 수 없다. 무기장가산세 = 산출세액 x (무기장 소득금액/종합소득금액) x 20% 그러나 다음에 해당하는 "소규모사업자"는 무기장 가산세가 적용되지 않는다. ❶ 당해 연도 신규사업자 ❷ 직전 과세기간의 총수입금액의 합계액이 4,800만원 미만인 자 ❸ 독립된 자격의 보험모집인, 방문판매원으로서 간편장부대상자가 받 는 사업소득으로 원천징수의무자가 사업소득 연말정산을 한 경우
복식부기 의 무 자	복식부기 의무자는 복식부기로 장부를 작성해서 종합소득세를 신 고하는 것이 원칙이며, 간편장부를 작성하여 신고한 경우 무기장 가산세 20%가 적용된다. 단순경비율 또는 기준경비율로 추계신고할 경우 무기장 가산세와 무신고가산세 중 큰 금액이 적용된다. 또한 기준경비율 적용 시 기준경비율 전체가 아닌, 기준경비율의 1/2을 적용하여 필요경비 를 계산한다.

소득세의 중간예납

개인의 종합소득에 대한 과세는 원칙적으로 과세기간이 경과한 후에 1년간의 소득 내용에 의하여 과세 되는 것이나 연간 소득에 대한 세금을 한 번에 납부할 경우 납세자의 부담이 커지게 되므로 중간예납 제도를 두어 전년에 납부한 세액의 1/2을 11월에 내 도록하고 있다. 따라서 소득세 확정신고 때에는 연간 총소득에 대한 납부할 세금에서 미리 낸 중간예납세액을 차감하고 남은 금액을 납부하거나 환급 받게 되어있다.

| 연간 총납부할 세액 | − | 중간예납세액 | = | 납부(환급)할 세액 |

1 납세의무자

중간예납은 원칙적으로 종합소득이 있는 거주자와 종합과세 되는 비거주자이다. 다만, 다음에 해당하는 사람은 중간예납 납부대상에서 제외된다.

신규사업자	당해연도 1월 1일 현재 사업자가 아닌 자로서 당해 연도 중 신규로 사업을 개시한 사람
휴 · 폐업자	당해 연도 6월 30일 이전 휴 · 폐업자 당해 연도 6월 30일 이후 폐업자 중 수시 자납 또는 수시부과한 경우
다음의 소득만이 있는 사람	이자소득 · 배당소득 · 근로소득 · 연금소득 또는 기타소득
	사업소득 중 속기 · 타자 등 사무지원 서비스업에서 발생하는 소득
	사업소득 중 수시 부과하는 소득
	저술가 · 화가 · 배우 · 가수 · 영화감독 · 연출가 · 촬영사 등
	직업선수 · 코치 · 심판 등
	독립된 자격으로 보험가입자의 모집, 증권매매의 권유, 저축의 권장 또는 집금 등을 하고 그 실적에 따라 모집수당 · 권장 수당 · 집금 수당 등을 받는 사람
	(후원) 방문판매에 따른 판매수당 등을 받는 사람(전년도 귀속분 사업소득 연말정산을 한 경우에 한함)
	주택조합 또는 전환 정비사업 조합의 조합원이 영위하는 공동사업에서 발생하는 소득
납세조합가입자	납세조합이 중간예납 기간 중(당해 연도 1월 1일~6월 30일)에 해당 조합원의 소득세를 매월 원천징수하여 납부한 경우
부동산매매업자	중간예납기간 중(당해 연도 1월 1일~6월 30일)에 매도한 토지 또는 건물에 대하여 토지 등 매매차익 예정신고 · 납부 세액이 중간예납 기준액의 2분의 1을 초과하는 경우
소액부징수자	중간예납 세액이 50만 원 미만인 경우

2 중간예납 세액의 납부

소득세 중간예납은 고지 납부를 원칙으로 한다. 관할 세무서장은 중간 예납세액을 납부해야 할 거주자에게 11월 1일부터 11월 15일까지의 기간 내에 중간예납 세액을 통지한다. 통지받은 중간예납 세액은 11월 30일까지 납부해야 한다.

❶ 중간예납 세액의 고지 : 당해 연도 11월 2일~11월 9일 납세고지서 발부

❷ 중간예납 세액의 납부기한 : 당해 연도 11월 30일

부가가치세 면세사업장 현황 신고

부가가치세가 면세되는 개인사업자는 직전년도 연간 수입금액 및 사업장 현황을 사업장 관할 세무서에 신고해야 한다.

1 사업장현황신고 의무자

🍄 사업장현황신고 대상자

▶ 병·의원, 치과, 한의원 등 의료업자

▶ 예체능 계열 학원, 입시학원, 외국어학원 등 학원 사업자

▶ 법정 도매시장 중도매인 등 농·축·수산물 도·소매업자

▶ 가수·모델·배우 등 연예인

▶ 대부업자, 주택임대사업자, 주택(국민주택규모 이하)신축판매업자

▶ 기타 부가가치세가 면제되는 재화 또는 용역을 공급하는 모든 사업자

⚗ 사업장현황신고 제외자

부가가치세 면세사업자 중 소규모 영세사업자 등 아래의 경우에는 납세 편의 등을 위해서 사업장 현황 신고 대상에서 제외하고 있다.

❱ 납세조합 가입자(납세조합에서 일인별 수입금액명세서를 제출)

❱ 복권, 담배, 연탄, 우표·인지 등 소매업자

❱ 부가가치세 면세 대상인 인적용역 제공자(보험모집인 등)

2 사업장현황신고 기한

전년도 연간 수입금액에 대한 사업장현황신고의 신고기한은 당해 연도 2월 10일까지이며, 당해 연도 1월 1일부터 2월 10일 사이에 사업장 관할 세무서에 신고하면 된다.

첨부 서류인 수입금액검토(부)표, 매출·매입처별 계산서합계표 및 매입처별 세금계산서합계표를 제출해야 하는 사업자는 사업장현황신고서와 같이 제출한다.

개인사업자의 비용업무 처리원칙

1 비용처리의 원칙과 알고 있어야 하는 상식

🐦 업무와 관련된 비용만 비용인정

너무도 당연한 말이지만 누구나 세금을 적게 내고 싶은 마음에, 남은 모르겠지 하는 마음에 가사 관련 비용도 은근슬쩍 비용 처리하는 것이 너무 일상화돼 있다. 하지만, 비용처리는 사업하는 동안에 사업으로 발생한 지출에 관해서만 해야 한다. 간혹 절세를 위해 개인적인 지출을 가짜 서류를 만들어 편법으로 신고하는 경우가 있다.

국세청 세무조사에서는 일상화된 탈세유형부터 가장 먼저 본다는 점을 잊어서는 안 된다. 가사 관련 비용은 은근슬쩍 끼워놓는 것은 사업자 자신이 결정할 문제이지 넣어도 돼요? 안 돼요? 남이 결정해줄 문제는 아니다.

🐦 세금 신고할 때 영수증을 전부 제출하는 것이 아니다.

세금 신고를 할 때 그동안 사용한 모든 지출영수증을 제출해야 한다고 알고 있는 사업자가 의외로 많다. 그러나 모든 영수증을 제출할 필요 없이 5년 동안 잘 보관하고 있다가 세무조사를 받으면 소명자료로 보여주고, 평소에는 이 영수증을 근거로 신고만 잘하면 된다.

인건비는 반드시 계좌 입금하고, 세금 신고해야 한다.

개인사업자나 자영업자가 사용하는 비용 중 가장 큰 비중을 차지하는 항목은 인건비이다. 소규모 사업장의 경우 인건비를 통장이 아니라 현금으로 지급하는 경우가 있는데, 인건비는 현금 대신 계좌로 지급하여 근거를 남기는 것이 유리하다. 또한, 인건비에 대해 원천징수 후 신고를 해야 하는데 안 하고 있다가 종합소득세가 많이 나오니 그때서야 허둥지둥 인건비 신고하는 방법을 찾는 사업자가 많은데, 평소에 매달 신고를 잘해두어야 한다.

적격증빙은 아무리 강조해도 또 중요하다.

영수증도 아무거나 비용처리가 되지 않는다. 비용을 지출했다는 것을 인정받을 수 있는 증빙이어야 한다. 세법에서 인정하는 법정지출증빙은 세금계산서, 계산서, (지출증빙용)현금영수증, 신용카드, 체크카드 영수증만 유효하다. 직원이나 프리랜서처럼 사업자등록이 안 된 사람에게 지출할 경우는 원천징수영수증을 발행하면 인정받을 수 있다.

부가가치세 받을 때는 모르지만 낼 때는 아깝다.

신용카드 결제를 하거나 세금계산서를 요구할 시 10% 부가가치세를 내야 한다. 이 부가가치세가 아까워서 현금결제를 하는 사업자도 있으나 이는 피하는 것이 좋다. 세금계산서는 증빙이 되기 때문에 부가가치세는 다 돌려받을 수 있을 뿐만 아니라 종합소득세까지 줄여주기 때문이다. 현금으로 결제하면 좀 깎아 준다고 현금결제 하는 것보다 부가가치세를 주고 세금계산서를 받는 것이 훨씬 유리하다.

세금계산서를 받은 경우

물건가격 300만원	부가가치세 30만원
▼	▼
종합소득세 비용처리	부가가치세 매입세액공제

세금계산서를 안 받으면

물건가격 300만원	부가가치세 30만원
▼	▼
6% 세율 기준 18만원 부담	부가가치세 매입세액불공제

경비 비용인정의 원칙

- 업무와 관련해야 한다. 개인적 지출은 안 된다.
- 지출했다는 소명자료가 있어야 한다. 그 역할을 해주는 것이 세금계산서, 계산서, 신용카드매출전표, (지출증빙용)현금영수증, 원천징수영수증 등의 법정지출증빙이다. 법정지출증빙은 세금 신고시 합산해서 제출하지 각각의 증빙을 제출하는 것이 아니다. 단, 원천징수 내역을 매달 합산해 제출하고 1년에 1번 개인별 내역(지급명세서)을 제출한다.
- 인건비는 반드시 사업자 통장에서 소득자 통장으로 이체한다.
- 깎아 준다고 현금 결제하면 손해 본다.

2 자영업자가 꼭 알고 있어야 할 업무 상식

📂 **사업용 계좌 사용**

복식부기 의무자와 전문직 개인사업자는 사업용 계좌를 홈택스에 등록하고 사용해야 한다.

인건비와 임차료 및 금융기관을 통한 모든 입출금 거래는 모두 사업용 계좌를 사용해야 하며, 사용하지 않으면 미사용금액의 0.2%의 가산세가 부과된다.

📂 **사업용 신용카드사용**

개인사업자가 사업 관련 경비의 지출 용도로만 사용하는 사업용 신용카드를 홈택스에 등록해 사용한다.

사업용 신용카드는 세금계산서 매입과 동일하게 사업비용으로 인정되며, 부가가치세 매입세액공제를 받을 수 있다. 단, 공휴일, 주말, 홈쇼핑, 자택 근처 등에서 사용하면 업무 관련성을 입증해야 하며, 가사용 비용을 사업용 카드로 사용하면 세무조사를 받을 수 있다.

📂 **매출·매입에 대한 적법한 전자 세금계산서 주고받기**

투명매출·원가 등, 가장 적법한 증빙은 10% 부가가치세 세금계산서이다.

📂 **지출 규모별 증빙 요건**

① 건당 3만 원 이상 법정지출증빙 : 세금계산서, 계산서, 신용카드 매출전표(선불·직불·체크카드 포함) 현금영수증 → 매입세액공제

가능

② 기업업무추진비도 건당 3만 원 초과 : 법정지출증빙

③ 경조사비(청첩장 등) : 건당 20만 원까지 청첩장 등으로 증빙가능

임직원 관련 지출은 복리후생비로 처리, 거래처 건당 20만 원까지 기업업무추진비 처리(20만 원 초과하면 법정지출증빙을 받아야 비용인정)

법정지출증빙이 없는 경우는

① 매입세액공제 불가능

② 세무상 비용인정이 안 돼 소득세 부담이 증가한다.

📂 금융거래 통한 온라인 입출금

법정지출증빙 없다면 은행거래를 통해 송금(성명, 주민등록번호, 주소, 상호 등 기재)하고 송금명세서를 관리한다.

→ 향후 누락된 매출액 추가 시 비용으로 인정 가능성이 크다.

📂 거래처 상대방 의심

상대방과 처음 거래할 때는 국세청 홈택스 등에서 사업자등록상태를 확인한다.

📂 허위, 위탁사업자(자료상) 거래

부가가치세 등 세금을 절약하기 위해서 자료상을 통해 허위증빙을 발생시키면 안 된다. 국세청 빅데이터 분석으로 대부분 적발된다.

→ 부가가치세, 법인세, 소득세 등 추징 + 관련 가산세 추가 등으로 거래액의 100% 넘는 세금이 부과된다.

☞ 업무용 승용차 운행기록부 작성

법인과 복식부기 의무자인 개인사업자는 차량별로 관련 비용이 연간 1,500만 원(감가상각비 포함)을 넘는 경우는 반드시 일자별로 운행기록부를 작성해야 하며, 사적 사용분에 대해서는 손금부인 상여 처분되어 소득세를 추가 부담해야 한다.

그리고 개인사업자라도 복식부기 의무자는 2대 이상부터는 업무전용 자동차보험에 가입해야 한다.

구 분	업무처리
승용차 관련 비용	감가상각비(5년 정액법, 2017년 1월 1일 이전 취득이나, 간편장부대상자가 복식부기 의무자로 변경 때는 종전 감가상각방법을 그대로 적용한다.), 리스료, 렌트비, 유류비, 보험료, 수선비, 자동차세, 통행료 등
업무용 사용 거리	업장 방문, 거래처대리점 방문, 회의 참석, 판촉 활동, 출퇴근 등

☞ 개인사업자 노란우산공제에 가입

소상공인의 폐업·재기·퇴직금 지급 등 마련을 위한 공제, 보험 제도인 노란우산공제 불입금 중 연 200~600만 원이 소득에서 공제되어 종합소득세가 절감된다.

☞ 각종 공과금, 공공시설 부담금의 자동이체와 사업자등록번호 및 세금계산서 신청

전기요금, 도시가스 요금, 전화, 인터넷, 통신비 등의 10% 매입세액을 공제받을 수 있다.

☞ 업무용 승용, 운반, 화물차 구입, 유지시 매입세액공제 여부

구 분	매입세액공제 여부
가능한 경우	9인승 이상의 승합차 등(운반용), 트럭, 1,000cc 이하의 경차 등
불가능한 경우	일반 소형·중형·대형 승용차, 전기 승용차

위의 비업무용소형승용차는 부가가치세 매입세액공제는 받지 못해도 소득세 신고 때 비용으로 인정받을 수 있으므로 증빙은 잘 챙겨두어야 한다.

☞ 적법 기한 내 자진 신고·납부와 지출·구입·소득 등 거래 시점의 합리적 선택(기간 귀속과 구분 선택이 중요함)

3 자영업자를 위한 공금유용 예방법

☞ 소액지출통장과 거액 매출 입금통장 등의 별도 분리
평소 사용하는 일주일이나 10일분 평균 사용 금액을 경상비용 자금 통장 등으로 별도 관리하며, 50만 원 내외의 소액현금을 별도로 두어 소액지출 한다. 나머지 매출 입금 등 거액은 자금책임자나 대표가 직접 관리한다.
☞ 자금, 자산관리 담당자와 회계처리 담당자는 별도 인력
자금 담당자가 대표 결재받아 송금·지출 후 증빙을 작성하여 회계담당자가 별도로 회계처리 기록한다.

▷ 재무상태표의 현금예금, 매출채권, 재고자산과 매출·순이익의 변동상황점검

대부분 매출이익증감과 현금예금증감이 비슷하나, 특별변동이 다른 연관계정으로 설명되는지 파악한다.

▷ 예금통장, 법인카드, 출금인감, 인증서 등은 다른 곳에 보관

출금 시 통장, 도장, 비밀번호, OTP 등 별도 번호가 동일인에게 집중되지 않도록 한다.

▷ 현금, 예금 담당자와 경리담당자의 불시휴가와 시재액 정밀 실사

가장 민감한 문제이므로 적절한 대응책과 인권 보호 상황 구비

▷ 관리 분야(자산, 예금, 경리, 회계) 인력의 정기적 순환

특정 재산관리, 회계 관리업무를 오랜 기간 한 담당자가 할 수 없도록 보직 교환, 전환배치

▷ 매월 말, 분기 말, 반기 말, 연말 회계처리 내용 상세 분석

일시 거액의 지출, 계정 대체, 수정분개 내용의 이유와 원인, 결과의 파악

▷ 회사명과 휴면은행 계좌의 신속한 폐쇄 : 장부 이외 거래 이용 목적 방지

흔히 대포통장과 같이 관리자가 신경을 안 쓰는 경우 자금유출이나 세탁목적으로 이용될 수 있으니 안 쓰는 통장은 빨리빨리 정리하는 것이 좋다.

▷ 계속 고정거래처의 수입·지출 변동, 증빙 사항 점검(상대방 방문, 접촉 등)

▷ 자금, 경리, 회계담당자의 오류, 부정 관련 보험의 가입

개인사업자 경비처리 체크포인트

회사를 운영하는 사장님 중에 아무거나 영수증만 있으면 무조건 경비인정을 해준다고 생각하는 분들이 많다.

그래서 평소에 마트에서 가정용으로 사용한 비용 및 주말에 골프치고 발생하는 비용, 하물며 자녀 학원비 영수증까지 경비 처리하라고 하는 사장님이 있다.

제발 이제 바로 알고 처리해 애먼 직원 난처한 일 겪지 않게 했으면 좋겠다. 즉 경비인정을 받기 위해서는 사적비용 안 돼요! 업무용 지출이어야 해요!

국세청 내가 사적비용 경비처리 한다고 자기들이 어떻게 알아

이런 생각은 버리세요

나는 소규모 회사인데 괜찮겠지!

이런 생각도 버리세요

괜찮아 그냥 경비 잡으라고 해놓고 나중에 가산세 물거나 세무조사 나오면 애먼 직원만 잡는 그런 사장님 되시지 않기를 바랍니다.

뒤에서 직원들 욕합니다. 경비처리 이 정도는 알아두세요

구 분	비용처리
사업자 관련 대출 경비처리	원금은 안되고 이자비용은 경비처리가 가능하다. 이자비용에 대해 경비처리를 하는 경우 부채증명원과 이자상 환내역증명원을 발급받으면 된다. 다만, 주택 관련 대출에 대 해서는 경비처리가 불가능하다.
자동차 관련 비용의 경비처리	자동차등록증상 자동차 명의가 대표자 본인(부부공동 가능) 명의인 보험료, 자동차세, 주유비 등은 경비처리가 가능하다.
차량유지비	업무용 차량의 유지비용은 경비처리가 가능하다. 단, 차량운 행일지를 작성하고 업무용승용차전용보험에 가입해야 한다. 참고로 출퇴근 차량유지비도 차량운행일지(승용차 작성. 트럭 은 제외)를 작성하면 업무용으로 인정해준다. 그리고 대리운전비용도 업무용 지출인 경우 인정된다.
트럭이나 다마스, 경차비용	매입세액불공제 및 운행일지 작성 의무 차량은 흔히 말하는 승용차를 말하며, 업무용으로 사용하는 트럭이나 다마스, 경 차, 배달 오토바이 비용은 경비 인정된다.
사업용 고정자산 매입비용	업무와 관련한 컴퓨터, 노트북, 프로그램 구입비, 책상 등 가 구 구입비는 비용인정이 된다.
사업장 임차료	사업장 임차료는 비용인정 된다. 본인 집은 인정받기 힘들다.
통신비	본인 핸드폰비, 인터넷, 전화, 팩스비용 모두 가능하다. TV 설치비용은 업종상 꼭 필요하지 않은 업종의 경우 비용 처리가 힘들다.
개인소유 핸드폰 사용료	사업자가 핸드폰을 업무와 관련하여 사용하고 지급하는 핸드 폰 사용료는 경비인정 된다. 그러나 종업원이 업무와 관련 없이 종업원의 개인 휴대폰 사 용료를 회사가 부담하는 경우 근로소득세를 원천징수하고 경 비인정을 받는다. 또한 핸드폰 기기 구입비용도 업무와 관련 된 것은 경비처리가 가능하다.

구 분	비용처리
인건비	세금 신고를 한 인건비만 경비처리가 가능하다. 그리고 급여를 통장으로 지급하지 않고 현금으로 지급할 경우는 꼭 급여대장을 작성해 두어야 한다.
배우자 인건비	배우자 인건비는 근로소득으로 봐 경비처리가 가능하다. 단, 실제로 근로를 제공한 증거자료(출퇴근 기록 및 업무일지, 급여 이체와 4대 보험 및 근로소득세 신고자료 등)를 확보해 두어야 한다. 이 경우 배우자도 4대 보험 납부를 한 경우 비용으로 인정된다.
4대 보험료	4대 보험 중 직원부담 분은 경비처리가 가능하다. 하지만 사장 개인 4대 보험료 중 건강보험료는 경비처리가 가능하나 국민연금은 인출금처리 후 종합소득세 신고 시 경비처리가 아닌 연금소득공제를 받는다.
식대 지출액	종업원의 20만 원 식대 비과세 대신 식사를 제공하는 경우 경비인정이 된다. 구내식당 비용 경비인정 된다. 그러나 사장 본인의 식대는 경비처리가 안 되는 것이 원칙이다. 하지만 1인 회사를 제외한 사장의 식사비를 경비 처리하는 세무 대리인도 있으니 참고한다.
사업장 공과금	수도료, 전기료, 가스료, 관리비 등 사업과 관련된 공과금은 경비처리가 가능하다. 공동사용으로 공동 부과되는 경우 본사 사용부담분만 인정된다.
기업업무추진비	3만 원 초과 계산할 기업업무추진비는 법정지출증빙을 갖춰야 경비 처리된다. 단, 법인은 반드시 법인카드를 사용해야 한다. 반면, 경조사비(청첩장, 부고장)는 20만 원이 경비처리 된다. 매출보다 상대적으로 많은 양의 경조사비를 비용 처리하는 경우가 있는데. 이 경우 소규모 회사라도 소명요구기 을 수 있다.
기부금	법에서 인정한 특례기부금, 일반기부금만 인정된다. 개인의 동창회 기부금, 이익단체 기부금은 인정되지 않는다.

구 분	비용처리
부가가치세, 종합소득세 납부액	부가가치세 및 종합소득세 납부액은 경비인정이 되지 않는다. 다만, 부가가치세가 면제되는 사업자가 부담하는 매입세액, 비업무용승용차 유지에 관한 매입세액은 경비처리가 가능하다.
공동사업자의 출자와 관련된 차입금이자	공동사업자가 출자를 위해 차입한 차입금의 이자는 경비처리가 불가능하다. 하지만 회사 설립 후 회사 운용자금으로 차입한 이자비용은 경비처리가 가능하다.
경품으로 제공한 상품 등	사업자가 판매촉진을 위하여 경품부 판매를 하는 경우 경품으로 제공하는 상품 등은 경비로 인정된다. 그리고 불특정다수인을 대상으로 견본 등 무상으로 제공되는 것도 경비인정이 된다.
시설의 개체나 원상복구 비용	폐업할 때 사업장 원상복구 비용 등에 대한 경비는 비용인정된다.
감가상각 안 하고, 수선비로 즉시비용처리	600만 원 미만의 수선비, 자산 가액 5% 미만 수선비, 3년 미만 주기의 수선비는 자산 계상 후 감가상각하지 않고 지출 즉시 비용처리가 가능하다.
자산등록 없이 즉시 비용처리가 가능한 경우	거래 단위별 취득가액 100만 원 이하의 지출금액 전화기(휴대용 전화기 포함), 개인용 컴퓨터(그 주변기기 포함)는 금액의 제한이 없이 자산등록을 안 하고 즉시 비용처리가 가능하다.
사장 개인 사적비용	사장의 개인적인 골프비용, 동창회 회비, 콘도 이용요금 등은 사적비용으로 경비 처리하면 안 된다.
기타 영수증	회비, 조합비, 기타 수수료 등

사업자 개인 급여는 비용처리가 안 된다. 특히 1인 기업이나 프리랜서의 경우 식사비용은 본인의 식사비용이므로 비용처리가 어렵다.

개인사업자 차량의 비용처리

1 가사용 차량과 사업용 차량의 비용처리

사업 개시 전에 가사용으로 구입한 차량이라도 비용처리는 된다. 세법은 기본적으로 형식이 아닌 실질을 우선하고 있다.

형식적으로 언제 구매했느냐보다는 차량을 사업에 쓰고 있느냐를 중시하는 것이다. 따라서 사업 개시 전에 구입한 차량이라도 사업에 쓰는 것이 분명하다면 사업용자산으로 등록하여 감가상각하고, 관련 유지비용을 경비 처리할 수 있다.

물론 사업 개시 후 구입한 차량에 비해 일정기간동안 가사용으로 사용한 차량이기 때문에 추후 소명자료를 더욱 철저히 준비할 필요는 있으므로 차량운행일지를 철저하게 작성할 필요가 있다.

다만 한가지 유의할 사항이 있다.

차량을 사업 용도로 사용하고 세무상 비용처리를 한 경우엔 추후 해당 차량을 판매할 때 치량 핀메에 따른 부가가시세를 부남해야 한다. 일반 가사용 차량이 아닌 사업용 차량이기 때문에 매매가격의 10%에 해당하는 부가가치세를 납부해야 한다.

그런데도 차량 유지비용의 경비처리 부분을 생각하면 일반적으로 경비처리를 하는 것이 유리하다.

| 차량 | 가사용 | • 비용인정 못 받고 팔 때도 부가가치세를 내지 않는다. |

| 업무용 | • 비용 인정받고 팔 때는 부가가치세를 내야 한다.
• 유상이든 무상이든 부가가치세를 낸다.
• 매입세액공제를 안 받았어도 낸다.
• 단 직원에게 판매 시에도 내는 것이 원칙이나 취득 시 매입세액을 공제받지 않은 경우나 매입세액을 공제받았어도 2년이 지난 경우는 부가가치세를 내지 않는다. |

구분	세무 처리
사업 용도로 사용하고 세무상 비용처리를 한 경우	• 해당 차량을 판매할 때 세금계산서를 발행하고 차량 판매에 따른 부가가치세 납부가 원칙 • 종업원에게 판매하는 경우 간주공급으로 세금계산서는 미발행하나 기타매출로 부가가치세는 납부해야 한다. 단, 취득 시 매입세액을 공제받지 않은 경우나 매입세액을 공제받았어도 2년이 지난 경우는 과세 대상이 아니다.
가사 용도로 사용하고 세무상 비용처리를 안 한 경우	• 해당 차량을 판매할 때 세금계산서를 발행 안 해도 되고, 차량 판매에 따른 부가가치세도 납부 안 한다.

일반 개인사업자가 차량을 구매할 때 연간 1,500만 원 정도 비용처리가 가능하다. 만약 더 비싼 차량을 사게 되면 그 나머지 비용처리를 받을 수 없기에 현금으로 싸게 구입하거나 장기할부로 구매하는 것이 좋다. 또한, 일반 승용차를 구매할 경우는 부가가치세 공제는 불가능하나 경차나 9인 이상 차량, 화물차를 구매하면 부가가치세 공제도 가능하고 유지비도 매입세액공제 및 비용처리가 가능해 더 많은 절세를 할 수 있다. 이런 경우 연간 한도 없이 비용처리가 가능하고 주유비, 수리비 등 차량 관련 비용 또한 부가가치세 및 소득세 비용처리까지 할 수 있어 큰 이득이다.

2 타인 명의 차량 감가상각 및 유류대 경비인정

개인사업자로서 차량이 직원(타인) 명의로 되어있고, 실제로 사업하는 데에 사용하고 있다면 그 차량을 회사자산으로써 감가상각 및 필요경비로 인정할 수 있는가?

차량등록증상 타인 명의로 되어있다 하더라도 사실상 당해 사업자가 취득해 사업에 이용했음이 확인되면 사업용으로써 감가상각하여 필요경비에 산입할 수 있다.

[유권해석] 소득 46011-78, 2000.01.17

[질의]

개인사업자로서 업무용에 사용되는 화물차량을 타인 명의로 취득하였으나, 실지 소유자가 자산으로 계상하고 이에 대해 감가상각할 수 있는지? 여부

[회신]

차량 등록부상 타인의 명의로 되어있어도 사실상 당해 사업자가 취득하여 사업에

사용하였음이 확인되는 경우는 이를 당해 사업자의 사업용자산으로 보고 감가상각할 수 있는 것이나, 귀 질의가 이에 해당하는지는 관련 증빙 등에 의하여 사실 판단할 사항임.

[유권해석] 소득 46011-527, 1993.03.04

1. 공부상의 등기, 등록이 타인의 명의로 되어있다 하더라도 사실상 당해 사업자가 취득하여 당해 사업에 공하였음이 확인되는 경우는 이를 당해 사업자의 사업용 자산으로 보는 것이므로 그 자산의 유지 등에 관련된 비용은 당해 사업자의 소득금액 계산에 있어서 필요경비에 산입할 수 있는 것임.

2. 종업원소유 차량을 종업원이 직접 운전하여 사용주의 업무수행에 이용하고 있는 경우 이에 따른 자동차세, 보험료, 관리유지비 등 사업과 관련하여 실제 소요된 경비를 사업자가 지급하는 경우 당해 사업자의 소득금액 계산에 있어서 이를 필요경비에 산입하는 것임.

3. 종업원의 소유 차량을 종업원이 직접 운전하여 사용주의 업무수행에 이용하고 시내 출장에 든 실제 여비를 지급받는 대신에 그 소요경비를 당해 사업체의 지급 기준에 따라 지급받는 금액 중 월 20만 원 이내의 금액은 실비변상적 성질의 급여로 근로소득세가 과세되지 아니하는 것임

종업원 없는 1인 회사 및 법인 사장님(대표이사) 식비 비용처리

법인이든 개인사업자 든 식비를 지출한 경우 경비처리 여부에서 가장 우선으로 고려할 사항은 업무 관련성이다. 업무 관련성이 없는 경우 아무리 법정지출증빙을 첨부해도 비용으로 인정받을 수 없다.

쉽게 말해 식대를 지출한 것이 업무와 관련이 있다면 경비인정이 되는 것이고, 업무와 무관한 비용은 경비인정이 안 되는 것이다.

그리고 식사하는 상대방은 임직원이 될 수 있고, 거래처가 될 수 있다. 물론 가족 및 친지와 식사를 할 수도 있지만, 이 경우는 업무 관련성이 없으므로 무조건 경비인정이 안 되는 것은 당연하다.

> 회사 임직원과 식사(회식비 포함)하는 경우 : 임직원의 식대이기 때문에 복리후생비
> 거래처 등 사업에 관련된 타인과 식사하는 경우 : 기업업무추진비

기업업무추진비의 경우 개인사업자와 법인 모두 거래처는 있으므로 기업업무추진비 처리에는 아무 문제가 없다.

그러나 복리후생비의 경우 임직원을 위한 식대이기 때문에 임직원의 범위에 속하는 법인 대표이사의 식대는 복리후생비 처리가 가능하다. 반면, 개인사업자의 사장은 임직원이 아니라 사업주(법인의 사업주는 법인 임)이기 때문에 사장님의 식비는 복리후생비로 경비처리가 불가능하다. 즉 개인회사 사장의 식비는 인출금에 속한다.

직원의 식대는 복리후생비로 인정해주고 있지만, 대표자 본인의 식대 혹은 회식비는 사실 굉장히 애매한 측면이 있다.

1인 법인의 식사비용 경비처리

국세청의 질의응답 내용을 봐도 법인 대표자 본인의 식대(회식비 포함)가 복리후생비적 성격이라면 매입세액공제 가능, 개인적인 목적이라면 불가능이라고 답하고 있다.

사실 법인과 대표자인 개인은 별개의 인격체이기 때문에 논리적으로는 법인이 대표자 개인을 위한 복리후생비를 지출한다고 하여 문제될 것은 없으나, 사회 통념상 개인적인 지출로 볼 수 있는 측면이 강하므로 세무서에서 시비를 걸면 어쩔 수 없는 것이 현실이다. 실무적으로는 잘 넣지 않는 세무대리인도 있다.

1인 개인회사 사장의 식사비용 경비처리

복리후생비는 임직원 지출 비용이다. 따라서 1인 개인회사는 임직원이 없으므로 해당 식사(회식비 포함)비용은 원칙은 복리후생비 처리할 수 없다. 또한, 직원이 있어도 사장의 식사비용은 복리후생비로 처리하지 못하는 것이 원칙이다.

그러나 실무적으로 1인 기업은 무조건 복리후생비 처리를 안 하지만, 직원이 있는 경우 직원 식비와 사장 식비의 구분이 모호한 점을 이용해 사장 식비도 직원 식비와 함께 복리후생비 처리하는 세무대리인도 있다.

[회사 지출 식비의 경비처리]

구분		계정과목	경비	부가가치세
개인사업자	대표자 식대	인출금	처리 불가	공제 불가
	직원 식대	복리후생비	처리 가능	공제 가능
	거래처 등 식대	기업업무추진비	처리 가능	공제 불가
법인사업자	대표자 식대	복리후생비	처리 가능	공제 가능
	직원 식대	복리후생비	처리 가능	공제 가능
	거래처 등 식대	기업업무추진비	처리 가능	공제 불가

[법인 대표와 개인회사 사장님의 식비 경비처리]

구 분				경비인정	매입세액공제
법인대표	업무관련	식비	이론상	원칙 : 경비인정 가능	공제
			실무상	예외 : 사회 통념상 개인적인 지출로 볼 수 있는 측면이 강하므로 세무서에서 시비를 걸면 어쩔 수 없는 것이 현실이다. 실무적으로는 잘 넣지 않는 세무 대리인도 있다.	공제 또는 불공제
		거래처		기업업무추진비 처리 후 한도 내에서 경비인정	불공제
	업무 관련 없음			경비인정 안 함	불공제
개인회사 사장	업무관련	식비	이론상	원칙 : 경비인정 안 함	불공제
			실무상	원칙 : 경비인정 안 함 예외 : 직원이 있는 경우 사장 식비도 복리후생비 처리하는 세무 대리인도 있다.	공제 또는 불공제
		거래처		기업업무추진비 처리 후 한도 내에서 경비인정	불공제
	업무 관련 없음			경비인정 안 함	불공제

㈜ 직원을 고용하고 있는 사업장이라고 해도 매월 해야 하는 인건비 신고와 직원 입·퇴사 시 해야 하는 4대 보험 신고, 4대 보험료 납부를 제대로 하지 않으면 해당 인건비에 대한 비용처리는 물론이고, 직원들을 위해 지출된 식비와 복리후생비에 대해 비용처리 및 매입세액공제가 불가능할 수 있으니, 꼭 세무신고와 4대 보험 신고를 정확히 해주어야 한다.

4대 보험 가입자가 없는 사업장 일용근로자 식사비용 경비처리

고용관계에 있는 일용직 관련 식대 등을 지출하고 신용카드매출전표 등을 수취한 경우라면 복리후생 목적의 비용으로 사업 관련성이 있어 매입세액공제 대상에 해당하는 것이다. 일용근로자에게 제공한 식사 및 기타 음식물을 직접 제공하든지 또는 동 음식물 구입비용에 상당하는 금액을 현금으로 제공한 경우는 사업소득 금액을 계산할 때 경비 처리할 수 있는 것이며, 회식비의 경우 일정 금액을 정하여 고용관계에 있는 일용근로자에게 회식비 등으로 사용하기 위해 지출하는 경우 그 금액이 사회 통념상 적정하다고 인정되는 경우는 경비처리가 가능하다.

가족을 직원으로 채용하는 경우 업무처리

1 세금 업무처리

배우자가 가족이 사장인 회사에서 근무하고 급여를 지급하는 경우 해당 배우자 또는 가족도 일반근로자와 동일하게 급여에 대한 원천징수 후 신고 및 납부를 하면 된다. 또한, 해당 급여는 나중에 종합소득세 신고 및 납부 시 필요경비로 인정되어서 세금을 줄여주는 역할을 한다. 다만, 주의해야 할 사항은 배우자나 가족이라고 해서 동일한 직급이나 업무를 하는 다른 직원과 차별적으로 급여를 주어서는 안 된다. 즉, 동일한 업무가 가족이 아닌 제3자에게 주어졌을 경우 사회 통념상 인정되는 금액을 급여로 줘야 한다는 것이다.

2 4대 보험치리

동일세대원 가족을 직원으로 채용할 경우는 최저임금 적용대상에서 제외가 되며, 고용보험이나 산재보험도 가입하지 않아도 된다. 즉, 건강보험과 국민연금만 가입하면 된다. 다만, 공단에서는 가족을 직원으로 채용하고 종업원 인건비 신고가 제대로 되지 않을 경우는 그 가족 직원을 비 채용한 것으로 간주하여 직장인 가입에서 지역가입자로 전환 시켜 정산해서 고지를 하게 된다. 따라서 가족 직원을 고용하더라도 모든 세무 업무를 정확하게 이행하고, 급여를 지급할 경우 현금이 아닌 계좌이체로 지급해야 한다.

구분	동거 여부	고용·산재보험
배우자	무관	비적용
배우자 외 (형제·자매, 자녀 등)	동거	비적용
	비동거	적용

3 증빙 업무처리

배우자나 가족 직원도 일반적인 근로자처럼 기록을 보관해야 한다. 따라서 인건비 지출 증빙은 근로소득원천징수부와 연말정산 한 근로소득원천징수영수증, 4대 보험 납입영수증, 실지 급여를 지급받은 통장 등을 보관 및 관리해야 한다. 이를 통해 실질적인 근무 사실과 급여수령 사실이 확인되어야 한다.

실무상으로도 근무일지 정도는 작성하는 것이 추후에 문제 발생 가능성을 차단할 수 있다.

자영업자(개인사업자) 본인의 4대 보험료 종합소득세 경비처리

구분	4대 보험 가입		소득세 처리		계정과목	
	사장 본인	사용자 부담분	사장 본인	사용자 부담분	사장 본인	사용자 부담분
국민연금	• 필수 • 직원이 있으면 직장 • 직원이 없으면 지역 가입 • 가입시 급여는 최고 급여	필수	필요경비 불산입(연금소득공제)	필요경비 산입	인출금	세금과공과(복리후생비)
건강보험			필요경비산입	필요경비 산입	세금과공과 또는 보험료	복리후생비
고용보험 산재보험	• 임의 선택		필요경비 불산입, 소득공제도 못 받음	필요경비 산입	인출금	보험료(복리후생비)

사업주에 대해서는 국민건강보험법 및 노인장기요양보험법에 의한 직장가입자로서 부담하는 사업주 본인의 보험료와 국민건강보험법

및 노인장기요양보험법에 따른 지역가입자로서 부담하는 보험료는 필요경비로 인정되며, 국민연금보험료의 경우 필요경비가 아닌 소득 공제사항인 연금보험료 공제가 가능하다.

소득세법 시행령 제55조 【사업소득의 필요경비의 계산】
① 사업소득의 각 과세기간의 총수입금액에 대응하는 필요경비는 법 및 이 영에서 달리 정하는 것 외에는 다음 각호에 규정한 것으로 한다.
10의 2. 「근로자퇴직급여 보장법」에 따라 사용자가 부담하는 부담금
11. 「국민건강보험법」, 「고용보험법」 및 「노인장기요양보험법」에 의하여 사용자로서 부담하는 보험료 또는 부담금
11의 2. 「국민건강보험법」 및 「노인장기요양보험법」에 의한 직장가입자로서 부담하는 사용자 본인의 보험료
11의 3. 「국민건강보험법」 및 「노인장기요양보험법」에 따른 지역가입자로서 부담하는 보험료

제9장

법인세와
손쉬운 경비처리

법인소득에 대한 세금인 법인세에 대해 세무조정을 해보고, 각종 경비 발생 시 문제없는 비용처리 방법을 익힌다.

세법상 한도가 정해진 비용지출에 대해서 알아보고 세무조사 시 문제가 될 수 있는 지출에 대해서 사전에 알아보고 준비하는 장이다.

법인세를 신고 · 납부 하는 방법

소득에 대하여 내는 세금은 개인회사가 내는 소득세와 법인이 내는 법인세로 크게 나누어진다. 즉, 법인세는 법인이 사업을 하면서 발생하는 소득에 대해서 납부하는 세금이다.

여기서 소득이란 한 과세기간(보통 1년) 동안 과세대상 수익총액에서 이에 대응하는 비용총액을 차감한 금액이다.

법인의 소득 = 과세대상 수익총액 − 비용총액

우리나라의 현행 법인세법은 순자산증가설에 입각하여 과세되게 되는데, 순자산증가설이란 경상적·반복적인 소득뿐만 아니라 비경상적·비반복적인 소득 모두를 과세대상소득으로 한다는 것이다.

국내에 본점이나 주사무소 또는 사업의 실질적 관리장소를 둔 법인(내국법인)은 국내외에서 발생하는 모든 소득에 대해서 법인세 납세의무가 있다. 반면, 외국에 본점 또는 주사무소를 둔 법인(외국법인)은 국내에서 발생하는 소득 중 국내 원천소득에만 법인세 납세의무가 있다.

법인세 과세대상소득

각 사업연도 소득

각 사업연도 소득은 법인이 영업활동을 통하여 얻은 이윤으로서 과세기간의 익금 총액에서 이에 대응하는 손금 총액을 차감한 금액을 말한다.

부동산 양도차익

법령에서 정하는 소재하는 주택(부수토지 포함)·비사업용 토지를 양도하는 경우 토지 등 양도소득에 대한 법인세를 납부해야 한다.

미환류 소득에 대한 법인세

각 사업연도 종료일 현재 자기자본이 500억(중소기업 제외)을 초과하는 법인 등이 해당 사업연도의 소득 중 투자, 임금 또는 상생협력 출연금 등으로 환류하지 않은 소득이 있는 경우에는 그 미환류소득의 20%를 납부해야 한다.

청산소득

청산소득은 내국법인의 해산 또는 합병 시 자산과 부채를 시가로 평가함으로써 발생하는 순자산가액의 증가액이다. 즉, 산여재산가액이 법인의 자기자본 총액을 초과하게 되면 발생하는 소득을 말한다.

법인의 종류		각 사업연도 소득에 대한 법인세	토지등 양도소득에 대한 법인세	미환류 소득에 대한 법인세	청산 소득
내국 법인	영리 법인	국내·외 모든 소득	○	○	○
	비영리 법인	국내·외 수익사업에서 발생하는 소득	○	×	×
외국 법인	영리 법인	국내원천소득	○	×	×
	비영리 법인	국내원천소득 중 열거된 수익사업에서 발생한 소득	○	×	×

🔧 내국법인과 외국법인

내국법인과 외국법인의 구분은 본점 혹은 주사무소의 위치가 어디냐에 따라 구분된다. 즉, 국내에 본점 또는 주사무소를 둔 법인을 내국법인이라고 하고, 외국에 본점 또는 주사무소 둔 법인을 외국법인이라고 한다.

내국법인의 경우 소득의 발생원천지가 국내인가 국외인가를 구분하지 않고 모든 법인소득에 대하여 법인세의 납세의무를 부담하는 반면, 외국법인의 경우 일정한 국내원천소득에 대해서만 법인세 납세의무가 있다.

🐝 영리법인과 비영리법인

상법에 따라 영리를 목적으로 설립된 주식회사, 합명회사, 합자회사, 유한회사와 특별법에 의하여 영리를 목적으로 설립된 법인을 말한다. 반면, 비영리법인이란 다음의 법인과 법인(법인세법에 의한 내국·외국법인)이 아닌 사단, 재단, 그 밖의 단체로서 국세기본법에 의해서 법인으로 보는 단체를 말한다(❶~❸).

❶ 민법 제32조의 규정에 의하여 설립된 법인
❷ 사립학교법 기타 특별법에 의하여 설립된 법인으로서 민법 제32조에 규정된 목적과 유사한 목적을 가진 법인
❸ 국세기본법 제13조의 법인으로 보는 단체
가. 당연히 법인으로 보는 단체
다음에 해당하는 경우로서 수익을 구성원에게 분배하지 않는 것은 법인으로 보아 세법을 적용한다.

> ① 주무관청의 허가 또는 인가를 받아 설립되거나 법령에 의하여 주무관청에 등록한 사단·재단 또는 기타 단체로서 등기되지 아니한 것
> ② 공익을 목적으로 출연된 기본재산이 있는 재단으로서 등기되지 아니한 것

나. 세무서장의 승인에 의해 법인으로 보는 단체
다음의 요건을 갖춘 것으로서 관할 세무서장에게 신청하여 승인을 얻은 단체는 이를 법인으로 보아 세법을 적용한다.

① 사단, 재단, 그 밖의 단체 조직과 운영에 관한 규정을 가지고 대표자 또는 관리인을 선임하고 있을 것
② 사단, 재단, 그 밖의 단체 자신의 계산과 명의로 수익과 재산을 독립적으로 소유·관리할 것
③ 사단·재단 그 밖의 단체의 수익을 구성원에게 분배하지 아니할 것

3 법인의 사업연도와 과세기간

🎙️ 신설법인의 사업연도

신설법인의 최초 사업연도의 개시일은 설립등기일로 한다. 다만, 법인의 설립일 전에 발생한 손익은 조세 포탈의 우려가 없는 경우 최초 사업연도의 기간이 1년을 초과하지 않는 범위 내에서 최초 사업연도에 합산할 수 있으며, 이 경우 최초 사업연도의 개시일은 당해 법인이 귀속시킨 손익이 최초로 발생한 날로 한다.

🎙️ 사업연도의 신고

법령·정관·규칙 등에 사업연도의 규정이 없는 법인은 별도로 사업연도를 정해서 법인설립신고 또는 사업자등록과 함께 관할 세무서장에게 신고해야 한다.

그러나 신고를 해야 할 법인이 사업연도를 신고하지 않은 경우는 설립등기일로부터 12월 31일까지로 하고, 그 이후의 사업연도는 매년 1월 1일부터 12월 31일까지로 한다.

4 법인세는 스스로 계산해 신고·납부 한다.

법인세의 신고는 신고·납부제도를 채택하고 있다. 신고·납부제도는 납세의무자인 법인이 스스로 법인세 과세표준과 세액을 계산하고, 이를 관할 세무서에 신고·납부하는 것을 말한다.

법인세 납부의무자인 내국법인은 사업연도 종료일로부터 3월 이내에 법인세 과세표준과 세액을 신고·납부한다.

납세의무가 있는 내국법인은 당해 연도의 사업연도 소득금액이 없거나 결손금이 발생한 때도 법인세의 신고·납부의무는 있다.

법인세는 사업연도 단위로 소득금액을 계산 한다.

법인세는 기업회계에서 회계연도 단위로 당기순이익을 계산하는 바와 같이 사업연도 단위로 법인세를 계산한다. 법인세의 계산은 기업회계 상의 당기순이익을 기초로 하고 있으므로 일반적으로 기업은 회계연도를 사업연도로 하고 있다.

법인세 서식 흐름도 및 계산 방법

각 사업연도 소득은 각 사업연도의 소득을 과세대상으로 한다. 여기서 각 사업연도 소득이란 익금 총액에서 손금 총액을 차감하여 계산한다. 법인세의 익금과 손금은 순자산증가설로 규정되어 있으나 그 내용은 기업회계의 수익비용과 대부분 일치하고, 약간의 차이가 있을 뿐이다. 따라서 기업의 재무제표싱의 당기순이익을 기초로 하여 회사결산 내용과 법인세법과의 차이만을 세무조정 함으로써 간편하게 각 사업연도 소득금액을 구할 수 있다.

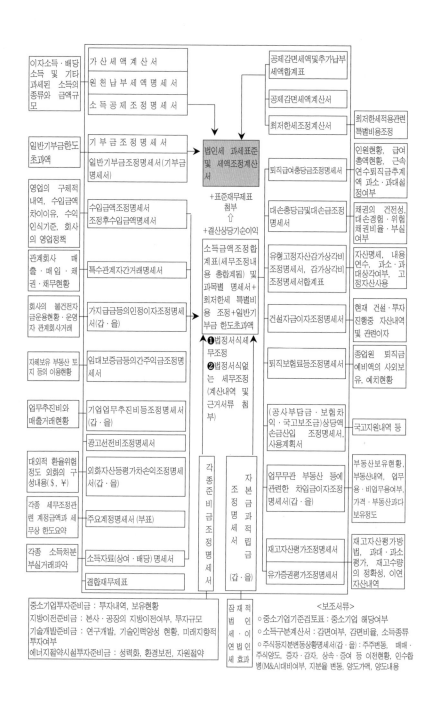

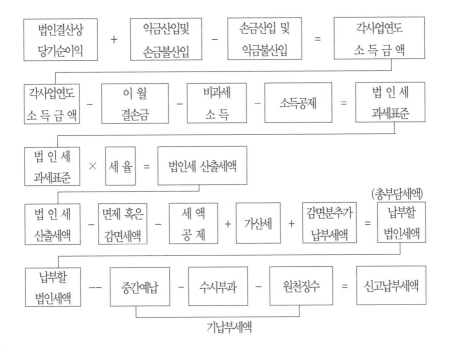

🌱 법인세는 세무조정을 알아야 한다.

기업의 장부는 기업회계에 따라 작성되며, 실무적으로는 현금의 입·
출입에 따라 장부를 작성한다. 따라서 현금주의에 따라 작성된 장부
를 발생주의에 따라 바꾸어주는 절차가 기업의 결산이라면, 기업회
계를 세법상에 규정에 맞게 세무회계로 바꾸어주는 작업이 법인세
세무조정이다.

따라서 법인세 신고를 위해서는 기업회계를 세무회계로 바꾸어주는
세무조정이 있어야 한다.

1. 결산조정

결산조정이란 법인의 결산 시 특정한 비용에 대해서 장부에 반영해야만 손금으로 인정하는 것을 말한다. 이는 결산에 반영되는 항목으로 이미 기업이익에 반영되어 있어 기업이익을 조정할 필요가 없으므로 엄격한 의미의 세무조정은 아니다. 현행 세법상 결산조정 사항은 다음과 같다.

❶ 감가상각비(IFRS 손금산입 특례 제외)

❷ 퇴직급여충당금

❸ 대손충당금, 구상채권상각충당금

❹ 고유목적사업준비금

❺ 자산의 평가차손(재고자산, 고정자산, 유가증권)

❻ 조특법상 준비금

❼ 대손금

가. 채무자의 파산, 강제집행, 형의 집행, 사업의 폐지, 사망, 실종 또는 행방불명으로 회수할 수 없는 채권

나. 부도 발생일로부터 6개월 이상 지난 수표 또는 어음상의 채권 및 외상매출금

다. 회수기일이 6개월 이상 지난 30만 원 이하 소액채권

2. 신고조정

신고조정이란 기업의 장부 또는 결산서에 반영하지 않고 법인세 신고 시 조정하여 신고하면 이를 인정해주는 것을 말한다.

세법상 결산조정 사항 이외에는 모두 신고조정이 인정된다. 사실상 세무조정 사항은 전부 신고조정사항이라고 볼 수 있다.

신고조정사항에는 세무조정계산서에 손금 또는 익금으로 조정하면 세법상 손금으로 인정하는 단순 신고조정과 잉여금처분에 의해 조세특례제한법상 준비금을 전입하고 세무조정계산서에 손금으로 산입한 경우만 손금으로 인정하는 잉여금처분에 의한 신고조정사항이 있다.

구 분	신고조정사항
강제 신고조정 사항	회사 계상액과 세법상 금액에 차이가 있는 경우 반드시 세무조정 해야 하는 사항으로 임의 신고조정사항을 제외한 모든 신고조정사항이 여기에 해당한다.

임의 신고조정 사항	대 상	설정대상 법인
	유형자산·비 한정 내용연수 무형자산 감가상각비	K-IFRS 도입기업
	서비스업의 설비투자자산 감가상각비	서비스업 영위 내국법인
	일시상각충당금 (또는 압축기장충당금)	모든 법인
	조세특례제한법상 준비금	특정 법인
	고유목적사업준비금	외감대상 비영리법인
	비상위험준비금	K-IFRS 적용 보험업법인

납부할 세액이 없어도 세무조정은 철저히

납부할 세액이 없어도 이월결손금이 얼마인가에 따라 향후 이익이 발생하였을 때의 세액에 큰 영향을 줄 수 있으므로 세무조정을 철저히 해야 한다.

즉, 세무조정을 잘못하여 이월결손금이 실제보다 과소하게 표시되는 경우는 향후 납부할 세액이 늘어나며, 그 반대의 경우 세무조사를 받게 되면 가산세를 내야 한다는 뜻이다. 한편 일정기간 내에 이익의 발생이 어렵다고 예상되는 경우 또는 이월결손금이 지나치게 많아서 이월결손금 일부를 공제받지 못하고 소멸될 것으로 예상되는 경우는 감가상각을 지연하는 방법 등을 동원하면 향후 이익이 날 때를 대비하여 저축하는 효과가 나타나게 된다. 그러나 이 경우 외부감사를 받는 기업은 한정의견을 받게 된다.

5 법인세 산출세액

법인세 산출세액은 과세표준에 법인세율을 적용해서 계산한 금액을 말한다.

📌 일반적인 경우

$$산출세액 = 과세표준 \times 세율$$

📌 사업연도가 1년 미만인 경우

$$법인세\ 산출세액 = \left(과세표준 \times \frac{12}{사업연도의\ 월수} \times 세율 \right) \times \frac{사업연도의\ 월수}{12}$$

🟦 월수의 계산에 있어 1월 미만은 이를 1월로 한다.

6 법인세 납부세액

법인세 납부세액은 산출세액의 합계액에서 세액공제와 세액감면을 차감하고, 가산세와 추가 납부세액을 가산하여 계산한다.

산출세액이 없는 경우에도 세액공제신청서를 제출하라

산출세액이 없는 경우 세무조정을 대충 마무리하는 경우가 많은데, 그 경우에도 세액공제 대상 여부를 확인하고, 해당할 때는 세액공제신청서를 반드시 제출해야 한다. 그래야만 추후 산출세액이 발생할 때 이월공제를 받을 수 있기 때문이다.

7 법인세 신고기한

법인은 법인세 과세표준 및 세액신고서를 작성하여 각 사업연도의 종료일이 속하는 달의 말일부터 3월 이내에 관할 세무서에 신고하고 세금을 납부해야 한다. 신고기한의 말일이 공휴일인 경우 그다음 날 까지 신고·납부 하면 된다.

연결납세제도를 적용받는 법인은 4월 30일(12월 말 법인의 경우)까 지 법인세를 신고·납부 하면 된다.

구 분	법정신고기한	제출대상 서류
12월 결산법인	03월 31일	1. 법인세 과세표준 및 세액신고서
03월 결산법인	06월 30일	2. 재무상태표 3. 포괄손익계산서
06월 결산법인	09월 30일	4. 이익잉여금처분계산서(결손금처리계산서) 5. 세무조정계산서
09월 결산법인	12월 31일	6. 세무조정계산서 부속서류 및 현금흐름표

법인세 신고 시 꼭 제출해야 할 서류

법인세 신고는 법인세 과세표준 및 세액신고서에 다음 서류를 첨부해야 한다.

❶ 기업회계기준을 준용하여 작성한 개별 내국법인의 재무상태표, 포괄손익계산서

❷ 기업회계기준을 준용하여 작성한 이익잉여금처분(결손금처리) 계산서

❸ 세무조정계산서

❹ 기타 부속서류 및 현금흐름표, 표시통화재무제표·원화 재무제표

❺ 피합병법인 등의 재무상태표, 합병·분할로 승계한 자산·부채 명세서 등

❶~❸의 서류를 첨부하지 않은 경우는 신고하지 않은 것으로 본다.

❶, ❷ 및 ❹의 현금흐름표는 국세정보통신망을 이용하여 표준대차대조표, 표준손익계산서 및 손익계산서 부속명세서를 제출하는 것으로 갈음할 수 있다.

9 공제·감면의 신청

법인세법·조세특례제한법 등에서는 조세의 감면에 관한 방법과 범위 등을 규정하고 있는데, 감면의 종류에 따라서는 신청서 또는 명세서를 소정기한 내에 반드시 제출해야만 조세감면을 인정하고 있는 경우가 있으므로 특별히 유의해야 한다.

10 전자신고방법

신고대상법인 및 전자신고자

구 분	내 용
신고대상법인	전자신고를 하고자 하는 모든 법인
전자신고자	전자신고를 하고자 하는 모든 법인 또는 외부조정 세무대리인 및 단순 신고 대리를 하는 세무대리인

신고방법 및 신고기한

법인세 법정 신고기한까지 국세청 홈택스(www.hometax.go.kr)에 접속한 후, 신고서를 변환·전송하면 된다.

11 법인세의 납부 방법

법인세 과세표준 및 세액신고서에 기재된 납부할 세액을 과세표준신고기한 내에 납부서를 작성하여 가까운 은행(국고수납대리점) 또는 우체국에 납부한다. 이때 지방세인 법인세 분 지방소득세도 별도의 납부서를 작성하여 반드시 납부해야 한다.

법인 사업연도 소득금액의 계산
(익금산입 손금불산입, 손금산입 익금불산입)

법인의 각 사업연도 소득금액은 그 사업연도에 속하거나 속하게 될 익금의 총액에서 손금의 총액을 공제한 금액으로 한다. 여기서 "익금"이란 자본 또는 출자의 납입 및 법인세법에서 규정하는 것을 제외하고 그 법인의 순자산을 증가시키는 거래로 인하여 발생하는 수익의 금액을 말한다.

그리고 "손금"이란 자본 또는 지분의 환급, 잉여금의 처분 및 법인세법에서 규정하는 것을 제외하고 그 법인의 순자산을 감소시키는 거래로 인하여 발생하는 손비의 금액을 말한다. 또한, 내국법인의 각 사업연도에 속하거나 속하게 될 손금 총액이 익금 총액을 초과하는 경우 그 초과하는 금액은 각 사업연도의 결손금이 된다.

1 익금산입 및 익금불산입

익금산입	익금불산입
① 사업수익금액 : 사업에서 생기는 수입금액으로 도급금액, 판매금액, 보험료	① 주식발행초과금 ② 감자차익

익금산입	익금불산입
액 등은 포함하되, 기업회계기준에 의한 매출에누리금액 및 매출할인 금액은 제외한다. ② 자산(자기주식)의 양도금액 ③ 자산의 임대료 ④ 자산수증이익 ⑤ 채무면제이익 ⑥ 손금에 산입했다가 다시 환입한 금액 ⑦ 간주임대료 당해 사업연도의 보증금 등의 적수 – 임대용부동산의 건설비상당액의 적수 × 1/365 × 정기예금이자율 – 당해 사업연도의 임대사업부분에서 발생한 수입이자와 할인료, 배당금, 신주인수권처분이익 및 유가증권처분익의 합계액 ⑧ 의제배당 ⑨ 특수관계인인 개인으로부터 저가로 매입한 유가증권의 시가와 차익 ⑩ 기타수익으로 법인에 귀속되었거나 귀속될 금액	③ 합병차익/분할차익 ④ 자산수익익 또는 채무면제익 중에서 이월결손금 보전에 쓰인 금액 ⑤ 이월익금 ⑥ 법인세환급액 ⑦ 지주회사의 수익배당금액/일반법인의 수익배당금액 ⑧ 부가가치세 매출세액 ⑨ 자산의 일반적인 평가차익 ⑩ 국세, 지방세 과오납금의 환급액에 대한 이자

2 손금산입 및 손금불산입

손금산입	손금불산입
① 재고자산의 매입가액과 판매부대비용	

손금산입	손금불산입
② 양도한 자산의 장부가액	
③ 여비와 교육훈련비	임직원 아닌 지배주주 및 그 특수관계자의 여비와 교육훈련비
④ 영업자가 조직한 단체에 대한 조합비와 협회비	
⑤ 법 소정 자산의 평가차손	법 소정 자산 이외의 자산의 평가차손
⑥ 광고선전비	
⑦ 인건비	❶ 비상근임원보수 중 부당행위계산 부인해당액 ❷ 노무출자사원의 보수 ❸ 지배주주 및 특수관계자에 대한 과다지급 인건비 ❹ 임원상여금 한도초과액 ❺ 임원퇴직금 한도초과액
⑧ 제세공과금	❶ 조세 중 법인세비용 · 매입 부가가치세 · 개별소비세 · 교통 · 에너지 · 환경세 · 주세, 증자 관련 등록면허세 ❷ 공과금 중 임의적 부담금과 제재목적 부과금 ❸ 벌과금, 가산세와 징수불이행 세액, 가산금과 체납처분비
⑨ 기업업무추진비	❶ 건당 일정금액 3만원(경조사비는 20만원) 초과분 중 법정증빙 미수취분 ❷ 기업업무추진비 한도초과액
⑩ 기부금	❶ 특례기부금 한도초과액 ❷ 일반기부금 한도초과액 ❸ 비지정기부금
⑪ 수선비	

손금산입	손금불산입
⑫ 감가상각비	감가상각비 한도초과액
⑬ 지급이자	❶ 채권불분명 사채이자 ❷ 비실명 채권ㆍ증권이자 ❸ 건설자금이자 ❹ 업무무관자산 등 관련이자
⑭ 특수관계자로부터 양수한 자산의 장부가액이 시가(실제 취득가액이 시가에 미달하는 경우는 실제 취득가액)에 미달하는 경우 그 미달금액에 대한 감가상각비 상당액	
⑮ 비용으로 처리한 장식ㆍ환경미화 등을 위한 소액미술품	
⑯ 기타의 손비 : 광산업의 탐광비, 무료진료의 가액, 업무와 관련 있는 해외 시찰비ㆍ훈련비, 맞춤형 교육을 위한 지출, 업무와 관련해서 지출한 손해배상금, 기증한 잉여식품의 장부가액, 우리사주조합에 출연하는 자산주의 장부가액 또는 금품, 보험업을 영위하는 법인이 기업회계기준에 의해서 계상한 구상손실	❶ 자본거래 등 : 잉여금의 처분을 손비로 계상한 금액, 배당건설이자, 주식할인발행차금(신주발행비 포함) ❷ 업무무관비용 : 업무무관자산의 유지비와 관리비, 업무무관자산의 취득을 위한 차입비용, 출자 임원에게 제공한 사택의 유지비, 타인이 주로 사용하는 자산에 대한 비용

법인의 업무처리 상 유의사항

1 법인이 사용·소비하는 것은 모두 법인명의

임대차 계약, 부동산, 회원권, 예·적금, 보험 카드, 각종 요금 및 등기등록을 해야 하는 것 등 법인이 사용, 소비하는 것은 모두 대표나 임직원 명의가 아닌 법인 명의로 한다.

2 법인과 임직원의 구분을 명확히

법인은 엄연한 인격체이므로 모든 것을 명확히 해야 한다.

법인에 입금될 금전을 대표 등 개인통장에 입금해서는 안 되며 반대로 개인이 거래한 금전을 법인통장에 입금시키는 것도 좋지 않다.

또한 임직원이 임의로 법인의 돈을 인출하는 것은 가지급금으로 기표하지 않으면 상여나, 배당 등으로 처분되는 불이익을 받을 수 있고, 가지급처리 되어도 인정이자를 계산하게 된다던가 지급이자를 부인하게 되는 경우가 있으므로 특히 주의해야 한다.

3 매출누락이나 가공원가가 없도록

법인의 경우 매출누락이나 가공원가가 밝혀지고 그 자금이 임직원 등에게 처분되었다면 법인세, 부가가치세, 근로소득세, 종합소득세, 배당소득세 등으로 당초 누락 금액보다도 더 많은 세금을 내게 되는 경우도 있다. 따라서 이러한 일이 발생하지 않도록 주의해야 한다.

또한 실거래 없이 세금계산서만 주고받는 경우는 세금뿐만 아니라 조세범처벌법에 의거 형사처벌도 받을 수 있으니 이러한 일이 없도록 해야 한다.

4 부동산 및 주식의 취득, 양도

주식을 양도하면 과점주주로 인한 지방세 중과 등 예기치 않은 곳에서 골치 아픈 문제가 발생하며, 부동산을 취득하게 되면 비업무용인 관계로 낭패를 보는 때도 있다.

따라서 통상의 거래를 벗어나는 경우는 전문가의 조력을 항상 사전에 받는 것이 바람직하다.

5 기간이나 기한에 유의

기간이나 기한을 어기는 사소한 일로 많은 세금을 내는 경우가 있다. 각종 신고나 감면 등의 신청은 꼭 적기에 해야 하며 감사나 임원 등의 변경도 기한을 넘겨 불이익을 받는 경우가 없도록 해야 한다.

6 각종 규정 비치

기밀비 지급, 임원상여금 및 퇴직금 지급, 가지급금 지급 등 각종 세법에서 요구하는 지급 규정 및 약정서를 정관 규정인지, 이사회 결의사항인지, 주총결의 사항인지를 확인 후 작성 보관해야 한다.

7 세금계산서 수취 및 반드시 법인카드 사용

거래 건당 3만원 초과인 비용의 경우는 반드시 세금계산서, 계산서 또는 신용카드로 결재를 하고, 기업업무추진비는 무조건 세금계산서 를 받거나 법인카드를 사용해야 한다.

일반비용은 3만 원 초과 지출하면서 법정지출증빙을 받지 않고, 다른 증빙으로 확인되는 경우 증빙불비가산세를 부담하는 대신 비용으로 인정받을 수 있다. 반면 기업업무추진비의 경우에는 법정지출증 빙 대신 다른 증빙으로 지출사실이 확인되어도 비용 자체를 인정받지 못한다. 대신 증빙불비가산세는 부담하지 않는다.

경비로 인정받는 것을 알아야! 세금을 적게 낸다.

매출액에서 뺄 수 있는 경비는 사업과 관련하여 지출한 경비로, 이를 필요경비(법인 손금)라 한다. 그러나 모든 필요경비가 총수입금액에서 차감되는 것은 아니고, 기업업무추진비와 기부금은 세법에서 정한 한도 내에서 지출한 금액만 인정이 되고 한도를 초과한 금액은 경비로 인정되지 않는다. 또한, 3만 원 초과의 거래에 대해서는 반드시 세금계산서, 계산서, 현금영수증을 받거나 신용카드로 결제해야 가산세(거래금액의 2%)를 부담하지 않는다. 따라서 3만 원 초과 거래에 대해 우리가 흔히 접할 수 있는 간이영수증을 받은 경우는 2% 가산세를 내야 한다. 그리고 거액의 돈은 현금으로 지급하지 않고 온라인으로 송금하는 것이 세무상 바람직하다. 이유는 추후 세무조사가 진행되는 경우 큰 금액의 거래는 반드시 지급한 증빙을 요구하는데, 온라인 송금영수증과 계약서, 입금표, 거래명세표를 보인다면 문제없이 해결될 것이기 때문이다

그러면 필요경비로 인정받을 수 있는 유형에 대해서 살펴보자.

1 재료비

제조업이나 건설업 등에서 발생한다. 즉 재료를 기초로 하거나 이를 가공하여 완제품 또는 건물을 완성하는 경우 재료를 구입하는데, 지출한 비용은 필요경비로 인정된다. 이는 반드시 세금계산서를 받아

야 후일 문제가 발생하지 않는다. 대금은 반드시 온라인으로 치르는 것이 좋다. 이유는 재료비의 경우 대부분 금액이 크기 때문이다. 큰 금액을 현금으로 지급했다고 하면 믿을 사람이 별로 없다. 그렇게 되면 세무조사로부터 인정받을 수 없는 가공세금계산서가 될 수 있기 때문이다. 또한 갑과 을이 같은 사장이라고 납품은 갑에게 하고 대금은 을에게 받거나 세금계산서 발행 명의와 대금 지급 회사명이 다르면 안 된다.

2 급여

급여란 근로계약을 체결하고 근로를 제공받은 대가로 지급하는 것을 말한다. 급여는 각종 수당 및 상여금을 포함하며 업무와 관련하여 지출한 것이므로 당연히 필요경비로 인정된다. 급여 지급시 원천징수를 하고 원천징수이행상황신고서를 세무서에 제출하며, 다시 추후 연말정산을 하여 세무서에 각 개인의 지급명세서를 제출해야 경비로 인정받는다.

원천징수란 급여 또는 사업소득을 지급하는 경우 지급하는 금액에 대해서 세법에서 정한 금액, 즉 급여의 경우는 간이세액표에 의한 금액, 사업소득의 경우는 지급금액의 3.3%를 제하고 지급하고 지급한 날의 다음 달 10일까지 뗀 금액을 세무서에 소득자를 대신해 신고하는 것을 말한다(예납적 원천징수).

🏮 일용근로자의 원천징수

일용직(아르바이트)에 대해서는 연말정산을 하지 않고 원천징수 신고만 하면 된다(완납적 원천징수). 일용직이란 근로를 제공한 날 또는 시간에 따라 근로 대가를 계산하거나 근로성과에 따라 급여를 계산하여 받는 자로서 근로계약에 따라 동일한 고용주에게 3개월 이상(건설 공사의 경우는 1년) 계속하여 고용되어 있지 않은 자를 말한다. 따라서 3개월 이상 계속하여 근무할 경우 일용직이 아닌 상용직으로 바뀐다는 점에 주의해야 한다.

이 경우 일용직에 대한 세액계산은 다음과 같이 한다.

> **(일급여액 − 150,000원) × 6% × 45% × 근무일수 = 원천징수 세액**
>
> 간편 계산 : (일 급여액 − 150,000원) × 2.7%(일)
>
> 일용근로자의 경우 과세최저한이라고 해서 건당 1,000원 미만은 원천징수 하지 않는다.
>
> 따라서 매일 187,000원을 일당으로 지급하고 매일 원천징수 하는 경우는 납부할 세금이 0원이다.
>
> 그러나 0원이라도 신고는 해야 비용으로 인정받을 수 있다.

일반적으로 일용직에 지급하는 금액에 대해서는 원천징수 할 세액이 발생하지 않는다. 이유는 매일 15만 원씩을 차감해주기 때문이다. 그러나 일용직을 고용하는 경우 주의해야 할 사항이 두 가지 있다. 하나는 일용직의 신분증을 복사해 놓거나 주민등록등본을 반드시 받아놓아야 후일 문제가 발생하지 않는다는 것이다. 더 바람직한 것은 출근부를 만들어서 출근한 날에 날인받는다면 더욱더 좋을 것이다.

🎙️ 개인회사 사장과 법인 대표이사의 급여

여기서 주의할 것은 개인사업자의 경우 대표의 급여는 경비로 인정이 안 된다는 것이다. 대표의 급여는 사업소득으로 처리된다. 반면에 법인 대표의 급여는 경비로 처리되어 근로소득세를 부담하게 된다. 그것은 퇴직금도 동일하다.

개인사업자의 대표에 대한 급여는 경비로 인정되지 않고 퇴직급여충당금도 인정하고 있지 않다. 개인기업의 대표는 사업을 경영하는 것이 본인이기 때문이다. 이러한 이유로 개인사업자가 급여로 가져가는 것은 근로소득이 아니라 사업소득이 되어 경비로 인정되지 않는 것이다.

3 퇴직금

퇴직금은 근로계약 종료 시 또는 연봉으로 급여를 산정하는 경우는 퇴직금의 중간정산 시 지급하는 것으로 업무와 관련된 것이므로 당연히 필요경비로 인정받을 수 있다.

구 분	급 여	퇴직금	복리후생비
개인사업자	인출금 처리	지급대상 아니므로 퇴직급여충당금 미설정	• 본인의 식사비용은 원칙적으로 인출금 처리 • 건강보험료는 비용인정 • 국민연금은 연금소득공제
법인사업자	급여처리	임원 퇴직금 규정에 따라 퇴직금 지급 및 비용인정	• 본인의 식사비용은 원칙적으로 복리후생비 처리 • 4대 보험 회사부담액 비용인정

4 복리후생비

복리후생비는 임직원의 복지와 후생을 위해 지출되는 경비를 말하는데, 대부분 복리후생비는 기업이 직원에게 생산성 향상 또는 동기부여를 위해 지출하는 성격이 강하다. 따라서 당연히 경비로 인정이 된다. 식대, 경조사비, 체육행사, 회식비, 피복비 등이 주류를 이루는데 한도 없이 전액 경비로 인정이 된다.

다만, 주의해야 할 것은 복리후생비의 경우 업무와 관련 없는 가사경비로 오해를 받을 수도 있으므로 집행금액이 거액의 경우 지출결의서나 품의서 등을 구비 해놓으면 그런 오해는 풀 수 있을 것이다.

5 사무용품비, 소모품비

회사에서 업무를 하기 위해서는 사무용품의 구입이 불가피하고 소모품 또한 구입이 불가피하다. 이러한 비용은 모두 경비로 인정받을 수 있다.

6 감가상각비

감가상각비란 고정자산에 대해서는 취득가액(취득과 관련하여 지출하는 비용, 세금을 포함한다)을 취득한 연도에 전액 비용으로 떨지 않고 그 자산이 사용되는 기간동안 비용으로 처리하는 것을 말한다. 취득한 연도에 모두 비용으로 처리하지 않는 것은, 취득한 자산을 취득연도에만 사용하는 것이 아니고 사용하지 못할 때까지 계속해서 사용하기 때문에 사용하는 기간동안 취득가액을 비용으로 처리하는 것이다. 이러한 고정자산에는 건물, 집기비품, 인테리어, 차량운반구, 권리금, 상표권 등이 있다. 중고자산을 취득한 때도 신규자산을 취득한 경우와 동일하게 비용처리를 한다. 취득가액이 100만 원 이하인 경우 고정자산으로 계상하기보다는 취득한 연도에 전액 비용으로 처리하는 것이 좋다. 다만, 업무의 성질상 대량으로 보유하는 것은 안 된다.

그리고 감가상각비는 비용으로 계상해도 되고 안 해도 된다.

그러나 세금 감면을 받을 때 감가상각비를 계상하지 않으면 계상하지 않은 감가상각비는 나중에 경비로 인정받을 수 없다. 따라서 이익이 발생하면 거의 모두 세금 감면의 혜택을 받으므로 반드시 감가상각비를 계상하는 것이 절세하는 길이다.

개업 초기에는 영업실적이 저조하여 결손이 많이 발생한다. 적자가 발생하면 은행과의 거래가 원활하지 못할 수 있어 결손을 줄이거나 이익을 늘릴 필요가 있는데, 이때 감가상각비를 계산하지 않으면 도움이 된다. 일반적으로 감가상각비 금액이 크기 때문이다. 반면 외부감사법인은 반드시 감가상각비를 계상해야 한다.

결과적으로 감가상각비 계상이 강제되지 않는 기업의 경우는 감가상각비의 계상을 본인 회사의 실정에 맞게 계상하기도 하고 안 하기도 하는 고무줄이다.

특징	감가상각비는 회사 실정에 맞게 장부에 잡고 싶으면 잡고, 잡기 싫으면 안 잡을 수 있다. 단, 다음의 경우는 주의해야 한다.
주의사항	세금 감면의 혜택을 받으면 반드시 감가상각비를 계상하는 것이 절세하는 길이다. 계상하지 않아도 감가상각한 것으로 본다(감가상각의 의제).
	외부감사를 받는 법인은 반드시 감가상각비를 계상해야 한다.
	적자가 발생하면 은행과의 거래가 원활하지 못할 수 있어 결손을 줄이거나 이익을 늘릴 필요가 있는데 이때 감가상각비를 계상하지 않으면 도움이 된다.
	취득가액이 100만 원 이하인 경우 고정자산으로 계상하기보다는 취득한 연도에 전액 비용으로 처리하는 것이 좋다.

7 리스료

리스란 기업이 필요로 하는 시설 장비를 일정 기간 임차하고 사용료인 리스료(일종의 임차료라 생각하면 틀림이 없다)를 지급하는 것을 말하는데, 빌린 물건을 빌린 사람이 주인인 것처럼 회계처리를 하는 금융리스와 물건을 빌려준 사람이 소유권을 갖는 것으로 회계처리를 하는 운용리스가 있다. 양자의 차이점은 금융리스는 물건을 빌린 사람이 감가상각비를 계상하여 비용처리를 하지만, 운용리스는 물건을 빌린 사람은 매월 지급하는 리스료를 비용으로 처리하는 점에서 그 처리가 다르다. 그러나 현재 리스는 대부분 금융리스이며, 리스회계처리 규정의 개정으로 회계상으로는 금융리스와 운용리스의 구분이 없어졌다. 다만, 차량의 경우 절세효과 그리고 차량 소유자를 숨기기 위하여 금융리스로 이용되고 있다.

물건을 리스로 취득하는 것과 자신의 명의로 직접 구입하는 것 중 어느 것이 유리할까?

결론부터 말하면 리스로 취득하는 것보다 자신의 명의로 직접 취득하는 것이 유리하다. 이유는 리스의 경우 절세효과가 크다고 하고 있지만, 리스로 취득하고 지출하는 리스료의 총합계는 자기명의로 취득하는 것보다 언제나 비싸다. 따라서 주머니에서 나가는 금액은 절대적으로 리스의 경우가 크다. 따라서 공제되는 금액이 많을 수밖에 없는데 이를 절세되는 금액이 많다고 하는 것이다.

그리고 절세효과 또한 리스료는 지급한 해에 반드시 경비로 처리해야 하지만 자기명의로 취득한 경우는 감가상각이라는 과정을 통하여 경비로 처리하는 만큼 언제든지 경비로 계상할 수 있다는 장점이 있다.

따라서 ○○캐피탈을 통해서 차량을 구입하는 것보다는 직접 차량을 구입하는 것이 절세효과가 더 크다. 근본적으로 리스는 물건을 취득할 자금이 부족한 사람을 위해서 만든 것으로 생각하면 이해가 더 빠르지 않을까 싶다.

구 분	자가구매	리스(운용리스), 렌터카
초기 구입 비용과 비용 처리	회계장부에 고정자산으로 기록된다. 그리고 자동차를 취득하면서 낸 취득세 등의 제세공과금은 차량가액으로 합산되었다가 나중에 감가상각 절차를 통해 비용처리가 되고, 보험료나 수리비 등 자동차를 유지·관리하는 비용도 세무상 비용으로 처리된다. → 초기 투자비용 발생비 감가상각을 통해 서서히 비용 발생	리스(운용리스)하거나 렌트하는 경우, 그 자체로 전액 비용처리가 되어 과세소득을 줄일 수 있다. 문제는 지출되는 비용이 늘어나면 늘어난 금액에 상당하는 세금이 줄어드는 것이 아니라, 그 비용으로 인해 줄어든 소득에 대한 세율에 해당하는 만큼의 세금만 줄어든다는 것이다. → 초기 투자비용이 발생하지 않고 리스료를 통한 비용처리 금액이 감가상각보다 많이 발생
비용 인정 기준	업무용으로 사용하고 운행일지를 작성해야 한다.	업무용으로 사용하고 운행일지를 작성해야 한다. 리스 회사나 렌터카 회사들은 자가 구매와 달리 무조건 비용처리가 될 것처럼 광고하는데, 그 말을 곧이곧대로 믿었다가는 나중에 세금을 추징당할 수 있으니 주의해야 한다.
전체 지출 측면	여유자금이 있어서 자기 돈으로 자동차를 구입하면 말할 것도 없고, 할부로라도 구입하면 소유권이 바로 구매한 사람에게 주어지기 때문에 할부금을 모두 상환한 뒤에는 자동차를 소유할 수 있다. 그러나 리스를 하거나 렌트를 하는 경우는 계약기간이 끝나면 다시 리스나 렌트 계약을 해야 하므로 또다시 많은 비용이 들어간다. 따라서 자동차를 빌려 타면 리스료나 렌트비에 대한 비용처리가 되어서 얼핏 세금이 줄어드는 것처럼 보이지만, 실제로는 자동차를 취득했을 때보다 더 많은 돈이 들어간다.	

8 지급임차료

사업장을 임차한 경우 임차료를 매월 지급하게 되는데 그 임차료는 필요경비로 인정이 된다. 다만, 실제 지급하는 임차료와 세금계산서에 기재되는 임차료 금액이 틀릴 수 있는데(이중으로 계약서를 쓴 경우) 건물주로부터 세무용으로 작성된 계약서에 기재된 금액만을 임차료로 인정받는 경우 실제 지급하는 임차료와의 차액은 경비로 인정이 안 된다. 임대차계약서를 작성할 때는 실제로 지급하는 금액으로 작성해야 세금을 적게 내는 것이 된다.

9 여비교통비

여비교통비는 시내출장과 시외출장 그리고 국외출장으로 인하여 지급하는 경비로 시내출장의 경우 소액이므로 영수증이 없는 경우가 보통인데(택시비는 영수증을 받을 수 있다) 종전에는 영수증이 없어도 회사에서 사용하는 지출결의서만 있으면 경비로 인정을 받을 수 있었다.

그러나 최근에는 버스나 지하철, 택시 등 교통수단뿐만 아니라 기타 출장 중 지출하는 비용도 법정지출증빙을 받기가 쉬우므로 첨부하는 것이 타당하다.

시외출장의 경우 숙박비와 기차요금, 항공요금이 지급되는데 이 경우 모두 영수증이 있어야만 경비로 인정받을 수 있다. 국외출장비 또한 외국에서 지출하고 받은 영수증이 있어야만 경비로 인정받을 수 있다. 회사에서 갖춘 출장여비규정에 의하여 지급한 경우 증빙이 없어도 되는 것으로 이해하는 경우도 있는데 국세청에서는 줄곧 증빙이 있어야만 경비로 인정한다는 것이 기본자세이다. 특히 사장님이나 임원의 경우 세법에서 일정 금액을 증빙 없이 인정해주는 것처럼 생각해 영업비 또는 일비라는 명목으로 증빙 없이 일정금액을 지출할 수가 있는데, 이것은 잘못된 지출 습관이다. 회사에서 사용하는 명칭이 어떤 것이든 세법상 3만 원 초과의 일반비용 및 기업업무추진비(경조사비는 20만 원)는 무조건 법정지출증빙을 첨부해야 한다.

그래도 이왕이면 여비지급규정이 있으면 그래도 할 말이 있으므로 있는 것이 더 좋지 않을까 싶다. 국외출장의 경우 대행사를 통하여 일괄 지급을 하는 경우가 있는데 이 경우에는 반드시 세금계산서를 받아야 세금 측면에서 유리하다. 그렇지 않은 경우 거래금액의 2%를 가산세로 내야 하기 때문이다.

구 분	과세방법
여비지급규정에 따른 출장비 지급기준에 따라 지급하는 경우	일비에 대한 법정지출증빙을 첨부하는 경우 해당 근로자의 근로소득으로 보지 않으며, 비용인정이 가능하다. 즉, 사용처별로 거래증빙과 객관적인 자료에 의하여 지급사실을 입증하는 경우 회사 경비처리한다(실비변상적인 비용은 여비교통비로 처리하든 비과세 급여로 처리하든 세무상 같음). 개인적으로는 일반비용의 법정지출증빙 한도인 3만원 이하의 경우 법정지출증빙 없이 비용처리가 가능할 것으로 판단되나 너무 자주 별도의 영수증 없이 비과세소득으로 처리하면 세무조사 등의 실사를 받을 경우 쟁점이 될 수 있다.

구 분	과세방법
영업일비로 1일 2만 원 등으로 한 달간 정기적으로 지급하는 경우	일비를 지급하면서 법정지출증빙에 의한 실비를 지원하는 경우 해당 일비는 비과세 대상 급여로 보나, 실제 지출 여부와 상관 없이 매일 일정액을 지급하는 경우는 과세대상 근로소득으로 본다. 즉, 근로자가 업무수행을 위한 출장으로 인하여 실제 드는 비용으로 받는 금액은 비과세 소득에 해당하나, 실제 든 비용과 관계없이 여비출장비 등의 명목으로 일정 금액을 정기적으로 지급받는 금액은 근로소득에 해당한다. 따라서 해당 근로자의 급여에 포함해 원천징수를 하지 않을 경우 반드시 법정지출증빙을 첨부해야 한다(소득 46011- 3478, 1997.12.30.).
일비를 받으면서 여비교통비에 대해 증빙으로 실비정산도 받는 경우	일비는 원칙적으로 출장여비를 대신해서 일정액을 주는 것이므로 출장여비에 대해서 법정지출증빙에 의해 실비정산하고, 출장여비 실비정산액과 별도로 일비를 주는 경우 해당 일비는 근로소득으로 보아 근로소득세를 신고·납부 해야 한다.

10 통신비, 전력비, 수도광열비

전화요금, 팩스료, 전력비, 수도광열비 등도 업무를 하는 데 있어 필수 불가결하게 발생하는 비용이므로 당연히 경비로 인정된다.

휴대폰 요금의 경우 경비로 처리할 수 있느냐 하는 문제가 제기될 수 있다. 회사명의로 된 핸드폰을 영업사원에게 지급하고 이에 대한 사용료를 회사가 지불하는 금액은 당연히 경비로 인정이 된다.

그러나 직원 소유의 핸드폰을 업무에 일부 사용하는 데 있어 그 비용을 회사가 지급한다고 할 때가 문제이다. 세무 당국은 실제로 업무에 사용한 부분에 대해서만 경비로 인정을 해주겠다는 것이 기본 입장이다. 그러나 좀 더 들여다보면 핸드폰 비용으로 청구된 비용 중 얼마가 업무와 관련된 것이고 얼마가 업무와 관련이 없다는 것을 입증한다는 것이 문제가 된다. 이를 구분한다는 것은 실제로 어렵다고 할 것이므로 결국은 직원 소유의 휴대폰비용을 지원한다는 것은 경비로 인정받기가 어렵다고 말할 수 있다.

일부 회사에서는 핸드폰 지급금 지급 규정을 만들어 일부를 지원하고 있다. 이를 국세청에서 부인할 수 있을 것인가? 금액이 많으면 문제로 삼을 수 있지만 그렇지 않다면 인정하지 않을까 생각된다. 이유는 그것을 파헤치느라 들어가는 행정비용이 걷을 수 있는 세금보다 적기 때문이고 얼마 되지 않는 금액을 가지고 옥신각신하지는 않을 것으로 판단되기 때문이다.

- 통신비 지급 규정에 따라 지급한다.
- 사회통념상 타당한 금액이어야 한다.
- 영업직을 대상으로 지급하는 것이 좋으며, 모든 직원을 대상으로 지급하지 않아야 한다.
- 핸드폰 명의는 사장 또는 법인명의가 좋다.

구분	세무 처리
회사 명의로 단말기를 구입하고 업무용으로 사용하는 경우	회사명의로 구입한 후 업무용으로 사용하며, 이를 퇴사 시 반납하는 경우는 회사의 비품으로 처리하고 매입세액공제를 받으면 된다.
개인 병의로 단말기를 구입하고 업무용으로 사용하는 경우	개인명의로 구입한 후 업무용으로 사용하며, 이를 퇴사 시 개인이 가져가는 경우 이는 해당 근로자의 급여로 보아 근로소득세를 신고·납부 해야 한다.

11 제세공과금

사업과 관련하여 부담하는 세금과 공과금은 기본적으로 비용으로 인정해준다. 그러나 취득세와 등록세는 경비로 처리하는 것이 아니라 고정자산의 취득가액에 포함하여 감가상각의 대상이 되는 것이지 지출한 즉시 경비로 처리되지 않는다.

또한, 부가가치세나 법인세, 소득세 등 일반적으로 국세의 납부액은 비용처리를 해주지 않는다.

사업을 하다 보면 회비를 지출하기도 하는데, 영업자가 조직한 단체로서 법인 또는 주무관청에 등록된 조합 또는 협회에 정기적으로 납부하는 회비는 필요경비로 인정이 되나 부정기적인 특별회비와 위의 단체에 대한 회비가 아닌 경우에는 일반기부금에 해당이 되어 일정한 한도 내에서만 필요경비로 인정이 된다.

그러나 동창회비, 향우회비 등 개인적인 모임에 대한 회비는 경비로 인정되지 않는다.

법령위반으로 부과되는 벌금, 과료, 과태료, 가산금 등은 업무와 관련하여 발생한 것이라도 경비로 인정을 받지 못한다. 대표적인 것이 출장 중 교통위반 벌과금이다.

12 차량유지비

차량유지비는 업무와 관련하여 회사가 보유하고 있는 차량을 운행하고 유지하는 데 드는 제반 비용을 말한다. 따라서 당연히 경비로서 인정이 된다. 일반적으로 차를 고치거나 주유를 하는 경우 항상 부가가치세가 붙는다. 이 경우 부가가치세를 경비로 처리하는 것보다 부가가치세 매입세액공제를 받는 것이 절세상 절대적으로 유리하다. 그러나 모두 그 대상이 되는 것은 아니고 트럭, 승합차, 밴, 봉고, 경차만 해당한다. 일반적으로 승용차는 매입세액공제가 되지 않는다. 개인차량을 업무를 위해 운행할 수도 있는데, 이에 대한 유지비를 지원하는 것은 경비로 처리할 수 있다.

그러나 차량보조금을 별도로 지원하는 경우는 중복이 되므로 불가능하다.

구 분	경비처리
일반적인 경우	매월 20만 원 이내의 자가운전보조금은 근로소득세 과세 안 됨 (불포함) 그러나 자가운전보조금에 추가 받는 차량 운행 실비는 과세 포함
실비변상적 여비교통비는 과세 안 됨.	업무상 이동시 지급하는 대중교통비는 업무관련성 입증하면 대중교통 이용, 증빙입증시 실비대로 비용인정, 근로소득세 과세 안 됨(입증 증빙 : 택시비, 버스, 철도, 항공비 등).
자기차량 소유자	① 월 20만 원은 소득세 비과세 원칙 ② 영업활동 등으로 월 20만 원을 초과하는 경우는 실제 차량운행일지를 작성하면서 대응하는 유류비 영수증과 통과료 등의 증빙으로 입증함(내부처리기준 필요).
차량 운행 관련 내부기준 필요	자가운전보조금 월 20만 원 이외의 각종 여비교통비 지출에 대한 내부기준은 필요

구 분	경비처리
대리운전비 용의 인정가능성	원칙적으로 자가운전의 대리이므로 자가운전보조금 20만 원에 포함 되어야 함. 그러나 접대나 회식이 업무 연관성 인정되면 대리운전비 는 법정지출증빙 구비하면 별도의 비용으로 인정될 필요가 있음(접 대, 회식 등의 업무관련성 여부와 주행거리별 금액 등 관련 내부 운 영 규정 필요하지만, 아직 명백한 세법상 규정·해석은 없음).

13 보험료

사업과 관련하여 지급하는 화재보험료, 자동차보험료 등 각종 보험
료는 업무와 관련한 것이므로 모두 경비로 인정이 된다. 국민연금과
건강보험료는 보험료보다는 세금과공과와 복리후생비로 처리하는 것
이 더 합리적이다. 이유는 직원의 복리후생을 위해 지출하는 비용이
기 때문이다.

14 기업업무추진비

업무와 관련하여 거래처에 접대, 향응, 선물 등을 위해 지출하는 비
용을 말한다. 기업업무추진비는
첫째, 해당 지출이 기업업무추진비에 포함이 되는지를 판단해야 한
다. 3만 원 초과 지출에 대해 법정지출증빙을 받은 경우 해당 비용
은 기업업무추진비에 포함이 되나, 법정지출증빙을 안 받은 경우는
회계상 기업업무추진비로 전표 처리해도 세법상으로는 기업업무추진

비로 봐주지 않는다.

둘째, 기업업무추진비에 포함되었다고 모두 비용인정을 해주는 것은 아니다. 일정한 한도가 있어 동 한도 내에 들어가는 비용만 비용인정 해주고, 나머지 금액은 비용인정을 안 해준다.

그리고 한도 내 기업업무추진비라도 3만 원을 초과하는 지출에 대해서는 반드시 법인카드를 사용해야 기업업무추진비로 인정이 되고, 그렇지 않은 경우는 경비로 인정받을 수 없다.

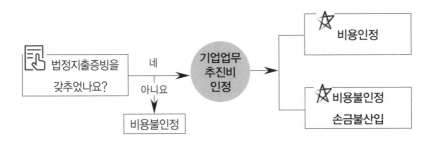

15 광고선전비

불특정다수인을 상대로 업무와 관련하여 지출하는 부채, 책받침 등 판촉품, 인쇄비 등을 말하는데 전액 경비로 인정이 된다.

그리고 특정 사업과 관계있는 자들에게 거래관계의 원활한 진행을 도모하고자 업무상 무상으로 지출된 비용은 기업업무추진비에 해당하는 것이다. 다만 광고선전 목적으로 특정인에게 기증하기 위해 지출한 물품의 구입비용이 특정인 1인당 연간 5만 원 이내의 금액이라면 기업업무추진비로 간주하지 않고 광고선전비로 보아 손금에 산입할 수 있다.

구 분		세무 처리
광고선전 목적의 물품을 불특정다수인에게 지급한 경우		불특정다수인에게 지급하는 광고선전용 목적의 물품구입비는 사실상 물품 판매촉진을 위한 것이므로 금액과 무관하게 전액 손금으로 인정된다.
광고선전 목적의 물품을 특정인에게 지급한 경우 : 원칙은 기업업무추진비이나 예외 규정을 둠	개당 3만 원 이하 물품 제공	전액 광고선전비로 인정(연간 5만 원 한도를 적용하지 않고 무조건 광고선전비로 인정)된다.
	특정인 1인당 연간 5만 원 이하인 경우	광고선전비로 인정된다.
	특정인 1인당 연간 5만 원 초과인 경우	전액 기업업무추진비로 인정(초과분만 기업업무추진비로 보는 것이 아니고 전액을 기업업무추진비로 보는 것임)

16 이자비용

회사를 운영하기 위하여 금융기관 또는 다른 곳에서 자금을 차입하고 대가로 지급하는 이자는 모두 경비로 인정받을 수 있다.

그러나 실무적으로는 금융기관 외의 차입금에 대한 이자는 경비로 인정받지 못하고 있다. 이유는 돈을 빌려준 사람에게 지급하는 이자에 대해서 세금을 떼야 하는데 세금을 떼는 경우 돈을 빌려준 사람에 대한 정보가 국세청에 자동으로 통보되기 때문에 돈을 빌려준 사람이 원하지 않기 때문이다. 따라서 당해 이자에 대해서는 증빙이 없으므로 경비로 처리할 수 없게 된다.

17 기부금

기부금은 업무와 관련 없이 지출한 비용으로 경비로 인정받을 수 없지만, 회사를 유지 또는 발전시키기 위해서는 기부행위가 불가피한 것이기 때문에 경비로 인정해주고 있다.

기부금은 특례기부금과 일반기부금 그리고 특례기부금, 비지정기부금으로 나누어지는데 주식회사의 경우는 약간 다르다.

18 학자금 지원액

🎓 임직원 본인의 학자금

종업원에게 지급하는 사회통념상 타당하다고 인정되는 범위 안의 생계비 및 학비보조금은 인건비로 간주해 회사의 경비처리가 가능한 것이며, 해당 보조금을 지급받은 종업원에게는 근로소득으로 원천징수해야 한다. 다만, 학자금을 수령한 임직원은 다음의 요건을 갖춘 경우 비과세 근로소득으로 소득세가 과세되지 않는다.

❶ 업무와 관련 있는 교육일 것

❷ 사규 등에 의하여 정해진 회사의 지급기준 있고, 그에 따라 받는 학비(학자금)일 것

❸ 교육기간이 6월 이상인 경우 교육 종료 후 교육기간을 초과하여 근무해야 하고, 그렇지 않을 경우는 지급받은 금액을 반납할 것을 조건으로 받을 것

🦐 임직원 자녀의 학자금

만일 법인이 임직원의 교육비가 아닌 임직원의 자녀에 대한 학비를 지급하는 경우 그 임직원의 인건비로 보아 경비처리가 가능한 것이며, 임직원은 근로소득으로 보아 근로소득세가 과세된다. 다만, 근로자가 아닌 임원의 경우는 사내에 정해진 급여 지급기준을 초과하여 지급하는 자녀학자금은 법인의 손금으로 인정되지 않으니 유의하기 바란다.

19 여행경비 보조금액

법인이 임원 또는 사용인에게 보조해 주는 국내 여행경비는 당해 법인의 업무수행 상 통상 필요하다고 인정되는 부분의 금액에 한하여 손금산입하며, 초과하는 부분이나 법인 업무수행과 관련이 없는 여행경비는 당해 임원 또는 사용인에 대한 급여로 본다.

관광목적으로 하는 국내 여행은 법인의 업무수행상 필요한 여행으로 보지 않으므로 법인이 보조해 준 여행경비는 임원 또는 사용인에 대한 급여로 처리한다. 또한, 해외출장시 가족을 동반할 필요가 없는 경우이나 동반하여 법인에서 경비를 부담한 경우 급여로 처리한다.

20 부서별로 진행하는 회식비

법인이 영업사원 등의 복리후생 및 판매 활성화를 위하여 영업 전략회의 후 사기진작을 위한 송연 회식을 하는 경우 부서별로 일정 금액을 정하여 소속 직원의 회식비 등으로 사용하기 위해 지출하는 경우 그 금액이 사회통념상 적정하다고 인정되는 경우는 법인의 각 사업연도 소득금액 계산상 손금으로 인정한다.

🍶 회식비를 직원 개인카드로 결제한 경우

직원의 개인카드 사용에 대하여 모호해 하고, 헷갈리는 경우가 상당수 있는 것 같다. 기업업무추진비를 제외한 비용의 지출은 경비처리가 가능하다. 다만, 주의할 점은 회사경비로 처리한 카드내역을 해당 직원이 본인의 개인 소득공제용으로 사용하니 연말정산 시 반드시 회사경비 처리 부분은 차감하고 공제를 받아야 한다.

🍶 회식비 주의해야 하는 지출

❶ 일반유흥주점 : 접객 요원을 두고 술을 판매하는 유흥주점(룸싸롱, 단란주점, 가라오케, 가요주점, 요정, 비어홀, 맥주 홀, 카페, 바, 스넥 칵테일 등)

❷ 무도 유흥주점 : 무도시설을 갖추고 술을 판매하는 유흥주점(클럽, 극장식 주점, 나이트클럽, 카페, 스텐드바, 유흥주점 등)

❸ 위생업종 : 사우나, 안마시술소, 발 마사지, 네일아트 등 대인서비스

❹ 레저업종 : 실내외 골프장, 골프연습장

❺ 사행업종 : 카지노

🍢 식대와 노동법

식대는 통상임금 및 평균임금에 포함되고, 최저임금에는 최저임금의 1% 초과액이 포함된다.

예를 들어 월급 200만 원에 식비 20만 원이 포함된 경우, 2025년 기준 최저임금 2,096,270원의 0%는 0원 따라서 최저임금에 포함되는 임금은 20만 원 - 0원 = 20만 원이다.

따라서 식대 보조금 20만 원을 제외한 월급 180만원 + 20만 원 = 200만 원으로 최저임금 2,096,270원에 미달한다.

결과적으로 식대를 포함한 최저임금은 2,096,270원이어야 한다.

🍢 식대와 비과세

식대는 세법상 월 20만 원 비과세 처리된다. 그래서 중소기업 실무자들은 모든 직원에 대해 식대 20만 원을 무조건 비과세 처리한다. 그러나 여기서 주의해야 할 점이 있다. 현물 식사를 제공하는 경우 20만 원은 과세로 바뀐다. 구내식당이 없는 기업에서 직원에게 제공하는 식비는 월 20만 원은 비과세 되지만, 구내식당이 있음에도 불구하고 직원들 식대 20만 원을 비과세 처리하면 나중에 추징된다.

🍢 식대와 부가가치세

직원들 식사를 외부식당에서 현물 제공하는 경우나 구내식당에서 원재료를 구입해서 제공하거나 일정액을 보조해 주는 경우 동 지출비용을 복리후생비로 회사 경비처리가 가능하고 부가가치세 신고 시 매입세액공제도 받을 수 있다.

예를 들어 외부식당과 계약에 의해 직원 식대를 한 달에 150만 원 (부가가치세 별도)을 지출한 경우 150만 원은 복리후생비로 법인세나 소득세 신고시 경비로 인정받을 수 있고, 15만 원의 부가가치세는 부가가치세 신고시 매입세액공제가 가능하다.

22 각종 보상금의 경비처리

합의금은 그 성격에 따라 근로소득, 퇴직소득, 기타소득으로 구분된다.

🐟 임금체불 진정 취하 합의금

해당 체불임금은 근로소득에 대한 체불인 경우 근로소득, 퇴직소득에 대한 체불인 경우 퇴직소득에 해당하며, 이와 별도로 지급하는 당해 합의금은 사례금 성격으로 기타소득에 해당하는 것이므로 지급금액의 22%를 원천징수 해야 한다.

🐟 부당해고에 대한 합의금

당해 합의금이 부당해고기간을 대상으로 실질적으로 부당해고인 것은 인정되나 복직이 되지 아니하는 상태로 당해 해고기간의 급여를 법원의 조정에 따른 합의인 조정조서에 의하여 지급받는 것이라면 근로소득 및 퇴직소득(퇴직급여 지급기준에 해당하는 금액인 경우)으로 볼 수 있으며, 거주자가 부당해고 판결에 따라 회사로부터 밀린 임금과 퇴직금 외에 지급받은 위로금의 지급사유가 부당해고 등으로 인한 정신적 또는 신분상의 명예훼손 등에 대한 보상으로 지급하는 금액이라면 과세대상에서 제외되겠으나, 소송을 취하하는 조건으로 합의금을 지급하는 경우 당해 합의금은 사례금 성격으로 기타소득에 해당하는 것이므로 지급금액의 22%를 원천징수 해야 한다.

🔦 산재로 인한 보상금 및 사망합의금

근로의 제공으로 인한 부상과 관련하여 근로자가 지급받은 배상, 보상 또는 위자료의 성질이 있는 급여는 비과세한다.

임직원의 사망시 지급하는 사망합의금은 법인 비용으로 처리할 수 있다. 종업원의 산재로 인한 피해에 대하여 보상을 해주었다면 해당 비용은 지출한 사업연도의 법인의 손금에 해당하며, 보상금을 받는 자의 비과세 근로소득으로 보므로 지출한 연도의 손금으로만 계상하면 된다. 즉 회사는 비용처리를 하고 수령한 직원은 근로소득으로 보나 이는 비과세로 규정하고 있으므로 과세되지 않는다.

🔦 보상 또는 배상금과 관련한 증빙 처리

보상금 등의 지급 책임이 회사에 있고 사회통념상 적정하다고 인정되는 금액은 관련 합의서, 판결문, 영수증 등 관련 사실을 확인할 수 있는 증빙을 구비하고 사업자의 필요경비로 처리할 수 있다.

법인세법상 복리후생비는 직장체육비, 직장연예비, 우리사주조합의 운영비, 국민건강보험법에 의하여 사용자로서 부담하는 건강보험료 기타 부담금, 「영유아보육법」에 의하여 설치된 직장보육시설의 운영비, 「고용보험법」에 의하여 사용자로서 부담하는 보험료, 기타 임원 또는 사용인에게 사회통념상 타당하다고 인정되는 범위 안에서 지급하는 경조사비 등을 의미하는 것으로 문화비나 건강 증진비의 형태로 본인에게 직접 귀속되는 것은 계정과목상 복리후생비로 처리해도 세법에서는 개인의 인건비로 규정하고 있으므로 문화비나 체력단련비 지급 시 근로소득세를 원천징수 해야 한다.

🕯️ 건강 검진비

산업안전보건법 따라 사업주(회사)는 정기적으로 근로자의 건강검진을 시행해야 한다.

사무직은 2년에 1회 이상, 비사무직은 1년에 1회 이상 건강검진을 해야 하며, 건강검진을 받지 않으면 과태료가 부과될 수 있다.

산업안전보건법에 따라 시행되는 정기적인 건강검진비를 회사가 부담할 경우 회사는 복리후생비로 비용처리가 가능하며, 근로자는 근로소득에 해당하지 않는다.

그러나 의무 검사 항목을 초과하여 일부 임직원에게만 추가로 지원한 건강검진비나 검진내용 및 비용의 차액 등 건전한 사회통념을 넘어설 경우 회사는 복리후생비 처리가 가능하나 해당 임직원은 근로소득으로 보아 근로소득세를 납부해야 한다.

건전한 사회통념은 사실 판단할 사항으로 그 기준이 명확하지 않아, 실무상 의무 검사항목을 초과한 비용은 임직원의 과세급여로 보아 원천징수하고 있다.

구 분	산업안전보건법에 따른 정기 건강검진	의무검사 항목을 초과한 비용
회계처리	복리후생비로 장부 처리 후 비용 인정	복리후생비 또는 급여로 장부 처리 후 비용인정
세무회계	근로소득세에 해당 안 함	해당 근로자의 급여로 보아 근로소득세 원천징수 후 납부

♣ 체력단련비 회사부담액의 경비처리

임직원의 체력단련을 목적으로 체육시설을 이용하는 등 개인적인 여가 목적이 아닌 회사에서의 업무능력을 향상하기 위한 '체력단련으로 인정될 수 있는 수준의 것이라면 업무와 관련이 있는 사회 통념상의 비용으로 판단해 비용으로는 인정된다. 다만, 체력단련비 등 개인적 비용을 보조하는 금액은 근로소득(급여)에 해당해 근로소득세를 원천징수 한다.

이에 대한 관련 국세청 예규를 살펴보면 다음과 같다.

1. 법인이 부담한 직원들의 체육시설 등록비용의 비용처리

내국법인의 각 사업연도 소득금액을 계산함에 있어 사회통념상 타당한 범위 내에서 해당 법인이 부담하는 직원들의 체육시설 등록비용

은 손금에 산입하는 것임(법인, 법인세과-614)

체력단련비가 특정 임원을 대상으로 한 비용이 아닌 모든 임직원을 위한 비용인 경우에만 손금산입할 수 있다.

2. 체력단련 비용과 근로소득

법인이 직원에게 복리후생 목적으로 체력단련비 명목으로 직접 지급하는 금품의 가액은 소득세법 시행령 제38조 제8호에 규정하는 근로소득에 해당하는 것이다.

3. 체력단련 비용과 부가가치세

아래의 3가지 요건을 모두 충족하는 경우는 매입세액공제가 가능한 것으로 해석하고 있다.

❶ 휘트니스 클럽이 계약상 원인에 의하여 회사에게 용역을 공급하는 것일 것

(직원에게 용역을 공급하고 회사가 대납하는 것에 불과한 경우에는 매입세액공제 대상에 해당하지 않음)

❷ 해당 이용료가 사회통념상 인정 가능한 범위의 복리후생비에 해당할 것

❸ 세금계산서 또는 신용카드매출전표를 수취할 것

24 그 외의 비용

위에서 설명한 비용들은 일반적으로 회사를 운영할 때 발생하는 대

표적인 비용들이다. 따라서 설명한 것 외에 업무와 관련하여 지출하고 그 증빙을 갖춘 경우는 당연히 경비로서 인정이 된다.

증빙이란 물건이나 용역을 공급받고 그 대가로 돈을 지급할 때 받는 영수증을 말하는 것으로 비 사업자, 즉 사업자가 아닌 자로부터 구입하는 경우에는 특별한 제한이 없지만, 사업자부터 구입하는 경우에는 3만 원 초과 거래분에 대해서는 세금계산서, 현금영수증 또는 계산서를 받거나 신용카드로 결제해야만 경비로 인정을 하고 있다. 간이영수증을 3만 원 초과의 거래에서 받는 경우는 2%의 가산세를 내야만 경비로 인정받을 수 있다.

세법에서 한도가 정해져 있는 비용

1 인건비 비용처리와 한도액 계산

일반직원의 급여

회사입장에서 처리	직원입장에서 처리
손금산입(급여 · 상여 · 성과급 모두)	근로소득세 과세

구 분	세무상 처리
생산직 직원의 인건비	제품 제조원가 가산 후 제품 판매시 매출원가로 손금산입
유형자산의 취득시 인건비	유형자산 또는 건설중인자산으로 처리한 후 감가상각 또는 처분시 손금산입
건설현장 직원 인건비	공사원가로 처리한 후 완공(매출)시 매출원가로 손금산입
신제품, 신기술 등 연구개발	• 연구비나 개발비로 처리한 후 지출된 사업연도에 손금산입 • 개발비를 무형자산으로 계상한 경우는 추후 상각하여 손금산입

🔔 임원의 급여

대 상	회사입장에서 처리	임원 입장에서 처리
임원	손금산입	근로소득세 과세
신용출자사원	손금산입	근로소득세 과세
비상근임원	원칙은 손금산입하나 부당행위계산부인의 대상이 되는 부분은 손금불산입	자유직업소득 · 사업소득 등으로 처리할 수 있고, 근로소득세 과세도 가능하다.
노무출자사원	손금불산입(노무 자체가 출자이므로 배당으로 보기 때문이다.)	배당소득세 과세

주 개인회사 사장의 급여는 필요경비불산입 즉, 비용으로 인정받지 못한다.

주 법인이 지배주주 등(그의 특수관계인 포함)인 임원 · 사용인에게 정당한 사유 없이 동일 직위에 있는 지배주주 등외의 임원 · 사용인에게 지급하는 금액을 초과해서 지급하는 경우 그 초과 금액은 비용불인정하고 상여로 처분한다.

위에서 임원의 급여에 포함되는 항목을 살펴보면 다음과 같다.
• 매월 지급하는 현물급여
• 소유자산을 부당하게 저가로 매도하였을 경우 자산의 가액과 양도가액과의 차액에 상당하는 금액으로서 그 금액이 매월 일정한 것
• 토지 또는 건물의 무상대여로 인한 금액으로 그 금액이 대략 매월 일정한 경우
• 매월 부담하는 주택 전기료 · 수도료 · 가스료 등 개인적 비용
• 매월 지급하는 정액의 기업업무추진비
• 임원이 입회하고 있는 단체의 회비
• 임원을 수치인으로 하는 정기보험료 부담액
그리고 세법에서 말하는 임원의 범위는 다음과 같다.
• 법인의 회장 · 사장 · 부사장 · 이사장 · 대표이사 · 전무이사 · 상무이사 등 이사회의 구성원 전원의 청산인
• 합명회사 · 합자회사 및 유한회사의 업무집행사원 또는 이사

- 감사
- 기타 이에 준하는 직무에 종사하는 자

그리고 이사 대우 등은 직무에 실질적으로 종사하는지? 여부에 따라 임원의 해당 여부를 판단한다.

임원 급여 · 상여 등의 비용인정 조건

❶ 정관의 규정 또는 주주총회 · 사원총회 등에 의해서 결의된 지급한도액의 범위 내일 것
예를 들어 주주총회의 결의에서 임원의 보수액은 연액 1천만 원 이내에 함이라고 정했다면 이 금액을 초과하는 금액은 비용으로 인정되지 않는다.

❷ ❶의 한도 내의 금액이라도 임원 개개인의 지급액이 그 임원의 직무의 내용, 그 법인의 수익 및 그 사용인에 대한 급여지급 상황, 동종업종 및 유사 규모 회사의 상황 등을 종합적으로 고려해 과도한 경우 비용인정이 안 된다.

가. 직무의 내용(예 : 사장, 전무, 상무, 이사 등)

나. 직무에 종사하는 정도(상금 또는 비상금)

다. 경과연수

라. 그 법인의 업종 · 규모 · 소재지 · 수익의 상황 및 사용인에 대한 급여의 지급상황

마. 그 법인과 동종 사업을 영위하는 법인으로 그 사업의 규모 및 수익의 상황 등이 유사한 것의 임원에 대한 보수의 지급상황 등

🎙️ 상여금

대 상	회사입장에서 처리	임원입장에서 처리
사용인	손금산입 (이익처분에 의한 상여금은 손금불산입)	근로소득세 과세
비출자임원	손금산입 (이익처분에 의한 상여금은 손금불산입)	근로소득세 과세

대 상	회사입장에서 처리	임원입장에서 처리
출자 임원 (주주, 사원, 임원)	❶ 정관, 주주총회, 사원총회, 이사회 결의로 결정된 급여 지급기준 범위 내의 상여금(손금산입) ❷ 지급기준 초과 상여금(손금불산입) ❸ 이익처분 상의 상여금(손금불산입)	일정액은 근로소득, 초과액은 손금불산입하고, 배당소득으로 과세한다.

🍷 복리후생비

손금산입	손금불산입
❶ 직장체육비, 직장연예비, 직장회식비, 우리사주조합의 운영비 ❷ 건강보험료, 노인장기요양보험료, 고용보험료, 국민연금 사용자 부담금 ❸ 직장보육시설의 운영비 및 기타 임원 또는 사용인에게 사회통념상 타당하다고 인정되는 범위 안에서 지급하는 경조사비	손금산입 항목을 제외한 모든 복리후생비

🍷 퇴직금

대 상	회사입장에서 처리	임원입장에서 처리
사용인	종업원의 현실적인 퇴직으로 인해 지급하는 모든 퇴직금은 비용으로 인정된다. 따라서 현실적 퇴직이 아님에도 퇴직금을 지급하는 경우는 이를 비용으로 인정하지 않는 세무조정이 필요하다.	퇴직소득세 과세

대 상	회사입장에서 처리		임원입장에서 처리
임원 (출자임원, 비출자임원과 상장법인의 소액주주 포함)	정관에 규정되어 있는 경우	① 정관에 퇴직금ㆍ퇴직위로금 으로 규정되어 있는 규정액 범 위 내의 금액과 근로기준법상 금액 중 큰 금액 범위 내에서 손금산입, 초과액은 손금부인	❶ 퇴직금중간정산액ㆍ직 원의 퇴직소득으로 비용 반영된다. ❷ 임원도 퇴직중간정산 가능(비용처리). 단, 연봉 제로 전환되면서 퇴직금 이 없어지는 조건이다. ❸ 규정 범위 내 금액은 퇴직소득 과세, 초과액은 근로소득 과세 ❹ 조기퇴직금(ERP)도 규정에 있는 금액은 퇴직소득, 규정 없는 임의성 금액은 근로소득으로 과세한다.
	정관에 규정되어 있지 않은 경우	② 퇴직 전 1년간 총급여액(손 금부인 상여금 제외) × 10% × 근속연수 주 1. 한도 내 금액은 소득세법상 한도 계산(퇴직소득세 계산)으 로 넘어가고 2. 한도 초과액은 근로소득으 로 본다.	
	임원의 퇴직금 중간정산액도 충당금에서 감액처리하고 손금산입함.		

주 근속연수는 역년에 따라 계산하며, 1년 미만의 기간은 월수로 계산하되 1개월 미만의 기간은 없는 것으로 한다. 이 경우 직원에서 임원으로 된 때에 퇴직금을 지급하지 아니한 임원에 대한 근속연수는 직원으로 근무한 기간을 포함한다.

주 총급여액에서 비과세소득은 제외한다.

🔍 임원 퇴직금 한도 계산과 소득세법상 퇴직소득의 연관관계

법인세법상 한도 내 금액을 소득세법 규정에서 받아(위 표 ②-1) 아래 계산식에 의한 한도 내 금액은 퇴직소득, 한도 초과액은 근로소득으로 보는 것이다.

소득세법상 한도는 계산식은 다음과 같다.

소득세법상 2012.1.1~2019.12.31 기간분에 해당하는 퇴직금에 대하여 별도의 임원 퇴직금 한도 : 퇴직 전 3년간 총급여의 연평균 환산액의 10% x 2012.1.1. 이후 근무 기간 x 3배) +

2020.1.1. 이후 기간분에 대해서는 한도 : 퇴직 전 3년간 총급여의 연평균 환산액의 10% x 2020.1.1. 이후 근무 기간 x 2배

로 각각 구분하여 퇴직금 한도를 산출하여 초과분은 근로소득으로 과세한다.

🈳 각 기간이 3년 미만의 경우는 해당 근무기간으로 하는 것이다. 근무기간은 개월 수로 계산하며, 1월 미만은 1개월로 한다.

🗐 현실적인 퇴직이 아닌 경우 퇴직금 지급 시 세무 처리 방법

현실적인 퇴직에는 법인이 퇴직급여를 실제로 지급한 경우로서 다음에 해당하는 경우를 말한다.

1. 법인의 사용인이 해당 법인의 임원으로 취임한 때

2. 법인의 상근임원이 비상근임원으로 된 경우

3. 법인의 임원 또는 사용인이 그 법인의 조직변경, 합병, 분할 또는 사업양도에 의해서 퇴직한 때

3. "근로자퇴직급여 보장법"에 따라 퇴직급여를 중간정산해서 지급한 때(중간 정산시점부터 새로 근무연수를 기산하여 퇴직급여를 계산하는 경우에 한정한다)

4. 법인의 임원에 대한 급여를 연봉제로 전환함에 따라 향후 퇴직급여를 지급하지 아니하는 조건으로 그때까지의 퇴직급여를 정산하여 지급한 때

5. 정관 또는 정관에서 위임된 퇴직급여지급규정에 따라 장기 요양 등 기획재정부령으로 정하는 사유로 그때까지의 퇴직급여를 중간정산해서 임원에게 지급한 때(중간정산사점부터 새로 근무연수를 가산해서 퇴직급여를 계산하는 경우에 한정한다.)

현실적으로 퇴직하지 않은 임원 또는 사용인에게 지급한 퇴직급여는 해당 임원 또는 사용인이 현실적으로 퇴직할 때까지 이를 특수관계자에 대한 업무무관가지급금으로 본다. 한편 법인해산에 따라 퇴직하는 임원 또는 사용인에게 지급하는 해당수당 또는 퇴직위로금 등은 최종 사업연도의 손금으로 한다.

🔍 대표이사 명의로 은행에서 대출받은 경우 비용처리

회사 대출한도 초과로 인해서 회사 명의로 대출을 받지 못하고 대표이사가 대표이사 명의로 대출을 받아 회사의 운영자금으로 사용하면서 이자는 회삿돈으로 무는 경우 두 가지 경우를 생각해 볼 수 있으며, 국세청 등의 답변내용을 참조해도 두 가지로 의견이 나누어지는 것을 볼 수 있다.

첫째, 회사의 차입거래는 회사와 은행 간의 거래가 아닌 회사와 대표이사 간의 거래로 회사에서 직접 은행에 이자를 납부하는 것이 아니라 회사가 대표이사에게 대표이사가 은행에 각각 이자를 지급하는 것으로 보아, 법인은 대표이사에게 가중평균이자율 또는 당좌대출이자율 이상을 지급하면 안 되며, 이자 지급 시 법인이 이자소득세를 원천징수해서 신고·납부 하는 경우

둘째, 비록 대표이사의 명의를 빌려 자금을 차입한 경우라고 해도 실질적으로는 회사 자금 운영을 위해서 회사가 은행에서 빌린 거와 같다고 보아 실질과세의 원칙에 따라 회사는 이자비용을 회사 비용으로 처리를 해도 세무상 문제가 없는 경우

위의 두 가지 경우 정상적인 거래에서는 두 번째 처리 방법이 타당하리라고 본다.

그러나 두 번째 방법이 인정받기 위해서는 은행에서 회사통장으로 자금이 입금되고 이자비용을 은행에 직접 입금시키는 등 객관적인 증빙자료를 구비 해두어야 할 것으로 보인다. 반면 국세청에 의해서 조금이라도 의심이 가는 경우 첫째 방법으로 처리될 가능성이 크므로 실질적으로 회사자금 운영목적으로 대표이사 명의로 차입을 한 경우에는 투명성 있는 회계처리가 절실히 필요하다 하겠다.

🔍 법인의 자산을 임원명의로 취득하는 경우 세무처리

부동산 명의자와 실질 귀속자가 다르더라도 사실상 실질 귀속인 법인사업에 사용하는 것이 확인되는 경우 법인자산으로 본다(국세기본법 기본통칙 14-0…4).

그러나 실제 법인의 소유인데 직원 개인 명의로 하면 원칙적으로 부동산실명법 위반으로 과징금이 부과되고 법률위반으로 형법도 적용될 수 있다. 따라서 회사에서 임원에게 자금을 대여해 주고 임원 명의로 구입해도 법인 장부에 해당 자산을 고정자산계정으로 계상하

였다면 회사소유자산이 되며, 이러한 사실 확인이 된 경우 대여금의 이자수익은 장부에
반영하지 않아도 된다.

반면, 개인명의 자산으로 등재되어 있고 회사 장부상에서도 해당 자산계정이 아니고 해당
액을 직원에 대한 대여금으로 반영하면 외관상으로는 직원 개인 자산으로 보아야 하며,
직원에 대한 자금대여로 보아 인정이자를 장부에 반영해야 한다.

2 세금과 공과금 비용처리와 한도액 계산

🍷 비용으로 인정되는 세금과 안 되는 세금

구 분	종 류
손금 항목	관세, 취득세, 인지세, 증권거래세, 종합부동산세, 등록면허세, 주민세(균등 분, 재산분), 재산세, 자동차세, 지방소득세 종업원분, 지역자원시설세
손금불산입 항목	❶ 법인세 및 그에 관한 지방소득세 · 농어촌특별세 ❷ 부가가치세 매입세액(단, 면세사업 관련분 등 제외) ❸ 반출했으나 판매하지 아니한 제품에 대한 개별소비세 · 교통 · 에너지 · 환경세, 주세의 미납액. 다만, 제품가격에 그 세액을 가산한 경우는 제외) ❹ 증자 관련 등록면허세(신주발행비 등) ❺ 가산금 · 체납처분비 · 가산세 · 각 세법상 의무불이행으로 인한 세액

부가세 : 농어촌특별세, 교육세, 지방교육세는 본세와 동일하게 처리

📌 취득단계의 세금(취득세) : 즉시 비용으로 인정되지 않고 자산의 취득원가에 가산
한 후 감가상각이나 처분과정을 거치며 손금에 산입한다.

📌 보유단계의 세금(재산세 · 자동차세 · 종합부동산세) : 손금으로 인정하는 것이 원칙
이나 업무와 관련 없는 자산에 대한 것은 업무무관비용에 해당하므로 손금불산입한다.

🕯️ 부가가치세의 비용처리

구 분		법인세법상	소득세법상
부가가치세법상 공제되는 일반적인 매입세액		손금불산입	필요경비불산입
부가가치세법상 공제되지 않는 매입세액	❶ 본래부터 공제되지 않는 매입세액 가. 영수증을 발급받은 거래분의 매입세액 나. 부가가치세 면세사업 관련 매입세액 다. 토지 관련 매입세액 라. 비업무용소형승용자동차의 구입·유지에 관한 매입세액 마. 기업업무추진비 및 유사 비용의 지출에 관련된 매입세액 바. 간주임대료에 대한 부가가치세	손금산입 자산의 취득원가나 자본적 지출 해당 분은 일단 자산으로 계상한 후 추후 손금인정	필요경비산입 자산의 취득원가나 자본적 지출 해당 분은 일단 자산으로 계상한 후 추후 필요경비인정
	❷ 의무불이행 또는 업무무관으로 인한 불공제 매입세액 가. 세금계산서의 미수취·불분명 매입세액 나. 매입처별 세금계산서합계표의 미제출·불분명 매입세액 다. 사업자등록 전 매입세액 라. 사업과 관련 없는 매입세액	손금불산입 자산으로 계상할 수 없음	필요경비불산입 자산으로 계상할 수 없음

📑 관세와 관세환급금의 법인세법상 비용처리

구 분	세무처리
관세	• 물품수입시 부담한 관세는 매입부대비용이므로 자산취득원가로 처리함 • 회사가 비용처리한 경우 손금불산입(유보 처분)

구 분	세무처리
관세환급금	• 외국에서 수입한 원자재로 생산한 제품을 수출하는 경우 수입시 부담한 관세를 환급받음 • 환급되는 관세는 익금산입

• 관세환급금의 손익귀속시기

❶ 수출과 동시에 환급받을 관세가 확정되는 경우 : 수출완료일

❷ 수출과 동시에 환급받을 관세가 확정되는 않는 경우 : 환급금 결정통지일과 환급일 중 빠른날

등록면허세의 법인세법상 비용처리

구 분	세무처리
법인설립등기 관련 등록면허세	창업비에 해당하며, 당기 손금 처리한다.
증자등기 관련 등록면허세	• 신주발행비에 해당하므로 주식할인발행차금에 해당함 • 회사가 비용처리한 경우 손금불산입(기타사외유출 처분)
기타의 등록면허세	당기의 손금으로 인정함 • 대출금에 대한 저당권 설정등기 등록면허세 • 임원변경등기에 관한 등록면허세 • 지점설치에 대한 등록면허세

비용인정 되는 공과금과 안 되는 공과금

손금산입하는 공과금	손금불산입하는 공과금
❶ 상공회의소 회비	❶ 법령에 의하여 의무적으로 납부하는

손금산입하는 공과금	손금불산입하는 공과금
❷ 영업자가 조직한 단체로서 법인 또는 주무관청에 등록된 조합·협회비 ❸ 교통유발부담금, 폐기물부담금, 국민연금 사용자 부담금, 개발부담금 등	것이 아닌 공과금 ❷ 법령에 의한 의무의 불이행 또는 금지·제한 등의 위반에 대한 제재로서 부과되는 공과금

🔖 토지에 대한 개발부담금은 즉시 손금으로 인정하지 않고 토지의 취득원가를 구성한 후 처분과정을 거치며 손금에 산입한다.

💡 비용인정 되는 벌과금과 안 되는 벌과금

손금산입	손금불산입
❶ 사계약상의 의무불이행으로 인해서 부과하는 지체상금(정부와 납품계약으로 인한 지체상금은 포함하며, 구상권 행사가 가능한 지체상금은 제외함) ❷ 보세구역에 장치된 수출용 원자재가 관세법상의 장치기간 경과로 국고귀속이 확정된 자산의 가액 ❸ 연체이자 등 가. 철도화차사용료의 미납액에 대해 가산되는 연체이자 나. 산업재해보상보험법의 규정에 의한 산업재해보상보험료의 연체료 다. 국유지사용료의 납부지연으로 인한 연체료 리. 전기요금의 납부시연으로 인한 연체가산금	❶ 법인의 임원 또는 종업원이 관세법을 위반하고 지급한 벌과금 ❷ 업무와 관련해서 발생한 교통사고 벌과금 ❸ 산업재해보상법의 규정에 의해 징수하는 산업재해보상보험료의 가산금 ❹ 금융기관의 최저예금지불준비금부족에 대해서 한국은행법의 규정에 의해 금융기관이 한국은행에 납부하는 과태료 ❺ 국민건강보험법의 규정에 의해 징수하는 가산금 ❻ 외국의 법률에 의해 국외에서 납부하는 벌금

🔍 직원에게 부과된 벌과금의 대납 시 처리 방법

현행 법인세법에서는 법인이 납부 또는 대납한 벌과금을 비용불인정 하고 있다. 이 경우 법인대납 한 벌과금이 법인의 업무수행과 관련이 있는 경우에는 사용인에게 부과되었더라도 법인에게 귀속된 금액으로 보아 비용불인정하고, 기타사외유출로 소득처분 해야 한다. 참고로 법인의 업무수행과 관련이 없는 경우 및 법인의 업무수행과 관련이 있더라도 회사의 내부규정에 의해서 원인유발자에게 변상 조치하기로 되어 있는 경우는 비용불인정하고, 당해 원인유발자에 대한 상여로 소득처분 (근로소득세 납부)해야 한다.

구 분	업무처리
대납한 벌과금이 법인의 업무수행과 관련이 있는 경우	법인에게 귀속된 금액으로 보아 비용불인정하고, 기타사외유출로 소득처분 한다.
대납한 벌과금이 업무수행과 관련이 없는 경우 및 법인의 업무수행과 관련이 있더라도 회사의 내부규정에 따라 원인유발자에게 변상 조치하기로 되어 있는 경우	회사는 비용불인정하고 당해 원인유발자에 대한 상여로 소득처분 후 상여에 대한 근로소득세를 원천징수 · 납부 한다.

🔧 조합비 · 협회비

구 분	내 용
법정단체에 대한 회비 : 영업자가 조직한 단체로서 법인이거나 주무관청에 등록된 조합 · 협회에 지급한 회비	일반 회비 : 전액 손금 특별 회비 : 일반기부금(한도 내 손금)
임의단체에 대한 회비 : 임의로 조직한 조합 · 협회에 지급한 회비	모든 회비 : 일반기부금(한도 내 손금)

회사업무를 위하여 사용하였으나 부가가치세 공제 차량에 해당하지 않는다면 매입세액공제는 받지 못하나, 비용처리는 가능하다. 단, 임직원전용자동자보험 가입과 운행기록부 작성 여부에 따라 비용인정 조건이 달라진다.

❶ 임직원전용자동차보험에 가입하지 않았을 때는 전액 비용으로 인정받지 못한다.

❷ 임직원전용자동차보험에 가입하고 운행기록부를 작성하지 아니한 경우, 연 1,500만 원 한도로 비용으로 인정된다.

❯ 1,500만 원 이하인 경우는 운행기록을 작성, 비치하지 않아도 업무사용 비율을 100%로 인정

❯ 운행기록을 작성하지 않으면 연간 1,500만 원까지만 비용으로 인정

❸ 임직원 전용 자동차보험에 가입하고 운행기록부를 작성한 경우, 차량 업무 사용 비율만큼 비용인정이 된다. 여기서 업무 사용 비율이란 총 주행거리에서 업무용 사용 거리가 차지하는 비율을 의미한다.

🍸 임직원전용자동차보험에 가입

법인이 법인차량 관련 비용을 회사경비로 처리하려면 먼저 임직원전용자동차보험에 가입해야 한다(개인은 2021년부터 2대 이상). 이 경우 운전자의 범위는 법인의 임직원으로 한정된다(당해 법인과 계약관계에 있는 업체의 인지원도 포함되지만, 임직원의 가족·친족은 반드시 제외해야 함).

법인차량 중 임직원전용자동차보험에 가입해야 하는 자동차는 승용

차다. 택시나 화물차 등은 사적 용도로 사용할 개연성이 낮아 동 보험에 가입하지 않더라도 세법상 비용으로 인정된다.

렌터카 회사에서 차량을 빌려 사용한다면 렌터카 회사에서 임직원전용자동차보험에 가입해야 한다.

그리고 개인사업자는 2024년부터 모든 복식부기의무자는 의무가입 대상이다.

🐜 차량운행일지의 작성·비치

회사는 차량운행일지를 작성·비치한 경우에만 비용으로 인정받을 수 있다. 업무 이외의 목적으로 사용한 금액은 경비로 인정받지 못한다. 원칙적으로 운행기록을 작성해 업무사용비율을 계산하고 모든 경비를 그 비율만큼만 인정한다. 업무사용비율이란 업무용 사용 거리 ÷ 총 주행거리의 비율을 의미한다.

임직원 전용 자동차보험에 가입했지만, 운행기록을 작성하지 않으면 연간 1,500만 원까지만 비용으로 인정된다. 단, 해당 사업연도의 업무용 승용차 관련 비용이 대당 1,500만 원 이하인 경우는 운행기록을 작성, 비치하지 않아도 업무 사용 비율을 100%로 인정해준다.

구 분	법 인	개 인
임직원전용 자동차보험	의무가입, 미가입 시 전액 손금불산입	2대 이상 의무가입. 성실신고확인 대상자, 전문직 미가입 시 전액(복식부기의무자 50%) 필요경비불산입
업무 사용 제외 금액 소득처분	상여 등 귀속자에 따라 처분	인출로 처분

구 분	법 인	개 인
운행기록일지	의무 작성	의무 작성
	• 운행기록을 작성하지 않으면 연간 1,500만 원까지만 비용으로 인정 • 1,500만 원 이하인 경우는 운행기록을 작성, 비치하지 않아도 업무사용비율을 100%로 인정	

개인사업자의 경우 간편장부대상자는 운행일지 작성 의무대상이 아니다. 개인사업자 중 모든 복식부기의무자는 2대 이상부터 법인과 동일하게 업무전용자동차보험에 가입히고 운행일지를 작성해야 한다.

마지막으로 업무용 승용차가 여러 대라면 감가상각비·임차료·유류비·수선비 등을 차량별로 분류해 두는 게 필요하다. 보험에 가입했을 때 임직원이 아닌 가족 등이 사적으로 사용하다 사고가 난 경우 보상을 받을 수 없으므로 임직원의 가족이 회사의 업무용 승용차를 운전해서는 안 된다.

렌트 차량은 해당 사업연도에 속한 임차 기간 전체가 임직원 전용 자동차보험에 가입된 경우에만 비용 혜택을 받을 수 있으므로 렌터카 회사가 보험에 가입했는지 반드시 확인해 불이익을 받지 않도록 주의할 필요가 있다.

법인과 개인사업자의 차량 관련 비용처리

법인은 임직원 전용 자동차보험에 가입이 안 되어있으면, 전액 비용으로 인정받는 것이 불가능하다.

임직원 전용 자동차보험에 가입 후 운행기록부 작성 여부에 따라 비용인정 금액이 결정된다.

구 분	매입세액 공제여부	비용인정(승용차 1대당)		
❶ 우측의 비용인정 차종 및 업종 차량은 운행일지를 작성 안 해도 됨	공제가능	비용인정 차종 : 경차, 트럭 등 화물차, 9인승 이상의 승합차 업종 : 운수업, 자동차판매업, 자동차임대업, 운전학원업, 경비업법 등 노란색 번호판, 장례식장 및 장의 관련업을 영위하는 법인차량과 운구용 승용차		
❷ ❶이외의 차종, 업종을 제외한 2대 이상 운행하는 모든 복식부기의무재(1대는 제외, 간편장부대상자 제외))	불공제	임직원전용자동차보험에 미가입		불인정
		임직원전용 자동차보험에 가입	운행기록부 작성	인정(업무사용 비율만큼)
			운행기록부 미작성	인정(1,500만 원 한도)

4 기업업무추진비 비용처리와 한도액 계산

🐾 첫 번째 조건(반드시 법정지출증빙을 갖추어야 한다.)

세법상 기업업무추진비는 일정 한도 내에서만 기업업무추진비를 인정하는 한도를 정하고 있는데, 한도 계산에 포함되는 기준금액이 되기 위해서는 우선 건당 3만 원을 초과해서 지출 시 반드시 세금계산서, 계산서, 신용카드매출전표, 현금영수증 중 하나를 증빙으로 받아야 한다. 여기서 말하는 신용카드(직불카드와 외국에서 발행한 신용카드를 포함)는 해당 법인의 명의로 받은 신용카드를 말한다. 따라서 법인의 임원 또는 종업원의 개인신용카드로 결제한 금액은 그 금액이 건당 3만 원을 초과하는 경우 이는 전액 비용으로 인정받을 수 없다. 또한 매출전표 등에 기재된 상호 및 사업장 소재지가 물품 또는 서비스를 공급하는 신용카드 등의 가맹점 상호 및 사업장 소재지와 다른 경우 당해 기업업무추진비 지출액은 신용카드사용 기업업무추진비에 포함하지 않는다.

구 분			처리방법
기밀비나 증빙이 없는 기업업무추진비 등			손금불산입(비용불인정)
3만원 초과 기업업무추진비로서 법정증빙을 받지 않은 경우			손금불산입(비용불인정)
일반 기업업무추진비 한도 계산	한도 초과액		손금불산입(비용불인정)
	한도 내 금액	법정증빙 미수취액	손금불산입(비용불인정)
		법정증빙 수취액	한도 범위 내에서 손금인정
비 고	기업업무추진비로 인정받기 위한 비용지출은 다음의 세 가지로 볼 수 있다. ❶ 법정증빙을 사용한 기업업무추진비(세금계산서, 계산서, 신용카드, 현금영수증) ❷ 건당 3만 원 이하의 기업업무추진비로서 영수증 등을 받은 금액 ❸ 현물기업업무추진비(자사 제품을 거래처에 증정하는 경우 등)		

💡 두 번째 조건(기업업무추진비 한도 범위 내에서만 비용인정)

위의 첫 번째 요건을 통과하였다고 해서 모두 비용으로 인정되는 것이 아니며, 세법에서 정한 일정한 한도 내에서만 비용으로 인정이 된다. 따라서 한도를 초과하는 경우는 모두 손금불산입 즉, 비용불인정 된다. 그러나 계정과목 상으로는 전액 기업업무추진비로 처리할 수 있다. 세무에서 기업업무추진비는 다음의 금액을 한도로 해서 비용으로 인정된다.

기업업무추진비 한도액 = ❶ + ❷[특수법인 (❶ + ❷) × 50%]

❶ 1,200만 원(중소기업의 경우에는 3,600만 원) × 당해 사업연도의 월수/12

❷ (수입금액 × 적용률) + (특정 수입금액(특수관계자 거래) × 적용률 × 10%)

주 월수는 역에 따라 계산하며 1월 미만은 1월로 본다. 예를 들어 6월 14일에 신설한 법인으로서 첫 사업연도가 6월 14일부터 12월 31일이라면 사업연도 개시일인 6월이 포함되므로 사업연도 월수는 7개월이다.

문화기업업무추진비 한도액 = Min(❶ + ❷)

❶ 문화기업업무추진비

❷ 일반기업업무추진비 한도액 × 20%

구 분	적용률
100억원 이하	0.3%
100억원 ~ 500억원	3,000만 원 + (수입금액 – 100억 원) × 0.2%
500억원 초과분	1억 1천만 원 + (수입금액 – 500억 원) × 0.03%

연간 5만 원(개당 3만 원 이하 물품 제외) 이하 기업업무추진비

다음의 경우는 특정인에게 지급해도 기업업무추진비가 아닌 광고선전비로 본다.

1. 개당 3만 원 이하는 무조건 광고선전비로 처리한다.

2. 개당 3만 원을 초과하는 물품만 합산해 특정인 대상 연간 5만 원 이하는 광고선전비, 5만 원 초과는 기업업무추진비로 처리한다.

한 사람에게 연간 총합계금액 5만 원 이상의 물품을 주면 광고선전비로 보지 않고 기업업무추진비로 보겠다는 의미이고, 3만 원 이하의 물품은 총합계금액 계산에서 제외한다. 예를 들면 10,000원짜리 10개를 주는 경우 3만 원 이하의 물품이므로 무조건 광고선전비로 보아 총합계금액 계산에서 제외된다. 따라서 비록 총액은 10만 원이지만 합계금액 계산에서 제외되므로 광고선전비로 인정된다. 반면, 5만 원짜리 2개를 주면 개당 3만 원을 초과하므로 총합계금액계산에 포함되고 2개가 10만 원으로 1인당 5만 원 기준을 초과하므로 광고선전비가 아닌 세무상으로는 기업업무추진비로 본다.

대표이사와 개인적 친분이 있는 분의 축의금과 조의금

기업업무추진비는 기업의 활동과 관련하여 특정 목적의 달성을 위하여 지출하는 비용을 말한다. 즉 기업업무추진비는 법인이 업무와 관련하여 지출한 금액을 말한다. 따라서 업무와 관련 없이 대표이사 개인적 친분이 있는 분의 축의금이나 조의금을 회사가 대신 내주는 경우 기업업무추진비나 복리후생비가 아닌 업무무관가지급금으로 지출액에 대해서는 대표자 상여(급여) 처리 후 다음 달 급여와 함께 원천징수 신고 · 납부 하는 것이 원칙이다.

5 기부금 비용처리와 한도액 계산

구 분	종 류	한 도
특례 기부금	국가 또는 지방자치단체에 기부한 금품, 국방헌금과 위문금품, 천재지변 또는 특별재난구역 이재민구호금품 가액, 자원봉사용역 가액, 사회복지 시설에 기부한 남품 등이 해당한다.	1. 한도초과 이월액에 대한 세무조정 ❶ 전기 이전 한도초과 이월액 ❷ 한도액 = (기준소득금액 − 이월결손금 공제액)의 50% ❸ 한도초과 이월액 중 손금산입액 = MIN(❶, ❷) : 손금산입(기타) 2. 당기 지출액에 대한 세무조정 ❶ 당기 지출액 ❷ 한도 잔액 = 한도액 − 한도초과 이월액 중 손금산입액

구 분	종 류	한 도
		❸ 한도초과액 = ❶ − ❷ = (+) 손금불산입(기타사외유출)
우리사주조합기부금	법인이 우리사주조합에 지출한 기부금	❶ 당기 지출액 ❷ 한도액 = (기준소득금액 − 이월결손금 공제액 − 특례기부금 손금산입액)의 30% ❸ 한도초과액 = ❶ − ❷ = (+) 손금불산입(기타사외유출)
일반기부금	일반기부금단체(사회복지법인, 학술연구단체, 종교단체 등)의 고유목적 사업비로 지출하는 기부금, 학교장이 추천하는 개인에게 장학금 등으로 지출하는 기부금, 공익신탁 기부금 등이 있다.	1. 한도초과 이월액에 대한 세무조정 ❶ 전기 이전 한도초과 이월액 ❷ 한도액 = (기준소득금액 − 이월결손금 공제액 − 특례기부금 손금산입액 − 우리사주조합기부금 손금산입액)의 10% ❸ 한도초과 이월액 중 손금산입액 = MIN(❶, ❷) : 손금산입(기타) 2. 당기 지출액에 대한 세무조정 ❶ 당기 지출액 ❷ 한도 잔액 = 한도액 − 한도초과 이월액 중 손금산입액 ❸ 한도초과액 = ❶ − ❷ = (+) 손금불산입(기타사외유출)
비지정기부금	특례기부금과 우리사주조합기부금 및 일반기부금 이외의 기부금으로 동창회, 종친회, 향우회 기부금 등을 말한다.	비지정기부금은 전액 손금불산입한다.

💤 차가감 소득금액 = 당기순이익 + 익금산입 · 손금불산입 − 손금산입 · 익금불산입 (기부금을 제외한 세무조정)

💤 기준소득금액 = 차가감 소득금액 + 특례기부금 + 우리사주조합기부금 + 일반기부금

6 감가상각비 비용처리와 한도액 계산

감가상각비는 내국법인이 각 사업연도에 손금으로 계상한 경우에만 상각범위액을 한도로 해당 사업연도의 소득금액을 계산할 때 이를 손금에 산입하고, 그 계상한 금액 중 상각범위액을 초과하는 부분의 금액은 손금에 산입하지 않는다. 다만, 해당 내국법인이 법인세를 면제·감면받은 경우에는 해당 사업연도의 소득금액을 계산할 때 감가상각비를 손금에 산입해야 한다.

감가상각자산

감가상각 대상 자산	감가상각 비상각 자산
유형고정자산과 무형고정자산(영업권, 개발비, 사용수익기부자산 등) 주 만일 법인이 개발비를 전액 발생시점의 비용으로 처리하게 되면 법인세법에서도 이를 전액 손금으로 인정해준다. ❶ 장기할부조건 등으로 매입한 고정자산 ❷ 유휴설비	❶ 사업에 사용하지 않는 자산 ❷ 건설 중인 자산 ❸ 시간의 경과에 따라 그 가치가 감소하지 않는 자산(서화·골동품 등) 주 장식·환경미화 등을 위해 사무실·복도 등 여러 사람이 볼 수 있는 공간에 상시 비치하는 미술품의 취득가액을 즉시 당해 사업연도에 손금에 산입한 경우 당해 취득가액(거래 단위별로 1천만 원 이하인 것에 한함) 전액을 손금으로 인정한다. ❹ 업무무관자산

🌱 상각범위액 및 감가상각 방법

구 분		선택가능 한 방법	무신고시 상각방법
유형고정자산	원칙	정액법, 정률법 중 선택	정률법
	건축물	정액법	정률법
	폐기물 매립시설	정액법, 정률법, 생산량비례법 중 선택	생산량비례법
	광업용 자산	정액법, 정률법과 생산량비례법 중 선택	생산량비례법
무형고정자산	원칙	정액법	정액법
	광업권	정액법, 생산량비례법 중 선택	생산량비례법
	개발비	관련 제품별로 신고한 내용연수(20년 이내의 기간 내에서 연 단위로 신고한 연수)에 따라 매 사업연도의 경과월수에 비례해서 상각(월할상각)	5년을 내용연수로 해서 매 사업연도의 경과일수에 비례해서 상각(월할상각)
	사용수익 기부자산가액	• 사용수익기간(사용수익기간에 대한 특약이 없으면 신고내용연수)에 따라 균등상각(월할상각) • 사용수익기간 또는 신고내용연수기간 중에 멸실·계약해지 된 경우 미상각잔액 전액 상각	
	주파수이용권과 공항시설관리권	주무관청에서 고시하거나 주무관청에 등록한 기간 내에서 사용기간에 따라 균등액을 상각하는 방법(월할상각)	

🌱 잔존가액

감가상각자산의 잔존가액은 "0"으로 한다. 다만, 정률법의 경우에는 취득가액의 5%에 상당하는 금액으로 하되, 그 금액은 당해 감가상각자산에 대한 미상각잔액이 최초로 취득가액의 5% 이하가 되는 사업연도의 상각범위액에 가산한다.

감가상각이 종료되는 감가상각자산에 대해서는 취득가액의 5%와 1천 원 중 적은 금액을 당해 감가상각자산의 장부가액으로 하고, 동 금액에 대해서는 이를 손금에 산입하지 않는다.

- 원칙 : 0(영)
- 예외 : 정률법의 경우 Max(취득가액의 5%, 1,000원)

내용연수와 상각률

① 시험연구용자산과 무형고정자산(영업권, 특허권 등) : 기준내용연수 및 상각률

구 분	내용연수	무형고정자산
1	5년	영업권, 디자인권, 실용신안권, 상표권
2	7년	특허권
3	10년	어업권, 「해저광물자원 개발법」에 의한 채취권(생산량비례법 선택 적용), 유료도로관리권, 수리권, 전기가스공급시설이용권, 공업용수도시설이용권, 수도시설이용권, 열공급시설이용권
4	20년	광업권(생산량비례법 선택 적용), 전신전화전용시설이용권. 전용측선이용권, 하수종말처리장시설관리권, 수도시설관리권
5	50년	댐사용권

② 기타 감가상각자산 : 기준내용연수에 25% 가감하여 신고한 신고 내용연수 및 상각률(단, 무신고시 ①의 방법 적용)

구분	기준내용연수 및 내용 연수범위(하한–상한)	구조 또는 자산명
1	5년(4년~6년)	차량 및 운반구(운수업, 기계장비 및 소비용품 임대업에 사용되는 차량 및 운반구를 제외한다), 공구, 기구 및 비품
2	12년(9년~15년)	선박 및 항공기(어업, 운수업, 기계장비 및 소비용품 임대업에 사용되는 선박 및 항공기를 제외한다)
3	20년(15년~25년)	연와조, 블록조, 콘크리트조, 토조, 토벽조, 목조, 목골모르타르조, 기타 조의 모든 건물(부속설비를 포함한다)과 구축물
4	40년(30년~50년)	철골·철근콘크리트조, 철근콘크리트조, 석조, 연와석조, 철골조의 모든 건물(부속설비를 포함한다)과 구축물

1. 기준내용연수의 50%를 가감하는 경우

① 사업장의 특성으로 자산의 부식·마모 및 훼손의 정도가 현저한 경우

② 영업개시 후 3년이 경과한 법인으로서 당해 사업연도의 생산설비 가동률 직전 3개 사업연도의 평균가동률보다 현저히 증가한 경우

③ 새로운 생산기술 및 신제품의 개발·보급 등으로 기존 생산설비의 가속상각이 필요한 경우

④ 경제적 여건의 변동으로 조업을 중단하거나 생산설비의 가동률이 감소한 경우

2. 기준내용연수의 25%를 가감하는 경우

① 국제회계기준을 최초로 적용하는 사업연도에 결산내용연수를 변경한 경우

② 감가상각자산에 대한 기준내용연수가 변경된 경우

💈 중고자산 등의 상각범위액

내국법인이 기준내용연수(해당 내국법인에게 적용되는 기준내용연수를 말한다)의 50% 이상이 경과된 자산을 취득한 경우는 그 자산의 기준내용연수의 50%에 상당하는 연수와 기준내용연수의 범위에서 선택하여 납세지 관할 세무서장에게 신고한 연수를 내용연수로 할 수 있다. 할 수 있다는 강제가 아닌 선택사항이라는 의미이다.

💈 감가상각의 의제

법인세가 면제되거나 감면되는 사업을 경영하는 법인으로서 법인세를 면제받거나 감면받은 경우는 개별자산에 대한 감가상각비가 상각범위액이 되도록 감가상각비를 손금에 산입해야 한다. 다만, 국제회계기준을 적용하는 법인은 개별자산에 대한 감가상각비를 추가로 손금에 산입할 수 있다.

1. 감가상각의제액 발생 사업연도 : 감가상각 의제액을 손금산입한다.

감가상각의제액 = 상각범위액 − (회사상각비 + 전기이월 상각부인액의 손금산입액)

2. 그 이후의 사업연도 : 감가상각의제액은 그 이후 사업연도의 상각범위액을 감소시키는 효과가 있다.

정률법에 의한 상각범위액 = (세법상 미상각잔액 − 감가상각의제액) × 상각률

정액법에 의한 상각범위액 = Min(취득가액 × 상각률, 미상각잔액 − 감가상각의제액)

즉시상각의 의제

감가상각자산을 취득하기 위하여 지출한 금액과 감가상각자산에 대한 자본적 지출에 해당하는 금액을 손금으로 계상한 경우는 이를 감가상각한 것으로 보아 상각범위액을 계산한다(즉시상각의제 금액을 상각범위액과 회사 계상 상각비에 가산함). 여기서 자본적 지출이란 법인이 소유하는 감가상각자산의 내용연수를 연장하거나, 당해 자산의 가치를 현실적으로 증가시키기 위해서 지출한 수선비를 말한다.

자본적 지출	수익적 지출
• 본래의 용도 변경 목적의 개조	• 건물 또는 벽의 도장
• 엘리베이터, 냉난방 장치의 설치	• 파손된 유리나 기와의 대체
• 빌딩 등의 피난시설 등의 설치	• 기계의 소모된 부분품과 벨트의 대체
• 재해 등으로 인한 건물 · 기계 · 설비 등이 소실 · 훼손되어 당해 자산 본래 용도에 이용가치가 없는 것의 복구	• 자동차 타이어 튜브의 대체
	• 재해를 입은 자산에 대한 외장의 복구 · 도장 · 유리의 삽입
• 기타 개량 · 확장 · 증설 등 이와 유사한 성질의 것	• 기타 조업 가능한 상태의 유지 등 이와 유사한 성질의 것

다음의 자산은 취득 시 감가상각을 통해 비용처리를 하거나 당기 비용처리 방법 중 선택해서 적용할 수 있다.

구 분		즉시상각대상 자산
취득시	금액적으로 소액인 자산	거래 단위별 취득가액 100만 원 이하의 지출금액. 단 고유업무의 성질상 대량으로 보유하는 자산과 그 사업의 개시 또는 확장을 위해서 취득한 자산은 제외
	대여사업용 비디오테이프 등	대여사업용 비디오테이프와 음악용 콤팩트디스크로서 개별자산의 취득가액이 30만원 미만인 자산
	단기 사용자산	시험기기 · 영화필름 · 공구 · 가구 · 전기기구 · 가스기기 · 가정용 기구 및 비품 · 시계 · 측정기기 및 간판
	어업의 어구	어업에 사용하는 어구(어선 용구 포함)는 금액의 제한이 없음
	전화기, 개인용 컴퓨터	전화기(휴대용 전화기 포함), 개인용 컴퓨터(그 주변기기 포함). 이는 금액의 제한이 없다.
보유시	소액수선비	개별자산별 수선비(자본적 지출과 수익적 지출) 합계액이 소액수선비 판단기준에 미달하는 경우 🟦 소액수선비 판단기준 = Max(600만원, 전기말 B/S상 장부가액의 5%)
	주기적 수선비	3년 미만의 기간마다 지출하는 주기적 수선비
폐기시	시설개체와 시설낙후로 인한 폐기자산	시설을 개체하거나 기술의 낙후 등으로 생산설비의 일부를 폐기한 경우는 장부에 비망가액 1,000원만 남기고 나머지는 폐기한 사업연도의 손금에 산입할 수 있다.

법인의 각 사업연도 소득계산상 차입금의 지급이자는 원칙적으로 손금에 산입하나 채권자 불분명 사채이자(사채시장의 노출 유도), 비실명채권·증권의 이자(금융실명제 정착), 건설자금이자(고정자산의 취득원가), 업무무관자산에 대한 지급이자(비생산적 차입금 사용 억제)는 손금불산입한다.

지급이자 손금불산입 규정 적용순서 및 지급이자의 범위

❶ 채권자가 불분명한 사채이자

❷ 비실명채권 · 증권의 이자 · 할인액 또는 차익

❸ 건설자금에 충당한 차입금의 이자

❹ 업무무관자산 및 가지급금 등의 취득 · 보유와 관련한 지급이자

지급이자에 포함되는 것	지급이자에 포함되지 않는 것
• 금융어음 할인료	• 상업어음 할인액
• 회사정리인가 결정에 의해 면제받은 미지급이자	• 선급이자
	• 현재가치할인차금상각액
• 금융리스료 중 이자 상당액	• 연지급수입에 있어 취득가액과 구분해 지급이자로 계상한 금액
• 사채할인발행차금상각액	
• 전환사채 만기 보유자에게 지급하는 상환할증금	• 지급보증료 · 신용보증료 등
	• 금융기관 차입금 조기상환 수수료

가지급금에 대한 불이익과 해결 방법

1. 가지급금

법인 경영진이나 임직원이 적격증빙이 없어 비용처리 하지 못하고 지급된 금액

문제점 : 세무조사 위험, 대표이사 배임·횡령 문제로 직결됨 → 형사처벌 민사배상

2. 가지급금에 대한 각종 불이익

① 가지급금 × 인정이자율 = 인정이자가 익금산입되어 법인세와 대표자 상여처분 됨.

② 차입금의 지급이자 중 가지급금이 차지하는 비율만큼 지급이자 손금불산입으로 법인세 부담

③ 가지급금 계정이 복잡하면 세무조사 대상자로 선정될 가능성 큼.

④ 건설업·공사업의 경우 실질자본금 계산에서 감액(−) 요인이 됨.

⑤ 결국 회수되지 않은 가지급금은 법인 대표의 상여로 근로소득세 합산과세 됨.

3. 가지급금 해소 방법 : 결국은 돈을 만들어 갚는 방법임

① 대표자와 실질 귀속자가 각자 급여 받은 돈으로 상환함 → 소득세·4대 보험 증가

② 임원의 퇴직금을 받아 상환(퇴직급여 규정 변경, 퇴직소득세 부담 등)

③ 주주 겸 대표자의 불입 자본금을 감소시키면서 상계처리

④ 법인 경영진이 회사 업무상 사용한 실질 경비, 지급, 구입 증빙 있는 경우 상쇄

⑤ 대표이사, 주주 등 개인 소유자산, 부동산, S/W, 특허권 등을 회사에 양도하여 상쇄

⑥ 대주주 소유의 주식을 회사의 가지급금과 상쇄하여 자기주식으로 취득하는 방법

(자기주식에 대한 적정평가로 부당행위 계산 부인이 되지 말아야 함)

8 퇴직급여충당금 비용처리와 한도액 계산

퇴직급여충당금 손금산입 한도

퇴직급여충당금을 설정할 수 있는 법인은 사업연도 종료일 현재 설립한지 1년 이상이 된 법인, 개인에서 법인전환 된 경우, 분할 신설법인의 경우에만 가능하므로 그 외 설립한 지 1년이 되지 않은 신설

법인은 퇴직급여충당금을 설정할 수 없으나, 1년 미만 근무자에게도 퇴직금을 지급한다는 규정이 있는 경우는 충당금 설정이 가능하다. 기업회계상 확정기여형에 가입한 경우를 제외하고, 결산 때 퇴직급여충당금을 전액 재무제표에 반영해야 하지만 세법에서는 결산 조정 사항에 해당하므로 충당금 설정 여부는 법인의 선택에 달려있다. 따라서 충당금을 설정하지 않고 실제 근로자의 퇴직 시마다 당기 비용 처리도 가능하다.

구 분	적용률
기업회계	퇴직급여추계액의 100% 설정 가능
법인세법	퇴직급여추계액의 0% 설정 가능(사실상 설정불가능)

확정기여형(DC형) 퇴직연금

확정기여형 퇴직연금의 손금산입은 한도액 계산을 하지 않는다.

① 법인이 임직원의 퇴직금을 지급하기 위하여 지출하는 금액(퇴직연금 등) 중 확정기여형 퇴직연금 등(확정기여형 퇴직연금, 개인형 퇴직연금제도 및 과학기술인공제회법에 따른 퇴직연금 중 확정기여형 퇴직연금)의 부담금은 전액 손금에 산입한다.

② 임원에 대한 확정기여형 퇴직연금 등의 처리

확정기여형 퇴직연금 등인 경우에도 임원에 대한 부담금은 법인이 퇴직 시까지 부담한 부담금의 합계액을 퇴직급여로 보아 임원 퇴직금 한도 금액 규정을 적용하되, 손금산입 한도 초과 금액이 있는 경우에는 퇴직일이 속하는 사업연도의 부담금 중 손금산입 한도 초과

금액 상당액을 손금에 산입하지 아니하고, 손금산입 한도 초과 금액이 퇴직일이 속하는 사업연도의 부담금을 초과하는 경우 그 초과 금액은 퇴직일이 속하는 사업연도의 익금에 산입한다.

구 분	손금산입
종업원	연금보험료 납부한 금액 전액 손금산입
임 원	임원 연금보험료 납부한 금액 전액 손금산입. 단, 실제 퇴직 시 납부한 연금보험료 총액이 임원 퇴직금 한도를 초과한 경우 초과 금액 손금불산입

퇴직연금 보험료는 납부 즉 현금 기준이다. 따라서 납부한 연도에 손금에 산입한다. 예를 들어 12월분을 다음 연도 1월에 납부한 경우 당해연도가 아닌 실제 납부한 다음 연도의 손금이 된다.

구 분	회계처리	세무조정
부담금 납입	퇴직급여 100 / 현금 100	전액 손금산입
퇴직	없음	없음

🌱 확정급여형(DB형) 퇴직연금

결산조정 및 신고조정사항이다. 따라서 확정급여형 퇴직연금 등을 납부한 법인이 그 부담금을 결산서에 비용으로 계상한 경우는 이를 세법상 손금산입 범위액을 한도로 하여 인정하게 되며, 법인이 이를 결산서에 비용으로 계상하지 않은 경우에도 세법상 손금범위액은 세무조정에 의해 손금산입한다.

외국인의 출국만기보험도 확정급여형 퇴직연금으로 보고 세무조정을 한다.

퇴직연금충당금 한도액 = Min(❶, ❷) – 세법상 퇴직연금충당금 이월잔액(직전 사업연도 종료일까지 납부한 부담금)

❶ 추계액 기준 : 추계액 중 퇴직급여충당금 미설정분 금액(확정급여형으로 납부할 수 있는 최대금액)

퇴직급여 추계액[MAX(일시퇴직기준 추계액, 보험수리기준 추계액)] – 세법상 퇴직급여충당금 기말잔액

❷ 운영자산기준 : 당기말 현재 퇴직연금운영자산 잔액(확정급여형으로 실제 납부힌 금액)

구 분	회계처리	세무조정
부담금 900 납입	운용자산 900 / 현금 900	손금산입 900(유보)
퇴직금 900 지급 시(연금 810 포함)	퇴충 900 / 운용자산 810 / 현금 90	퇴충 810 손금산입 △유보 운용자산 810 익금산입 유보

9 대손충당금 비용처리와 한도액 계산

🔎 대손금

구 분	내 용
대손처리 가능채권	1. 영업 거래에서 발행한 채권 ❶ 상품 또는 제품 판매금액의 미수금(부가가치세 포함) ❷ 서비스, 용역제공 대가의 미수금(부가가치세 포함) ❸ 상품, 원재료 등의 매입을 위한 선급금, 전도금 등 ❹ 기타 영업 거래를 위한 예치보증금 등 ❺ 회수책임과 대손손실을 부담하는 경우의 수탁판매업자 등의 미수금

구 분	내 용
	2. 영업외 거래에서 발생한 채권
	❶ 영업 거래에 해당하지 아니하는 자산매각대금의 미수금
	❷ 금전소비대차계약 등에 의한 대여금 및 미수이자
	❸ 임원, 사용인의 공금 횡령 및 업무상 과실로 발생한 구상채권
	❹ 법원 판결에 의한 확정된 손해배상청구권
	🥇 사업의 포괄 양수 과정에서 양수 당시 이미 회수불능으로 확정된 채권을 인수한 경우 양수 법인은 대손처리할 수 없다.
대손처리 불능채권	❶ 특수관계자에 대한 업무무관가지급금
	❷ 보증채무 대위변제로 인한 구상채권. 다만, 다음에 해당하는 채무보증으로 인해 발생한 구상채권은 대손금으로 손금산입할 수 있다.
	가. 독점규제및공정거래에관한법률에 의한 소정의 채무보증
	나. 일정한 금융기관이 행한 채무보증
	다. 신용보증사업을 영위하는 법인이 행한 채무보증
	라. 위탁기업이 수탁기업협의회의 구성원인 수탁기업에 대해 행한 채무보증
	마. 국가를 당사자로 하는 계약에 관한 법률에 따른 공사계약이행보증을 위한 연대보증
	❸ 대손세액공제를 받은 부가가치세 매출세액 미수금
대손요건	1. 신고조정사항
	❶ 소멸시효가 완성된 채권(채무의 면제로 인한 청구권 소멸은 제외)
	가. 외상매출금 및 미수금으로서 상법상의 소멸시효(3년)가 완성된 외상매출금 및 미수금
	나. 어음법에 의한 소멸시효(3년)가 완성된 어음
	다. 수표법에 의한 소멸시효가 완성된 수표
	라. 대여금 및 선급금으로서 민법상의 소멸시효(10년)가 완성된 것
	❷ 회사정리법에 의한 정리계획인가 또는 화의법에 의한 화의인가 결정에 따라 회수불능으로 확정된 채권

구 분	내 용
	❸ 민사소송법 규정에 의해 채무자의 재산에 대한 경매가 취소된 압류채권
	❹ 물품의 수출 또는 외국에서의 용역제공으로 인해 발생한 채권으로서 한국은행총재 또는 외국환은행의 장으로부터 채권회수의무를 면제받은 것
	❺ 법인이 다른 법인과 합병하거나 분할하는 경우로서 결산조정사항에 해당하는 채권을 합병등기일 또는 분할등기일이 속하는 사업연도까지 제각하지 않은 경우 당해 채권
	2. 결산조정사항
	❶ 채무자의 파산·강제집행·형의집행·사업폐지·사망·실종·행방불명으로 인해 회수할 수 없는 채권
	❷ 국세징수법 규정에 의해 납세지 관할 세무서장으로부터 국세 결손처분을 받은 채무자에 대한 채권(저당권 설정 시 제외)
	❸ 부도 발생일로부터 6개월 이상 경과한 어음·수표 및 외상매출금(중소기업의 외상매출금으로서 부도발생일 이전의 것에 한함)(저당권 설정 시 제외) 채권가액 30만원 이하인 소액채권
	❹ 채권의 일부를 회수하기 위해 해당 채권의 일부를 포기해야 할 불가피한 사유가 있는 경우 포기한 그 채권 금액. 다만, 부당행위계산부인에 해당하는 경우는 그러하지 아니함
	❺ 채권·채무조정에 따라 채권의 장부가액과 현재가치의 차액을 대손금으로 계상한 금액
	❻ 중소기업 외상매출금으로서 회수기일로부터 2년이 경과한 외상매출금 및 미수금. 다만, 특수관계인과의 거래로 인하여 발생한 외상매출금 및 미수금은 제외
손 익 귀속시기	1. 신고조정사항 신고조정사항에 해당하는 채권은 반드시 당해 사유가 발생한 날이 속하는 사업연도의 손금으로 처리해야 한다. 따라서 법인이 당해

구 분	내 용
	채권을 장부상 대손금으로 처리해 당해 채권을 제각하지 않으면 반드시 세무조정에 의한 손금산입(△유보)을 통해 당해 채권을 제각시켜야 한다. 2. 결산조정사항 결산조정에 해당하는 채권은 법인이 장부상 대손금으로 처리한 날이 속하는 사업연도에 손금으로 인정한다.
대손처리 금액	대손요건을 충족한 대손채권 전액을 대손금으로 한다. 다만, 부도발생일로부터 6월 이상 경과한 어음·수표·외상매출금의 경우에는 비망금액으로 1,000원(어음·수표 1매당 1,000원, 외상매출금은 채무자별로 1,000원)을 제외한 금액을 대손금으로 한다.
채권재조정 으로 인한 대손금	기업회계기준에 의한 채권의 재조정에 따라 채권의 장부가액과 현재가치의 차액을 대손금으로 계상한 경우는 이를 손금에 산입하며, 손금에 산입한 금액은 기업회계기준의 환입방법에 따라 이를 익금에 산입한다.

대손충당금

1. 설정대상 채권

설정대상 채권	설정대상 제외채권
외상매출금, 받을어음, 부도어음	할인어음, 배서어음
금전소비대차계약에 의해 타인에 대여한 대여금	특수관계자에 대한 가지급금(대여금)

설정대상 채권	설정대상 제외채권
어음상의 채권, 미수금, 작업진행률에 의한 공사미수금, 할부미수금 등 기업회계기준에 의한 대손충당금 설정 대상 채권	❶ 채무보증으로 인해 발생한 구상채권. 단, 다음의 채권은 설정가능 가. 독점규제및공정거래에관한법률에 의한 소정의 채무보증 나. 일정한 금융기관이 행한 채무보증 다. 신용보증사업을 영위하는 법인이 행한 채무보증 라. 위탁기업이 수탁기업협의회의 구성원인 수탁기업에 대해 행한 채무보증 마. 국가를 당사자로 하는 계약에 관한 법률에 따른 공사계약이행보증을 위한 연대보증 ❷ 부당행위계산부인 규정을 적용받는 시가초과액에 상당하는 채권

주 동일인에 대한 매출채권과 매입채무가 있는 경우에도 이를 상계하지 않고 대손충당금을 설정할 수 있으나, 당사자와 약정에 의해 상계하기로 한 것은 제외된다.

주 피합병법인의 대손충당금 한도 초과액은 합병법인에게 승계되지 않는다.

2. 설정한도액

대손충당금 한도액 = 설정 대상 채권의 장부가액 × 설정률

※ 설정 대상 채권의 장부가액 = 재무상태표 상 채권 잔액 − 재무상태표 상 채권 중 제외채권 + 대손충당금 설정 대상 채권에 대한 유보(매출채권 누락액 · 대손금 부인액 등) − △ 유보

※ 설정률

큰 금액[1%, 당해 사업연도의 대손금/직전 사업연도 종료일 현재의 대손충당금 설정 대상 채권의 장부가액]

3. 세무조정

세무조정 시 유의할 사항은 첫째, 기업회계상 총액법으로 회계처리 하든 보충법으로 회계처리 하든 상관없이 대손충당금 기말잔액과 한도액을 비교해서 한도 초과액을 계산한다.

둘째, 전기 대손충당금 한도 초과액은 당해 사업연도에 무조건 손금산입한다. 총액법에서 대손충당금 기초잔액은 당기에 상계되거나 환입되어 잔액이 남지 않으므로 유보는 반대조정에 의해 소멸시켜야 한다.

대손충당금 한도 초과액은 채권합계액을 기준으로 계산한 한도액에 의한다. 대손충당금의 합계액이 채권의 합계액을 기준으로 계산한 대손충당금 한도액 이내인 경우는 대손충당금 설정 대상이 아닌 채권에 대해서 설정한 대손충당금도 직접 손금불산입하지 않는다.

가족(친족) (허위) 직원의 세금 관리와 4대 보험 업무처리

1 4대 보험

4대 보험의 대원칙은 건강보험과 국민연금은 소득이 있으면 가입이고, 고용보험과 산재보험은 사용자는 미가입 근로자는 가입대상이다. 즉 고용보험과 산재보험에 가입하기 위해서는 근로자여야 한다. 따라서 사업장에 근로하고 있는 사용자(법인 대표, 개인사업자)의 친족은 근로자인지와 무관하게 급여를 받으면 국민연금과 건강보험의 사업장 가입 대상이다.

반면, 해당 사업장에 근로하고 있는 사용자의 친족이 근로기준법상 근로자에 해당하는지에 따라 고용보험, 산재보험 적용대상자 여부가 결정되므로 근로자 여부를 우선 판단해야 한다.

또한, 친족은 민법상 친족(8촌 이내의 혈족, 4촌 이내의 인척 및 배우자)를 말하며, 동거 여부 및 친족 여부는 주민등록표나 가족관계증명서 등의 증빙서류를 통해 판단한다.

🐦 사업주와 동거하고 있는 친족의 경우

사업주와 동거하고 있는 친족의 경우에는 임금 및 고용상태의 파악이 어렵고, 사회 통념상 사업주와 생계를 같이하는 것으로 근로자가 아니므로, 고용 산재보험을 적용하지 않는다. 다만, 그 친족이 같은 사업장에 근무하는 일반 근로자와 동일하게 사업주의 지휘·감독하에서 상시 근로를 제공하고 그 대가로 임금형태의 금품을 지급받는 자라는 사실관계가 명확하게 확인된 경우는 고용·산재보험을 적용할 수 있다. 즉, 법인의 대표이사 동거친족이 같은 사업장에 근무하는 다른 근로자와 동일한 근로조건에서 임금을 목적으로 근로를 제공하여 보수를 지급받는 경우에는 근로자로 인정한다.

🐦 사업주와 동거하지 않는 친족의 경우

사업주와 동거하지 않는 친족은 일반적인 근로자 판단기준에 따라 판단한다. 다만, 동거하지 않는 친족은 일반적으로 근로자로 인정하여 고용·산재보험을 적용한다.

친족인 경우도 근로자성을 인정받고, 고용·산재 가입이 가능하다면 두루누리와 일자리안정자금을 지원받을 수 있다.

[고용센터의 근로자성을 판단기준]

구분	동거 여부	고용·산재보험
배우자	무관	비적용
배우자 외 (형제·자매, 자녀 등)	동거	비적용
	비동거	적용

근로관계 :	급여내역 :
근로계약서, 인사기록 카드 등	급여대장, 근로소득원천징수영수증, 급여 계좌이체 내역

근로관계 확인 자료(입증자료)

근로실태 :	
출근부, 휴가원, 출장부 등 복무·인사 규정 적용자료, 출퇴근 교통카드 이력 등 복무상황에 대한 자료, 업무분장표, 업무일지, 업무 보고 내역 등 담당업무 관련 자료 등	기타 : 타 사회보험 가입내역(보험료 납부 내역), 조직도, 근로자명부 등

2 가족의 인건비 세금

다음의 조건을 모두 충족하였을 때 경비처리가 가능하다. 서류가 중요하기 때문에 이 조건들을 충족했다는 근거 자료를 평소에 꼼꼼히 구비 해두어야 한다.

🕯️ 실제 근무하였을 것

근거를 위하여 근무일지 등을 꼭 작성 및 구비 해두어야 한다.

일부 사업주가 실제 근무하지 않은 가족의 인건비를 경비처리로 악용하는 경우가 많아, 세무조사의 표적이 될 수도 있다. 실제 근무사실 확인 자료를 반드시 꼼꼼하게 확보해두어야 한다.

🎤 근로소득을 지급

근거를 법인이나 사업용 계좌에서 본인 명의 계좌로 지급해야 한다. 다만, 과다 지급으로 인정될 경우 경비로 인정받지 못한다. 따라서 회사에 지급 규정이 있는 경우 동일 직급 동일 근속연수를 가진 직원과 동일하게 급여를 지급해야 한다.

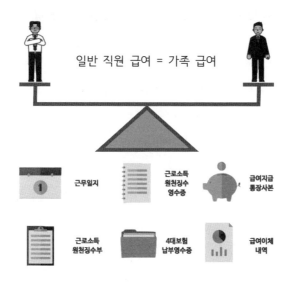

가족은 세법상 특수관계자로 본다. 세법은 특수관계자에게 과다 급여지급을 규제하고 있다.

과다지급의 기준은 다른 직원들의 급여수준, 업무내용, 직급 등으로 고려하여보았을 때 과다한 수준일 경우이다.

③ 4대 보헌을 가입 후 4대 보험을 납부해야 하고, 소득세, 지방소득세 등을 원천징수하여 매월 신고·납부 해야 하며, 장부작성을 통해 인건비를 계상해야 한다.

업무일지	근로소득원천징수영수증 및 근로소득원천징수부
소명을 위해 갖추어야 할 증빙과 서류	
급여 이체 내역 및 급여지급통장 사본	4대 보험 납입영수증

 3 허위직원을 등록해 탈세하다 적발된 경우

가족회사에서 가장 흔히 쓰는 세금 탈세 방법의 하나가 인건비 부풀리기다. 즉, 회사에 근무하지도 않는 아들이나 며느리 또는 친분이 있는 친구나 지인을 회사의 직원으로 등록시켜 놓고 급여를 지급하는 것처럼 해서 탈세하는 방법이다. 결과적으로 유령직원을 두는 것이다.

그럼 이런 행동을 하다가 세무서에 적발되는 경우 세무상 처리는 어떻게 될까?

평소에는 그냥 넘어가다 세무조사나 직원이 그만두면서 탈세 제보를 하는 경우 밖으로 나타나게 된다. 또한, 대다수 사람은 신고하고 1년이 지나고 2년이 지나도 세무서에서 연락이 없으면 ㅋㅋㅋ 안 걸리는구나! 하고 안심을 한다.

그런데 안심하기는 이르다. 5년은 기다려 봐야 한다. 세무서 담당은 평소에는 신고가 몰려들고 일이 바빠서 자세히 안 보다가 5년 소멸시효가 끝나갈 때쯤이면 끝나기 전에 찾아야 하므로 집중적으로 본다. 또한, 혹시 환급이 발생하는 경우 환급 신고하면 더 집중적으로 본다. 그러니 웃음은 5년이 지나고 나서 웃어야 한다.

세무조사 시 일반적으로 가장 많이 보는 항목 중의 하나이다. 왜냐 너무 많은 사람이 이 방법을 써서 이미 소문이 나서, 그런데 사장님들은 나만 아는 방법이라고 좋아하지요

세무조사원들이 경험이 있으니 척하면 척이다. 흔한 말로 세무조사 시 목표액이 있다고 말을 한다. 규모나 매출 등 기타 여러 상황을 보고 이 정도 금액의 세금을 추징할 수 있겠다. 예상한다는 말이다. 유령직원이 적발될 경우 법인은 유령직원의 급여를 비용으로 처리하여 법인세를 적게 냈으므로 부당하게 지급한 급여를 비용에서 제외한 후 법인세를 다시 계산하여 내야 한다. 물론 이에 따른 가산세도 추가로 내야 한다. 반면, 개인회사도 유령직원의 급여를 이용해 종합소득세를 적게 냈을 것이므로, 종합소득세를 다시 계산해서 가산세와 함께 내야 한다.

그리고 유령직원에 대해서는 유령직원과 회사의 관계에 따라 기타소득 또는 증여세를 내게 된다. 지인 등 타인의 경우 기타소득세를 며느리나 아들의 경우 증여세를 내야 할 가능성이 크다.

세무서에서 소득금액변동통지서를 받게 되면 다음 달 10일까지 허위 직원에 대해 법인은 원천징수 수정신고를 해야 한다.

그러면 근로소득이 줄어드는 대신 기타소득이 추가된다. 허위직원은 필요경비가 인정되지 않는다. 따라서 급여로 5천만 원을 지급했다면 천백만 원(5천만 원 × 20% = 천만 원 + 지방소득세 백만 원)을 내야 한다.

구 분		세무상 처리
법인이나 개인사업자		법인세나 종합소득세를 추징당하고, 가산세를 납부한다.
유령 직원	며느리나 아들 등	증여세가 과세 될 확률이 높다.
	지인 등 타인	근로소득 대신 기타소득세를 납부하고, 종합소득세와 합산될 경우 높은 세금을 부담한다.

특수관계와 거래시 세무처리방법

1 업무무관가지급금 등 관련 손금부인

☞ 대여금, 기타채권 등으로 재무제표에 계상된 금액 중 특수관계인에 대한 대여금이 업무무관가지급금에 해당하는 경우, 관련 인정이자를 익금산입 후 귀속자에 따라 소득처분하고, 지급이자는 손금불산입 기타사외유출 처분한다.

☞ 특수관계가 소멸되는 날까지 회수하지 아니한 업무무관가지급금에 대하여 대손처리하거나, 관련 인정이자·지급이자에 대하여 세무조정을 하지 않은 경우, 대손금 손금부인, 인정이자 익금산입 후 귀속자에 따라 소득처분하고 지급이자는 손금불산입 기타사외유출 처분한다.

☞ 특수관계가 소멸되지 아니한 경우로서 가지급금의 이자를 이자빌생일이 속하는 사업연도 종료일부터 1년이 되는 날까지 회수하지 아니한 경우, 인정이자 익금산입 후 귀속자에 따라 소득처분한다.

☞ 대여금, 기타채권 등으로 계상된 금액은 합계표준대차대조표의 차변 합계액 전액에 대하여 업무무관가지급금 해당 여부를 검토하여 소득처분한다.

2 특수관계자 간 거래 등에 대하여 세무조정

☞ 법인이 특수관계 있는 개인으로부터 유가증권(자기주식 포함)을 시가 대비 저가로 매입한 경우 시가와 매입가액의 차액은 익금산입하고 유보처분한다.

☞ 특수관계인 간 자산의 고·저가 양수·도, 용역거래시 총공사예정비와 총공사비 누적액 등을 과다·과소 계상하여 작업진행률 계산 오류로 소득이 과다·과소하게 되는 경우는 부당행위계산 부인으로 세무조정한다.

3 임원퇴직금 지급기준을 초과하는 경우 세무조정

연봉제 전환 등의 사유로 지급되는 임원 퇴직금에 대하여 지급기준은 계속·반복적으로 적용해야 하며, 정당한 사유 없이 개인별로 지급 배율을 달리 정하거나 특정 임원에게 지급배율을 차별적으로 적용하는 경우는 손금부인 후 소득귀속에 따라 상여처분한다.

상품권 접대 시 주의할 사항

일반 물품을 구입하여 거래처에 접대목적으로 지급하는 경우엔 어떤 물품을 구입했는지를 알 수 있으므로 그 물품의 종류나 지급 경위를 보면 기업업무추진비 성격의 비용인지를 유추할 수 있다.

그런데 상품권은 구입 후에 거래처에 지급했는지, 다시 현금화했는지, 개인적으로 사용했는지를 명확히 알 수가 없으므로 증빙을 갖추지 않으면 문제가 될 소지가 크다. 국세청에서도 주의 깊게 보는 항목 중의 하나이므로 상품권으로 기업업무추진비를 지출하는 회사가 있다면 반드시 증빙처리에 신경을 써야 한다.

 상품권으로 기업업무추진비 지출 시 증빙처리와 구비서류

기업업무추진비는 적격증빙을 수취해야만 인정받을 수 있으므로 상품권을 구입할 때는 반드시 신용카드로 구입해야 한다.

그리고 기업업무추진비로 지출한 것에 대한 증빙을 구비해 놓아야 추후 국세청과의 마찰을 피할 수 있다.

상품권으로 기업업무추진비 처리 시 관련 증빙은 내부 품의서와 기업업무추진비 지급 대장(거래처별 일자와 금액 기재)을 갖춰두는 것이 좋다.

만약 증빙을 갖추지 못하면 상품권을 구입하고 이를 현금화해서 대표자 등이 개인적인 목적으로 사용하거나, 거래처에 대한 접대 및 임직원 복리후생 목적으로 지급했더라도 그 실제 귀속자를 제시하지 못하면 전액 대표자에 대한 상여로 처리된다.

상품권을 장부에는 전액 비용처리 한 후 세무조사 시 거래목적으로 지급하였다고 주장해도 받은 자를 밝히지 못하는 경우 법인세 및 개인 상여에 대한 급여세금 등 막대한 세금이 추징될 수 있다는 점을 간과해서는 안 된다.

그러므로 상품권을 신용카드로 구입했다고 해서 안심해서는 안 되고 지출금액에 따라 금액이 과다한 경우에는 지급 대장을 구비해야 추후 국세청의 소명 요구에 대비할 수 있다.

법인이 개인(또는 다른 법인)에게 자금을 빌리게 되는 경우 확인해야 하는 사항

법인이 개인(또는 다른 법인)에게 자금을 빌리게 되는 경우, 확인해야 하는 사항은 아래와 같다. 해외차입금인 경우도 동일하다.

1 계약서 작성

차입금, 이자율, 사용기간, 상환 날짜, 당사자의 성함 및 서명 등이 기록된 계약서를 법인과 개인이 각각 보관한다.

2 이자율

당좌대출이자율에서 크게 벗어나지 않아야 한다.
시가보다 높은 이율을 적용하여 이자를 과다하게 지급하는 경우, 부당행위규정이 적용될 수 있다.

이자지급시

소득세 25%, 지방세 2.5%(총 27.5%) 원천징수한 후 지급해야 한다. 원천징수한 소득세와 지방세는 이자를 지급한 날이 속하는 달의 다음 달 10일까지 세무서에 납부해야 한다.

4 **이자를 받는 자는 종합소득세 신고·납부**

이자를 지급받는 자는 이자소득을 포함하여 이자소득과 배당소득의 합계액이 연 2천만 원을 초과하는 경우 종합소득세 신고를 해야 한다. 연 2천만 원에 미달하는 경우 종합소득세 신고·납부 의무는 없다.

5 **비영업대금이익에 대한 이자를 지급할 경우 의무사항**

첫 번째는 비영업대금이익에 대한 원천징수이다.
즉 이자를 지급하기로 한 약정기일과 실제로 이자를 지급한 날 중 빠른 날에 이자의 25%만큼을 원천징수하여 다음 달 10일까지 신고·납부해야 한다(지방소세까지 포함되면 27.5%이다.).

두 번째는 지급명세서의 제출이다.
다음 해 2월 말까지 이자·배당소득 지급명세서도 제출해야 한다.
따라서 법인이 다른 법인 혹은 개인에게 차입한 대금의 이자를 지급하면서 원천세 신고를 통한 원천징수 세액의 납부 및 지급명세서 제출을 하지 않을 경우 원천징수 등 납부지연가산세와 지급명세서미제출가산세를 부담한다.

하지만 특수한 경우 원천징수를 하지 않아도 되는 경우가 있다.

실제로 이자를 지급받지 못한 상태에서 자금을 빌려준 상대방 법인이 다음 해 3월 법인세 신고를 할 때 해당 이자소득을 포함하여 법인세 신고를 한 뒤, 추후 차입한 법인이 이자를 지급한다면 이미 해당 소득이 포함되어 법인세가 과세되었으므로 이때에는 원천징수의무가 없어 위의 의무사항이 사라지게 된다.

세무조사 대상으로 선정되는 경우 세무조사 대처 방법

세무조사는 크게 정기조사와 비정기조사로 나누어지는데 정기조사는 법인의 경우 100억 이상, 개인사업자의 경우 수익금액이 20억 이상으로 업력이 5년에서 10년 이상이 경우 받는다.

일반적인 세무조사에는 수입신고내역, 경비지출이 정상적인지 과다 경비처리한 것이 없는지 조사한다.

정기조사의 경우 실무자가 느끼는 만큼 자주 받지는 않으며, 대다수의 세무조사는 비정기조사가 많은데 비정기조사는

❶ 차명계좌가 발각되거나

❷ 직원 등이 퇴사를 하면서 제보를 했거나 주변 경쟁사에서 찌르는 경우

❸ 세금신고 때 자료가 부족해 가공세금계산서를 불법 거래하는 경우가 주를 이룬다.

❹ 개인 재산이나 부동산과 관련해서는 자금출처조사가 대다수이다.

세무조사시 가장 우선으로 대응해야 할 것은 조사하려는 그 점에 한정이 되어야지 조사과정에서 파생자료의 발생으로 다른 가족이나 거

래처로 확대되는 경우와 다른 연도 조사로 조사 범위가 확대되는 것을 최대한 막는 것이 합리적이다.

1 정기조사와 비정기조사의 구분

구 분	정기조사	비정기조사
사전통지	세무조사 10일~15일 전에 사전통지를 하고 나온다. 즉, 국세청이나 지방국세청에서 사전에 전화가 와 세무조사 당일 사업장을 방문하거나 세무사를 통해 접견할지? 결정한다.	세무조사 당일(첫날) 조사관이 통지서를 전달한다. 즉, 사전통지를 하지 않는다. 따라서 세무조사 당일날 조사관이 오전에 사업장을 직접 방문한다.
조 사 대상기간	1년 기준(1년분)	3년~5년 기준
금융조회	원칙적으로 생략 그러나 추후 세무조사 과정에서는 금융조회 가능	사전 조회 등 필수 거래처, 지인, 친인척, 임직원 등 관련인 확대
서류보관	원칙은 일시 보관 안 함	일시 보관을 하며, 일시 보관 시에는 대표자의 사전동의가 필요하다.

2 세무조사 대비 방법

구 분	징기조사	비정기조사
사전통지를 받은 경우	오해의 소지를 최소화하고 컴퓨터, 장부, 금고 등을 점검한다.	당일 날 바로 세무조사가 진행되기 때문에 당황하지 말고 최대한

구 분	정기조사	비정기조사
	연구소, 재고자산, 유형자산, 일용 근로자 등 현장 직원, 친인척 급여 소명 요구에 대비한다.	시간을 확보한 후 담당 세무사나 세무조사 전문 세무사를 활용한다.
사전연락	왜 나오는지? 무슨 문제가 있는지? 준비할 것은 없는지?	세무대리인을 활용한다.
금융조회	앞서 말한 바와 같이 정기조사의 경우 원칙적으로 금융조회가 생략 되므로 오해의 소지를 만들어 금 융조사를 받는 것은 가급적 피해 야 한다.	원칙적으로 사전에 금융조사를 하 므로 거래처, 지인, 친인척, 임직 원 등 관련인으로의 확대를 막아 야 한다.
서류보관	해당 사항 없음	대표자의 동의가 필요하므로 사전 에 세무대리인과 통화 후 접견한 다.

세무조사 시 무조건 알고 나오는 필수 항목

 친인척 가공 인건비 계상 여부

조사관이 세무조사를 나오기 전에 가장 먼저 파악하는 것이 그 사업주와 관련된 가족이다. 사업주의 가족, 친인척의 실제 근무 여부를 가장 우선으로 파악한다.

물론 실제 근무 여부는 세무조사를 해봐야 알 수 있지만, 해당 사업장에서 매달 신고한 급여 원천징수 신고자료를 바탕으로 그 가족의 명단과 지급내역 등 인건비를 파악한 후 리스트를 만든다.

❶ 법인계좌에서 가족에게 실제로 나간 급여내역

❷ 출퇴근 기록카드

❸ 업무상 결제내역을 파악한다.

하물며, 지문인식까지 검증한다.

2 적격증빙의 적절한 수불여부

사업자 명의 데이터를 분석해 세금계산서, 신용카드매출전표, 현금
영수증, 계산서 등이 적절하게 수취 되었는지 확인한다.

또한, 해당 적격증빙을 바탕으로 소득세나 법인세 및 부가가치세가
적절하게 신고가 되었는지까지 검증을 하고 나온다. 금융증빙까지도
파악한다.

결국, 증빙과 신고내역을 자세히 들여다보면 원칙에 어긋난 비용처
리 사항이 파악되고 세무조사 과정을 통해 세금을 추징당하게 된다.

3 특수관계자간 거래 파악

개인사업자의 경우 친인척 또는 가족 간에 물품을 사고판 거래내역
이 있는지 우선 파악한다.

법인의 경우 주주의 구성을 파악한 후 해당 주주와 다른 특수관계법
인과의 거래를 더욱 면밀하게 검증한다. 즉, 해당 명단과 거래내역
을 다 확정해서 나온다.

거래금액과 시기 및 실질적으로 대금이 오고 간 내역까지 검증한다.

4 대표자에 대한 가지급금

법인의 가지급금은 무조건 검증대상이라고 생각하면 된다.

5

상품권 구매자료

❶ 상품권을 복리후생비로 사용했는지
❷ 상품권을 기업업무추진비로 사용했는지
❸ 상품권을 깡을 해서 자금조달 목적으로 사용했는지 검증한다.

즉 신용카드로 상품권을 구입한 경우 그 내역을 세무조사 시 무조건 본다고 생각하면 된다.

그 귀속을 밝히지 못하면 법인세 추징뿐만 아니라 대표자에게 귀속되어 대표자의 근로소득세가 증가할 수 있다.

6 신용카드 사용 내역

사용내역이 대표 또는 대표의 가족, 임직원의 사적경비로 볼 것인지 실질적인 업무용 지출인지를 검증한다.

특히 골프, 마사지, 피부과, 성형외과, 음주, 명품 구입과 관련해서는 주의해야 한다.

국세청에 가장 많이 적발되는 사례

참고로 국세청에 가장 많이 적발되는 사례를 살펴보면 다음과 같다.

❶ 접대성 경비를 복리후생비 등으로 분산처리
❷ 근로를 제공하지 않은 기업주 가족에게 인건비를 지급하고 비용처리
❸ 신용카드 사적(업무무관, 가사비용) 사용

❹ 재고자산 계상누락 등을 통해서 원가를 조절하는 경우

❺ 세무조사 후 신고소득률 하락 등

국세청은 기업소득 유출, 수입금액 누락, 소득 조절, 조세 부당감면 등으로 세금을 탈루할 우려가 있는 자영업 법인, 취약·호황 업종의 신고내용을 개별 정밀 분석한 자료로 성실신고를 별도 안내한다.

❻ 소비지출 수준을 통해 소득 추정분석

소득신고에 비해 해외여행 등 소비지출이 상대적으로 많은 경우 세무조사 대상이 될 수 있다.

❼ 원가를 과대계상 한 경우

상호 증빙이 없이 세무조사만 안 받으면 걸리지 않을 거라는 생각에 임의로 원가를 과대계상 해 세금을 탈루하는 행위는 세무조사를 받을 확률이 높다.

❽ 일요일에 마트를 가서 장을 보고 법인카드로 결제한 경우

해명자료 제출 안내

해명자료 제출 안내를 받았다는 것은 국세청에 의심 자료가 있다는 것이다. 즉 탈세나 탈루조사를 하기 전에 국세청에서 해명할 기회를 납세자에게 주겠으니 이에 대해서 잘 해명해보라고 보내주는 것이다.

하지만 이를 받는 납세자는 겁부터 나고 세무조사를 받는 기분을 느낀다.

하지만 이는 세무조사와 다르다. 즉 세무조사는 조사관이 직접 나와서 대면접촉을 통해 조사하는 반면, 해명자료 제출은 절대 접촉하지 않는 비대면 조사이다.

즉, 해명자료 제출은 비대면이 원칙이다. 왜냐하면, 납세자와 접촉하게 되면 결국 세무조사 아니냐는 납세자의 불만이 발생하고 혹시 나중에 세무조사를 나가게 되면 중복조사 문제가 발생할 수 있기 때문이다.

요청받으면 조심해야 할 부분은 내용에 대해 잘 모르는 경우 통지서를 받자마자 바로 전문가와 상담해야 하는데, 그 시기를 놓치는 경우가 많다. 즉, 잘 모른다고 그냥 뭉개버리거나 아니면 비용을 걱정해 주위 사람들에게 하소연하고 물어보다가 시가만 가는 경우가 많다.

그 결과 결국, 적절한 소명이 이루어지지 않아 세무조사를 받는 경우도 많다.

명확한 해명이 안 되면 세무조사를 받기 때문이다.

해명통지서는 원칙적으로 통지서를 받은 후 1달 안에 모두 소명해야 한다. 다만, 시기적으로 금융계좌나 사업상 어려움 때문에 한 달 안에 소명이 어렵다고 납세자가 요청할 경우 한 달의 보정요구 기간을 더 준다.

결국, 2개월이다. 따라서 가능한 2개월 안에 소명해서 마무리 짓는 것이 가장 합리적인 방법이다. 그러지 못하면 결국 세무조사로 전환이 되게 된다.

사업자 중에는 어차피 조사받는 것 그냥 해명자료 안 내고 세무조사 받는 것이 유리하지 않나! 생각하는 분들도 있지만 그건 절대 잘못된 생각이다.

해명자료 제출은 그 건에 대해서만 해명을 하면 끝날 수 있지만, 세무조사는 해당 과세기간의 모든 자료를 다 조사받는 것으로 시간적 비용적으로 훨씬 손해고 부담이 가중된다. 따라서 세무조사로 전환되지 않도록 막는 것이 가장 적절한 대처 방법이다.

세무조사 후 업무처리

1 세무조사 마무리

조사종료일을 세무 컨설팅의 날로 정하여 조사결과에 대한 설명과 함께 세무·회계 분야에 대해 상담을 해준다.

☞ 세무조사 결과와 관련하여 과세항목, 과세 근거, 사후 회계처리 방법 등을 알기 쉽게 설명해준다.

☞ 불복제도 및 납부 안내 등 세무조사 후속 절차에 대해 자세히 설명해준다.

☞ 조사와 관련이 없더라도 세금에 대해 궁금한 사항이 있는 경우 상담을 요청하면 조사공무원이 성실히 답변해 준다.

🔖 세무조사 결과 통지

세목별 결정(경정) 과세표준, 예상 고지세액, 사후관리할 사항 등 세무조사 결과에 대해서 문서로 작성하여 보내준다.

📍 수정신고

국세의 과세표준과 세액을 결정 또는 경정하여 통지하기 전까지는 수정신고와 납부를 할 수 있다(국세기본법 제45조).

세무조사 결과 통지일로부터 30일이 경과한 후 납세고지서 겸 영수증서을 보내주므로 30일 안에 수정신고를 해야 한다.

📍 납세고지서 겸 영수증서

세무조사 결과 통지일로부터 30일이 경과한 후 납세고지서 겸 영수증서를 보내준다. 다만, 과세전적부심사를 청구한 경우는 그 결과에 따라 고지세액이 변경되거나 납세고지 시기가 늦어질 수 있다.

☞ 세무조사 후 추징세액(본세 + 가산세)을 고지받았다면 수정신고서를 제출할 필요가 없다.

☞ 세무조사 결과 통지를 받은 후 조사결과에 이의가 없는 경우 과세전적부심사 청구기간(30일)이 경과하기 전이라도 조기 결정 신청서를 작성하여 제출하면 가산세 부담을 줄일 수 있다.

[주] 신청서 서식은 국세청 홈페이지에서 내려받아 사용할 수 있다.

☞ 고지된 금액을 납부기한 내에 국고수납대리점인 은행(우체국) 또는 인터넷 뱅킹·ARS·ATM을 통해서 납부하면 된다.

☞ 납부기한을 연장해 준다.

일시적인 자금압박의 어려움을 겪고 있는 납세자에 대해서는 세무조사 후 고지된 세금의 납부기한을 연장해 준다.

일시적인 자금압박의 어려움을 겪고 있는 납세자에 대해서는 납부기한 연장을 통해 9개월 이내의 범위에서 세금납부 기한을 연장해 준다.

종전에 이미 신고가 된 분량인 만큼 해당연도의 회계처리를 변경할
수는 없다. 다만 2025년도에는 법인세 추징분 부가가치세세 추징분
을 아래와 같이 처리한다.

(차) 세금과공과 ×××　　　　　　(대) 보통예금 ×××
〈손금불산입〉 세금과공과 ×××　　　(기타사외유출)

🐦 귀속자를 알 수 없어 대표자 상여처분을 한 경우로써 법인에서 관련 세금을 대납한 경우

(차) 세금과공과 ×××　　　　　　(대) 보통예금 ×××
〈손금불산입〉 세금과공과 ×××　　　(기타사외유출)

🐦 귀속자가 대표자가 명백한 경우로서 대표자의 세금을 법인에서 대납한 경우

이 경우 대표자의 가지급금에 해당하여 인정이자를 계산해야 한다.
참고로 대신 납부하면 그 금액도 다시 상여처리 된다. 이 과정이 계
속 반복되게 되므로 대납하지 않는 것이 실무적으로 좋다.

📂 회계처리
(차) 가지급금 ×××　　　　　　(대) 보통예금 ×××
📂 세무조정
가지급금 인정이자 계산 및 지급이자 손금불산입에 대한 세무조정

3 소득처분

🐦 소득처분이란?

세무조사나 과세자료 처리 등으로 인해 당초 법인이 신고한 소득금액이 세법상 신고해야 할 소득금액에 미달한 경우 과세 관청에서는 익금산입 또는 손금불산입의 세무조정을 통해 법인의 소득금액을 경정하게 되고, 이 경우 법인세 추가부담액이 발생한다.

이러한 세무조정 뒤에는 반드시 소득처분이라는 절차가 수반된다. 소득처분이란 익금산입이나 손금불산입 세무조정에 따른 소득금액이 누군가에게 귀속이 되었으므로 그 귀속자에게 추가적인 세 부담을 지우는 세무행정상의 절차를 말한다.

소득처분은 익금에 산입하거나 손금불산입한 금액이 사외로 유출되지 않은 경우는 "사내유보(통상 '유보'라 함)" 처분하고, 사외에 유출된 경우에는 귀속자에 따라 다음과 같이 소득처분한다.

📂 귀속자가 주주일 경우 : 배당

📂 귀속자가 임원 또는 사용인일 경우 : 상여

📂 귀속자가 법인이거나 사업을 영위하는 개인일 경우 : 기타사외유출

📂 위 이외의 경우 : 기타소득

🐦 소득금액변동통지서

사외유출로 소득처분 내용이 기타사외유출일 경우에는 추가로 원천

징수의무가 없다. 사외유출된 금액이 이미 법인이나 개인의 사업소득을 구성해서 법인세 및 소득세를 부담했기 때문이다.

그러나 소득처분 내용이 배당, 상여, 기타소득일 때에는 소득처분된 금액에 대해 추가로 원천징수 해야 하고, 소득의 귀속자는 소득처분된 금액과 당초 신고된 소득금액을 합산하여 종합소득세 수정신고를 해야 한다.

만일 과세관청이 세무조사를 해서 사외유출의 소득처분을 했다면 원천징수의무자는 원천징수 및 신고의무가 있고 소득의 귀속자에게는 종합소득세 수정신고 의무가 발생한다. 따라서 이러한 내용을 과세관청은 원천징수의무자와 소득 귀속자에게 알려줘야 하는데, 이때 알려주는 서식이 "소득금액변동통지서"이다.

소득금액변동통지서에는 소득의 귀속자, 소득처분 내용, 소득처분 금액, 귀속연도가 표기되어 있다.

세무서장 또는 지방국세청장이 법인세 과세표준을 결정 또는 경정하는 경우「소득금액변동통지서(법인통지용)」를 해당 법인에게 통지하고, 해당 주주 및 해당 상여나 기타소득 처분을 받은 거주자에게는 해당 법인에게 소득금액변동통지를 하였다는 사실을 「소득금액변동통지사항 통지서」 서식으로 알려야 한다.

다만, 해당 법인의 소재지가 분명하지 아니하거나 그 통지서를 송달할 수 없는 경우에는 해당 주주 및 해당 상여나 기타소득의 처분을 받은 거주자에게 「소득금액 변동통지서(소득자통지용)」을 통지하고, 해당 거주자의 주소지 관할 세무서장에게 소득처분을 받은 서주자의 소득세 신고·납부·결정 등 사후관리에 활용할 수 있도록 전산 출력된 소득금액 변동통지서를 과세자료로 통보해야 한다.

🕯️ 소득금액변동통지서 수령시 원천세 신고방법

법인은 소득금액변동통지를 받은 날이 속하는 달의 다음 달 10일까지 원천세 신고 및 납부와 지급명세서를 제출해야 한다. 즉, 소득금액변동통지의 내용을 반영하여 세액을 원천징수 후 통지서를 받은 달의 다음 달 10일까지 원천징수된 세액을 신고 및 납부하면 된다. 이때 신고불성실가산세, 납부불성실가산세가 적용되지 않는다.

매출누락 상여처분 된 금액의 원천세 신고 방법

가정 :

1. 2025년 중 법인이 세무조사를 받아 2024년 귀속 매출누락금액 5억원이 적발되어 부가가치세 포함 5.5억원이 대표자 상여로 2025년 11월 소득금액 변동되어 수령

2. 당초 대표자 급여에 상여처분액을 합하여 연말정산을 할 경우 추가납부할 근로소득세는 80,000,000원이라고 가정

① 신고구분란 : "소득처분"에 "O" 표시

② 귀속연월 : 소득처분의 경우 대상 소득에 대한 당초 연말정산의 귀속연월을 적는다. 사례의 경우 매출누락은 2024년 귀속분이고 2024년 귀속 근로소득에 대한 연말정산은 2025년 2월에 하므로 귀속연월은 2025년 2월로 기재한다.

③ 지급연월 : 소득처분의 경우 지급연월은 소득금액변동통지서를 수령한 달을 적는다. 즉, 소득금액변동통지서를 2025년 11월에 받았으므로 2025년 11월로 기재한다.

④ 원천징수 내역 : A04란(연말정산)란에 기재한다.

• 인 원 : 소득처분 인원

• 지급액 : 소득처분 금액

• 소득세 등 : 소득처분 금액을 당초 근로소득과 합산하여 연말정산시 추가 납부할 세액 사례에서는 A04란에 인원은 1명, 지급액은 550,000,000원, 소득세 등은 80,000,000원을 적는다.

[주] A90(수정신고)란은 기재하지 않으니 유의하기를 바란다.

제10장

입사에서 퇴사까지
인사노무

경리실무자가 업무를 하면서 자주 발생하는 노무분야에 대해 설명하는 장이다.

특히 평균임금, 통상임금의 계산 방법을 익히고 이를 통해 초과근무수당, 주휴수당 등 각종 수당의 계산을 손쉽게 할 수 있게 하는 장이다.

실무자들이 가장 어려워하는 연차휴가의 계산에 서부터 연차수당까지 쉽게 설명해주고 있다.

근로계약서에 들어가야 할 내용과 들어가면 안 되는 내용

근로기준법 제17조 2항에는 근로계약 서면체결 의무와 교부 의무를 규정하고 있다.

위반시 5백만 원 이하의 벌금에 처한다.

'사용자'라면 누구나!

근로계약서를 반드시 2부 작성하고, 1부는 노동자에게 나눠주어야 한다. 작성하지 않거나, 작성했더라도 1부를 교부하지 않으면 형사처벌이 된다.

'노동자'라면 누구나!

일용직, 아르바이트, 프리랜서 등 근무 기간이나 근무 형태에 상관없이, 근로계약서를 쓰고 교부받을 권리가 있다.

"사용자가 근로계약서 체결을 거부하는 경우 "

채용공고와 사용자와 노동조건에 관해 대화를 나눈 카톡, 메시지 및 대화 내용 녹음자료를 통해 처벌받을 수 있다.

근로계약서에는 아래의 다섯 가지 사항이 꼭 들어가야 한다.

1. 임금의 구성항목·계산방법·지급방법

2. 소정근로시간

3. 휴일에 관한 사항

4. 연차유급휴가에 관한 사항

5. 취업의 장소와 업무에 관한 사항, 취업규칙에서 정한 사항, 기숙사규칙에서 정한 사항

이 중 1~4까지는 근로계약서에 반드시 들어가야 하는 사항이며, 5는 필수 사항은 아니지만 노사 간의 분쟁을 줄일 수 있는 합리적인 사항이 될 수 있다. 또한 18세 미만의 연소근로자를 채용할 경우는 5의 내용도 반드시 기재해야 한다.

반면, 근로계약서에 들어갈 수 없는 내용은 다음과 같다.

1. 근로자의 자유의사에 어긋나는 근로를 강요하지 못한다(강제근로의 금지).

(예) 후임자가 정해지지 않는 경우, 퇴사하지 못한다.

2. 근로계약서에 명시된 근로조건이 사실과 다를 경우에 근로자는 근로조건 위반을 이유로 손해의 배상을 청구할 수 있으며 즉시 근로계약을 해제할 수 있다(근로조건의 위반).

3. 근로계약 불이행에 대한 위약금 또는 손해배상액을 예정하지 못한다(위약 예정의 금지).

(예) 일하다가 실수하는 경우, 무조건 50만 원씩 회사에 배상하여야 한다.

퇴사 30일 전 알리지 않고 무단으로 퇴사하는 경우, 그달의 월급은 지급하지 않는다.

지각, 조퇴 시 벌금 10만 원 등

4. 강제저축 또는 저축금의 관리를 규정하는 계약을 체결하지 못한다(강제저금의 금지).

(예) 월급 일부를 퇴직금으로 회사에서 보관한다.

월급 통장을 나누어 일부를 회사에서 관리한다(정부지원금을 받은 사업장).

1 근로계약서를 매년 작성해야 하는지?

원칙적으로 근로계약서는 최초 입사 시에 작성하는 것이 원칙이다. 임금 등 근로조건의 내용이 바뀌지 않는 한 근로계약서를 매년 새로 작성할 필요는 없다. 다만, 일반적으로 해가 바뀌면 임금이 인상되는 경우가 대부분이기 때문에 임금 조건이 변경되는 경우 연봉계약서(임금 계약서)를 변경된 내용을 기준으로 작성해야 한다. 따라서 근로조건이나 임금 조건이 변경되지 않는 경우 근로계약서나 연봉계약서를 재작성할 필요가 없다. 반면 임금이 삭감되는 경우는 단체협약이 아닌 개별근로자의 동의를 받아야 한다.

2 근로계약서와 연봉계약서

흔히 연봉제라고 하면 1년 단위로 근로계약기간이 설정되며, 업무성과에 따라 연봉을 지급하게 된다.

한편, 연봉제의 근로계약기간을 근무 존속기간으로 착각하고, 연봉계약서 외에 근로계약서를 작성하지 않는 경우가 많다.

연봉제는 근로계약을 1년마다 갱신한다는 의미가 아니라 개인별 연봉 금액을 1년 단위로 새롭게 설정하는 급여 산정 시스템에 불과하다.

연봉제를 시행하는 기업의 경우, 유의해야 할 점 중의 하나는 연봉계약서를 마치 근로계약서처럼 생각해서는 안 된다는 점이며, 연봉계약서상 1년의 계약기간을 근로 존속의 기간, 즉 기간제 근로계약으로 생각해서는 안 된다는 점이다. 따라서 연봉계약서 외에 반드시 근로계약서를 별도로 작성해 두는 것이 필요하다.

근로계약 당시 기본적 근로조건 전반에 관해 규정한 근로계약서를 서면으로 작성하여 교부하고 급여의 경우 연봉계약으로 매년 임금의 변화가 있는 경우 별도의 연봉계약서를 작성하면 된다. 호봉제의 경우 취업규칙이나 별도의 임금규정에 호봉승급표를 작성하고 근로계약서에는 취업규칙이나 임금규정 상의 호봉승급에 따른다고 정하면 된다.

보존해야 할 서류

근로계약에 대한 보존서류

사용자는 근로자명부와 대통령령으로 정하는
근로계약에 관한 중요한 서류를 <u>3년간 보존</u>

- 근로자명부
- 근로계약서
- 임금의 결정 · 지급 방법과 임금계산의 기초에 관한 서류 · 임금대장
- 고용 · 해고 · 퇴직에 관한 서류
- 승급 · 감급에 관한 서류
- 휴가에 관한 서류
- 서면 합의 서류
- 3개월 단위 탄력적 근로시간제(법 제51조 제2항)
- 선택적 근로시간제(법 제58조 제2항, 제3항)
- 근로시간 및 휴게시간의 특례(법 제59조) 등
- 연소자 증명서(법 제66조) 등

프리랜서라도 근로자로 보는 경우

사용자들은 고용한 노동자들을 프리랜서라는 이름으로 '용역 · 도급계약' 등을 체결하여 법에서 정한 노동자 보호 규정과 4대 보험 적용을 하지 않으려 한다. 그러나 노동법상 '근로자'는 계약 명칭과 상관없이 노동자가 사용자와의 종속관계에서 노동을 제공한다고 보고, 판단지표를 두어 판단하고 있다.

1. 실질적 판단기준
• 업무 내용이 사용자에 의해 정해지는지
• 사용자에 의해 근무시간, 근무 장소가 지정되는지
• 취업규칙 등의 적용을 받는지
• 업무수행에 사용자로부터 상당한 지휘 · 감독을 받는지
• 근로 제공 관계가 계속적인지
• 노동자가 스스로 비품, 원자재 등을 소유하거나 제3자를 고용하여 업무를 대행하는 등 독립하여 자신의 재산으로 사업을 영위할 수 있는지
• 노무제공을 통한 이윤 창출과 손실초래 위험을 부담하는지
• 보수의 성격이 노동 제공에 대한 대가인지

2. 형식적 판단기준
• 기본급이나 고정급이 정해져 있는지
• 근로소득세의 원천징수 여부 등
• 4대 보험 가입 여부 등
따라서 용역 · 도급계약을 체결했더라도, 실질적 지표로 노동자임을 증명할 수 있는 증거를 확보한 뒤, 당당하게 권리를 요구해야 한다.

근로기준법과 취업규칙, 근로계약서의 우선순위

노동자의 노동조건을 결정하는 규범에 대해서는 상위에 존재하는 규범을 우선하여 적용하고, 상위규범과 비교하여 미달하는 근로조건을 정한 규범은 그 범위 내에서 무효로 한다(상위규범 우선의 원칙). 또한 상위규범 우선의 원칙에도 불구하고, 동일 영역의 규정이 여러 규범에 있다면 그중 노동자에게 유리한 규범을 다른 규범보다 우선해서 적용한다(유리한 조건 우선의 원칙).

(아래) 근로계약서 → 취업규칙, 관행 → 단체협약 → 법률, 시행령 → 헌법(위)

---

1. 상위규범 우선 적용

상위규범에 미달하는 하위 규범은 무효이다.

근로계약서(연장근로수당 50% 지급) = 근로기준법(연장근로수당 50% 지급) 〈 단체협약(연장근로수당 100% 지급)

2. 유리한 조건 우선의 원칙

유리한 조건 우선의 원칙에 따라 단체협약에 연장근로수당 100% 지급을 규정하고 있는 경우 100%를 적용한다.

사용자가 취업규칙을 노동자 과반수의 동의를 얻어 불이익하게 변경한다고 하더라도, 근로계약서에 더 유리한 조건이 있다면 불이익하게 변경한 취업규칙보다 근로계약서가 우선이 된다.

노동시간 - 유급 :
휴게시간 - 무급(가짜 휴게시간)

1 법으로 정한 노동시간

• 일반적인 성인 노동자 : 하루 8시간, 1주 40시간

• 연소노동자(15세 이상 18세 미만) : 하루 7시간, 1주 35시간

이를 어길 경우, 2년 이하의 징역 또는 2천만 원 이하의 벌금에 처한다.

• 유해·위험작업 종사자 : 하루 6시간, 1주 34시간

이를 어길 경우, 3년 이하의 징역 또는 3천만 원 이하의 벌금에 처한다.

사용자의 지휘·감독 아래에 있어 노동시간에 포함되는 경우는 다음과 같다.

• 대기시간(작업을 위하여 사용자의 지휘·감독 아래에 있는 시간)

• 근무복 착/탈의, 교대나 작업장 정리에 필요한 시간

• 작업 개시 전 회의(조례)나 종료 후의 업무 미팅(종례)

• 참석 의무가 있는 교육, 야유회, 체육대회, 회식 등

법정근로시간	소정근로시간
법률에서 정하고 있는 근로시간	**법정근로시간의 범위 안에서 근로자와 사용자가 정한 시간**
일반근로자	**일반근로자**
• 1일 8시간, 1주 40시간	• 법정근로시간 내에서 체결
연소근로자(18시 미만)	**연소근로자(18시 미만)**
• 1일 7시간, 1주 35시간	• 1일 동안의 소정근로시간이 통상의 근로자보다 짧은 경우
유해위험작업 근로자	
• 1일 6시간, 1주 34시간	

2 휴게시간

• 사용자의 지휘·감독 없이 자유롭게 쉴 수 있는 시간(단, 무임금)
• 4시간 근무 시 30분 이상, 8시간 근무 시 1시간 이상(보통 점심시간 1시간이 휴게시간)
휴게시간을 주지 않을 경우, 2년 이하의 징역 또는 2천만 원 이하의 벌금에 처한다.

• 휴게시간은 근로시간이 4시간인 경우에는 30분 이상, 8시간인 경우에는 1시간 이상 부여해야 한다. 따라서
① 근로시간이 3시간인 경우에는 휴게시간을 주지 않아도 되고
② 7시간인 경우에는 30분의 휴게시간을 주면 되며
③ 근로시간이 8시간인 경우 1시간을 줘야 한다.

④ 근로시간이 8시간을 초과하는 경우는 초과하는 4시간마다 30분 이상의 휴게시간을 주어야 한다.

• 휴게시간은 시작 시각과 끝나는 시간 사이에 주어야 하며, 일하기 전후에는 줄 수 없다. 따라서 오전 반차 후 오후에 출근하는 경우 09~18시 근무기준 13시 30분까지 출근해야 한다.

3 가짜 휴게시간

가짜 휴게시간은 이후에도 임금 청구가 가능하다.

가짜 휴게시간은 휴게시간이 무급 처리된다는 것을 악용하는 노무관리 기법이다. 근로계약서에 휴게시간을 늘려놓아 유급 처리되는 시간을 줄이는 방식이다. 특히 노동시간을 줄였지만, 실제 휴게시간에 일하지 않으면 일을 처리하는 것이 불가능한 경우가 많다. 이럴 때 문자, 카톡, 대화 녹음 등에 의해 사용자가 휴게시간에 일을 시켰다는 증거가 있으면 임금을 지급해야 한다.

예를 들어 점심시간은 1시간인데, 30분은 식사를 하고 30분은 일을 하는 경우 30분분에 대한 임금을 지급해야 한다.

중도 입사자와 중도 퇴사자의 월급을 일할(날짜)계산 하는 방법

실무에서는 다음의 두 가지 방법 중 한 가지 방법을 선택해서 적용하면 된다. 다만, 계산한 금액이 최저임금에 미달해서는 안된다. 특히 최저임금에 가까운 월급을 받는 근로자의 경우 1의 방법을 사용하면 최저임금에 미달할 가능성이 크므로 반드시 최저임금을 계산해 위반 여부를 판단해봐야 한다.

---

1. 월급제 근로자의 임금을 일할계산할 경우, 월급액을 해당 월의 일수로 나눈 후 무급, 유급일수를 모두 포함한 근무일수를 곱하여 산정한다.

일할계산액 = 월급액 ÷ 해당 월 일수 × 근무일수

근무일수(유급, 무급일수 모두 포함 즉 토요일, 일요일 모두 포함)

2. 평일(유급일 시간 수)만 계산하는 경우는 아래의 내용과 같이 산정할 수 있다.

월급액 ÷ 유급 근로시간 × 총 근무시간(근무한 날까지의 월~금 + 일요일)

유급 근로시간 및 총 근무시간 : 일반적으로 월~금 + 일요일 근무시간을 말하며, 주5일 8시간 근무의 경우 (40시간 + 8시간) × 4.345주 = 209시간을 말한다(가장 정확).

[예] 월급여 209만 원으로 계약 후 12월 1일~3일까지 근무하고 퇴사한 경우

209만원 ÷ 209시간 × 24시간(3일 × 8시간) = 24만원

---

1 월중 입사 및 퇴사자의 급여 일할계산

일반적으로 별도의 정함이 없는 경우 월 중도퇴사자의 임금 일할계산은 재직일수를 해당 월의 총일수로 나누어 여기에 월급여액을 곱하여 일할 지급하게 된다. 즉, 월급제 근로자가 월의 도중에 퇴사(입사)할 경우 임금 계산방법에 대해 법령상 특별한 규정이 없으므로 일할계산하는 것이 일반적이다.

월급제 근로자는 당해 월의 대소(28~31일)나 월의 소정근로일수 및 유급휴일수에 관계없이 매월 고정적인 임금을 지급받는 근로자이므로 퇴사 전(입사 후) 소정근로시간을 정상적으로 근로한 경우는 월급액을 해당 월의 역일수로 나누어 계산하는 것이 일반적이다.

일할 계산액 = 월급액 ÷ 역일수(해당 월에 따라 28~31일) × 근무일수

소정근로시간 외에 이루어진 근로에 대해서는 별도로 임금을 산정하여 지급해야 한다.

A 근로자의 근무기간 : 6월 1일 ~ 6월 16일, 월급 : 210만원

해설

210만원 ÷ 30일 × 16일 = 1,120,000원(6월의 역일수가 30일이므로 30일로 나누어 산정)

위 방식 외에도 "월급액 ÷ 소정근로시간 × 총 근무시간"로 계산할 수도 있다.

해당 월의 무급일을 제외하고 유급일을 기준으로 일급을 곱하여 계산한다.

이 경우 무급일은 2일에 해당하여 14일분의 일급을 지급

2,100,000원 ÷ 209시간 = 10,048원(시급)

10,048원 × 8시간 = 80,384원(일급)

14일분 급여 = 80,384원 × 14일 = 1,125,376원

2 일할계산 급여가 최저시급에 미달하는 경우

A 근로자의 근무기간 : 6월 1일 ~ 6월 2일, 월급 : 210만원의 경우

해설

일할계산 하면 210만원 ÷ 30일 × 2일 = 140,000원이 된다.

이는 2025년 최저시급 10,030원 × 2일(16시간) = 160,480원에 미달하게 되어 최저임금 문제가 발생한다.

해당 사례처럼 2일에 대해 비례하여 산정한 임금액이 최저임금액에 미달하는바 월 급여액을 월 유급 근로시간 209로 나눈 1시간의 통상시급을 구해 여기에 2일분 16시간의 근로시간을 곱하여 지급하면 최저임금 문제를 신경 쓰지 않아도 된다.

즉, 210만 원 ÷ 209시간 × 16시간 = 160,765원을 지급하면 된다.

이 경우 월간 소정근로시간에 대한 임금이 최저임금 이상이고 해당 월 임금을 일할계산 후 세전 금액이 최저임금 이상이므로 최저임금 위반으로 볼 수 없다.

구 분	계산방법
평일(유급 일수)만 계산하는 경우는 다음과 같이 계산한다(최저임금 문제 신경 안 써도 됨).	월 급액 ÷ 월 총 유급 근로시간 × 근무 기간 중 유급 근무시간(근로일이 아니나 유급으로 처리되는 날 포함)
월급제 근로자의 임금을 일할계산할 경우, 월급액을 해당 월의 일수로 나눈 후 무급, 유급 일수를 모두 포함한 근무 일수를 곱하여 산정한다.	일할계산액 = 월급액 ÷ 해당 월 일수 × 근무일수(유급, 무급일수 모두 포함)

3 각종 사례별 급여 계산

🐜 주말(토, 일) 근로자(아르바이트, 알바)의 시급(일당)계산

상시근로자 수가 5명 이상인 경우, 법정근로시간(1일 8시간, 주 40시간) 이상의 연장근로 및 휴일, 야간근로(22:00~익일 06:00) 시는 통상시급의 50%를 가산하여 지급해야 한다.

일당에 수당을 포함하여 지급하였다면 별도의 수당이 적용되지 않을 수 있다.

상시근로자가 5명 미만의 경우 연장, 휴일, 야간근로가 인정되지 않아 근무시간에 따른 시급만 계산하면 되고, 토요일, 일요일에 근무하더라도 1일 8시간 또는 1주 40시간 이내의 범위로 소정근로시간을 정한 것이라면 해당일의 근로에 대해 가산할 의무는 없다.

주휴수당은 4주를 평균하여 한주 소정근로시간이 15시간 이상의 경우 해당 주 소정근로시간(일하기로 한 시간)을 결근하지 않고 개근하면 지급받을 수 있다.

별도의 정함이 없다면 토요일과 일요일 각각 8시간 근무시 16시간 ÷ 40시간 × 8시간 = 3.2시간의 주휴수당을 지급받을 수 있다.

🪔 일할계산 시 토요일 임금도 차감하나?

1. 월급제 근로자의 임금을 일할계산할 경우, 월급액을 해당 월의 일수로 나눈 후 무급, 유급일수를 모두 포함한 근무일수를 곱하여 산정한다.

일할계산액 = 월급액 ÷ 해당 월 일수

근무일수(유급, 무급일수 모두 포함)

2. 평일(유급일 수)만 계산하는 경우는 아래의 내용과 같이 산정할 수 있다.

월급액 × 월 유급 근무일수(근로일이 아니나 유급으로 처리되는 날 포함. 월~금 + 주휴일 + 유급인 토요일) ÷ 근무기간 유급 근로일수(근로일이 아니나 유급으로 처리되는 날 포함. 월~금 + 주휴일 + 유급인 토요일)

위 1의 방법으로 계산할 때는 유급과 무급의 구분 없이 계산하므로 토요일도 포함해서 날짜를 계산한다. 반면, 2번 방법으로 계산하는 경우 토요일이 무급이면 해당 일수에서 차감하고, 유급이면 포함해서 일할계산한다.

🪔 일할계산 시 주휴수당도 지급해야 하나?

주중에 병가사용이나 무단결근의 경우 돌아오는 주휴일의 1일분 급여를 차감해도 법 위반이 아니다. 물론 이번 주 목요일부터 다음 주 화요일까지 즉 2주에 걸쳐 휴직하는 경우 2일분의 주휴수당을 차감해도 된다. 다만, 취업규칙 등에 차감하지 않는 규정이 있는 경우에는 차감하지 않는다.

또한, 금요일 퇴사의 경우에도 돌아오는 주휴일의 주휴수당을 지급하지 않아도 된다. 다만, 월요일 퇴사의 경우는 전주 일요일의 주휴수당은 지급해야 한다.

🐾 연차휴가를 사용한 경우 급여계산

주중에 연차휴가를 사용하는 경우에도 연차휴가 사용일은 출근한 것으로 보므로 해당주의 주휴수당을 차감하면 안 된다(해당 주 전체를 사용한 경우 차감). 즉, 연차휴가를 사용했어도 근로자에게 불이익을 주면 안 된다.

예를 들어 퇴직을 앞두고 남은 연차를 다 사용 후 퇴직하는 경우도 해당 연차휴가일을 출근한 것으로 봄과 동시에 퇴직금 계산시 근속연수에 포함한다.

🐾 병가로 쉰 경우 급여 일할계산

실무상으로는 질병 휴직의 경우 무급이 원칙(업무상 질병은 예외)이므로 우선은 본인의 남은 휴가에서 당겨 쓰고, 그래도 모자라면 질병 휴직을 한다. 따라서

1. 개인 질병 휴직 기간에는 무급이므로 급여를 차감한다.

2. 개인 질병 휴직의 경우 근로의무가 면제되는 날이 아니므로 월급에 포함된 주휴 급여도 차감된다(대법원 2009.12.24. 선고 2007다73277 등 참조).

병가기간 중에 포함된 유급주휴일에 대해서는 단체협약이나 취업규

칙 등에서 병가기간 중 임금 지급에 관해 이를 규정하거나 그 지급에 관한 당사자 사이의 약정이나 관행이 있다고 인정되지 아니하는 한 임금을 지급할 의무는 없다.

(참고로 공무원 보수에서는 결근일과 결근일 사이의 토요일과 일요일은 결근으로 보지 않음)

예를 들어 주1일 결근 시 주휴일을 포함해 2일분을 차감해도 법 위반이 아니다.

3. 토요일은 일반적으로 근로 제공 의무가 없는 무급휴무일이므로 이는 어차피 급여에 포함되지 않았을 것이므로 급여에서 차감하지 않는다(유급의 경우 차감).

구 분		임금(급여) 지급의무
원칙		지급하지 않아도 된다.
예외	근로계약서나 취업규칙, 단체협약 등에 임금을 유급 처리한다. 라는 문구가 있어 지급하도록 의무규정을 둔 경우	지급해야 한다.
	근로계약서나 취업규칙, 단체협약 등에 임금을 유급 처리할 수 있다. 라는 임의문구가 적혀있는 경우	지급하지 않아도 된다.

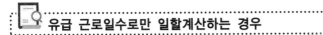

유급 근로일수로만 일할계산하는 경우

예를 들어 2주간에 걸쳐 질병 휴가를 사용하는 경우

규정이 없거나 무급(결근) 처리한다면 토요일 무급, 일요일 모두 무급

(토요일은 어차피 유급 근로일수도 아니고, 따라서 월급에 포함되어 있지 않으므로 무시)

차감할 질병 휴가 급여 = 월급 ÷ 월 유급일수 × [유급 근로일(월~금) + 주휴일수]

위 사례의 경우 월~금 중 휴직 일수에 유급인 2일의 주휴일 수를 더한 일수에 해당하는 급여를 차감하면 된다.

예를 들어 3월 2일부터 3월 13일까지 질병휴직을 한 경우

총 27일의 유급 근로일수에서 10일분을 차감하면 된다.

월 근로일수로 일할계산하는 경우

예를 들어 정상 근무일수 : 16일

　　　　　　　병가 일수 : 14일(4월 11일~4월 24일)

무급(결근) 처리한다면 토요일 무급, 일요일 모두 무급(일요일 급여 차감).

특별한 규정이 없거나 과거 관행적으로 이를 별도로 지급하지 않았다면 14일(11일~24일) 결근 처리로 급여 계산

차감할 질병 휴가 급여 = 월급 ÷ 30일 × 14일

1주일 모두 쉴 때 급여 일할계산하는 방법

예를 들어 무급기간을 12월 26일~12월 29일까지 4일 무급휴가를 사용한 경우

무급기간을 12월 26일(화)~12월 29일(금)까지 4일이지만 1주일간의 소정근로일을 모두 쉬므로 26(화)~31(일)까지 무급처리하여 다음의 금액을 급여에서 차감한다.

차감할 휴가 급여 = 월급 ÷ 31일 × 6일

🈳 25일(월)은 빨간 날

평균임금과 통상임금

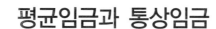

1 평균임금

- 노동자가 평상시 받는 1일치 임금을 평균임금이라고 한다.
- 퇴직금, 휴업수당, 산재보상보험급여, 실업급여 등 계산에 사용한다.

🎙 평균임금의 계산법

평균임금은 3개월 동안 받은 임금총액을 3개월 날짜 수(89일~92일)로 나누어 계산한다.

$$평균임금 = \frac{산정사유발생일\ 이전\ 3개월간\ 임금총액}{산정사유발생일\ 이전\ 3개월간의\ 총일수}$$

산출된 평균임금이 그 노동자의 통상임금보다 적으면 통상임금액이 평균임금이 된다.

예를 들어 2025년 1월에 250만 원, 2월에 290만 원, 3월에 270만 원을 받은 노동자가 4월 1일 퇴사했다면 평균임금은?

(250만 원 + 290만 원 + 270만 원) ÷ 90일(31일 + 28일 + 31일) = 9만 원이 평균임금이 된다.

🌱 평균임금에 포함되는 임금

평균임금을 산정하는 3개월간의 임금 총액에 포함되는 임금은 다음과 같다.

① 실제 받은 월급 : 초과근무수당, 식대, 4대 보험료 등 모두 포함한 임금

② 1개월을 초과하는 기간에 지급하는 임금 : 연간 정기상여금의 3개월 치, 해당연도에 받은 연차수당의 3개월치

단, 퇴사로 인해 발생하는 미사용 연차수당은 포함되지 않는다. 즉 전전연도 발생한 연차휴가를 전년도 미사용으로 인해 퇴직하는 연도에 받았거나 받아야 할 연차수당의 3/12을 포함한다. 따라서 전연도에 발생한 연차휴가를 퇴직연도에 미사용으로 인해 받는 연차수당은 퇴직금 계산에 포함하지 않는다.

③ 받기로 확정되어 있으나 받지 못한 금액

🌱 평균임금 계산 시 제외되는 임금

① 수습사용 중인 기간

② 사용자의 귀책 사유로 휴업한 기간(해당 기간에 대해 1일당 평균임금의 100분의 70의 금액이 지급)

③ 출산휴가기간

④ 업무상 부상 또는 질병으로 요양하기 위하여 휴업한 기간

⑤ 육아휴직기간

⑥ 쟁의행위기간

⑦ 「병역법」, 「향토예비군설치법」 또는 「민방위기본법」에 따른 의무를 이행하기 위하여 휴직하거나 근로하지 못한 기간. 다만, 그 기간 중 임금을 받은 경우 예외

⑧ 업무 외 부상이나 질병, 그 밖의 사유로 사용자의 승인을 받아 휴업한 기간

⑨ 임시로 지급된 임금 및 수당과 통화 외의 것으로 지급된 임금

🌱 평균임금을 산정하는 3개월에 제외되는 기간과 임금

평균임금 산정 기간에 기존보다 지나치게 높거나 낮은 임금을 받은 경우는 평균임금 산정 기간에 포함하지 않는다.

예를 들어 그 기간동안 출산휴가를 사용했거나 육아휴직 등의 기간이 포함되면 근로자의 평균임금이 낮아지게 된다. 그래서 근로기준법은 수습기간, 사용자 귀책 사유에 의한 휴업기간, 출산휴가기간, 육아휴직기간, 업무상 재해로 요양한 기간, 적법한 쟁의행위기간, 병역법에 따른 휴직기간, 사용자의 승인을 받아 휴업한 기간 등은 최종 3개월에서 제외하고 계산한다.

평균임금 산정 기간 3개월 이내에 산재로 휴업한 기간이 1달이라면, 해당 기간과 해당 기간의 임금은 평균임금 산정에서 제외한다. 즉 2개월 간의 임금 총액을 2개월간의 일수로 나눠서 산정한다.

- 통상임금은 급여항목 중에서, [1] 정기적으로, [2] 일정한 조건에 따른 모든 노동자에게, [3] 사전에 지급하기로 정해진 임금이다.
- 기본급 외에도 분기별로 지급되는 상여금, 격월로 지급되는 직책수당 등이 통상임금에 포함될 수 있다.
- 초과근무수당, 연차휴가수당 등을 계산할 때 사용한다.

통상임금의 계산법

통상시급 = 월 통상임금 ÷ 월 유급시간(주 40시간 근무자의 경우 209시간)

$$통상시급 = \frac{월\ 통상임금\ 항목}{월\ 유급\ 근로시간}$$

구 분	통상임금 계산을 위한 유급 근로시간의 계산
주5일 근무에 1일 무급휴일	가장 일반적인 경우이다(토요일 무급). • 1주 = [(8시간 × 5일) + 8시간(주휴일)] = 48시간 • 1월 = [(48시간 ÷ 7일) × (365일 ÷ 12월)] = 209시간
주5일 근무에 1일 4시간 유급휴일(토요일 4시간 근무)	• 1주 = [(8시간 × 5일) + (8시간(주휴일) + 4시간(토요일 4시간 근무))] = 52시간 • 1월 = [(52시간 ÷ 7일) × (365일 ÷ 12월)] = 226시간

구 분	통상임금 계산을 위한 유급 근로시간의 계산
토요일 8시간 격주 근무를 할 때	• 기본근로시간 209시간 = (1일 8시간 × 주 5일 + 주휴 8시간) × 4.345주 • 연장근로 가산 26시간 = 토요일 8시간 × 4.345주(1달 평균주수) ÷ 2(격주) = 17.38 × 1.5배(연장근로 가산) • 월 총근로시간수 약 235시간

기본급 300만 원(주휴수당 포함), 식대 20만 원, 출퇴근 보조비 20만 원일 경우

해설

$$통상시급 = \frac{3,400,000원}{209시간} = 16,268원$$

🐜 각종 수당의 통상임금 해당 여부 판단

[통상임금의 판단기준]

구 분	내 용
정기성	정기성이란 정해진 일정 기간마다 지급되는지에 관한 것으로, 1개월을 초과하는 기간마다 지급되더라도 일정 간격을 두고 계속적으로 지급되 는 것이라면 통상임금에 해당
일률성	모든 근로자에게 혹은 일정 조건을 갖춘 근로자에게 일률적으로 지급
고정성	어떤 특정 업적이나 성과 등과 무관하게 근로 제공 시 고정적 확정적 으로 지급

[상여금의 통상임금 여부]

지급기준	해석	통상임금여부
특정 일자 재직기준	특정 일자 전 퇴사자에게 지급하지 않음	×
특정 일자 재직기준 + 퇴사자도 일할 계산지급	결국 특정 일자에 재직하지 않고 퇴사한 경우에도 지급되는 것으로 조건충족 여부에 따라 지급 여부가 달려있다고 보기 어려움	○
일정 근로일수 충족요건	일정 근로일수 미달자에게 지급하지 않음	×
일정 근로일수 기준 + 감율규정	일정 근로일수 미달자도 충족 못 한 정도에 따라 감율규정에 의해 감경은 하지만 일정 요건을 재우지 못해도 결국 감률하여 지급은 하게 되므로, 조건충족 여부에 따라 지급 여부가 달려있다고 보기 어려움	○

[각종 수당의 통상임금 여부 판단]

임금구분	임금의 특징	통상임금 여부
직급수당	특정 직무를 수행하는 사람(부장 또는 팀장 이상)에게 주는 수당	통상임금
기술수당	기술이나 자격보유자에게 지급되는 수당(자격수당, 면허수당 등)	통상임금
근속수당	근속기간에 따라 지급 여부나 지급액이 달라지는 임금	통상임금
가족수당	부양가족 수에 따라 달라지는 가족수당	통상임금 아님 (근로와 무관한 조건)
	부양가족 수와 관계없이 모든 근로자에게 지급되는 가족수당 부분	통상임금(명목만 가족수당, 일률성 인정)

임금구분	임금의 특징	통상임금 여부
성과금	근무실적을 평가하여 지급여부나 지급액이 결정되는 임금	통상임금 아님(조건에 좌우됨, 고정성 인정 안 함)
	최하등급을 받더라도 일정액을 지급하도록 확정되어있는 경우 최소한도가 보장되는 성과급	그 최소한도만큼만 통상임금(그만큼은 일률적·고정적 지급)
상여금	정기적인 지급이 확정되어있는 상여금(정기상여금)	통상임금
	기업실적에 따라 일시적·부정기적, 회사 재량에 따른 상여금 (경영성과분배금, 격려금, 인센티브)	통상임금 아님 (사전 미확정, 고정성 인정 안 함)
특정 시점 재직 시에만 지급되는 금품	특정 시점에 재직 중인 근로자만 지급받는 금품(명절 귀향비나 휴가비의 경우 그러한 경우가 많음)	통상임금 아님 (근로의 대가 없음, 고정성 인정 안 함)
	특정 시점이 되기 전 퇴직 시에는 근무일수에 비례하여(일할계산) 지급되는 금품	통상임금(근무일수 비례하여 지급되는 한도에서는 고정성 인정)

포괄임금제
법으로 정해진 임금이 아니다.

포괄임금제는 법에서 정한 것이 아니다. 임금 지급 방식일 뿐이다.

- 초과근무수당(연장수당, 야간수당, 휴일수당)을 실제 일한 시간만큼 별도로 계산하는 것이 아니라 정액으로 일정한 금액으로 지급하는 방식이다.
- 근무형태나 업무 성질에 따라 초과근무 시간을 계산하기 어려운 업무에 대해서만 예외적으로 인정한다.

1 포괄임금으로 인정되기 위한 요건

다음의 3가지 요건을 만족해야 포괄임금이 유효하다.

❶ 근로시간의 산정이 곤란한 경우처럼 근무형태의 특성이 인정되고,

❷ 포괄임금 지급에 관한 약정이나 합의가 있어야 하며,

❸ 근로기준법, 최저임금법 등을 위반하지 않는 등 노동자에게 불리하지 않을 경우

노동시간 산정이 어렵지 않은 경우, 노사 간 포괄임금제 적용에 대한 명시적 합의가 있더라도 무효로 한다.
: 일반 사무직 노동자는 관리자의 지배범위 내에서 근로를 제공하고, 출퇴근·휴게시간이 명확히 정해져 있으므로 노동시간 산정이 어려운 경우로 볼 수 없다.

포괄임금제가 무효가 되는 경우

노사 간 단체협약이나 취업규칙에 포괄임금제를 적용한다고 규정돼있다 하더라도, 이에 우선하는 근로계약서를 통해 노동자의 사전 합의를 반드시 구해야 한다.

2 포괄임금에 포함될 수 없는 임금

포괄임금에 다음의 임금은 포함되면 안 된다.
❶ 정액에 포함된 초과 근무시간 그 이상의 초과근무수당
❷ 노동절 근무수당, 연차수당, 퇴직금

3 포괄임금에서 통상임금과 시간외수당 환산

① 경비원은 포괄임금제를 적용한다.
② 1일 24시간 격일제 근무자가 1일 실근로시간이 21시간이고, 휴게시간이 3시간
〔08：00~09：00(조식), 12：00~13：00(중식), 18：00~19：00(석식)〕인

경우에 있어서 연·월 통상임금 산정 기준시간 산정방법

1. 1일 연장근로시간 : 13시간

2. 1일 야간근로시간 : 8시간

3. 주휴일을 1주 내의 특정일로 고정

해설

[통상임금 산정기준 시간]

구 분	시 간	산출내역		비 고
		연간 총근로시간	산출내역	
실근로시간	1일 21시간	3,833	21시간×(365일÷2)	격일근무
주휴시간	1주 8시간	417	8시간×(365일÷7)	주휴급여처리

구 분	시 간	산출내역		비 고
		연간 총근로시간	산출내역	
연장근로가산수당 (시간환산)	1일 13시간	1,186	13시간×(365일÷2)×0.5	격일근무
야간근로가산수당 (시간환산)	1일 8시간	730	8시간×(365일÷2)×0.5	격일근무
휴일근로가산수당 (시간환산)	2주당 21시간	273	21시간×(365일÷14)×0.5	2주당 주휴 1일 근무
계		6,440		

월 통상임금 산정 기준시간 = 536시간(6,440시간 ÷ 12개월)

최저임금은 계산할 줄 아시나요?

1 최저임금 위반 여부 판단

월 급여항목 중 최저임금에 포함되는 금액만 합산한 후, 이를 월 유급시간으로 나눠 시간당 임금을 산출하고, 법정 최저시급과 비교하면 된다.

- 최저임금 위반 여부는 월급 총액으로 판단하지 않고 시급으로 판단한다.
- 매월 지급되는 기본급 성격의 임금만 최저임금에 포함한다.

2 최저임금에 포함하지 않는 임금

1. 매월 지급되지 않는 임금은 최저임금 계산할 때 포함하지 않는다.
2. 매월 지급되지만 포함되지 않는 임금
① 기본급 성격이 없는 임금(초과근무수당, 숙직수당, 연차수당 등)

② 매월 지급하는 상여금의 0%(최저임금 월 환산액 기준) 이내 : 초과하는 금액은 최저임금에 포함(2024년 기준 결국은 전액 최저임금에 포함)

③ 식비, 숙박비, 교통비 등 근로자의 생활보조 또는 복리후생을 위한 성질의 임금의 0%(최저임금 월 환산액 기준) 이내 : 초과한 금액은 최저임금에 포함(2024년 기준 결국은 전액 최저임금에 포함)

연도	2020년	2021년	2022년	2023년	2024년~
정기상여금	20%	15%	10%	5%	0%
현금성 복리후생비	5%	3%	2%	1%	0%

3 최저임금의 계산

주당 소정근로시간이 40시간인 근로자가 1주 40시간(주 5일, 1일 8시간)을 근로하고 최저임금 산입범위에 포함되는 임금 기준으로 월 200만 원을 받은 경우

해설

월 기준시간
[(주당 소정근로시간 40시간 + 유급 주휴 8시간) ÷ 7 × 365] ÷ 12월 ≒ 209시간
다른 계산 방법 : 48시간 × 4.345주 ≒ 209시간
시간당 임금 = 3,060,740원 ÷ 209시간 ≒ 14,644원
시간당 임금 14,644원은 2025년도 최저임금 10,030원보다 많으므로 최저임금법 위반이 아니다. 주당 소정근로시간이 40시간인 근로자의 월 환산 최저임금
= 10,030원 × 209시간 = 2,096,270원

급여항목		최저임금에 포함되는 임금액	
급여	2,096,270원	2,096,270원	2,096,270원
정기상여금	80만 원	2024년부터 전액 인정	800,000원
현금성 복리후생비	20만 원	2024년부터 전액 인정	200,000원
합 계			3,096,270원

수습근로자의 최저임금 적용

수습 노동자의 경우 3개월 동안 최저임금의 10%를 감액할 수 있다. 단, 2018년 3월 20일부터 1년 미만의 계약직 노동자는 감액할 수 없도록 법이 개정되었다. 또한 택배원, 환경미화원, 주유원, 배달원 등 단순노무 직종(건설 및 광업 관련, 운송 관련, 제조 관련, 청소및 경비 관련, 가사·음식 및 판매 관련, 농림·어업 및 기타 서비스 단순노무직)에 종사하는 노동자는 수습을 이유로 최저임금을 감액할 수 없다.

수습기간 중 급여의 80% 또는 90%를 지급해도 되나?

수습기간 중 급여의 80% 또는 90%를 지급하는 것 자체는 법 위반이 아니다. 다만, 최저임금법에 따라 해당 금액이 최저임금의 90% 미만이 되면 법 위반에 해당한다. 즉 90%는최저임금의 90%이지 반드시 월급의 90%를 의미하는 것은 아니라는 점이다.

결과적으로 수습기간 중 지급하는 급여가 최저임금의 90% 이상이면 그 %는 상관이 없다는 것이다.

4 최저임금 주지 의무

사용자는 매년 12월 31일까지 다음연도 최저임금액과 최저임금에 포함하지 않는 임금 등에 대해서 노동자에게 알려야 한다.

이를 위반한 경우 과태료 100만원을 부과한다.

휴일이라고 다 같은 휴일이 아니다.
(법정휴일과 약정휴일)

휴일은 근로자가 근로를 제공할 의무가 없는 날로 사용자의 지휘·
명령에서 완전히 벗어나 근로를 제공하지 않는 날을 의미한다.
사용자가 법정 유급휴일(주휴일, 공휴일, 대체 공휴일)을 주지 않으
면, 2년 이하의 징역 또는 2천만 원 이하의 벌금에 처한다.

구분		종류	적용 사업장	적용근로자	적용제외 근로자	유급
법정휴일	개념	노동법에 의해 정해진 휴일				
	주휴일	대개 일요일이지만, 다른 날로 정할 수도 있다.	모든 사업장	❶ 1주 15시간 이상 일하고, ❷ 1주를 개근해야 한다. 다음 주 근로 예정 조건은 삭제	감시단속 적 근로자	개근시 유급
	근로자의 날	노동절(5월 1일)	모든 사업장	모든 근로자	없음	유급

구분		종류	적용 사업장	적용근로자	적용제외 근로자	유급
약정휴일	개념	노사 양 당사자가 단체협약, 취업규칙, 근로계약 등으로 정하는 휴일				
	창립기념일 노조창립일 기타휴무일	법정공휴일도 약정휴일로 정하면 휴일이 된다.	–	–	–	유급
법정공휴일	개념	관공서 공휴일				
	명절 국경일 선거일	단계적 적용 • 공공기관과 300인 이상 : 2020년 1월 1일 • 30인 이상 ~ 300인 미만 : 2021년 1월 1일 • 5인 이상 ~ 30인 미만 : 2022년 1월 1일	5인 이상 사업장 (단계적 적용)	1주 15시간 이상 일하는 근로자	감시단속 적 근로자	유급

대체공휴일도 법정공휴일을 대신해서 쉬는 것이므로 법정공휴일과 동일하게 취급하면 된다. 따라서 5인 이상 사업장은 2022년 1월 1일부터 대체공휴일에 쉰다.

주휴일과 주휴수당

1 주휴일의 적용

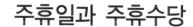

- 1주 동안 소정근로일을 개근한 근로자에게 1주 평균 1일 이상을 유급으로 부여해야 한다.
- 주중에 결근한 경우는 무급으로 휴일을 부여한다. 따라서 월급제의 경우 통상 일요일 1일의 임금을 급여에서 차감한다.
- 주휴일은 반드시 일요일일 필요는 없으나, 근로계약 또는 취업규칙에 특정일을 정해야 한다.

다음의 근로자는 주휴일의 적용 대상에서 제외된다.

- 1주 소정근로시간이 15시간 미만인 근로자
- 근로기준법 제63조의 적용 제외 근로자(감시 단속적 근로자 등)
- 동거하는 친족만으로 이루어진 사업장, 가사 사용인

[유급 주휴일 부여]

소정근로일 개근	1일을 유급휴일로 부여
주중 결근	1일을 무급휴일로 부여
지각, 조퇴, 외출	1일을 유급휴일로 부여 → 지각, 조퇴, 외출은 결근이 아님
휴직	유급주휴일 부여 의무 없음 → 근로를 제공하지 않으므로 근로자에게 유급휴일 청구권이 없음

2 주휴수당의 지급요건

주휴수당을 받기 위해서는 2가지 요건이 충족되어야 한다.

▶ 소정근로시간(실제 근무시간이 아니고, 근로하기로 계약한 시간)이 주 15시간 이상이어야 한다. 물론 5인 미만 사업장도 적용된다.

주휴수당은 상시근로자 또는 단시간 근로자와 관계없이 휴게시간을 제외한 소정근로시간이 주 15시간 이상일 때 발생한다.

주휴수당은 실제 근무시간이 아니라 근로계약을 체결할 때 일하기로 정한 시간 즉, 소정근로시간을 기준으로 한다.

그래서 근로계약서를 작성하면서 주당 일하기로 한 근무시간이 주당 15시간 이상이고, 이를 모두 채운 경우 주휴수당이 발생이 된다.

단시간근로자의 경우, 매일 근무시간이 불규칙해서 정한 근무시간의 확인이 어렵다면 실제 근무한 시간을 기준으로 4주간을 평균해서 소정근로시간을 정한다.

회사 사정으로 일을 못 한 경우는 주휴수당이 발생하나, 본인 사정으로 결근한 경우는 주휴수당이 발생하지 않는다.

그리고 법에서 정한 연차휴가를 사용하는 경우는 출근한 것으로 보기 때문에 연차휴가 사용을 한 경우도 주휴수당은 발생한다.

혹시 주휴수당으로 문제가 발생해 고용노동부에 가는 경우 근로계약서를 쓰지 않아 구두로 정한 주당 근로시간이 확인되지 않는다면 통장 거래내역, 주고받은 문자, 캡처한 사진 등 여러 자료를 바탕으로 노동청 근로감독관이 판단한다.

▶ 소정근로일을 결근하지 말아야 한다.

주 40시간 근무제의 경우 월~금요일까지 결근하지 말아야 한다. 반면, 한주에 토요일과 일요일에 각각 8시간 근로하기로 정한 경우 근로하기로 한 날인 토요일과 일요일에 결근하지 말아야 한다.

단, 지각 또는 조퇴가 있는 경우 결근으로 볼 수 없으므로 주휴수당을 지급해야 한다.

회사 측 사정 때문에 출근을 못 한 경우 나머지 소정근로일수를 출근했다면 그 주도 개근한 것으로 보고 주휴수당을 주어야 한다. 즉, 월요일 회사 인테리어 공사로 출근할 수 없는 경우 화~금요일까지 결근하지 않으면 주휴수당을 지급한다. 또한, 주중에 빨간 날이 있거나 연차유급휴가가 끼어 그날 논 경우에도 주휴수당은 지급해야 한다.

금요일에 사직서를 제출하는 경우 다음 주부터 출근하지 않으므로 마지막 주의 주휴수당은 지급하지 않아도 된다. 반면, 계약서상 근로일이 일요일까지라거나 근로자의 사직서 제출과 사용자의 합의로 근로계약이 종료되었다면 사직서에 작성된 사직일 (퇴사일) 날짜를 퇴사일로 본다. 즉, 사직(퇴사)을 사용자와 합의로 월요일로 정하였다면 금요일까지 근로하였다 하더라도 근로관계는 일요일까지 존속하게 되며, 해당주의 주휴수당도 발생한다. 또한 시간외근로로 일요일까지 근무 후 퇴사하는 경우 해당주의 주휴수당은 발생한다.

예를 들어 근로자와 사용자의 합의에 의거 2025년 3월 10일(월)에 사직(퇴사)하기로 하고, 2025년 3월 7일(금)까지 근로하였다면 퇴직(퇴사)일은 2025년 3월 10일(월)이 퇴직(퇴사)일이 되고, 임금은 2025년 3월 9일까지 임금이 계산되어야 한다(주휴수당도 지급).

3 주휴수당의 자동계산

주휴수당 = 1일 소정근로시간수(1주 근무시간 ÷ 5, 최대 8시간) × 시급(최저임금 이상이어야 함)

→ 6일 근무제도 계산 방법은 같다(6일 근무시간(40시간 한도) ÷ 5).

• 사업장의 근로시간이 법정근로시간을 초과하는 경우, 법정근로시간에 해당하는 임금을 주휴수당으로 지급한다.

1일 10시간, 1주 50시간을 근무하더라도 주휴수당은 법정근로시간인 8시간분만 지급

주휴수당 자동계산 : http://www.alba.co.kr/campaign/Culture10.asp

• 예를 들어 시급 1만 원에 주 40시간(5일)을 일하는 아르바이트의 경우

주휴수당 = 40시간 ÷ 5일 × 1만 원 = 8만 원

• 예를 들어 시급 1만 원에 주 15시간(5일)을 일히는 아르바이트의 경우

주휴수당 = 15시간 ÷ 5일 × 1만 원 = 3만 원이 된다.

상용근로자의 경우 일반적으로 월급에 주휴수당이 포함된 것으로 보므로 공휴일이 꼈을 때 주휴수당을 별도로 신경 쓸 필요는 없다. 다만, 시급, 일급, 주급의 경우 주휴수당의 계산과 관련해서 신경 쓸 부분이다.

월급제의 경우 주중에 결근일이 있으면 월급에서 2일분의 급여를 차감하면 되고, 결근이 없으면 주휴수당은 신경을 쓰지 않아도 된다.

예로 주휴수당을 계산해보면

월요일 09:00~15:00(휴게시간 1시간 포함)

수요일 09:00~15:00(휴게시간 1시간 포함)

금요일 09:00~15:30(휴게시간 1시간 포함)

주 15.5시간을 근무한 경우 다음과 같이 계산하면 된다.

최저시급 적용 주휴수당 = 1주 총 소정근로시간 ÷ 40시간 × 8 × 최저시급

= 15.5시간/40시간 × 8 × 10,030원 = 31,093원(2025년 최저임금 기준 주휴수당)(다른 방법 : 15.5시간/5 × 10,030원 = 31,093원)

 단시간 근로자의 주휴수당 산정

$$\text{단시간근로자의 주휴수당} = \frac{\text{단시간근로자의 4주 동안의 소정근로시간}}{\text{4주 동안의 통상근로자의 총 소정근로일수}} \times \text{시간당 임금}$$

1주일에 5일 각 5시간을 일하는 단시간근로자(통상근로자의 1주 소정근로일수는 5일)가 시간급을 10,000원으로 정했다면 주휴수당은 50,000원이다.

$$\text{단시간근로자의 주휴수당} = \frac{5일 \times 5시간 \times 4주}{5일 \times 4주} \times 10,000원 = 50,000원$$

다른 방법 : (5시간 × 5일)/5 × 10,000원 = 50,000원

주중에 입사한 경우 주휴수당의 지급

사업장의 취업규칙 등에서 특정일을 주휴휴일로 정한 경우는 주의 도중에 입사한 근로자가 입사 후 소정근로일을 개근하였다면 입사 후 처음 도래하는 주휴일을 유급으로 부여하는 것이 바람직할 것이나, 입사 후 7일을 채우지 못하였으므로 이를 무급으로 부여하더라도 법 위반이라고 할 수는 없다. 다만, 입사 일을 기준으로 1주일에 평균 1회 이상의 주휴일을 부여하지 않았다면 향후 이를 정산하여 추가로 유급휴일을 부여해야 한다.

예를 들어 화요일 입사의 경우 그 주 일요일을 주휴일(주휴수당)에서 제외했다면 화~월 사이에 1일의 주휴일(주휴수당)을 줘야 하며, 화~월 사이에 퇴사하는 경우 마지막 주만 주휴일(주휴수당)을 지급하지 않으면 된다.

> 주중인 화요일부터 근로를 제공한 경우 근로계약, 취업규칙 등에서 일정한 날을 주휴일로 특정하지 않았다면 근로 제공(화요일) 일부터 연속한 7일의 기간에 1일을 주휴일로 부여해야 한다는 것이 고용노동부 행정해석이다(근로기준과 – 918, 2010.4.30.).

주중에 퇴사한 경우 주휴수당의 지급

행정해석은 주휴일 부여 요건을 충족하였으나(월~금 근로), 주휴일 발생일 이전에 각각 근로관계가 종료된 경우는 주휴수당 청구권은 발생하지 않는다(2005.03.03, 근로기준과 –1186).

주휴일은 계속 근로로 인한 피로회복과 더불어 재직 중인 것을 전제로 다음 주 노동의 재생산을 위해 부여하는 것이므로, 원칙적으로 월요일부터 금요일까지 근로하고 퇴사한 경우라면 주휴일을 부여하지 않아도 무방하다.

그러나 위 행정해석 및 판례의 취지에 따를 때 주휴수당의 요건을 충족하면, 주휴일 발생일 이전에 그 근로관계가 종료되는 경우가 아닌 한 주휴수당은 지급함이 타당하다.

이때 주휴수당의 요건과 관련하여, 사용자는 근로자에게 1주일에 평균 1회 이상의 유급휴일을 주어야 하며(근로기준법 제55조), 1주일이란 평균 7일의 기간을 의미하므로 1주의 소정근로일이 비록 월~금요일까지라고 하더라도 7일간 재직하고 있어야 비로소 주휴수당의 요건을 충족한 것으로 볼 수 있다.

한편, 퇴직일은 취업규칙이나 단체협약 등에 특별한 정함이 있다면 그에 따르게 되나, 따로 정한 바가 없다면 마지막 근로를 제공한 다음 날을 퇴직일로 간주한다(근로기준과 68201-3970, 2000.12.22.).

따라서 해당 근로자가 금요일까지 근무를 하였고, 별다른 의사표시 없이 퇴사하였다면 토요일이 퇴직일이 되기 때문에 회사는 주휴수당의 지급의무가 없다. 다만, 근로자의 계약기간을 일요일까지로 명시하였거나, 사직서에 퇴사일을 월요일로 명시하였다면 일요일까지 재직상태가 되므로 주휴수당의 지급의무가 발생한다.

구 분	적 용
주중 (화~금) 입사자	주중(화~금) 입사자는 입사 후 7일을 채우지 못하였으므로 이를 무급으로 처리해도 법 위반은 아니다. 다만, 1주일에 평균 1회 이상의 주휴일을 부여해야 하므로 예를 들어 화요일 입사자의 경우 화~월요일 사이에 1일의 주휴일을 부여해야 한다. 이 경우 기존 근로자와 달리 주중 입사자별로 주휴일을 관리해야 하는 불편이 있으므로 월급제의 경우 대승적 차원에서 주중 입사 여부와 관계없이 돌아오는 주 일요일을 주휴일로 부여하거나 아니면 입사 시에는 부여하고 퇴사 시 입사 요일을 기준으로 1주일이 안 되는 경우 그 주의 주휴수당을 차감하는 방법을 사용해도 된다.
주중 (화~금) 퇴사자	주중(월~금) 퇴사자는 그 주의 주휴일은 부여하지 않아도 된다. 단, 취업규칙 등에 퇴사 주의 주휴일까지 부여한다는 규정이 있거나 근로자의 계약기간을 일요일까지로 명시하였거나, 사직서에 퇴사일을 월요일로 명시하였다면 일요일까지 재직상태가 되므로 주휴수당의 지급의무가 발생한다.

주중에 공휴일이 꼈을 때 주휴수당

해당 주에 공휴일이 끼어 있는 경우에도 무단결근이 아니라 해당 주에 회사가 쉼으로 인해 쉬는 경우 주휴수당은 발생하며, 이 경우 주휴수당의 계산은 일반 주와 달리 공휴일 등이 끼게 되어 32시간을 근무했다면 32 ÷ 40 × 8시간 × 시급(최저임금 이상이어야 함)으로 계산하면 된다. 월급제의 경우 월급에 포함되어 있으므로 신경쓰지 않는다.

5인 미만 사업장의 주휴일

주휴일과 근로자의 날에 관한 규정은 모든 사업장에 적용되기 때문에 5인 미만 사업장이라도 주휴일과 근로자의 날은 유급휴일로 부여해야 한다.

그리고 만약 주휴일과 근로자의 날에 근로한 경우는 원래 지급해야 할 유급임금(100%)과 법정휴일 근로에 따른 근로시간 분의 통상임금(100%)을 지급해야 한다. 이 경우 5인 이상 사업장이라면 휴일근로에 대한 통상임금 외에 별도의 휴일근로에 대한 가산수당(50%)을 지급해야만 한다(5인 이상 사업장 월급근로자는 150% 추가 지급).

또한, 1주간의 소정근로일을 개근한 근로자가 휴일근무 명령에 불응하고 출근하지 않았더라도 휴일은 근로 제공 의무가 없는 날이기 때문에 결근으로 볼 수 없다.

그러나 주휴일에 근로하는 대신 다른 날을 휴일로 하기로 한 경우에는 당초 주휴일에 결근했다면 결근으로 처리할 수 있다.

주5일만 근무하고 퇴직 시 주휴수당

주휴수당은

1. 근로기준법상 근로자로서,

2. 4주 평균하여 1주 소정근로시간(근로계약 당시 법정근로시간 내에서 1주간 일을 하기로 처음부터 약속된 시간)이 15시간 이상이고,

3. 1주간의 소정근로일(근로계약 당시 1주간 일을 하기로 처음부터 약속한 날)을 개근했을 때 발생한다.

해당 주 5일간 근로만 이루어졌고 금요일까지 근로 후 퇴사할 때 그 주의 주휴수당은 발생하지 않는다.

📑 주중에 연차휴가를 사용한 경우 주휴수당

주휴일 산정을 위한 출근율은 소정근로일을 가지고 계산해야 하고, 여기서 소정근로일은 근로 제공 의무가 있는 날을 말한다.

따라서 근로기준법에 의한 연차유급휴가를 사용한 날은 근로의무가 면제돼 소정근로일에 해당하지 않으므로 주휴일 산정은 연차휴가를 사용한 날을 제외한 나머지 소정근로일을 개근한 경우 부여하되, 다만 해당주의 전부를 쉬었을 경우는 부여할 필요가 없다.

그러나 1주일 중 일부만 연차휴가를 사용하고 나머지 요일은 개근한 경우 유급주휴일(주휴수당)을 부여해야 한다.

📑 (무급, 유급) 휴직의 경우 주휴수당(가족돌봄 포함)

무급휴직기간은 단체협약, 취업규칙, 근로계약 등을 통해 양 당사자 간 별도의 정함이 있는 경우가 아니라면 주휴가 지급되지 않아도 무방하다.

1. 1주간 소정근로일(예 : 월~금)의 일부 요일을 사용한 경우

예를 들어 무급휴가를 월요일부터 수요일까지 사용하고 목요일과 금요일에는 출근하여 소정근로를 제공한 경우, 해당주의 유급주휴수당은 정상적으로 발생하게 된다.

2. 1주간 소정근로일(예 : 월~금)의 전부를 사용한 경우

예를 들어 무급휴가를 월요일부터 금요일까지의 1주간 소정근로일 전부를 사용한 경우 해당주의 유급 주휴일은 무급휴일로 변경된다.

Q1. 1주 또는 2주간 무급휴직시 주휴는 어떻게 처리해야 할까요? 주휴가 없어도 되는 건지 아니면 일부 혹은 전체를 유급으로 주어야 하는지요(토요일 무급, 일요일 유급인 경우)?

A. 휴일제도는 연속된 근로로 인한 근로자의 심신적 피로와 건강회복 및 여가 활용을 보장하기 위한 목적이다.

따라서, 휴직기간에는 단체협약, 취업규칙, 근로계약 등을 통해 양 당사자 간 별도의 정함이 있는 경우가 아니라면 주휴가 지급되지 않아도 무방함을 안내드립니다.

Q2. 3월 한 달간 매주 수요일을 무급으로 쉴 경우, 각 주의 주휴일은 어떻게 처리해야 할까요? 개근이 아니니 유급주휴가 없는 건지? 혹은 차주에 근무를 계속하니 전체 유급휴일로 보아야 하는지요?

A. 근로기준법 제55조 및 동법 시행령 제30조에 따르면 사용자는 1주간의 소정근로일수를 개근한 근로자에 대하여 1주일에 평균 1회 이상의 유급휴일을 주어야 하며, 동 휴일에 대한 수당은 정상근로일의 소정근로시간을 기준으로 산정하면 될 것입니다.

따라서, 근로계약 당사자 간 수요일을 무급휴무일로 정하고 그에 대한 근로계약서를 다시 작성하여 소정근로시간을 명시적으로 조정하는 것이 아니라면 그 주의 실근로시간과 관계 없이 소정근로시간 유급휴일 수당이 지급되어야 할 것으로 사료됩니다.

4 월급제 근로자의 주휴수당과 알바의 주휴수당

사장님들은 직원 채용시 급여를 정할 때 일하는 일수를 기준으로 급여를 생각해서 정할 것이다. 그리고 생각은 안 하겠지만 그 속에는 결국 법적으로 지급하게 되어 있는 일요일 급여(주휴일)도 은근슬쩍 들어가 있는 것이다. 따라서 결국 월급에는 일반적으로 토요일은 논다는 가정하에 월~금의 급여와 일요일 급여의 합계금액이다. 즉, 7일 중 6일의 급여이다.

결론적으로 월급에는 좋든 싫든 주휴수당이 포함되어있는 것이다. 고용노동부 해석도 별도의 언급이 없으면 주휴수당은 월급에 포함된다고 보고 있다.

반면, 시간 단위로 급여를 받는 대표적인 알바의 경우 해당 시간급에는 주휴수당이 포함되어 있지 않으므로 주휴수당의 지급요건에 해당하면 1주일에 1번은 주휴수당을 지급해야 한다.

이같이 월급제 근로자는 월급에 주휴수당이 어차피 포함되어 실질적으로 주휴수당이 오고 가지 않기 때문에 평소에 주휴수당에 민감하지 않다가 월중 입사나 월중 퇴사 시 주휴수당을 포함해서 급여를 날짜 계산해주냐 빼고 날짜 계산해주느냐에 따라 몇십만 원이 왔다 갔다 하므로 민감해지게 된다.

월급은 한 달 몇 시간 기준급여인가?

① 1주일 기준으로 월~금요일 40시간에 일요일 8시간을 더하면 48시간이 1주일 급여를 받는 유급 근로시간이다.

② 그리고 1년 365일을 12개월로 나누면 30.41666…일이 되고 이를 다시 1주일 단위인 7일로 나누면 4.34523…주가 된다. 즉, 1달은 4.345주가 된다.

③ ①에서 1주 48시간에 ②에서 한 달 4.345주를 곱하면 208.56시간이 되는데, 이를 올림하면 209시간이 된다. 결국, 월급은 1달 209시간을 기준으로 정해진 것이다. 잊지 말아야 할 것은 209시간에는 일요일 시간 분도 포함이 되어 있다는 점이다.

주휴수당의 계산기준이 되는 1일 통상임금

예를 들어 월급이 209만 원인 경우, 앞에서 월급계산의 기준시간을 209시간이라고 했으므로

① 209만 원 ÷ 209시간 = 시간당 1만 원이 되고

② 1일 급여는 1만원 × 8시간 = 8만 원

③ 1주 급여는 1만원 × 48시간(40시간 + 8시간(주휴수당)) = 48만 원이 된다.

이렇게 계산한 것이 1일 통상임금, 1주 통상임금이 된다.

이것은 1달을 기준으로 1일의 통상임금을 구하는 방법이고 알바의 시급을 기준으로 월급을 구해보면

① 시급 1만 원

② 1일 급여는 1만 원 × 8시간 = 8만 원

③ 1주 급여는 1만 원 × 40시간 = 40만 원인데, 1주 개근 시 1일의 주휴수당을 줘야 하므로

④ 1만 원 × 8시간 = 8만 원이 된다.

결국, 시급이 같다는 가정하에 월급으로 출발해 계산한 시급이나, 시급으로 출발해 계산한 월급이나 같은 금액이 된다.

이것은 가끔 시급제가 유리한가요? 월급제가 유리한가요? 질문하는 분에 대한 해답이 될 수도 있다. 시급만 같다면 시급제나 월급제나 동일한 금액을 받는다.

참고로 알바의 주휴수당을 구해보면 하루 4시간씩 시급 1만 원으로 5일 알바를 하는 경우

① 4시간 × 5일 = 20시간

② 20시간 × 1만 원 = 20만 원(주급)

③ 20시간(월~금 근무시간) ÷ 40시간(주 소정근로시간) × 8시간 × 1만 원 = 4만 원

결국, 주휴수당은 하루치 급여를 더 주는 것으로 생각하면 된다.

🔍 주휴수당의 미지급은 최저임금법 위반으로 형사처벌 된다.

최저임금 위반 판단은 소정근로시간 + 주휴수당 포함 여부까지 판단해야 한다.

사업주들은 주 40시간의 소정근로시간에 대한 임금만 지급하면 최저임금법 위반이 아니라

고 판단할 수 있으나 헌법재판소에서는 주휴수당까지 지급해야 최저임금법 위반이 아니라고 판단했다.

결국, 최저임금법 위반이 되지 않기 위해서는 주48시간 분의 임금을 지급해야 한다.

주 40시간, 주 48시간의 문제의 발생 원인은 고용노동부는 주48시간을 기준으로 보고 있는반면, 대법원 판시에서는 주40시간을 보는 판례가 있어 서로 충돌해 왔다. 이를 합헌 결정으로 주48시간 기준으로 명확해진 것이다.

헌법재판소 합헌 결정으로 인해 주휴수당을 지급하지 않는 경우 근로기준법 위반뿐만 아니라 최저임금법 위반에 해당해 미지급 시에는 형사처벌의 대상이 된다.

주휴수당의 미지급이 근로기준법 위반만 적용되는 경우는 근로자가 처벌을 원하지 않는 경우 형사처벌의 대상이 되지 않았으나 최저임금법 위반에 해당하게 되어 근로자가 처벌을 원하지 않은 경우에도 형사처벌의 대상이 된다.

5 일용근로자의 주휴수당

근로계약서를 1일 단위로 작성하여 일급을 지급하는 경우라면 모르지만, 급여의 기준을 일급으로 정한 것일 뿐 실질적으로 일정기간을 계속하여 근로제공한 경우라면 해당 근로자에 대해 1주 소정근로시간을 개근할 경우 주휴수당을 지급해야 한다.

근로계약을 통해 일용근로계약을 명시적으로 정하였다면 별도의 주휴수당은 발생한다고 보기 어렵다.

그러나 별도의 근로계약을 통해 일용근로계약을 명시적으로 작성하고 반복 갱신한 바 없다면 계속근로 봐야 한다. 따라서 1주 40시간의 범위에서 근로를 제공하고 입사일로부터 1주를 맞았다면 1주의 유급휴일을 주휴일로 청구해볼 여지가 있다.

주휴일 없이 계속 근로했다면 해당 주휴일 근로에 대해 휴일근로가산수당을 추가 청구하는 형태로 대응하면 된다. 다만, 일용근로자에 대해 주휴수당을 미리 임금에 포함할 수 있는지? 에 대해서는 1일 단위로 근로관계가 단절되어 계속 고용이 보장되지 않는 순수 일용 근로자의 경우에는 주휴수당을 미리 임금에 포함할 수 없을 것이나, 일정기간 사용이 예정된 경우라면 근로기간 중 사용자가 소정근로일의 근무를 전제로 지급되는 주휴수당을 미리 임금에 포함하여 지급하는 것은 가능한 만큼 사용자가 구두상 혹은 서면상으로 근로계약을 통해 일급에 주휴수당을 포함하여 지급했다면 별도 주휴수당의 청구는 어려울 것이다.

구 분	주휴수당
일 단위로 근로계약을 체결하고 반복 갱신한 경우	주휴수당이 발생하지 않는다.
일 단위로 근로계약을 체결하고 반복 갱신하지 않고 일정기간 근로를 제공한 경우	주휴수당을 청구해 볼 수 있음

초과근무수당(시간외근로수당)

1 초과근무 발생 요건

아래의 초과근무에 따른 가산임금은 5인 이상 회사에만 적용되며, 5인 미만은 일한 시간에 대한 임금만 받는다.

그리고 임신 중이거나 출산 후 1년이 지나지 않은 여성 노동자는 원칙적으로 야간노동을 할 수 없다.

예를 들어 4시간의 연장근로를 한 경우 5인 이상 사업장은 가산임금을 포함해 4시간의 150%인 6시간분의 시급을 적용받지만, 5인 미만 사업장은 4시간의 100%인 4시간분의 시급을 적용받는다.

- 연장노동 : 1일 8시간을 초과하거나 1주 40시간을 초과
- 야간노동 : 밤 10시부터 오전 6시
- 휴일노동 : 주휴일, 노동절, 법정공휴일 또는 약정휴일

시급(통상임금)의 50%를 추가로 지급하되, 연장, 휴일 노동과 야간 노동이 동시에 이뤄질 때는 중복해서 받아야 한다. 단, 휴일근로의 경우 초과근무수당은 다음과 같이 지급해야 한다.

1. 8시간 이내의 휴일근로 : 통상임금의 50%

2. 8시간을 초과한 휴일근로 : 통상임금의 100%

초과근무수당을 지급하지 않을 경우, 3년 이하의 징역 또는 3천만 원 이하의 벌금에 처한다.

연장근로
- 법정근로시간을 초과하여 근로하는 경우
  50% 가산

야간근로
- 22:00~06:00 사이에 근로하는 경우
  50% 가산

휴일근로
- 법정 또는 약정휴일에 근로하는 경우
  8시간 이내 50% 가산
  8시간 초과 100% 가산

3 가산임금

근로자가 연장·야간·휴일근로를 한 경우, 통상임금의 50% 이상을 가산하여 지급해야 하는 임금을 의미한다.

근로의 범위	초과근로에 대한 임금	초과근로에 대한 가산임금
법정근로시간을 초과한 근로	연장근로수당	연장근로 가산수당
휴일의 근로	휴일근로수당	휴일근로 가산수당
오후 10시부터 오전 6시까지의 근로	야간근로수당	야간근로 가산수당

4 연장근로

법정근로시간을 초과한 근로에 대해 사용자는
❶ 연장근로의 대가인 연장근로수당(100%)과
❷ 연장근로에 대한 가산수당인 연장근로 가산수당(50%)을 모두 지급해야 한다.

위에서 법정근로시간 초과는 1일 8시간 초과근무 또는 주 40시간 초과근무를 의미한다.

> 급여가 2,090,000원인 근로자가 월~금까지 8시간을 근로하고, 무급휴무일인 토요일 8시간을 근무한 경우

유급 근로시간 = [40시간(월~금 8시간 × 5일) + 8시간(주휴일)] × 4.345주 = 209 시간

시급 = 2,090,000/209시간 = 10,000원

❶ 연장근로의 대가인 연장근로수당 : 10,000원 × 8시간 = 8만 원

❷ 연장근로에 대한 가산수당 = 10,000원 × 8시간 × 50% = 4만 원

❸ 총 12만 원(❶ + ❷)

1주일 중 토요일, 일요일에만 각각 12시간씩 근무한 경우(시급 10,000원)

토요일, 일요일이라고 일 8시간 또는 주 40시간을 초과하지 않으면 연장근로로 보지 않고 정해진 소정근로로 본다.

또한, 해당일이 휴일로 정해진 경우가 아니면(휴일은 반드시 일요일일 필요는 없음) 휴일근로로 보지도 않는다.

❶ 소정근로(8시간) + 연장근로(4시간)에 대한 임금 : 10,000원 × 12시간 = 12만 원

❷ 연장근로에 대한 가산임금 = 10,000원 × 4시간 × 50% = 2만 원

❸ 총 14만 원(❶ + ❷)

1주 소정근로시간이 20시간 계약 후 30시간을 근로시킨 경우

단시간근로자는 소정근로시간인 주 20시간을 초과하는 근로에 대해서는 가산임금을 지급해야 한다. 즉 30시간(실제 근무시간) + (10시간(초과근로 가산수당) × 50%) = 35시간분의 임금을 지급해야 한다.

5 야간근로

오후 10시부터 오전 6시까지 근로를 제공하는 경우

❶ 야간근로 자체에 대한 대가인 야간근로수당(100%)과

❷ 야간근로에 대한 가산임금인 야간근로 가산수당(50%)을 포함해서 지급해야 한다.

❸ 연장근로수당과 중복해서 적용된다. 즉, 오후 10시부터 오전 6시까지 근로가 연장근로에 해당하는 경우 결국 가산임금은 100%(연장 + 야간)가 된다.

고용노동부의 인가를 받은 감시·단속적 근로자 등은 연장근로시간의 적용을 받지는 않으나, 야간근로수당은 적용된다.

> 1주 40시간 근무하는 시급 10,000원인 근로자가 20시부터 00시까지 4시간 시간외근로를 한 경우

해설

❶ 연장근로에 대한 임금 : 10,000원 × 4시간 = 4만 원
❷ 연장근로에 대한 가산임금 = 10,000원 × 4시간 × 50% = 2만 원
❸ 야간근로에 대한 가산임금 = 10,000원 × 2시간 × 50% = 1만 원
총 7만 원(❶ + ❷ + ❸)

결과적으로 **야간근로수당은 연장근로가 발생하지 않아도 해당 시간대에 근무하는 경우 무조건 지급해야 하는 수당이다.**

> 시급 10,000원인 근로자가 16시부터 24시까지 7시간 시간외근로(휴게시간 1시간)를 한 경우

해설

❶ 기본임금 : 10,000원 × 7시간 = 7만 원

❷ 야간근로에 대한 가산임금 = 10,000원 × 2시간 × 50% = 1만 원

❸ 총 8만 원(❶ + ❷)

밤에만 짧게 일하는 경우 야간수당

하루 몇 시간을 일했는지는 중요하지 않다. 5인 이상 사업장은 밤 10시부터 다음 날 아침 6시 사이에 일했다면 무조건 50%의 야간근무수당을 지급해야 한다. 즉, 시급의 1.5배 이상의 임금을 지급한다.

6 휴일근로

휴일에 근무한 경우 사용자는

❶ 휴일로 정해진 날이지만 일을 했으므로 근로에 대한 대가로서 지급되는 휴일근로수당과

❷ 휴일근로에 대한 가산수당인 휴일근로 가산수당을 모두 지급해야 한다.

- 유급휴일에 근무한 경우 : ❶ 휴일수당(예컨데 주휴수당)과 ❷ 근로의 대가로 지급되는 휴일근로수당과 ❸ 휴일근로 가산수당이 별개로 지급되어야 한다.

- 휴일근로 가산수당은 8시간까지는 통상임금의 50%를, 8시간 초과한 시간은 통상임금의 100%를 가산해서 지급해야 한다.

휴일근로 가산임금을 지급해야 하는 휴일에는 주휴일뿐만 아니라, 근로자의 날, 법정공휴일(관공서 휴일), 약정휴일(단체협약이나 취업규칙에서 정한 휴일)이 포함된다.

> 월~금까지 8시간씩 근무한 후 주휴일인 일요일 8시간을 근무한 경우(시급은
> 10,000원이다.)

❶ 휴일근로에 대한 임금 = 10,000원 × 8시간 = 8만 원(100%)

❷ 휴일근로에 대한 가산임금 = 10,000원 × 8시간 × 50% = 4만 원(50%)

총 12만 원(❶ + ❷)

주 시급제 근로자의 경우 주휴수당은 위 수당과 별도로 지급되는 것이다. 월급제는 월급에 이미 주휴수당이 포함되어 있으므로 12만 원(150%) (❶ + ❷)을 추가로 지급하면 된다. 다만, 시급제의 경우(❶ + ❷)와 별도로 주휴수당을 지급해야 한다.

> 월~금까지 8시간씩 근무한 후 주휴일인 일요일 10시간을 근무한 경우(시급
> 은 10,000원이다.)

❶ 휴일근로에 대한 임금 = 10,000원 × 10시간 = 10만 원(100%)

❷ 휴일근로에 대한 가산임금 = 10,000원 × 10시간 × 50% = 5만 원(50%)

❸ 휴일근로에 8시간 초과분에 대한 가산임금 = 10,000원 × 2시간 × 50% = 1만 원(50%)

총 16만 원(❶ + ❷ + ❸)

주 시급제 근로자의 경우 주휴수당은 위 수당과 별도로 지급되는 것이다. 월급제는 월급에 이미 주휴수당이 포함되어 있으므로 16만 원(❶ + ❷ + ❸)을 추가로 지급하면 된다. 다만, 시급제의 경우 (❶ + ❷ + ❸)과 별도로 주휴수당(을 지급해야 한다.

근로자의 날 휴일근로수당 지급

근로자의 날은 유급이므로 근로 여부와 관계없이 휴일근로수당이 지급되어야 하고, 근무하였다면 근로에 대한 대가인 휴일근로수당(100%)을 지급해야 한다. 다만, 감시·단속적 근로자는 근로자의 날이더라도 휴일가산수당은 적용되지 않는다.

7 초과근무수당 계산을 위한 공식

예시1 평일에 연장, 야간근로 시 법정수당 계산 방법

시간	근로대가	연장	야간	합계	수당 계산 공식
09:00~18:00	100%	–	–	100%	기본 : 시급 × 시간 × 100%
18:00~22:00	100%	50%	–	150%	기본 : 시급 × 시간 × 100% 연장 : 시급 × 연장시간 × 50%
22:00~06:00	100%	50%	50%	200%	기본 : 시급 × 시간 × 100% 연장 : 시급 × 연장시간 × 50% 야간 : 시급 × 야간시간 × 50%
06:00~09:00	100%	50%	–	150%	기본 : 시급 × 시간 × 100% 연장 : 시급 × 연장시간 × 50%

구분	시간	누적시간	비고
① 근무시간	00:00~24:00	24시간	
② 휴게시간	03:00~04:00		야간근로시간에 1시간
	12:00~13:00	3시간	이 들어있다고 가정
	18:00~19:00		
③ 근무시간	–	21시간	①-②
최저임금			10,030원
100%	정상 근로	21시간	210,630원
50%	연장 가산	13시간	65,195원
50%	야간 가산	7시간	35,105원
	임금 합계		310,930원

예시2 휴일에 연장, 야간근로 시 법정수당 계산 방법

시간	근로대가	휴일	휴일연장	야간	합계	수당계산 공식
09:00~18:00	100%	50%	–	–	150%	기본 + 휴일 : 시급 × 시간 × 150%
18:00~22:00	100%	50%	50%	–	200%	기본 + 휴일 : 시급 × 시간 × 150% 휴일연장 : 시급 × (시간 - 8시간) × 50%
22:00~06:00	100%	50%	50%	50%	250%	기본 + 휴일 : 시급 × 시간 × 150% 휴일연장 : 시급 × (시간 - 8시간) × 50% 야간 : 시급 × 야간시간 × 50%
06:00~09:00	100%	50%	50%	–	200%	기본 + 휴일 : 시급 × 시간 × 150% 휴일연장 : 시급 × (시간 - 8시간) × 50%

구분	시간	누적시간	비고
① 근무시간	00:00~24:00	24시간	
② 휴게시간	03:00~04:00		야간근로시간에 1시간 이 들어있다고 가정
	12:00~13:00	3시간	
	18:00~19:00		
③ 근무시간	–	21시간	①-②
최저임금			10,030원
100%	정상 근로	21시간	210,630원
50%	휴일 가산	21시간	105,315원
50%	휴일 연장 가산	13시간	65,195원
50%	야간 가산	7시간	35,105원
임금 합계			416,245원

- 8시간 이내 = 시급 × 시간 × 150%
- 8시간 초과 = 시급 × 시간 × 150% + 시급 × (시간 – 8시간) × 50%
- 8시간 초과 + 야간 = 시급 × 시간 × 150% + 시급 × (시간 – 8시간) × 50% + 시급
  × 야간시간 × 50%

8 가산임금 적용의 예외

다음은 근로시간, 휴일의 적용을 받지 않지만, 야간근로 가산수당은 적용된다.

❶ 소형의 농수산업에 종사하는 자

– 기후, 계절 등 자연조건의 영향을 강하게 받기 때문에 근로시간을 규제하기 어렵기 때문이다.

❷ 감시·단속적 근로에 종사하는 자로 사용자가 고용노동부 장관의 승인을 받은 자. 다만, 고용노동부 장관의 승인 없이 임의로 근로시간, 휴일의 적용을 배제하는 경우 법 위반이다.

– 근로시간 중 휴식을 충분히 취하기 때문에 근로시간을 엄격히 규제할 필요성이 높지 않기 때문이다.

감시적 근로자	감시적 업무가 본래의 업무로 심신의 피로가 적고 정신적 긴장이 적은 노무에 종사하는 근로자 [예] 수위·경비원·물품 감시원 또는 계수기 검사원 등
단속적 근로자	평소의 업무는 한가하지만, 기계 고장 수리 등 돌발적인 사고 발생에 대비하여 간헐적·단속적으로 근로가 이루어져 휴게시간이나 대기시간이 많은 업무에 종사하는 근로자

❸ 감독·관리·기밀을 취급하는 업무에 종사하는 자

– 비서 기타 직무가 경영자 또는 관리·감독적 지위에 있는 자의 활동과 불가분하게 이루어져 출·퇴근 등에 있어서 엄격한 제한을 받지 않는 자

빨간 날(명절, 국경일, 선거일)에 출근한 경우 휴일근로수당

흔히 '빨간 날'이라고 부르는 공휴일(명절, 국경일, 선거일)은 취업규칙이나 근로계약서에 휴일로 정하고 있거나, 관행적으로 유급휴일인 경우에만 휴일근무수당을 받을 수 있다. 다만 근로기준법 개정으로 2022년부터 5인 이상 민간기업도 관공서와 동일하게 휴일로 지정된바, 빨간 날 근무를 하는 경우 휴일근무수당을 받을 수 있다. 다만 아직 5인 미만 사업장은 적용 대상이 아니다.

구 분	적용시기
공공기관과 300인 이상	2020년 1월 1일
30인 이상 ~ 300인 미만	2021년 1월 1일
5인 이상 ~ 30인 미만	2022년 1월 1일

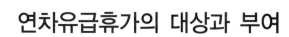

연차유급휴가의 대상과 부여

1 연차유급휴가 대상

- 상시근로자 5인 이상 사업장에 근무하는 모든 근로자가 적용 대상이다. 따라서 5인 미만 사업장은 적용 대상이 아니다.
- 적용 제외근로자
- 상시근로자 5인 미만 사업장 소속 근로자
- 소정근로시간이 1주 15시간 미만인 이른바 초단시간 근로자

2 연차유급휴가의 부여

연차유급휴가 일수의 계산

- 연 단위 연차 : 연 단위 연차유급휴가는 1년간 80% 이상을 개근한 근로자에게 15일을 부여한다.
- 월 단위 연차 : 월 단위 연차유급휴가는 1월 100% 이상을 개근한 근로자에게 1일을 부여한다.

$$\text{출근율} = \frac{\text{출근일}}{\text{소정근로일수}} \times 100\%$$

1. 출근율

(원칙) 정상적으로 출근하여 근무한 날

(예외) 다음의 경우에는 출근한 것으로 간주한다.

1. 근로자가 업무상의 부상 또는 질병으로 휴업한 기간
2. 임신 여성 근로자의 출산전후휴가 및 유사산휴가 기간
3. 남녀고용평등법에 따른 육아휴직으로 휴업한 기간

2. 소정근로일수

(원칙) 역일인 365일에서 법정휴일 또는 약정휴일을 제외한 날로 근로제공의무가 있는 날

(예외) 아래의 경우는 특별한 사유로 근로제공의무가 정지된 것이므로 소정근로일수에서 제외한다.

1. 사용자의 귀책사유로 인한 휴업기간
2. 적법한 쟁위행위기간
3. 기타 위 기간에 준하는 것으로 해석될 수 있는 날 또는 기간

3. 특별한 사유로 근로제공의무가 정지된 경우 연차유급휴가 산정방법

(출근율 80% 이상이라는 가정)

$$15\text{일} \times \frac{\text{연간 총 소정근로일수} - \text{특별한 사유로 근로제공의무가 정지된 일수}}{\text{연간 총 소정근로일수}}$$

경영상 사정으로 100일을 휴업한 경우 2년차 근로자에게 발생하는 연차유급휴가 일수는(연간 총 소정근로일수는 295일, 출근율 80% 이상으로 간주)?

$$15일 \times \frac{295일 - 100일}{295일} = 9.91일$$

연차유급휴가 일수의 가산

최초 1년을 초과하는 계속근로연수 매 2년에 대해서 15일을 기준으로 해서 1일씩 추가 부여한다.

연차휴가일수 = 15일 + (근속연수 - 1년) ÷ 2로 계산 후 나머지를 버리면 된다.
예를 들어 입사일로부터 10년이 경과 한 경우
연차휴가일수 = 15일 + (10년 - 1년) ÷ 2 = 15일 + 4.5일 = 19일

1년	2년	3년	4년	5년	10년	15년	20년	21년
15일	15일	16일	16일	17일	19일	22일	24일	25일

신입사원의 유급휴가 부여 및 사용

입사 후 1년 미만까지는 1개월 개근시 1일씩 유급휴가 발생(최대 11일)
- 2020년 3월 30일까지 발생한 휴가 : 발생일로부터 1년간 사용 가능
- 2020년 3월 31일부터 발생한 휴가 : 입사일로부터 1년 안에 사용 가능
- 입사 후 1년간의 출근율이 80% 이상인 경우 : 2년 차에는 총 15일의 유급휴가가 추기로 발생
- 1년간 80% 미만 출근한 근로자는 1년 중 개근한 1개월당 1일의 연차휴가 발생

육아휴직 후 복직한 근로자의 연차유급휴가 일수

육아휴직기간은 출근한 것으로 간주하여 출근율을 계산하여 휴가일수를 부여한다.

1년 동안 육아휴직을 사용하여 총 소정근로일수를 출근하지 아니하였다 하더라도 해당 기간을 모두 출근한 것으로 보고 연차유급휴가를 부여해야 한다.

예를 들어 2023년 1월 1일 입사한 근로자가 2024년 1월 1일부터 12월 31일까지 육아휴직을 사용했을 경우 2025년 1월 1일 발생하는 연차유급휴가일수는 15일이다(육아휴직기간은 출근한 것으로 간주).

업무상 질병으로 휴업한 경우 연차유급휴가 일수

예를 들어 2023년 1월 1일 입사한 근로자가 2024년 1월 1일부터 12월 31일까지 1년 동안 업무상 질병으로 총 소정근로일수를 출근하지 않은 경우 2025년 발생하는 연차유급휴가일수는 15일이다(업무상 재해로 인해 휴업한 기간은 출근한 것으로 보고 연차유급휴가를 부여한다.).

단시간근로자의 연차유급휴가 일수

1주 소정근로시간이 15시간 이상인 단시간근로자도 연차유급휴가를 부여한다.

단시간 근로자의 연차유급휴가 산정방식(시간 단위, 1시간 미만은 1시간으로 봄)

$$\text{통상근로자의 연차휴가일수} \times \frac{\text{단시간 근로자 소정근로시간}}{\text{통상근로자의 소정근로시간}} \times 8\text{시간}$$

3 연차유급휴가 미사용 시

 연차유급휴가 미사용수당 지급(연차수당)

- 연차유급휴가는 발생일로부터 1년간 사용할 수 있다.
- 휴가 일수의 전부 또는 일부를 사용하지 않은 경우 사용자는 그 휴가에 대한 보상으로 사용하지 않은 연차유급휴가 일수만큼의 미사용수당을 지급해야 한다.

🐝 신청기준

- 연차유급휴가 미사용수당은 취업규칙에 달리 정함이 없는 한 통상임금을 기초로 하여 산정한다.

🐝 지급일

- 특별한 정함이 없는 한 연차휴가를 실시할 수 있는 1년의 기간이 만료된 후 최초의 임금 정기지급일에 지급해야 한다.
- 퇴직자는 미사용 연차휴가에 대해서 미사용수당을 퇴직일로부터 14일 이내에 지급해야 한다.

4 연차유급휴가 사용 촉진

사용자가 연차휴가 사용촉진 절차를 거쳤음에도 불구하고 근로자가 연차휴가를 사용하지 않으면 사용자는 사용하지 않은 연차휴가에 대해서 연차휴가 미사용수당을 지급할 의무가 없다. 단, 연차휴가 사용촉진은 시기, 수단(서면) 등 절차를 엄격하게 지켜야 유효하다.

🔍 빨간 날은 현재 당연히 쉬는 날이 아니므로 연차휴가에서 차감

2022년부터 5인 이상 일반기업도 법정공휴일(빨간 날)에 연차에서 차감하지 않고 쉴 수 있다. 시행시기는 300인 이상은 2020년 / 299~30인은 2021년 / 29~5인은 2022년부터 적용이 되게 된다. 따라서 5인 이상 사업장은 2022년 1월 1일부터 빨간 날 쉰다고 연차휴가에서 차감하면 안 된다.

5인 미만 사업장은 연차휴가 자체가 발생하지 않으므로 결국 2022년 1월 1일부터는 전 회사가 빨간 날을 연차휴가로 대체할 수 없게 됐다.

🔍 고용노동부 행정해석 변경에 따른 연차휴가 계산

구 분	발생 조건	실제 부여조건	예시
월 단위 연차휴가	1월 개근	발생일까지 근무 즉 입사일과 같은 날까지 근무해야 한다(법적으로는 다음 날 근무가 예정되어 있어야 한다고 표현).	1개월 + 1일 2개월 + 1일 3개월 + 1일 ⋮
연 단위 연차휴가	1년 80% 이상 개근	발생일까지 근무 즉 입사일과 같은 날까지 근무해야 한다(법적으로는 다음 날 근무가 예정되어 있어야 한다고 표현).	1년 + 1일 2년 + 1일 3년 + 1일 ⋮

월 단위 연차는 딱 1달, 연 단위 연차는 딱 1년(365일)만 근무해서는 개근에 따른 연차휴가의 발생요건은 충족해도 법적인 "다음 날 근무 예정" 요건을 충족하지 못해 실제로 연차휴가를 부여받지 못한다. 따라서 +1일(1개월 + 1일 또는 365일 + 1일 근무)이 마지막 근무일이 되어야 연차휴가가 부여된다.

월 단위 연차휴가
(1년 미만 분 연차휴가)

1 월 단위 연차휴가의 요건

❶ 5인 이상 사업장이어야 한다. 따라서 5인 미만 사업장에서는 연차휴가가 발생하지 않는다.

❷ 주 15시간 이상 근로를 제공해야 한다. 따라서 주 15시간 미만의 초단시간 근로자는 연차휴가가 발생하지 않는다.

2 월 단위 연차휴가의 발생기간

월 단위 연차휴가는 입사일부터 1달간 개근시 1일이 발생하며, 1달 + 1일 근무시 실제로 부여돼 입사일로부터 1년간 총 11일만 발생한다. 그 이후에는 발생하지 않는다.

❶ 1달만 근무시 월 단위 연자휴가 미부여

❷ 1달 + 1일, 2달 + 1일, 3달 + 1일....을 근무해야 발생한 연차휴가가 부여된다.

월 단위 연차휴가의 발생 주기와 요건

월 단위 즉 1달에 1일이 발생하며, 1달간 개근을 조건으로 한다.

결과적으로 1달 개근 시 1일의 월 단위 연차휴가(1년 미만 근로자 연차)가 발생한다.

예를 들어 6월 1일 입사자의 경우 매달 개근하는 경우 7월 1일, 8월 1일, 9월 1일까지 근무하면 각각 1일의 연차가 발생해 총 11일 월 단위 연차휴가가 발생한다.

4

월 단위 연차휴가의 사용기한

🐦 2020년 3월 30일까지 발생분

발생일로부터 1년간 사용할 수 있다.

예를 들어

2020년 1월 1일 입사자의 경우

2020년 2월 1일 발생분은 2021년 1월 31일까지 사용할 수 있으며

2020년 3월 1일 발생분은 2021년 2월 말일까지 사용할 수 있다.

🐦 2020년 3월 31일부터 발생분

개정 근로기준법은 입사일을 기준으로 판단하는 것보다는 발생일을 기준으로 판단하는 것이 현명하다.

월 단위 연차휴가는 2020년 3월 31일까지 발생분부터는 입사일로부

터 1년 안에 모두 사용해야 한다. 따라서 입사자를 기준으로 보면 2024년 4월 1일 입사자의 경우 2025년 3월 31일까지 모두 사용해야 한다.

예를 들어

2020년 1월 1일 입사자의 경우

2020년 2월 1일 발생분은 2021년 1월 31일까지 사용할 수 있고,

2020년 3월 1일 발생분은 2021년 2월 말일까지 사용할 수 있다.

반면, 2020년 4월 1일 발생분은 2020년 3월 31일 이후 발생분으로써 입사일로부터 1년 안에 모두 사용해야 하므로 2020년 12월 31일까지 사용해야 한다. 즉, 2020년 3월 31일 발생분부터는 입사일로부터 1년 안에 모두 사용해야 한다.

사례 **입사일로부터 1년 안에 사용의 의미**

1. 2020년 3월 31일 입사자

1달 개근 시 1일의 연차휴가가 발생해 총 발생하는 11개의 연차를 2020년 3월 31일부터 1년간인 2021년 3월 30일까지 사용해야 한다.

2. 2020년 1월 1일 입사자로써 3월 31일 발생일 기준 적용

2월 1일, 3월 1일, 4월 1일......12월 1일 : 총 11일

이 중 2020년 3월 31일 이전 발생분은 2월 1일, 3월 1일 총 2일

이 중 2020년 3월 31일 이후 발생분은 11일 − 2일 = 9일

[사용시기]

2020년 3월 31일 이전 발생분은 2021년 1월 말일, 2월 말일까지 긱긱 순자적 사용

2020년 3월 31일 이후 발생분 9일은 입사일로부터 1년인 2020년 12월 31일까지 모두 사용

5

미사용 연차휴가의 사용촉진

🍷 2020년 3월 30일까지 발생분

2020년 3월 30일까지 발생분은 1년간 사용하지 않으면 미사용수당을 지급해야 한다.

🍷 2020년 3월 31일 이후 발생 분부터

2020년 3월 31일 이후 발생 분부터는 사업주가 선택할 수 있다.
① 미사용수당을 지급하기 싫으면 연차휴가 사용촉진 제도(1차 3개월 전, 2차 1개월 전)를 활용한다.

구분	〈1차 사용촉진〉 (사용자 → 근로자) 미사용 연차일수 고지 및 사용시기 지정·통보 요구	(근로자 → 사용자) 사용 시기 지정·통보	〈2차 사용촉진〉 (사용자 → 근로자) 근로자의 사용 시기 미통보시 사용자가 사용 시기 지정·통보
연차휴가 9일에 대해서	10월 1일~10월 10일 (3개월 전, 10일간)	10일 이내	11월 31일까지 (1개월 전)
연차휴가 2일에 대해서	12월 1일~12월 5일 (1개월 전, 5일간)	10일 이내	12월 21일까지 (10일 전)

② 연차휴가 사용촉진 제도를 활용하지 않는 경우 종전과 같이 미사용 연차수당을 지급해야 한다. 따라서 연차휴가 사용촉진을 활용할 마음이나 여유가 없는 사업주는 개정법을 신경 쓸 필요가 없다.

연 단위 연차휴가
(1년 이상 분 연차휴가)

5인 이상 사업장에서 주 15시간 이상 근로시 사용자는 근로자가 1년 간 80%(출근율) 이상 출근 시 15일의 연차유급휴가를 주어야 한다. 다만, 1년간 80% 미만 출근 근로자에 대해서도 1개월 개근 시 1일 의 연차유급휴가를 부여한다(근기법 제60조).

1년에 80% 이상 출근이란 1년간 법정휴일(주휴일, 근로자의 날, 관공서 공휴일(개정법 적용 대상 기업)) 및 약정휴일(노사 간에 휴일로 정한 날 : 명절 전후, 법정공휴일 등)을 제외한 사업장의 연간 총 소정근로일수에서 출근한 날이 80% 이상인 경우를 말한다.

1 연 단위 연차휴가의 요건

❶ 상시근로자수(정규직, 비정규직, 임시직, 아르바이트 모두 포함, 프리랜서 제외)가 5인 이상인 사업장의 1주 소정근로시간 15시간 이상 근로하 는 근로자

❷ ❶의 조건에는 해당하지 않지만, 근로계약서에 연차휴가를 주는

조건으로 근로계약을 체결한 경우

2 연 단위 연차휴가의 계산

연차휴가 일수 =
많은 일수 Max(회계연도 기준 연차휴가 일수, 입사일 기준 연차휴가 일수)

🐾 입사일 기준으로 연차휴가를 계산하는 방법(원칙)

법에서 인정하는 원칙은 입사일 기준이다. 업무의 편의를 위해 회계
연도 단위로 연차휴가를 주더라도 입사일 기준보다 연차휴가 일수가
적지 않으면 예외적으로 인정해주고 있다.

입사일 기준은 입사일을 기준으로 1년 단위로 연차휴가 일수를 계산
하는 방식을 말한다.

예를 들어 2022년 8월 2일 입사의 경우 2023년 8월 2일, 2024년 8
월 2일, 2025년 8월 2일…… 등으로 연차가 발생하는 경우를 말한다.

[입사일 기준 연차휴가 자동계산 방법 : 최대 25일 한도]

연차휴가일수 = 15일 + (근속연수 - 1년) ÷ 2로 계산 후 나머지를 버리면 된다.
예를 들어 입사일로부터 10년이 경과 한 경우
연차휴가일수 = 15일 + (10년 - 1년) ÷ 2 = 15일 + 4.5일 = 19일

1년	2년	3년	4년	5년	10년	15년	20년	21년
15일	15일	16일	16일	17일	19일	22일	24일	25일

🧸 회계연도 단위로 연차휴가를 계산하는 방법(예외)

연차유급휴가는 근로자별로 입사일을 기준으로 산정하는 것이 원칙이지만 근로자 수가 많은 사업장은 관리가 힘들 수 있다. 판례와 고용노동부 행정해석은 노무관리 편의상 노사가 합의한 경우 취업규칙이나 단체협약으로 정하여 회계연도 기준으로 모든 근로자에게 일괄 부여하는 것도 허용하고 있다.

회계연도 기준은 예외적으로 허용되는 기준으로 입사일 기준보다 근로자에게 불리하지 않아야 한다. 따라서 퇴직 시점에서 총 휴가일수가 근로자의 입사일을 기준으로 계산한 휴가일수에 미달하는 때는 그 미달하는 일수에 대하여 연차유급휴가 미사용 수당으로 정산해서 지급해야 한다(근로기준과 5802, 2009.12.31.).

[회계연도 단위 기준 연차휴가 자동계산 방법 : 최대 25일 한도]

1. 회계연도 단위의 연차휴가 계산순서

입사연도의 연차휴가를 1년 중 근무 일수에 비례해서 부여한다.

❶ 월 단위 연차(1년 미만 분 연차)는 회계연도기준 적용대상이 아니다.

❷ 연 단위 연차(1년 이상 분 연차휴가)를 근무 일수에 비례해서 계산한다.

❸ ❶ + ❷ = 총 휴가 일수

2. 회계연도 단위의 연차휴가 계산식

❶ 입사 연도의 연차휴가 일수(2023년 입사) = 입사일부터 12월 31일까지 월 단위 휴가 일수 + 연 단위 비례 연차휴가 일수(15일 × 근속기간 총일수 ÷ 365)

❷ 입사 다음연도(2024년)의 연차휴가 일수 = (11 - 입사 연도에 발생한 월 단위 연차휴가 일수) + 15일(연 단위 연차휴가 일수)

❸ 입사 다음다음(2025년) 연도 1월 1일 기준 연차휴가 일수 = 15일

❹ 입사 다음다음 다음(2026년) 연도 1월 1일 기준 연차휴가 일수 = 16일

3. 퇴사자에 대한 연차휴가 정산

퇴사자에 대한 연차휴가 일수 정산은 ❶과 ❷ 두 경우를 나누어 생각하면 편리하다.

❶ 입사일보다 퇴사일이 늦을 때(7월 1일 입사, 7월 1일 이후 퇴사)는 퇴사 연도에 연차휴가가 발생

❷ 입사일보다 퇴사일이 빠를 때(7월 1일 입사, 7월 1일 이전 퇴사)는 퇴사 연도에 연차휴가가 발생하지 않는다.

예를 들어 7월 1일 날 입사해 7월 10일 퇴사한 경우는 입사일보다 퇴사일이 늦으므로 퇴사 연도에 연차휴가가 발생한다.

반면, 7월 1일 날 입사해서 6월 10일 퇴사한 경우는 입사일보다 퇴사일이 빠른 경우이므로 퇴사 연도에 연차는 발생하지 않는다.

🐾 퇴사자의 연차휴가 일수 정산

구 분	업무처리
입사일 기준보다 회계연도 기준으로 더 많은 휴가를 부여한 경우	입사일 기준보다 회계연도 기준으로 더 많은 휴가를 부여했으므로 연차수당은 발생하지 않는다.
	근로자가 입사일 이전에 퇴직하면, 회계연도를 기준으로 산정하여 연차휴가를 부여한 것보다 더 많은 휴가를 부여받는 결과가 된다. 이 경우 사용자가 취업규칙 등에 연차휴가에 대한 재산정 규정 또는 재정산 후 삭감할 수 있다는 취지의 규정을 두고 있지 않다면, 근로기준법 제3조에 따라 근로자에게 유리한 연차휴가를 부여해 주어야 한다. 따라서 더 부여한 연차휴가를 삭감할 수도, 그에 대한 임금을 차감할 수도 없다. 물론 규정이 있는 경우에는 급여에서 차감할 수 있다.

구 분	업무처리
입사일 기준보다 회계연도 기준으로 더 적게 휴가를 부여한 경우	원칙은 입사일 기준이므로 회계기준의 연차가 입사일 기준 연차보다 적게 부여된 경우, 차이에 대해서는 추가로 부여하거나 연차수당으로 지급해야 한다.

사례

2024년 7월 1일 입사자의 경우 회계연도 기준으로 연차휴가를 부여하고자 할 때 2024년과 2025년 부여해야 할 연차휴가 일수는?

해설

앞서 설명한 회계연도 단위 기준 연차휴가 자동계산 방법 중

1. 회계연도 단위의 연차휴가 계산순서

입사연도의 연차휴가를 1년 중 근무일수에 비례해서 부여한다.

❶ 월 단위 연차(1년 미만 분 연차)는 회계연도기준 적용 대상이 아니다.

❷ 연 단위 연차(1년 이상 분 연차휴가)를 근무일수에 비례해서 계산한다.

❸ ❶ + ❷ = 총휴가일 수

2. 회계연도 단위의 연차휴가 계산식

❶ 입사 연도의 연차휴가 일수 = 입사일부터 12월 31일까지 월 단위 휴가일수 + 연 단위 비례 연차휴가 일수(15일 × 근속기간 총일수 ÷ 365)

구분	기간계산	연차휴가	계산식
입사연도 (2024년)	월 단위 연차 (1년 미만자 휴가)	5일	8월, 9월, 10월, 11월, 12월 1일 (2024년 사용 또는 2025년 사용)
연 치 비례휴가	2024.7.1~12.31 (연 단위 연차)	7.5일	15일 × 입사 연도 재직일 ÷ 365일 = 15일 ×184일 ÷ 365일

구분	기간계산	연차휴가	계산식
합계(2024년 12월 31일 기준)		12.5일	13일 부여하면 문제없음 (월 단위 연차 + 연 단위 연차)

2024년 발생하는 총 13일이다. 2025년 사용할 수 있다. 단, 1년 미만자 연차휴가(월 단위 연차 5일)는 노사합의가 없는 경우 2025년 6월 30일까지 사용할 수 있다.

☒ 연차휴가일수가 소수점 이하로 발생할 경우, 잔여 소수점 이하에 대하여는 수당으로 계산 지급하는 것도 가능하나 가급적 근로자에게 불이익이 없도록 노사합의로 1일의 휴가를 부여해야 할 것이다(근기 01254-11575, 1989.8.7.).

❷ 입사 다음연도의 연차휴가 일수 = (11 - 입사 연도에 발생한 월차개념의 연차휴가 일수) + 15일

구분	기간계산	연차휴가	계산식
입　사 다음연도 (2025년)	월 단위 연차 2025.1.1~6.1 (1년 미만자 휴가)	6일 (11일 - 5일)	11일 - 입사연도 월 단위 연차휴가 (2024년 12월 31일까지 5일). 1년 미만의 월 단위 연차는 끝
연차휴가	2025.1.1~12.31	15일	입사 2년 차 연차휴가
합계(2025년 12월 31일 기준)		21일	남은 월차 + 연 단위 연차

2025년 발생하는 연차는 21일이다. 단, 1년 미만자 연차휴가(월 단위 연차 6일)는 노사합의가 없는 경우 2025년 6월 30일까지 사용할 수 있다.

❸ 입사 다음다음 연도의 연차휴가 일수 = 15일
2026년 15일, 2027년과 2028년 16일, 2029년과 2030년 17일…의 연차휴가가 발생한다.

3. 퇴사자에 대한 연차휴가 정산

퇴사자에 대한 연차휴가 일수 정산은 ❶과 ❷ 두 경우를 나누어 생각하면 편리하다.
❶ 입사일보다 퇴사일이 늦을 때(7월 1일 입사, 7월 1일 이후 퇴사)는 퇴사 연도에 연차휴가가 발생

❷ 입사일보다 퇴사일이 빠를 때(7월 1일 입사, 7월 1일 이전 퇴사)는 퇴사 연도에 연차휴가가 발생하지 않는다.

3 1년 80% 미만 출근자의 연차휴가

1년간 80% 미만 출근자란 근로자가 근로하기로 정한 소정근로일수에 대해서 근로자가 실제 출근한 날이 80% 미만인 경우를 말한다. 1년간 80% 미만 출근자의 경우 1개월 개근 시 1일의 유급휴가를 주어야 한다.

사례

예를 들어, 2025년 1월 1일 신규입사자가 2025년 1, 2, 3, 4, 7, 11, 12월 개근하여 1년에 80% 미만 출근한 경우를 가정

해설

해당 신규입사자는 1년에 80% 미만 출근하였으므로 개근한 개월 수(2025년 1, 2, 3, 4, 7, 11, 12월)에 따라 총 7일의 휴가가 발생한다(근로기준법 제60조 제2항). 해당 연차휴가는 2025년 1월 1일부터 사용할 수 있다.

4 연차휴가의 사용 촉진

연차휴가사용촉진 제도란 사용자가 근로기준법에 따라 근로지의 연차휴가사용을 촉진하였음에도 근로자가 연차휴가를 사용하지 않는 경우, 미사용 연차휴가에 대한 사용자의 금전 보상책임을 면제하는

제도를 의미한다.

🍾 연차휴가사용촉진 절차

연차휴가 사용 촉진제도를 실시하기 위한 구체적인 절차는 다음과 같다. 다음 절차를 모두 거치지 않는 경우 촉진제도를 실시했다는 사실이 부정되어 미사용 연차휴가 수당이 발생할 수 있다.

촉진제도 절차	실시 기간
미사용 연차휴가일수 통지 및 연차휴가 사용 시기 지정 촉구	7월 10일
근로자의 연차휴가 사용 시기 지정 및 사용	7월 20일
(근로자가 미지정 시) 사용자의 연차휴가 사용 시기 지정	7월 21일 ~ 10월 31일
근로자의 연차휴가 사용	근로자 또는 사용자가 지정한 날

1. 미사용 연차휴가 일수 통지 및 연차휴가 사용 시기 지정 촉구 (7월 10일)

사용자는 7월 10일 근로자별로 아직 사용하지 않은 연차휴가 일수를 통지하고, 7월 20일까지 근로자가 미사용한 연차휴가의 사용시기를 정하여 사용자에게 통보하도록 서면으로 촉구해야 한다.

미사용 연차휴가일 수를 통지할 때는 미사용 연차유급 휴가 일수 통지와 같이 미사용한 연차휴가 일수, 근로자의 사용시기 지정 방법 및 이후의 촉진제도 절차 등을 안내하는 것이 좋다.

사용자가 연차휴가 사용을 촉구할 수 있는 연차휴가는 출근율이

80% 이상일 경우 발생하는 15일의 휴가와 근속연수에 따른 가산휴가이다. 반면, 출근율이 80% 미만이거나 근속연수가 1년 미만의 경우 발생하는 월 단위 연차휴가 중 2020년 3월 30일 발생분까지는 촉진제도의 대상이 되지 않지만, 2020년 3월 31일 발생분부터는 촉진 제도의 대상이 된다.

2. 근로자의 연차휴가 사용 시기 지정 및 사용(7월 20일)

근로자는 7월 20일 미사용한 연차휴가의 전부 또는 일부의 연차휴가 사용 시기를 지정하여 사용자에게 이를 통보해야 한다. 사용자에게 사용 시기를 통보한 경우 근로자는 통보한 시기에 실제로 연차휴가를 사용해야 하지만 사용자의 동의가 있다면 사용 시기를 변경할 수 있다. 근로자가 사용 시기를 통보할 때는 미사용 연차유급휴가 사용시기 계획통보와 같이 구체적으로 사용시기를 특정하여 사용자에게 통보해야 한다.

근로자가 연차휴가 사용 시기를 지정하면 촉진제도의 절차는 마무리되는데, 그렇지 않다면 사용자가 사용 시기를 지정하는 다음 절차를 진행해야 한다.

3. (근로자가 미지정 시) 사용자의 연차휴가 사용 시기 지정 (7월 21일 ~ 10월 31일)

근로자가 7월 20일까지 연차휴가 사용 시기를 지정하지 않는 경우, 사용자는 7월 21일부터 10월 31일 사이에 연차휴가의 전부 또는 일부에 대한 사용 시기를 지정하여 근로자들에게 서면으로 통지해야 한다. 사용자가 연차휴가 사용 시기를 지정할 때는 연차유급휴가 사용 시기 지정 통보와 같이 연차휴가 사용 시기를 특정하여 통보해야 하며, 시기 변경이 불가하다는 점과 사용하지 않은 연차휴가에 대한 미사용 연차휴가 수당이 지급되지 않는다는 점을 분명히 하는 것이 좋다.

4. 근로자의 연차휴가 사용

연차휴가 사용 시기가 정해진 경우 근로자는 반드시 해당 일자에 연차휴가를 사용해야 한다.

그런데 근로자가 연차휴가 사용 촉진 제도에 따라 연차휴가 사용일로 정해진 날에 연차휴가 사용을 거부하고 출근하여 근무하는 경우 연차휴가의 사용 여부가 문제될 수 있다.

이때 사용자가 노무 수령거부 의사를 명확히 표시하지 않는 경우 미사용 연차휴가 수당이 발생할 수 있는바, 사용자는 다음과 같은 방법으로 노무 수령을 거부한다는 의사를 분명히 표시해야 한다.

노무 수령거부통지서를 교부할 때는 노무 수령거부통지서 양식을 사용하면 된다.

❶ 연차휴가일에 근로자의 책상에 노무수령거부의사통지서를 올려놓음
❷ 노무수령거부통지서를 근로자에게 교부하고 수령증을 작성하도록 함
❸ 컴퓨터를 켜면 노무수령거부통지서가 나타나도록 함

🐦 연차휴가사용촉진 제도의 유의사항

1. 연차휴가사용촉진 제도에서 서면의 의미

사용자는 '① 미사용 연차휴가일수 통지 및 연차휴가 사용 시기 지정 촉구'와 '③ 사용자의 연차휴가 사용 시기 지정' 절차에서 서면으

로 이를 근로자에게 통보해야 하며, 그렇지 않을 경우 촉진제도의 효력이 발생하지 않는다.

서면통보를 인정받기 위해서는 반드시 종이로 된 문서로 근로자에게 통보해야 하며, 구두 통보, 게시판에 게재, 이메일 또는 전자문서를 통한 통보는 서면 통보로 인정되지 않는다. 다만 전자문서의 경우 회사의 업무처리 절차(기안, 결재, 시행 등)가 모두 전자화되어, 종이 문서로 업무처리를 하지 않는 경우는 서면통보의 방법으로 인정받을 가능성은 있다.

2. 모든 근로자를 대상으로 연차휴가사용촉진 제도를 실시해야 하는지? 여부

촉진 제도를 시설 내 모든 근로자를 대상으로 실시해야 하는 것은 아니며, 직무 및 근무 형태 등에 따라 일부 근로자만을 대상으로 이를 실시할 수 있다.

예를 들어 요양보호사와 같은 교대 근무자에게 촉진 제도를 실시할 경우 업무수행에 차질이 발생할 수 있다면, 요양보호사를 제외한 나머지 근로자들을 대상으로 촉진 제도를 실시할 수 있다.

3. 중도퇴사자의 경우 미사용 연차휴가수당 발생 여부

촉진 제도를 실시하더라도 연차휴가를 사용하지 못하고 퇴사하는 근로자들에게는 미사용 연차휴가 수당을 지급해야 하며, 근로자가 사용 시기를 지정하지 않아 사용자가 사용 시기를 지정한 경우도 연차휴가 사용 전에 퇴사하였다면 미사용 연차휴가 수당을 지급해야 한다.

🕯️ 월 단위 연차휴가의 연차휴가 사용촉진

1년 미만의 월 단위 연차휴가의 사용촉진 절차는 앞서 설명한 연 단위 연차휴가 사용 촉진과 같다. 다만, 아래와 같이 그 시기를 달리한다.

〈1차 사용 촉진〉		〈1차 촉진 이후 발생한 연차〉	
(사용자 → 근로자) 사용 시기 지정·통보 요구	ˋ(근로자 → 사용자) 사용 시기 지정·통보	(사용자 → 근로자) 사용 시기 지정·통보 요구	(근로자 → 사용자) 사용 시기 지정·통보
10월 1일~10월 10일(3개월 전, 10일간)	미통보 시 11월 31일까지 사용자가 사용 시기 지정·통보	12월 1일~12월 5일(1개월 전, 5일간)	1년의 근로기간이 끝나기 10일 전(12월 21일)까지 지정 송부

① 최초 1년의 근로기간의 끝나기 3개월 전을 기준으로 10일 이내(10월 1일~10월 10일)에 연차휴가 사용일을 지정하라는 내용의 요청서를 송부한다. 단, 1차 지정 이후 발생한 연차는 최초 1년의 근로기간이 끝나기 1개월 전을 기준으로 5일 이내(12월 1일~5일)에 요청서를 송부한다. ② 만약 근로자가 사용시기를 지정하지 않을 경우, 최초 1년의 근로기간이 끝나기 1개월 전까지(11월 31일까지) 사용시기를 지정하여 송부한다. 1차 지정 이후 발생한 연차휴가는 최초 1년의 근로기간이 끝나기 10일 전까지(12월 21일까지) 지정하여 송부한다.

5 연차휴가의 이월

미사용 연차휴가에 대해서 수당으로 지급하지 않고 이를 이월해서 다음 연도에 사용하는 경우를 말한다.

연차휴가의 이월이 성립하기 위해서는 개별근로자의 동의가 필요한데, 구두·서면 모두 가능하나 서명으로 받는 것이 좋다. 주의할 점은 노동조합 또는 근로자 대표의 동의로는 안 된다는 것이다.

연차수당의 계산

1 연차수당의 발생

연차휴가를 미사용한 것에 대한 대가로 지급되는 연차수당은 원칙상 연차휴가 사용청구권이 소멸된 날의 다음 날에 그 청구권이 발생한다. 다만, 근로자와의 근로계약서, 회사의 취업규칙, 노조와 체결된 단체협약에서 연차수당을 연차휴가 사용청구권이 소멸된 날 이후 첫 임금지급일에 지급하는 것으로 규정하였다면 그것 자체가 근로기준법 위반이라고 할 수는 없을 것이다. 하지만, 근로계약서, 취업규칙, 단체협약에서 연차수당을 연차휴가 사용청구권이 소멸된 날 이후 첫 임금지급일이 경과한 날에 지급하도록 정하고 있다면 그 규정은 법률상 효력이 인정되지 않으므로 근로기준법 위반에 해당한다.

예를 들어 2023년 6월 5일 입사자인 경우라면, 2023년 6월 5일~2024년 6월 4일 기산까지의 근무한 부분에 대해서는 2024년 6월 5일~2025년 6월 4일까지 연차휴가를 사용할 수 있고, 원칙적으로 2025년 6월 5일 연차수당을 지급해야 한다.

다만, 회사가 근로계약서, 취업규칙, 단체협약 등에서 정한 바에 따라 연차휴가 사용청구권이 소멸된 날 이후 도래하는 최초의 정기급여지급일(급여일이 6월 10일 경우 6월 10일)에 지급하더라도 임금체불에 따른 형사처벌의 책임을 묻기는 어렵지만, 회사가 연차휴가 사용청구권이 소멸된 날 이후 도래하는 최초의 정기급여 지급일(6월 10일) 이후에 연차수당을 지급한다면 임금체불에 따른 형사처벌의 책임을 면하기는 어렵다.

구 분	내 용
원 칙	1. 2020년 3월 30일까지 발생한 연차 연차휴가사용촉진의 대상이 아니므로 미사용 연차휴가에 대해 연차수당을 지급해야 한다. 2. 2020년 3월 31일부터 발생하는 연차 ❶ 사용자가 연차휴가의 사용촉진을 한 경우 : 연차휴가수당 지급 의무 면제 ❷ 사용자가 연차휴가의 사용촉진을 안 한 경우 : 연차휴가수당 지급
예 외	반면, 1년 미만 분(월단위 연차)에 대해 발생한 연차를 사용하지 못하고 퇴직하는 경우는 퇴직 당시 발생한 연차에 대한 수당은 지급해야 한다.

2 연차수당의 계산

월 단위 연차휴가의 연차수당

근로기준법 제60조 제2항 "사용자는 계속하여 근로한 기간이 1년 미만인 근로자에게 1개월 개근 시 1일의 유급휴가를 주어야 한다.”는 규정에 의거 1개월 개근하면 1일의 연차휴가가 발생하게 된다.

1개월 개근하여 발생한 연차휴가의 사용기간은 입사일로부터 1년간 사용할 수 있다.

예를 들어 2024년 5월 1일 입사해서 1개월간(5월 1일~5월 31일) 개근하면 2024년 6월 1일에 1일의 연차휴가가 발생하며, 총 11일의 휴가가 발생한다. 이는 입사일로부터 1년간 사용가능 (2025년 4월 30일)하고, 연차휴가의 사용촉진을 안 한 경우는 2025년 5월 1일(6월 급여)에 연차 미사용 수당으로 지급하게 된다.

2025년 5월 1일(6월 급여)에 지급하는 연차 미사용수당의 계산기초가 되는 임금의 기준은 최종 휴가청구권이 있는 달(4월)의 임금지급일이 속한 5월 급여의 통상임금으로 미사용 수당을 계산해서 지급한다.

❶ 입사 1년 차에 발생하는 11일의 연차휴가는 연차휴가의 사용촉진 시 1년 안에 무조건 사용해야 한다(수당이 발생하지 않음). 단, 2020년 3월 30일까지 발생한 월 단위 연차휴가는 연차휴가의 사용촉진 대상이 되지 않는다.

❷ 결국 입사 2년 차에는 연차휴가 15일만 사용할 수 있다.

❸ 종전에는 월 단위 연차휴가 11일과 연 단위 연차휴가 15일을 합한 26일을 몰아서 사용할 수 있었으나, 법 개정으로 11일은 입사일로부터 1년 안에 15일은 입사일로부터 1년 이상인 시점에 각각 사용해야 한다. 실무자는 1년 미만 근로자 및 전년도 출근율이 80% 미만인 자에 대한 연차휴가사용촉진 업무가 하나 더 늘었다.

🔔 연 단위 연차휴가의 연차수당

연차수당은 미사용한 연차휴가에 대해 지급하는 수당으로 연차수당의 계산은 연차휴가청구권이 소멸한 달의 통상임금 수준이 되며, 그 지급일은 휴가청구권이 소멸된 직후에 바로 지급해야 함이 마땅하나, 취업규칙이나 근로계약에 근거해서 연차유급휴가 청구권이 소멸된 날 이후 첫 임금지급일에 지급해도 된다.

예를 들어 2023년 1월 1일~2023년 12월 31일까지 개근하여 2024년 1월 1일~2024년 12월 31일까지 사용할 수 있는 15개의 연차휴가가 발생하였으나 이를 사용하지 않았다면 2024년 12월 31일자로 연차휴가청구권은 소멸되고, 휴가청구권이 소멸되는 다음날(2025년 1월 1일)에 연차유급휴가 근로수당이 발생하게 된다.

구 분	연차수당의 지급
원 칙	휴가청구권이 있는 마지막 달의 통상임금으로 지급해야 한다. 연차유급휴가 청구권이 소멸한 날의 다음 날에 연차유급휴가 미사용수당을 지급하여야 함(2007.11.5., 임금근로시간정책팀-3295).
예 외	1. 조건 ❶ 월급에 포함해서 매달 지급한다는 근로계약의 체결 ❷ 선지급을 이유로 연차휴가 사용을 제한해서는 안 된다. 단, 사용분에 대해서는 급여에서 차감할 수 있다. 2. 주의할 점 월급에 포함해서 매달 지급하는 금액이 휴가청구권이 있는 마지막 달 기준 통상임금. 즉 원칙에 의한 통상임금보다 적어서는 안 된다.

구 분	연차수당의 지급
	따라서 급여가 하락한 경우는 문제가 없으나 급여가 상승한 경우는 그 상승분에 대해 연차수당을 추가 지급해야 한다. 매년 최저임금이 상승하므로 급여는 상승할 가능성이 크다.

연차수당계산의 기준이 되는 임금은 연차휴가청구권이 최종적으로 소멸하는 월의 통상임금을 기준으로 한다.

연차수당 = 연차휴가청구권이 소멸한 달의 통상임금 ÷ 209시간[주] × 8시간 × 미사용 연차일수

여기서 통상임금은 기본금, 각종 수당(가족수당, 직무수당 등), 상여금의 합계를 말한다.

☷ 월 통상임금 산정 기준시간 예시(소수점 올림)

❶ 주당 소정근로시간이 40시간이며(하루 8시간 근무), 유급 처리되는 시간이 없는 경우 : 209시간 = [(40 + 8(주휴)) ÷ 7] × [365 ÷ 12]

❷ 주당 소정근로시간이 40시간이며, 주당 4시간이 유급 처리되는 경우 : 226시간 = [(40 + 8(주휴) + 4(유급)) ÷ 7] × [365 ÷ 12]

❸ 주당 소정근로시간이 40시간이며, 주당 8시간이 유급 처리되는 경우 : 243시간 = [(40 + 8(주휴) + 8(유급)) ÷ 7] × [365 ÷ 12]

❹ 주당 소정근로시간이 35시간(하루 7시간 근무), 유급 처리되는 시간이 없는 경우 : 183시간 = [(35 + 7(주휴)) ÷ 7] × [365 ÷ 12]

사례

월 통상임금 209만 원이 김 갑동씨가 15개의 연차 중 10개만 사용해 5개의 연차수당 지급의무가 발생한 경우

209만 원 ÷ 209시간 = 10,000원(시간당 통상임금)

10,000원 × 8시간 = 80,000원(일일 통상임금)

80,000원 × 5일(15일 - 10일) = 400,000원이 연차수당이다.

- 기본급 2,000,000원
- 시간외 100,000원
- 직무수당 50,000원
- 기술수당 40,000원
- 연구수당 10,000원
- 직책수당 55,000원
- 가족수당 15,000원
- 통근수당 50,000원

매월 정기적, 일률적으로 지급하고 일 소정근로에 따라 지급되는 항목은 연차수당 계산 시 포함된다.

기본급 2,000,000원 + 시간외 100,000원 + 직무수당 50,000원 + 기술수당 40,000원 + 연구수당 10,000원 + 직책수당 55,000원 = 월 통상임금 2,255,000원 ÷ 30일 = 연차수당 75,170원(원 단위 반올림)

일용직은 일급이 정해져 있으므로 별다른 문제가 없겠지만 월급직의 경우 연차산정에 필요한 일급을 구할 시에 취업규칙, 급여규정 등에서 정한 내용에 따라 회사마다 다를 수 있다. 예를 들어 30일을 기준으로 하는 경우 '포함항목 ÷ 30일'이 연차수당이 된다. 시간급(직)의 경우에는 '시급 × 일 소정근로시간 = 일급'이 된다.

3 연차수당의 지급 시기

🐦 월 단위 연차휴가수당

1년 차(1년 미만 근로자) 때는 매월 1일씩 발생하는 유급휴가는 입사일로부터 1년간 사용할 수 있다(2020년 3월 30일까지 발생분은 발생일로부터 순차적으로 1년간 사용 가능).

예를 들면 2024년 4월 1일 입사자의 경우 휴가가 발생하면 2025년 3월 31일까지 사용할 수 있고, 사용자가 연차휴가의 사용촉진을 안한 경우 미사용 시에는 2025년 4월 1일에 4월 급여로 수당을 지급해야 한다.

당사자 간 개별 합의로 지급일을 유예하지 않는 한 지급일을 넘겨 지급하는 경우 임금체불에 해당하기 때문에 아직 사용기간이 남은 유급휴가에 대해 회계연도 말일과 같은 특정 시점에 미사용 수당으로 정산하는 것은 허용되지 않는다. 단, 회계연도 기준으로 연차를 적용하는 회사의 경우 입사일로부터 1년간 사용하지 않고 그 사용기한을 늘려 2년 차에 해당하는 12월 31일까지 사용하게 노사합의를 하는 것도 유효하다 하겠다.

예를 들어 2024년 4월 1일 입사자의 경우 2025년 3월 31일까지 1년 미만 연차에 대해서 사용해야 하나, 회계연도 기준을 적용하는 회사의 경우 회계연도에 맞추기 위해 노사합의에 의해 그 사용기한을 2025년 12월 31일까지로 늘리는 것은 가능하리라 본다.

이는 근로자의 연차 사용 가능 기간을 늘려주고, 미사용에 따른 연차휴가 수당이 발생한다고 해도 통상임금이 줄어들지 않는 한 근로자에 대한 유리한 변경이기 때문이다.

🌱 연 단위 연차휴가수당

연차수당은 근로자가 전전년도 출근율에 따라 전년도에 발생한 연차 유급휴가를 미사용한 경우 연차유급휴가청구권이 소멸된 시점 이후에 그 미사용 수당을 지급하는 것이 원칙이다.

예를 들어 2024년 1월 1일~12월 31일 사이 출근율 80% 이상의 경우 2025년 1월 1일에 연차휴가 15일이 발생한다.

이를 2025년 1월 1일~12월 31일 사이 1년간 미사용 시 2026년 1월 1일에 취업규칙 등에서 정한 바에 따라 통상임금 또는 평균임금으로 지급하거나 별도의 규정이 없으면 휴가청구권이 있는 마지막 달의 통상임금으로 지급해야 한다(근로개선정책과-4218, 2013.7.19.).

임 금 대 장

관리번호 :

성명	주민등록번호	기능및자격	고용연월일	종사업무	임금계산기초사항			가족 수당 계산 기초 사항		
					기본시간급	기본일급	기본월급	부양가족수	1인당지급액	계산기간

구분 월별	근로일수	근로시간수	연장근로시간수	휴일근로시간수	야간근로시간수	기급	제 수 당						현금	기타임금(현물)		총액	공제액	영수액	영수인
							가족수당	연장근로수당	휴일근로수당	야간근로수당				품명	수량평가액				

휴업수당 좀 계산해주세요

휴업은 근로자가 근로를 제공하려 함에도 그 의사에 반하여 근로 제공이 불가능하거나 사용자에 의하여 노무 수령이 거부된 경우를 의미한다. 이 경우 근로자를 위해서 사업주는 휴업수당을 지급해야 한다.

❶ 상시 5인 이상의 근로자를 사용하는 사업장이어야 한다.

❷ 사용자의 귀책 사유가 있어야 한다.

❸ 휴업을 할 것(일부 휴업 포함)

1 사용자 귀책 사유

고의, 과실 이외에도 사용자의 세력범위 내에서 생긴 경영상 장애까지 사용자의 귀책 사유로 본다.

• 다만, 천재지변·선생 등과 같은 불가항력, 그 밖에 사용자의 세력범위에 속하지 않는 기업 외적인 사정은 사용자 귀책 사유로 보지 않는다.

• 최근 코로나19 등 감염병의 발생으로 인해 확진자가 발생하지 않았음에도 예방 차원에서 휴업하는 때도 사용자 귀책 사유로 인한 휴업으로 휴업수당을 지급해야 한다.

사용자의 귀책사유로 휴업수당을 지급해야 하는 경우	사용자의 귀책사유가 아니므로 휴업수당을 지급하지 않아도 되는 경우
❶ 시장 불황 등으로 인한 경영상 휴업 ❷ 원료 부족, 주문감소 ❸ 제품 판매 부진, 자금난 ❹ 사용자의 지시에 의한 정원 초과 위반으로 인한 운전면허 정지기간 ❺ 원청 업체의 장치 내 물질 제거 작업에 따라 하도급업체 소속 근로자의 현장 출입이 제한되어 근로를 제공하지 못한 경우 ❻ 원청 사업장 내 사망사고 발생으로 인한 작업 중지 명령으로 인해 하도급업체 소속 근로자의 근로를 제공하지 못한 경우 ❼ 사용자가 자기 책임하에 개보수공사를 하고 이에 따라 근로자의 근로 제공 의사에도 불구하고 그 제공이 불가능하게 된 경우 ❽ 다른 하도급업체 근로자의 사망사고로 인해 사업장 전체의 작업 중지 명령 처분이 내려진 경우 ❾ 고용조정 또는 해고회피의 방법으로 이루어진 대기발령	❶ 천재 기타 자연현상 등에 의한 휴업 ❷ 제3자의 출근 방해가 있어 휴업에 이르렀고, 제3자는 사용자로 볼 수 있으며, 사용자가 그러한 행위를 묵인하였다고 보기 어려운 경우 ❸ 근로자 귀책 사유에 의한 대기발령 기간 ❹ 징계로서의 정직 · 출근정지 ❺ 감염병 확진자, 의심 환자 등이 있어 추가 감염 방지를 위해 사업장 일부 또는 전체를 휴업하는 경우(감염병예방법상 조치)

사용자의 귀책사유로 휴업수당을 지급해야 하는 경우	사용자의 귀책사유가 아니므로 휴업수당을 지급하지 않아도 되는 경우
❿ 사용자의 근로자에 대한 차량 승무 정지(배차중단) 조치가 부당한 것으로 판명된 경우 승무 정지기간 ⓫ 모회사 경영난에 따른 하청공장의 자재·자금난 ⓬ 중대 재해가 발생한 원청 업체에 내려진 작업 중지 명령에 따라 하청 업체가 휴업하게 된 경우 ⓭ 화재, 수해가 사용자의 시설관리 소홀 등 사용자의 책임으로 발생한 경우	

2 일부 휴업도 휴업수당 지급

사업장 전체가 휴업하는 경우뿐 아니라 사업장의 일부 휴업, 1일 중 일부 근로시간만 휴업, 특정 근로자에 대한 노무수령 거부(대기발령, 조기퇴근 조치 등)도 휴업수당 지급대상이다.

3 휴업수당의 지급

휴업수당은 평균임금의 70% 이상을 지급한다. 다만, 평균임금의 70%기 통상임금 이상이면 통상임금을 지급할 수 있다. 즉 평균임금의 70%와 통상임금의 100% 중 적은 금액을 지급하면 법 위반이 아니다.

적은 금액(평균임금의 70%, 통상임금의 100%)

4 휴업수당의 계산

👤 휴업수당의 계산 방법

A 기업이 1개월간 휴업을 실시할 경우 소속 근로자 甲의 평균임금이 200만원, 월 통상임금이 150만 원이라면 휴업수당으로 140만원 지급

평균임금 200만원 × 70% = 140만원 < 통상임금 150만원

B 기업이 1개월간 휴업을 실시할 경우 소속 근로자 을의 평균임금이 200만원, 월 통상임금이 130만원이라면 휴업수당으로 130만원 지급

평균임금 200만원 × 70% = 140만원 > 통상임금 130만원

👤 휴업수당 감액 산정 예시

1. 평균임금 기준으로 지급하는 경우

A기업이 1개월간 휴업을 실시하면서 임금의 일부로 100만원을 지급한 경우 소속 근로자 갑의 평균임금이 200만원, 월 통상임금이 150만원이라면

해설

휴업수당으로 70만원 지급 평균임금 200만원 × 70% = 140만 < 통상임금 150만원
→ 휴업수당으로 140만원 지급해야 하므로
140만원 − 지급받은 임금 100만원에 대한 휴업수당(평균임금) × 70% = 70만원

2. 통상임금 기준으로 지급하는 경우

B기업이 1개월간 휴업을 실시하면서 임금의 일부로 100만원을 지급한 경우 소속 근로자 을의 평균임금이 200만원, 월 통상임금이 130만원이라면

해설

휴업수당으로 30만원 지급 평균임금 200만원 × 70% = 140만원 > 통상임금 130만원
→ 휴업수당으로 130만원을 지급해야 하므로,
통상임금 130만원 − 지급받은 임금 100만원에 대한 휴업수당(통상임금) = 30만원

> 실무적 적용에 있어서 항상 최저임금의 준수 여부를 신경 써야 한다. 만일 적용한 3개월 평균임금이 최저임금에 미달하는 경우는 최저임금이 기준임금이 될 수 있다. 즉, 휴업수당의 계산기준이 되는 임금은 최저임금보다 적어서는 안 된다. 이는 실무적으로 고려하지 않고 계산하거나 넘어가는 경우가 많은데, 근로감독관 감독 시에는 지적사항에 해당한다.

5 휴업과 연차휴가일수 계산

연차유급휴가 부여 등의 소정근로일수 및 출근여부 판단기준(고용노동부 임금 근로시간 정책팀-3228, 2007.10.25.)에 따르면 사용자의 귀책사유에 의한 휴업기간은 특별한 사유로 근로제공의무가 정지되는 날 또는 기간으로 보고 있다.

따라서 휴업기간을 제외한 나머지 소정근로일수의 출근율이 80% 이상이면 연차휴가를 부여한다.

연차휴가일수는 휴업기간을 제외한 나머지 소정근로일수와 연간 총 소정근로일수의 비율에 따라 산정한다.

예를 들어 연간 총 소정근로일수 300일 중 휴업기간이 40일인 경우 해당 근로자가 통상적인 근로를 했을 경우 발생 연차휴가 15일

1. 연간 소정근로일수 300일에서 휴업기간 40일을 제외한 260일간 출근율이 80% 이상이면 연차휴가를 부여한다.
2. 이때 연차휴가 일수는 15일 × 260일(300-40)/300 = 13일이 된다.
① 휴업 기간을 제외한 소정근로일에 대한 출근율을 검토하여 연차휴가 부여 여부를 따진 후,
② 연차휴가를 부여해야 하는 경우라면 휴업기간을 제외한 나머지 소정근로일수와 연간 총 소정근로일수의 비율에 따라 연차휴가를 부여한다.

출근일수 = [실 출근일자 + (업무상 재해기간 + 출산휴가기간 + 연차휴가 + 생리휴가 + 육아휴직 + 예비군 훈련기간 + 공민권 행사일)]

소정근로일수 = [365일 − (주휴일, 근로자의 날, 휴무일, 약정휴일, 휴업기간, 휴직기간 등)]

소정근로일수에는 포함되나 출근일수에는 제외되는 일수
= 업무 외 사유로 인한 병가기간, 징계로 인한 정직기간, 구속수감 기간 등

🪪 조기퇴근 시킨 경우 휴업수당

업체가 매장에 손님이 없다는 이유 또는 공장에 일이 없다는 이유로 1일 8시간 근무시간 중 3시간 조기퇴근 시킨 경우에도 부분휴업에 해당하므로 3시간분에 대해서 휴업수당을 지급해야 한다.

1주일 중 일부 휴업의 경우 휴업한 날을 제외한 소정근로일 전부를 개근하였다면 1일분 주휴수당을 지급해야 한다.

반면 1주일 전부를 휴업한 경우는 그 소정근로일 개근시 부여하는 유급 주휴일도 휴업기간에 포함해서 휴업수당을 지급한다.

결국 1주일 중 일부 휴업 시에는 주휴수당이 발생하고, 전부 휴업 시에는 휴업수당이 발생하는 것이다.

6 휴업 시 고용유지지원금 지원

고용유지지원금은 경영난으로 불가피하게 고용조정을 해야 하는 경우 해고하지 않고 고용을 유지하는 경우, 정부가 일정 부분 인건비를 지원하는 제도이다. 즉, 휴업이나 휴직을 한다면 업종과 관계없이 신청할 수 있다. 단, 고용보험료를 체납하거나, 임금체불이 있는 경우, 3년 이상 계속하여 같은 달에 고용유지를 실시하는 경우는 지원금이 지급되지 않으니 참고한다.

• 유급 휴업 및 휴직 : 근로자에게 지급한 수당의 2/3가 지원되며, 1일 한도는 66,000원이고, 기간은 최대 180일이다. 단 고용위기지역에 특별고용지원의 업종의 경우 최대한도는 70,000원까지 지원이 가능하다.

• 무급 휴업 및 휴직 : 통상적으로 근로자 평균임금의 50%범위 내에서 심사위원회가 결정하며. 이 또한 1일 한도는 66,000원이며, 기간은 180일이다.

퇴직금의 계산과 퇴직금 중간정산

퇴직금 제도		계속근로기간 1년에 대해서 30일분 이상의 평균임금을 근로자에게 일 시금으로 지급하는 제도
퇴직연금 제도	확정급여형 (DB)	근로자가 받을 급여 수준이 사전에 결정되어있는 퇴직연 금제도(급여 수준은 퇴직금제도와 동일)
	확정기여형 (DC)	근로자에게 퇴직급여를 지급하기 위해서 사용자가 매년 1 회 이상 정기적으로 확정된 부담금을 근로자의 계정에 납 입하고, 근로는 자기 책임하에 적립금을 운용하는 퇴직 연금 제도

1 퇴직금의 적용 대상

대상 사업	근로자를 사용하는 모든 사업 또는 사업장. 단, 동거하는 친족만을 사용하는 사업 및 가구 내 고용 활동에는 적용하지 않는다.
대상 근로자	모든 근로자. 단, 다음에 해당하는 근로자는 제외한다. ❶ 계속근로기간이 1년 미만인 근로자 ❷ 4주간을 평균하여 1주간의 소정근로시간이 15시간 미만인 근로자

퇴직금의 계산

퇴직금은 계속근로기간 1년에 대해서 30일분 평균임금 이상을 지급해야 한다.

퇴직금 = 30일분의 평균임금 × 계속근로연수

계속근로기간

계속근로기간이란 계속해서 근로를 제공한 기간으로서 원칙적으로는 근로자가 입사한 날부터 퇴사한 날까지의 기간(근로계약을 체결하여 해지될 때까지의 기간)을 의미한다.

평균임금

평균임금은 산정 사유(근로관계의 종료)가 발생한 날 이전 3개월 동안 받은 임금총액을 3개월 날짜 수(89일~92일)로 나누어 계산한다.

$$평균임금 = \frac{산정\ 사유\ 발생일\ 이전\ 3개월간\ 임금총액}{산정\ 사유\ 발생일\ 이전\ 3개월간의\ 총일수}$$

산출된 평균임금이 그 노동자의 통상임금보다 적으면 통상임금액이 평균임금이 된다.

평균임금에 포함되는 임금	평균임금에 포함되지 않는 임금
통화로 지급되는 것 ❶ 기본급 ❷ 연차유급휴가 미사용수당(3/12) ❸ 연장, 야간, 휴일근로수당 ❹ 특수작업수당, 위험작업수당, 기술수당 ❺ 임원, 직책수당 ❻ 상여(3/12), 정근, 개근, 생산독려수당 ❼ 근로의 대가로 단체협약 또는 취업규칙에서 근로조건의 하나로서 전 근로자에게 일률적으로 지급하도록 명시되어 있거나 관례적으로 지급되는 것	성질상 임금이 아니기 때문에 포함될 수 없는 것 ❶ 결혼축의금, 조의금, 재해위로금 ❷ 기타 임금총액에 포함되지 않는 것 – 퇴직금(단체협약, 취업규칙 등에 규정함을 불문한다.)

📋✓**Tip 평균임금 계산 시 식대보조금 비과세 등 비과세를 차감하고 계산**

평균임금 계산시 식대보조금 20만 원 등 비과세 급여를 차감하고 계산하면 안 된다. 즉, 세법을 고려하면 안 된다.

....

예를 들어 2022년 5월 7일부터 2025년 5월 1일까지 근무하고 퇴직한 경우 퇴직금은?

기간	2월 1일~2월 28일	3월 1일~2월 31일	4월 1일~2월 30일
월급 (기본급+연장수당)	290만원	300만원	300만원

....

해설

• 평균임금 = (290만원 + 300만원 + 300만원) ÷ 89일(28일 + 31일 + 30일) = 10만원이 평균임금이 된다.

- 계속근로기간 = 1,090일
- 퇴직금 = 10만원 × 30일 × 1,090/365 = 8,958,910원

Tip 퇴직금을 임금에 포함해서 지급한 경우

퇴직금은 퇴직하거나 퇴직금 중간정산 사유가 있을 때만 발생하는 것이므로 매월 임금에 포함해서 지급하는 퇴직금 명목의 금품은 퇴직금으로 인정하지 않는다. 이 경우 사용자는 퇴직금을 다시 계산해야 한다.

또한 퇴직금은 퇴직 당시의 평균임금으로 계산해야 하므로 매년 임금이 아니라 퇴직 당시의 임금으로 계산한다.

3 퇴직금 지급기한

사용자는 근로자가 퇴직한 경우는 퇴직일로부터 14일 이내에 퇴직금을 지급해야 한다. 단, 특별한 사정이 있는 경우는 당사자 간에 합의에 따라 지급기일을 연장할 수 있다.

4 퇴직금의 중간정산

퇴직금을 지급 의무는 퇴직 이후에 발생하나 경제적 곤란(파산 등)이나 주택구입 등 다음의 사유에 해당하는 경우에만 퇴직금 중간정산을 할 수 있다. 만일 퇴직금 중간정산 사유에 해당하지 않는데, 급여 등에 퇴직금을 포함해 매월 지급하는 경우는 이를 퇴지급으로 보지 않는다.

🪰 요건

중간정산 사유에 해당하는 근로자가 요구하고 사용자가 승낙해야 한다.

- 근로자 또는 사용자 일방의 의사로서 중간정산을 할 수 없다.

- 근로자가 요청한다고 해서 반드시 응해야 하는 것은 아니다.

❶ 무주택자가 본인 명의의 주택을 구입하는 경우(구입 자금)

❷ 무주택자인 근로자가 전세자금(보증금)이 필요할 경우(하나의 사업에 근로하는 동안 1회로 한정)

❸ 근로자, 근로자의 배우자 및 부양가족(배우자의 부양가족 포함)이 질병 또는 부상으로 인해 6개월 이상 요양이 필요한 경우

→ 2020년 4월 30일 중간정산부터는 근로자가 본인 연간 임금총액의 1,000분의 125를 초과하여 부담하는 경우여야 가능하다.

❹ 근로자가 중간정산을 신청한 날로부터 역으로 5년 이내 법적으로 파산선고를 받은 경우 또는 개인회생절차를 개시한 경우

❺ 고용노동부 장관이 정하는 천재·지변 등의 경우

코로나로 인해 생계 곤란 등의 사유로 중간정산은 불가능하다. 단, 코로나 확진 등으로 인해 6개월 이상 요양이 필요한 경우 퇴직금 중간정산이 가능하다.

❻ 사용자가 기존의 정년을 연장하거나 보장하는 조건으로 단체협약 및 취업규칙 등을 통하여 일정 나이, 근속 시점 또는 임금액을 기준으로 임금을 줄이는 제도를 시행하는 경우

❼ 사용자가 근로자와의 합의에 따라 소정근로시간을 1일 1시간 또는 5시간 이상 변경하여 그 변경된 소정근로시간에 따라 근로자가 3개월 이상 계속 근로하기로 한 경우

❽ 법률 제15513호 근로기준법 일부개정법률 시행에 따른 근로시간 단축으로 근로자의 퇴직금이 감소하는 경우
위 ❷를 제외하고는 중간정산 후 또 중간정산을 해도 된다.

🌱 중간정산의 효과

중간정산한 시점의 법정 퇴직금만큼 지급했다면, 퇴직급여 산정을 위한 계속근로기간이 새롭게 기산된다.

- 근로자와 협의하여 전체기간이 아닌 일부 기간에 대해서만 중간 정산하는 것도 가능(예컨대, 10년 근로한 근로자와 합의하여 4년 에 대한 퇴직금 중간정산할 수 있음)
- 퇴직금은 퇴직하거나 중간정산 사유가 있을 때만 발생하는 것이 므로 매월 임금에 포함해서 지급하는 퇴직금 명목의 금품은 퇴직 금으로 인정되지 않는다. 이 경우 사용자는 퇴직금을 다시 지급해 야 한다.

확정급여형퇴직연금(DB형) 급여지급

1 확정급여형퇴직연금 가입기간

가입기간은 제도 설정 이후 해당 사업에서 근로를 제공하는 기간으로 한다.

제도 설정 이전에 입사한 자는 퇴직연금제도가 설정된 날부터, 제도 설정 이후에 가입한 자는 근로를 시작한 날부터 가입기간에 포함한다.

제도 설정 이전에 입사하여 근로를 제공한 기간(과거 근로기간)도 가입기간에 포함할 수 있으며, 이 경우 퇴직연금규약에 반드시 이를 명시해야 한다. 즉, 가입 전 퇴직금을 추가로 불입할 수 있다.

2 확정급여형퇴직연금 적립금의 납입

사용자는 퇴직급여 지급 능력을 확보하기 위해서 매 사업연도 말 최소적립금 이상을 적립해야 한다.

> 최소적립금 = 기준책임준비금 × 최소 적립 비율

기준책임준비금은 매 사업연도 말일을 기준으로 퇴직급여 예상액 또는 예상퇴직급여액의 현재가치 - 부담금 수익 예상액의 현재가치 중 더 큰 금액을 의미한다.

최소적립비율은 연도에 따라 다음과 같이 다르다.

연도	12~13	14~15	16~18	19~20	21~
최소적립이율	60%	70%	80%	90%	100%

3 퇴직시 급여지급

구 분	처리방법
급여수준	근로자의 퇴직일을 기준으로 산정한 일시금이 계속근로기간 1년에 대해서 30일분 이상의 평균임금에 상당하는 금액이 되도록 해야 한다.
지급방법	퇴직연금 사업자에게 근로자의 개인형 퇴직연금(IRP) 제도의 계정으로 퇴직급여를 이전하게 한다.
지급기한	근로자의 퇴직 등 급여를 지급한 사유가 발생한 날부터 14일 이내
퇴직금이 부족한 경우 사용자의 지급의무	사용자는 퇴직연금사업자가 지급한 급여 수준이 계속근로기간 1년에 대해서 30일분 평균임금에 상당하는 급여 수준에 미치지 못할 때는 급여를 지급할 사유가 발생한 날부터 14일 이내에 그 부족한 금액을 해당 가입자가 지정한 개인형 퇴직연금(IRP) 계정으로 지급해야 한다.

확정기여형퇴직연금(DC형) 급여지급

1 확정기여형퇴직연금 가입기간

가입기간은 제도 설정 이후 해당 사업에서 근로를 제공하는 기간으로 한다.

제도 설정 이전에 입사한 자는 퇴직연금제도가 설정된 날부터, 제도설정 이후에 가입한 자는 근로를 시작한 날부터 가입기간에 포함한다.

제도 설정 이전에 입사하여 근로를 제공한 기간(과거 근로기간)도 가입기간에 포함할 수 있으며, 이 경우 퇴직연금규약에 반드시 이를 명시해야 한다. 즉, 가입전 퇴직금을 추가로 불입할 수 있다.

2 확정기여형퇴직연금 부담금의 납입

💡 부담금 수준 및 시기

매년 1회 이상 퇴직연금규약에 정하는 바에 따라 월납·분기납·반기납·연납 등 정기적으로 근로자의 퇴직연금 계정에 근로자의 연간 임금총액의 12분의 1 이상에 해당하는 부담금을 납입해야 한다.

여기서 연간 임금총액이란 해당 사업연도 중에 근로자에게 지급한 임금의 총액을 의미하므로, 근로의 대가로 지급되는 금품은 임금총액에 포함된다.

$$\text{총 부담금} = \frac{(\text{각 연도별 계약 연봉} + \text{연차휴가수당} + \text{기타 지급 상여금, 수당 등})}{12}$$

🕯️ 부담금 납입 자체에 대한 지연이자

사용자가 부담금을 납입하기로 정한 일자(규약에서 납입기일을 연장할 수 있도록 정한 경우는 그 연장된 기일)까지 납입하지 않은 경우 그다음 날부터 부담금을 납입한 날까지 지연 일수에 대해서 지연이자를 납입해야 한다.

구 분	이자율
❶ 사용자가 부담금을 납입하기로 정한 날(규약에서 납입기일을 연장할 수 있도록 정한 경우는 그 연장된 기일) 다음 날을 기산일로 해서 다음 날부터 퇴직일부터 14일(당사자 간 협의로 날짜를 연장한 경우 그 연장된 날짜)까지	연 10%
❷ 위 기간 다음 날부터 부담금을 납입하는 날까지	연 20%

직전 정기 부담금 납입일 이후 퇴직일까지에 대한 부담금을 퇴직일로부터 14일 이내에 납입해야 한다.

미납한 부담금과 미납 부담금에 대한 지연이자가 있는 경우 이를 합산한 금액을 부담금과 함께 퇴직한 날로부터 14일 이내에 납입해야 한다.

계속근로기간이 1년 미만인 근로자에 대한 적립금은 사용자에게 귀속될 수 있다.

소규모 사업장에서의 개인형 퇴직연금제도(IRP) 도입

상시 10인 미만의 근로자를 사용하는 사업에서 사용자가 개별근로자의 동의를 받아 도입할 수 있는 퇴직연금제도이다.

근로자에 대해 IRP 제도를 설정한 경우 해당 근로자에 대해서 퇴직연금제도를 설정한 것으로 본다. IRP 제도를 설정하지 않은 나머지 근로자는 퇴직금제도를 적용한다.

가입기간, 부담금 납입방식, 지연이자, 퇴직 후 지급에 대한 사항은 확정기여형 퇴직연금 제도(DC형)와 같다.

임금대장의 작성과 보관

1 임금대장 반드시 작성한다.

근로기준법은 사용자가 근로자별로 임금대장을 작성하도록 하고 있다.

임금대장은 국가 감독기관이 근로자에 대한 정보나 근로자 수를 쉽게 파악할 수 있다는 신속함이 있으므로 작성을 강제하고 있다. 사업장에 매해 행해지는 근로감독 시 임금대장을 본다면 한눈에 근로자 수와 급여정보 등을 파악할 수 있는 역할을 임금대장이 한다.

사용자에게 있어서도 임금대장은 근로자에게 나가는 급여를 명확히 파악할 수 있는 역할을 하므로 인건비에 대한 계획을 세울 때 쉽다는 점이 있다. 근로자의 경우도 자신이 지급받는 급여 액수나 항목 등을 손쉽게 확인할 수 있다.

임금대장은 사업장의 노사뿐만 아니라 행정기관의 행정적 업무에도 편리함을 주는 도구이므로 반드시 제대로 작성해 놓는 것이 좋다.

임금대장에는 임금에 관한 사항뿐만 아니라 근로자에 대한 기본정보도 기입해야 한다.

근로자의 성명, 주민등록번호, 입사일자, 담당업무, 임금계산의 기초가 되는 사항, 근로일수, 근로시간, 연장·야간·휴일근로에 대한 근로시간, 상여금 등 근로시간 이외의 임금에 관한 사항 등이 기재되어있어야 한다.

01. 성명

02. 주민등록번호

03. 고용 연월일

04. 종사하는 업무

05. 임금 및 가족수당의 계산기초가 되는 사항

06. 근로일수

07. 근로시간 수

08. 연장근로, 야간근로 또는 휴일근로를 시킨 경우에는 그 시간수

09. 기본급, 수당, 그 밖의 임금의 내역별 금액(통화 외의 것으로 지급된 임금이 있는 경우에는 그 품명 및 수량과 평가총액)

10. 법령 또는 단체협약에 특별한 규정에 따라 임금의 일부를 공제한 경우는 그 금액(4대 보험 및 소득세와 지방소득세)

구 분	생략이 가능한 내용
사용기간이 30일 미만인 일용근로자	주민등록번호 및 임금 및 가족수당의 계산기초가 되는 사항

구 분	생략이 가능한 내용
상시 4인 미만의 근로자를 사용하는 사업 또는 사업장의 근로자와 토지의 경작·개간, 식물의 재식(栽植)·재배·채취 사업, 그 밖의 농림 사업, 동물의 사육, 수산 동식물의 채포(採捕)·양식 사업, 그 밖의 축산, 양잠, 수산 사업, 감시(監視) 또는 단속적(斷續的)으로 근로에 종사하는 자	근로시간 수, 연장근로, 야간근로 또는 휴일근로를 시킨 경우에는 그 시간 수

3 임금대장 작성 및 보관방법

임금대장은 수기 및 전자문서로 작성할 수 있다. 단, 파일로 보관했어도 해킹, 바이러스 등으로 문서를 확인할 수 없다면 법 위반의 책임을 물을 수 있다.

그리고 이는 마지막 작성한 날로부터 3년간 보관해야 한다.

임금명세서 작성 방법과 꼭 들어가야 하는 내용

임금명세서에는 임금의 구성항목과 계산방법, 근로소득세 및 4대 보험료 공제액, 단체협약에 따라 임금의 일부를 공제하는 경우 그 공제액 등을 기재해야 한다.

1 적용시기

급여지급일이 당월 말 혹은 익월 초로 정해진 사업장은 2021년 11월 19일 이후 지급분부터 교부 의무가 발생한다.

2 임금명세서 기재 사항

임금명세서에는 성명, 생년월일, 사원번호 등 근로자를 특정할 수 있는 정부, 임금지급일, 근로일수, 임금 총액, 총 근로시간 수, 연장 근로, 야간근로 또는 휴일근로를 시킨 경우에는 그 시간 수, 기본급, 각종 수당, 상여금, 성과금, 그 밖의 임금의 항목별 금액, 임금의 각 항목별 계산방법 등 임금 총액을 계산하는 데 필요한 사항, 공제항목별 금액과 총액을 기재해야 한다.

사원별로 지급내역(기본급여 및 제수당)과 공제내역 및 차인지급액 (공제 및 차인지급액)을 기재하며, 지급내역에는 기본급과 상여 및 각종 수당 지급액을 정기와 비정기적으로 구분해서 기재하고, 공제 내역에는 근로소득세, 지방소득세, 사회보험 근로자부담분 및 그 외 의 공제액을 기재한다.

지급금액 합계액에서 공제금액 합계액을 차감하여 차인지급액을 기재한다. 임금명세서에는 지급 및 공제되는 금액뿐만 아니라 산출근거 등을 기재해야 한다.

취업규칙이나 근로계약서에 기본적인 계산 방법이 있다면 공통적으로 기재하는 것도 무방하다. 다만 연장근로가 있는 등 변동이 있다면 계산에 필요한 근로시간 수 등 정보를 반드시 별도로 기재해줘야 한다.

구 분	내 용
근로자 특정	성명, 생년월일, 사원번호 등
임금총액 및 항목별 금액	기본급, 각종 수당, 상여금 등 항목별 금액
임금계산 기초사항	근로일수, 총 근로시간수, 연장 · 야간 · 휴일 근로시간수
임금공제 내역	근로소득세, 4대 보험료, 조합비 등
임금지급일	매월 1회 이상 일정한 날 특정

3 임금명세서 작성 방법

[작성례]

임 금 명 세 서

기간 0000-00-00~0000-00-00

지급일 : 0000-00-00

성명		생년월일(사번)	
부서		직급	

세부 내역

지 급			공 제	
임금 항목		지급금액	공제 항목	공제 금액
매월지급	기본급		근로소득세	
	연장근로수당		지방소득세	
	가족수당		국민연금	
	정근수당		고용보험	
	식대		건강보험	
격월 또는 부정기 지급	상여금		장기요양보험	
	명절상여금		노동조합비	
	근속수당		환급/기타공제	
	성과급		...	
지급액 계			공제액 계	
			실수령액	

근로일수	총 근로시간수	연장근로시간수	야간근로시간수	휴일근로시간수
21	238	25	5	4

계산 방법

구분	산출식 또는 산출방법	지급액
연장근로수당	25시간 × 통상시급 × 1.5	
야간근로수당	5시간 × 통상시급 × 0.5	
휴일근로수당	4시간 × 통상시급 × 1.5	
근로소득세	간이세액표 적용	
국민연금	취득 신고 월보수 × 민연금료율	
고용보험	과세대상 임금 × 고용보험료율	
건강보험	과세대상 임금 × 건강보험료율	
장기요양보험	건강보험료 × 장기요양보험료율	

※ 해당 사업장 상황에 따라 기재가 필요 없는 항목이 있을 수 있습니다.

210mm×297mm[일반용지 60g/㎡(재활용품)]

임 금 명 세 서

지급일 : 2021-11-25

성명	홍 길 동	사번	073542
부서	개발지원팀	직급	팀장

세부 내역			
지 급		공 제	
임금 항목	지급 금액(원)	공제 항목	공제 금액(원)

	임금 항목	지급 금액(원)	공제 항목	공제 금액(원)
매월 지급	기본급	3,200,000	소득세	115,530
	연장근로수당	396,984	국민연금	177,570
	휴일근로수당	99,246	고용보험	31,570
	가족수당	150,000	건강보험	135,350
	식대	100,000	장기요양보험	15,590
			노동조합비	15,000
격월 또는 부정기 지급				
지급액 계		3,946,230	공제액 계	490,610
			실수령액(원)	3,455,620

연장근로시간수	야간근로시간수	휴일근로시간수	통상시급(원)	가족 수
16	0	4	16,541	배우자 1명, 자녀 1명

계산 방법	
구분	산출식 또는 산출방법
연장근로수당	연장근로시간×통상시급×1.5
야간근로수당	야간근로시간×통상시급×0.5
휴일근로수당	휴일근로시간×통상시급×1.5
가족수당	배우자: 100,000원, 자녀: 1명당 50,000원

* 가족수당은 취업규칙 등에 지급요건이 규정되어 있는 경우 계산방법을 기재하지 않더라도 무방

앞의 임금명세서 양식은 단순 참고용으로 각 사용자 양식에 따라 자유롭게 수정해서 사용하면 된다. 다만 위의 임금명세서 기재 사항은 반드시 기입되어야 한다.

[작성 방법]

① (근로자 특정) 지급받는 근로자를 특정할 수 있도록, 성명, 생년월일, 사원번호 등 근로자를 특정할 수 있는 정보를 기재한다.

② (임금 총액 및 항목별 금액) 임금 총액, 기본급, 각종 수당, 상여금, 성과급 등 임금의 항목별 금액을 정기와 비정기로 구분해서 기재한다.

③ (항목별 계산 방법) 임금의 각 항목별 금액이 정확하게 계산됐는지를 알 수 있도록 임금의 각 항목별 계산방법 등 임금 총액을 계산하는데 필요한 사항을 기재한다.

정액으로 지급되는 항목은 계산 방법을 적지 않아도 된다. 예를 들어 매월 고정 20만원씩 지급되는 식대는 계산방법을 기재할 필요가 없다. 하지만 근로일수에 따라 매일 8,000원씩 지급되는 식대라면 근로일수 × 8,000원과 같이 계산 방법을 기재해야 한다.

④ (근로일수) 실제로 출근하여 근로한 날의 일수를 기재한다. 지각이나 조퇴를 한 경우도 근로일수에 포함되며, 토요휴무, 주휴일, 연차휴가일 등 실제로 근로를 제공하지 않은 날은 제외한다.

위 예시 21일은 실제로 버스 타고 지하철 타고 택시 타고 자가용으로 회사간 날을 의미한다.

⑤ (총 근로시간수) 토요일이 무급인 경우는 209시간, 유급인 경우는 226시간 또는 243시간을 기준으로 연장근로시간과 야간근로시간, 휴일근로시간을 합산해 기재한다(야간근로시간은 연장이나 휴일근로시간과 중복되는 경우도 있으므로 이는 고려해서 기재).

위 예시에서 238시간은 1일 8시간 주40시간 근로자의 유급근로시간

209시간 + 연장근로시간 + 휴일근로시간(야간근로시간 5시간은 연장 또는 휴일근로와 중복으로 인해 더하지 않은 것으로 판단)

[예시]

1일 8시간 주 40시간 근로의 경우 : 209시간 = (40시간 + 8시간(주휴)) × 4.345주

1일 8시간 토요일 유급 4시간 주 40시간 근로의 경우 : 226시간 = (40시간 + 4시간(토요일 유급) + 8시간) × 4.345주

1일 8시간 토요일 유급 8시간 주 40시간 근로의 경우 : 243시간 = (40시간 + 8시간(토요일 유급) + 8시간) × 4.345주

예시 시간에 연장근로시간과 휴일근로시간을 더하면 된다.

일반적인 경우 : 09시~18시 사이에 연장근로와 야간근로시간이 겹치는 경우 야간근로시간은 연장근로시간과 중복으로 야간근로시간에는 적어도 총근로시간에는 합산하지 않는다.

예외적인 경우 : 22시~06시 사이에 8시간 이내로 연장근로에 해당하지 않는 경우 → 연장근로시간 0, 야간근로시간 8시간이 가산

⑥ (연장근로시간수, 야간근로시간수, 휴일근로시간수) 연장 및 야간, 휴일근로한 시간을 기재한다. 연장근로시간수 등을 기재할 때 할증률은 고려하지 않는다.

4인 이하 사업장 즉 5인 미만 사업장은 연장, 야간, 휴일근로시간에 대한 할증율을 적용되지 않으므로 이를 생략하고 적어도 된다.

즉, 10시간의 연장근로를 한 경우 10시간을 기재하는 것이지 할증률을 고려하여 15시간을 기재하는 것이 아니다.

실제 연장근로를 하지 않았어도 수당을 그대로 가져갈 수 있는 고정 연장근로수당(OT)이 있는 사업장(포괄임금 사업장)은 실제 연장근로시간과 상관없이 금액에 대한 연장근로시간 수로 계산 방법을 적으면 된다.

예를 들어 1주일에 10시간의 고정 연장근로수당(OT)이 포함된 포괄

임금제를 운영하는 경우 연장근로수당의 표기방법은 10시간 × 시간
당 통상임금 × 1.5로 표기한다.

그리고 포괄임금제의 경우 고정 초과근무와 추가 초과근무를 나누어
기재하는 방식이 유용하다.

⑦ (임금공제) 근로소득세, 4대 보험료, 노조회비 등을 공제할 경우
그 내역을 알 수 있도록 공제항목별 금액과 총액을 기재한다.

⑧ (임금지급일) 「근로기준법」 제43조 제2항에 의거 매월 1회 이상
일정한 날에 임금을 지급해야 하므로 실제 임금지급일을 기재한다.

⑨ (통상시급) 통상임금 ÷ 유급 근로시간(소정근로시간 + 주휴시간)

[예시] 일 8시간, 주 40시간 근무시

40시간 × 120% × 4.345주 = 209시간

[예시] 일 7시간, 주 35시간 근무시

35시간 × 120% × 4.345주 = 183시간

[예시] 일 4시간, 주 20시간 근무시

20시간 × 120% × 4.345주 = 105시간

[예시] 월, 수, 금 각 6시간, 주 18시간 근무시

18시간 × 120% × 4.345주 = 94시간

[예시] 토, 일 각 8시간, 주 16시간 근무시

16시간 × 120% × 4.345주 = 84시간

⑩ (가족 수) 가족수당의 경우 가족 수에 따라 지급금액이 달라진다
면 계산방법에 가족 수 및 각각의 금액 등을 기재하는 것이 바람직
하다.

[예시] ① 부양가족 1인당 2만원 ② 배우자 4만원, 직계존비속 2만원 등

취업규칙이나 근로계약서에 특정 임금항목에 대한 지급요건이 규정
되어 있는 경우에는 임금명세서에 이를 기재하지 않더라도 무방하
다.

임금명세서는 모든 근로자에게 교부해야 하나 계속 근로기간이 30일 미만인 일용근로자에 대해서는 생년월일, 사원번호 등 근로자를 특정할 수 있는 정보를 기재하지 않을 수 있으며, 상시근로자 4인 이하 사업장의 근로자와 감시·단속적 근로자, 관리·감독 업무 또는 기밀을 취급하는 업무를 수행하는 근로자는 연장, 야간, 휴일근로에 대한 할증임금이 적용되지 않으므로, 연장·야간·휴일 근로시간 수를 기재하지 않아도 된다.

① 30일 미만인 일용근로자 : 생년월일, 사원번호 등 근로자를 특정할 수 있는 정보의 기재를 제외

② 상시 4인 이하 사업장의 근로자 또는 근로시간 적용 제외자 : 연장·야간·휴일 근로시간 수 기재를 제외

즉 30일 미만 일용근로자의 경우에는 "생년월일, 사원 번호 등 근로자를 특정할 수 있는 정보"를 기재하지 않을 수 있고, 근로시간 규정이 적용되지 않는 상시 4인 이하(5인 미만) 사업장의 근로자 또는 「근로기준법」 제63조에 따른 근로자에 대해서는 "연장·야간·휴일 근로시간 수"를 기재하지 않을 수 있다. 단, 반드시 적어야 하는 것은 아니지만 총근로시간 수는 적는 것을 권한다.

연장·야간·휴일 근로시간에 가산수당이 붙지 않아서 총근로시간만 알아도 임금체불 여부를 가릴 수 있기 때문이다.

5 근로시간 적용 제외자

근로시간, 휴게와 휴일에 관한 규정은 다음 각호의 어느 하나에 해당하는 근로자에게 적용하지 아니한다.

1. 토지의 경작·개간, 식물의 식재(植栽)·재배·채취 사업, 그 밖의 농림 사업
2. 동물의 사육, 수산 동식물의 채취·포획·양식 사업, 그 밖의 축산, 양잠, 수산 사업
3. 감시(監視) 또는 단속적(斷續的)으로 근로에 종사하는 사람으로서 사용자가 고용노동부 장관의 승인을 받은 사람
4. 사업의 종류와 관계없이 관리·감독 업무 또는 기밀을 취급하는 업무

6 임금명세서 미교부시 과태료

임금명세서를 교부하지 않으면 500만원 이하의 과태료를 내야 한다(최대 500만 원). 명세서 기재사항 중 일부를 누락하거나 사실과 다르게 기재해도 과태료가 부과된다.

임금명세서를 교부하지 않은 경우는 위반 횟수와 위반 정도에 따라 과태료가 다르게 부과되는 만큼 유의해야 한다.

임금명세서를 교부하지 않으면 1차 30만원, 2차 50만원, 3차 이상은 100만원이 부과된다.

임금명세서 기재 사항 중 일부를 기재하지 않거나 사실과 다르게 기

재해도 1차 20만원, 2차 30만원, 3차 이상은 50만원이 부과된다. 이때 과태료는 임금명세서를 교부하지 않은 달에 대해서 1건의 위반으로 판단하는 것이 아니라 교부대상이 되는 근로자 1명을 기준으로 하는 만큼 그 금액이 상당히 클 수 있다.

임금명세서 미교부 유형	1차	2차	3차
임금명세서를 교부하지 않은 경우	30	50	100
임금명세서 기재 사항 중 일부를 기재하지 않거나, 사실과 다르게 기재하여 교부한 경우	20	30	50

7 임금명세서 보관과 주의사항

대리인을 통해 협의된 임금명세서를 전달받아 출력한 후 직원들에게 직접 전달할 경우 전달한 대상, 날짜, 시간을 정리한 리스트를 3년간 보관해야 한다. 출력 대신 이메일 또는 카카오톡으로 전달하는 것도 가능한데 이 경우도 메일로 발송하거나 카톡으로 전달한 기록을 3년간 보관해 두는 것이 좋다.

이 과정에서 유의할 점은 노무 대리인에게 따로 자문받은 경우, 노무 대리인이 작성한 임금명세서를 세무 대리인이 그대로 신고를 진행했는지 반드시 확인해야 한다는 것이다. 때로 노무 대리인이 작성한 급여내역과 세무 대리인이 신고한 급여내역이 일치하지 않아 문제가 발생할 수 있기 때문이다.

8 작성을 세무사 사무실에서 대리해주나?

임금명세서 작성 및 교부에 관한 근거 법령은 근로기준법 제48조이다. 임금명세서 작성 업무를 세무사나 회계사가 대리하는 것이 근로기준법 또는 공인노무사법 위반이라고 볼 수는 없다. 다만, 임금명세서 기재사항 중 일부를 기재하지 않거나 잘못 기재한 경우 과태료가 부과되기 때문에 책임소재가 문제 될 수 있다.

또한 세무대리인은 각 기장거래처 소속 근로자의 연장, 야간, 휴일근로시간 수를 알 수 없을 뿐만 아니라, 근로기준법상 각종 수당산정에 대한 전문성도 없으므로, 임금명세서 작성은 각 사업장에서 스스로 하도록 하는 것이 바람직하다. 즉, 작성 및 교부는 기장거래처에서 직접 하도록 한다.

9 상호 간의 분쟁 시 소명자료

임금명세서 교부 의무화로 임금명세서를 받지 못하던 노동자는 임금의 정당성뿐 아니라, 임금체불 여부와 4대 보험은 공제 등을 확인할 수 있다.

특히 임금명세서는 임금체불 진정을 제기할 때 큰 역할을 한다. 임금체불 진정은 임금체불을 주장하는 사람이 입증해야 한다.

그러나 임금명세서가 없으면 노동시간과 체불임금 등을 증명하기 힘들고, 임금명세서를 받았더라도 연장·야간근로, 휴일근로수당을 명시하지 않으면 어느 부분을 입증해야 하는지 알기 어렵다. 반면, 개정 시행령에 따른 임금명세서로는 입증이 훨씬 수월하다.

임금명세서 교부 의무 위반 시 500만원 이하의 과태료가 부과되며 이는 5인 미만 사업장에도 동일하게 적용되니 모든 사업주는 이를 인지해야 한다.

10 질의 사례

Q 인트라넷에서 개략적인 명세서를 볼 수 있고, 근로시간이나 일부 항목은 개별적으로 확인할 수 있다. 이런 경우도 명세서를 별도 교부해야 하나?

A 근로자가 임금을 지급받을 때 명확하게 알 수 있게 해줘야 한다. 명세서에 명확하게 표시를 해줘야 한다. 다만 인트라넷 명세서 자체에서 세부 근로시간 항목과 계산식 등을 볼 수 있게 처리했다면 교부 의무를 이행한 것으로 볼 수 있다.

Q 건설 현장에서 일용근로자에게 명세서를 서면으로 받아가라고 공지했지만 수령하지 않은 경우도 법 위반인가?

A 가급적 개별 교부를 해야 한다. 근로자 편의를 고려해 문자메시지나 카카오톡 등 SNS 메신저로 교부하는 것도 가능하다.

Q 취업규칙이나 근로계약서에 임금 계산 방법이 나와 있는데 매월 반드시 기재해야 하나. 취업규칙에 기재된 계산 방법을 임금명세서에 그대로 기재하면 안 되나?

A 근로자가 정보를 명확히 알 수 있게 해주자는 게 법 취지이므로, 매월 명세서에 계산 방법을 제공해야 한다. 취업규칙이나 근로계약

서에 기본적인 계산 방법이 있다면 공통적으로 기재하는 것도 무방하다. 다만 연장근로가 있는 등 변동이 있다면 계산에 필요한 근로시간 수 등 정보를 반드시 별도로 기재해줘야 한다.

Q 고정 연장근로수당이 있을 경우, 실제 연장근로를 하지 않아도 연장근로시간 수를 계산방법에 기재해야 하나?
A 고정 연장근로수당은 실제 연장근로를 하지 않아도 지급되기 때문에, 지급된 임금을 기준으로 연장근로시간 수를 적어주면 된다.

Q 매달 고정적으로 지급되는 기본급은 계산식을 적어주지 않아도 되는 걸로 안다. 만약 해당 월에 정직이나 결근 등으로 기본급에 변동이 있는 경우도 계산 방법을 적어줘야 하나?
A 기본급에 감액이 있는 경우는 출근일수나 시간 등에 따라 구성항목 별로 금액이 달라지는 경우이기 때문에, 계산방법을 기재해 줘야 한다.

Q 카카오톡이나 문자로 임금명세서를 교부해도 되나?
A 한글, 오피스, PDF 등 전자문서로 작성한 다음 이메일이나 카카오톡 등 전자적 방법으로 발송하는 것은 가능하다.

Q SMS, MMS 등 문자메시지, 카카오톡 등 메신저도 전자문서에 해당하는지요?
A 전자문서에 해당한다. 전자문서법은 전자문서를 정보처리시스템에 의하여 전자적 형태로 작성, 송신, 수신 또는 저장된 정보로 정

의하고 있으므로 모두 전자문서에 해당하게 된다.

Q 3.3% 프리랜서로 신고하는 직원도 임금명세서를 교부해야 하나요?

A 임금명세서는 근로기준법에 규정된 내용으로 근로기준법의 적용을 받는 근로자에게 교부해야 한다. 따라서 근로자가 아닌 실질적인 프리랜서에게는 교부하지 않아도 된다. 다만, 실질적으로는 근로자이지만 형식적인 프리랜서에게는 나중에 발생할 분쟁에 대비해 작성·교부하는 것이 좋으나 반대로 실질적 근로자라는 사실을 사업주 스스로 인정하는 모순이 발생하므로 사업자 스스로 판단해 결정한다.

나중에 혹시 실질적인 근로자로 판명되는 경우 임금명세서 미교부에 따른 과태료가 부과될 수도 있다.

Q 매월 1일부터 말일까지의 임금을 다음 달 10일 지급하는 경우 어떻게 작성하나요?

A 임금의 계산기준은 모든 회사가 매월 1일부터 말일까지 하지는 않을 것이므로 임금명세서의 교부 취지에 맞게 계산 기간을 별도로 기재하거나, 취업규칙 등에 임금이 계산 기간과 지급일이 정해져 있다면 임금 지급일만 적어도 큰 문제는 없을 것으로 판단된다. 예를 들어 기간을 1일~30일로 적고 임금 지급일을 10일로 적거나 취업규칙이나 근로계약서 등에 규정되어 있는 경우 임금 지급일만 기재하면 된다.

Q 월 중간에 입사나 퇴사를 하는 경우 임금명세서 작성은?

A 월중에 입사나 퇴사를 하는 경우 다른 근로자와 다르게 임금계산 기간이 짧으므로 임금명세서의 작성기준이 된 임금 계산 기간을 별도로 표기한 후 해당 기간의 각종 임금과 공제내역을 일할계산 해 임금명세서 계산 근거에 기재한 후 교부하면 된다.

예를 들어 매월 1일부터 말일까지의 임금을 다음 달 10일 지급하는 사업장에 20일 입사자가 있는 경우 급여를 일할계산 해 20일~말일 까지만의 임금을 임금명세서 계산 근거에 별도 기재한 후 10일 날 교부하면 된다.

포괄임금제인 경우 임금명세서 작성과 기본급과 고정OT로 나누는 방법

포괄임금제는 야간, 연장, 휴일근로를 별도로 계산하지 않고 일정 시간과 금액을 고정 초과근로수당으로 지급하는 형태로 기본급 + 고정OT로 구성이 되지만, 실제로 이를 구분해서 인식하지 않는다. 즉 이것저것 따지지 않고 한 달 얼마로 포괄해서 임금을 책정한다. 그러다 보니 급여를 책정할 때나 추가 초과근무수당이 발생해 계산해야 하는 경우 실무자들이 기본급과 고정OT 부분을 나누는데, 상당히 힘들어하고 있다. 또한 11월 19일부터 임금명세서 작성 시에는 기본급과 고정 OT를 구분해서 따로 표기해야 하고, 고정 OT 산출 근거도 같이 작성해줘야 하다 보니 더욱 힘들어진 것이 현실이다.

기본급과 고정OT로 나누는 방법

월급 400만원(기본급, 고정OT, 직책수당 : 20만원, 식비 20만원)이고 여기에는 월 고정 연장근로시간 12시간분의 임금이 포함되어 있다고 가정하면(일 8시간, 주 40시간 사업장)

소정근로시간 = 40시간

유급 근로시간 = (40시간 + 8시간) × 4.345주 = 209시간

고정 OT 유급 근로시간 = 12시간 × 1.5배 = 8시간(포괄 임금제에서 1.5배가 아닌 1배로

해야 한다는 해석도 있지만, 실무상으로는 1.5배를 일반적으로 한다.)

총 유급근로시간 = 227시간

통상시급 = (400만원 − 통상임금 제외항목) ÷ 227시간 = 약 17,620원

고정OT = 17,620원 × 12시간 × 1.5배 = 317,160원

기본급 = 400만원 − 고정 OT(317,160원) − 직책수당(20만원) − 식비(20만원) = 3,282,840원

참고로 산출된 기본급이 최저임금보다 낮으면 안 된다.

임금명세서의 고정 OT란에는 산출근거로 17,620원 × 12시간 × 1.5배 = 317,160원을 작성하면 되고, 추가로 6시간의 연장근로가 발생하는 경우 추가 연장근로란에 17,620원 × 6시간 × 1.5배 = 158,580원을 기입하면 된다.

제11장

입사에서 퇴사까지
4대 보험

입사에서 퇴사까지 4대 보험에 대해서 민감하면
서도 자주 발생하는 사항을 다루는 장이다.

일용근로자의 4대 보험 적용 및 급여 지급시 4
대 보험 공제 방법, 입·퇴사시 4대 보험 정산과
처리 방법 등 실무를 하면서 자주 발생하는 4대
보험 사례를 담고 있다.

또한 출산휴가와 육아휴직 시 4대 보험 처리 방
법에 대해서도 설명해주고 있다.

4대 보험 가입 안 할 수 없나요?

4대 보험에 가입하지 않아도 되는 경우는 법 테두리 안에서는 거의 불가능하다.

가입하지 않는 방법은 단 하나 사업주와 종업원이 종업원으로 등록 안 하기로 상호합의를 하고, 종업원이 절대 문제 제기를 안 해야 하며, 사업주는 해당 직원에 대한 급여 세금 신고를 안 해야 한다.

이 경우 종업원은 본인이 지역가입자로 4대 보험을 부담해야 하는 결론이, 사업주는 세금 신고 때 급여에 대한 비용인정을 받지 못하게 된다.

상호 영향을 따져서 가입을 안 해서 얻는 이익이, 가입함으로써 얻는 이익보다 크면 가입을 안 하고, 반대의 경우에는 가입한다.

그러나 현실적으로 이게 가능한 경우는 사업주가 종업원보다 절대적 우위에 있는 극히 일부의 소규모 사업장에서만 볼 수 있는 경우이다.

1 4대 보험에 가입 안 해도 되는 근로자

4대 보험에 가입 안 해도 되는 근로자는 일부의 일용근로자이다.

구 분		국민연금	건강보험	고용보험	산재보험
가입기준		소득이 있으면 가입대상		근로자이면 가입대상	
일용근로자	가입대상	18세 이상 60세 미만. 월 소득이 220만 이상	모든 근로자와 사용자	모든 근로자	근로자를 사용하는 모든 사업장
	근로일수	한 달 동안 월 8일 이상 근로한 경우		모두 가입대상	
	의무가입	가입대상에 해당하는 근로자가 발생한 근로자 1인 이상의 사업장			
	가입제외	한 달 8일 미만 일용근로. 따라서 1개월 8일 이상 계속 사용되는 경우는 자격취득 신고 대상		한 달 60시간 미만 근로 65세 이상	임의적용 사업장 (병원×)
단시간근로자		한 달 이상이면서 근로시간이 월 60시간 이상 경우			모두 가입대상

위의 표에서 보는 바와 같이 한 달 60시간 미만 근로자의 경우 4대 보험 가입을 안 해도 된다. 따라서 일부 사업주는 아르바이트를 쓰면서 4대 보험에 가입하지 않기 위해 한 사람을 온종일 쓰는 것이 아니라 1일 2~3시간씩 쪼개서 한 달 60시간을 넘지 않는 범위 내에서 아르바이트를 사용하기도 한다. 이와 같은 방법이 아니고는 원칙적으로 모두 4대 보험에 가입해야 한다.

2 일용근로자는 적용되는 법률에 따라 달라

근로자는 실무상으로 상용근로자와 일용근로자로 구분해서 업무처리를 한다.

그리고 상용직의 경우 계약직을 제외한 모든 근로자를 말하므로 업무처리 상 큰 문제가 없으나 항상 업무처리에 고민할 수밖에 없게 만드는 것은 일용직이다.

그리고 일용직의 기준은 법률마다 약간의 차이가 있다. 그중 실무상 가장 많이 적용되는 세법과 4대 보험에서도 차이가 있는데, 세법에서는 같은 고용주에게 3월 이상(건설공사 종사자는 1년 이상) 계속해서 고용된 경우 일용근로자로 보지 않는다. 반면, 4대 보험 적용시에는 일반적으로 1개월 동안 8일 이상 계속 사용되는 경우는 일용근로자로 보지 않는다. 즉, 4대 보험 적용 시 그 기간이 더 짧다고 보면 된다.

세법 적용		4대 보험 적용	
일용근로자	상용근로자	일용근로자	상용근로자
3개월 미만(건설공사 종사자는 1년 미만) 계속해서 고용되어 있는 경우	3개월 이상(건설공사 종사자는 1년 이상) 계속해서 고용되어 있는 경우	한 달 동안 8일 또는 한 달 동안 60시간 미만 근로를 제공하는 경우	한 달 동안 8일 또는 한 달 동안 60시간 이상 근로를 제공하는 경우
		1일 8시간 근무를 한다고 가정했을 때 8시간 × 8일 = 64시간으로 60시간 이상이 되므로 일반적으로 8일 이상 근무 시 가입대상에 해당하는 것이다.	

일용근로자의 4대 보험 적용

일용근로자는 사업장에 고용된 날부터 1개월 이상 근로하고, 1개월 동안 근로일수가 8일 이상 또는 근로시간이 월 60시간 이상의 경우 사업장에 고용된 날부터 사업장가입자로 적용된다. 따라서 1개월 이상 근로하고, 1개월 동안 60시간 미만이라 하더라도 1개월 동안 8일 이상 근무한 경우 국민연금과 건강보험에 가입해야 한다.

1 국민연금과 건강보험

일용근로자가 사업장에 고용된 날부터 1개월 동안 근로하면서, 월 8일 이상 근로 또는 근로시간이 월 60시간 이상의 경우 국민연금 가입대상이다.

---

① 한 달 동안 8일 및 60시간 조건 모두 충족
② 한 달 동안 8일 또는 60시간 하나만 충족(또는 조건이므로 둘 중 하나라도 충족 시 가입 대상이다.)

즉 다음 경우 가입대상이다.

❶ 한 달 동안 월 8일 이상 근로한 경우

❷ 한 달 동안 근로시간이 월 60시간 이상인 경우는 가입대상

구 분	처리내용
1개월 이상 근로	최초 근로(고용)일부터 1개월이 되는 날까지 근로하거나, 그날 이후까지 근로한 경우 [예] 10월 27일 입사자의 경우 10월 27일~11월 26일 또는 그 이후
월 8일 이상 근로	최초 근로(고용)일부터 1개월이 되는 날까지 8일 이상 근로하거나, 익월 초일부터 말일까지 근로일수가 8일 이상인 경우 [예] 10월 27일 입사자의 경우 10월 27일~11월 26일까지 8일 이상 또는 11월 1일~11월 30일까지 8일 이상

10월 27일~11월 26일 사이에 일용직이 되는 경우 11월 26일 이후에 신고하면 된다. 이 경우 취득일은 10월 27일이 된다.

반면 11월 1일~11월 30일까지 8일 이상인 경우 11월 1일이 취득일이 된다.

2 고용보험

고용보험은 하루라도 근무하면 무조건 가입대상이라고 보면 된다.

근로내용확인신고서는 다음 달 15일까지 제출한다.

3 자격취득일과 상실일

구 분	취득 및 상실일
자 격 취득일	❶ 최초 근로일부터 1개월간 8일 이상 근로한 경우 : 최초 근로일 ❷ 전월 근로일(8일 미만)이 있고, 해당 월 초일부터 말일까지 8일 이상 근로한 경우 : 해당 월 초일
자 격 상실일	❶ 자격취득일이 속한 달의 다음 달 이후 최종근로일이 속한 달에 월 8일 이상 근로한 경우 : 최종근로일의 다음 날 ❷ 자격취득 후 계속적으로 가입 후 최종 근로 월 초일부터 말일까지 월 8일 미만으로 근로한 경우 : 해당 최종 월 초일(1일) (※ 사용자 및 근로자가 희망하면 최종 근로일의 다음 날로 상실 가능)

4 일용근로자의 보험료 산정·납부·정산과정

🎙️ 일용근로자의 월별보험료 산정

1. 일용근로자의 월별보험료는 그달에 일용근로자가 지급받은 보수총액을 월평균보수로 보아 월별보험료를 산정하여 부과한다.

2. 그달에 일용근로자가 지급받은 보수총액은 「근로내용확인신고서」에 작성된 그달의 보수총액으로 하며, 사업주는 매월 일용근로자의 「근로내용확인신고서」를 다음 달 15일까지 고용센터 또는 근로복지공단에 제출해야 한다.

3. 근로복지공단은 「근로내용확인신고서」 상의 일용근로자 보수 및 고용정보로 그달의 보험료를 산정하여 신고서를 제출한 날이 속하는 달의 월별보험료에 합산하여 부과한다.

🕯️ 일용근로자의 보험료 정산 : 보수총액신고

일용근로자의 월별보험료는 「근로내용확인신고서」에 의하여 산정·부과되므로 보수총액신고시 일용근로자의 보수총액에 대한 정산을 수행해야 한다. 따라서 일용근로자의 경우 일반근로자와 동일하게 다음연도 3월 15일까지 보수총액을 신고해야 한다.

🕯️ 「근로내용확인신고서」 유의 사항

1, 매월별로 각각 신고(여러 달을 한 장에 신고할 수 없음)해야 한다.

2. 일용근로자 고용정보 신고대상이 10인 이상의 경우는 전자신고를 해야 한다.

3. 1개월간 소정근로시간이 60시간 미만인 근로자에 대하여는 산재보험 고용정보신고(근로내용확인신고서를 제출한 경우 일용근로자는 산재보험 고용정보신고를 한 것으로 봄)를 하지 않을 수 있다. 따라서 이 경우 근로내용확인신고서를 제출하지 않은 경우는 다음연도 3월 15일 보수총액신고서의 "그 밖의 근로자 보수총액"란에 기재하며, 근로내용확인신고서를 제출한 경우는 보수총액신고서의 "일용근로자의 보수총액"란에 기재한다.

근로내용확인신고를 잘못한 경우 수정신고(일용근로자 수정신고)

근로내용확인신고를 잘못한 경우 잘못 신고하여 정정해야 하거나 취소해야 한다면 일용근로내용 정정(취소) 신청서를 작성하여 근로복지공단에 제출한다. 다만, 실수로 잘못 신고하여 수정신고한 경우에도 과태료가 부과되기 때문에 신고 시 유의해야 한다.

임원 및 사외이사의 4대 보험 적용

1 등기임원의 4대 보험

 근로자가 아닌 경우

근로자가 아닌 등기임원은 4대 보험 중 국민연금과 건강보험만 가입
하면 된다.

근로자가 아닌 등기임원이란 일정액의 보수를 받더라도 사업주로부
터 경영 전반을 위임받아 기업의 대표권과 업무집행권을 가진 자를
의미한다. 이 경우 임원과 회사는 종속관계가 아니므로 근로기준법
이 적용되지 않는다.

 근로자인 경우

근로자인 등기임원은 4대 보험 의무가입 대상이다.

근로자인 등기임원이란 회사의 이사직에 있더라도 회사의 대표권 또
는 업무집행권이 없는 경우를 의미한다. 아래의 경우 임원이 아니라

근로기준법상 근로자에 해당한다.

❶ 회사의 명령, 감독을 거부할 수 없음

❷ 근로시간과 장소가 특정되어있음

❸ 업무의 내용이 회사에 의해 정해짐

❹ 지급받는 금품이 순수한 근로의 대가임

❺ 일반 근로자와 동일한 징계 규정이 적용됨

2 비등기 임원의 4대 보험

등기부에 임원으로 등기되어있지 않다면 4대 보험 의무가입 대상자이다.

일반적으로 비등기 임원은 등기이사와 동등한 지위와 권한을 부여받은 것이 아니므로 근로자에 해당한다.

구 분		적용여부
임원	국민연금과 건강보험	대표이사를 포함한 모든 임원은 근로자성을 불문하고 모두 가입 대상이다. 다만, 무보수 대표이사 외 다른 근로자가 없는 경우 사업장가입자에서 상실 처리 후 지역가입자가 된다.
	고용보험과 산재보험	임원이라도 대표자의 지휘 및 감독을 받는 경우(근로자로 인정되는 경우)는 근로자에 해당하므로 고용보험과 산재보험의 가입 대상이며, 지휘 및 감독을 받지 않는 경우는 가입대상이 아니다.
등기된 임원이 아닌 직책상의 임원		등기된 임원이 아닌 직책상의 임원인 경우는 근로기준법상 사용자의 지위와 근로자의 이중적 지위를 갖게 되므로, 산재처리, 임금 및 퇴직금, 각종 휴가 청구권 등은 일반 근로자와 동일하다. 즉, 국민연금, 건강보험, 고용보험, 산재보험의 가입대상이다.

구 분		적용여부
사외이사 등 비상근임원	국민연금	법인의 이사 중 소득이 없는 자는 적용대상이 아니다. 근로소득이 발생하고 1개월 동안의 소정근로시간이 60시간 이상인 경우는 국민연금법상 근로자에 해당한다. 이 경우 가입대상이다.
	건강보험	근로의 대가로 보수를 받고, 대표이사의 지휘 및 감독을 받는 종속성이 있는 경우 가입대상이다. 단, 매월 정기적으로 보수를 받으나 이사회 참석 의결 이외에 다른 업무를 수행하지 않는 경우는 가입대상이 아니다.
	고용보험과 산재보험	근로자가 아니므로 가입대상이 아니다.

[주] 비상근임원은 법령 또는 조례의 따라 임명되는 위원 또는 임원이거나, 법인등기에 임원 또는 이사로 등기되어있는 자 중 정관, 주주총회 또는 이사회 회의록에 비상근으로 명기되어있는 자를 말한다.

무보수 대표이사의 4대 보험

대표이사는 원칙적으로 국민연금 건강보험 가입대상이다. 다만, 무보수 대표이사의 경우 가입대상에 해당하지 않는다.

1. 국민연금

소득세법에 따라 근로소득이 없는 사람은 근로자에서 제외되기 때문에 무보수 대표이사는 사업장 가입자 적용 대상에서 제외(무보수 신고를 한 사업장의 국민연금은 납부예외 처리)되어, 지역가입자로 적용된다. 또한, 무보수 대표이사 1인만 있는 법인은 국민연금 당연적용 사업장에도 해당하지 않는다.

2. 건강보험

법인의 대표이사가 노무를 제공하되, 보수를 지급받지 않는 경우는 건강보험 직장가입자

적용 제외 대상이다. 직장가입자로 등록되어 있으면 실제로 보수가 지급되지 아니한 날로 상실신고를 해야 한다. 보수를 지급받던 중 출산휴가, 육아휴직, 산재요양, 병가 등의 휴직 사유로 납부예외를 신청하는 경우는 해당 기간동안 납부예외 신청을 인정한다.

3. 고용 · 산재보험

법인의 대표이사는 근로기준법상 근로자로 보지 않기 때문에 고용보험, 산재보험 적용대상 근로자가 아니다.

4. 무보수 대표자 증명 방법(증명서류 제출)

무보수 대표자임을 증명할 수 있는 정관 및 이사회 회의록을 제출해야 한다.

정관에 대표자의 보수 규정 사항이 없는 경우 해당 정관과 법인 대표자 무보수확인서를 함께 제출하면 된다. 확인서에는 보수를 지급하지 않음과 추후 소득이 확인될 경우 직장가입 자격을 소급 취득할 것이라는 문구가 반드시 기재되어 있어야 한다.

❶ 법인정관 파일 또는 이사회 회의록

❷ 기존에 취득 신고를 진행했던 대표자 혹은 등기임원의 경우 : '상실신고서'도 필요

직원이 없는 대표자의 무보수 신청 시에는 사업장 성립 신고와 취득 신고를 진행하지 않고 무보수 신청만 진행하면 된다.

사업장 성립 신고를 진행하지 않아 사업장관리번호가 없는 경우, 무보수 신청서에 사업장 관리번호를 기재하지 않아도 된다.

📄 가족회사에 근무시 배우자 등 4대 보험 적용

동일세대원 가족을 직원으로 채용할 경우는 최저임금 적용 대상에서 제외가 되며, 고용보험이나 산재보험도 원칙은 가입하지 않아도 된다. 즉, 건강보험과 국민연금만 가입하면 된다.

결론적으로 사용자(법인 대표, 개인사업자)의 친족은 근로자인지와 무관하게 국민연금과 건강보험만 사업장 가입대상자이다.

반면, 고용보험에 가입하고자 하는 경우 근로자성 여부(해당 사업장에 근로하고 있는 사용

자의 친족이 근로기준법상 근로자에 해당하는지)에 따라 고용보험, 산재보험 적용대상자 여부가 결정된다. 여기서 친족은 민법상 친족(8촌 이내의 혈족, 4촌 이내의 인척 및 배우자)을 말하며, 동거 여부 및 친족 여부는 주민등록표나 가족관계증명서 등의 증빙서류를 통해 판단한다.

공단에서는 가족을 직원으로 채용하고 종업원 인건비 신고가 제대로 되지 않을 경우는 그 가족 직원을 비 채용한 것으로 간주하여 직장 가입에서 지역가입자로 전환시켜 정산해서 고지를 하게 된다. 따라서 가족 직원을 고용하더라도 모든 세무 업무를 정확하게 이행하고 급여를 지급할 경우 현금이 아닌 계좌이체로 지급해야 한다.

구 분	동거 여부	고용·산재보험 적용
배우자	무관	비적용
배우자 외 (형제·자매, 자녀 등)	동거	비적용
	비동거	적용

[근로관계 확인 자료(입증자료) 예시]

① 근로관계 : 근로계약서, 인사기록카드 등

② 급여내역 : 급여대장, 근로소득 원천징수영수증, 급여 계좌이체 내역

③ 근로실태 : 출근부, 휴가원, 출장부 등 복무·인사 규정 적용자료, 출퇴근 교통카드 이력 등 복무상황에 대한 자료, 업무분장표, 업무일지, 업무보고내역 등 담당업무 관련 자료 등

④ 기타 : 타 사회보험 가입내역(보험료 납부내역), 조직도, 근로자명부 등

동거친족 본인이 근로자성 여부에 대해 이의가 있을 경우는 '피보험자격확인청구' 절차를 통해 근로자성을 판단한다.

외국인 근로자의 4대 보험 적용

1 건강보험

외국인, 재외국민은 2006년 1월 1일부터 건강보험 당연적용 사업장에서 근무하는 직장가입자의 경우 의무적용이 된다.

각 보험의 혜택은 우리나라 국민이 받는 혜택과 동일하다.

D-3(기술연수), E-9(비전문취업), H-2(방문취업)은 노인장기요양보험 가입에서 제외된다.

2 국민연금

외국인 사업장 가입자 적용대상

당해 외국인의 본국법이 대한민국 국민에 대해서 국민연금에 상응하는 연금에 관한 법률을 적용하는 경우

가이아나, 카보베르데(까뽀베르데), 그리스, 네덜란드, 노르웨이, 뉴질랜드, 도미니카(연방), 독일, 덴마크, 라트비아, 러시아, 루마니아, 룩셈부르크, 리비아, 리투아니아, 리히텐쉬타인(리히텐슈타인), 모나코, 모로코, 모리셔스, 몰도바, 몰타, 미국, 바베이도스, 바하마, 버뮤다, 벨기에, 불가리아, 브라질, 세르비아, 스위스, 스웨덴, 스페인, 슬로바키아(슬로바크), 슬로베니아, 아르헨티나, 아이슬란드, 아일랜드, 알바니아, 아제르바이잔, 에스토니아, 영국, 오스트리아, 오스트레일리아(호주), 우루과이, 우즈베키스탄, 우크라이나, 이스라엘, 이탈리아, 일본, 자메이카, 중국, 체코, 캐나다, 크로아티아, 키프로스, 탄자니아, 튀니지, 트리니다드토바고, 파나마, 포르투칼, 폴란드, 프랑스, 핀란드, 필리핀, 헝가리, 홍콩, 가나, 가봉, 그레나다, 나이지리아, 타이완(대만), 라오스, 레바논, 말레이시아, 멕시코, 몽골, 바누아투, 베네수엘라, 벨리즈, 볼리비아, 부탄, 세인트빈센트그레나딘, 수단, 스리랑카, 시에라리온, 아이티, 알제리, 에콰도르, 엘살바도르, 예맨(공화국), 요르단, 우간다, 인도, 인도네시아, 짐바브웨, 칠레, 카메룬, 카자흐스탄, 케냐, 코스타리카, 코트디부아르, 콩고, 콜롬비아, 키르기스스탄, 타이(태국), 터키, 토고, 파라과이, 페루

🦮 외국인 사업장 가입자 적용 제외 대상

❶ 다른 법령 또는 조약(협약)에서 국민연금법 적용을 배제한 자

예시 외교관, 영사기관원과 그 가족 등

❷ 당해 외국인의 본국법이 국민연금법에 의한 "국민연금에 상응하는 연금"에 관해서 대한민국 국민에게 적용되지 않는 경우

그루지야, 남아프리카공화국, 네팔, 티모르민주공화국(동티모르), 몰디브, 미얀마, 방글라데시, 베트남, 벨로루시, 사우디아라비아, 싱가포르, 스와질란드(스와질랜드), 아르메니아, 에티오피아(이디오피아), 이란(사회보장협정에 의함), 이집트, 캄보디아, 통가, 파키스탄, 피지

❸ 체류 기간 연장허가를 받지 않고 체류하는 자

❹ 외국인등록을 하지 않거나 강제퇴거 명령서가 발부된 자

❺ 다음의 비자 소유자

A-1(외교), A-2(공무), A-3(협정), B-1(사증면제), B-2(관광통과), C-1(일시취재), C-3(단기방문), C-4(단기취업), D-1(문화예술), D-2(유학), D-3(기술연수), D-4(일반연수), D-6(종교), F-1(방문동거), F-3(동반), G-1(기타)

3 고용보험

적용 여부	고용보험 적용 여부	체류자격
적용 제외		아래 이외의 체류 자격
전부 적용	상호주의	주재(D-7), 기업 투자(D-8), 무역경영(D-9)
	강제가입	거주(F-2), 영주(F-5), 결혼이민(F-6)
고용안정 및 직업능력 개발 사업에 한정(실업급여 적용 희망 시 별도의 외국인 고용보험 가입신청서 제출)	단계적 강제 가입(적용시 기 전 임의 가입)	비전문취업(E-9), 방문취업(H-2) 2023년 1월 1일부터 10인 미만 사업장 적용
보험 가입을 신청한 경우 법의 전부를 적용	임의가입	단기 취업(C-4), 교수(E-1), 회화지도(E-2), 연구(E-3), 기술 지도(E-4), 전문 직업(E-5), 예술흥행(E-6), 특정활동(E-7), 계절 근로(E-8), 선원취업(E-10), 재외 동포(F-4),

현장 실습생의 4대 보험 적용

현장 실습생의 경우 직업교육훈련법 등에 의해 현장실습 표준협약서를 통해 실습하는 경우 근로계약서와는 다르게 판단하며, 순수한 실습을 목적으로 하는 실습생에게는 실습기간동안 근로기준법상 근로자에 해당하지 않는다.

1 현장 실습생의 최저임금 준수

현장 실습생이 근로자에 해당이 안 될 경우는 최저임금에 대한 준수의무가 없다.

학교 측과 체결한 현장실습 표준협약서에서 따라 최저임금 이하라도 월정액(예 : 100만 원)을 실습비 명목으로 지급할 수 있다.

반면, 실질에 있어 사용종속관계의 근로자에 해당한다면 최저임금법이 적용되어, 법정 최저임금 이상의 임금을 지급해야 하는 의무를 산업체는 부담하게 된다.

2 현장 실습생의 4대 보험

현장 실습생이 근로자에 해당이 안 될 경우는 산재보험만 적용된다. 그 이외 국민, 건강, 고용보험은 적용되지 않는다.

그러나 근로자에 해당할 경우는 산재보험 및 월 소정근로시간 60시간 이상 근로를 제공할 경우 국민, 건강, 고용보험도 적용된다.

그리고 실습생은 따로 근로내용확인신고서를 제출할 필요가 없다.

실습생은 근로내용확인신고서를 제출할 필요 없이 국세청에 일용직 신고만 하면 된다. 참고로 국세청 일용직 신고 시 한 달 8일 이상 또는 한 달 60시간 이상 적용을 하게 되면 몇 달이 지난 후 국세청으로 신고된 자료를 가지고, 4대 보험 추징 관련하여 국민건강 공단 측에서 귀찮게 전화가 오니, 실무자는 잘 판단해서 신고하길 바란다(일용직 일당 187,000까지 세금 없음, 따라서 훈련수당 100만원을 지급하는 경우 약 5.3일, 알아서 신고 바람). 즉, 8일 이상 60시간 국세청으로 근로신고할 경우 실습생도 4대 보험 가입의무가 있다.

국민보험, 건강보험은 실습생이라 얘기해도 증명서류 요구하며, 강제 직권 가입시키니 꼭 주의하기를 바란다.

결론은 기업체에서 졸업 예정을 앞둔 고교생, 대학생들을 실습의 명목으로 현장 교육하면서 실질에 있어서 일반근로자들처럼 출퇴근의 의무를 부여하고 업무지휘·명령하고 지각 및 결근 등에 관한 제재를 하면 사용종속관계에 의한 근로자로 인정받아 자칫 최저임금법 및 4대 보험 가입위반 등으로 관련 제반 노동관계법 위반 사항이 발생할 수 있으니 현장 실습생에 대한 원래 취지대로 현장실습에 국한하여 사용하도록 하여 근로자로 인정받지 않도록 주의해야 한다.

입사 및 퇴사 월 4대 보험 부과기준

1 4대 보험 공제 여부 판단

🐦 입사 월의 4대 보험

구 분	처리내용
입사일이 해당 월 1일일 경우	해당 월 4대 보험료 모두 부과
입사일이 해당 월 1일이 아닐 경우(2일~31일 사이 입사)	• 국민연금과 건강보험 : 다음 달부터 부과. 단, 국민연금은 입사일 납부를 희망하는 경우 납부가 가능하다. • 고용보험과 산재보험 : 다음 달부터 부과 국민연금과 건강보험, 고용보험은 1일을 기준으로 4대 보험료가 부과된다. 따라서, 2~31일 사이 입사할 경우 다음 달부터 부과된다. 단, 고용보험은 당월 입사 당월 퇴사 시에는 부과된다.

단, 입사일 당일에 4대 보험 취득 신고가 완료되는 경우는 거의 없으므로(신고접수 후 처리까지 통상 3~7일 정도 소요), 입사일이 1일이더라도 신고 완료일에 따라 해당 월에 보험료가 부과되지 않고, 다음 달에 합산되어 부과될 수도 있다.

📍 퇴사 월의 4대 보험

구 분	처리내용
퇴사일이 해당 월 1일일 경우	그달은 보험료를 부과하지 않아도 된다(마지막 근무일이 전달 말일이므로 전달까지만 부과).
퇴사일이 해당 월 1일이 아닐 경우(2일~31일 사이 입사)	• 국민연금과 건강보험 : 이번 달까지 부과 • 고용보험과 산재보험 : 이번 달까지 부과, 퇴직한 달에 정산해서 부과한다.

2 4대 보험 기준금액의 결정

신규직원을 채용하는 경우 4대 보험료의 산정은 직원의 급여를 기준으로 한다.

보험료 산정에 있어 기준이 되는 금액을 기준금액이라고 하는데, 이를 국민연금은 기준소득월액, 건강보험은 보수월액, 고용·산재보험은 월평균 보수라고 표현한다.

[4대 보험별 보험료 산정 기준금액]

구분	국민연금	건강보험	고용·산재보험
기준금액	기준소득월액	보수월액	월평균 보수
기준금액의 범위	총급여 – 비과세급여	총급여 – 비과세급여	총급여 – 비과세급여

[4대 보험별 기준금액 적용기간]

구 분		기준금액 적용 기간
국민연금 (기준소득월액)	12월 1일 이전 입사자	입사일의 다음 달~다음 연도 6월
	12월 2일 이후 입사자	다음연도 1월~다음 다음 연도 6월
	계속근로자	매년 7월~다음 연도 6월
건강보험 (보수월액)	12월 1일 이전 입사자	입사일의 다음 달~다음 연도 3월
	12월 2일 이후 입사자	다음연도 1월~다음 다음 연도 3월
	계속근로자	매년 4월~다음 연도 3월
고용 · 산재보험 (월평균보수)	9월 30일 이전 입사자	입사 월~다음 연도 3월
	10월 1일 이후 입사자	입사 월~다음 다음 연도 3월
	계속근로자	매년 4월~다음 연도 3월

🌱 국민연금

1. 신규입사자의 경우

사업장가입자의 자격취득·변동 시에는 사업장 가입자 자격취득신고서상에 신고한 소득월액을 기준으로 자격취득·변동일이 속하는 달의 다음 달부터 다음 연도 6월까지 적용된다. 단, 12월 2일 이후 자격취득자의 경우에는 자격취득·변동일이 속하는 달의 다음 달부터 다음 다음연도 6월까지 적용된다.

2. 계속근로자의 경우

전년도 해당 사업장에 종사한 근로자의 경우에는 그 종사한 기간에 받은 소득액을 그 근무 일수로 나눈 금액의 30배에 해당하는 금액을 소득월액으로 결정하여 매년 7월부터 다음연도 6월까지 적용한다.

🐦 건강보험

1. 신규입사자의 경우

직장가입자의 자격취득·변동 시에는 직장가입자 자격취득신고서상에 신고한 보수월액을 기준으로 자격취득·변동일이 속하는 달의 다음 달부터 다음 연도 3월까지 적용된다.

2. 계속근로자의 경우

계속근로자의 경우에는 전년도에 지급받은 보수총액을 그 기간의 근무 월수로 나누어 산정한 보수월액을 기준으로 매년 4월부터 다음 연도 3월까지 적용한다.

🐦 고용·산재보험

1. 신규입사자의 경우

월평균 보수는 근로자가 9월 30일 이전에 입사한 경우 입사 월부터 다음 연도 3월까지, 10월 1일 이후에 입사한 경우는 입사 월부터 다음 다음 연도 3월까지 적용한다.

2. 계속근로자의 경우

월평균 보수는 매년 4월부터 다음 연도 3월까지 적용한다.
근로소득원천징수영수증 상의 총급여액과 일치하는 금액으로 소득세법상의 근로소득에서 소득세법상 비과세 근로소득을 차감한 금액을 말한다.

당월 입사 당월 퇴사의 경우 4대 보험 처리

입사 시에는 취득 일자가 '입사한 날'이 되고 퇴사 시에는 상실 일자가 '마지막 근무일의 다음 날'이 된다.

예를 들어 11월 30일까지 근무하고 퇴사한 직원의 상실일(퇴사일)은 12월 1일이 된다.

4대 보험료는 가입자가 자격을 취득한 날이 속하는 달의 다음 달부터 자격을 잃은 날의 전날이 속하는 달까지 납부한다(국민연금은 자격취득일이 초일이거나 취득 월 납부를 가입자가 희망하는 경우 자격을 취득한 당월부터 납부 가능. 단, 당월 퇴사 후 당월 입사 시에는 이중납부 발생으로 불가능).

회사에 입사해서 며칠 근무 후 일이 힘들다고, 적성에 맞지 않는다고 바로 퇴사해버리는 경우가 있다.

이 경우에도 며칠 일한 부분에 대해서는 일할계산해서 임금을 지급해야 체불임금의 문제가 발생하지 않는다.

그런데 문제는 임금을 지급하면서 공제해야 하는 4대 보험은 어떻게 처리해야 하는지? 이다.

임금에서 공제하는 4대 보험도 기준이 있다.

🌳 건강보험

1일 입사자의 경우 입사 월부터, 1일 이후는 다음 달부터 공제한다. 예를 들어 6월 1일 입사자는 6월분부터 공제해야 하고, 6월 2일 입사자는 7월분부터 내야 한다. 다만, 6월 1일 입사자를 15일 이후에 가입 신고를 하면 7월에 6, 7월분이 소급 고지된다.

당월 입사 당월 퇴사의 경우 건강보험은 초일 자에 취득하고 당월에 상실할 때는 해당 월 보험료를 납부하지만, 초일 이후에 입사 후 바로 퇴사하는 경우 월 보험료를 납부하지 않는다.

🌳 국민연금

가입자의 자격을 취득한 날이 속하는 달의 다음 달부터 자격을 상실한 날의 전날이 속하는 달까지로 부과한다. 다만, 자격취득일이 초일(매월 1일)이거나 취득 월 납부를 가입자가 희망하는 경우 자격을 취득한 당월부터 납부가 가능하다. 즉, 1일 입사자의 경우 입사 월의 국민연금을 납부해야 하고, 2~31일 사이의 입사자는 당월 납부를 희망하지 않는 경우 다음 달부터 납부한다.

🌳 고용보험

실제 지급하는 급여를 기준으로 공제 또는 정산한다.

예시 A 사업장에 6월 1일 취득하고 취득한 달인 6월 20일 상실하게 되는 경우

→ 6월분 보험료를 납부해야 한다.

예시 A 사업장에 6월 2일 취득하고 취득한 달인 6월 20일 상실하게 되는 경우

→ 6월분 보험료를 납부하지 않는다(고용보험은 납부한다.).

구 분	4대 보험 처리
1일 입사 당월 퇴사	당월분 4대 보험료를 납부한다.
2일~31일 사이 입사 당월 퇴사	국민연금 / 건강보험 / 고용보험 : 부과하지 않는다. 국민연금과 건강보험, 고용보험은 1일을 기준으로 4대 보험료가 부과된다. 따라서 2~31일 사이 입사 후 당월 퇴사한 경우 부과되지 않는다(단, 고용보험료는 부과).

2 4대 보험 취득취소

자격취득이나 자격상실 신고한 후 사장님께서 "○○○ 씨 퇴사(취득) 신고 하셨나요? 그분이 번복하셔서"라고 이야기를 할 때가 있을 것이다.

몇 주씩 지난 것이 아니라면 정정 신고를 통하여 취득·상실 취소를 진행할 수 있다.

취득·상실은 4대 공단 중 하나에 보내면 각 공단이 넘겨줘서 편한데, 취소의 경우라면 각 공단에 전부 넣어야 한다.

취득 후 6개월 이내에만 다음의 방법으로 취소할 수 있고, 6개월 이상 지났으면 다른 서류들이 더 필요한데, 각 공단에 문의해보면 된다.

구 분	취소처리 방법
국민연금	사업장가입자 내용변경(정정)신고서를 공단에 제출한다. 상실 취소의 경우 출근부를 요청하기도 한다. • 사업장가입자 내용변경신고서 • 변경 전에는 "취득"을 변경 후에는 "취득취소"를 기재
건강보험	공문. 일반적인 공문서식에 취소 사유를 상세하게 적어서 제출하면 되고, 정해진 양식은 없다. 대신 공문엔 사업장 정보와 취득 취소하려는 사람의 인적사항이 들어가면 된다. • 사내관리 공문서(지정된 양식 없음) : 건강보험 직장가입 자격취득 취득요청서 • 해당 근로자의 정보(성명, 주민등록번호)와 취소사유, 취득신고 일자로 기재
고용 및 산재보험	두 개 다 취소하려면 근로복지공단에만 보내면 된다. 고용, 산재 둘 중 하나만 취소하는 경우라면 각 공단에 직접 신고한다. • 피보험자 고용정보 내역 정정 신청서 • 정정 전에는 "취득" 정정 후에는 "취득취소" 정정사유에는 취소하게 되는 사유를 기재 • 산재 : 사업장 〉 민원접수/신고 〉 고용관리 〉 근로자고용취소신고

급여에서 공제하는 4대 보험료

국민연금과 건강보험 보험료는 매월 부과·고지되는데, 근로자에게 급여 지급 시마다 고지된 본인 부담분만큼 원천공제한다. 즉 사업(장)에서 근로자에게 지급하는 소득(보수)은 매월 변동되더라도 근로자 본인에게 공제하는 국민연금·건강보험 보험료는 매월 동일하다.

1 국민연금

국민연금은 현재 급여액에 따라 보험료가 정해지는 게 아니라 매년 7월에 나오는 정기결정내역서를 기준으로 공제한다.

국민연금은 비과세 금액을 제외한 소득월액의 9%가 부과되며, 사업장가입자의 경우 4.5%는 본인이, 4.5%는 회사에서 납부하기 때문에 실제로 급여에서는 납부해야 하는 보험료의 절반이 공제된다.

여기서 기준이 되는 소득월액은 연말정산 한 전년도 소득액을 기준으로 하는데, 만약 전년도 소득이 그전과 달라졌다면 납부하는 보험료도 달라지며, 매년 7월부터 적용된다.

소득이 변경되어도 정산을 해서 더 내거나 돌려주지는 않는다.

그리고 직원이 10명 미만인 작은 회사에서 근무 중이라면 '두루누리 사회보험제도'로 국민연금 보험료를 지원받을 수 있다.

	2024년(기준은 지급기준이 아니라 귀속 기준)												2025년(기준은 지급기준이 아니라 귀속 기준)											
	1월	2월	3월	4월	5월	6월	7월	8월	9월	10월	11월	12월	1월	2월	3월	4월	5월	6월	7월	8월	9월	10월	11월	12월

변경된 국민연금 보수월액 적용 기간(7월~다음 해 6월)
(2024년 귀속분 국세청 종합소득신고분(5월) 자료를 받아 2025년 소득으로 반영 결국, 2024년 소득을 기준으로 2025년 7월부터 변경된 국민연금 보험료 고지)
▶ 매월 : 동일 연금보험료 부과
※ 정산제도 없음

• 월 국민연금(10원 미만 단수 버림) =
기준소득월액[월급여(총급여 – 비과세소득)] × 국민연금료율
• 기준소득월액 = 연간 총보수액(총급여 – 비과세소득) ÷ 근무월수
• 보험료율 : 9%(사용자 4.5%, 종업원 4.5%)(10원 미만 단수 버림)

기준소득월액 범위	국민연금료율	월국민연금 산정
39만원 미만	4.5%	= 39만원 × 4.5%
39만원 ~ 617만원	4.5%	= 기준소득월액 × 4.5%
617만원 초과	4.5%	= 617만원 × 4.5%

사례 기준소득월액은 최저 39만 원에서 최고금액은 617만 원까지의 범위로 결정하게 된다. 따라서 신고한 소득월액이 39만 원보다 적으면 39만 원을 기준소득월액으로 하고, 617만 원보다 많으면 617만 원을 기준소득월액으로 한다.

2 건강보험

건강보험료의 경우 기준소득월액에 건강보험료율을 곱해서 부과되고, 장기요양보험료는 건강보험료에 장기요양보험료율을 곱해서 계산한다. 건강보험료의 경우 당해 연도의 보수를 기준으로 보험료를 부과하는 것이 원칙이나, 당해 연도의 소득이 확정되지 않았으므로 전년도 소득을 기준으로 고지된 보험료를 납부한다.

매달 공단에서 고지된 금액을 납부하다가 당해 연도가 종료되어 당해 연도 소득이 확정된 후에 매년 4월에 정산이 되는 구조이다.

3월 연말정산 신고 때 한해 총소득(1월 1일~12월 31일분)이 확정되면, 확정된 소득을 기준으로 보험료를 다시 산정하여 이미 부과된 보험료와의 차액을 4월에 추가납부 및 반환하게 된다.

2024년(기준은 지급기준이 아니라 귀속 기준)												2025년(기준은 지급기준이 아니라 귀속 기준)											
1월	2월	3월	4월	5월	6월	7월	8월	9월	10월	11월	12월	1월	2월	3월	4월	5월	6월	7월	8월	9월	10월	11월	12월

변경된 건강보험 보수월액 적용 기간(4월~다음 해 3월)

▶ 매월 : 동일 보험료 부과
▶ 정산 : 2024년에는 2024년 요율을 적용
　　　　 2025년에는 2025년 요율을 적용해서 정산
※ 정산제도 있음 : 급여상승분 미반영으로 인한 정산 발생

[2번의 건강보험료 부담 상승 시기]

4월 : 급여변동분 반영으로 인한 건강보험료 부담 상승
1월 : 요율 변경으로 인한 건강보험료 부담 상승

건강보험료 정산금 반영

▶ 1회 대상자 : 4월
▶ 분납 대상자 : 4월~8월

- 매달 : 공단에서 고지된 금액으로 납부 단 보수월액 × 보험료율로 공제 가능
- 보수월액(월평균보수 = 월급여) = 연간 총보수액(총급여 − 비과세소득) ÷ 근무월수
- 건강보험료 근로자 부담액 = 건강보험료(❶) + 노인장기요양보험료(❷)
- ❶ 건강보험료 = (총급여 − 비과세급여) × 건강보험료율(10원 미만 단수 버림)
- ❷ 노인장기요양보험료 = 건강보험료 × 신장기요양보험율 ÷ 건강보험요율
  신장기요양보험률 = 장기요양보험률 × 건강보험료율
- 정산 건강보험료 = (총급여 − 비과세급여) × 건강보험료율(10원 미만 단수 버림) − 매달 납부한 보험료

직장가입자가 2 이상 적용사업장에서 보수를 받는 경우는 각 사업장에서 받는 보수를 기준으로 각각 보수월액을 결정한다.

보수월액에 따라 산정한 직장가입자의 보험료액을 직장가입자 및 사업주 등이 각각 1/2씩 부담하는 경우 그 금액에 10원 미만의 단수가 있으므로 이를 절사한다.

3 고용보험

고용보험료의 경우 기준소득월액의 0.9%가 근로자부담이 된다. 고용보험료 역시 당해연도의 보수를 기준으로 보험료를 부과하는 것이 원칙이지만, 당해연도의 소득이 확정되지 않았으므로 전년도 소득을 기준으로 보험료를 우선 부과한다.

당해연도가 종료되어 당해연도 소득이 확정되면, 매년 4월에 정산이 되어 4월분 보험료에 반영되어 고지된다.

고용보험료 = 월급여(총급여 − 비과세소득) × 보험료율			
구분		**근로자**	**사업주**
실업급여(2022년 7월 이전 0.8%)		0.9%	0.9%
고용안정, 직업능력 개발사업	150인 미만 기업		0.25%
	150인 이상(우선지원대상기업)		0.45%
	150인 이상~1,000인 미만 기업		0.65%
	1,000인 이상 기업, 국가 · 지방자치단체		0.85%

㊟ 우선지원대상기업

1. 광업, 건설업, 운수업, 출판, 영상, 방송통신 및 정보서비스업, 사업시설관리 및 사업지원 서비스업, 전문, 과학 및 기술서비스업, 보건업 및 사회복지 서비스업 : 300명 이하

2. 제조업 : 500명 이하

3. 도매 및 소매업, 숙박 및 음식점, 금융 및 보험업, 예술, 스포츠 및 여가 관련 서비스업 : 200명 이하

4. 제1호 내지 제4호 외의 산업 : 100명 이하

㊟ 업종분류 및 분류 기호는 「통계법」 제22조에 따라 통계청장이 고시한 한국표준산업분류에 따름

㊟ 그 밖의 업종 100명 이하 : 농업, 임업 및 어업(A), 전기, 가스, 증기 및 수도사업(D), 하수폐기물 처리, 원료재생 및 환경복원업(E), 부동산업 및 임대업(L), 공공행정, 국방 및 사회보장행정(O), 교육서비스업(P), 협회 및 단체, 수리 및 기타 개인서비스업(S), 가구 내 고용 활동 및 달리 분류되지 않은 자가소비 생산 활동(T), 국제 및 외국기관(U)

4대사회보험료 모의계산 ✕

| 전체 | 국민연금 | 건강보험 | 고용보험 | 산재보험 |

🛈 2024년 기준(계산내용은 모의계산이기 때문에 실제와 다를 수 있습니다.)

월 급여 [　　　　　　　　　　　　] 원　　　　[계산] [초기화]

근로자수　⦿ 150인 미만 기업　　　　　◯ 150인 이상 (우선지원 대상기업)
　　　　　　◯ 150인 이상 1,000인 미만 기업　◯ 1,000인 이상 기업, 국가 지방자치단체

구분	보험료 총액	근로자 부담금	사업주 부담금
국민연금	[　　　] 원	[　　　] 원	[　　　] 원
건강보험	[　　　] 원	[　　　] 원	[　　　] 원
건강보험 (장기요양)	[　　　] 원	[　　　] 원	[　　　] 원
고용보험	[　　　] 원	[　　　] 원	[　　　] 원
합계	[　　　] 원	[　　　] 원	[　　　] 원

※ 산재보험료는 별도로 확인하시기 바랍니다.

[산재보험료율 및 산재보험료 알아보기]

[출력]　　　[닫기]

⟨https://www.4insure.or.kr/pbiz/ntcn/inscSmlCalcView.do⟩

4대 보험의 이중 취득

건강보험, 국민연금은 이중 취득이 가능하나 원칙적으로 고용보험은 이중 취득이 되지 않으므로, 현 회사에서 상실신고를 해주지 않는다면 새로운 회사에서 취득신고를 하지 못할 수도 있다.

구 분	가입여부
국민연금	중복가입 O
건강보험	중복가입 O
고용보험	중복가입 X(이중 취득 제한)
산재보험	중복가입 O

1 국민연금

국민연금의 경우 두 개 이상의 사업장에서 받는 소득월액으로 기준소득월액을 결정한다.

1. 두 곳에서 받은 소득이 617만 원 미만인 경우

구 분	기준소득월액	총 납부해야 할 국민연금	근로자 부담분
A회사	200만원	200만원 X 9% = 18만원	18만원 X 50% = 9만원
B회사	150만원	100만원 X 9% = 9만원	9만원 X 50% = 4만 5천원

2. 두 곳에서 받은 소득이 617만 원 이상인 경우

구 분	기준소득월액	총 납부해야 할 국민연금	근로자 부담분
A회사	400만원	3,525,714원 X 9% =	317,310원 X 50% = 158,650원
B회사	300만원	2,644,286원 X 9% =	237,980원 X 50% = 118,990원

안분계산

A 회사 : 617만 원 X 400만원/700만원 = 3,525,714원

B 회사 : 617만 원 X 300만원/700만원 = 2,644,286원

2 건강보험

건강보험은 각 사업장에서 가입하게 되며, 받는 보수를 기준으로 부과된다.

구 분	기준소득월액	총 납부해야 할 건강보험	근로자 부담분
A회사	200만원	200만원 X 건강보험료율 = ❶	❶ X 50%
B회사	100만원	100만원 X 건강보험료율 = ❷	❷ X 50%

3 고용보험

고용보험은 이중 취득이 제한된다. 고용보험은 어느 사업장이든 신고를 진행하면 된다. 이중 취업의 경우 고용센터에서 자체적으로 인지하고 주된 사업장 한 곳에서만 고용보험의 가입 및 납부가 진행된다(취득 신고가 되어있는 사업장에서만 보험료(실업급여, 고용안정 직업 능력 개발사업)를 원천징수 한다). 고용보험은 이중 취득이 제한되므로 주된 사업장에서만 부과된다.

구 분	취 득
상용과 일용이 동시 고용된 경우	상용 취득
상용과 임의가입 자영업자 동시 고용된 경우	상용 취득
일용과 임의가입 자영업자 동시 고용된 경우	둘 중에 선택
상용과 상용/일용과 일용이 동시 고용된 경우	아래 순으로 취득 ① 월평균보수가 많은 사업 ② 월 소정근로시간이 많은 사업 ③ 근로자가 선택한 사업

4 산재보험

산재보험은 가 사업장에서 받는 급여를 기준으로 가가 부과된다. 산재보험료는 전액 사업주(회사)가 부담하며, 각각의 사업장에서 보험료가 부과된다.

국민연금 납부예외
건강보험 납부유예

1 국민연금 납부예외

다음의 경우는 연금보험료를 내지 않을 수 있다. 다만, 납부예외 신청에 따라 연금보험료를 내지 않은 기간은 가입기간에 산입하지 않는다.

- 사업 중단, 실직 또는 휴직 중인 경우
- 병역법에 따른 병역의무를 수행하는 경우
- 초·중고등법, 고등교육법에 따른 학교에 재학 중인 경우
- 형의 집행 및 수용자의 처우에 관한 법률에 따라 교정시설에 수용 중인 경우
- 사회보호법에 따라 보호감호 시설이나 치료감호법에 따른 치료감호시설에 수용 중인 경우
- 1년 미만 행방불명 된 경우
- 질병이나 부상으로 3개월 이상 입원한 경우

소득이 없으면 납부예외 기간의 연장도 가능하다.

공단에서는 납부예외 신청을 통해 연금보험료를 면제받고 있는 경우 납부예외 기간이 끝나면 소득이 있는지? 여부를 확인하기 위해서 납부 재개안내를 하고 있다. 이때, 계속해서 소득이 없는 경우에는 납부예외 상태를 유지할 수 있다. 참고로 소득자료가 없는 경우 최장 3년까지 납부예외 신청을 할 수 있다.

2 건강보험 납부유예

국민연금과 달리 건강보험은 예외가 아닌 유예이다. 즉, 안 내는 것이 아니라 일정기간 납부를 뒤로 미루어주는 것이다. 따라서 복직 시에는 밀린 건강보험료를 일시납 또는 분납해야 한다. 물론 경감을 해주기는 한다.

건강보험의 납부유예 사유를 살펴보면 다음과 같다.

• 육아휴직(출산전후휴가는 납부유예 안 됨)

• 산재를 포함한 질병휴직

• 무급노조 전임자 휴직

• 병역, 학업 등과 같은 기타 휴직

휴직사유	경감율
무보수 휴직	휴직 전월 보수월액을 기준으로 산정한 보험료의 50% 경감
육아휴직	그 기간 동안 직장가입자 보수월액보험료 하한액만 납부
휴직기간 중 보수가 있는 경우	(휴직 전월 기준 산정 보험료 − 휴직기간 중 사업장에서 받는 기준 산정 보험료) × 50%
휴직기간 중 보수가 없는 경우	휴직 전월 보수월액 기준으로 산정한 보험료의 50% 경감

출산휴가 및 육아휴직 4대 보험

1 출산휴가기간 4대 보험

구 분	처리방법
국민연금	[계속 납부] 노사 합의에 따라 다음의 두 가지 방법 중 선택할 수 있음 ① 별도 신고 절차 없이 휴가 직전 납입하던 연금보험료 그대로 납입 함 ② 사업주가 국민연금관리공단에 국민연금 납부예외 신고를 함 이 경우 출산전후휴가기간 동안 연금보험료를 납부하지 않게 됨 즉, 납부예외 신청 가능(이후 추가납부 시 가입 기간 연장)
건강보험	[계속 납부] • 별도 신고 절차 없이 휴가 직전 납입하던 월별보험료 그대로 납입 • 보수에 비해 과납된 보험료는 연말(퇴직)정산 시 환급됨
고용보험 산재보험	[휴직 신청] • 회사는 근로자 출산휴가 후 14일 이내 근로복지공단에 근로자 휴직 등 신고해야 함

구 분	처리방법
	• 위의 신고 후 근로복지공단은 사업장에 고용 및 산재보험 월별보험료를 부과하지 않음 • 확정보험료 정산시 고용보험의 경우 출산전후기간에 회사에서 지급한 보수에 대해서 보험료가 부과되고 산재보험은 부과되지 않음 • 사업주에게 지급받는 보수가 있는 경우에만 납부. 따라서 사업주에게 지급받는 보수가 없는 경우에는 납부액도 없다. • 보수총액신고시 출산전후휴가기간동안 지급한 보수는 고용보험 보수총액에는 산입하고, 산재보험 보수총액에는 산입하지 않음

2 육아휴직기간 4대 보험

구 분	처리방법
국민연금	• 노사협의 하에 아래 두 가지 방법 중 선택할 수 있음 ① 별도 신고 절차 없이 육아휴직 직전 납입하던 연금보험료 그대로 납입 ② 사업주가 국민연금공단에 '국민연금 납부예외 신고'함. 납부예외 기간은 연금보험료를 납입하지 않은 만큼 수급기간이 줄어듦 • 납부예외 신고를 하지 않을 경우는 국민연금 보험료 정기결정 통지 전 소득총액신고서 제출해야 함
건강보험	• (원칙) 사업주가 건강보험공단에 '휴직자 등 직장가입자 보험료 납입고지 유예신청'함. 이 경우 육아휴직 기간 내내 월별보험료가 부과되지 않고 유예 해지 시 일괄 부과됨 • 육아휴직 기간에 보험료 납입고지 유예를 신청하면 그 기간 동안 직장가입자 보수월액보험료 하한액으로 산정되며, 일괄 부과된 보험료를 분할하여 납부할 수도 있음

구 분	처리방법
고용보험 산재보험	• (원칙) 사업주는 근로자 육아휴직 후 14일 이내 근로복지공단에 근로자 휴직 등 신고해야 함 • 육아휴직 기간에는 회사에서 급여가 지급되지 않으므로 고용보험료 및 산재보험료도 부과되지 않음

급여가 변동되는 경우 4대 보험

급여가 오르면 급여를 기준으로 부과되는 보험료도 당연히 오르는 것이다.

그리고 건강보험과 고용보험은 정산제도가 있다. 정산제도가 있다는 것은 매달 납부하는 것으로 끝나는 것이 아니라 납부한 금액을 정산해서 추가납부 또는 환급이 발생한다는 의미이다. 즉 급여에 대해서 1년에 낼 총액은 정해진 것이고 매달 그 총액 중 일부를 내는 것으로 생각하면 된다.

예를 들어 1년간 납부할 총액이 130만 원인데, 매달 10만 원씩 납부해 120만 원을 납부했다고 하면 나머지 10만 원을 정산 시 추가 납부하는 것이고, 매달 11만 원씩 납부해서 132만 원을 납부했다면 2만 원을 환급받는 것이다.

120만 원을 낸 사람은 급여가 올라 130만 원을 냈어야 하는데, 종전 급여대로 120만 원을 냈기 때문에 추가납부액이 발생한 것이고, 132만 원을 낸 사람은 급여인상분을 반영했기 때문에 2만 원의 환급이 발생한 것으로 생각하면 된다.

근로자의 월평균 보수가 산정된 후에 근로자의 보수가 인상 또는 인하됐으면 월평균보수변경신고서를 공단에 제출해야 한다. 공단에 제출되는 경우 신고서를 제출한 날이 속하는 달의 다음 달부터 변경된 월평균 보수에 의해 월별보험료 산정 및 부과가 이루어진다.

변경시기가 소급되어 제출됐을 때도 변경 적용시점은 제출일 다음 달임에 유의해야 한다. 다만, 착오 신고한 때는 적용기간 시작 월부터 월별보험료를 소급하여 재산정하게 된다. 공단의 월별보험료 산정·부과는 매월 15일까지 마감되므로 사업주는 16일 이후 신고한 각종 신고서에 의한 사항은 당월의 월별보험료에 산정하여 부과할 수 없다. 따라서 매월 15일 이전에 신고한 각종 신고서에 따른 보험료는 당월의 보험료에 반영돼 산정·부과되나 16일 이후에 신고된 각종 신고서에 따른 보험료는 다음 달의 월별보험료에 산정·부과됨에 유의해야 한다.

보수총액이 변경된 경우 국민연금은 보수총액을 신고하지 않아도 되고, 고용과 산재는 보수총액이 신고되어도 바로 보험료 정산을 하지 않고 연1회(연말정산) 정산하기 때문에, 금액이 조금 틀려도 별문제가 되지 않는다.

반면, 건강보험은 매달 급여변동 시 변경신고를 하거나 어차피 연말정산 절차를 거치므로 연말정산 시 한꺼번에 조정해도 된다. 다만, 상시 100명 이상 근로자를 고용한 사업장의 사용자는 호봉승급, 임금인상, 승진, 성과급 지급, 강등, 감봉 등으로 가입자의 보수가 변경된 경우 해당 월의 보수가 14일 이전에 변경된 경우 해당 월의 15일까지, 해당 월의 보수가 15일 이후에 변경된 경우 해당 월의 다음 달 15일까지 반드시 변경신고를 해야 한다. 다만, 과태료 등 별도의 제재가 없어 100인 이상 근로자를 고용한 사업자의 실무자도 제대로 지키고 있지는 않다.

건강보험 보수총액을 수정하려면 국민건강 EDI에서 신고하면 되고, 증빙자료로 근로소득원천징수영수증을 첨부해야 한다.

☑ 왜 급여가 인상되었는데 보험료는 그대로냐?

급여가 변경되면 공단에 보수월액변경 신고를 진행할 수 있다. 그러나 의무사항은 아니다. 보수월액변경 신고를 진행할 경우, 새로운 급여에 맞는 4대 보험료가 매달 보험료로 고지된다(단, 국민연금의 경우 20% 이상의 급여변동이 있을 때만 변경 신고를 진행할 수 있다.).

☑ 의무사항이 아니니 보수월액변경 신고를 안 하면 보험료는 그대로이다. 그럼 보수월액변경 신고를 안 하면 영원히 보험료를 적게 내느냐? 아니다. 앞서 말했듯이 급여인상분에 대한 1년 보험료 총액은 정해져 있고 정산을 통해 추가납부를 할 것이다. 결국, 내야 할 걸 늦게 내는 것이다.

☑ 급여인상이 많고 보수월액변경 신고를 안 하는 경우 연말정산시 추가로 납부할 금액이 많을 것이고, 그럼 직원들의 아우성이 크겠지요. 그래서 급여인상이 많은 경우 보수월액변경 신고를 해주는 것이 좋다는 말이 있는 것이다.

실업급여의 요건인 180일 계산

실업급여의 요건인 180일은 유급휴일수를 말한다. 따라서 무급휴일이 있는 경우에는 180일에 포함되지 않는다.

월급제, 일급제 여부와 관계없이 1주간의 소정근로일이 5일인지 6일인지가 중요하다. 주휴일(일요일)은 법률상 유급휴일이므로 따질 필요는 없으며, 6일 근무(월~토)사업장이라면 1주 소정근로일이 6일이므로 1일의 유급주휴일을 합산하면 1주 7일 전부를 유급일로 인정받는다.

다만, 5일 근무(월~금) 사업장이라면 토요일을 회사에서 유급휴무일로 정하고 있는지 무급휴무일로 정하고 있는지에 따라 다르다. 만약 유급휴무일로 정하고 있다면 1주 5일 근로일(유급) + 유급휴무일 1일(토요일) + 유급휴일 1일(일요일) = 7일 전부를 유급일로 인정받으므로 180일 요건에 부합된다.

그러나 토요일을 무급휴무일로 정하고 있다면 1주간의 유급일은 1주 5일 근로일(유급) + 유급휴일 1일(일요일)) = 6일만 인정받으므로 180일 요건에 해당하지 않을 수 있다.

따라서 근로계약서, 회사의 사규에서 구체적으로 토요일의 성격에 대해 어떻게 정하고 있는지 확인해 보기 바란다. 아니면 공단에 문의를 해봐도 된다.

참고로 대다수 회사는 토요일을 무급휴무일로 정하고 있다.

구 분		180일에 포함 여부
토요일 근무사업장		포함
주5일 근무사업장	토요일 유급휴무일인 경우	포함
	토요일 무급휴무일인 경우	불포함

토요일 유급휴무일인 경우 일주일 7일이 모두 180일에 포함되지만, 토요일 무급휴일인 경우 일주일에 6일만 180일에 포함된다. 따라서 6개월을 개근해도 180일 요건을 충족하지 못한 가능성이 있다. 30일인 달에 토요일이 평균 4번 낀 경우 26일 × 6개월 = 156일로 180일이 안 된다.

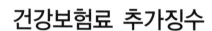

건강보험료 추가징수

직장가입자가 회사를 통해 납부하는 보수에 대한 건강보험료 외에 추가로 다른 소득 즉 보수 외 소득이 연간 2,000만 원을 초과한 경우 건강보험료를 부과한다.

보수 외 소득에는 이자소득, 배당소득, 사업소득, 보수 외 근로소득, 연금소득, 기타소득이 있다(소득세법상 비과세소득은 제외).

하지만 모든 보수 외 소득에 대해 동일하게 보험료를 부과하는 것은 아니다. 보수 외 소득이 있는 경우 소득월액 산정기준은

첫째, 보수 외 종합과세소득 합산액이 연간 2,000만 원을 초과하는지 여부이다. 이후 각 소득별로 적용 비율이 다른데 이자·배당·사업·기타소득은 100%, 보수 외 근로소득·연금소득은 30%가 적용된다.

보수 외 소득이 연간 2,000만 원을 넘는 직장가입자의 경우, [(연간 보수 외 소득 - 2,000만원)]/12개월 × 소득평가율(상술한 소득별 적용 비율)로 계산한다.

이어 소득월액 보험료는 소득월액 × 보험료율로 정한다.

예를 들어 직장가입자가 연금소득 3,000만원, 이자소득 2,000만원이 있는 경우, 우선 소득월액 보험료에 적용할 월 보수외 소득은 5,000만원 - 2,000만원/12개월 = 250만원이 된다.

또 각 소득마다 보수월액 보험료를 부과하기 위한 평가율이 있는데, 연금소득의 경우 250만원 × [3,000만원/(3,000 + 2,000) 만원] × 30%로 계산하며, 이자소득의 경우 250만원 × [2,000만원/(3,000 + 2,000)만원] × 100%로 계산한다.

이렇게 도출된 소득월액에 2025년 건강보험료율을 곱하면, 보수 외 소득에 대한 건강보험료가 나온다.

한 권으로 끝장내자 경리회계 인사노무 경영지원 실무 설명서

지은이 : 손원준

펴낸이 : 김희경

펴낸곳 : 지식만들기

인쇄 : 해외정판 (02)2267~0363

신고번호 : 제251002003000015호

제1판 1쇄 인쇄 2021년 01월 13일

제1판 1쇄 발행 2021년 01월 20일

일부 개정 제1판 5쇄 발행 2021년 08월 30일

전면 개정 제2판 4쇄 발행 2022년 09월 08일

전면 개정 제3판 3쇄 발행 2023년 05월 17일

전면 개정 제4판 4쇄 발행 2024년 09월 26일

전면 개정 제5판 1쇄 발행 2025년 01월 10일

값 : 30,000원

ISBN 979-11-90819-07-7 13320

K.G.B
지식만들기

이론과 실무가 만나 새로운 지식을 창조하는 곳

서울 성동구 금호동 3가 839 Tel : 02)2234~0760 (대표) Fax : 02)2234~0805